Die letzten Jahre einer Weltmacht

Anatoli Tschernajew

Die letzten Jahre einer Weltmacht

Der Kreml von innen

Aus dem Russischen
übertragen von
Friederike Börner, Norbert Juraschitz
und Ulrich Mihr

Deutsche Verlags-Anstalt
Stuttgart

Die Deutsche Bibliothek – CIP-Einheitsaufnahme

Černaev, Anatolij:
Die letzten Jahre einer Weltmacht : der Kreml von innen /
Anatoli Tschernajew. Aus dem Russ. übertr. von Friederike
Börner ... – Stuttgart : Deutsche Verlags-Anstalt, 1993
ISBN 3-421-06646-9

© 1993 Deutsche Verlags-Anstalt GmbH, Stuttgart
Alle Rechte vorbehalten
Lektorat: Ulrich Volz
Satz: Büro Dr. Ulrich Mihr, Tübingen
Druck und Bindearbeit: F. Pustet, Regensburg
Printed in Germany

Inhalt

5

6

Vorwort

Im Februar 1986, ein knappes Jahr nach seiner Wahl zum Generalsekretär der KPdSU, hat Michail Gorbatschow mich zu seinem Berater in außenpolitischen Fragen berufen. Es folgten Jahre engster politischer Zusammenarbeit, in denen ich an den meisten »hohen« und geheimen Sitzungen teilnahm. Er war zu mir offener als gegenüber manchen anderen, vertraute sich indessen auch mir nur soweit an, als es sich aus dienstlichen Belangen ergab. Aber natürlich erfährt man im engeren Beraterkreis einiges darüber hinaus, zumal ich Gorbatschow mehrmals in den »Urlaub« begleitete.

Michail Gorbatschow hat im Verlauf seiner Amtsperiode den Grundstein für den Beginn einer neuen Epoche der Weltgeschichte gelegt. Dies wird selbst in Rußland niemand leugnen können. Es sind, das wurde aber gegen Ende seiner Amtszeit klar, die letzten Jahre der Weltmacht Sowjetunion geworden. Schließlich hat ihn das Schicksal aller »großen Reformatoren« ereilt.

Ein solcher Prozeß ist nicht ohne dramatische Entwicklungen denkbar. Entscheidungen und Überlegungen sind nur nachzuvollziehen, wenn man in das historische Urteil den damals aktuellen Informationsstand, aber auch die politische und psychologische Atmosphäre der Zeit einbezieht. Ich stütze mich in diesem Buch deshalb in weiten Teilen auf meine ausführlichen Aufzeichnungen jener Jahre. Sie enthalten wohl für Historiker wie für politische Beobachter eine ganze Fülle interessanter Einzelheiten.

Dabei beschränke ich mich in erster Linie auf Ereignisse und Erlebnisse, die mit Michail Gorbatschow und der politischen Führung der Sowjetunion zu tun haben. Nur am Rande berichte ich aus meiner langjährigen Tätigkeit im ZK-Apparat – als »Nachbar der absoluten Wahrheit«, wie es einer meiner Freunde treffend ausgedrückt hat.

Dieses Buch gibt die Tagebuch-Aufzeichnungen und Erinnerungen eines Menschen wieder, der Gorbatschow aus unmittelbarer Nähe beobachtet und an dessen Sorgen teilgenommen hat. Historikern bleibt es überlassen, die Ereignisse zu analysieren und lehrreiche Schlüsse aus diesen »letzten Jahren einer Weltmacht« zu ziehen.

Meinen besonderen Dank möchte ich meiner ehemaligen Kollegin Tamara Alexandrowna aussprechen, mit der ich gemeinsam für den Präsidenten arbeitete. Ohne sie hätte das Buch nicht geschrieben werden können.

Moskau, im Frühjahr 1993   Anatoli Tschernajew

Warten auf den Wandel

Am 1. Februar 1986 klingelte abends in meinem Büro das Telefon. Ich war damals Stellvertretender Leiter der Internationalen Abteilung des Zentralkomitees.

»Gorbatschow am Apparat. Hör' mal, willst du für mich als Berater in außenpolitischen Fragen arbeiten?«

»Vielen Dank für Ihr Vertrauen, aber ich muß mir das überlegen ...«

»Ach, was. Ein Parteitag steht vor der Tür, und ich muß mich entscheiden, wer im ZK bleibt und wer nicht. Alexandrow[1] muß ich rauswerfen, weil wir miteinander nicht klarkommen: Er will mich immer belehren ... Komm schon, sag ja. Die Zeit ist knapp.«

So erfuhr ich erstmals am eigenen Leib, wie Gorbatschow Kader bildete. Am nächsten Tag rief mich Alexander Jakowlew an, im ZK-Sekretariat für Propaganda zuständig und 1973-1983 unser Botschafter in Kanada. Er tat, als wolle er sich entschuldigen, daß er mich Gorbatschow empfohlen hatte, ohne mich zu fragen. Auch Georgij Arbatow, ZK-Mitglied und Leiter des Instituts für USA- und Kanada-Studien, rief an und drängte mich, die Aufgabe zu übernehmen; er werde mir helfen. Er hatte schon vor mir von Gorbatschows Wahl gewußt.

Im Sommer 1972 hatte ich Michail Gorbatschow persönlich kennengelernt. Er leitete damals als junger Sekretär des Bezirkskomitees von Stawropol eine Parteidelegation nach Belgien. Gegenüber anderen lokalen Parteiführern zeichnete Gorbatschow sich durch sein Engagement aus. Wie kein anderer konnte er die Menschen aufrütteln. Mich hatte damals vor allem beeindruckt, wie er belgische Kommunisten über unsere Lage aufklärte, wie lebhaft und anschaulich er unseren täglichen Kampf schilderte. (Schon damals konnte dies kaum jemand im Westen nachvollziehen.) Wir fuhren im Auto durch Belgien und unternahmen einen kurzen Abstecher nach Holland. Gorbatschow und ich saßen nebeneinander, und mir fiel auf, daß er sich kaum umsah, obwohl er zum ersten Mal im Westen war. Er faßte mich immer wieder am Arm und hielt mir endlose Vorträge, was in Stawropol unbedingt geändert werden müsse.

In Amsterdam interessierte er sich weder für Pornoläden noch für die entsprechenden Filme. Einmal schleppten wir ihn in einen Pornofilm. Während der Vorstellung wurde er sichtlich verlegen und war uns wohl ernsthaft böse, aber er schwieg.

Nach unserer Heimkehr habe ich meinem Vorgesetzten, dem Leiter der Internationalen Abteilung und ZK-Sekretär Boris Ponomarjow gesagt, Gorbatschow gehöre zu jenen wenigen Funktionären aus dem Parteikader, die wir dringend brauchten, um das Ansehen der KPdSU bei den Bruderparteien zu wahren. Mir seien jedenfalls kaum vergleichbare Männer bekannt.

Danach habe ich Gorbatschow nur zweimal flüchtig auf dem Gang des ZK-Gebäudes getroffen. Ich fragte, wie es gehe. Als Antwort begann er fürchterlich auf »all diese Instruktoren und Minister« zu schimpfen, bei denen man nie etwas erreiche und nur die Zeit für die Fahrt nach Moskau vergeude.

Im Jahre 1978 wurde er zum ZK-Sekretär ernannt. Auch wenn er anfangs nur für landwirtschaftliche Fragen zuständig war, machte er schon bald von sich reden. Als Zeichen seiner wachsenden Aktivitäten habe ich das Murren Ponomarjows nach einer Sitzung gedeutet. Einmal machte er seiner Empörung Luft, natürlich nur hinter vorgehaltener Hand: »Er (Gorbatschow) ist noch jung und vorlaut. Er mischt sich in alles ein und täte besser daran, sich um die Landwirtschaft zu kümmern. Was versteht er denn schon von Politik?«

Nach dem Tod des »Chefideologen« Michail Suslow und nach dem Ausscheiden des ZK-Sekretärs für Parteiorganisation Andrej Kirilenko aus dem ZK-Präsidium Ende 1982 (wegen Altersschwäche) leitete Gorbatschow manchmal die Sitzungen des Sekretariats. Die teilnahmeberechtigten Stellvertreter haben uns begeistert berichtet: »Endlich einmal ein kluger und rechtschaffener Mann, der sich um die Probleme des Landes kümmert und bereit ist, entschlossen durchzugreifen.« Wie er die Minister zur Rede stellte, ihre Inkompetenz und ihre zur gängigen Praxis gehörenden Fälschungen von Fakten entlarvte, machte großen Eindruck auf sie. Allerdings ist ihnen auch aufgefallen, daß keine personellen Konsequenzen gezogen wurden und nicht einmal die schlimmsten Faulenzer und Parasiten ihre Sessel verloren. Das Politbüro hat wohl eingegriffen, weil Gorbatschows Einfluß sonst allzu groß erschienen wäre. Das heilige

Prinzip der Ausgewogenheit, das schon in den sechziger Jahren der Leiter der ZK-Abteilung für Wissenschaft und Hochschulwesen Sergej Trapesnikow energisch propagiert hatte, wurde beibehalten, weil sich darauf die Selbsterhaltung des Regimes und die Macht der Parteispitze gründete.

Mitte November 1983 lud mich Gorbatschow überraschend zu einem Treffen mit dem bekannten amerikanischen Agrarexperten John Christal ein. Gorbatschows Energie und Sachkenntnis, seine Ideen und die Offenheit, die noch keiner seiner Vorgänger Ausländern gegenüber an den Tag gelegt hatte, haben seinen Gesprächspartner fasziniert. Christal hat staunend zugehört und am Ende die Erwartung geäußert, daß sich tatsächlich vieles zum Guten wenden könne, wenn an der Spitze der Sowjetunion »so fähige Leute« stünden.

Kaum war ich wieder in meinem Büro, als Ponomarjow mich zu sich kommen ließ: »Warum hat er Sie eingeladen?« Ich habe ihm meine Eindrücke geschildert und hinzugefügt, daß Gorbatschow auch auf dem Gebiet der internationalen Politik glänzend, sachkundig und originell argumentiert habe. Ponomarjow hat mir prompt einen Verweis für meine übertriebene Begeisterung erteilt.

Agonie im Kreml:
Die Reformgegner setzen sich noch einmal durch

Schon lange vor April 1985 hieß die verbreitete Parole »Warten auf Gorbatschow«, genaugenommen von dem Moment an, als bekannt wurde, daß Andropow todkrank war. Unter Breschnew haben wir uns geradezu für unser Land geschämt, und unter Tschernenko – nach dem Zwischenspiel Andropow – ist das politische Leben vollends zu einer lächerlichen Farce degeneriert. Als Jahre später, Anfang 1992, Gorbatschow seine Memoiren zu diktieren begann, hat er ein Kapitel »Die Agonie des Regimes« genannt. Die folgenden Tagebuch-Aufzeichnungen aus dem Jahre 1984 illustrieren diese Agonie aus der Nähe, aus der Sicht des ZK-Apparats.

10. Februar: Um halb drei wurde gemeldet, daß Andropow gestern um 16.50 Uhr gestorben ist. Armes Rußland! Ist die Andropow-Ära damit abgeschlossen? Von der Klinik ist Ponomarjow mehrmals in den Kreml und ins ZK gefahren – also ist die Entscheidung bereits gefallen … Aber wer? Haben sie etwa nicht genug Verantwortungsgefühl und gesunden

Menschenverstand, um Gorbatschow zum Nachfolger zu ernennen? Unter Tschernenko geht diese »Ära« schnell zu Ende …

12. Februar: Ich bin krank. Auf der Dienststelle geht alles drunter und drüber. Aus allen Ländern reisen Politiker an: Bundeskanzler Kohl, der kanadische Premierminister Trudeau und viele andere; nur Präsident Reagan kommt nicht. Dafür wird Premierministerin Margaret Thatcher persönlich erscheinen und sogar die Führer der Opposition mitbringen. Kurz, ein pompöser Aufzug der Friedliebenden. Meiner Ansicht nach kann das nicht pure Heuchelei sein, denn die meisten Politiker sind religiös erzogen und nehmen schon deshalb Tod, Beerdigungen und das Gedächtnis an die Toten sehr ernst. Werden wir auf diese friedliche Geste angemessen reagieren? Oder werden das »klassenbedingte« Mißtrauen, die Verachtung fremder Sitten und vor allem die Bedürfnisse des militärisch-bürokratischen Komplexes (also Gromyko und Ustinow) die Oberhand gewinnen?

In Andropow hatten wir große Hoffnungen gesetzt. Zu Recht. Ein, zwei Jahre mehr, und er hätte einiges erreicht … Und jetzt sitze ich hier und überlege, wer seinen Platz einnehmen wird. Übrigens wird formal alles in seinem Sinn verlaufen. Aber in unserem System hängt sehr viel von Persönlichkeit und Charakter ab, von Denkweise, Stimmung, Sympathien und Antipathien des Führers. Der heutige Übergang wird weit mehr aussagen als die Ablösung von Lenin, Stalin, Chruschtschow … Unter Breschnew hatten sich alle daran gewöhnt, daß der Generalsekretär, unabhängig von seinem tatsächlichen Charakter, schon »seiner Bestimmung wegen« eine bedeutende Persönlichkeit ist. Obwohl Andropow bis dahin keinerlei Führungsqualitäten gezeigt hatte, wurde allein deshalb seine Autorität nie angezweifelt, abgesehen von einigen Intellektuellen und neunmalklugen Apparatschiki.

So wird es auch jetzt sein: Ganz gleich, wen sie wählen, am nächsten Tag werden sie sich ihm unweigerlich unterordnen (wie bei der zaristischen Thronfolge, damals mit Gottes Segen, heute mit dem Segen der Partei). Und schon eine Woche später werden alle neben den Beschlüssen des letzten ZK-Plenums auch die Instruktionen des Genossen ausführen.

Dennoch habe ich die Hoffnung noch nicht aufgegeben, daß sie Gorbatschow wählen werden (genaugenommen im Politbüro schon gewählt haben, im ZK-Plenum morgen wird nur zugestimmt). Ein schwacher Hoffnungsschimmer: Sagladin[2] hat ausgerechnet Gorbatschow aufgefordert, morgen eine Rede zu halten.

Dienstag, 14. Februar: Das Wunder blieb aus. Tschernenko wurde gewählt. Obwohl ich noch schwer krank war, fuhr ich zum Plenum. Lange mußte ich nach einem Platz suchen, weil die Elite aus der Provinz sich schon eingefunden hatte. Alles wie gewohnt: Bruderküsse ringsum, laute Begrüßungen über die Köpfe hinweg, Austausch von Neuigkeiten über den Schnee und die Ernteaussichten. Mit einem Wort: Die Delegierten hielten den üblichen Parteiklatsch und fühlten sich wie zuhause. In diesem Stimmengewirr fiel nicht ein einziges Mal der Name Andropow oder das Wort Tod.

Gegen halb zwei war der Swerdlow-Saal brechend voll. Auf den Gängen suchten die Nachzügler nach Sitzgelegenheiten (die Plätze im Saal reichten nicht). Unter ihnen der ehemalige Geschäftsführer Georgij Pawlow, dem kein eigener Sessel mehr zustand, sowie zwei weitere Berater Breschnews. Nach zwanzig Minuten brach das Gemurmel im Saal ab. Alle warteten. Die Spannung stieg von Minute zu Minute, die Atmosphäre war wie elektrisiert. Fünf Minuten vor Beginn betraten die Politbüro-Kandidaten und die ZK-Sekretäre, wie üblich, durch einen Seiteneingang den Saal. Allen voran schritt Ponomarjow (der ewige Erste unter den Zweiten).

Die Spannung hatte ihren Höhepunkt erreicht. Alle Blicke waren auf die linke Tür hinter der Tribüne, den Eingang zum Präsidium, gerichtet: Wer kommt als erster?

Punkt zwei Uhr tauchte im Türrahmen Tschernenko auf. Ihm folgten Tichonow, Gromyko, Ustinow, Gorbatschow und die anderen. Im Saal trat Totenstille ein. Niemand regte sich. Als Andropow nach Breschnews Tod das Plenum als erster betrat, standen alle auf.

Die Präsidiumsmitglieder nahmen Platz, Gorbatschow gleich neben Tschernenko. Es war noch nicht ganz klar ... Tschernenko erhob sich, beugte sich tief über das Konzept auf dem Tisch und murmelte mit asthmatischer Stimme einige Worte über den Verstorbenen. Dann erklärte er, daß die absolute Mehrheit der ZK-Mitglieder anwesend sei und daß man beginnen könne. Einziger Tagesordnungspunkt: Wahl des Generalsekretärs. Es gab keine Ergänzungen oder Einwände. Tschernenko erteilte Tichonow das Wort. Tichonow begab sich zum Rednerpult und sprach lange über den Verstorbenen und die Aufgabe der Partei, sein Werk fortzuführen. Die Spannung wurde unerträglich. Schließlich sagte Tichonow: »Das Politbüro hat beraten ... und mich beauftragt ... , dem Plenum die Kandidatur des Genossen Tschernenko zur Prüfung vorzuschlagen ...«

Bevor die Spannung sich löste, vergingen einige lange Sekunden. Dann folgte ein matter, rasch verebbender Applaus. (Ich weiß noch gut, welche Ovationen im November 1982 losbrachen, als Tschernenko dem Plenum Andropow vorschlug.) Die Enttäuschung der Anwesenden war augenblicklich spürbar.

Tichonow fuhr fort, den Kandidaten zu charakterisieren: Er kürte Tschernenko zum »unermüdlichen Kämpfer und hervorragenden Politiker«. Alle Eigenschaften, die zwei Tage zuvor noch Andropow und vor ihm Breschnew bescheinigt worden waren, hatte nun mit einem Mal Tschernenko.

Niemand hat nach Tichonows Rede applaudiert. Ich habe mir die betretenen Gesichter der Präsidiumsmitglieder angesehen. Anscheinend meldete sich ihr schlechtes Gewissen, weil sie die Erwartungen nicht erfüllt hatten. Mit wem man damals auch sprach, der Name Gorbatschow war in aller Munde. Keiner dachte, daß er nicht gewählt würde.

Am 14. April 1984 fand ein ZK-Plenum statt. Wie unter Breschnew klatschten die Delegierten auch Tschernenko formell Beifall und lobten ihn. Allerdings klang es eine Spur heuchlerischer und widerwilliger. Ich notierte: »Wenn dieses Getue wieder aufkommt, wenn Tschernenko und seine Leute meinen, dies sei nötig für die Machtausübung und den rechten Lauf der Dinge, dann geraten wir zwangsläufig in eine neue Breschnew-Ära ... Zweifellos ist dies eine Folge des Mangels an Kultur und damit an Phantasie. Aber unter Kultur versteht man auch Stil, und der ist jetzt (für den Neubeginn) wichtiger denn je.«

Am 29. April 1984 nahm ich an einer Routinesitzung des ZK-Sekretariats teil. Keine besonderen Vorkommnisse. Gorbatschow imponierte mir einmal mehr: Er beteiligte sich lebhaft an allen Diskussionen und stellte dabei seine Sachkunde und seine Führungsqualitäten unter Beweis. Zielstrebig erfaßte er sofort den Kern der Sache, blockte unnötiges Geschwätz ab und brachte neue Ideen ein. Er wies streng zurecht und drohte Konsequenzen an, wenn die Probleme hoffnungslos verfahren waren. Gorbatschow zeigte sich stets humorvoll und standhaft. Kurzum, im ZK-Sekretariat hatte der erhoffte Wechsel stattgefunden.

Wie jedes Jahr ging ich am 9. Mai, dem Tag des Sieges über den Faschismus, mit meinem Kriegskameraden Nikolaj spazieren. Als wir es satt hatten, arme Sünder wie uns zu betrachten, gingen wir zu mir, genehmigten uns einen Wodka und gerieten ins Plaudern. Nikolaj kannte den neuen Generalsekretär gut, weil er 15 Jahre lang unter seiner Führung in der ZK-Abteilung für Parteiorganisation gearbeitet hatte. Er hatte ihn bereits mehrmals betrunken erlebt. Kolja schnitt das Thema an. »Tschernenko geht es vor allem um sich selbst und um seine Familie. Hauptsache, er wird später hinter dem Mausoleum begraben. Er ist ein kranker Mann, sein Asthma wurde nach der Lungenentzündung im Jahre 1975 noch schlimmer. Dabei ist er extrem eitel und übertrifft sogar Breschnew, wenn er mit seinem pompösen Wagen und Geleit durch die Stadt fährt. Tschernenko ist verschlagen und nicht dumm. Vorläufig taktiert er noch vorsichtig, aber später wird er sogar Gromyko zähmen. Er wird schnell Gefallen an Treffen mit ausländischen Politikern finden ...«

Nikolaj hatte recht. In diesen Tagen war ein Treffen mit dem spanischen König geplant. Mein Kollege Sagladin brüstete sich, er habe mit dem damaligen außenpolitischen Berater Andrej Alexandrow eine neue Art Gedächtnisstütze ausgedacht: Sie haben den Text auf Kärtchen geschrieben und lange Phrasen vermieden, damit Tschernenko zum Reden gezwungen war und nicht vom Blatt ablesen konnte. Vor allem sollten die beiden nicht gegenüber Platz nehmen und den Text vor sich auf dem Tisch haben, sondern nebeneinander auf einem Sofa. So konnte er sich beim Lesen nicht hinter einem Blatt Papier verstecken.

(Später wurde diese Praxis übrigens wieder geändert, als Tschernenko nicht mehr vom Blatt ablesen konnte, sondern mehr stotterte als las, ohne zu begreifen, was er sagte.)

4. Juni: Für die Mitarbeiter aller ZK-Apparate war militärischer Unterricht angesetzt. Der stellvertretende Generalstabsvorsitzende Marschall Achromejew hielt eine Vorlesung »Über das Wesen der modernen Kriegführung«. Besonders ausführlich beschrieb er die internationale Lage und unsere Militärdoktrin. Auf die amerikanischen Kriegsvorbereitungen ging er ebenfalls genauer ein. Am Ende beklagte er, daß die Republiken, die Gebietskomitees und alle unteren Ebenen der Verwaltung nicht mehr die nötigen Maßnahmen träfen, um das Land in Verteidigungsbereitschaft zu versetzen. Für ihn und für seine Kollegen war dies offensichtlich ein Hauptmerkmal eines gut funktionierenden Staates.

Anschließend wurden imponierende amerikanische Filme vorgeführt: Raketen, die über Tausende Kilometer ihr Ziel suchen, Flugzeugträger, U-Boote, Panzer mit unbegrenzten Einsatzmöglichkeiten, Marschflugkörper, die wie im Zeichentrickfilm eine Schlucht entlangfliegen und in

2500 Kilometer Entfernung ein zehn Meter großes Ziel treffen. Kurz: die fantastischsten Errungenschaften des modernen menschlichen Geistes und der Wissenschaft, die natürlich mit ungeheuren Kosten verbunden waren.

Als ich dies sah, habe ich mir gedacht: Genauso viel, wenn nicht noch mehr müssen auch wir vergeuden, und wofür das alles? Für den Selbstmord der Menschheit! Das ist ja totaler Wahnsinn!

12. Juni: Der Führer der KPI Enrico Berlinguer ist gestorben. Die zuständigen Mitarbeiter unserer Abteilung haben nur ein förmliches Beileidstelegramm und einen Nachruf verfaßt, obwohl ganz Italien, von den Faschisten bis zu den Linken, tief erschüttert ist. Alle loben diesen Mann in den höchsten Tönen. Unser Botschafter Lunkow zitiert den moskautreuen »KPI-Dissidenten« Armando Cossutta: »Von unserer Reaktion wird für lange Zeit das Verhältnis der KPI zur KPdSU bestimmt werden.«

Hinter den Kulissen des Apparats wurden infolgedessen ohne Wissen von Ponomarjow alle Hebel in Gang gesetzt. Sagladin, Alexandrow und einige andere haben »ganz oben« durchgesetzt, daß in diesem Fall eine außergewöhnliche Reaktion angebracht sei.

Deshalb sollte Gorbatschow zum Begräbnis fahren. Nach seiner Rückkehr aus Italien habe ich ihn auf dem Flughafen getroffen und ein wenig mit ihm geplaudert. Er war sichtlich beeindruckt von der italienischen Gastfreundschaft – er wurde von der ganzen Führung der KPI empfangen – und von der riesigen Menschenmenge bei der Trauerfeier.

»So eine Partei dürfen wir auf keinen Fall verlieren«, sagte Gorbatschow zu mir. »Wir müssen sie entsprechend behandeln ...« Und er fügte hinzu: »Man weiß so manches, aber wenn man es vor Augen hat, sieht die Sache ganz anders aus!«

Sagladin hat mir später von der Reise erzählt. Als die Delegation der KPdSU durch die Menge zum ZK-Gebäude schritt, in dem der Sarg aufgebahrt war, skandierten tausende Italiener: »Gorbatschow! Gorbatschow! Gorbatschow! KPdSU-KPI! KPdSU-KPI!« Als Gorbatschow mit dem für außenpolitische Fragen zuständigen KPI-Politiker Giancarlo Paetta kurz auf den Balkon heraustrat (dort sollte ein Fernsehinterview stattfinden), war die Menschenmenge auf der Straße nicht mehr zu halten: »Viva, Gorbatschow!« Diese Rufe brachen nicht ab, solange er auf dem Balkon stand.

18. Juni: Heute kam Arbatow zu mir und berichtete: »Gorbatschow ist zur Zeit im Westen unser populärster Politiker. Die Zeitungen bezeichnen ihn als Kronprinzen oder prophezeien ihm eine große Zukunft.« Rußland hat also seinen neuen Hoffnungsträger.

Sagladin hat mir ausführlich von der langen Diskussion im Politbüro über die Italienreise berichtet. Als Gorbatschow ausführte, wie wir uns »dieser großen Partei« gegenüber zu verhalten hätten, habe Tschernenko aufmerksam zugehört. Er bestand schließlich gegen den Widerstand von Ponomarjow darauf, daß unser ZK der KPI zum Einzug ins Europaparlament gratulierte. Mit anderen Worten, unser Beraterkreis gewann den Eindruck, die Parteispitze unterstütze unseren Kurs. Sie hat ihre Haltung der Linie von Gorbatschow und Andropow angenähert und sich von den alten Konzepten der Komintern gelöst.

Eine neue Ära rückte spürbar näher. Auf der Datscha im Serebrjanyj Bor (Silberwald), wo öfter theoretische Probleme diskutiert wurden, haben sich Alexandrow, Sagladin, Jakowlew (damals schon Direktor des Instituts für Weltwirtschaft und Internationale Beziehungen der Akademie der Wissenschaften), Anatoli Blatow (ein weiterer Berater von Breschnew, Andropow und Tschernenko), Alexander Bowin (Mitglied der Zentralen Revisionskommission) und Karen Brutenz (Kandidat fürs ZK) unterhalten. Sie hatten schon etwas getrunken, der Wodka hatte ihre Zungen gelöst. Alexandrow hat Gromyko einen altersschwachen, aber gefährlichen Greis genannt. Sie haben es sogar gewagt, von »Doppelherrschaft« (Gromyko-Ustinow) zu sprechen und den Konfrontationskurs gegenüber den USA zu verurteilen, weil wir damit die Wiederwahl von Reagan beförderten. Tschernenko wurde kein einziges Mal lobend erwähnt, dagegen wurden am Tisch reihum Trinksprüche auf Andropow ausgebracht.

Alexandrow hat eine Anekdote über Breschnew erzählt: »Leonid Iljitsch liebte die Fernsehserie ›Siebzehn Augenblicke des Frühlings‹ und hat sie sich ungefähr zwanzigmal angesehen. Als dem Haupthelden Stirliz am Ende des Filmes mitgeteilt wurde, daß ihm der Titel ›Held der Sowjetunion‹ verliehen worden sei, hat Breschnew sich umgedreht und die Umstehenden scherzhaft gefragt: ›Ach, er hat den Orden schon? Ich hätte ihn gern persönlich verliehen.‹ Der Chef der Leibwache Rjabenko begann sofort den Schauspieler Tichonow für seine Leistung zu loben, und die anderen stimmten ein. Breschnew schnitt ihnen das Wort ab:

19

›Worauf warten wir dann noch?‹ Einige Tage später überreichte er persönlich dem Schauspieler Tichonow den Stern des Helden der Sowjetunion und den Leninorden in der vollen Überzeugung, er habe Stirliz vor sich.« Blatow fügte noch hinzu: »Sie, Andrej Michajlowitsch, waren damals nicht dabei. Ich habe dagegen persönlich an der Zeremonie teilgenommen. Was Leonid Iljitsch dabei gesagt hat, ließ keinen Zweifel an seiner Überzeugung aufkommen, Tichonow habe Stirliz' Heldentaten vollbracht!«

Am 9. Juli 1984 leiteten Gorbatschow und Ligatschow eine Versammlung des gesamten ZK-Apparats. Jegor Ligatschow hielt einen Vortrag »Über die Lage der usbekischen Parteiorganisation«. Die genannten Fakten schockierten die Zuhörer. Es wurde zwar mehr Baumwolle geerntet, aber gleichzeitig ging der Ertrag an Baumwollfasern Jahr für Jahr zurück. 340000 Tonnen verschwanden in dunklen Kanälen, und mindestens 10000 Rubel Bestechungsgelder flossen, bei damals durchschnittlichen Monatsgehältern von 200 Rubel. In Taschkent ließ die Parteiführung sich Paläste, Villen und andere Prestigeobjekte bauen. Für eine Wandmalerei in einer U-Bahn-Station wurden zwei Millionen Rubel vergeudet, während eine halbe Million Stadtbewohner in Lehm- und Erdhütten ohne Kanalisation, Gas, Wasserleitung und häufig ohne Strom hausten. In Samarkand, der zweitgrößten Stadt Usbekistans, stand es nicht besser. So mancher Bonze besaß zwei bis fünf Häuser, auch außerhalb der Stadt. Je fünf Wagen standen zur persönlichen Verfügung bereit. Im Lauf der letzten drei Jahre erreichten 3000 Briefe von Werktätigen das ZK der KPdSU zu diesem Sachverhalt, aber niemand maß ihnen Bedeutung zu.

»Zum Beispiel mußte im Gebiet von Kaschka-Darjinskij«, führte Ligatschow aus, »die gesamte Verwaltung des Innenministeriums verhaftet werden. Bei dieser Aktion wurden Gegenstände im Wert von sieben Millionen Rubel beschlagnahmt.«

Das Innenministerium der Republik hat die Mitgliederzahl gefälscht, um die Bedeutung der Partei zu unterstreichen. In allen Gebietskomitees waren verwandtschaftliche Beziehungen ausschlaggebend für die Erlangung leitender Positionen. Einige tausend Parteiangestellte waren bereits entlassen worden, gegen circa 1500 wurde ein gerichtliches Verfahren eingeleitet. Es bot sich ein schockierendes Bild moralischen Verfalls und totaler Willkür.

Gorbatschow hat unsere Haltung zur kommunistischen Bewegung als ähnliches Chaos bezeichnet und sprach damit meinen Arbeitsbereich an. Zu dieser Erkenntnis kam er, kurz nachdem er seinen eigentlichen Zuständigkeitsbereich, die Landwirtschaft, verlassen hatte. Er forderte von Ponomarjow persönlich ein Referat mit einer offenen Antwort auf die Frage: »Was sollen wir mit der MKD (Internationale Kommunistische Bewegung) anfangen?«

Schon zuvor hatte Gorbatschow bei einer Politbürositzung über sein Treffen mit Louis Van Geyt, dem Führer der Kommunistischen Partei Belgiens, berichtet. Im Anschluß daran folgte eine zweistündige Grundsatzdiskussion über die MKD. Später hat mir Wolskij (damals Berater von Tschernenko) erzählt, daß »die Unseren (also Ponomarjow) einiges schlucken mußten«.

Damals ging es nicht um die Existenz der MKD (also um die Frage, ob wir die MKD als solche benötigen), sondern um die Umgangsformen: Gorbatschow war der traditionelle Kommandostil zuwider. Er spürte, daß wir die Sympathien der Bruderparteien verlieren könnten, wenn wir weiterhin diesen Stil praktizierten.

Anfang Oktober 1984 erzählte Sagladin mir von einem Gespräch mit Gorbatschow zu diesem Thema. Er hat vielleicht ein wenig übertrieben, aber wenn nur ein Teil seiner Äußerungen den Tatsachen entsprach, sind sie unbedingt zitierenswert:

»Die kommunistische Bewegung hat sich bereits verändert, und die alte kommt nicht wieder. Die Parteien handeln bereits selbständig, und darauf müssen wir uns einrichten. Wir müssen uns auch fragen, warum einflußreiche, starke Parteien sich von uns lossagen, während kleine unbedeutende Parteien weiter orthodox und moskautreu bleiben. Wonach beurteilen wir überhaupt ›gute‹ Beziehungen innerhalb der kommunistischen Bewegung? Ist das Hauptkriterium für die Qualität einer Partei ihre Beziehung zur KPdSU? Was wäre, wenn diese Kriterien sich änderten? Etwa so: Die KPdSU verhält sich richtig, wenn sie die Chinesen liebt oder an ihrer Statt die Italiener? Von einer Gleichberechtigung zu sprechen ist absurd.«

Im Herbst 1984 und Anfang 1985, vor dem XXVII. Parteitag, hatten wir viele Probleme mit dem Entwurf des neuen Parteiprogramms. Allein die Notwendigkeit eines neuen Programms war bezeichnend: Die Mißstände hatten überhand genommen. Die Internationale Abteilung hat sich natürlich mit dem Problem der kommunistischen Bewegung befaßt.

Gorbatschow erhielt von uns, genauer von Ponomarjow, weder ein realistisches Bild der kommunistischen Bewegung noch eine Antwort auf die Frage: »Was sollen wir mit ihr anfangen?« Gorbatschow war offensichtlich gewillt, frischen Wind in die Angelegenheit zu bringen.

Zu diesem Thema habe ich am 22. Februar 1985 in meinem Tagebuch vermerkt: »Der Abschnitt über die kommunistische Bewegung wurde von Sagladin verfaßt, von zwei ZK-Sekretären gebilligt und von mir noch geringfügig überarbeitet. Im wesentlichen blieb leider alles beim alten. Wir fielen sogar hinter den XX. Parteitag zurück. Lediglich Formulierungen wurden ausgewechselt, und noch nicht 'mal alle. Zum Beispiel tauchte im Entwurf wieder der ›Proletarische Internationalismus‹ auf, obwohl die kommunistischen Parteien sich schon 1976 auf der Konferenz in Ost-Berlin auf den Begriff ›Internationale Solidarität‹ geeinigt hatten. Natta, der neue Führer der KPI, hat die Diskussion kürzlich in einem Interview auf den Punkt gebracht: ›Wem folgt ihr Kommunisten heute? Weiterhin Lenin oder geht ihr auf Kautsky zurück?‹«

Seit Andropow neigten auch wir zu einem gewissen Pragmatismus. Wir wollten jedoch nicht eingestehen, daß die kommunistische Bewegung in ihrer ursprünglichen Bedeutung nicht mehr existierte und nie wieder existieren würde. Diese Haltung prägte unsere zurückhaltende Ausdrucksweise bei Gesprächen mit Kommunisten anderer Staaten. In der Hoffnung, wir würden uns einschmeicheln können, setzten wir weiterhin auf Zusammenarbeit, vermieden offene Brüche und strebten stillschweigend einen Modus vivendi mit allen an, mit der KPI und mit den Chinesen, eine Art »kommunistische Ökumene« also, wie der Reporter der *Stampa* treffend sagte.

Dies alles geschah nur, um den Anschein zu erwecken, der alte Mythos einer kommunistischen Bewegung mit der KPdSU an der Spitze existiere immer noch. Wir brauchten diesen Mythos für unseren weltweiten ideologischen Einfluß. Allerdings unterstützten wir damit auch die traurige und ohnmächtige Existenz der zahlreichen Bruderparteien, die unter dem Schutz unseres internationalen Einflusses ziellos dahinvegetierten. Wenn wir jedoch die MKD auflösten, müßten sie selbst antreten und arbeiten. Natürlich würden viele rasch von der Bildfläche verschwinden. Aber die anderen, in denen noch verborgene Kräfte schlummerten, könnten sich erneuern – eventuell!

Wir Mitarbeiter der Internationalen Abteilung haben die kommunistischen Parteien jedenfalls als selbständig betrachtet und nicht als Repräsentanten des Internationalismus. Dieser ganze Internationalismus diente lediglich unserem Großmachtstreben. Damit ist alles gesagt. Ich bin mir nicht sicher, ob ein neues Konzept (»jeder für sich und nicht für uns!«) abgelehnt worden wäre, wenn wir gewagt hätten, dies dem ZK vorzulegen. Schließlich haben Andropow und nach ihm Gorbatschow nicht umsonst eine *aufrichtige* Analyse von uns gefordert und keine Loblieder. Gorbatschow hat Ponomarjows Bericht über die MKD so genannt, als er ihn zum zweiten Mal zurückwies. Allerdings hatte er sich noch keine eigene Meinung gebildet.[3] Immerhin duldete er keine Anhänger der Komintern und verachtete Ponomarjow, weil er sich gegenüber der MKD genauso verhielt wie der Sekretär eines Gebietskomitees seinen Pflichten gegenüber: Sobald er gefragt wurde, warum etwas ins Stocken geriet und nicht wie geplant lief, trieb er Augenwischerei und schrieb Nachbesserungen, ergriff Maßnahmen ohne Folgen.

Gorbatschow entlarvt die kommunistischen »Lehnsherren«

Im August 1984 wurde im Politbüro der Ernteertrag in Rußland erörtert. Gorbatschow hatte die Diskussion angeregt und stellte einige Sekretäre aus ertragreichen und ertragsarmen Gebieten zur Rede, in denen eine Trockenzeit geherrscht hatte. Die Sekretäre hatten einen schweren Stand, weil Gorbatschow die Landwirtschaft aus eigener Erfahrung kannte. Die kleinste Ungenauigkeit, jedes Zeichen von Inkompetenz und jeden Verstellungsversuch hat er sofort mit einem scharfen Protest quittiert. Gorbatschow duldete nicht (ich habe dies auch bei Sitzungen des ZK-Sekretariats bemerkt), daß sie die üblichen Phrasen vom Blatt ablasen. Sobald ein Sekretär begann, einen vorbereiteten Text herunterzuleiern, hat Gorbatschow nach wenigen Minuten Fragen zum Kern der Sache gestellt: »Wo liegen die Ursachen? Wie kann man sie beheben? Welchen Ausweg gibt es?« Und wenn der Redner nach diesen Leitfragen wieder Zuflucht zu seinen Phrasen nahm, hat Gorbatschow ihm kurzerhand das Wort entzogen.

Gorbatschow erwies sich stets als ein normaler Mensch mit gesundem Menschenverstand, der von keinen idiotischen Verhaltensregeln und hierarchischen Vorurteilen verdorben war. Ihm ging es vor allem um die Sache und nicht um irgendwelche Heuchelei. Als solche empfand ich die Verleihung des zweiten goldenen Sterns eines Helden der Sowjetunion an Tschernenko. Dieser war damals 73 Jahre alt, feierte also nicht einmal ein Jubiläum. In den Lobreden auf den Helden wurde seine Bescheidenheit hervorgehoben. Nach der Etikette im Kreml bezog sich übrigens »Bescheidenheit« immer auf die Stellung und nie auf die Person selbst. Der Generalsekretär der kommunistischen Partei war seiner Natur nach bescheiden, ganz unabhängig von seinem Charakter und der Meinung des Volkes.

Allen fiel damals auf, daß Verteidigungsminister Ustinow und nicht Gorbatschow den Stern überreichte und die Laudatio hielt. (So hatte zum Beispiel Suslow als zweiter Mann der Partei Breschnew geehrt.) Gorbatschow wurde in aller Öffentlichkeit zurückgesetzt. Er wußte genau, wie diese Geste zu deuten war.

Bei der oben erwähnten Sitzung des Politbüros kam auch die Forstwirtschaft zur Sprache. Aus 1000 Kubikmetern Holz wurden bei uns Waren im Wert von 41 Rubeln hergestellt, in den USA das Vierfache. Mehr als 25 Prozent Abfall fielen bei uns an, in England nur 2-4 Prozent. Jährlich verfaulten 50 Millionen Kubikmeter Holz. Trotz der Mechanisierung in den vergangenen 25 Jahren war das Volumen der verwertbaren Stämme genauso hoch wie im Jahre 1958. Dies lag daran, daß die Zwangsarbeitslager abgeschafft waren. Freiwillig ging jedoch niemand in die Wälder, weil die Arbeitsbedingungen dort schrecklich sind.

Mitte August bat Gorbatschow nach einer Routinesitzung des ZK-Sekretariats unerwartet die stellvertretenden Abteilungsleiter, noch zu bleiben. Wir setzten uns wieder. Gorbatschow berichtete, daß Konstantin Tschernenko (er war damals im Urlaub) angerufen habe. »Ich sehe regelmäßig fern und lese ausführlich Zeitung«, zitierte Gorbatschow Tschernenkos Worte. »Was fällt mir dabei auf? Zu jedem Anlaß und zu jedem noch so nichtigen Ereignis die gleiche Leier: ›Der Generalsekretär des Zentralkomitees der Kommunistischen Partei der Sowjetunion und der Vorsitzende des Präsidiums des Obersten Sowjet Genosse Tschernenko Konstantin Ustinowitsch ... hat jemand beauftragt, etwas angeordnet, den Kurs vorgegeben und so weiter und so fort.‹ Der Posten des Generalsekretärs symbolisiert sicherlich die Einheit und die kollektive Führung der Partei. Seine Anweisungen und Reden müssen zweifellos mit dem gebührenden Respekt behandelt werden, aber alles muß im Rahmen bleiben. Die Autorität des Generalsekretärs sollte vor allem in grundlegenden Fragen herausgestrichen werden und nicht bei jedem beliebigen Anlaß, ob es nötig ist oder nicht. Dadurch wird seine Person unnötig abgewertet. Sprich mit den Genossen darüber, Michail Sergejewitsch. Diskutiert, wie man diesen Fehler am besten ohne viel Aufsehen beseitigen kann.«

Gorbatschow hat mit unverhohlener Befriedigung dieses »Zeichen von Bescheidenheit« (sogar Tschernenko hat die Absurdität des Personenkults Breschnews erkannt!) aufgegriffen und zum Rundumschlag ausgeholt: »Nehmt zum Beispiel die heutige Sitzung. Der Sekretär aus Iwanow hat eine durchaus sachliche und interessante Rede gehalten, aber wie hat er sie eingeleitet? ›In Erfüllung der Beschlüsse des XXVI. Parteitags der KPdSU und der folgenden ZK-Plena, der Anweisungen des Generalsekretärs ... und Vorsitzenden ... und so weiter‹. Wozu das alles?«

Ungefähr einen Monat später legte der Erste Sekretär des Kalininschen Gebiets seinen Rechenschaftsbericht vor. Gorbatschow leitete die Sekretariatssitzung und wies ihn streng zurecht: »Wenn das so weitergeht, werden wir dich absetzen. Und zwar nicht nur, weil du sämtliche Produktionspläne vereitelt und auf allen Ebenen versagt hast, sondern auch wegen der Ursachen deiner Verfehlungen: Wegen allzu großer Nachsicht gegenüber Speichelleckerei, wegen Schönrednerei und Politpossen, wegen Unfähigkeit und Schamlosigkeit ...«

Kurz, Gorbatschow hat Tschernenkos Unbehagen wegen des Kults um den Generalsekretär benutzt, um in der Parteihierarchie von oben bis unten aufzuräumen und die »Lehnsherren« zu entlarven, wie er später die Sekretäre der unteren Ebenen nannte.

Der von der Parteispitze eingeführte Stil war Gorbatschow zuwider. Er konnte als moralisch und geistig gesunder Mensch die formalistischen Wucherungen nicht ertragen. Seiner Meinung nach war es angezeigt, in der Partei wieder einen sachlichen, kameradschaftlichen und offenen Umgangston einzuführen, da alles sich zum Besseren wenden ließe. Dies wurde in der Parteispitze als sein Hauptmerkmal angesehen: Gorbatschow ändert den Stil. Unmittelbar nachdem er zum Generalsekretär ernannt worden war, sprachen sie vom »Gorbatschowschen Stil«. Für diese Bezeichnung hat er übrigens bei seinen ersten Plena als Generalsekretär einem Sprecher eine tüchtige Abreibung verpaßt.

Eines Tages kam Arbatow mal wieder bei mir vorbei. Er beklagte sich, daß ich ihn vernachlässigen würde. Ich hatte jedoch einfach keine Zeit und keine Lust, mich mit anderen Menschen auseinanderzusetzen. Übrigens schmeichelte er sich immer ein, wenn er Angst um seine Zukunft hatte (der Parteitag stand vor der Tür, würde er wieder ZK-Mitglied werden?). Er erzählte, daß er Tage bei Gorbatschow verbracht habe (Georgij hat ein Gespür für aufsteigende Sterne: von Breschnew zu Andropow, von Andropow zu Tschernenko und jetzt zu Gorbatschow). Angeblich hat Gorbatschow sich offen mit ihm ausgesprochen: über die Versorgungslage (nach den Erfahrungen der Frauen, die die Läden aufsuchen) und über den Umstand, daß wir nur noch Feinde um uns sehen – auch in der DDR, in Bulgarien und in Ungarn, von Polen ganz zu schweigen. Schließlich habe Gorbatschow gemeint, mit Westeuropa müßten wir »etwas tun«. Aber Reagan sollten wir keine Geschenke machen (es ging um Gromykos Absicht, ihn während einer UNO-Vollversammlung um Unterstützung zu bitten).

Ich glaube nicht, daß Arbatow mich damals angelogen hat. Er hat Gorbatschow auch später oft besucht. Gorbatschow wies seine Sekretäre an, ihn ohne Umstände passieren zu lassen. Später erzählte mir Gorbatschow persönlich einmal von diesen Treffen mit Arbatow. Er vertraute mir die Notizen an, die jener ihm als Generalsekretär schickte. Ich habe diese Notizen sorgfältig aufbewahrt und erst vernichtet, als ich nach dem Putsch im August 1991 kurzfristig meinen alten Arbeitsplatz im Kreml räumen mußte. Ich bin davon überzeugt, daß Arbatow Gorbatschow viele nützliche Informationen lieferte und auf vernünftige Ideen brachte. Gorbatschow lächelte über ihn etwas ironisch wegen seiner Sturheit und seiner Besserwisserei. Einmal sagte er: »Nur keine Panik, ich weiß Bescheid!« Aber er schätzte Arbatow auch sehr für seinen praktischen, überdurchschnittlichen Verstand, seinen klaren politischen Standpunkt und seine Abneigung gegen Dogmatismus.

Georgij Arbatow war stets bestrebt, der Sache und dem Land zu dienen, allerdings ohne dabei seinen eigenen Vorteil aus den Augen zu verlieren. Er vermochte sein Gegenüber durch gezielten Einsatz von militärischen Fachbegriffen zu überzeugen. Soweit ich weiß, hat Arbatow sich nie zu plumper Schmeichelei herabgelassen. Über Kriecherei riß er in Gesellschaft derbe Scherze, er kroch vor niemandem, dafür hatte er eine zu hohe Meinung von sich selbst.

Ende September 1984 hielt sich in Moskau eine Delegation der britischen Kommunistischen Partei unter der Führung von Gordon McLennan auf. Der Besuch fiel eigentlich in meinen Zuständigkeitsbereich, doch auch ein Treffen mit Gorbatschow wurde arrangiert. Er hat das Treffen sachlich, humorvoll und offen geleitet, also völlig anders als Ponomarjow oder Suslow. Ohne jeglichen ideologischen Purismus hat er das Recht auf eine eigene Politik und einen eigenen Kurs anerkannt.

Einige Tage nach der Abreise der Briten rief Gorbatschow mich an: »Na, wie war ich?« Ich habe ihn mit obigen Worten gelobt. Er begann mich auszufragen über eine beabsichtigte Reise nach England an der Spitze einer parlamentarischen Delegation. Ich erwiderte, daß ihn dort alle, selbst die Madame (Thatcher), erwarteten und daß er diese Gelegenheit auf keinen Fall auslassen dürfe. Sie würde einen Meilenstein unserer Europapolitik darstellen, auch wenn unser Konfrontationskurs gegenüber den USA dadurch gestört würde. Er stimmte mir zwar zu, aber er machte unklare Andeutungen: »Du hast natürlich recht ... Aber Du siehst ja ...« Offenbar sah die Parteiführung eine weitere Auslandsreise Gorbatschows nicht sehr gern.

Gorbatschow meinte abschließend: »Etwas hat sich schon bewegt, wir dürfen niemand aufscheuchen und auch in der Außenpolitik nichts überstürzen. Ich werde nach England fahren, Kunajew nach Japan, und so werden wir das Monopol Schritt für Schritt aufweichen.« (Der Name Gromykos, der die sowjetische Außenpolitik beherrschte, fiel nicht.)

»Er hat also große Pläne«, vermerkte ich damals in meinem Tagebuch. »Gott helfe uns!«

Kurz vor Gorbatschows Ernennung zum Generalsekretär wurde ein weiterer Versuch unternommen, den Stalinkult wieder zu beleben. Anläßlich des Tages der Roten Armee hat die Zeitschrift *Kommunist* einen Artikel veröffentlicht, in dem Marschall Achromejew die persönlichen Verdienste Stalins am »glorreichen Sieg« herausstrich und die Leser über die Gründe für die anfängliche Schlappe von 1941 völlig im unklaren ließ. Zu der Zeit sollte auch der Dokumentarfilm »Sieg« über die Konferenz von Potsdam auf Beschluß des Zentralkomitees in den Kinos gezeigt werden. Ponomarjow wurde beauftragt, die Kommission zur propagandistischen Vorbereitung des 40. Jahrestages zu leiten. Bei den Sitzungen der Kommission gab es oft Streit. Nachdem der Film die Zensur schon passiert hatte, bemerkte Samjatin[4] in der folgenden Diskussion voller Abscheu: »Der Film ist ganz in Ordnung, aber gegen Ende hat der Kommentator gemurmelt, daß Stalin launisch und intolerant gewesen sei ... Er hat damit das Ende dieses schönen Bildes verdorben.«

Sofort platzte Ponomarjow los: »Da seht ihr's! ›Launisch‹ ist dem Genossen Samjatin und, wie ich sehe, auch anderen peinlich! Aber die Tatsache, daß Stalin vor dem Krieg die ganze Elite unserer Steitkräfte zu-

27

grunde gerichtet hat und daß die Armee von Kompanieführern befehligt wurde, ist ihnen nicht peinlich! Wie viele sind nur allein deswegen umgekommen?« Das muß ich Ponomarjow lassen: Gegen Stalin hegte er einen grimmigen Haß. Samjatin ließ sich jedoch nicht einschüchtern und kündigte an, sich an das ZK-Sekretariat zu wenden.

Wie sahen die Leitlinien der sowjetischen Politik vor Gorbatschows Amtsantritt aus? Hier einige knappe Skizzen:

An erster Stelle standen die Beziehungen zu den USA. Ende Februar hielt Außenminister Shultz in San Francisco eine Rede, in der er uns scharf angriff. Im ZK-Apparat gerieten alle in Panik: »Ein neuer Kreuzzug«, »eine Gefahr für alle revolutionären Regierungen und Völker«; wir müßten unverzüglich etwas unternehmen. Das altbewährte Mittel folgte: ein vernichtender Artikel in der *Prawda*.

Die Redaktion verfaßte sofort eine Schimpfkanonade mit persönlichen Beleidigungen gegen Shultz und präsentierte sie dem ZK zur Durchsicht. Man stelle sich vor, unmittelbar vor den Genfer Verhandlungen mit eben diesem Shultz, in denen das »Sein oder Nichtsein der Menschheit« auf dem Spiel stand (sie begannen am 12. März 1985)! Meine Berater protestierten energisch, und wir begannen den Text zu entschärfen. Dann rief Alexandrow an und kritisierte den Chefredakteur der *Prawda*: »Er versteht nicht einmal die einfachsten Dinge und hat einen Text verfaßt, der geeignet wäre, morgen Amerika den Krieg zu erklären, anstatt Verhandlungen zu beginnen ...« Ich sollte Ponomarjow überreden, sich gegen diesen Artikel auszusprechen. Boris Ponomarjow hat zwar ein wenig über die »Schwäche gegenüber diesen frechen Imperialisten« gemurrt, aber da sogar Alexandrow dieses Vorgehen befürwortete, fügte er sich. Der Artikel wurde erheblich verbessert.

An zweiter Stelle stand das Programm der KPdSU. An dem Programm arbeiteten weiterhin Gruppen in beiden »theoretischen Datschen«, deren Teilergebnisse bereits im ZK-Apparat eingetroffen waren, als Alexander Jakowlew mich besuchte. Wir waren seit meiner Bahnreise durch Kanada gute Freunde. Eine ganze Nacht streiften wir damals durch Montreal und erkannten, daß wir zueinander paßten. Übrigens freundete er sich auch mit Gorbatschow an. Nach seiner Rückkehr aus Kanada wurde er zum Direktor des Instituts für Weltwirtschaft und internationale Beziehungen der Akademie der Wissenschaften ernannt und schon nach einem Jahr in Moskau hoch ausgezeichnet: Deputierter des Obersten Sowjet,

Sprecher der Akademie der Wissenschaften, Mitglied der Programm-kommission der KPdSU und viele Titel mehr. Dennoch blieb er boshaft und sarkastisch. Der Programmentwurf war seiner Ansicht nach unzureichend: »*Alles* muß neu geschrieben werden. Aber ... selbst wenn wir einige vernünftige Ansichten einfügen, ändert sich das Wesen des Programms nicht. Es wird wie früher eine propagandistische Ohrfeige für die Examenskandidaten darstellen.«

An dritter Stelle stand die Anti-Alkohol-Kampagne. Nach einer Notiz in meinem Tagebuch wurde schon im Jahr 1984 eine ZK-Resolution vorbereitet, die den Kampf gegen Alkoholismus einleiten sollte. Die Parteiführung wurde von »Briefen der Werktätigen« und von freiwilligen (auch bestellten) Analysen überschüttet, die unseren Alptraum illustrierten. Als Gorbatschow im Mai 1985 seinen folgenschweren Entschluß faßte, war die Maschinerie schon in Gang gesetzt. (Ich werde später Gorbatschows ironische Einstellung hierzu schildern. Leider konnten wir diese Dummheit historischen Ausmaßes nicht verhindern.)

An vierter Stelle kam dann Tschernenko. Ich zitiere aus dem Tagebuch: »In Moskau wimmelte es von Anekdoten und Witzen über seine (Tschernenkos) Krankheit. In der westlichen Presse erschienen beängstigende Karikaturen und Artikel. Alles dreht sich um die Nachfolge: Gorbatschow, Grischin, Gromyko, Romanow ... Auch die Variante, Tschernenko sei bereits gestorben, geht um (bei den Russen muß man auf alles gefaßt sein). Das Duell zwischen Karpow und Kasparow sei nur gestoppt worden, um Platz zu schaffen für einen Nachruf. Ausgiebig werden Gromyko, Simjanin und andere für ihre herausragenden Erfolge und ihre Eignung zum Generalsekretär gelobt, aber sie fallen wieder in Vergessenheit, ehe die Kerzen am Sarg abgebrannt sind, wie der *Express* kommentierte. Offensichtlich wurde Tschernenko deshalb zweimal im Fernsehen gezeigt: angeblich bei der Abstimmung in seinem Wahlbezirk und bei der Überreichung der Bestätigung seines Mandats als Volksdeputierter. Bei dieser Gelegenheit hat er sogar versucht, etwas zu sagen. Ein schrecklicher und beschämender Anblick.

An fünfter Stelle wurde die Machtverteilung erörtert. Ligatschow rief uns zusammen, um festzulegen, wer welche Inhalte für das Parteiprogramm vorbereiten sollte. Ich habe gefragt: »Wäre es nicht besser, Gromyko zu bitten, daß das Außenministerium uns als Grundlage einen Rechenschaftsbericht über die Außenpolitik seit dem XXVI. Parteitag schickt?« Ligatschow antwortete gereizt: »Verschaffen Sie sich selbst das

Material!« Daraus ließ sich schließen, daß Ligatschow »nicht berechtigt« war, diese Bitte an Gromyko zu richten. Ich habe ihn unwillkürlich daran erinnert. Früher hat Suslow die Pfeife aus dem Mund genommen und gesagt:»Genosse Gromyko, bereiten Sie doch bis zu diesem Termin jenes Material vor ...« Ohne eine Antwort abzuwarten, hat er wieder sorgfältig einen geeigneten Platz für seine Pfeife gesucht! Heute kann sich keiner aus dem ZK so etwas erlauben, Tschernenko schon gar nicht. Gorbatschow verfügte noch nicht über genügend Einfluß oder hatte keine Lust, einmal mehr dem Murren der Greise entgegenzutreten.

Als wir mit Gorbatschow einmal einen Ergänzungsvorschlag zum Parteistatut erörterten, verblüffte mich ausgerechnet Ponomarjow mit dem vernünftigen Vorschlag, aus der Passage, daß »jeder Kommunist verpflichtet sei, für die Festigung der Einheit der internationalen kommunistischen Arbeiterbewegung zu kämpfen«, das Wort »Arbeiter« zu streichen. Er sagte:»Meinetwegen ›kommunistisch‹, aber ›Arbeiter‹! Erstens gibt es keine Einheit, also kann sie auch nicht gefestigt werden. Und zweitens: Mit welcher Arbeiterbewegung sind wir einig, etwa mit den antisowjetischen amerikanischen Gewerkschaften?«

Gorbatschow hat darauf erwidert:»Das war aber doch schon immer so. Hat sich bisher niemand daran gestört? Wirklich nicht?« Danach setzten wir unsere Arbeit fort. Ich habe damals in meinem Tagebuch vermerkt:»Ich beobachte Gorbatschow ständig. Anfangs war ich überzeugt, daß er taktiert und sich nicht zu weit vorwagen will, wo er es vermeiden kann. Er hält sich zum Schein an die alte Form und bringt doch etwas Eigenes, Neues mit ein. Doch inzwischen neige ich immer stärker zu der Ansicht, daß er sich bereits an den bürokratischen Führungsmechanismus gewöhnt hat und immer mehr in den jahrzehntealten Automatismus verfällt.«

Die Greise gehen

11. März 1985: Um sieben Uhr erklingt aus dem Radio Trauermusik anstelle der Morgensendung »Wieder 25«. Chopins Trauermarsch verkündet dem sowjetischen Volk und dem Ausland wieder als erster, daß in der UdSSR eine neue Ära bevorsteht. Tschernenko ist gestern abend gestorben. Die Bevölkerung hat dies seit einiger Zeit erwartet, und allerlei Witze waren im Umlauf:»Die Delegierten zum Parteitag mögen sich erheben, der Generalsekretär wird hereingetragen.«

30

Sagladin, Alexandrow, Lukjanow und Medwedew wurden mitten in der Nacht aus dem Bett geholt und in den Kreml gerufen, wo Gorbatschow sie beauftragte, bis zum Morgen eine Rede »für den künftigen Generalsekretär« vorzubereiten.

Nachmittags um fünf Uhr wurde ein ZK-Plenum einberufen. Alle erhoben sich und erwiesen dem Toten die letzte Ehre. Gorbatschow sagte (ohne überflüssige Schnörkel) die angemessenen Worte. Die versammelten Delegierten verspürten jedoch nicht die geringste Trauer. »Der Pechvogel«, hieß es, »hat sich lange genug geplagt. Versehentlich geriet er an den falschen Platz und hat die von Andropow begonnenen Veränderungen im Land wieder auf Eis gelegt.« Verborgene, teilweise auch offene Freude leuchtete aus den Augen der Delegierten: Die Unsicherheit war zu Ende und die Zeit reif, daß Rußland einen fähigen Führer bekam.

Gorbatschow trug die Tagesordnung vor und teilte mit, daß Genosse Gromyko (!) den Kandidaten vorschlagen werde. Nicht Tichonow, der bei diesen Worten zusammenzuckte und errötete, und auch nicht Romanow oder Grischin, die übrigens völlig zu Unrecht im Westen als potentielle Anwärter angesehen worden waren (später hat Gorbatschow mir erzählt, daß sie niemand in der Parteispitze als Kandidaten in Betracht gezogen hatte).

Gromyko trat an das Rednerpult und begann ohne Vorlage in seiner eigentümlichen Art zu sprechen. Als er den Namen Gorbatschow nannte, brach im Saal ein Beifallssturm los, lauter noch als bei Andropows Wahl. Die langen Ovationen schwollen immer wieder an. Gromyko hielt, soweit ich das beurteilen kann, eine für derartige Versammlungen ganz außergewöhnliche Rede. Frei und originell beschrieb er die Qualitäten des Genossen im Politbüro, die so hoch geschätzt wurden, daß »Gorbatschow einstimmig, und dies möchte ich betonen, gewählt wurde«.

»Ich möchte euch, den Mitgliedern des Zentralkomitees«, fuhr er fort, »die Stimmung im Politbüro während der Diskussion über Gorbatschows Kandidatur wiedergeben. Es gab keinerlei Zweifel. Völlige Übereinstimmung. Warum? Gorbatschow verfügt über enorme Erfahrung in der Parteiarbeit auf der Ebene der Gebietskomitees und hier im Zentrum, und er hat sich hier wie dort glänzend bewährt. Er verfügt über einen scharfen, analytischen Verstand und vermag das Wesentliche zu erkennen. Jedes Problem gliedert er in seine Bestandteile auf, verliert dabei aber nie den Überblick und zieht die nötigen Schlüsse. Er ist ein Mann mit Prinzipien und Überzeugungen. Er verteidigt seine Meinung, auch wenn sie manchem nicht gefällt. Er sagt ohne Umschweife, was er denkt. Aber er hält auch stets an der Parteilinie fest: Seine gesamte Grundhaltung basiert auf der Parteimeinung. Er ist offen zu den Menschen, und jeder echte Kommunist wird zufrieden mit ihm sein, auch wenn Gorbatschow vielleicht nicht dessen Erwartungen erfüllt hat. Mit den verschiedensten Menschen kann er umgehen, und genau dies dient der Sache.«

»Ich kann für mein Gebiet, die Außenpolitik, sprechen«, fuhr Gromyko fort. »Schon kurz nach seiner Aufnahme ins Politbüro lernten wir Gorbatschows Fähigkeit schätzen, den Kern eines Problems auch zu treffen, wenn wir Neuland betraten. Seine Ansichten bewiesen, daß er nicht dem Schwarz-Weiß-Denken verfallen ist. Er weiß sehr wohl, daß man auch Mischtöne akzeptieren muß, um sein Ziel zu erreichen.«

Ich zitiere Gromyko weiter aus meinen damaligen Aufzeichnungen: »Die Verteidigung und die Wachsamkeit sind Gorbatschow heilig, und unter den derzeitigen Umständen können wir uns nicht genug vorsehen. Und noch ein wichtiger Punkt: Er kann auf hohe Bildung und große praktische Erfahrung zurückgreifen. Sie werden ihm als Generalsekretär sehr zustatten kommen. Mit einem Wort, wir haben einen Mann vor uns, der würdig ist, den Posten in dieser schweren Zeit für unser Land zu übernehmen.«

Nach weiteren Beifallsstürmen erteilte Romanow Gorbatschow das Wort (dessen Rede wurde veröffentlicht). Gorbatschow beendete das Plenum und lud *alle*, auch bisher nicht zum ZK gehörende Anwesende ein, sich zum Kolonnensaal zu begeben, um von Tschernenko Abschied zu nehmen.

Es ist mir (vielen anderen wohl auch) ein Rätsel, warum Gromyko für diese Aufgabe auserwählt wurde. Er schien Punkt für Punkt das Programm des neuen Generalsekretärs vorzustellen. Doch vor allem erschien Gromyko auf diese Weise in den Augen der Parteimitglieder als Initiator von Gorbatschows Kandidatur (Gorbatschow hat mir später erzählt, in der mitternächtlichen Politbürositzung an Tschernenkos Todestag habe ausgerechnet Grischin ihn als Nachfolger vorgeschlagen). Was hatte das zu bedeuten? Und was versprach Gromyko selbst sich davon (oder was war ihm versprochen worden)? Wollte er sich das Monopol auf die Außenpolitik bewahren, das er seit Tschernenko innehatte? Wollte er seine Aussichten auf eine »Beförderung« zum Ministerratspräsidenten oder zum Vorsitzenden des Präsidiums des Obersten Sowjet ausloten? Oder wollte er schlicht als alter Genosse den jungen Generalsekretär bevormunden – zur Befriedigung seiner Eitelkeit?

Warum Gromyko Gorbatschow im Plenum vorschlug, ließe sich auch wie folgt erklären: Nach Andropows Tod vereinbarten Ustinow und Gromyko, Gorbatschow vorzuschlagen, doch unmittelbar nach Beginn der Politbürositzung kam Tichonow ihnen zuvor: »Ich schlage Konstantin Ustinowitsch vor!« Die anderen stimmten zu, um die Einigkeit nicht zu stören. Dies war ein ungeschriebenes Gesetz. So wurden in der Sowjetunion historische Entscheidungen gefällt. Diesmal versuchten sie, Tichonow »auszuschalten«.

»Vieles deutet darauf hin«, notierte ich am selben Tag, »daß das Volk zufrieden ist. Schon vor Tschernenkos Tod haben die Leute sich in der Metro, im Trolleybus und in der Kantine offen für Gorbatschow ausgesprochen, ohne sich um den ›Lebenden‹ zu scheren. Sie hatten die schweren Zeiten und die offensichtliche Unfähigkeit der Regierung endgültig satt. Die Bevölkerung erwartet viel von Gorbatschow, wie zuvor schon von Andropow.«

»Hat Gorbatschow genug Mut, um die Erwartungen zu erfüllen? Seine Möglichkeiten scheinen unbegrenzt. Die jungen Kader des Parteiapparates und die Intelligenzija unterstützen ihn. Ein Parteitag steht vor der Tür, den er zu einem Wendepunkt in der Geschichte unseres Landes machen könnte. Wie zu Beginn der Ära Andropow, die ich auf einer Parteiversammlung der internationalen Abteilung als ›November-Ära‹ bezeichnet habe, bin ich also wieder voller Hoffnung und Zuversicht. Erste Bewährungsproben stehen Gorbatschow bereits bevor:

1) Umbesetzungen im engsten Beraterkreis (Bogoljubow[5] und manche andere[6]);

2) Wird er einen neuen Personenkult zulassen? Gromyko hat ihn bereits mit den geheiligten Worten ›herausragender Parteifunktionär‹ charakterisiert;

3) Wird er, wie Andropow, noch zögern, umfassende Sozialreformen durchzuführen, oder zeigt er sich bereits auf dem angekündigten April-Plenum als Radikalreformer?«

Soweit meine Aufzeichnungen von damals. Wie müßte ich nun aus heutiger Sicht Gorbatschow an diesem Wendepunkt seines Lebens beurteilen, wenn ich mir die folgenden Ereignisse vor Augen führe? Er war klug, rechtschaffen, gewissenhaft und leidenschaftlich. Im Umgang mit dem Apparat hat er die Spielregeln der Hierarchie perfekt gelernt.

Alles wollte er verbessern, alles vervollkommnen und Widersinn und Unfug beenden. Weltbekannt wurde inzwischen der Satz, den er Raissa in der Nacht vor dem April-Plenum gesagt hat: »So kann man nicht leben!« Er hatte einige Ideen, wie man das Leben der Menschen erleichtern kann, aber sie blieben im Rahmen des bestehenden Gesellschaftssystems. In diesem Sinn ist auch der Begriff Perestrojka zu verstehen, den er bald eingeführt (und lange verwendet) hat. Erst nach jahrelangen qualvollen Kämpfen war offensichtlich, daß diese Gesellschaftsform nicht erneuerbar ist. Sie war dem Untergang geweiht und mußte durch eine neue Ordnung abgelöst werden.

1985: Die Perestrojka beginnt

Am 13. März 1985 schrieb ich nach der Beschreibung der heuchlerischen und zynischen Trauerfeierlichkeiten anläßlich des Todes Tschernenkos in mein Tagebuch: »Eine neue Epoche hat begonnen. Was wird geschehen? Wir brauchen schließlich nichts Geringeres als eine ›Revolution von oben‹. Sonst wird nichts gelingen. Versteht Gorbatschow das?«

Am folgenden Tag fanden viele Treffen statt: mit so unterschiedlichen Menschen wie US-Vizepräsident George Bush oder KPI-Chef Natta. Die westliche Presse war voll von Lob und Hoffnungen: Zum ersten Mal war in der UdSSR ein Führer gewählt worden, der weder mit dem Stalinismus noch mit dem Breschnewismus in Verbindung gebracht werden konnte. Dann traf Gorbatschow mit Margaret Thatcher zusammen: Sie überschüttete ihn mit Lob, bezauberte. Er gab mit gleicher Münze zurück. Sie hoffte wohl darauf, mit Hilfe Gorbatschows Politiker wie Bundeskanzler Kohl, den französischen Staatspräsidenten Mitterrand und sogar US-Präsident Reagan auszumanövrieren.

Von allen Kommunisten, die zur Beerdigung gekommen waren, traf Gorbatschow nur Natta. Ponomarjow beschwerte sich darüber, daß er unter den vielen »guten« Parteiführern nur die Italiener, die »schlechten«, empfangen habe. Doch die Geste war politischer Natur, signalisierte Veränderungen in diesem Bereich.

Eine Woche verging. Die Bevölkerung war zufrieden. Unser Chauffeur erklärte: »Hier sind alle froh, daß ein richtiger Mann an die Macht gekommen ist. Um unser Land zu regieren, muß man gesund sein wie ein Pferd. Dem anderen (dem Verstorbenen) hat man sofort angesehen, daß er das nicht schafft. Ich hätte an seiner Stelle gleich abgelehnt.«

Am 9. Mai 1985 ging ich mit meinem Freund Nikolaj spazieren. Er erzählte mir ein »schreckliches Geheimnis« zum »Hinscheiden« Tschernenkos, was auch das »moralisch-politische« Erbe Gorbatschows kennzeichnet.

Nikolaj arbeitete wie ich im ZK-Apparat und war mit Codes und

Chiffrierverfahren befaßt. Jede Arbeit ging ihm glatt von der Hand. Einmal rief Tschernenko ihn zu sich. Er hatte den Code seines persönlichen Safes vergessen, den sie gemeinsam installiert hatten. Nikolaj sagte zu ihm: »Konstantin Ustinowitsch, Sie haben mir damals nicht ausdrücklich gesagt, daß nur wir beide den Code wissen. Deshalb habe ich ihn ›vergessen‹.«

»Was sollen wir machen?«, fragte Tschernenko. »Versuch's mal!«

Nikolaj kniete hin, und nach einigen Minuten hatte er den Code geknackt, durfte den Safe aber nicht öffnen. Tschernenko bedankte sich.

Nikolaj fuhr fort: »Nach Tschernenkos Tod wurde ich erneut gerufen. Den Code wußte ich, aber zum Schein mühte ich mich ab und öffnete den Safe erst nach einiger Zeit. Was sahen wir? Alle Dokumente, um deretwillen wir den Safe geöffnet hatten, waren in einem kleinen Ordner. Der Rest des Safes war mit Geld vollgestopft!«

Mit meinem Freund Nikolaj sprach ich in diesem Zusammenhang auch über Ligatschow. Wir erinnerten uns daran, daß er gebeten wurde, in der Akademie für Gesellschaftswissenschaften beim ZK der KPdSU einen Vortrag zu halten. Danach wollten ihm die Veranstalter wie üblich ein Honorar aushändigen. Ligatschow wies es verärgert zurück, und am folgenden Tag verbot er den ZK-Mitarbeitern, für öffentliche Auftritte Geld anzunehmen.

Ligatschow ist eine schillernde Persönlichkeit. Man kann ihm vieles vorwerfen: Konservativismus, Rückschrittlichkeit, ideologischen Primitivismus und die Anti-Alkohol-Kampagne. Aber die Versuche, ihn persönlich in Verruf zu bringen und ihm Habgier oder ähnliches unterzuschieben, sind unredlich und rufen bei allen, die ihn kannten, Abscheu hervor. So warf Ligatschow auf einer der ersten Sitzungen des ZK-Sekretariats unter seiner Leitung die alte Frage des Wohnraums wieder auf: Die meisten Wohnungen seien katastrophal veraltet, wegen der schlechten Bauweise würden Milliarden für Generalüberholungen verschwendet, Unfälle im Versorgungsnetz seien eine Massenerscheinung. Noch immer werde Mißbrauch getrieben. Schon ein halbes Jahr versuche man, Ordnung zu schaffen: Mitglieder würden aus der Partei ausgeschlossen und ihrer Posten enthoben, aber immer wieder würden Datschen, Saunen, »Paläste auf Staatskosten« gebaut, immer noch regle Vetternwirtschaft die Zuteilung von Wohnungen.

Afghanistan und Alkohol

Was für eine Außenpolitik, so fragten wir uns bei Amtsübernahme Gorbatschows, würde der neue Generalsekretär betreiben? Den Grundstein hatte bereits Nikita Chruschtschow gelegt. Breschnew hat dessen Außenpolitik wieder ad absurdum geführt, und Tschernenko hat ihn noch übertroffen. Die ganzen Erklärungen und Mitteilungen, die Alexandrow verfaßt hat, blieben politisch wirkungslos. Sie bargen sogar eine Gefahr, denn sie dienten nur scheinbar dem Wohle des Volkes und der Vermeidung eines Krieges. Aber das Wichtigste ist, ein Land zu reformieren und es zu lenken.

Seit dem Krieg gab es im ganzen Westen keine solche Welle der Sympathie gegenüber der sowjetischen Führung und der Sowjetunion. Führende westliche Politiker, unter ihnen Kohl, Shultz, Mitterrand und Frau Thatcher, bemerkten, Gorbatschow drücke sich klar und verständlich aus. Für sie war das ein Zeichen von Verstand, Kompetenz und Wissen. In der letzten Märzwoche war Sagladin in der Bundesrepublik und in Paris. Er traf dort Bahr, Brandt, Vogel, Späth; Marchais, Mauroy, Chevènement, Mitterrand, Barre und brachte der neuen Führung eine Vielzahl von Informationen mit. Alle westlichen Gesprächspartner erwarteten, daß Gorbatschows neue Mannschaft die Wirtschaft in Gang bringen würde, denn davon versprachen sie sich einen Nutzen.

Ihre Hoffnungen waren indes allzu voreilig, denn es galt, einen gewaltigen Koloß zu bewegen. Die Versuchung, den Weg des geringsten Widerstands zu gehen, war groß, und unzählige Probleme mußten unter schwierigsten Umständen in Angriff genommen werden.

Die wissenschaftlich-technische Revolution überschritt neue Grenzen, und wir waren zehn bis dreißig Jahre im Rückstand, die Landwirtschaft war am Ende, die Behörden waren unfähig, die Kader mußte man wechseln, angefangen mit Grischin und Romanow – und dann noch unsere »internationale Pflicht« in Afghanistan. Wir waren von der Intelligenz unseres Führers entzückt, und hunderttausende Familien erwarteten von ihm, daß er ihre Söhne aus diesem törichten Krieg nach Hause holte.

Eine große Bürde lastete auf ihm, und alle erwarteten, daß er den Augias-Stall ausmisten würde. Das sagte er damals selbst in einem Gespräch mit dem finnischen Ministerpräsidenten Sorsa.

Die Intelligenzija bewunderte ihn: so gebildet und klug. Und wie er den Personenkult haßte! Er fing gut an: Gorbatschow verbot, sein Porträt aufzuhängen. In der Presse war von den Richtlinien des ZK-Plenums die Rede und nicht von den Weisungen des Generalsekretärs. Auf einer Sitzung des Sekretariats, die er selbst leitete, hielt er eine Rede gegen Verschwendung, Bürokratie und wortreiche Versammlungen. Es mußte aber auch dringend gehandelt werden, zumal im Februar kein Wachstum zu verzeichnen war und der Jahresplan wohl wieder nicht erfüllt werden konnte.

Von seinen Mitarbeitern behielt Gorbatschow Andrej Alexandrow und Wiktor Scharapow. Ersteren, weil dessen Sachkompetenz unersetzlich war, letzteren, eine Hinterlassenschaft Andropows, weil er ihn schätzte. Er kürzte seinen persönlichen Apparat auf ein Drittel, löste zwei ZK-Abteilungen auf, schaffte unnötige Politbüro-Kommissionen ab: zu China, Afghanistan, dem Nahen Osten, zur Gegenpropaganda.

Michail Gorbatschow war sehr diszipliniert und arbeitete auch samstags. Gromyko gab er Aufträge, damit sie nicht nur bei der gemeinsamen Unterschrift gleichgestellt waren; er sollte lernen, selber zu entscheiden, nach eigener Überlegung. Auch Ponomarjow wurde mit der Lösung außenpolitischer Fragen beauftragt, nicht um ihn zu würdigen, sondern damit Gromyko merkte, daß im Zentralkomitee verschiedene Meinungen nebeneinander bestehen konnten. Die Zeiten des Monopols waren beendet.

Die Afghanistanfrage mußte geklärt werden. Ans Zentralkomitee und an die *Prawda* wurden sofort nach dem Amtsantritt des neuen Generalsekretärs, des neuen »Zaren«, viele Briefe geschickt, vor allem aus den russischen Gebieten und aus Sibirien. Fast alle waren unterschrieben! Die Hauptfrage lautete: Wozu wird dieser Krieg geführt, und wann hört er auf? Es schrieben hauptsächlich Frauen, die die Qualen und den Tod ihrer Söhne betrauerten: Wenn es denn unbedingt sein muß, warum schickt man dann keine Freiwilligen oder Berufssoldaten? Es schrieben auch Soldaten, die einfach nicht verstanden, warum sie dort waren. Auch Offiziere und sogar ein General schrieben, sie könnten ihren Soldaten nicht erklären, wofür sie kämpften, worin die »internationale Pflicht« bestehe. Zwei Briefe stammten von einer Panzer- und einer Hubschrauberbesatzung. Sie erklärten, die *Prawda* schreibe die Unwahrheit, wenn sie behaupte, die afghanischen Truppen hätten sich tapfer geschlagen. Diesen Kampf führten sie.

Ich sprach darüber lange mit meinem Freund. Er war der Meinung,

Gromyko und KGB-Chef Tschebrikow sollten dem neuen Generalsekretär Bericht erstatten, welchen Wert und welche Perspektive dieser Krieg habe. Eine andere Lösung als den Abzug gäbe es dann nicht mehr. Ich nannte meinen Freund naiv. Freiwillig würden sie das nie tun. Die politische Entscheidung des Abzugs müsse man vorwegnehmen, sie sollten dafür die beste Lösung finden. Der Krieg von Breschnew und Andropow dürfe nicht zum Krieg Gorbatschows werden. Die Beendigung des Afghanistan-Krieges würde ihm eine politisch-moralische Grundlage bieten, mit der man Berge versetzen könne, ganz zu schweigen von den außenpolitischen Folgen.

Im Juni 1985 erfuhr ich dann von dem Stellvertretenden Außenminister Kornijenko Einzelheiten zum Einmarsch in Afghanistan. Der Initiator war Gromyko gewesen, und Verteidigungsminister Ustinow hatte ihn unterstützt. Die beiden arbeiteten mit KGB-Chef Andropow und Ponomarjow aus, wie Breschnew von dem Plan überzeugt werden sollte. Andropow hielt sich zurück, sprach jedoch von möglichen Schwierigkeiten. Ponomarjow äußerte auch Zweifel, ordnete sich dann aber unter.

Ernsthafte Einwände wurden von seiten des Militärs geäußert, das die Aktion vorbereiten sollte. Generalstabschef Ogarkow, sein Stellvertreter Achromejew und der General der Sowjetarmee Warennikow wiesen darauf hin, daß der Plan undurchführbar und sinnlos sei, vor allem in politischer Hinsicht. Ustinow ließ ihre Einwände nicht gelten: Das Militär mache schließlich nicht die Politik, und sie sollten nicht urteilen, sondern einen genauen Plan für die Operation vorlegen.

Schon in den ersten Tagen als Generalsekretär nannte Gorbatschow Afghanistan als vorrangiges Problem. Es dauerte trotzdem zwei Jahre, bis es gelöst wurde.

Mit der Anti-Alkohol-Kampagne machte er einen zweiten Fehler, der zum tragischen Ende der Perestrojka beitrug. Am 6. April 1985 wurde das Problem im Politbüro diskutiert. Die Zahlen ergaben ein schreckliches Bild. Gorbatschow sagte, es gehe nicht nur um das größte soziale Problem der Gegenwart, sondern auch um die biologische Verfassung des Volkes, um seine genetische Zukunft. Wenn das Problem nicht gelöst werde, habe auch der Kommunismus keine Chance mehr. Als der Stellvertretende Vorsitzende der staatlichen Plankommission Gosplan darum bat, den Wodkaverkauf nicht sofort aufzuheben (es entstehe ein Verlust von fünf Milliarden Rubel), herrschte Gorbatschow ihn an: »Mit Wodka willst du den Kommunismus aufbauen!«

Ich weiß nicht, wer von den Politbüromitgliedern während der zwei-stündigen Diskussion daran dachte, daß 1973 schon einmal ein solcher Versuch gestartet worden war. Zwei Jahre lang lief es gut, dann wurde es noch schlimmer: Der Alkoholkonsum hatte sich seither verdoppelt.

Die Anti-Alkohol-Kampagne war damals für Gorbatschow eng mit dem Kampf für den Kommunismus verbunden. Zu Beginn der Perestrojka war er noch überzeugt, die Grundlagen dürften nicht berührt werden.

Dennoch merkten die Ideologen auf. Sie begannen, die neue Führung im Hinblick auf die Grundsätze ihres Handelns zu prüfen. Kosolapow, der Chefredakteur der Zeitung *Kommunist*, schickte das Konzept zu einem Leitartikel, der sich gegen die Ware-Geld-Beziehung wandte. Ich notierte mir: »Ich werde widersprechen. Das sind seine orthodoxen ›schöpferischen‹ Fantasien (er ist ein Anhänger der Diktatur des Prole-tariats). Wir haben keine andere Möglichkeit, das Weltniveau der Pro-duktivität zu erreichen ... Hoffentlich beachtet Gorbatschow nicht un-sere Theoretiker, die schon durch ihre ideologische Grundhaltung nur Propagandisten und Wortklauber sein können.«

Rettung durch den Zorn der Frauen?

Gorbatschow wußte schon vor seiner Wahl, wie die Situation wirklich aussah. Jetzt wurde darüber auch offen diskutiert, zumindest in der Füh-rung. Am 2. April 1985 legte er im Politbüro folgende Daten vor:

In der Nahrungsmittelindustrie werden etwa 60 Prozent aller Leistun-gen in Handarbeit erbracht, und die Produktivität ist zweieinhalb- bis dreimal geringer als in den kapitalistischen Ländern. 1300 milchverar-beitende Betriebe, 200 Fleischkombinate, 103 Konservenfabriken und 60 Stärke- und Sirupfabriken haben keine Reinigungsanlagen.

Von 11,2 Millionen Speicherräumen für landwirtschaftliche Produkte haben nur 30 Prozent Kühlung und nur 19 Prozent Lüftung. In der Zuk-kerindustrie sind nur 20 Prozent der Fabriken mit Speicherräumen aus-gestattet, 140 Fleischkombinate haben kein Kühlhaus. Der Bedarf an mo-dernen Maschinen wird nur zu 55 Prozent gedeckt.

Rund 30 Prozent der Agrarprodukte gehen dadurch verloren: bei der Bereitstellung und dem Transport von Vieh 100 000 Tonnen, 1 Million Tonnen Kartoffeln, 1,5 Millionen Tonnen Rüben und 1 Million Tonnen Fisch. Ein großer Teil von Obst und Gemüse verdirbt, weil geeignete Verpackungen fehlen.

Allein in Rußland müssen 200 Millionen Quadratmeter Wohnraum sofort renoviert werden, sonst droht der Abriß. Außerdem gibt es immer noch Baracken. Wasserleitungen und Kanalisation sind überlastet. Mehr als 300 Städte haben gar kein Leitungsnetz. Fast die Hälfte aller Straßen in den Städten der Russischen Republik hat keinen festen Belag.

Die Demagogie und das Gejammer der Perestrojka-Gegner, alles sei so gut gewesen und Gorbatschow habe alles zerstört, wird durch diese Daten entlarvt. Als die Führung begann, das Land genau in Augenschein zu nehmen, lag schon alles im argen.

Die Konsequenzen blieben allerdings noch in ganz traditionellen Mustern: Den anwesenden Ministern wurde damit gedroht, die Spezialkantine zu schließen, damit ihre Frauen ebenfalls von Laden zu Laden eilen müßten und sie durch den Zorn ihrer Gattinnen indirekt die Realität zu spüren bekämen!

Georgij Arbatow erzählte mir neulich, er habe Gorbatschow damals geraten, man müsse den Amerikanern zeigen, daß wir ohne sie, aber mit Westeuropa gehen würden. (Ich hatte ihm das schon gesagt, als ich sein Mitarbeiter wurde.) Mit China müsse man schnell Frieden schließen. Den Japanern müsse man zwei oder sogar alle vier Kurilen-Inseln zurückgeben, ansonsten könne man mit ihnen nicht zusammenarbeiten. Den Afghanistan-Krieg müsse man sofort beenden, worauf Gorbatschow antwortete, er denke schon über diese Frage nach. Wie sich herausstellte, hatte er Alexandrow schon damit beauftragt. (Dies war alles schon *vor* dem April-Plenum 1985.) Die sozialistischen Länder schließlich dürfe man nicht mehr wie Satellitenstaaten behandeln, sondern man müsse Beziehungen auf der Grundlage von Gleichberechtigung aufbauen.

Notiz vom 12. April 1985: Ich las das Stenogramm eines Gespräches Gorbatschows mit dem Sprecher des amerikanischen Repräsentantenhauses O'Neill. Ein interessantes, überzeugendes Gespräch, das Kompetenz und Selbstbewußtsein vermittelte. Gorbatschow versetzte die Amerikaner in Staunen. Später erklärte O'Neill in der Pressekonferenz mit amerikanischen Journalisten, Gorbatschow sei »ein Mensch von großem Talent und Ehrlichkeit, ein Staatsoberhaupt von Weltrang«.

Die Öffentlichkeit im Westen geriet nach Gorbatschows Amtsantritt in Aufruhr. Ich las das Stenogramm einer Diskussion über Abrüstung zwischen einer Kommission der Sozialistischen Internationale (sie wurde vom finnischen Ministerpräsidenten Sorsa geleitet) und unserer Delegation (Arbatow, Tscherwow, Primakow). Wieviel Verstand und Spitzfindigkeit! Indirekt sagen alle (auch unsere): Die Politik der Großmächte und ihrer Verbündeten ist irrsinnig, sie führt zur Vernichtung der gesamten Menschheit, aber wir tun so, als würden wir uns alle für den Frieden, für die Rettung vor dem Atomkrieg einsetzen.

Am 23. April 1985 fand das ZK-Plenum statt. Gorbatschow war selbstbewußt und beherrscht, nur manchmal reagierte er aufbrausend. In erster Linie wurden organisatorische Fragen geklärt. Diesmal konnte keiner der ZK-Mitglieder ahnen, wer ausgewählt würde. Gorbatschow zog sein Notizbuch aus der Tasche und schlug vor: Ligatschow, Ryschkow und Tschebrikow ins Politbüro; Marschall Sokolow als Kandidat; Nikonow als Sekretär für Landwirtschaft. Nach der Wahl gratulierte er allen und lud die neuen Politbüromitglieder ins Präsidium ein. Ligatschow ließ er neben sich am Tisch des Vorsitzenden Platz nehmen, und dieser leitete die Versammlung.

Jetzt herrschte im Politbüro, notierte ich abends, die absolute Mehrheit seiner acht Freunde *gegen* (wenn man das so sagen kann) Tichonow, Kunajew, Schtscherbizkij, Romanow und Grischin.

Gorbatschows Vortrag zur Innenpolitik war energisch; er warf die Fragen aus dem März-Plenum erneut auf. Die Grundgedanken des Vortrags und der Diskussionseinwürfe waren: die Ordnung (in der Produktion, den Läden, auf der Straße, in den Behörden, usw.) und die Selbständigkeit der Kader. Der letzte Gedanke wurde sehr von Schewardnadse (Georgien) und Wajno (Estland) unterstützt: die Bereitschaft zu riskieren, daß vor Ort entschieden wird, eine Art von »Autonomie« in der Verwirklichung der allgemeinen Strategie, die Anpassung an örtliche Gegebenheiten. Zur Außenpolitik äußerte Gorbatschow nur Allgemeinheiten – sei es, daß er sich noch nicht an diese Themen heranwagen wollte, sei es, was schlimmer wäre, daß er Gromyko das Feld zu überlassen gedachte. Arbatow brummte: »Er hat nichts übernommen von dem, was ich ihm eingeschärft habe.«

Vor Beginn der Diskussion sagte Gorbatschow, keiner solle sich zurückhalten, das »Potential unseres Kollektivs« solle sein wahres Gesicht zeigen, damit seine Arbeit sichtbar würde und es als Beispiel für die örtlichen Organe dienen könne. Die Debatte entsprach indes nicht seinen Erwartungen, mit Ausnahme der Stellungnahmen von Schewardnadse und Wajno. Schtscherbizkij und Grischin, die traditionsgemäß als erste sprachen, standen dem neuen Stil vollkommen hilflos gegenüber: Sie langweilten mit den üblichen Phrasen und leeren Worten.

Allerdings fehlten die Lobeshymnen auf den Generalsekretär.[1] Aber sie standen immer noch wie in der Schule klatschend auf, als das Präsidium eintrat, sogar nach der Pause. Gorbatschow ging schnell – ohne auf den Beifall zu reagieren – an seinen Platz, was die Situation sehr peinlich werden ließ.

Bei der Demonstration zum 1. Mai waren auf den Gesichtern der Teilnehmer Erwartung und Aufmerksamkeit zu erkennen. Gorbatschow hatte Hoffnungen geweckt, auch bei den Jugendlichen. Wie schwer wird es sein, den Erwartungen zu entsprechen, notierte ich mir. Man muß wirklich zum Revolutionär werden, um unser Volk so zu begeistern, daß auch der soziale und wirtschaftliche Umschwung gelingen kann. Durch den Austausch von Kadern schafft er sich eine »Revolutionsarmee« für die großen Aufgaben. Unter unseren Bedingungen kann sie jedoch leicht korrumpiert werden, wenn man sie nicht wirklich einsetzt.

Diese Notizen geben unsere damalige Einstellung wieder. Ich dachte natürlich noch in den Kategorien des alten Systems, wie auch Gorbatschow selbst.

Gespür für das Neue:
Von Gromyko zu Schewardnadse

Am 5. Mai 1985 schrieb ich in mein Tagebuch: »Gorbatschow geht immer noch auf dem von Gromyko gebahnten Pfad und läßt so die Außenpolitik seinen Händen entgleiten. In der westlichen Presse kursiert die Vermutung, Gromykos Außenpolitik würde fortgesetzt. Ein gewisses Maß an Kontinuität halte ich jedoch für nützlich. Ich denke, man sollte zuerst mit Westeuropa eine Verhandlungsbasis finden und dann Reagan einbeziehen. Die Abkehr von Gromykos Politik lange hinauszuzögern halte ich jedoch für gefährlich: Gleichgültigkeit gegenüber den Möglichkeiten unseres neuen Führers könnte entstehen.«

Ich las die Rede, die Gorbatschow zum Tag des Sieges über Hitler-Deutschland halten wollte. Ich schrieb nur in eine Ecke: »Ein sehr beeindruckender Text.« Allerdings erwähnte er Stalin als »Garant des Sieges« und erhielt dafür stürmischen Applaus. Im ganzen Kreml war ich wahrscheinlich der einzige, der nicht klatschte, denn ich hielt diese Geste für unnötig. Ich verstand, daß er sich der allgemeinen Stimmung anpassen wollte, daß er keinen Unmut provozieren und nicht den Gegnern der Reformen Argumente liefern wollte. Aber er hätte sich darüber hinwegsetzen und Charakter zeigen müssen: Stalin kann man nicht vergeben, wofür es keine Vergebung gibt – nicht nur für 1937, sondern auch für 1941. Er ist verantwortlich für den Tod von mindestens einem Drittel der 20 Millionen Kriegsopfer, von denen Gorbatschow in seiner Rede gesprochen hat.

Gleichzeitig stellte Gorbatschow sich als Neuerer dar. Am 22. Mai notierte ich: »Gestern wurde im Fernsehen der Auftritt Gorbatschows in Leningrad gezeigt. Heute reden alle darüber. Endlich haben wir einen Führer, der etwas von der Sache versteht, der mit den Leuten reden kann, ohne befürchten zu müssen, dadurch Macht preiszugeben, der wirklich etwas verändern will und der die Menschen zwingt, offen und ehrlich zu sein.«

Die Erwartungen an Gorbatschow waren hoch. Er schien ein Mann zu sein, der nicht nach einem Viertel des Weges stehenbleiben würde, wie Chruschtschow es getan hat, nachdem er Angst vor seiner eigenen Courage bekommen hatte. Gorbatschows Stil baute die Menschen auf. Der Charakter der Briefe an das ZK änderte sich grundlegend. Sie wurden offener, lockerer, ehrlicher, und die Lobhudeleien verschwanden. So konnte man in den Briefen die Warnung finden: Wenn Sie, verehrter Michail Sergejewitsch, sich mit Orden schmücken, sich zu irgendeinem Preisträger machen, dann verlieren Sie sofort das Vertrauen der Menschen.

Mitte Juni stellte Gorbatschow die wissenschaftliche und technische Revolution zur Diskussion. Nach zweistündigem Gespräch sagte er zusammenfassend: »Das Hauptproblem ist, daß sogar viele unserer Minister unsere Gedanken, Ideen und Absichten nicht verstehen. Was sie vorschlagen, sind nur Versuche, den alten Weg mit neuen Losungen zu gehen. Im Wesen der Regierungsform und der Vorgehensweisen hat sich nichts geändert.«

Am 1. Juli fand die Sitzung des ZK-Plenums statt. Gorbatschow begann in seiner ungezwungenen Art zu sprechen, ohne zum Rednerpult vorzutreten. Morgen sei die Sitzung des Obersten Sowjet, und man müsse über die Kandidatur für den Vorsitz des Präsidiums des Obersten Sowjet abstimmen. Seit 1977 sei das Amt mit dem des Generalsekretärs vereinigt worden. Jetzt seien andere Zeiten mit neuen Aufgaben angebrochen, und die verschiedenen Organe hätten unterschiedliche Verpflichtungen. Der Generalsekretär solle sich auf die Parteiarbeit konzentrieren.

Ohne Umschweife schlug er Gromyko vor. Gerüchte darüber waren bereits im Umlauf. Gorbatschow charakterisierte Gromyko sehr zurückhaltend und revanchierte sich nicht für Gromykos Rede auf dem März-Plenum. Er lobte weder die persönlichen Qualitäten noch die außenpolitischen Verdienste, sondern ging auf die neuen Funktionen des Obersten Sowjet ein, der mit wirklichen Rechten ausgestattet werden sollte, um die Arbeit der Minister zu kontrollieren.

Gorbatschow ging dann gleich zur Kandidatur für den Posten des Außenministers über. Im Politbüro sei dieses Problem (!) schon lange diskutiert worden, und Genosse Schewardnadse werde vorgeschlagen. Sogar für die oberen Kader kam das wie ein Blitz aus heiterem Himmel.

Hier die Vorgeschichte: Nachdem Gorbatschow Schewardnadse ins Politbüro gerufen hatte, bemerkte er: »Wir haben große Diplomaten wie Kornijenko, Tscherwonenko und Dobrynin.«

»Und Woronzow«, ergänzte Gromyko.

Gorbatschow senkte den Kopf und reagierte nicht. Dieser Arbeitsbereich, fuhr er fort, müsse unmittelbar in den Händen der Partei liegen, weshalb der Posten von jemandem aus der Führung besetzt werden müsse. Schewardnadse charakterisierte er so: »Er kam mit den schwierigen Umständen in Georgien zurecht, ist mutig, hat Gespür für das Neue und entwickelt eigene Vorgehensweisen.« Natürlich wurde Schewardnadse Mitglied des Politbüros. Ich denke, das war ein entscheidender Schritt, vor allem, weil dadurch das Monopol Gromykos in der Außenpolitik beendet wurde.

Auf demselben Plenum wurde Romanow aus dem Politbüro ausgeschlossen. Gorbatschow gab dazu keine Erklärung ab, man weiß nicht einmal, ob ein wirklicher Grund vorlag. Wahrscheinlich wollte man bloß einen untalentierten Menschen loswerden. Zwei neue ZK-Sekretäre wurden gewählt: Lew Sajkow, der für die Rüstungsindustrie zuständig wurde, und Boris Jelzin, bis vor kurzem noch Erster Sekretär von Swerdlowsk, jetzt Leiter der Bauabteilung im ZK.

Das Verhältnis zu den sozialistischen Ländern änderte sich nur allmählich. Am 21. Juli 1985 erschien in der *Prawda* der Artikel »Wladimirows« über die sozialistische Freundschaft. Er war kritisch gehalten, vor allem in bezug auf Ungarn, die DDR und Rumänien. Begriffe wie »nationalistische Stimmung« und »Russophobie« wurden gebraucht, »irgendwelche Modelle« und »unnötige Reformen« und sogar die Notwendigkeit internationaler »Disziplin« wurden erwähnt.

45

Die westliche Presse reagierte sofort auf den Artikel: Was hatte er zu bedeuten? Waren das die Gedanken Gorbatschows oder die der Opposition? Erlaubte er etwa nur der UdSSR, über Reformen nachzudenken, und den Vasallen verbot er es? Auch von (Ost-)Berlin und Budapest wurde Unverständnis geäußert.

Am 29. Juli sprach Gorbatschow den Artikel im Politbüro an: Wie könne so etwas passieren? Wir versuchten, die Beziehungen zu den sozialistischen Ländern zu verbessern, erklärten, daß das oberste Priorität habe, legten eine nie dagewesene Wendigkeit und Höflichkeit an den Tag, um Mißverständnisse zu beheben und Vertrauen aufzubauen, und dann werde uns ein solcher Artikel untergeschoben. Er habe sich schon vor Kádár und Honecker rechtfertigen müssen.

»Wußten Sie«, fragte er Russakow (den Leiter der Abteilung für die sozialistischen Länder im ZK), »daß ein solcher Artikel in Ihrer Abteilung vorbereitet wird? Der Autor ist doch Rachmanin, Ihr Erster Stellvertreter.«

Russakow verneinte.

»Und Sie«, wandte er sich an Simjanin (den ZK-Sekretär für Propaganda), »wußten Sie, daß im Zentralorgan des ZK, der *Prawda*, dieser Artikel eingegangen ist?«

Wieder ein Nein.

»Und du«, fragte er Afanasjew, den Chefredakteur der *Prawda*, »hast du nicht verstanden, was du tust? Warum hast du ihn nicht ans Politbüro oder wenigstens ans Sekretariat geschickt?«

Afanasjew brummte vor sich hin, berief sich auf das Durchsetzungsvermögen Rachmanins und darauf, daß dieser als Verantwortlicher für die Beziehung zu den sozialistischen Ländern hätte wissen müssen, was er tat.

Gorbatschow wehrte ab: »Erstens ist es empörend, daß der Leiter der Abteilung (Russakow) nicht weiß, was in seiner Abteilung vorgeht. Zweitens, was sollen wir von ZK-Mitarbeitern halten, die in wichtigen außenpolitischen Fragen eigenmächtig handeln, und wir müssen es hinterher ausbaden? Ein solches Verhalten verdient die sofortige Entlassung. Da es zum ersten Mal geschehen ist (hier verstellte sich Gorbatschow: er mußte wissen, daß Rachmanin beispielsweise in Richtung China seine eigene Politik machte – entgegen den Interessen des ZK und der Regierung), lassen wir es bei einer strengen Verwarnung bewenden.«

Am 5. Juli wurde Alexander Jakowlew Leiter der Abteilung für Propaganda des ZK. Er konnte sich bei allen seinen Feinden revanchieren. Vor allem bei Demitschew, der ihn einst dem Zorn Breschnews ausgesetzt und ihn lange in die kanadische Verbannung geschickt hatte.

Jakowlew rief mich an, sprach über Zusammenarbeit und bat mich, ihm am Anfang behilflich zu sein. Ihm stünden schwere Aufgaben bevor. Nach einer Woche schickte ich ihm das Manuskript der »Kinder vom Arbat« von Anatoli Rybakow. Er hatte von diesem »Jahrhundertroman« noch nichts gehört. Wie würde er reagieren, wie »antistalinistisch« war er, wenn er Verantwortung übernehmen mußte?

Eine Woche später erinnerte mich Jakowlew selbst an das Buch. Er gestand, es nachts gelesen zu haben, und begann abzulenken: viel Sex … Er behauptete, sich nicht zu erinnern, daß das zu unserer Zeit (in den dreißiger Jahren) so gewesen sei. Ich erinnerte ihn an das »Tagebuch des Kostja Rjabzew« und an Pantelejmon Romanow, den 1938 gestorbenen Erzähler, der reich Probleme der Liebe und Sexualität behandelt hatte.

Jakowlew redete weiter um den Brei herum, begann zu erzählen, wie 1937 sein Vater verfolgt worden sei, welche Zuteilungen erlassen worden seien (wie viele wo verhaftet und dann liquidiert werden mußten). Plötzlich wandte er sich doch dem Thema zu: Rybakow gehe es doch um die Behauptung, Sergej Kirow sei von Stalin ermordet worden. Die Frage sei noch nicht geklärt. Und außerdem sei es womöglich zu früh, sich mit der Psychologie Stalins auseinanderzusetzten (sogar in Form einer künstlerischen Analyse).

Ich antwortete ihm: »Und Tolstoj? Er hat doch auch fünfzig Jahre nach 1812 in ›Krieg und Frieden‹ Alexander I., Kutusow und Napoleon sprechen lassen. Er hat sich in ihre Psyche eingearbeitet und ›dokumentarisch‹ untermauert, was sie dachten und wie sie urteilten.«

Wir sprachen noch länger miteinander, und ich entnahm daraus, daß Jakowlew nicht für die Veröffentlichung der »Kinder vom Arbat« stimmen würde. Ich hatte aber die dunkle Vorahnung, Gorbatschow würde die Veröffentlichung befürworten. Das entspräche moralisch den Zielen des XX. Parteitags.

Anfang November 1985 sprach ich nochmals mit Jakowlew über Rybakows Roman. Nach seinen Andeutungen schien es, als habe sich Gorbatschow, nachdem er über den Inhalt informiert worden war, heftig gegen jede Form von »Personenkult« ausgesprochen und alles Geflüster über die Wichtigkeit der Autorität und Popularität des Generalsekretärs zurückgewiesen (womit Breschnew angefangen hatte). Bezüglich der

»Kinder vom Arbat«, sagte Jakowlew, hätte ich ihn gewarnt, daß eine Verzögerung der Druckgenehmigung die Veröffentlichung im »Tamisdat« [im Westen] zur Folge haben könnte. Ich wurde aus dem Bericht über dieses Gespräch nicht recht schlau. Jakowlew stand Gorbatschow damals sehr nahe. Vielleicht wollte er auf dem steilen Weg nach oben kein Risiko eingehen und abwarten, wie der Stalinismus und unsere Vergangenheit insgesamt unter Gorbatschow behandelt werden würden.[2]

Alexej Adschubej, der Schwiegersohn Chruschtschows, schrieb ihm übrigens einen Brief: Er sei 20 Jahre in der »geistigen Verbannung« gewesen; seine Werke seien nicht verlegt worden. Nach vier Tagen bekam er Antwort: Es werde sich alles ändern, er solle arbeiten, es werde gedruckt werden. Bedeutete das nicht auch eine »neue« Bewertung Chruschtschows? In gewissem Sinne seine Rehabilitierung? So geschah es dann auch. Aber Gorbatschow hatte natürlich schon immer seine eigene Meinung über die Rolle Chruschtschows gehabt, die nicht mit der offiziellen Parteimeinung übereinstimmte.

Ende August wurde im Politbüro über das Fazit des Jugendfestivals in Moskau diskutiert. Es gab Meinungsverschiedenheiten. Gorbatschow lenkte die Diskussion in eine ganz andere Richtung und vertrat folgende Thesen:

1) Die Sowjetbevölkerung soll direkte Kontakte zu Ausländern haben. Wir brauchen keine Angst zu haben. Es sollen ruhig die einen und die anderen kommen. Die einen sollen sehen, wie groß und vielfältig die Welt ist, die anderen, daß es keine »sowjetische Bedrohung« gibt.

2) Das Treffen unserer Jugendlichen mit Amerikanern, die nach dem Festival an die Wolga gefahren sind, hat mehr gegen das antisowjetische Feindbild der Amerikaner getan als unsere ganze außenpolitische Propaganda.

3) Wir haben die Installierung des Sputniksystems für das Fernsehen beschlossen. Für das Ausland. Was werden wir zeigen? Wir müssen lernen zu diskutieren, zuzuhören und zu überzeugen. Wir dürfen keine Angst vor Fragen haben. Und wir brauchen Kader. Das MGIMO (Moskauer Staatliches Institut für Internationale Beziehungen) stellt eine Kaste dar und keinen Kader. Die Leute wollen an dieses Institut, um ins Ausland zu kommen, und nicht, um für eine Idee zu kämpfen.

4) Bei uns hat sich gegenüber der Jugend eine fordernde Haltung entwickelt: Wenn Kartoffeln geerntet werden müssen, wenn Gemüse aussortiert werden muß, wenn eine Scheune gebaut werden muß, immer muß

eine Jugendgruppe herhalten. Der Jugend müssen wirkliche Aufgaben im politischen Prozeß anvertraut werden. Die Infantilität wird schwinden, eine politische Kultur entwickelt sich. Eine Gesellschaft muß in der Lage sein, ihren Nachwuchs aufzubauen, ansonsten ist sie unreif.

Gorbatschows Interview mit der Zeitschrift *Time* überraschte alle. Er offenbarte sich zum ersten Mal vor dem Ausland und teilte auch den eigenen Leuten neue Gedanken mit.

Die Redakteure des einflußreichen Medienkonzerns baten Gorbatschow, ihre Fragen schriftlich zu beantworten und sich danach mit ihnen zu unterhalten. Gorbatschow war einverstanden und beauftragte Außenminister Schewardnadse und ZK-Sekretär Simjanin, das Material vorzubereiten. Gorbatschow las dann den Amerikanern den Text nicht noch einmal vor, sondern übergab ihn einfach und begann das Gespräch. Es wurde interessanter als erwartet. Er überraschte durch seine Offenheit und Klarheit. Seine »Philosophie« war einfach: Leben und leben lassen. So verstünden wir jetzt das Zusammenleben in der Welt. Die Vertreter des »imperialistischen Lagers« hatten nach Jahren der Prahlerei ehrliche Antworten zu Mängeln, Schwächen und rückständigen Bereichen in der UdSSR bekommen.

Das Interview für die *Time* war ein Ereignis. Würde der Geist des kritischen Optimismus richtig verstanden werden? Und würden Schlüsse daraus gezogen werden?

Am folgenden Tag rief mich Gorbatschow wegen des Treffens mit Reagan am 19./20. November in Genf an. Er bat mich, auch an ein Programm für seine Frau Raissa zu denken. Es war ein gutes Zeichen, daß er seine Frau am diplomatischen Leben teilnehmen ließ. Zumindest im Westen würden wir wie normale Menschen aussehen.

Am 7. Oktober notierte ich zum Besuch Gorbatschows in Paris: »Wieder einmal ›der Versuch Rußlands, Europa zu umarmen‹. Und wieder Ironie, Kälte, Höflichkeit von oben herab. Das Gesicht Mitterrands während der gemeinsamen Pressekonferenz sagte alles: das arrogante Gesicht Europas als Antwort auf unser Entgegenkommen. Wieder könnten wir in die traditionelle historische Isolation zurückgeworfen werden, vor allem wenn das Gespräch mit Reagan keine Erfolge bringt. Trotzdem wurde das Bild von uns schon modifiziert, und das Wichtigste ist sowieso, daß wir uns offen und in guter Absicht zeigen wollen. Ich weiß nicht, ob Gorbatschow bewußt gefallen will oder ob er sich nur mit den

Realitäten auseinandersetzt und entsprechend handelt. Denn wenn man genau liest, was er im letzten halben Jahr gesagt hat, kann man leicht unterscheiden, was Ablehnung und was ideologische Intoleranz ist. Und das ist schon viel für den Anfang – wenn es wirklich der Anfang ist und nicht eine ›Ideologie, die zu Grabe getragen wird‹, wie Ponomarjow behauptet. Unsere Propaganda greift einen solchen ›Anfang‹ nicht auf. Der Umschwung muß durch den Parteitag bekräftigt werden, auf einer ›philosophischen‹ Ebene.

Dafür muß erst die ›jüdische Frage‹ geklärt werden, d. h. die heikelste Frage zu den Menschenrechten, und das Verhältnis der neuen Machthaber zur Intelligenzija, die bisher noch keine Beachtung gefunden hat.«

Mitte Oktober tagte das ZK-Plenum. Die Planung eines neuen Parteiprogramms wurde diskutiert. Gorbatschow sprach als erster über die Einheit und Verschiedenheit der Welt und darüber, daß die friedliche Koexistenz ein Entwicklungsgesetz (und nicht unsere Taktik) sei, dem wir uns unbedingt unterordnen müßten.

Während des Plenums gab es eine »Gesangseinlage«. Der Sekretär eines Gebietskomitees aus Kasachstan trat auf. Wie viele vor ihm, begann er den »bolschewistischen Stil des Genossen Gorbatschow«, sein »Leninsches Vorgehen« und »das Glück, eine so dynamische Führung zu haben«, zu preisen. Die vorherigen Redner hatte Gorbatschow noch ertragen, aber jetzt wurde er immer ärgerlicher, und plötzlich platzte er los: »Genosse Demidenko! Wenn sie im Westen sagen: der ›Stil Gorbatschows‹, die ›Dynamik Gorbatschows‹, der ›Charakter des neuen Führers‹, dann ist das verständlich. Bei ihnen ist das üblich, und sie brauchen es jetzt wahrscheinlich so. Aber wozu müssen wir uns auf dem Plenum damit beschäftigen: ›Gorbatschow, sein Stil, ist er so oder anders?‹ Warum müssen wir daran rummachen?«

Der Redner war ganz verwirrt und konnte seine Rede kaum zu Ende bringen. Ab und zu bekam er Beifall, doch als Gorbatschow ihn zurechtwies, ertönte stürmischer Applaus. Alle hatten also im Prinzip verstanden, doch die billige Lobhudelei und der gewohnte Kult erwiesen sich als zählebig. Bürokratie und leere Phrasen bei festlichen Anlässen waren Ausdruck unseres Denkens. Man könnte auch sagen, daß es nahezu kein Denken gab, denn nur ganz wenige sprachen über die Inhalte des Programms: wie zu den unvergeßlichen Zeiten Rechtfertigungen über »Erfolge und Mißstände« in Republiken, Regionen und Städten – und Bitten.

Kapitalismus für Kabul?

Kurz vor dem Oktober-Plenum hatte ein geheimes Treffen stattgefunden zwischen Gorbatschow und Karmal, dem damaligen Generalsekretär der Demokratischen Partei Afghanistans. Das vorbereitete Papier beschönigte nichts: Jeden Tag starben zehn unserer Soldaten in Afghanistan. Es bestand keine Hoffnung, daß die Afghanen die Revolution alleine verteidigten, denn ihr fehlten die Grundvoraussetzungen. Wir empfahlen eine radikale Wende: freien Kapitalismus, afghanisch-islamische Werte, die Machtteilung mit der Opposition und bisher feindlichen Kräften, Kompromisse mit den Rebellen und mit Emigranten. Gorbatschow versuchte, Karmal die Vorschläge nahezubringen, aber er fand keinerlei Verständnis.

Am 17. Oktober 1985 schlug Gorbatschow dann im Politbüro die Lösung des Afghanistan-Problems vor: Der Krieg mußte beendet werden. Er schilderte sein Gespräch mit Karmal. Dieser sei vollkommen überrascht, habe so eine Wende nie erwartet und sei überzeugt gewesen, daß uns Afghanistan wichtiger sei als ihm. Deshalb müsse man sich klar ausdrücken: Bis Sommer 1986 müßten die Afghanen in der Lage sein, sich selbst zu verteidigen. Wir würden helfen, aber nicht mit Soldaten, sondern mit Waffen. Wenn er und seine Leute überleben wollten, müßten sie ihre Machtgrundlage erweitern, den Sozialismus vergessen und die Macht mit denen teilen, die sie wirklich hätten, also mit den Führern der Mudjaheddin und ihren Organisationen. Sie müßten den islamischen Gesetzen wieder Gültigkeit verschaffen, die Bräuche achten, sich auf traditionelle Autoritäten berufen und dem Volk zeigen, daß die Revolution spürbare Verbesserungen bringe. Sie sollten die Armee reorganisieren, die Gehälter von Offizieren und Mullahs erhöhen und sich um den Einzelhandel kümmern – eine andere Wirtschaftsform werde es dort lange nicht geben.

Dann las Gorbatschow einige herzzerreißende Briefe vor. Es ging in ihnen immer wieder um ähnliche Fragen: Wollen die Afghanen das wirklich? Sind die Leben unserer Kinder nicht zu kostbar, um sie in einem sinnlosen Krieg zu opfern? »Und warum«, zitierte Gorbatschow, »laßt Ihr (d. h. die sowjetische Führung) ahnungslose Rekruten gegen erfahrene Soldaten kämpfen, die zu zehnt eine ganze Brigade in Schach halten können?« Gorbatschow nutzte die Emotionen, sprach aber keine eindeutige Wertung aus. Es war jedoch unmißverständlich, was er über dieses Abenteuer dachte. »Mit oder ohne Karmal«, sagte er, »werden wir alles für einen schnellen Abzug aus Afghanistan tun.«

Marschall Sokolow, der Verteidigungsminister, ergriff das Wort. Er war zum Rückzug bereit und wollte Karmal gegenüber keinerlei Nachsicht zeigen. Gromyko schlug Änderungen der »Empfehlungen« vor, die in Kabul offiziell übergeben werden sollten. Die ironischen Gesichter seiner Kollegen sprachen für sich: Erst brockt er dem Land diese schmutzige Sache ein, und jetzt gibt er Ratschläge und urteilt!

Ich dachte damals, Gorbatschow würde die Entscheidung zu Afghanistan noch vor dem Parteitag verkünden, aber er tat es nicht.

Am 22. Oktober 1985 reiste er zum Politisch Beratenden Ausschuß des Warschauer Pakts. Ich sah den Text, den er dort einer geschlossenen Versammlung vortragen würde. Zur kommunistischen Bewegung sagte er folgendes:

1) Sie erlebt schwierige Zeiten. Die kommunistischen Parteien müssen ihre gegenwärtige Entwicklung überdenken und einen neuen Kurs ausarbeiten.

2) Die Meinungsverschiedenheiten dürfen nicht dramatisiert werden. Wir, die sozialistischen Länder, dürfen Kritik nicht als Beleidigung empfinden, denn oft erweist sich die Kritik als richtig, und wir versuchen auf die Vorschläge einzugehen. Wir dürfen nicht erwarten, daß alle Kommunisten von uns begeistert sind.

3) Internationale Konferenzen sind nicht mehr angemessen. Wir müssen neue Versammlungsformen finden, vor allem, um gemeinsam objektive Prozesse zu untersuchen.

4) Wir müssen für die Schwierigkeiten der kommunistischen Parteien Verständnis haben; sie haben viele Probleme. Ihre Selbständigkeit müssen wir anerkennen.

Kurz gesagt: Er lehnte die Politik Ponomarjows in der kommunistischen Bewegung ab.

Alle an der Politik Beteiligten, auch die progressivsten, hielten an ihrem ideologischen Wertesystem und ihren Vorstellungen von der Zukunft fest.

Ich hatte auch Einblick in Gorbatschows Notizen vom Politbüro, wie er in den Verhandlungen mit Reagan weiter vorgehen wollte. Er gedachte an der in Paris verkündeten Position festzuhalten und sich nicht auf regionale Fragen einzulassen. Auf das Recht, mit »Kämpfern für die Unabhängigkeit« solidarisch zu sein, dürfe nicht verzichtet werden. Die Interessen der USA dürften nicht nach dem Gutdünken der Amerikaner akzeptiert werden, das Pariser Treffen müsse als der Beginn eines regelmäßigen Dialogs betrachtet werden. Und überhaupt müsse man auf einem Planeten »miteinander leben können. Wir sind verschieden, aber wir müssen diese Unterschiede akzeptieren.« Reagan sollte also nicht verärgert werden, damit die Kriegsgefahr nicht größer würde.

Der »Geist von Genf« zeigte bereits erste Wirkung. Die materielle Bereitschaft zum Krieg wurde dadurch nicht verringert, aber die Konfrontation reduziert und der Wille, den Krieg nicht mehr als Mittel der Politik zu begreifen, gestärkt. Friedliche Koexistenz im Sinne Gorbatschows bedeutete im Gegensatz zu früher (wie oft haben wir gesagt und geschworen, daß wir für den Frieden und gegen die Politik der Stärke sind), den anderen ihr Recht, den eigenen Weg zu gehen, wirklich zuzugestehen. Und das ohne Täuschungsversuch, ohne selber nach Überlegenheit zu streben.

Dieser Ansatz wurde zuerst seinen Mitstreitern bewußt. Im ZK-Sekretariat wurde der materielle Zustand unserer Kultur diskutiert. Die Verhältnisse waren wie überall katastrophal. Wenn in der Sowjetunion zum Beispiel jeder ins Theater gehen wollte, könnte er das nur einmal in sechs Jahren tun. In der Hauptstadt gab es genauso viele Theater wie 1940, aber die Bevölkerung hatte sich verdoppelt. Ligatschow leitete die Versammlung und kritisierte die bisherige »These«, man müsse die Mittel für kulturelle Angelegenheiten kürzen, weil Geld für die Rüstung benötigt würde. Wir müßten damit aufhören, sonst stehe das Ende der Kultur bevor.

In meinem Tagebuch schrieb ich viel über die Atmosphäre vor dem ersten Parteitag Gorbatschows. Einen dienstlichen Vorgang möchte ich noch erwähnen. Ponomarjow gab uns, den Beratern der Abteilung, die Aufgabe, den internationalen Teil des Rechenschaftsberichts des Generalsekretärs vorzubereiten. Nach den ersten Entwürfen kam es mit ihm zu folgendem Dialog:

»Welches ›neue Denken‹? Wir haben das richtige Denken! Sollen doch die Amerikaner ihr Denken ändern.«

»Aber in den Texten Gorbatschows steht doch schwarz auf weiß, daß er auch von *unserem* Denken spricht.«

»Keine Ahnung! Das hat er in Paris und Genf gesagt, für den Westen.«

»Ist das für Sie nur Demagogie?«

»Man muß den Kampf gegen die Imperialisten führen können.«

»Aber Gorbatschows neuer Gedanke ist doch, daß wir diesen Kampf durch die Entwicklung der eigenen Gesellschaft erfolgreich führen können ...«

»Sprechen Sie von der friedlichen Koexistenz? Darüber habe ich schon in der Vorbereitung für den XIX. Parteitag geschrieben, noch unter Stalin. Was ist daran neu?«

»Neu daran ist, daß es neu klingt. Stalin sagte, daß er für den Frieden und gegen den Krieg sei. Keiner glaubte ihm. Chruschtschow begann man zu glauben. Breschnew schwang fast zwanzig Jahre lang Reden über die friedliche Koexistenz, trat auf dem Kongreß des Friedens auf, beantwortete die Aufrufe verschiedener Friedensorganisationen, empfing ihre Gesandten, schwor Friedensmaßnahmen. Keiner glaubte ihm. Aber Gorbatschow glauben sie. Denn er hat begonnen, die Taten den Worten anzunähern.«

»Was kritisieren Sie an unserer Außenpolitik? Daß wir den Kosmos beherrschen? Oder daß wir Interkontinentalraketen geschaffen haben? Sind Sie gegen die Kräfte, die der Imperialismus als einzige respektiert?!«

Der Text, den wir vorbereiteten, wurde natürlich in der Ponomarjowschen Variante nach oben weitergeleitet. Dort wunderten sie sich: Er las sich, als hätte uns keiner mit der Bearbeitung beauftragt. So blieb er und wurde nicht einmal von der »Hauptgruppe«, die Jakowlew leitete, gelesen.

Ich rief ihn trotzdem an und sagte ungefähr folgendes: Bei dir ist wahrscheinlich unsere Variante gelandet. Ich bin überzeugt, du würdest sie zurückweisen, falls du sie lesen würdest. Es ist beschämend, wie ein Idiot zu wirken, gerade dann, wenn etwas beginnt, worauf wir so lange gewartet haben. Unter Breschnew und dann in der Internationalen Abteilung galten wir als Liberale und sogar als Revisionisten, wir waren für Freiheit im Denken und Handeln, für Unangepaßtheit in Diskussionen ... Wir versuchten uns unmerklich dem zu nähern, was jetzt geschieht. Und jetzt riskieren wir, in den Augen der Gefolgsleute Gorbatschows als konservative Kommunisten dazustehen.

Im Außenministerium war vom »Geist von Genf« allerdings noch wenig zu spüren. Schewardnadse verfaßte für das Politbüro einen Artikel zu regionalen Problemen. Auffallende, billige Journalistik ohne Gespür für den neuen politischen Stil. Vorerst hielt sich der neue Minister an Korrekturen und Ratschläge.

Zusammen mit Arbatow schickte ich Gorbatschow eine »private« Notiz, mit der wir ihn unter Berufung auf Dr. Lown (»Internationale Ärzte zur Verhinderung des Atomkriegs«) überzeugen wollten, daß die Verlängerung des Abkommens über ein Moratorium für Atomtests sinnvoll sei. Es schien, daß Gorbatschow dem zuneigte, obwohl es schon einen Monat her war, daß im Politbüro der Beschluß zur Wiederaufnahme der Tests gefaßt und die Vorbereitung der »propagandistischen Sicherstellung« in Auftrag gegeben wurden.

Es machte uns Hoffnung, daß Reagan und Gorbatschow dem sowjetischen bzw. dem amerikanischen Volk Neujahrsgrüße schickten. Es war eine amerikanische Idee, doch Gorbatschow zögerte keine Minute. Das war auch ein Zeichen: Dem »Oberimperialisten« wurde erlaubt, direkt vor das sowjetische Volk zu treten; das neue Denken diente also nicht der Demagogie, sondern sollte wirkliche Veränderungen hervorbringen.

Mitte Januar 1986 machte Gorbatschow den Vorschlag, bis zum Jahr 2000 eine atomwaffenfreie Welt zu schaffen. Mein Eindruck war, daß er wirklich um jeden Preis das Wettrüsten beenden wollte. Er ging das Risiko ein, von dem er erkannt hatte, daß es gar nicht existierte: Niemand würde uns überfallen, selbst wenn wir vollkommen abrüsteten. Wenn man aber das Land auf einen sicheren Weg führen wollte, so mußte man ihm die Bürde der Aufrüstung nehmen, die nicht nur der Wirtschaft Kraft entzog. Was für ein Glück, schrieb ich am 18. Januar in mein Tagebuch, daß es im Politbüro einen Menschen gab, der mit der wahrhaftigen Weisheit eines Herrschers (Andropow) gerade ihn in der Provinz gefunden hat. Und das bei 95 Kreisen und Gebieten.

Wenn Andropow ihn nicht gefunden hätte und Breschnew ihm nicht verbunden gewesen wäre, wer wäre uns da noch geblieben, vor allem nach Tschernenko. Und jetzt hatten wir einen herausragenden Führer bekommen: klug, gebildet, ehrlich, mit Ideen. Mythen und Tabus kannte er nicht.

Das einzige Problem waren die Kader. Der Austausch wurde nicht gründlich genug durchgeführt. In jeder Sitzung des ZK-Sekretariats oder Politbüros wurden einige abgesetzt, aber wer kam an ihre Stelle? Wollten und konnten sie wirklich Gorbatschows Politik vertreten? Meine Befürchtungen haben sich bestätigt. Viele Neue erwiesen sich als unfähig, ein Großteil wurde sogar später zu Gegnern Gorbatschows.

Um Gorbatschow entstand ein neues »Machtzentrum«: Jakowlew, Rasumowskij (Leiter der ZK-Abteilung für Organisation), Medwedew, Lukjanow (Leiter der ZK-Abteilung für Parteiorganisation). Sie entschieden die anstehenden Fragen – und vor dem Parteitag das Schicksal der »Ehemaligen«.

Am 23. Dezember 1985 notierte ich: »Heute ist ein Freudentag für ganz Moskau: Grischin wurde endlich abgesetzt, Jelzin wurde neuer Parteichef Moskaus.«

Einen Monat später, am 24. Januar 1986, trat Jelzin auf der Moskauer Parteikonferenz auf. Mit diesem Augenblick begann sein Ruhm. Seine Rede erreichte den Kern der Probleme und kündigte Veränderungen an. Man konnte sie mit dem XX. Parteitag vergleichen. Jedermann versuchte, die *Moskowskaja Prawda,* in der die Rede abgedruckt wurde, zu bekommen.

1986: Der Weg nach Reykjavik

Am 3. Februar 1986 rief mich Gorbatschow erneut an. »Hallo! Soeben habe ich mit Ponomarjow gesprochen und ihm mitgeteilt, daß ich dich ausgewählt habe. Die Anordnung habe ich bereits unterschrieben und ans Politbüro weitergeleitet.«

»Vielen Dank ...« Ich stocke, und er schweigt ebenfalls, erwartet noch etwas. »Danke für Ihr Vertrauen ...« Abermals Pause.

»Was ist denn mit dir? Hast du es dir anders überlegt?«

»Nein, aber ich habe Ihnen neulich schon alles gesagt ... Werde ich es schaffen? Sind Sie sicher?«

»Völlig sicher.«

»Aber ich muß hier noch meine Arbeiten abschließen.«

»Zwei Tage. Dann fang bei mir an!«

Am Abend schrieb ich ins Tagebuch: »Kein Grund zur Klage. Ein letztes Mal im Leben muß ich all meine Kräfte zusammennehmen und meine Fähigkeiten voll ausschöpfen. ›Über die Front schickt man niemand hinaus‹, habe ich mir gesagt nach ›Wassilij Tjorkin‹ (dem Gedicht von Alexander Twardowskij über den Zweiten Weltkrieg). Ich fürchte einzig und allein, daß ich den Hoffnungen und Plänen Gorbatschows nicht gerecht werden könnte. Vielleicht auch, weil ich nicht weiß, was er von mir erwartet ...«

Von Gorbatschow habe ich keinerlei Instruktionen erhalten, wie ich ihm helfen soll. Völlig erdrückt von einer Informationsflut, habe ich selbst für die Weiterleitung an Gorbatschow Prioritäten festgelegt:

Abrüstung, sowjetisch-amerikanische Beziehungen, regionale Krisen, Judenfrage und Recht auf Ausreise, Bildung eines »Sicherheitsrates« zu seiner Unterstützung (nach Washingtoner Vorbild).

Als erste Amtshandlung nahm ich an Gorbatschows Gespräch mit Senator Edward Kennedy teil. Mein erster Rat an Gorbatschow galt der Vorbereitung des XXVII. Parteitags: Die Wiedervereinigung Deutschlands dürfe nicht vergessen werden, schrieb ich, weil sie sowieso nicht zu vermeiden sei, wenn wir eine langfristige strategische Perspektive entwickeln wollten (vorläufig wurde dies ignoriert). Meine erste ideologie-politische Empfehlung (auf Anraten von Arbatow und Alexandrow), auf dem Parteitag des ermordeten schwedischen Ministerpräsidenten Olof Palme zu gedenken, hat Gorbatschow kurzentschlossen akzeptiert und damit einen Präzedenzfall geschaffen: Palme war zwar ein »guter Sozial-demokrat«, aber ein ideologischer Widersacher. Die Angelegenheit war besonders pikant, weil an jenem Morgen der damalige KGB-Chef Tsche-brikow die Sitzung leitete. Er hat den Delegierten empfohlen, »eine Ge-denkminute einzulegen«.

Persönlichen Anteil an Gorbatschows Politik hatte ich erstmals bei der Entspannung des Verhältnisses zur finnischen Kommunistischen Partei. Als die Gästeliste zum Parteitag im Politbüro diskutiert wurde, habe ich die Gelegenheit genutzt und Gorbatschow darauf hingewiesen, wie viele Jahre die Internationale Abteilung des ZK die finnischen Kom-munisten schon hinhielt. Er erteilte der Abteilung für ihre Haltung einen scharfen Verweis und beschloß: »Die Zeiten sind vorbei, als wir mit Bru-derparteien umsprangen wie mit unseren Gebietskomitees. Wenn die Parteien mit irgend etwas nicht einverstanden sind, werden wir offen unseren Standpunkt darlegen und nicht exkommunizieren, intrigieren oder uns in fremde Angelegenheiten mischen.«

Der XXVII. Parteitag:
Beschleunigung der Reformen und Friedenssicherung

Am 22. Februar 1986, drei Tage vor Beginn des Parteitags, berieten wir im engsten Kreis über die außenpolitische Konzeption, die Gorbatschow den Delegierten präsentieren sollte. Anwesend waren: Jakowlew, Luk-janow, Medwedew, Boldin, Leonid Smirnow (ein Berater, der bald zum Direktor des Instituts für Marxismus-Leninismus ernannt wurde) und ich. Hier meine Aufzeichnung von Gorbatschows Rede:

»Die Welt ist vielfältig. Erinnern wir uns an Lenin: Hundert Jahre nach seinem berühmten Ausspruch sind wir heute wieder zu der Er-kenntnis gelangt, daß die Interessen der gesamten Gesellschaft manchmal über den Interessen der Klasse stehen.

Wir müssen vorbereitet zum Parteitag kommen und gemeinsam ver-suchen, die gewaltigen Aufgaben zu lösen, vor denen heute unsere Gesellschaft steht. Es ist wichtig, die Zeit, in der wir leben, zu erfassen. Ich habe in Gesprächen schon mehrmals die Vielfältigkeit und die Mehrdimensionalität der Welt angesprochen. Das ist die einzig richtige Herangehensweise. Wir müssen die ganze Welt mit all ihren inneren und äußeren Wechselbeziehungen verstehen. Ohne diese allgemeine Erkenntnis werden wir auch keine Strategie für die Innen- und Außenpolitik entwickeln können. Die friedliche Koexistenz muß bei jedem Schritt gewährleistet sein. In Übereinstimmung mit ihr arbeiten wir nicht nur einen außenpolitischen Kurs aus, sondern stärken ihn auch durch unsere Propaganda und Politik.

Die Hauptsache ist, daß wir die Gelegenheit zur Wende genutzt und unseren Kurs entsprechend geändert haben. Vor allem darf uns bei der Grundtendenz und der Generallinie kein Fehler unterlaufen. Was heißt denn ›Neues Denken‹? Auf diese Frage muß ich ausführlich eingehen. Seit dem April-Plenum ist fast ein Jahr vergangen. Wir machen zwar nur kleine Fortschritte, aber wir kommen voran. Wir sind keine Götter und nicht allwissend. Wir oben verfügen heute über mehr Informationen und haben erkannt, daß eine grundlegende Wende nötig ist. Das müssen wir auf dem Parteitag vorbringen. Doch da ist noch etwas anderes, denn auch auf dem XXVI. Parteitag wurden einige vernünftige Neuerungen vorgeschlagen. Wie viele Jahre diskutierten wir darüber? Nichts geschah. Ein neuer Menschenschlag tauchte auf, der nur leeres Geschwätz verbreitete und von den neuen Ideen schmarotzte, anstatt zu arbeiten. Wir brauchen jedoch die Einheit aller Gleichgesinnten, die sich die Suppe eingebrockt haben und bereit sind, bis zum Äußersten zu gehen.«

Mit dieser Rede distanzierte sich Gorbatschow klar von unseren bisherigen Führern; offensichtlich hat er dem Neuen Denken bereits einen ersten Rahmen gesteckt. Allerdings war er noch stark vom Mythos des Klassenkampfes geprägt und ging in einigen Punkten von bereits veralteten Einschätzungen der tatsächlichen Lage aus. Vor allem belasteten damals noch die früheren Beziehungen zu Freunden und Bündnispartnern und die Verpflichtung zum »proletarischen« und »sozialistischen« Internationalismus das Neue Denken. Die KPdSU gab sich als führende Macht und Garantin des Internationalismus aus und betrachtete ihn gleichzeitig als eine Stütze der Supermacht UdSSR. Nur so läßt sich das Gemisch aus Altem und Neuem, aus scheinbaren und tatsächlichen Widersprüchen in Gorbatschows damaliger Lagebeurteilung erklären.

Besonders deutlich wurden die Widersprüche bei Gesprächen mit Gästen und Delegationen auf dem XXVII. Parteitag. Zum Vorsitzenden der griechischen PASOK (Panhellenistische sozialistische Bewegung Griechenlands) sagte Gorbatschow: »In der heutigen Lage müssen die Landesführer unabhängig vom Gesellschaftssystem dieselbe Weisheit und politische Willenskraft beweisen, um die Kriegsgefahr effektiv zu bekämpfen.«

Ein paar Tage später, am 2. März 1986, sprach Gorbatschow gegenüber Fidel Castro von den gewaltigen Möglichkeiten des sozialistischen Systems. Er sagte, daß der Imperialismus niemals auf den Einsatz seiner Kriegsmaschinerie zur Ausbeutung anderer Völker verzichten werde und die Vereinigten Staaten infolgedessen kaum zu Abrüstungsschritten bereit sein würden.

Er erklärte einerseits, daß ein großer Fehler begangen wurde, als bei der Einführung des Marxismus-Leninismus moralische Werte zu bourgeoisen Relikten abgestempelt wurden. Andererseits zeigte er sich mit Castro einig, daß alles aus der Sicht der Interessen der Arbeiterklasse und des Klassenkampfes analysiert werden müsse. Nach Gorbatschow stellte der Rüstungswettlauf das Überleben der Menschheit in Frage, und immer mehr Menschen gelangten in kapitalistischen wie in sozialistischen Ländern zu dieser Ansicht. Gleichzeitig hielt er es für unabdingbar, in Afrika Länder wie Angola, Äthiopien und Moçambique zu unterstützen, weil sie einen antiimperialistischen Kurs steuerten. Allerdings hat er Castros dringlicher Bitte, sowjetische Piloten zu Einsätzen nach Angola zu schicken, nicht nachgegeben.

Charakteristisch für die erste Etappe von Gorbatschows Umdenken war seine Zusammenfassung der Parteitagskonzeption:

»Die grundlegenden strategischen Ziele und Aufgaben der Partei bleiben unverändert. Unsere unerschütterliche Treue zu den Werten, die wir schon immer verteidigt haben, bleibt erhalten.

Selbstverständlich muß vieles geändert werden, was die praktische Umsetzung dieser Ziele, die Methoden der Verwirklichung und die Notwendigkeit einer dynamischeren Herangehensweise an die vielfältigen Aufgaben betrifft, und zwar im Sinne einer dynamischeren Geschäftsführung in den Bereichen Wirtschaft, Gesellschaft und Politik. Dies hat vor allem unumgängliche Veränderungen der Partei selbst zur Folge. Ihr Wesen als politische Organisation der Arbeiterklasse bleibt dabei selbstverständlich erhalten.

60

Wir wollen die potentiellen Möglichkeiten des Sozialismus voll ausschöpfen. Wer im Westen erwartet hat, daß wir dem Sozialismus abschwören werden, wird enttäuscht werden. Wir haben keineswegs die Absicht, uns vom Sozialismus zu lösen, sondern wir brauchen mehr Sozialismus, mehr Demokratie und mehr Bewußtsein. Das heißt mehr ideologische Arbeit.«

In diesem noch vom Klassenkampf geprägten Kontext hat Gorbatschow auch auf dem Gebiet der Außenpolitik gedacht, vor allem wenn es um die sowjetisch-amerikanischen Beziehungen ging. Er setzte voraus, daß er Friedensverhandlungen führen könnte, ohne die gegensätzliche Natur der konkurrierenden Systeme zu ändern. In diesem Sinne beschrieb Gorbatschow sein Treffen mit Ronald Reagan in Genf:

»Präsident Reagan benutzte viel zu viele Gemeinplätze – man kann es nur so nennen. Deshalb habe ich sofort zu ihm gesagt: ›Wir wollen hier keine Banalitäten austauschen, sondern über Politik und über konkrete Dinge sprechen. Wir kennen Ihr System nur zu gut, und Sie kennen unseres. Der Versuch, den anderen von den eigenen Ansichten zu überzeugen, hat also keinen Sinn. Das muß von Anfang an klar sein. Lassen Sie uns statt dessen überlegen, wie wir unter den gegebenen Umständen im Interesse des sowjetischen *und* des amerikanischen Volkes handeln können, um unsere gegenseitigen Beziehungen zu verbessern. Ausgehend von der Erkenntnis, daß unsere Länder nicht nur verschieden sind, sondern gleichzeitig voneinander abhängig, kann sich daraus vielleicht später ein freundschaftliches Verhältnis entwickeln. Die Alternative ist schließlich die totale Vernichtung.‹ Das ist schlicht Wahnsinn, aber ich habe gespürt, daß mein Gesprächspartner so voller Vorurteile steckte, daß er tatsächlich Schwierigkeiten hatte, nüchterne Schlüsse zu ziehen. Sobald konkrete Dinge angesprochen wurden, hat der Präsident sofort auf Shultz verwiesen. Bei unseren ›Kamingesprächen‹, wie Reagan sich ausdrückte, ging er sogar soweit, mir vorbereitete Thesen vom Blatt vorzulesen. Gleichzeitig habe ich erkannt, daß dem Präsidenten sehr daran lag, der amerikanischen Gesellschaft zu demonstrieren, daß der Kontakt mit der sowjetischen Führung wiederaufgenommen sei, die Atmosphäre sich verbessert habe und dank des Händedrucks von Genf das Eis gebrochen sei. Vor Genf waren wir überzeugt, daß ein Treffen unbedingt nötig sei, daß wir aufeinander zugehen und wenigstens eine Art Dialog in Gang bringen müßten. Dieses erste Treffen diente vor allem dazu, die jeweiligen Positionen darzulegen.

In der heutigen Diskussion um ein zweites Gipfeltreffen halten wir jedoch einen weiteren Schritt nach vorn (bezogen auf den Stand von Genf) für unbedingt notwendig, einen Schritt in Richtung der Lösung zentraler Probleme in unseren Beziehungen.«

Charakteristisch für Gorbatschows Standpunkt ein Jahr nach seiner Wahl zum Generalsekretär sind seine Zusammenfassungen der Ergebnisse des XXVII. Parteitags. Damals fand im ZK-Gebäude eine geschlossene Versammlung aller ZK-Sekretäre und leitenden Persönlichkeiten des ZK-Apparats statt. Ich habe die Debatte detailliert aufgezeichnet.

Gorbatschows Haltung zu dieser Zeit möchte ich als kritischen Enthusiasmus bezeichnen. Die Atmosphäre auf dem Parteitag und seine Resonanz im In- und Ausland hielt Gorbatschow für die ersten Ergebnisse der von ihm begonnenen Reformen. Aus den Reden insbesondere der einfachen Delegierten war seiner Ansicht nach Verständnis (sogar »einfühlsames Verständnis«) für seine Pläne zu spüren. Im Gegensatz zu den gewöhnlichen Rechenschaftsberichten der Parteiführer sprachen die Redner vor allem Mängel an. »Angesichts der vielen ungelösten Fragen und der Probleme, die wir zu spät in Angriff nahmen, blutet mir das Herz.«

Gorbatschow wies auf die Belastung der Kader durch Beratungen und Papierkrieg und der Unternehmen und Kolchosen durch die ministerielle Bevormundung hin, obwohl die Selbständigkeit in aller Munde war. Er zeigte viele Aufgaben und ihre Lösungswege auf, indem er der exakten Erfüllung des zwölften Fünfjahresplans (»Plankorrekturen werden auf keinen Fall vorgenommen!«) und der sozialen Problematik besondere Bedeutung beimaß: ungerechte Lohnverteilung, Wohnungsbau, aufgrund dessen »die Leute vor allem beurteilen, ob wir vorwärtskommen oder auf der Stelle treten«.

Gorbatschow warnte davor, »zu warten, bis das Volk sich von der anderen Seite her in die Politik einmischt, im Widerspruch zu den Prinzipien des Sozialismus. Das abschreckende Beispiel Polens genügt hier völlig.« Die KPdSU hingegen habe rechtzeitig die Notwendigkeit von Reformen erkannt und sie bereits in die Wege geleitet.

Für Gorbatschow ging es also damals im Prinzip um die Vervollkommnung und Korrektur der Gesellschaftsform, deren Erbe er angetreten hatte. »Das wichtigste Ergebnis des Parteitags«, sagte Gorbatschow bei der Versammlung, »liegt in der Aufwertung des Sozialismus in Theorie und Praxis.« Und weiter: »Der Beschleunigungskurs und der

62

Kurs zur Friedenssicherung verschmolzen auf dem Parteitag zu einer Einheit. Wir haben diese beiden Richtungen nicht vergeblich zu Generallinien der Partei erhoben.« Gorbatschow führte mit dieser Formel eine wesentliche Neuerung ein. Im Innern hatte er sich bereits vom Sieg über den Imperialismus durch das Wettrüsten losgesagt und eingesehen, daß keine innenpolitischen Aufgaben gelöst werden konnten, ohne den Wettlauf zu beenden.

Die Perspektiven der sozialistischen Welt hat Gorbatschow auch deshalb optimistisch eingeschätzt, weil sie durch die neuen Beziehungen zwischen den kommunistischen Parteien, die gegenüber den Parteitagsdelegationen demonstriert wurden, neuen Schwung erhalten habe.

Als Motor und Garant für den Umbruch nannte Gorbatschow weiterhin ohne jegliche Einschränkung die Partei an erster Stelle. Er sprach viel von der Rolle der Partei und benutzte dabei die vertraute Terminologie. Seine Haltung unterschied sich von den alten Direktiven lediglich durch die Devise: »Jeder muß bei sich selbst anfangen.« Das heiße konkret: Die Partei müßte antreiben, umbauen, aktivieren, dynamisieren, verbessern, Mängel beseitigen und so weiter.

Die Perestrojka stieß damals noch nicht auf bewußten Widerstand, sondern nur auf widrige Umstände. Am hinderlichsten waren Faulheit und die »zaristische« Schmarotzermentalität (auch in der Partei). Hinzu kam die weitverbreitete Meinung, daß personelle Umbesetzungen, über die mit Vorliebe vielerorts diskutiert wurde, alle Probleme lösen würden. Weil Gorbatschow diese Haltung kannte, konzentrierte er sich in der Praxis darauf, die Leute aufzurütteln, an ihr Gewissen zu appellieren, sie zum Nachdenken und zu eigener Initiative zu zwingen. Daß alles auf der Stelle treten würde, solange der alte Rahmen erhalten bleibe, selbst wenn die Leute sich stärker engagierten, kam ihm damals noch nicht in den Sinn.

Nach Gorbatschows zorniger Attacke gegen die Dogmatiker des Kollektivismus und Zentralismus zu urteilen, war schon bei der Politbürositzung vom 20. März 1986 offensichtlich, daß der »menschliche Faktor« nicht ausreichend berücksichtigt war. Damals bezog er folgende Positionen:

»Die alte Scheu vor Eigeninitiative und die Ängste bezüglich der Privatwirtschaft bestehen immer noch: ›Nur nicht die Kolchosen dadurch sprengen! Paßt auf, der Sozialismus ist in Gefahr!‹ ... Wir müssen außergewöhnliche Maßnahmen ergreifen. Irgendwo schafft ein Privatunternehmer den Durchbruch. Was ist denn schon dabei? Ist von der Leninschen Weisheit nicht genug übrig, um damit fertig zu werden?

Die Funktionäre vor Ort sollen ruhig selbst ihre Köpfe anstrengen, nicht alles auf die Sowjetmacht abwälzen und Moskau die Schuld geben, wenn die Läden der Stadt leer sind. Wir haben uns so lange mit der Kooperative herumgeplagt, daß von der Leninschen Idee nichts übriggeblieben ist. Erst jetzt nähern wir uns der Bestimmung neuer Rahmenbedingungen für die Agrarpolitik. Wir treten in eine völlig neue Etappe ein.

Heute ist der Agrarsektor der Schlüssel zur Weiterentwicklung des Sozialismus. Das hat man schon längst erkannt. Schon 1965. Aber der Kurs wurde nicht beibehalten.«

Sowjetische Initiativen – Mißtrauen im Westen

Bemerkenswert scheint mir, daß Gorbatschow von dem Moment an, als auf dem Parteitag der Begriff Neues Denken geprägt wurde, jedes wichtige innenpolitische Problem mit der Außenpolitik verknüpfte. Auf derselben Politbürositzung sagte er:

»Unmittelbar nach dem Parteitag machten wir uns daran, die außenpolitische Linie Schritt für Schritt in die Realität umzusetzen, obwohl wir noch keine definitive Antwort auf unser Programm vom 15. Januar 1986 erhalten haben. Wir haben konkrete Schritte vorgeschlagen und wollen tatsächlich abrüsten. In diesen Dingen darf man kein falsches Spiel spielen. Keiner kann den anderen betrügen. Als Antwort auf unser Programm einer atomwaffenfreien Welt sollen auch die konventionellen Waffen angesprochen werden. Wir sind auch dazu bereit. Wir wollen ein Gleichgewicht bei allen Waffensystemen, also auch bei den konventionellen Waffen. Wir sind für die Kontrolle, aber eine Kontrolle über die Abrüstung und nicht über Testversuche. Wir wollen auf keinen Fall den Kern des Programms in langen Streitgesprächen zerreden. Wir bleiben dem Prozeß treu, der in Genf begann. Wir sind dafür, den Impuls von Genf und Paris zu erhalten. Für den Dialog mit Europa und mit den USA. Für die Fortsetzung der Kontakte mit den europäischen Regierungschefs und dem amerikanischen Präsidenten. Hier sind unsere konkreten Schritte, unser XXVII. Parteitag mit dem Konzept weltweiter Sicherheit. Wir sind damit vor die ganze Welt getreten, und was hören wir von Europa und von den USA? Ausflüchte, Nebensächlichkeiten,

Versuche, uns mit Halbheiten abzuspeisen, Versprechungen. Mit den Worten sind sie rasch zur Stelle, aber mit Taten? Nein, wir können weder von französischer noch von englischer Seite aus ernstgemeinte Vorschläge entdecken. Wir fordern von ihnen nicht einmal abzurüsten. Die Europäer traten an uns mit der Bitte heran, den Kontinent von Mittelstrekkenraketen zu befreien. Wir gingen auch darauf ein. Und was folgt? Was bekommen wir zu hören? Sie haben es sich anders überlegt und wollen jetzt auf einmal mehr ›Pershing‹-Raketen.

Hier stellt sich die Frage: Wie werden wir den in Genf begonnenen Prozeß fortsetzen? Das liegt schließlich nicht nur in unserem Interesse, sondern im Interesse aller.

Gerade hier zeigt sich die Notwendigkeit des Neuen Denkens. Wir klopfen hartnäckig an die Tür, weil wir an einer Grenze angelangt sind, hinter der – wir werden nicht müde, dies zu wiederholen – unkontrollierbare Entwicklungen in Gang gesetzt werden.«

Gorbatschow machte sich viele Gedanken darüber, wie die Impulse, die sein Besuch in Paris und vor allem das Treffen mit Reagan in Genf ausgelöst hatten, erhalten und verstärkt werden könnten. Anscheinend trieb alles wieder auf wachsende Feindseligkeiten zu. Immerhin waren die Europäer nachdenklich geworden, und als erste reagierten die Franzosen. Am 24. März 1986 empfing Michail Gorbatschow den französischen Botschafter Jean-Bernard Raimond, der soeben aus Frankreich als neu ernannter Außenminister zurückgekehrt war. Gorbatschow erläuterte Raimond:

»Was die Sowjetunion auf dem Gebiet der Außenpolitik unternimmt, ist kein politisches Spiel, sind keine taktischen Winkelzüge. Das ist die Strategie, die unseren Interessen entspricht, den Interessen des Volkes und der Nation.

Der Hauptfehler der amerikanischen Regierung liegt meiner Ansicht nach in der Tatsache, daß sie ihre Außenpolitik nicht ändern und alte Schablonen nicht verlassen kann. Wir verspüren von amerikanischer Seite aus kein echtes Bestreben, unsere Beziehungen so zu gestalten, daß die Interessen beider Seiten berücksichtigt werden.

Wir sind Europäer. Wir werden weiterhin die Priorität auf Europa und auf die europäische Entwicklung legen. In diesem Sinn werden wir auch handeln. Wir teilen den Standpunkt der französischen Regierung, daß Europa einen konstruktiven Beitrag leisten muß und kann. Sobald dies zur Sprache kommt, stelle ich mir genau vor, wo wir beide stehen. Wir befinden uns in unterschiedlichen Ausgangslagen, in unterschiedlichen Blöcken und in unterschiedlichen politischen Systemen. Dieser Umstand hindert uns jedoch nicht, die Beziehungen zwischen unseren Staaten auszubauen und zu festigen. Das ist die Grundhaltung der Sowjetunion.«

Am selben Tag trafen die engeren Berater sich bei Gorbatschow, der folgende Analyse der Situation gab:

»Wann das Neue Denken einsetzen wird, ist schwer zu sagen. Aber es kommt, und vielleicht schneller als erwartet, denn aus Erfahrung wird man klug. Die Geschichte ist voll von Beispielen, wie jäh die Situation sich ändern kann. Wir werden gezwungen, das Moratorium für Atomtests zu beenden. Wir konnten nicht einfach das Moratorium für beendet erklären, sondern mußten auf die enorme Welle der Unterstützung Rücksicht nehmen, die alle Welt dieser Aktion entgegenbrachte. Wir beschlossen also, die Versuche nicht sofort nach Ende des Moratoriums wiederaufzunehmen, um ihnen noch eine Chance zu geben.

Wir beschlossen, beharrlich zu erklären, daß wir zwar aus dem Moratorium austreten, aber jederzeit zur Rückkehr bereit sind, wenn die USA ihrerseits die Versuche stoppen. Und daß wir selbst dann zur unverzüglichen Wiederaufnahme der Verhandlungen über eine Beendigung der Testversuche bereit sind, wenn beide Seiten wieder Testexplosionen durchführen. Das Genfer Treffen weckte Hoffnungen. In aller Welt, auch in der amerikanischen Gesellschaft. Inzwischen macht sich aber Enttäuschung breit, weil in der realen Politik der USA alles beim alten blieb. Unser Volk ist natürlich beunruhigt über SDI. Ich habe mir meine Gedanken darüber gemacht und mit Kollegen gesprochen: *Wir brauchen SDI nicht länger zu fürchten!*

Wir können diesem gefährlichen Projekt gegenüber auch nicht gleichgültig bleiben. Aber wir müssen unseren Komplex ablegen. Denn genau das ist ja die Absicht: Die UdSSR soll SDI in moralischer, wirtschaftlicher, politischer und militärischer Hinsicht fürchten. SDI wird forciert, um uns zu zermürben. Wir beschlossen also zu erklären: Ja, wir sind gegen SDI, weil die Welt dadurch unsicherer wird. Aber dies ist für uns keine Frage der Furcht, sondern der Verantwortung, denn die Folgen sind unvorhersehbar. SDI festigt nicht die Sicherheit, sondern zerstört den kläglichen Rest an Sicherheitsgarantien.

Ich habe natürlich noch einmal betont, daß wir eine effektive Antwort auf SDI haben. Die USA rechnen damit, daß wir vergleichbare Systeme konstruieren werden, sie hoffen, uns wegen ihres technologischen Vorsprungs abhängen zu können. Aber wir, die Regierung der UdSSR, wissen, daß für unsere Wissenschaft und Technik nichts unmöglich ist, was die USA vollbringen. Zur Errichtung eines effektiven Abwehrsystems gegen SDI genügen zehn Prozent der Ausgaben.

Auf diese Weise wollten wir der Propagandaformel, wir fürchteten SDI, endgültig die Spitze nehmen.

In diesem Zusammenhang beschlossen wir, noch einmal an die Vernunft der Amerikaner *und* der Europäer zu appellieren. Wir wollten keinesfalls den Eindruck erwecken, daß wir die Geduld verlieren und die Tür zuschlagen. Wir mußten den Westeuropäern wegen ihrer Haltung zu unseren Vorschlägen deutlich die Meinung sagen: Die führenden Kreise halten sich lieber bedeckt und warten ab.

Ich wiederhole die Losung des Parteitags: Mehr Sicherheit beanspruchen wir nicht, auf weniger lassen wir uns nicht ein.

Als Reaktion auf die Ereignisse der vergangenen Monate seit Genf erklären wir dem Westen, daß wir von unserem Kurs kein bißchen abweichen, aber die reale Politik des Westens uns gegenüber berücksichtigen. Wir werden um den Frieden nicht betteln. Auf jede Herausforderung gaben wir bislang eine gebührende Antwort, wir werden auch auf SDI reagieren.

Wir haben eingesehen, daß sie unsere Ausdauer und die Aufrichtigkeit unserer Initiative prüfen wollen.«

Auf der Politbürositzung vom 3. April 1986, also wiederum nicht für andere Ohren bestimmt, hat Gorbatschow diese Überlegungen weiterentwickelt:

»Auf dem XXVII. Parteitag wurde der ideale Kurs für unsere Amerikapolitik bestimmt: Bei aller Widersprüchlichkeit unserer Beziehungen bleibt doch unbestritten, daß wir ohne sie und sie ohne uns nichts erreichen können. Wir leben auf demselben Planeten. Wir können ohne die Amerikaner den Frieden nicht erhalten. Darin liegt das Gewicht unserer Entscheidung: Wir haben ihre Rolle anerkannt. In unserer theoretischen Analyse der politischen Lage erweisen wir den Vereinigten Staaten unseren Respekt. Das ist unser Kapital.

Wir präsentieren der Welt realistische Vorschläge und erkennen die

Interessen der USA an, aber nicht ihre hegemonialen Ansprüche. So sieht unsere Position der Stärke aus.

Ein schwerer Kampf steht bevor. Wir sehen auch, daß die USA diese Entwicklung zum Scheitern bringen wollen, damit sie nicht ihr Image in der Öffentlichkeit verlieren. Gerade deshalb dürfen wir diese Maßnahmen nicht ignorieren, sondern müssen unsere Politik fortsetzen. Wir haben auch die nötigen Mittel dazu. Vor allem die Umgestaltungen im eigenen Land. An zweiter Stelle unser Kontakt zu Europa. Wir dürfen auf die amerikanische Politik nicht nach dem Prinzip reagieren: Auge um Auge, Zahn um Zahn – etwa, wenn wir das ›Reich des Bösen‹ sind, dann seid ihr Ichweißnichtwas. Unsere reale Politik ist jeder Propaganda überlegen. Und unsere Propaganda muß darüber hinaus den Realismus und die Selbstlosigkeit unserer Politik bei der Einbeziehung fremder Interessen herausstreichen.

Die Propaganda muß zwischen den beiden entgegengesetzten Richtungen genau differenzieren. Wenn die Amerikaner aber diesem Prozeß schaden wollen, sollen sie an dem Gegensatz der beiden politischen Linien, der auch der Öffentlichkeit und den politischen Kreisen nicht verborgen bleiben wird, zugrunde gehen.

Was ergibt sich denn daraus? Die ganze Welt sieht: Gorbatschow hat am Abend einen Vorschlag gemacht, und die Amerikaner sagen schon am Morgen ›Nein‹. Deshalb dürfen wir nichts überstürzen, uns nicht schrecken lassen und nicht die Nerven verlieren. Dafür gibt es auch keinen Grund. Keinesfalls dürfen wir vom Kurs des Parteitags abweichen.«

Gorbatschow begann im Frühling 1986, sich regelmäßig mit ausländischen Politikern zu treffen. Diese Begegnungen spielten eine große Rolle bei seiner Entwicklung zu einem Politiker von Weltformat. Durch die Notwendigkeit, in Gesprächen und Auseinandersetzungen mit Menschen frei über jedes beliebige Thema zu sprechen, wurde seinem Neuen Denken der letzte Schliff verliehen. Er hat die »andere Welt« gesehen und gelernt, »sich mit den Realitäten abzufinden« – sein Lieblingsspruch. Seine eigenständige Politik traf auf realen Widerstand, im Gegensatz zu den alten, ideologisch bedingten Klischees.

Alle Gesprächspartner hat Gorbatschow durch Aufrichtigkeit entwaffnet. Sie sahen, daß dieser Mann wirklich das erreichen wollte, wozu er auch sie aufforderte. Sie haben ihm persönlich geglaubt, aber sie zweifelten daran, daß er seine Ziele würde durchsetzen können. Das übermächtige, auf ein Kräftemessen ausgerichtete Monster der Kriegsideologie stand ja drohend hinter ihm. Die zögerliche und mißtrauische Reaktion des Westens auf seine mutigen und ehrlich gemeinten Vorstöße hat Gorbatschow erstaunt und verärgert. Allerdings stachelte sie ihn nur weiter an zur Fortsetzung seiner persönlichen Friedensoffensive, die schließlich durchaus Früchte trug.

Bei einem Treffen mit Nilde Jotti, der Präsidentin der italienischen Abgeordnetenkammer, sprach Gorbatschow die Widerstände gegen seine Initiativen an: »Wir sind alle Kinder unserer Zeit und der heutigen Umstände, aber die Umstände ändern sich. Heutzutage leugnet fast niemand mehr, daß die Welt in eine neue Etappe der Geschichte eingetreten ist. Dieser Entwicklung müssen wir Weltanschauung, Denkweise und Lösungsansätze anpassen. Darin liegt jedoch das Hauptproblem.

Manche fragen: ›Warum hat Gorbatschow es so eilig? Die Vernichtung von Kernwaffen, sofern überhaupt möglich, erfordert schließlich einen langwierigen, kraftraubenden Prozeß. Außerdem‹, fügen sie hinzu, ›basiert der Vorschlag der UdSSR, die Kernwaffen zu vernichten, auf deren Übergewicht im Bereich der konventionellen Waffen.‹ Dabei verschweigen sie bewußt, daß in den sowjetischen Vorschlägen auch von chemischen und konventionellen Waffen sowie von Truppenstärken die Rede ist. Die Weigerung des Westens, unsere Vorschläge genau zu prüfen, beweist, daß die westlichen Regierungen zur Zeit keine Entspannung und Beendigung des Rüstungswettlaufs anstreben.

Wenn dieser wie bisher noch fünf bis zehn Jahre weitergeht – und hier haben wir weit mehr Erfahrung als der Westen –, wird es immer schwieriger, sich überhaupt zu einigen. Aus diesem Grund betonen wir so nachdrücklich, daß wir uns beeilen müssen, und daher erscheint uns die Haltung Westeuropas so seltsam und unverständlich.«

In einer mehrstündigen Unterredung mit den amerikanischen Kongreßabgeordneten Dante Fascell und William Broomfield am 4. April 1986 beschrieb Gorbatschow sehr »dialektisch«, wie er künftig Hindernisse auf dem Gebiet der sowjetisch-amerikanischen Beziehungen aus dem Weg räumen werde. Hier deutete sich der Verlauf künftiger Gespräche zwischen den beiden Supermächten in der Anfangssphase des Neuen Denkens an. Ich zitiere einige Auszüge:

»In Genf haben der Präsident und ich ... eine gemeinsame Erklärung unterzeichnet, in der es heißt, daß es in einem Atomkrieg keine Sieger geben könne und daß er niemals ausgelöst werden dürfe. Darüber hinaus hielten wir in der gemeinsamen Erklärung fest, daß keine Seite militärische Überlegenheit anstrebe. Wir haben hier also dieselben Ansichten. Aber sobald von Taten die Rede ist, um die Vereinbarungen in die Realität umzusetzen, können wir uns nicht einigen.«

Gorbatschow wies die Gesprächspartner nachdrücklich auf die Vorschläge der sowjetischen Führung seit Genf zur Begrenzung und zum Abbau von Rüstung hin und erklärte abschließend:

»Uns schienen diese Vorschläge realistisch. Wir sind überzeugt, daß die gemeinsame Suche nach einer Lösung der von uns aufgeworfenen Fragen für beide Länder, für die ganze Welt, von Nutzen wäre. Dagegen wurde in den USA eine Kampagne gegen uns gestartet. Vieles wurde uns vorgehalten, sogar vom ›Reich des Bösen‹ war wieder die Rede; es hieß sogar, diese Bezeichnung sei zutreffend. All dies ließ sich teils aus rhetorischen Gründen erklären, und deshalb hielt ich mich anfangs zurück. Ich verstehe sehr gut, daß Sie, sagen wir, zur Durchsetzung Ihres Verteidigungshaushalts derartige rhetorische Mittel einsetzen: Die Sowjetunion wird als Schreckgespenst benützt, um dem amerikanischen Volk Angst einzujagen. Diese primitive Methode wenden der Kongreß *und* die Regierung schon seit Jahrzehnten an, und wir schenkten ihr seit langem keine Beachtung mehr.

Aber dann folgten schwerwiegendere Aktionen: die Forderung, die Sowjetunion solle 40 Prozent ihrer Diplomaten aus New York abziehen, das Auftauchen von amerikanischen Geschwadern in sowjetischen Hoheitsgewässern, die Aktion gegen Libyen, die über eine bloße Machtdemonstration hinausging und diesem Land einen schweren Schlag versetzte.

Unter diesen Umständen konnte ich natürlich nicht länger schweigen und äußerte öffentlich meine Meinung. Und was dann? Außenminister Shultz kamen bei einem Interview im Flugzeug fast die Tränen. Er forderte damals, daß solche Gespräche über vertrauliche Kanäle zu führen seien, während der Generalsekretär statt dessen ›öffentliche Diplomatie‹ praktiziere. Was kann ich denn dafür, daß Herr Shultz, der Präsident und andere führende Politiker so über die Stränge schlugen?

Befassen wir uns jedoch mit etwas anderem. Herr Reagan sagte angeblich, selbst wenn es zu keinem zweiten Gipfeltreffen komme, werde die Bevölkerung der Vereinigten Staaten weiterhin gut schlafen. Na und? Auch wir schlafen weiter gut, aber ist so ein Herangehen ernst zu nehmen? Ist das eine Art, Politik zu machen? Ich kann mit Bestimmtheit erklären: Wir sind für die Fortsetzung des Genfer Neubeginns. Sonst wird ein großer Fehler begangen.«

Es versteht sich von selbst, daß Fascell und Broomfield Gorbatschow an Afghanistan und an Sacharow (in Gorkij) erinnerten sowie an die Ausreiseerlaubnis für Juden, an die Verfolgungen, denen ausreisewillige Menschen ausgesetzt waren, und nicht zuletzt an die Einhaltung der Menschenrechte. Sie fragten, ob sie sich mit Sacharow treffen könnten, und Gorbatschow wich aus. Meiner Ansicht nach hat diese Frage ihn jedoch in der keimenden Absicht, die »Akte Sacharow« zu schließen, bestärkt.

Gorbatschow gelang damals ein taktischer Zug, der die Amerikaner lange in die mißliche Lage des »Rechtfertigungszwangs« versetzte, und deshalb wurde auf allen Ebenen die Kampagne gegen das »Reich des Bösen« fortgesetzt.

»Uns wird oft vorgeworfen«, erklärte Gorbatschow, »daß unsere Vorschläge nur Propagandazwecken dienten. Ja, wenn das nur Propaganda ist, warum nehmt Ihr Gorbatschow dann nicht beim Wort und überprüft seine Absichten, indem Ihr die Vorschläge akzeptiert.«

Fascell reagierte auf diesen Vorschlag mit für die damalige Lage bezeichnenden Argumenten: »Vom politischen Standpunkt aus haben Sie recht, das einzig Richtige wäre, Ihre Absichten einer Prüfung zu unterziehen, indem wir auf Ihre Vorschläge eingehen würden. Allerdings sieht die Realität so aus, daß die Vereinigten Staaten darauf nicht vorbereitet sind. Aus irgendeinem Grund – ob politisch oder militärisch, ich weiß es nicht – haben wir zur Zeit nicht die Möglichkeit, den großen Sprung zu wagen, zu dem Sie uns auffordern. Deshalb wäre es das Beste, wenn wir einen Schritt finden könnten, der das von Ihnen propagierte Prinzip und Ihr Endziel nicht untergräbt, der aber gleichzeitig gestatten würde, Ihre Vorschläge zu nutzen.«

Gorbatschow entgegnete: »Na also, suchen wir doch nach einem Schritt, den wir gemeinsam ausführen können. Aber ich wiederhole, daß ein Treffen nur dann etwas nützen und unsere Beziehungen verbessern wird, wenn wir in einer wesentlichen Frage eine Übereinkunft erzielen und damit seit Genf wirklich einen großen Schritt nach vorn machen können. Wenn wir jedoch nur Liebenswürdigkeiten austauschen und der Rüstungswettlauf zur gleichen Zeit fortgesetzt und auf neue Bereiche ausgeweitet wird, dann wird daraus ein einziger Betrug. Ich weiß nicht, wie so ein Betrug in den USA vom moralischen Standpunkt aus bewertet wird, aber unseren moralischen Werten widerspricht das.

Fragen der Abrüstung dürfen nicht verschoben werden. Denn die Lokomotive saust mit rasender Geschwindigkeit dahin. Heute haben wir noch die Möglichkeit, sie zu stoppen, aber morgen kann es zu spät sein.«

Gorbatschow setzte vermutlich schon Anfang 1986 seine Hoffnung auf einen direkten Dialog mit den Amerikanern auf höchster Ebene. Von der berühmten Erklärung zum Ziel einer atomwaffenfreien Welt bis zum Jahre 2000 und von den bekannten Losungen in der Rede vom XXVII. Parteitag ausgehend, beharrte Gorbatschow hartnäckig auf einem zweiten Treffen mit Präsident Reagan.

Zuvor hatte die Taktik des »Umgehungsmanövers« dominiert – durch den Einfluß auf Westeuropa, durch die Verschärfung der Widersprüche im Atlantischen Bündnis, durch propagandistischen Druck und die »Isolierung des amerikanischen Imperialismus« in den Augen der »friedliebenden Öffentlichkeit« (also faktisch mit den traditionellen Mitteln, wenn auch mit neuen Zielen), wenn handfeste Abrüstungsergebnisse erzielt werden sollten.

Am 31. März 1986 gab Gorbatschow der algerischen Wochenzeitung *Révolution africaine* ein Interview, in dem dieser Aspekt unseres Verhältnisses zu Amerika klar wird:

»Vor zwei Tagen habe ich mich in einer Rede zur Frage der Einstellung aller Atomwaffentests tatsächlich an Präsident Reagan gewandt und an ihn appelliert, uns in nächster Zukunft in einer europäischen Hauptstadt mit dem Ziel zu treffen, diese unaufschiebbare Frage zu erörtern. Dies soll jedoch nicht die Treffen in den Vereinigten Staaten, die wir in Genf vereinbart haben, ersetzen.

Es geht darum, die Verhandlungen über die atomare Abrüstung aus der Sackgasse zu führen und damit dem Ziel näherzukommen, über das, wie uns schien, die Amerikaner und wir uns einig waren, nämlich: die schrittweise atomare Abrüstung, um in absehbarer Zeit alle Kernwaffen zu vernichten.

Unserer Ansicht nach könnten die Einstellung sämtlicher nuklearen Explosionen und Verhandlungen über ein Abkommen, um Versuche mit Kernwaffen in allen Bereichen zu verbieten, erste Schritte in diese Richtung darstellen. Diesen Schritten käme enorme politische und sogar moralische Bedeutung zu als Beispiel für eine gemeinsame Aktion der Supermächte, auf denen eine besondere Verantwortung lastet.

Obwohl als Antwort auf diesen Appell an den Präsidenten sofort eine ablehnende Erklärung veröffentlicht wurde, geben wir die Hoffnung nicht auf, daß sowohl der Präsident als auch seine nähere Umgebung und der Kongreß unseren Vorschlag noch einmal überdenken werden.

Ohne eine Normalisierung der sowjetisch-amerikanischen Beziehungen, ohne gemeinsame Anstrengungen zur Beendigung des Wettrüstens und zur Vernichtung der Kernwaffen können wir schwerlich mit einer Verbesserung der internationalen Lage rechnen. Das haben wir immer betont. Und das zeugt von der Ernsthaftigkeit unseres Vorschlags.

Und wir laden den Präsidenten, die Regierung der USA und den Kongreß ein, politischen Willen an den Tag zu legen und Wege zur Normalisierung und zum Ausbau der sowjetisch-amerikanischen Beziehungen zu suchen, Wege zur Verbesserung der allgemeinen Lage.«

Im April oder Mai plante Gorbatschow bereits ein neues Treffen mit Reagan praktisch ein und rechnete mit einem kleinen Entgegenkommen in der Abrüstungsfrage.

Umsetzungsprobleme: Sowjetische Diplomaten, sozialistische Brüder und »eine regelrechte Mafia«

Inzwischen fiel jedoch uns Beratern und Gorbatschow persönlich auf, daß unsere Unterhändler für Abrüstung in Genf und Stockholm die Verhandlungen keineswegs so führten, wie sie eigentlich hätten geführt werden sollen, wenn sie von den Standpunkten ausgegangen wären, die der Generalsekretär in seinen Gesprächen mit den Amerikanern verkündete und verteidigte.

Hierzu zitiere ich Auszüge aus meinen beiden Mitteilungen vom 27. April und vom 8. Mai 1986. Ich legte sie Gorbatschow zur Erörterung außenpolitischer Probleme im Politbüro vor, und er pflichtete ihnen bei, weil sie sich mit seinem damaligen Gedankengang deckten:

»Direktiven für die Delegation zur Stockholmer Konferenz
Der vom Außen- und vom Verteidigungsministerium vorgelegte Entwurf enthält fast keine Vorschläge, die auf eine Lösung des Knotens und einen Schritt nach vorn hoffen ließen.
Dazu einige Beispiele:
a) Bislang schlugen wir vor, Manöver mit mehr als 2000 Mann anzukündigen, die NATO-Vertreter 6000. Im jetzigen Entwurf machen wir ein Zugeständnis: bis 18000 Mann. Aber wo ist da der Unterschied?

b) Wir schlagen vor, 30 Tage im voraus Manöver zu melden, die NATO-Vertreter 45 Tage. Worüber streiten wir uns hier, worin liegt der Widerspruch, warum bleiben wir stur?

c) Die NATO-Vertreter bestehen auf Inspektionen vor Ort. Wir sind dagegen, obwohl wir schon mehrmals auf höchster Ebene erklärt haben, daß die »UdSSR Kontrollen offensteht« und bereit ist, über jede beliebige Form zu verhandeln;

d) Die NATO-Vertreter wollen über jede Truppenbewegung oberhalb einer Garnison informiert werden. Aber was heißt eine Garnison? Eine Kaserne, ein Feldlager oder ein ganzer Bezirk – ein weites Territorium? Worum dreht sich der Streit?

Einige Verhandlungspositionen, die auf der Konferenz in die Sackgasse führten, können wir nicht nur öffentlich kaum plausibel machen, sondern nicht einmal im vertraulichen Kreis unserer Bündnispartner, ganz zu schweigen von den Sozialdemokraten und den Anhängern verschiedener Bewegungen.

Als Begründung für die schroffe Haltung wird gewöhnlich angeführt, daß Vorschläge immer mit einer Reserve vorzubringen seien, um Handlungsspielräume zu sichern. Aber es kam auch schon vor, daß wir jahrelang verhandeln, stur bleiben und beweisen, daß eine Verhandlungsposition unserer Partner unsere Sicherheit bedroht, und dann auf politischer Ebene einen großen Schritt machen, der die Argumente, an denen wir so lange und stur festhielten, im Kern widerlegt.

Dies wurde im Westen bereits bemerkt, auch von unseren Gönnern. Es geht die Rede, daß unsere politischen Erklärungen vom Verhalten unserer Repräsentanten am Verhandlungstisch abweichen.

Schlüsse:

Was die vorgeschlagenen Zugeständnisse im vorliegenden Entwurf betrifft, ist zu überlegen: Vielleicht können wir etwas Spektakuläreres anbieten, um zu demonstrieren, daß wir in Verbindung mit der Berliner Initiative (zu konventioneller Abrüstung vom 18. April 1986) die Entspannung in Europa überaus ernst nehmen.

Angesichts dessen, was sich zur Zeit in unseren Beziehungen zu Amerika und in den Reihen der NATO im Zusammenhang mit Libyen abspielt, ist es besonders ratsam, jetzt unsere Aufmerksamkeit verstärkt auf Europa zu richten, *in der europäischen Richtung besonders aktiv zu werden.*«

Nach der Logik unserer damaligen Politik war auch die zweite Mitteilung in zwei Teile gegliedert: die Erklärung meiner Motive für Michail Gorbatschow und die Formulierung wünschenswerter Positionen.

»Direktiven für die neue Verhandlungsrunde in Genf
Das Material wurde viel zu spät vorgelegt. Es fehlt schlicht die Zeit, es ernsthaft zu studieren und zu überdenken. Die Verhandlungsrunde hat schon begonnen, den Entwurf für die Direktiven habe ich jedoch erst gestern erhalten ...Offensichtlich haben viele noch nicht begriffen, daß diese Runde sich *grundlegend* von den vorangegangenen unterscheidet, weil sie *nach* der Erklärung vom 15. Januar und nach dem XXVII. Parteitag stattfindet, darüber hinaus nach einer hinreichend langen Pause, damit *beide* Seiten in den Verhandlungen praktische Schlüsse aus diesen Ereignissen ziehen können.

Von uns wird zur Zeit viel erwartet – nicht nur von der Öffentlichkeit, sondern auch von Leuten, die sich kompetent und von Amts wegen mit Abrüstungsfragen befassen. Mit Teleskop und Lupe werden sie überprüfen, ob die kreißenden Berge nicht nur eine Maus geboren haben.

Der Entwurf enthält kleine Zugeständnisse, aber keine Lösungen. Aus der Sicht eines Menschen, der Winkelzüge mit Zahlen und Fakten mißbilligt, erwecken unsere Vorschläge wie gehabt den Eindruck eines Widerspruchs zwischen den politischen Absichten, die wir von höchster Stelle aus verlauten lassen, und den konkreten Vorschlägen am Verhandlungstisch.

In dem Entwurf ist kein *Hauptziel* vorgesehen – was wir von den Genfer Verhandlungen wollen und was wir tatsächlich erwarten können.

Selbst wenn man davon ausgeht, daß Reagan & Co. keinerlei Zugeständnisse machen und den Versuch, militärische Überlegenheit zu erlangen, nicht aufgeben werden, müssen wir alles tun, um die Amerikaner in die Enge zu treiben und sie mittels konkreter und mutiger Vorschläge im Sinne der Erklärung vom 15. Januar und des Parteitagsprogramms zu entlarven. Auch wenn keine akzeptable Vereinbarung mit den Amerikanern erreicht werden kann, gibt es schließlich ein *weiteres politisches Ziel:* Uneinigkeit und Zweifel innerhalb der NATO zu vergrößern.

Die vorgelegten Zugeständnisse deuten auf nichts dergleichen hin.

Der vorliegende Entwurf *sichert uns nicht die Offensive* bei der Verfolgung unserer Parteitagslinie in der wichtigsten außenpolitischen Zielsetzung bezüglich des Rüstungswettlaufs; er garantiert noch nicht einmal auf der Ebene der Propaganda die Initiative.

Hier einige Punkte, über die wir uns ernsthafte Gedanken machen müßten, wenn wir uns wirklich mit dem Neuen Denken wappnen wollen:

a) Zu SDI. Mit den Amerikanern ein Gespräch beginnen, aber völlig anders als bisher. Zum Beispiel folgenden Vorschlag unterbreiten: Wir haben die Möglichkeiten Ihres SDI-Projekts genau untersucht und kamen zu dem Schluß, daß dieser ganze Plan überaus kostspielig und obendrein nutzlos ist. Wir haben unsere Ansicht bezüglich der Gefahr für uns geändert, weil wir, selbst wenn Sie irgend etwas zustande bringen sollten, dies mit einem sehr billigen und effektiven Mittel, ohne atomar aufrüsten zu müssen, neutralisieren könnten. (Übrigens bereitet der Kernphysiker Roald Sagdejew für Sie ein Referat vor, in dem er nachweist, daß SDI völlig unrealistisch ist. Wenn wir nicht den Eindruck erweckt hätten, uns »schrecke« das Projekt, würden die Amerikaner nicht so daran festhalten.)

Auf diese Weise beseitigen wir das Haupthindernis bei den Verhandlungen und versetzen gleichzeitig ganz Amerika und Europa einen Schock.

Daraus ergibt sich eine Position der Sicherheit und Stärke.

b) Zu den strategischen Waffen. Verzicht auf die Formel: »die das gegnerische Territorium erreichen«. Das führt in eine Sackgasse, die von allen (auch von den Gönnern) erkannt werden wird: Die Amerikaner müßten nach dieser Formulierung ihre Mittelstreckenwaffen [Mittelstreckenraketen, land- und bordgestützte Luftwaffe und andere] auf *ein Fünftel* der entsprechenden Waffen in der UdSSR verringern.

c) Zu den Mittelstreckenraketen in Europa. Hoffnungslos und schädlich (aus Sicht der Arbeit in »Richtung Europa«) ist es, gegenüber England und Frankreich hart zu bleiben. Frankreich könnte sich sowieso mit dem Verweis darauf, daß es nicht zur militärischen Organisation des Atlantikpaktes gehört, »zur Wehr setzen« (sich an der Angleichung nicht beteiligen). Außerdem sind die britischen Atomwaffen, wie auch die französischen, faktisch nicht vergleichbar mit unseren und den amerikanischen.

Der Moment ist jetzt sehr günstig: Die Tragödie von Tschernobyl – so teuer sie uns zu stehen kam – öffnete vielen die Augen. Jeder Einheimische konnte sich vorstellen: Wenn ein Störfall, der kaum vergleichbar ist mit dem, was bei der Explosion einer einzigen Pershing geschehen wird, schon solche Folgen hat, dann ist es schlicht Wahn-

76

sinn, einen Atomschlag mit Hunderten von Pershing-Raketen vorzubereiten, der uns mit Sicherheit ebenfalls den Tod bringt, selbst wenn
die Sowjetunion keinen Gegenschlag führt.

d) Vorteilhaft wäre, gerade jetzt (in einer Phase heftiger Diskussionen in
den USA zu diesem Thema) in Genf ein gesondertes Abkommen oder
eine Deklaration mit einer Absichtserklärung, den SALT-II-Vertrag
und den ABM-Vertrag einzuhalten, vorzuschlagen, und zwar bis zum
Abschluß eines neuen Abkommens. Vielleicht müssen wir dabei auf
einen Punkt verzichten. Es wird ihnen nicht gelingen, uns mit dem
Vorwand der Vertragsverletzungen auszuweichen. Zum Beispiel erklären wir, daß wir das Projekt einer Radarstation in Krasnojarsk auf
Eis legen werden und bereit sind, einen für beide Seiten akzeptablen
Ausweg zu suchen in der Frage der Modernisierung unserer Raketen
(nach SALT-II ist sie erlaubt). Als Antwort müssen wir natürlich auch
von den Amerikanern ein Zugeständnis fordern.

In der entstandenen Situation ist es besonders wichtig, mutige, ja toll-
kühne Schritte zu unternehmen, um die ungünstige Entwicklung, die
von der antisowjetischen Stimmungsmache um den Reaktorunfall eingeleitet wurde, zu stoppen und die volle Kraft der Impulse des April-
Plenums und des Parteitags auf internationaler Ebene wiederherzustellen.

Gleichzeitig würden wir den üblichen Vorwurf des Westens entkräf-
ten, daß wir zuerst öffentlich unsere Initiativen verkünden und dann
nur einen Teil von ihnen in die Verhandlungen einbringen, also faktisch nur Propaganda betreiben. Im vorliegenden Fall wär es genau
umgekehrt. Nach ein oder zwei Wochen könnten wir dies auch öffentlich bekanntgeben.«

Gorbatschow nahm im Politbüro dann selbst zur Diskrepanz zwischen
seinen politischen Verlautbarungen und der praktischen Umsetzung
durch den diplomatischen Dienst in aufgebrachtem Ton Stellung:

»Eine Kluft zwischen unseren politischen Erklärungen und unseren
Verhandlungspositionen ist entstanden. Wie war dies möglich? Wenn politische Beschlüsse existieren, dann muß man sie auch umsetzen. Auf der
Grundlage politischer Beschlüsse müssen rasch neue Vorschläge eingebracht werden, bei uns hält man jedoch an den alten fest. Wo werden
politische Beschlüsse ignoriert und warum? Die Leiter der Behörden
sollen sich mit dieser Frage befassen. Wahrscheinlich liegt es an der Träg-

heit der Bürokraten. Sollte es sich jedoch um versteckten Widerstand handeln, können wir mit solchen Genossen nicht mehr zusammenarbeiten. Wir können nichts erreichen, wenn wir die Autorität unserer politischen Beschlüsse nicht wahren.

Wir können nicht zulassen, daß unsere politischen Beschlüsse in aller Welt als Bluff angesehen werden. Wir werden kein Zoll unserer Sicherheit preisgeben. Aber das heißt nicht, daß wir schlafen oder auf der Stelle treten dürfen, wenn wir die Verhandlungen wirklich voranbringen wollen. Und wenn jemand dies nicht einsieht, soll er das offen sagen und seinen Standpunkt begründen. Aber wenn der Beschluß gefaßt ist, dann richtet euch gefälligst nach ihm. So haben wir die Verhandlungen zum Stocken gebracht und können den Verhandlungspartnern nicht einmal erklären, warum – geschweige denn den Bürgern unseres Landes oder unseren Freunden. Wir sehen selbst, daß wir keine Argumente mehr haben, und stellen uns dennoch stur. Genau darauf spekuliert ja die westliche Propaganda: Die Russen feilschen und feilschen und machen dann einen Rückzieher.

Wenn jemand Zweifel hat, soll er sie vorbringen. Bei uns herrscht eine Atmosphäre, die jederzeit freie Meinungsäußerung gestattet. Verschiedene Ausgangsmeinungen sind kein Problem. Das ist sogar gut, aber nur solange wir miteinander diskutieren. Sobald wir uns gemeinsam entschieden haben, ist die Diskussion beendet!«

Auf der Politbürositzung vom 5. Mai 1986 äußerte Gorbatschow sich noch einmal zu diesem Thema, zwar in der damals gebräuchlichen Terminologie, aber in der Sache war er aufrichtig: »Wir dürfen nicht die Geduld verlieren, wir dürfen nicht nachlassen, nicht einmal dann, wenn unsere Bemühungen keine Resultate zeitigen. Wir haben nur zu gewinnen. Wenn wir jedoch bei der Haltung der Imperialisten bleiben und auf den bisherigen Standpunkten beharren, dann werden wir nichts erreichen. Alles bleibt beim alten und verschlechtert sich somit noch.«

Gorbatschow machte auf unser problematisches Verhältnis zu Ägypten und auf unsere, milde ausgedrückt, wenig konstruktive Politik im Nahen Osten aufmerksam. Einen besonders fruchtbaren Denkanstoß in dieser Richtung erbrachte das Treffen mit dem algerischen Staatspräsidenten Chadli Bendjedid. Er machte auf Gorbatschow den Eindruck eines Politikers von Format, eines Realisten ohne kulturelle und nationale Scheuklappen.

»Die Ergebnisse des Besuchs von Chadli«, sagte Gorbatschow im Politbüro, »führen zu sehr ernsten Erwägungen. Die orthodoxe Ideologie behindert dort unsere Arbeit. Alles, was nicht so wie bei uns oder für uns ungewohnt ist, erweckt sofort Mißtrauen und Zweifel an der Redlichkeit und echten Verhandlungsbereitschaft des jeweiligen Politikers. Damit müssen wir Schluß machen. Die Anerkennung des Selbstbestimmungsrechts muß auch in unserer Politik praktisch angewandt werden, und zwar nicht nur als Propagandaformel.«

Ich habe bei Gorbatschow kein besonderes Interesse für die sozialistische Gemeinschaft feststellen können. Sein Berater für die sozialistischen Länder war Georgij Schachnasarow. Ich war in diesen Angelegenheiten schlecht unterrichtet. Während ich Gorbatschow beobachtete und ihm zuhörte, spürte ich jedoch (und mit mir zahlreiche andere), daß er wenig begeistert von den Treffen mit Führern der sozialistischen Länder war, nur widerwillig Besuchen zustimmte und ganz und gar nicht geneigt war, »seine führende Rolle« herauszustreichen. Castro schmeichelte ihm in dem Gespräch während des XXVII. Parteitags mit der Bemerkung, daß »die KPdSU, was auch über sie gesagt wurde, *faktisch* die Führerin der kommunistischen Bewegung« bleibe. Dies war wohl eher eine persönliche Adresse als ein praktischer Rat.

Der Westen hat versucht, Ceauşescu als Hetzer gegen Moskau und als trojanisches Pferd im sozialistischen Lager zu benutzen. Mir war schon damals klar: Sie mühten sich vergeblich. Gorbatschow hat sich spöttisch und geringschätzig zu den Manövern des »rumänischen Führers« geäußert und ihnen keine reale politische Bedeutung zugemessen.

Die Beziehungen zu Vietnam waren damals eine Bürde für uns – vor allem in wirtschaftlicher Hinsicht, aber auch, weil wir uns (um Freunde nicht zu kränken) an die expansionistischen Übergriffe der vietnamesischen Führung und an ihr traumatisiertes Verhältnis zu China gewöhnen mußten. Der außenpolitische Kurs und die Praktiken der damaligen Führer haben bei Gorbatschow keine aufrichtige Zustimmung und Unterstützung gefunden.

Unter den Tschechen hat Gorbatschow nur Husák eine gewisse Achtung entgegengebracht. Überhaupt hat er sich bislang bemüht, sich den Folgen des Jahres 1968 nicht stellen zu müssen. Janos Kádár hat er sehr geschätzt. Ein Treffen mit ihm bereitete Gorbatschow immer Vergnügen. General Jaruzelski und Gorbatschow wurden Freunde. Hier hat nicht nur das persönliche Moment und die gegenseitige Sympathie eine Rolle gespielt, sondern auch die emotionale und politische Leitlinie, um jeden Preis ein brüderliches Verhältnis zu Polen und zum polnischen Volk aufrechtzuerhalten. Allerdings waren dabei unter anderem die unkluge Rücksichtnahme auf sowjetische Patrioten und die Unterschätzung des polnischen Nationalgefühls hinderlich. Die Verantwortung für die Massenerschießungen im Wald von Katyn (im Kontext der gesamten Ereignisse von 1939!) hätte schon zwei Jahre früher eingestanden werden müssen. Darauf werde ich noch ausführlicher eingehen.

Der bulgarische Staatschef Todor Schiwkow beanspruchte das Recht des Doyen der sozialistischen Gemeinschaft und schulmeisterte jedermann in Fragen der Ideologie und Politik. Vermutlich hat Gorbatschow dieser Charakterzüge wegen keine persönlichen Beziehungen zu ihm entwickelt. Schiwkow war an den Falschen geraten.

Gorbatschow hatte überhaupt nicht die Absicht, die Perestrojka in der ganzen sozialistischen Welt anzuführen. Anfangs hat er nur unterschwellig, bald aber immer bewußter die Bürde der führenden und richtungsweisenden Macht gespürt. Diese Bürde hat ihn daran gehindert, im Sinne des Neuen Denkens aufrichtige Weltpolitik zu betreiben.

Er hat einzig und allein gehofft, daß er verstanden werden würde und daß die Führer der sozialistischen Länder versuchen würden, in ihrem Land etwas im Sinne der Perestrojka zu ändern. Auch hier galt also das Prinzip der Selbstbestimmung, und Gorbatschow fiel nicht in die Praxis der begrenzten Souveränität anderer sozialistischer Staaten zurück.

Charakteristisch hierfür sind die Beobachtungen des DKP-Chefs Herbert Mies, die er Gorbatschow während des XXVII. Parteitags mitteilte. »Die Zielsetzungen dieses Parteitags«, sagte der westdeutsche Kommunist, »stellen die sozialistischen Länder vor ernste Probleme, besonders die Länder, die sich im Anfangsstadium des Sozialismus befinden und die wenig später einen eigenen Parteitag durchführen werden.

Ich habe hier mit Honecker gesprochen. Er ist sehr zufrieden und verfolgt mit großem Interesse, was gesagt wird. Aber ich spüre bei ihm die bekannte verborgene Furcht: Immerhin werden alle Bürger der DDR Gorbatschows Rede lesen; anschließend hören sie Honeckers Rede auf dem Parteitag der SED. Natürlich werden sie Vergleiche anstellen. Und mein Gesprächspartner spürte offenbar die Gefahr, die in derartigen Vergleichen steckt.

Nach dem April-Plenum des ZK Ihrer Partei war ich in der DDR. Damals gingen im ZK der SED eine Unzahl Briefe ein mit der Frage:

Sollten nicht auch wir auf die gleiche Weise wie die KPdSU an die Probleme herangehen? Die Führung gab auf geschlossenen Parteiversammlungen folgende Antwort: Nein, grundsätzlich ist dies nicht nötig, auch wenn wir in Detailfragen eine neue Vorgehensweise finden müssen. Ich muß hier anmerken, daß es bisher nicht gelang, Problemkreise zu finden, die ein Vorgehen wie das der KPdSU erforderlich machen.

Ich habe auch kurz mit einigen Führern anderer sozialistischer Länder gesprochen. Kurz gesagt, sie geraten alle ins Schwitzen. Aber ich glaube, das ist ein positives Zeichen. Je mehr Genossen in den sozialistischen Ländern über die Vorgänge in der KPdSU nachdenken, um so besser.«

Am 31. März 1986 schickte unser Botschafter in Ostberlin ein Telegramm, in dem er uns riet, wie am besten mit Honecker zu verfahren sei. Gorbatschow hat meiner Bewertung des Inhalts zugestimmt: »Der Botschafter bekundet sein Mißtrauen«, notierte ich, »zählt die Gefahren der ›deutsch-deutschen‹ Beziehungen auf und übertreibt sie etwas, aber er trägt keine einzige Überlegung vor, wie er *langfristig* die weitere Entwicklung einschätzt und wie wir unsere Politik ausrichten sollen. Wir dürfen bei den Gesprächen mit Honecker in Berlin nicht den Eindruck erwecken, daß wir ihn zurechtweisen oder beeinflussen, sondern gemeinsam – philosophisch und theoretisch – das Problem der beiden deutschen Staaten im Kontext der aktuellen Weltentwicklung erörtern wollen.«

Inzwischen ging das Leben im Land wieder seinen Gang – doch ein Silberstreif war am Horizont aufgetaucht. Anfang April war Gorbatschow in den Städten Kujbyschew (Samara) und Togliatti an der mittleren Wolga. Nach seiner Rückkehr berichtete er im Politbüro:

»Eine ähnliche Stimmung im Volk herrschte nur nach dem Krieg – Enthusiasmus und breite Unterstützung für die Führung. Aber innerhalb der Parteiführung gibt es wenig Veränderungen. Ich habe den Funktionären in einer Parteiversammlung unverblümt gesagt: Ihr habt euch satt gegessen und kümmert euch nicht mehr um das Volk.

Die ganze Gesellschaft ist in Bewegung. Dies zeigt, daß wir den richtigen Weg eingeschlagen haben. Aber wir müssen mit neuen Methoden arbeiten. Es kommt immer wieder vor, daß wir Menschen, die sich von ganzem Herzen für die Sache einsetzen und sich wirklich von den Ideen des Parteitags begeistern ließen, durch veraltete Instruktionen zu Narren machen. Die Gesellschaft ist jedoch nicht länger bereit, so weiterzuleben wie bisher. Wenn nicht wir, so werden es andere tun.

Wir müssen nun endlich das Problem der Konsumgüterindustrie angehen. Hier benötigen wir unbedingt einen bedeutenden Beschluß, von dem unsere ganze Sozialpolitik abhängen wird. Als Grundprinzip dienen die Interessen der Verbraucher, als Grundmethode die Qualität.

Durch unsere enormen Rüstungsausgaben sind wir so tief gesunken! Aber woher nehmen wir das Geld für die Rüstung?

Jeder muß bei sich selbst anfangen. Bankette, Geschenke, Empfänge – alle praktizierten diese Unsitten … Ganze Arbeitsbrigaden dienen nur noch korrupten Parteiführern. Sie bauen und ernten, errichten Villen und ganze Paläste aus Stein und aus Holz. Hebekräne und Bagger arbeiten bei ihnen auf ihrem privaten Bauplatz. Eine regelrechte Mafia. Und wenn ein einfacher Mann Urlaub nimmt, um auf dem Land, auf einer Baustelle zu arbeiten oder ein Gewerbe zu treiben, wird er schon mißtrauisch beäugt – der arbeitet schwarz, der bereichert sich! … Der Mensch möchte besser leben – und mit Recht. Solange er von Magnitogorsk im Ural an die Ostsee fahren muß, um eine Tüte Nägel zu kaufen, wird es uns schwerfallen, ihm das Leben zu erleichtern.«

Die Katastrophe von Tschernobyl

Inzwischen hatte unser Land, die Perestrojka und die ganze Sache Gorbatschows ein Unheil getroffen, dessen tragische Folgen sich bis heute auf alle Bereiche auswirken – auf die Wirtschaft, den moralischen und psychologischen Zustand der Gesellschaft, das Vertrauen in die neue Macht, die Hoffnungen der Bevölkerung und den Eifer bei den Reformen: die Katastrophe von Tschernobyl. Unmittelbar nach dem Reaktorunfall und in der Folgezeit ist bei uns und in aller Welt viel dummes Zeug verbreitet worden über die Haltung, die Gorbatschow und die sowjetische Führung insgesamt eingenommen haben. Es wurde behauptet, sie hätten alles vertuschen, die ganze Wahrheit vor dem Volk und der Weltöffentlichkeit verbergen und die Daten fälschen wollen. Kurz gesagt, sie hätten nach dem überkommenen Prinzip der geschlossenen Gesellschaft gehandelt: Was immer bei uns geschieht, es ist unsere innere Angelegenheit, und wir gestatten niemandem, sich einzumischen.

Ich habe an allen Politbürositzungen und einigen Sondersitzungen zu Tschernobyl teilgenommen. Im Mai und Juni 1986 hat Gorbatschow bei allen politischen Treffen, gleich mit wem, das Unglück auf die eine oder andere Weise zur Sprache gebracht. In der Führung hat niemand auch nur andeutungsweise die damals kursierenden Anklagen erhoben.

Das Problem stellte sich anders dar. Wie sich zeigte, hatte nicht einmal die höchste Führung eine genaue Vorstellung von den vielschichtigen Gefahren, die von Atomanlagen ausgehen. Natürlich muß man ihr die diesbezügliche Leichtgläubigkeit zum Vorwurf machen. Schließlich sind die Atomkraftwerke direkt mit dem militärisch-industriellen Komplex verknüpft, von dem man bislang geglaubt hatte, er sei hundertprozentig unter Kontrolle und in Ordnung. Solche Überraschungen wie in Tschernobyl hätten in diesem Bereich nicht passieren dürfen. Einmal mehr bestätigte sich, daß der militärisch-industrielle Komplex seinem Wesen nach einen Staat im Staat darstellte. Alles, was mit Atomwaffen zu tun hatte, wurde in diesem »Staat« besonders bevorzugt behandelt.

Tschernobyl war das erschreckende Ergebnis der Kluft zwischen Wissenschaft und Moral in der sowjetischen Gesellschaft. Offensichtlich wurden ethische Grundsätze im wissenschaftlichen Bereich, in dem doch die Elite unserer Intelligenz beschäftigt war, nicht mehr gebührend geachtet. Die einflußreichsten Wissenschaftler haben sich jahrelang in ihren streng geheimen Berichten vor der Staatsführung gebrüstet, wie erfolgreich und verheißungsvoll sie mit ihrer Arbeit vorankämen. Übrigens kann man ihnen dies schwerlich persönlich zur Last legen (bei uns gab es wenige Menschen wie Sacharow). Diese und viele andere Mißstände waren Produkte des Systems.

Mitte Mai empfing Gorbatschow Armand Hammer und Robert Gale und lobte die von ihnen im Zusammenhang mit dem Reaktorunglück bekundete Solidarität und die Selbstaufopferung von Doktor Gale. Ich erinnere mich, wie sie gemeinsam ihre tiefe Enttäuschung über die Reaktion der amerikanischen Regierung auf die Ereignisse zum Ausdruck brachten. »Die amerikanische Regierung«, sagte Gorbatschow, »nahm eine Haltung ein, die für einen normalen Menschen schlicht unbegreiflich ist. Was hat sie nicht alles zusammengedichtet? Wie viele persönliche Anklagen gegen mich hat sie vorgebracht? Daß man mir nicht mehr vertrauen dürfe und daß meine Vorschläge jetzt kompromittiert seien ...«

Als wir am 29. Mai 1986 routinemäßig im Politbüro über die Maßnahmen zur Bewältigung der Folgen von Tschernobyl diskutierten, sagte Gorbatschow:

»Wir stoßen hier auf den Effekt der Gewöhnung und erschreckender Verantwortungslosigkeit. Mit äußerster Strenge müssen wir dagegen vorgehen. Wir werden vom ganzen Volk und von der ganzen Welt beobachtet. Was geschehen ist, betrifft alle. Hier wurden die Folgen bürokratischer Borniertheit sichtbar, die manche davon abhält, über ihre unmittelbaren technologischen Pflichten hinauszusehen und verantwortlich zu handeln. Und alle sollen wissen, daß jeder, der Verantwortungs- und Disziplinlosigkeit an den Tag legt, keine Schonung erwarten darf. Wir werden unerbittlich durchgreifen und dem Schlendrian ein Ende bereiten. Der ganzen Welt sagen wir offen, was geschehen ist. Jetzt müssen wir vor allem die Sicherheit der laufenden Atomkraftwerke garantieren. In der Periode der wissenschaftlichen und technischen Revolution sind die entscheidenden Faktoren: Disziplin, Motivation, Qualifikation und Verantwortung. Und alles auf wissenschaftlicher Basis.«

Gorbatschow ist immer wieder auf dieses Thema zurückgekommen. Am 3. Juli erklärte er im Politbüro in Anwesenheit von Wissenschaftlern und Atomforschern:

»Zu Tschernobyl werden wir viele Fragen beantworten müssen. Millionen Menschen hier im Land und in aller Welt fordern das von uns. Atomkraftwerke dürfen nicht länger auf dem Kenntnisstand der zwanziger und dreißiger Jahre gebaut werden. Wir müssen von dem Stand seit Tschernobyl ausgehen. Wir hören seit dreißig Jahren von den Experten, daß alles sehr verheißungsvoll sei. Und ihr zählt darauf, daß wir euch als Götter ansehen. Alles Unheil rührte daher, daß das Ministerium und alle wissenschaftlichen Zentren keiner Kontrolle unterstellt waren. Ein Zusammenbruch war die Folge. Bis heute habt ihr euch, soweit ich sehe, keine Gedanken über die nötigen Schlüsse gemacht. Ihr deckt immer mehr Fakten auf und trachtet doch danach, etwas zu verschweigen.

Wo eine Zentralisierung nötig wäre, funktioniert sie nicht, aber wo man einfach einen Nagel in die Wand schlagen muß, agieren tausend verschiedene Behörden. Nichts birgt so viele Gefahren in sich wie ein Atomkraftwerk, denn dort schwelt eine gewaltige Energie, die gefährlicher ist als jedes militärische System. Das Akademiemitglied Doleschalj hat zu seiner Zeit Alarm geschlagen, aber er wurde für inkompetent erklärt und bei Pressekonferenzen vor ausländischen Korrespondenten beschimpft. Dafür sind in der Wissenschaft wie in der Produktion die Monopole verantwortlich.

Das Problem der Energieversorgung geriet in jeder Hinsicht – in wissenschaftlicher und in experimenteller – außer Kontrolle. Wie viele verschiedene Domänen sind in unserem Land entstanden? Die Folge ist, daß die Führung nicht über die aktuellen Vorgänge informiert wird. Diese Zustände im Land werden wir abstellen. Vor dem ZK wurde alles geheimgehalten. Der zuständige Parteifunktionär wagte es nicht, sich hier einzumischen. Nicht einmal die Standorte der Atomkraftwerke wurden von der Regierung festgelegt. Und auch in der Frage, welcher Reaktor in Betrieb genommen wurde, besaß nicht die Regierung die alleinige Entscheidungsgewalt. In dem ganzen System herrschte der Geist der Kriecherei, Unterwürfigkeit, Cliquenwirtschaft, Heuchelei, Verfolgung Andersdenkender und des Nepotismus verschiedener Führer. Damit ist jetzt ein für allemal Schluß. Wir haben enorme Verluste hinnehmen müssen, nicht nur wirtschaftliche. Wir mußten Opfer bringen und werden noch mehr Opfer bringen müssen. Und wir haben politischen Schaden erlitten. Das Niveau unserer gesamten Arbeit wird angezweifelt. Was geschehen ist, bringt unsere Wissenschaft und Technik in Verruf. Die Lage ist sehr ernst. Und auf gar keinen Fall werden wir bei der Lösung praktischer Probleme oder bei öffentlichen Erklärungen dulden, daß die Wahrheit verschwiegen wird. Wir tragen die Verantwortung sowohl für die Überprüfung der Vorkommnisse als auch für die Korrektheit der Schlußfolgerungen. Wir handeln jetzt vor den Augen des ganzen Volkes und der ganzen Welt. Wir dürfen uns keinesfalls auf halbe Maßnahmen beschränken und irgendwelche Täuschungsmanöver machen. Wir brauchen vollständige Informationen über die Vorkommnisse. Feigheit ist keine würdige Beraterin der Politik.

Der Reaktorunfall hätte verhindert werden können. Wenn wir richtig und rechtzeitig informiert worden wären, hätte das Zentralkomitee Maßnahmen beschließen können. Hier waren wir jedoch mit ungeheuerlicher Verantwortungslosigkeit konfrontiert.

Kein einziger Grund lag vor, der uns gezwungen hätte, die Wahrheit zu verbergen. Wir haben der Menschheit gegenüber die Pflicht, dafür zu sorgen, daß alle erforderlichen Schlüsse gezogen werden.«

Wenn man die Anti-Alkohol-Kampagne als ersten Fehler der Perestrojka ansieht, dann war Tschernobyl die erste Tragödie auf dem Weg zur Erneuerung.

Perestrojka heißt: »Revolution von oben«

Im Sommer 1986 zog Gorbatschow eine Art Bilanz der Arbeit seit dem XXVII. Parteitag. Als Vorwand nahm er, für die damalige Zeit völlig hinreichend, die routinemäßige Überprüfung des Plans für die sozialökonomische Entwicklung des Landes. Seine Einschätzungen der Lage verdeutlichen, wie stark sich schon damals seine Denkweise, seine, wie er zu sagen pflegte, Herangehensweise auch in prinzipiellen Fragen verändert hatte. Eine rasche Entideologisierung fand statt.

»Wir können inzwischen besser einschätzen«, sagte Gorbatschow auf einer Sitzung des Politbüros, »was wir auf uns genommen und begonnen haben. Die Beschleunigung der Entwicklung ist nicht nur eine wirtschaftliche Aufgabe, sie betrifft die ganze Gesellschaft. Die Hoffnungen des Volkes rechtfertigen einen wirklichen Umbruch im Leben der ganzen Gesellschaft. Ihn zu verwirklichen, ist unsere historische Aufgabe zum gegebenen Zeitpunkt.

Wir erweitern die Rechte der Sowjets. Das ist der wichtigste Bestandteil der Demokratisierung im Lauf der Perestrojka. Konkrete Rechte verleihen wir ihnen. Aber wer wird sie nutzen? Haben wir fähige und mutige Leute, die diese Rechte nutzen? Schließlich haben wir ihnen die Anwendung demokratischer Prinzipien ausgetrieben.

Wie sieht es bei uns aus? Zuerst haben wir ein eisernes System geschaffen und die Initiative der Menschen gelähmt. Was bist schon du – das System geht über alles! Wir haben schon auf dem Parteitag den Sowjets gegenüber deutliche Worte ausgesprochen, ja sogar das Wahlsystem erwähnt. Es ist keine Schande, das noch einmal gründlich zu durchdenken und in die Praxis umzusetzen.

Alles soll auf demokratischem Weg geschehen. Die Bürokratie erreicht überhaupt nichts. Wenn wir tatsächlich die Demokratie entfalten wollen, sind die Sowjets unsere wichtigsten Partner. Wir brauchen die Demokratie nicht zu fürchten, wir brauchen keine Angst zu haben vor Fragen, Problemen und Diskussionen – auf keiner Ebene, vom Politbüro bis zum kleinsten Kollektiv, bis hinein in die Familien.

Wir dürfen den Plan nicht über alles stellen. Wir müssen immer bereit sein, ihn den Bedürfnissen entsprechend zu korrigieren. Lokale Organisationen und Unternehmen müssen freie Entscheidungsbefugnis erhalten. Die Selbständigkeit der Unternehmen wird sogar von den Ministerien behindert. Sie kontrollieren jeden Schritt, mischen sich überall ein, nicht nur auf Unternehmensebene, auch in die Bereiche der Brigaden und Abteilungen. Vielleicht werden wir gar ›die Selbständigkeit erzwingen‹ müssen. Nehmen wir den Plan also an, aber zugleich wollen wir umfassende Rechte einräumen im Rahmen der allgemeinen Strategie.

Bei uns tauchen bereits wieder sogenannte ›neue Linke‹ auf, Schwätzer, die erpicht darauf sind, daß wir ja nicht von den sozialistischen Prinzipien abweichen. Aber in Wirklichkeit handelt es sich um militante Demagogen und Dogmatiker, um Theoretiker der Rückständigkeit.

Es gibt auch andere – besonders in den Apparaten: Die einen arbeiten, die anderen schauen zu und warten, bis sie einen Fehler machen. Solche Säulenheilige brauchen wir nicht, wir brauchen Leute, die ihre Gesundheit und ihr Leben dransetzen, damit es dem Volk bessergeht.«

Gorbatschow stellte fest, daß die Umgestaltung langsamer vor sich ging, als er es für nötig hielt, um eine tatsächliche Bewegung nach vorn zustande zu bringen. »Die Perestrojka verläuft zu langsam«, sagte er immer häufiger.

Im Sommer 1986 kam er erstmals zu der Schlußfolgerung, daß wir eine Revolution benötigten. »Perestrojka heißt Revolution. Revolution in den Köpfen, Revolution der Produktion, der Produktivkräfte, der Produktionsverhältnisse, des ganzen Überbaus, der ganzen Gesellschaft«, erklärte er auf einem Treffen mit Sekretären und stellvertretenden Abteilungsleitern.

Die Partei hielt Gorbatschow jedoch nach wie vor für die »Avantgarde« der Revolution. Er rechnete damit, daß allein die Partei in der Lage sein würde, die Perestrojka auf allen Gebieten – von der Wirtschaft bis zur Kultur – anzuführen. Es ging also um eine »Revolution von oben«. Er hat schon damals gesehen, daß es mit der Bereitschaft der Partei, diese Rolle zu übernehmen, nicht zum besten stand. Er hat die ersten Anzeichen von Widerstand und Unzufriedenheit wahrgenommen. Aber Zweifel an der Fähigkeit gerade dieser Partei, das Land nach den Prinzipien des Neuen Denkens umzugestalten, kamen ihm erst 1987.

Schon im Sommer 1986 begann er immer dringlicher, Erneuerungen innerhalb der Partei zu fordern, allerdings vorwiegend bei der Kaderpolitik: »In der Kaderpolitik liegt der Schlüssel zu allen Fragen. Ohne eine kleine Revolution in der Partei werden wir keinen Erfolg haben, denn die eigentliche Macht liegt bei den Parteiorganen. Unsere Ausbildung der Parteikader ist jedoch völlig unzeitgemäß. Das gilt auch für das Auswahlverfahren und für die Beförderungen. Wir müssen ständig die Folgen des Einparteiensystems im Auge behalten. Wenn wir keine Kontrolle mehr ausüben können, wird der Parteifunktionär zum Bürokraten. Auf uns lasten die Instruktionen, sie ersticken jegliche Initiative. Was wir aufheben können, müssen wir sofort aufheben. Wenigstens dürfen Leute, die kreativ tätig sein wollen, nicht gleich ins Gefängnis gesteckt werden.

Immer mehr Menschen neigen dazu, sich mit den Anfangserfolgen der Perestrojka zufriedenzugeben, obwohl diese erst richtig beginnt. Einige meinen, daß sie schon alles Erforderliche getan hätten. Dieser Menschenschlag ist besonders gefährlich ... Sobald wir selbst glauben, wir hätten alles bereits befriedigend gelöst, ist es aus und vorbei. Wir dürfen nicht vergessen, daß wir den Prozeß erst in Gang gebracht haben. Das betrifft die Partei, die staatlichen Organe, die Armee, die Miliz, das Außenministerium und den KGB. Überall brauchen wir die Perestrojka. Und die Partei muß mit gutem Beispiel vorangehen – in der Theorie und in der Praxis, ein Beispiel der Prinzipientreue und der Ausdauer.«

Michail Gorbatschow kam am 26. Juli 1986 bei einer Sitzung des Politbüros auf die Rolle der Partei zurück. »Wir machen eine Umbruchphase durch. Uns stehen gewaltige Veränderungen auf allen Gebieten bevor, beginnen müssen wir jedoch mit der Partei. Nicht nur, weil das bei uns üblich ist, sondern auch, weil wir sonst nichts erreichen werden. Alles muß umgestaltet werden, auch die Partei. Das ist eine historische Aufgabe und wird unermeßliche Folgen nach sich ziehen. Eine neue Etappe in der Entwicklung der Gesellschaft hat begonnen. Ihr müssen wir mutig entgegengehen.«

Von Ende Juli bis Anfang August hielt Gorbatschow sich im fernen Osten der UdSSR auf – in Wladiwostok, Chabarowsk und Nachodka. Er sprang mit den Leuten in der ihm eigenen Manier um, zankte sich mit verschiedenen Gruppen auf den Straßen, hielt aufrichtige und zornige Reden auf Parteiversammlungen und bei Treffen mit Vertretern der Wirtschaft, hörte zu, staunte, geriet in Empörung und lehrte, wie Menschen unter demokratischen Bedingungen leben sollen.

Innenpolitisch betrachtet war die Reise eher eine Enttäuschung: Gorbatschow spürte, daß die Menschen große und schnelle Veränderungen erwarteten und voll Enthusiasmus waren. Aber weder sie noch – was besonders bitter war – die Führung auf den verschiedenen Ebenen waren in der Lage, etwas im neuen Sinne zu unternehmen; manche wollten das nicht einmal.

»Niemand hat Patentrezepte«, sagte er während des langen Rückflugs. »Weder das Politbüro noch die Regierung. Alle müssen erst überlegen, lernen, ausprobieren und wagen. Man muß bei sich selbst anfangen, und zwar jeder! Bei der Arbeit wird der gesunde Menschenverstand weiterhelfen. Hauptsache, die Arbeit wird gewissenhaft gemacht. Jeder muß Verantwortung übernehmen, sich selbst überwinden. An vieles haben wir uns gewöhnt, als wir weder Glasnost noch Kritik kannten. Das betrifft die einfachen Leute genauso wie die Amtspersonen. Bis heute sprechen wir von Demokratie, und jetzt müssen wir sie einführen und nach neuen Regeln handeln. Wenn jedoch jemand den Willen von Menschen brechen und ihren Eifer in eine Richtung lenken will, die nur ihm paßt, müssen wir uns von ihm trennen. Vor dem eigenen Volk brauchen wir keine Angst zu haben. Wir müssen der lokalen Presse die Freiheit geben. Glasnost heißt auch Sozialismus.

Wegen der Tiefe und des Ausmaßes der Umgestaltungen handelt es sich wirklich um eine Revolution. Entweder hält die heutige Führung diese Belastung aus, oder sie bricht den begonnenen Prozeß ab. Unser Einsatz ist sehr hoch. Davon wird abhängen, in welcher Richtung die Weltpolitik verläuft. Niemandem kann ich mein Leid klagen. Keine Ruhe mehr ... Täglich erhalte ich 200-300 Briefe. Das Volk schüttet mir sein Herz aus. Es hofft. Bei den Leuten entwickelt sich ein bürgerliches Bewußtsein, von der Obrigkeit werden sie jedoch wie früher angeschnauzt und geringschätzig behandelt. Diese Verhaltensweisen sind sehr zählebig und treten überall wieder auf. Ich sehe durchaus ein: Sich zu ändern ist nicht einfach. Das kann nicht jeder von heute auf morgen. Mancher würde gerne, weiß aber nicht wie. Hier müssen wir helfen. Vieles hängt vom Verhalten der Führung selbst ab. Ganz entschieden werden wir diejenigen bekämpfen, die ihren Posten für eine Pfründe halten, für ein Monopol auf Macht und Wahrheit ...

Wenn wir nachgeben, wenn unser Wille und unsere Fähigkeiten nicht ausreichen, wird unsere Gesellschaft in eine ausweglose Lage geraten. Das Volk glaubt an die Perestrojka. Aber die Obrigkeit hat Angst davor, den Leuten freie Entfaltungsmöglichkeiten zu geben, sie fürchtet um sich und ihre Posten ...

Sie ist es gewohnt, das Volk als billige Ware, als Arbeitskraft zu betrachten. Also gönnen sie niemandem etwas – weder Prämien, noch Belohnungen, noch Zulagen, noch Orden oder Abzeichen. Ein Mensch kann noch so kreativ und fleißig arbeiten, wenn er nicht die richtige Herkunft hat, erhält er nichts für seine Leistung!«

In außenpolitischer Hinsicht hatte diese Reise Gorbatschows vor allem den Zweck, im Osten des Landes die Prinzipien des Neuen Denkens zu verkünden und, wie er gerne sagte, die Länder Asiens und des pazifischen Raumes zum Dialog und zur Aufnahme neuartiger Beziehungen einzuladen. Dies sollte auch ein Wink an die Amerikaner sein, daß die UdSSR die Absicht hatte, auch in dieser vielversprechenden Region als gleichwertiger Partner Amerikas in der Weltpolitik anzutreten. Dieses Signal wurde sofort verstanden.

Der amerikanische Außenminister Shultz reagierte sehr schnell und sehr negativ auf Gorbatschows Rede in Wladiwostok: Er äußerte die üblichen Verdächtigungen zu den expansionistischen Bestrebungen der Sowjetunion.

Die Intelligenzija:
Obstruktion gegen die Obrigkeit

Bei seiner Bilanz nach eineinhalbjähriger Regierungszeit sprach Gorbatschow zum ersten Mal das Problem der Intelligenzija in der Perestrojka an. Es stellte sich in vielerlei Hinsicht: theoretische »Betreuung« der Perestrojka; Unterstützung der Umgestaltungen seitens einer bedeutenden und einflußreichen sozialen Schicht; Intelligenz als »Instrument« der Glasnost und als Quelle der geistigen und moralischen Erneuerung der Gesellschaft.

»Was wir auch in Angriff nehmen«, sagte er damals bei einer Besprechung, »immer stellt sich heraus, daß wir theoretisch unzulänglich vorbereitet sind. Nehmen Sie die Wirtschaft. Die Fachleute sind bis auf ein paar Ausnahmen für die Perestrojka der Wirtschaft. Früher scheiterte dies daran, daß die politische Führung nichts ändern wollte. Heute ist der politische Wille vorhanden, und wir sagen: ›Ihr Fachleute, nennt uns eure Vorschläge!‹ Aber die können uns keine fertigen Pläne präsentieren.

Der Apparat hat die Pflicht, darauf zu achten, daß keine Kluft zwischen Partei und Intelligenz entsteht. Jetzt wendet sich die kulturelle Front der Partei dank ihrer achtungsvollen Haltung den Künstlern und

Schriftstellern zu, weil wir bestrebt sind, zu diskutieren und zu überzeugen.

Enorm viel Arbeit steht uns hier noch bevor. Das Gesetz der größten Wachsamkeit gilt noch – sobald jemand einen Fehler begeht, schnappen wir ihn uns! Das ist ein großes Problem. Ohne die Intelligenz kommen wir nicht aus, aber die Partei darf sie nicht herumkommandieren. Das dürfen wir nicht zulassen, schließlich schadet es nur. Anders werden wir den Faktor Mensch niemals einbeziehen können.«

Glasnost wurde zu einem international gebräuchlichen Begriff. Aber in der damaligen Phase identifizierte selbst Gorbatschow Glasnost nicht mit Redefreiheit. Zu viele traditionelle Gedanken im Leninschen Geiste wirkten noch nach. Dem Ansatz nach war Glasnost ein Werkzeug der Partei, um erzieherisch und propagandistischen Einfluß auszuüben. Ihr Ziel war die »Mobilisierung der Massen« zur Verwirklichung des neuen politischen Kurses. Gorbatschows starke Betonung der Kritikfähigkeit und der »Gedankenfreiheit« löste jedoch die Zungen. Das »Angstpotential« der Presse vor den Folgen offener Kritik nahm ab (obwohl dies, wenn auch in abgeschwächter Form, im Zentrum und vor allem an der Peripherie noch existierte).

»Woran halten wir uns denn zur Zeit?« fragte Gorbatschow damals. »An die Losungen des April-Plenums und des XXVII. Parteitags. In der Frage der Glasnost dürfen wir keine Kompromisse eingehen, weil wir uns sonst vor der ganzen Welt bloßstellen. Wir sagen das ja selbst. Darin liegt unsere Stärke, nicht unsere Schwäche.«

Die allgemeine innenpolitische Richtlinie brachte Gorbatschow mit folgenden Worten während einer Politbürositzung im Juli 1986 zum Ausdruck:

»Wir dürfen uns nicht wundern oder gar empören über die Vorgänge im Land, sondern müssen sie als normale Erscheinung akzeptieren, denn sie wurden durch objektive Prozesse ausgelöst. Die Demokratisierung ist in vollem Gang. Kein Grund zur Aufregung, wenn jemand widerspricht oder eine andere Meinung vertritt.« Unter Gorbatschows Kollegen in der Parteiführung und in den oberen Regierungsbehörden fand sich jedoch kaum jemand, der die Privilegien der Presse und der organisierten Schriftsteller billigte.

Gorbatschow war sich dabei völlig im klaren darüber, in welchem Teufelskreis der Stagnation sich unsere sogenannten schöpferischen Verbände befanden. Einmal sagte er im Zorn: »Senile Greise und Stümper sind das. Sie lobpreisen sich gegenseitig und schlagen sich für Auszeichnungen vor. Sie verleihen sich Prämien und Titel. Stell dir mal solche Künstler zum Beispiel in der Manege vor, kein Mensch würde kommen.«

Das problematische Verhältnis Gorbatschows zur Intelligenzija hat sich als eines der Schlüsselprobleme bei der Entwicklung der Demokratie erwiesen. Zur Veranschaulichung eignet sich die Entwicklung des Verhältnisses zwischen Gorbatschow und Jurij Afanasjew. Ich machte Gorbatschow auf diesen Mann aufmerksam. 1986 war er Mitglied des Redaktionskollegiums der Zeitschrift *Kommunist*. Dort erschien ein kurzer Bericht und wenig später ein ausführlicher Artikel von ihm über den Zustand der sowjetischen Geschichtswissenschaft. Beide Artikel waren im Rahmen des, wie es damals hieß, »schöpferischen Marxismus« verfaßt. Afanasjew unternahm also den (noch vorsichtigen) Versuch, aus der trockenen und festgefahrenen Dogmatik der offiziellen Herangehensweisen auszubrechen. Aber schon angesichts dieses vorsichtigen Versuchs murrten die führenden ideologischen Kreise. Afanasjews Beziehung zum Chefredakteur des *Kommunist* Kossolapow – ein durchaus begabter Mann, aber ein anmaßender und orthodoxer Kommunist im Leben wie in der Theorie – wurde noch feindseliger. Der Streit wuchs sich schließlich zu einer regelrechten politischen Hysterie aus.

Gorbatschow begann sich für Afanasjew zu interessieren. Als Kossolapow ihn dennoch aus dem Redaktionskollegium hinauswarf, half Gorbatschow mir, Afanasjew an der Hochschule für Geschichte und Archivwesen als Rektor unterzubringen. In der folgenden Zeit las Gorbatschow dessen Artikel genau und lobte das auf seine Anregung hin entstandene Buch »Es gibt keine Alternative zu Perestrojka« sehr, das damals viel Aufsehen erregte. Mehrmals beruhigte er die Gemüter seiner Kollegen im Politbüro und im Sekretariat, die darauf brannten, Afanasjew politisch einen Denkzettel zu verpassen. Sogar der Versuch, ihm den Posten als Rektor des Instituts streitig zu machen, wurde unternommen. Afanasjew kam oft zu mir, und ich erzählte ihm selbstverständlich von Gorbatschows wohlwollender Einstellung. Schon nach kurzer Zeit waren in seinen Artikeln und Reden jedoch immer öfter neben kritischen Bemerkungen auch derbe Ausfälle gegen Gorbatschow zu finden. Später forderte er sogar Gorbatschows Rücktritt. Dies hat sich (besonders weil Afanasjew kein Einzelfall war) nachteilig auf Gorbatschows Verhältnis zur Intelligenzija ausgewirkt, noch dazu in einem Moment, in dem er und die Intellektuellen sich gegenseitig gebraucht hätten.

Das Problem war nicht, daß sie sich nicht mit ihm einigen konnten. Gorbatschows Toleranz in heftigen Auseinandersetzungen und seine Neigung zu Kompromissen sind bekannt. Vom Standpunkt der Ethik und der Redlichkeit aus schienen Gorbatschow jedoch solche Attacken wie die Rücktrittsforderung unangemessen. Er fühlte sich beleidigt, besonders wenn es um Personen ging, die er bei ihrem politischen Aufstieg persönlich unterstützt hatte. Leider machten viele Intellektuelle, denen Gorbatschow vertraut hatte, eine ähnliche Wandlung durch. Deshalb neigte er zur Verallgemeinerung: Sie wollten ihn nicht verstehen, verdächtigten ihn, ihre Selbstdarstellung sei ihnen wichtiger als die Sache, sie wollten sich nur mit Unabhängigkeit und Kühnheit schmücken (nachdem dies vor allem dank Gorbatschow ganz ungefährlich war!).

Ein wesentlicher Zug der russischen Intelligenzija war schon immer ihre Obstruktion gegen jede Obrigkeit. Schon mehrmals hat diese Geisteshaltung den Fortschritt des Landes behindert, und jetzt zeigte sich von neuem, welche dramatischen Folgen für die Machtverteilung im demokratischen Lager und für den ganzen Reformprozeß sie hatte.

Gorbatschows Haltung zur religiösen Problematik in dieser Phase ist bemerkenswert. Er handelte traditionell, war aber nicht mehr militant antireligiös. Er stellte, wie schon Lenin, der Religiosität den Bildungsgrad der Bevölkerung gegenüber. »Die Allgemeinbildung der Bevölkerung«, erklärte er, »nimmt ständig zu, aber der Einfluß der Religion geht nicht zurück, sondern wächst eher. Warum? Woran liegt das? Dennoch darf der Kampf gegen die Religiosität keinesfalls in einen Kampf gegen die Gläubigen ausarten. Wir werden antisowjetische Aktivitäten der Kirche bekämpfen, sofern es diese gibt. Aber unser Hauptkampf muß auf philosophischer Ebene geführt werden. Hier steht uns eine schwere Aufgabe bevor: Wir müssen die Religiosität in andere Bahnen lenken, ohne die Glaubensfreiheit einzuschränken. Dabei müssen wir uns streng an die verfassungsmäßige Direktive halten: Vor dem Gesetz sind alle gleich. Das entscheidende Wort muß hier die sozioökonomische Perestrojka haben. Nur in der Praxis unter Beteiligung der ganzen Gesellschaft können wir die Introvertiertheit, die Grundlage der Religiosität ist, weiten. Wir brauchen offene Diskussionen, überall – in den Schulen, in der Frauenbewegung, überall.«

Das Risiko des Wettrüstens

Wie hat Gorbatschow sich den *außenpolitischen Aspekt* der Perestrojka im Sommer 1986, also kurz vor den Plänen für Reykjavik, vorgestellt? Das wichtigste Ereignis dieser Periode war François Mitterrands Besuch in Moskau. Der französische Präsident und Gorbatschow stimmten verblüffenderweise in ihren Einschätzungen der Weltlage fast völlig überein – allerdings auf theoretischer Ebene. Einvernehmen herrschte auch in einigen konkreten Fragen, wie zum Beispiel beim SDI-Projekt. Beide sahen das Dilemma, in das die Amerikaner durch die Initiativen Gorbatschows geraten waren.

»In Gesprächen mit den Amerikanern«, sagte Mitterrand (der kurz zuvor die USA besucht hatte), »fragte ich sie ziemlich direkt, was sie konkret anstreben. Sind sie daran interessiert, daß die Sowjetunion größere Mittel für ihre wirtschaftliche Entwicklung investiert auf Kosten der im Budget vorgesehenen Rüstungsausgaben? Oder wollen sie im Gegenteil die Sowjetunion durch einen Rüstungswettlauf zermürben, die UdSSR ihrer tiefen Wurzeln berauben und die sowjetische Führung zwingen, immer größere Mittel für unproduktive Ausgaben, für die Rüstung vorzusehen? Ich sagte Reagan ganz offen (unser Gespräch fand im kleinen Kreis statt, von amerikanischer Seite aus nahmen Verteidigungsminister Weinberger, Außenminister Shultz und Sicherheitsberater Poindexter teil): ›Die erste Variante bedeutet Frieden, die zweite Krieg.‹ Schon wegen der objektiven Logik der beiden Varianten ist das verständlich.«

»Diesbezüglich«, reagierte Gorbatschow, »kommen sich unsere Meinungen sehr nahe. In der Tat, die erste Variante bedeutet Frieden, die zweite Krieg.«

Vor allem wurden die restlichen Vorurteile in Gorbatschows Neuem Denken von den feinsinnigen, stringenten Erwägungen des französischen Präsidenten korrigiert. Mitterrand meinte, daß es voreilig wäre, die Denkweise und die Absichten der Vertreter des militärisch-industriellen Komplexes der USA mit der Politik der Regierung und den Absichten Reagans gleichzusetzen.

»Im wesentlichen«, bemerkte Mitterrand, »spricht sich die Mehrheit der amerikanischen Politiker für Verhandlungen aus. Das Kriegsrisiko ist bereits zu offensichtlich. Ungeachtet Reagans politischer Vergangenheit gehört er meiner Einschätzung nach zu den Politikern, die intuitiv eine Beendigung der aktuellen Konfliktsituation anstreben. Vielleicht erscheinen Ihnen meine Äußerungen inkonsequent, aber das ist eine Tatsache. Im Gegensatz zu einer Reihe amerikanischer Politiker ist Reagan gewiß keine Maschine, er ist ein lebendiger Mensch.«

Gorbatschow antwortete: »Das ist eine sehr wichtige Information. Dieser Umstand wird als weiterer wichtiger Aspekt unseres heutigen Gesprächs in meinem Gedächtnis bleiben.«

Ende Juni 1986, am Vorabend des Treffens von Reykjavik, traf Gorbatschow auch mit dem Ministerpräsidenten von Nordrhein-Westfalen Johannes Rau zusammen. (Seither bestehen zwischen den beiden freundschaftliche Beziehungen.) Damals – und noch lange danach – differenzierte Gorbatschow klar zwischen »rein bourgeoisen« Vertretern des Westens und Sozialdemokraten. Danach wählte er die zu erörternden Themenkomplexe aus. Bei den Sozialdemokraten rechnete er zwar nicht mit einer ideologischen, aber wenigstens mit einer gewissen Nähe bei den gesellschaftspolitischen Zielen.

Im Gespräch mit Rau kritisierte Gorbatschow offen und scharf die Haltung der amerikanischen Regierung und des ganzen Westens nach Genf: »In der heutigen Politik des Westens macht sich ein Mangel an Verantwortung und Neuem Denken bemerkbar. Wenn wir nicht innehalten und zu wirklicher Abrüstung übergehen, werden wir alle uns in einem Höllenzug wiederfinden, der unaufhaltsam in die Katastrophe rast.«

Überaus optimistisch zeigte sich Gorbatschow davon überzeugt, daß nur im Rahmen des »Systems« die von der Perestrojka begonnenen, großartigen Umgestaltungen durchgeführt werden könnten. »Wir werden nicht jenseits der Grenzen des Sozialismus, sondern im Rahmen seiner Ideale Antworten auf die Fragen suchen, die sich durch die Entwicklung in unserem Land und in der Welt ergeben haben. Dazu werden wir die Möglichkeiten unseres Systems auf dem Gebiet der Demokratie, der Planwirtschaft und des Faktors Mensch voll ausnutzen ... Die Maschinerie, die wir in Gang zu setzen gewagt haben, kommt nur mit Mühe auf Touren, aber wenn sie läuft, wird sie ihre Energie voll entfalten, und einschneidende Veränderungen werden die Folge sein.«

In Gorbatschows politischer und psychologischer Vorbereitung auf die Begegnung mit Präsident Reagan in Reykjavik hatte das Treffen mit

Ex-Präsident Richard Nixon am 18. Juli 1986 einen außerordentlich hohen Stellenwert. Für Gorbatschows damalige Geisteshaltung waren damals Gedanken wie die folgenden besonders charakteristisch:

»Die Welt befindet sich an einem Scheideweg, und wie es weitergeht, hängt stark von der Art der sowjetisch-amerikanischen Beziehungen ab.

Die Existenz eines ungeheuren militärischen und atomaren Arsenals in unseren beiden Ländern ist die bedeutsamste Gegebenheit der heutigen Welt. Wenn wir unsere gegenseitige Politik und die Politik gegenüber dem Rest der Welt auf falsche Voraussetzungen und Argumente stützen, dann kann die Konfrontation mit sehr tragischen Folgen für uns und für die ganze Welt bis zum Äußersten eskalieren. Ich möchte betonen, daß die sowjetische Gesellschaft, und nicht nur die Führung, die feste Absicht hat, Wege zu suchen zur Normalisierung der sowjetisch-amerikanischen Beziehungen und gemeinsame Berührungspunkte zu finden und auszuweiten, um zuletzt ein freundschaftliches Verhältnis zu erreichen. Momentan mag dieses Ziel manchem noch utopisch erscheinen, aber wir sind überzeugt, daß wir gerade diesen Weg wählen müssen, denn die Folgen sind kaum auszudenken, wenn wir uns für die andere Richtung entscheiden.

Nach einer realistischen Einschätzung der Lage meinen wir, daß wir nicht die Hände in den Schoß legen dürfen. Es kursieren Gerüchte, daß Gorbatschow und die sowjetische Führung so enttäuscht wären vom derzeitigen Präsidenten der USA, daß sie, obwohl sie die Beziehungen zu ihm nicht abgebrochen haben, schon heute vorausschauen und von seinen Nachfolgern mehr erwarten. Ich möchte Ihnen sagen – und ich bitte Sie, das dem Präsidenten mitzuteilen –, das stimmt nicht. Schon allein aus dem Grund, weil wir das Ansehen des Präsidenten, das er in den Vereinigten Staaten genießt, gebührend zu schätzen wissen. Wenn wir der Ansicht wären, daß bestehende Probleme zwischen unseren Staaten später besser gelöst werden könnten, also nach den Präsidentschaftswahlen, dann hieße das, die Lösung um drei bis vier Jahre aufzuschieben. Inzwischen kann sich jedoch vieles ändern, auch auf militärischem Gebiet. Deshalb können wir uns in der heutigen gespannten Lage diesen Luxus nicht erlauben.«

Für Gorbatschow waren die Äußerungen Nixons wesentlich, die natürlich später auch im Weißen Haus bekannt wurden.

»Entscheidende Bedeutung für den weiteren Verlauf des Weltgeschehens kommt den Beziehungen zwischen unseren beiden Ländern zu«, sagte Nixon. »Gemeinsam können wir viel erreichen, und deshalb müssen wir unbedingt zusammenarbeiten ... Sie, Herr Generalsekretär, haben zu Recht die Popularität von Präsident Reagan bei der amerikanischen Bevölkerung hervorgehoben. Ich bin hocherfreut über Ihre Bemerkung, daß es besser sei, sich jetzt mit Präsident Reagan zu einigen, als seine Nachfolger abzuwarten ...

Ich kenne Präsident Reagan schon lange, mehr als dreißig Jahre. Mein Eindruck, daß er die amerikanisch-sowjetischen Beziehungen als seine persönliche Angelegenheit betrachtet, wird immer stärker ...

Er war nicht nur von dem Inhalt der Gespräche mit Ihnen beeindruckt, sondern auch von Ihrem persönlichen Einsatz für die Entwicklung friedlicher Beziehungen zwischen unseren Ländern. Außerdem ist er der Ansicht, daß zwischen Ihnen beiden ein besonderes persönliches Verhältnis entstanden sei, weshalb er annimmt, daß sie zu einer Übereinkunft kommen werden.«

Gorbatschow reagierte auf Nixons Überlegungen sehr verbindlich: »Sie können sicher sein, daß Gorbatschow keine arglistigen Hintergedanken hegt; ihm liegt nichts daran, das diplomatische Spiel zu gewinnen. Dieser Weg ist inakzeptabel und würde zu nichts führen.

Wir suchen nach Wegen zu freundschaftlichen Beziehungen zwischen unseren Ländern. Denn inzwischen hat sich eine wahrhaft paradoxe Situation ergeben. Selbst wenn ein Land ständig weiter aufrüstet und die Rüstung sogar intensiviert, das andere Land aber nichts unternimmt, selbst dann wird die Seite, die aufrüstet, nichts damit erreichen. Denn die schwächere Seite bräuchte nur alle ihre Atomsprengköpfe zu zünden – sogar auf eigenem Territorium –, und nicht nur der Selbstmord, sondern auch der schleichende Tod des Gegners wären die Folgen. Deshalb haben Sie ganz richtig gesagt, daß militärische Überlegenheit anzustreben ein Mythos ist ...

Selbst wenn die amerikanische Regierung das Interesse an der Lösung dieser Probleme verlieren sollte, werden wir ihr keine Ruhe lassen ...«

Kommt Reagan nach Reykjavik?

Wie kam es zur Idee eines Treffens in Reykjavik? In der zweiten Augusthälfte 1986 machte Gorbatschow auf der Krim Urlaub, damals noch nicht in jener Datscha, die im Zusammenhang mit dem Putsch berühmt wurde, sondern bei Jalta. Zum ersten Mal durfte ich ihn begleiten. Ich mußte dort hauptsächlich die Kanzlei und sämtliche Fachberater ersetzen. Täglich ging ich vor dem Mittagessen zu ihm auf die Veranda oder ins Arbeitszimmer. Wir sahen die eingegangene Post und die chiffrierten Telegramme aus dem Ausland durch. Gorbatschow traf seine Entscheidungen nach Anrufen und weiteren Informationen aus Moskau und anderen Orten und erteilte Anweisungen.

An einem der ersten Urlaubstage forderte er vom Außenministerium eine Konzeption für ein neues Treffen mit Ronald Reagan an. Außenminister Schewardnadse war damals ebenfalls im Urlaub. Sein Erster Stellvertreter Anatoli Kowaljow hielt die Stellung.

Kurze Zeit später kam das Schreiben, und ich brachte es Michail Gorbatschow. An diesem Tag war es drückend heiß. Gorbatschow saß in Shorts in einem Korbstuhl. Wir plauderten erst ein wenig, dann reichte ich ihm das Papier: »Hier ist das Ergebnis Ihres Auftrags.«

Er nahm es, las es aufmerksam durch und warf es auf den Tisch. Gorbatschow sah mich an: »Nun, was meinst du?«

Ich antwortete: »So geht's nicht, Michail Sergejewitsch!«

Er: »Das ist schlicht Schwachsinn!«

Gorbatschow dachte eine Weile nach und sagte dann: »Bitte notiere: Unverzüglich einen Brief an den Präsidenten der Vereinigten Staaten vorbereiten mit dem Vorschlag, Ende September oder Anfang Oktober entweder in London oder in (kurze Pause) Reykjavik ein Treffen zu arrangieren.«

Ich riß vor Verwunderung die Augen auf und fragte: »Warum Reykjavik?«

Er antwortete: »Das ist schon in Ordnung: Es liegt genau in der Mitte, und keine andere Großmacht wird beleidigt!«

Danach äußerte Gorbatschow seinen Unmut über das Arbeitskollektiv des Außenministeriums. Dessen Mitglieder erwiesen sich zwar bei einem ausführlichen Gespräch im Mai als aufrichtig, sachkundig und der Sache ergeben, dennoch waren sie nicht gewohnt, in großen Linien zu denken. Sie plagten sich mit Detailfragen und fürchteten, daß ihnen Nachgiebigkeit und Gesichtsverlust vorgeworfen würde. Kein einziger großer Schritt.

Schon im Frühjahr 1986 hatte Gorbatschow dazu bemerkenswert offene Worte gefunden: »Die Erfahrung von Genf, Stockholm und anderen Verhandlungen hat gezeigt, daß die Genossen sich gern an Details klammern und über Kleinigkeiten streiten. Dabei vergessen sie ganz, daß sie über das Schicksal der Menschheit entscheiden. Natürlich gibt es jede Menge ungelöster Probleme zwischen uns und Amerika! Der Teufel soll sie holen! Man muß immer die Hauptsache im Blick haben.«

Ich rief also am selben Tag noch Kowaljow an und erteilte ihm den Auftrag. Gleichzeitig beauftragte Gorbatschow die Mitarbeiter des Außenministeriums, konkrete Vorschläge zu allen Fragen, vor allem zur Abrüstung, für das Gespräch mit Reagan auszuarbeiten.

Als der Entwurf aus dem Außenministerium eintraf, antwortete ich Kowaljow in einem Brief, den ich hier in voller Länge einfüge:

»Ich war dabei, als die Idee Reykjavik entstanden ist, und hörte als erster Michail Gorbatschows grundlegende Gedanken zu diesem Treffen.

Übrigens wären aufgrund eines Versehens meinerseits beinahe Unterlagen in die Sendung an Reagan geraten, die eigentlich erst für Reykjavik vorgesehen waren und die Schewardnadse überreichen sollte. Aber Michail Sergejewitsch bemerkte dies rechtzeitig. Ich schreibe diesen Brief, damit die Genossen, die gerade an den Vorbereitungen für Reykjavik arbeiten, Gorbatschows Ideen schriftlich vor sich haben.

Mir scheint, daß nicht das vorbereitet wird, was der Generalsekretär für vorrangig hält. Eher wird zur Zeit bearbeitet, was *nach* Reykjavik sein könnte.

Eigentlich arbeitet Ihr eine routinemäßige Instruktion an den Genossen Karpow[1] aus und keine politische Plattform größeren Maßstabs für den Generalsekretär. Wir spannen mal wieder den Wagen vor das Pferd. Man könnte auch sagen, daß wir, bevor wir das Pferd anspannen, den Wagen mit einer lohnenden Ware beladen müssen. Diese Ware findet sich wahrscheinlich in allen denkbaren Fällen bei Genosse Achromejew, und folglich kann er allein aufladen. Weckt ihn, wenn es sein muß, mitten in der Nacht. Aber er wird wohl zuerst fragen: ›In welche Richtung fahren wir?‹ und ›Ist es weit?‹ Aber gerade das wissen wir bisher nicht.

Vom Neuen Denken und der Parteitagslinie zu Krieg und Frieden ist in Eurem Entwurf nichts zu spüren.

Auch die Prämisse stimmt meiner Ansicht nach nicht. In einem Interview mit der *Rude Pravo*[2] fragte Michail Sergejewitsch: ›Was ergibt sich, wenn man das Verhalten der Amerikaner berücksichtigt? Haben sie etwa vor, einen Krieg zu führen?‹ Mir scheint, diese Frage könnte man auch den Verfassern unseres Entwurfs stellen. Was wollen wir – etwa ebenfalls einen Krieg führen?

Die Militärs haben natürlich ihre eigene Logik, sie fühlen sich verpflichtet, die Politiker im Zaum zu halten. Aber das darf nicht heißen, daß militärische Erwägungen die große Linie der Politik bestimmen.

Die Logik, die sich aus den Parteitagsbeschlüssen ergibt, basiert darauf, daß es *keinen* Krieg geben wird, wenn in allen Bereichen der Innen-, Außen- und Wirtschaftspolitik richtige Maßnahmen getroffen werden, also wenn die Parteitagsbeschlüsse konsequent umgesetzt werden. Danach müssen sich unsere militärischen Kalkulationen richten, übrigens auch unsere Rüstungsausgaben (aber das steht schon auf einem anderen Blatt).

Was ergibt sich aus diesem Entwurf? Das Programm vom 15. Januar wurde völlig außer acht gelassen, denn dort wurde ein Programm für die Vernichtung aller Kernwaffen bis zum Ende des Jahrhunderts aufgestellt. Deshalb habt Ihr auch die Frage des Abbaus strategischer Waffen an die vorletzte Stelle gesetzt. Hier liegt aber die Hauptgefahr für die Menschheit, und gerade das hat Michail Sergejewitsch mehrmals ganz offen ausgesprochen.

Wie steht es um Eure Taktik? Sie ist ebenfalls weit von der Logik entfernt, die eigentlich der Philosophie des Parteitags entsprechen würde.

Mit allen Kompromißvarianten versuchen wir, Reagan zum Nachgeben zu zwingen. Dabei wird nichts herauskommen. Seine Haltung wird er erst dann ändern, wenn wir Westeuropa auf unsere Seite bringen und wenn wir die öffentliche Meinung weltweit gezielt gegen Reagan aufbringen. Solange wir jedoch die SS-20-Raketen in Europa lassen, werden wir Westeuropa nicht auf unsere Seite bringen. Darüber hinaus, fürchten unsere Genossen etwa wirklich, daß Thatcher, Mitterrand oder einer ihrer Nachfolger in irgendeiner denkbaren Lage tatsächlich ihre auf uns gerichteten Raketen abfeuern werden? Liegt diese Annahme etwa unserer europäischen Strategie zugrunde?

Oder: wollen wir ins Geschäft kommen mittels irgendwelcher ›Begrenzungsabkommen‹? Das führt doch zu nichts. Es sieht aus wie ein Abrücken von unserer Grundhaltung – ein völliges Verbot aller Atomtests zu erreichen. Die ganze Welt hat uns darin unterstützt.

Gerade hierin liegt jedoch der Schlüssel einer Unterminierung des SDI-Projektes, und nicht in Streitgesprächen über Fristen verschiedener Entwicklungsphasen für Weltraumrüstung.

Mit winzigen Zugeständnissen nach Reykjavik zu fahren, gemessen an den Themen der Verhandlungen in Genf, bedeutet, dieses Treffen von vornherein zum Mißerfolg zu verdammen und eine weltweite Enttäuschung auszulösen.

Das Treffen in Reykjavik ist keine Veranstaltung für Spezialisten, die alle Feinheiten modernster Waffentechnik kennen, es soll Völkern, Regierungen und der Weltbevölkerung dienen. Deshalb muß die *große Politik* im Vordergrund stehen, und nicht Verhandlungsdetails. Von Reykjavik aus muß die Welt weitreichende, politisch maßgebliche Vorschläge im Sinne des Programms vom 15. Januar hören. Entsprechend müssen auch die Direktiven formuliert werden, die an die Behörden gehen. Die Worte müssen laut und für alle verständlich klingen, denn sie werden veröffentlicht oder wenigstens öffentlich bekannt.«

Am 22. September berichtete Schewardnadse in einer Sitzung des erweiterten Politbüros: »Shultz hat mitgeteilt, daß Reagan sein Einverständnis zu einem Treffen in Reykjavik gegeben hat ...« Sogleich entwickelte sich eine Diskussion, die wegen des Mißverhältnisses zwischen der eigentlichen Idee (eine Lösung zur Rettung der Menschheit anzustreben) und der erörterten Nichtigkeiten, die diese Lösung letztendlich vereiteln könnten, einen befremdlichen Eindruck auf mich machte.

Die Amerikaner gaben ihr Einverständnis unter einer Bedingung: Wir müßten einer bestimmten Anzahl von Leuten, darunter dem Bürgerrechtler Jurij Orlow, die Ausreise aus dem Land gestatten. Außerdem müßten wir den »Fall Daniloff«[3], der damals für einiges Aufsehen sorgte, abschließen.

Gorbatschow hielt es für angemessen, auf die Liste zu antworten, aber nicht umfassend und sofort, sondern »in Häppchen«. Orlow sollte »innerhalb von einem Monat ausreisen« dürfen. Zugleich sollten wir erklären, daß wir kein Getreide mehr kaufen würden, um Reagan deutlich zu machen, daß auch wir Druckmittel hätten. Außerdem sollte die Propaganda anläßlich der 150 »Wanzen«, die in den Mauern unseres neu errichteten Botschaftsgebäudes gefunden worden waren, gestartet werden.

Michail Gorbatschow versprach sich auch einiges von einer kleinen »Zeitungsente«: Wir schlagen ein neue Maßstäbe setzendes Treffen in Reykjavik vor und werden mit milden Gaben abgespeist. Er schlug vor, die Kommentatoren sollten ein wenig Dampf ablassen: Wie aus eigenem Antrieb sollten sie über die Regierung der USA herziehen und sie als Saboteurin unserer Bemühungen um den Frieden darstellen. Insbeson-

101

dere sollten sie auch die Demokratie in den USA attackieren (mit dem üblichen Sortiment von Vorwürfen: Obdachlosigkeit, Straßenkriminalität, Arbeitslosigkeit, Rassenprobleme, Mißachtung der Menschenrechte in der Dritten Welt usw.). Gorbatschow lobte im Politbüro Borowik, der am Vortag im Fernsehen nachzuweisen versucht hatte, daß Juden bei uns keiner Diskriminierung ausgesetzt seien. Und was die Aufrüstung betrifft: Bevollmächtigte Kommentatoren sollten auf Truppenübungsplätze gelassen werden und, »ohne Staatsgeheimnisse preiszugeben«, nachweisen, daß die Amerikaner in allen Bereichen überlegen seien und ständig die Tatsachen verdrehen würden.

All diese eitlen, prestigesüchtigen Aktionen wurden damit gerechtfertigt, daß die Bevölkerung es anders nicht verstehe und ein »Nachgeben« nicht gutheißen werde. Ihr Ziel jedoch war typisch Gorbatschow: Präsident Reagan sollte gezwungen werden, zu einem Treffen zu kommen, das zur Bewältigung einer für den Erfolg der Perestrojka unerläßlichen Aufgabe beitragen sollte: die Last der Rüstungsausgaben zu verringern. Aber die Methoden waren die alten geblieben und stützten sich immer noch auf die Annahme, die USA wollten uns durch das Wettrüsten wirtschaftlich zermürben und die Stärkung unserer Stellung als sozialistische Großmacht (durch Reform und Erneuerung) verhindern.

Hier ist meine Mitschrift von Gorbatschows Rede auf der Sitzung des Politbüros am 22. September 1986:

»Niemand wird uns bei der Durchführung unserer Linie helfen. Folglich müssen wir einerseits die amerikanischen Attacken gegen uns scharf verurteilen und andererseits eine vernünftige und logische Politik treiben. Hierfür dient unser letzter Versuch, Reagan zu einem weiteren Treffen aufzufordern. Deshalb habe ich den Entwurf des Außenministeriums für einen Brief an Reagan abgelehnt. Die Verfasser dieses Entwurfs – einige von ihnen sind anwesend (eine Anspielung auf Kowaljow) – hoben darauf ab, daß die Vorschläge des Präsidenten nichts wesentlich Neues enthielten und es daher nichts gäbe, worüber wir mit ihm verhandeln könnten. Doch das war Unsinn, und ich war nicht einverstanden. Ich habe die Lage bewußt ein wenig dramatisiert und konkrete Punkte genannt. Wir müssen uns daran orientieren, daß positive Resultate möglich sind. Die Entwicklungen in Amerika selbst werden den Druck, den wir ausüben, verstärken und die Erfolge unserer Politik noch vergrößern. Wir werden nicht lange darüber rätselraten, ob Reagan zu dem Treffen kommt oder nicht. Aber wir dürfen mit unserem Vorschlag nicht bewußt eine Absage provozieren. Das hat mit Politik nichts zu tun. Die amerikanische Regierung muß an dem von uns vorgeschlagenen Treffen auch ein eigenes Interesse haben, sei es wegen der Wahlen oder aus irgendeinem anderen Grund. Wir müssen einsehen, daß wir bei unseren Vorschlägen auch die Interessen der Amerikaner berücksichtigen müssen, sowie die Tatsache, daß wir nichts erreichen, wenn wir zu 100 Prozent an unseren Vorstellungen festhalten.«

Gorbatschows Worte unterstreichen seine aufrichtige Absicht, den Rüstungswettlauf zu beenden und einen drohenden Krieg zu verhindern. Allerdings zeigen sie auch, daß seine auf dem XXVII. Parteitag vorgebrachte These der wechselseitigen Abhängigkeit der modernen Welt nur eingeschränkte Gültigkeit hatte – insofern eingeschränkt, als bei einer atomaren Katastrophe »alle gleich« sind.

Das Leben hatte gezeigt, daß man nicht fortgesetzt gegen die Menschenrechte verstoßen kann. Solange wir sie nicht ernst nahmen, so lange wir nicht aufhörten, Menschen wie Sacharow als Einzelfall und innere Angelegenheit zu betrachten, und nicht einverstanden waren, diese Probleme auf etwa dieselbe Stufe wie den Abrüstungsprozeß zu stellen, so lange konnte die internationale Lage sich auch nicht verbessern. Sicher trug jedoch auch Gorbatschows leidenschaftlicher und beharrlicher Einsatz gegen das Wettrüsten Früchte und ermöglichte Reykjavik und die folgenden Ereignisse.

Einige Tage vor der Abreise nach Reykjavik wurden im Politbüro gemeinsam mit den zuständigen Behörden die Richtlinien für die Verhandlungen mit Reagan ausgearbeitet. Generalstabschef Achromejew und die Vizeaußenminister Woronzow und Kornijenko hatten einen Entwurf vorbereitet, und Dobrynin (damals ZK-Sekretär und Leiter der Internationalen Abteilung) stellte ihn vor. Einen Tag zuvor hatte ich Gorbatschow meine Einschätzung zu diesem Entwurf überreicht, die wichtigsten Punkte gebe ich hier wieder:

»Wenn ich Sie damals auf der Krim richtig verstanden habe, ist die Hauptaufgabe des Treffens von Reykjavik, Reagan mit dem Wagemut oder gar der Tollkühnheit Ihrer Herangehensweise an das Hauptproblem der Weltpolitik zu überrumpeln. Wir müssen die zur Zeit günstige internationale Lage für uns optimal ausnutzen und den entscheidenden Durchbruch zum Beginn wirklicher Abrüstung erzielen.

Der vorliegende Entwurf entspricht meiner Ansicht nach dieser Idee weder formal noch inhaltlich. Im wesentlichen geht er von der alten Kon zeption aus: Wenn es zu einem Krieg kommt, müssen beide Seiten die gleichen Optionen haben (wechselseitige gesicherte Vernichtung, Abschreckung etc.). Inzwischen erfordert die neue Haltung des Parteitags einen ganz anderen Ansatz: Krieg wäre reiner Wahnsinn, deshalb darf und wird es keinen geben.

Formal eignet sich dieser Entwurf eher für den Genossen Karpow und nicht für *so ein* Gipfelgespräch. Hier wird nur die Arithmetik und nicht die Algebra der modernen Weltpolitik praktiziert. *Inhaltlich* spiegelt er nicht die Absicht wider, die Sie im Sommer auf der Krim formuliert haben.

1. An die erste Stelle müssen wir meines Erachtens die strategischen Waffen stellen und nicht die Atomtests und die Rüstung im Weltall. Dieses Problem versteht die Weltöffentlichkeit am besten, und es beunruhigt sie auch am meisten. Eine kühne Haltung in dieser Frage wird großen Eindruck machen.

Beginnen müssen wir mit der These, daß alle Kernwaffen unbedingt vernichtet werden müßten, was auch der Präsident der USA schon mehrmals gesagt hat. Diesem Ziel müssen wir auch die Richtlinie zur Begrenzung und Vernichtung der strategischen Waffen unterordnen. Folglich müssen wir unseren Vorschlag, diese Waffen um 50 Prozent zu reduzieren, schon während der ersten Etappe akzentuieren. Im Gegensatz zu unserer bisherigen Haltung dürfen wir diesen Punkt nicht wieder sofort mit einem Abkommen über die Weltraumwaffen verknüpfen. Sonst geraten wir erneut in eine Sackgasse.

Für die Unterhändler über strategische Waffen muß die Direktive ausgegeben werden: Die Waffensysteme müssen ins Gleichgewicht kommen unter Berücksichtigung der besonderen Strukturen bei uns und bei den Amerikanern.

2. Zu den Mittelstreckenraketen. Hier wird meiner Ansicht nach nichts Neues vorgeschlagen gegenüber den bisherigen Verhandlungspositionen von Karpow in Genf. Zu Beginn dürfen wir jedoch keine mittelmäßige Variante präsentieren, sondern die *ideale*: alle Mittelstreckenraketen in Europa vernichten, ohne die englischen und französischen Waffen zu berücksichtigen. Über die in Asien stationierten Raketen müssen gesonderte Verhandlungen geführt werden. So muß die Hauptrichtlinie für die Unterhändler aussehen.

In dem Entwurf ist diese Haltung als zweite Variante, noch dazu mit vielen Vorbehalten, vorgesehen. Die Verfasser des Entwurfs fürchten wieder eine Gefahr durch die französischen und englischen Waffen. Inzwischen ist es jedoch unter keinerlei Umständen und von keiner Regierung, und sei sie noch so eng mit den USA verbunden, vorstellbar, daß sie ihre Waffen auf uns abfeuern würde. Hier machen wir uns nur selbst Angst und schaffen immer wieder ein Hindernis, das den europäischen Abrüstungsprozeß mindestens um zehn Jahre verlängert.

3. Das Problem der Raketenabwehr muß meiner Ansicht nach mit dem Problem eines *Verbots aller Atomtests* gemeinsam behandelt werden. Letzteres müssen wir voranstellen, genaugenommen also vorschlagen, wie Sie auf der Krim schon sagten, unsere Unterhändler *an die Vorbereitung eines Abkommens über ein Verbot aller Atomtests* zu setzen. Dabei dürfen wir nicht darauf bestehen, unserem Moratorium beizutreten, unabhängig davon, ob wir noch vor dem Zustandekommen dieses Abkommens unsere Tests wiederaufnehmen oder nicht.

Die Frage SDI wird auf diese Weise mit obigem Problem untrennbar verknüpft, denn keine Versuche bedeutet auch kein SDI. Diesen Ansatz werden die Fachleute und die Weltöffentlichkeit verstehen. Auch propagandistisch bringt er Vorteile …«

Gorbatschow stimmte im Kern meiner Analyse zu und benutzte sie bei seinen Ausführungen im Politbüro. Als Grundlage für die Direktiven zog er seine Erklärung vom 15. Januar 1986 heran mit dem Programm der Vernichtung aller Atomwaffen bis zum Jahr 2000. Er widerlegte sämtliche Argumente gegen dieses Programm, ob sie nun von unseren Militärs oder vom Außenministerium vorgebracht wurden, von den Staaten des Westens oder von den amerikanischen Verhandlungspartnern. Als Prüfstein für jedes Argument benutzte er die rhetorische, aber grundlegende Frage: »Haben Sie etwa immer noch vor, einen atomaren Krieg zu führen?! Was mich angeht, so habe ich nicht die Absicht, und davon leitet sich alles ab.« Seine Erklärung auf jener Politbürositzung war charakteristisch: »Wenn wir wie früher die ganze Welt erobern wollen, dann laßt uns darüber diskutieren, wie wir weiter aufrüsten müssen, um die Amerikaner zu überholen. Aber dann müssen wir unser ganzes Gerede von einer neuen Politik auf den Müll werfen.«

Von diesem Standpunkt aus ging er auch an das Problem der Mittelstreckenraketen in Europa heran. Hier lag jedoch auch ein konkretes militärpolitisches Ziel vor, weil damals, im Jahr 1986, die Kriegsgefahr vor allem durch die Aufstellung neuer Mittelstreckenraketen in Europa immer konkreter wurde. »Wir wollen die vollständige Beseitigung dieser Raketen aus Europa«, sagte Gorbatschow, »weil wir die Pershing-2-Raketen als einen auf unsere Brust gerichteten Revolver ansehen.« Er lehnte auch alle Kompromißvarianten, die ihm zu den verschiedenen Waffensystemen aufgedrängt wurden, als Richtlinie ab. »Zwischen Reykjavik und einem konkreten Abkommen liegt noch ein langer Weg. Wir haben jetzt keine Zeit, uns mit Arithmetik zu befassen.«

Gorbatschow faßte die Ergebnisse der Diskussion wie folgt zusammen: »Eine Gefährdung unserer Sicherheit können wir nicht dulden. Wir müssen jedoch gleichzeitig mitberücksichtigen, daß die Amerikaner sich weigern werden, mit uns an einen Tisch zu sitzen und Abkommen abzuschließen, wenn unsere Vorschläge eine Gefährdung ihrer Sicherheit bedeuten. Unser Hauptziel ist nun, die anstehende neue Etappe der Aufrüstung zu verhindern. Wenn uns das nicht gelingt, wird die Bedrohung zu unseren Ungunsten wachsen. Ohne in einigen konkreten, womöglich wichtigen Fragen nachzugeben, ohne von alten Vorbehalten abzurücken, werden wir das Hauptziel verfehlen. Wir werden in einen Rüstungswettlauf getrieben, der unsere Kräfte übersteigt. Wir verlieren, weil das Wettrüsten uns schon jetzt an die Grenzen unserer Möglichkeiten gebracht hat.«

In Ermangelung dieser Einsicht hatte die während der letzten Jahrzehnte gültige Richtlinie des Gleichgewichts der Kräfte als Rechtfertigung genügt, um das Land auszubeuten. Damals kam deshalb niemandem in den Sinn, die Teilnahme am Wettrüsten zu verweigern, obwohl dessen Sinnlosigkeit geradezu in die Augen sprang. Auf derselben Politbürositzung wurden daher Anweisungen erteilt, erneut aufzurüsten, falls die Vermeidung einer neuen Etappe im Rüstungswettlauf mißlänge.

Die verpaßte Chance

Das Treffen in Reykjavik fand vom 10. bis 12. Oktober 1986 statt. Schon vorher fuhren zahlreiche Journalisten, Wissenschaftler und Mitarbeiter des ZK-Apparats dorthin. Ihre Aufgabe war, den Amerikanern und den Massen von Besuchern aus aller Welt in 24stündigen Gesprächen die Politik des Neuen Denkens zu erklären und so das Image der Sowjetunion zu verbessern.

Die Praxis dieser Massenaufgebote hatte mit der ersten bedeutenden Auslandsreise von Gorbatschow als Generalsekretär im Jahre 1985 nach

Genf begonnen. Sie hat sich als vorteilhaft erwiesen. Nach der von der Perestrojka eingeleiteten Befreiung von ideologischen Verirrungen konnten unsere Leute sich endlich geben, wie sie sind. Gebildete, in der Mehrzahl vernünftige Menschen konnten einen normalen Dialog führen, in einer ganz normalen, allgemein verständlichen Sprache. Sie mußten ihren Gesprächspartnern nicht zuvor einstudierte Attacken an den Kopf werfen und um jeden Preis recht behalten, und nicht mehr sogar die Menschen vor den Kopf stoßen, die uns ausgesprochen wohlgesonnen waren und sich Mühe gaben, uns zu verstehen.

Zur offiziellen Delegation gehörten: Außenminister Schewardnadse, die ZK-Sekretäre Dobrynin und Jakowlew sowie Tschernajew. Unsere Delegation setzte sich unter anderen aus Arbatow, Bessmertnych, Primakow, Falin, Karpow, Gerassimow, Gratschow zusammen. Unter den Begleitern fanden sich auch die inzwischen verstorbenen Achromejew und Krutschina. Diese riesige Mannschaft wurde überwiegend auf dem Dampfer »Georg Ots«, der schon zuvor aus Tallinn im Hafen von Reykjavik eingetroffen war, untergebracht. Auf dem Hauptdeck versammelte Gorbatschow jeden Abend ungefähr zwanzig seiner Begleiter und berichtete von den Verhandlungen des Tages mit Präsident Reagan und Außenminister Shultz. Er sprach frei und offen, fragte, wie die Verhandlungen weiterzuführen seien, worauf wir noch eingehen könnten und wo wir auf keinen Fall nachgeben dürften, welche weiteren taktischen Züge eingesetzt werden könnten, damit wenigstens ein Minimum der Grundidee, die Gorbatschow mit Reykjavik verband, erreicht werden würde: die strategische Bewaffnung halbieren, und zwar die gesamte Triade, bestehend aus landgestützten Raketen, U-Boot-gestützten Raketen und strategischen Bombern. Anschließend sollen Experten und Militärs die Details ausarbeiten unter Berücksichtigung der unterschiedlichen Strukturen der strategischen Offensivwaffen.

Das war ein grandioser, beispielloser Zug. Gorbatschow hat damit quasi eine Bilanz der politischen und ideologischen Entwicklung gezogen, die sich innerhalb seiner eineinhalbjährigen Amtszeit an der Spitze der UdSSR vollzogen hatte. Diese Formel enthielt alles, was für eine grundlegende Wende in der Weltpolitik unabdingbar war: die Einsicht in die Absurdität einer atomaren Auseinandersetzung, den Stopp des Rüstungswettlaufs, die Bereitschaft, den Abrüstungsprozeß einzuleiten, die Revision der sowjetischen außenpolitischen Doktrin, die jahrzehntelang auf einen internationalen Klassenkampf ausgerichtet war, die Lösung von klassischen Feindbildern, neue Wege, Sicherheitsgarantien zu schaffen, und die Einsicht, daß eigentlich keine imperialistische Bedrohung für die UdSSR bestand.

Nur wenige erkannten damals die Bedeutung und Tragweite dieser schlichten, anscheinend rein militärischen Formel. Reagan spürte offensichtlich etwas Natürliches und Menschliches in der Initiative, die vom sowjetischen Führer so unerwartet präsentiert wurde. Seine Zustimmung zur Initiative deutet darauf hin. Aber gerade in diesem Punkt hielten ihn seine Berater zurück. Später wurde die verpaßte Chance seiner Inkompetenz zugeschrieben, und er brauchte lange, um das Versäumte nachzuholen. Unterm Strich blieb jedoch der einfache Mut, der in der Weltpolitik schon längst erforderlich gewesen wäre und nun den Anstoß zu gewaltigen Veränderungen geben sollte. Gorbatschow hat dies sehr wohl gespürt und sich mehrmals auf die Episode von Reykjavik bezogen. Gerade in diesem Moment wurde er meiner Meinung nach in der Ansicht bestärkt, daß er mit Reagan zurechtkommen würde, daß der Präsident der Vereinigten Staaten sich nicht in Details verlieren wollte und die Herausforderung der Zeit wahrgenommen hätte. Hier sprang ein Funke gegenseitigen Verständnisses über, als ob sie einander zugeblinzelt hätten. Auf jeden Fall blieb bei Gorbatschow ein Gefühl des Vertrauens zu diesem Mann. Nach Reykjavik sprach er über Reagan als Mensch im engen Kreis ganz anders als zuvor.

Kurz vor der Reise nach Island hatte Gorbatschow noch als Antwort auf die Äußerung eines bekannten westlichen Politikers, Reagan sei ein Dummkopf und Clown, geantwortet: »Leider regiert so ein Mann eine Supermacht.« Nach Reykjavik war so ein Ausspruch undenkbar. Ich hörte nie mehr die Formulierung, daß an der Spitze der Regierung der USA »ein politischer Abschaum stünde, dem alles zuzutrauen sei«.

Nach dem ersten Verhandlungstag und der nächtlichen Expertensitzung waren wir alle sehr optimistisch, aber am letzten Tag hatten sich alle Hoffnungen als voreilig erwiesen. Ich erinnere mich gut, wie die Spannung stieg, während die amerikanischen Kollegen und wir das Ende des Treffens erwarteten. Wir hatten nicht einmal das Bedürfnis, miteinander zu reden. Wir standen nur am Fenster und schauten auf den finsteren Ozean hinaus. Wir warteten, warteten und hofften. Endlich öffneten sich die hohen, weißen Türen. An den Gesichtern von Reagan, Gorbatschow, Shultz und Schewardnadse konnten wir ablesen: Das Ziel war nicht erreicht worden.

Bis zum Ausgang auf die Außentreppe, vor dem Hunderte von Journalisten schon mehrere Stunden lang auf den Präsidenten und den Generalsekretär im eisigen Wind gewartet hatten, blieben nur einige Schritte. Gorbatschow und Reagan tauschten über die eifrig umhereilenden Übersetzer noch einige Worte aus. Gorbatschow faßte Reagan beim Arm, Shultz legte Gorbatschow den Arm um die Schulter, und so gingen sie hinaus.

Schon in Moskau hatten Jakowlew und ich (später kam noch Arbatow hinzu) in Gorbatschows Auftrag verschiedene Varianten einer Rede für die abschließende Pressekonferenz vorzubereiten begonnen – je nach Verlauf der Verhandlungen. Diese Vorbereitung setzten wir nachts in unseren Kabinen auf dem Dampfer fort und entwarfen immer wieder neue Versionen, die wir dann mit Gorbatschow abstimmten. Insgesamt entstanden so sieben Varianten. Alle waren schließlich Makulatur.

Wie bewertete Gorbatschow die Ergebnisse von Reykjavik? Während des Rückflugs war er sehr aufgeregt und delegierte Aufgaben an Jakowlew, Achromejew und mich, die wir sofort in Angriff nehmen sollten. Ich sollte eine Skizze für eine Fernsehrede erstellen. Ich teilte damals seinen Optimismus nicht, mit dem er auf der Pressekonferenz hatte kaschieren wollen, daß wir unsere Ziele nicht erreicht hatten. Ich formulierte die Ergebnisse etwas bescheidener. Doch sofort griff mich Gorbatschow heftig an, was bei ihm selten vorkam, und forderte kategorisch: »Tu, was ich dir sage!«

Einige Tage später zog Gorbatschow in einer Politbürositzung eine erste Bilanz: »Reykjavik fand eine große Resonanz. Sofort begannen die Spekulationen, wer denn nun wen übertölpelt habe. Wir fuhren aber nicht mit einer derartigen Absicht zu dem Treffen. Der Beweggrund für unsere Initiative war sehr schwerwiegend, denn uns ging es darum, die Genfer Verhandlungen aus der Sackgasse zu manövrieren. Wir spürten, daß wir einen großen Durchbruch brauchten, denn die Zeit arbeitet gegen die Interessen der Menschheit.

Reykjavik ist nun vorbei. Es hat sich gezeigt, daß wir im ersten und im zweiten Punkt unserer Verhandlungen – bei der strategischen Bewaffnung und bei den Mittelstreckenraketen – kurz davor waren, unsere Minister mit der Vorbereitung der Verträge zu beauftragen. Allein dadurch haben wir viel Erfahrung gesammelt. Wir haben die Probleme des Präsidenten verstanden und eingesehen, daß er nicht ganz frei in seinen

Entscheidungen ist. Wir machten keine Tragödie daraus, daß die Fragen zur Raketenabwehr und zu SDI einen kompletten Erfolg des Treffens verhinderten. Wir dachten uns: Der Präsident soll ruhig alles noch einmal überdenken und sich mit dem Kongreß beraten. Vielleicht braucht es noch einen Versuch, um die Kluft zwischen uns zu überwinden. Wir können warten. Wir ziehen unsere Vorschläge von Reykjavik nicht zurück.

Kein Grund zur Verzweiflung. In Reykjavik haben wir klar erkannt, wo wir stehen. Alle haben erkannt, daß ein Abkommen im Bereich des Möglichen liegt. Wir haben hieraus den Schluß gezogen, daß der Dialog unbedingt notwendig ist. Eben deshalb bin ich nach Reykjavik noch optimistischer als vorher.

Viele stellen die Frage, ob die Welt nach Reykjavik sicherer geworden ist. Hier muß man sehr genau abwägen; Vereinfachungen wären fehl am Platz. Ich würde Reykjavik keinesfalls als Fiasko bezeichnen. Das Treffen war eine Phase des komplizierten und schwierigen Dialogs bei der Suche nach Lösungen. Wir müssen umfassende Lösungen finden. Die amerikanischen Gesprächspartner brachten uns immer wieder zu einem Punkt, über den unsere Delegationen in Genf schon lange vergeblich verhandeln. Wir waren zu einer Entscheidung bereit und wollten dem praktischen Ausdruck verleihen, worüber im Prinzip in Genf auf einer anderen Ebene verhandelt worden war. Mit anderen Worten, wir wollten die Abschaffung der Kernwaffen in Gang bringen. Tatsächlich ging es vor Reykjavik um die Begrenzung von Kernwaffen, jetzt um deren Reduzierung und Abschaffung. Deshalb müssen alle Ausweichmanöver, die die Überlegenheit einer Seite möglich machen könnten, ausgeschlossen werden. Genau deshalb wurde die Einhaltung des ABM-Vertrags zur Schlüsselfrage. Die Haltung der Amerikaner in dieser Frage hat klar gezeigt, daß sie sich von ihrer auf Überlegenheit ausgerichteten Politik noch nicht gelöst haben. Für ein Überschreiten dieser Hemmschwelle reichten daher weder Charakter noch Verantwortung, Mut oder politische Entschlossenheit aus. Denn das hätte bedeutet, sich aus der Abhängigkeit vom militärisch-industriellen Komplex zu befreien.

Wir geben dennoch die Hoffnung nicht auf. Wir gingen davon aus, daß Reykjavik uns allen – den Europäern, den Amerikanern und uns selbst – neue große Möglichkeiten eröffnet, sich ein klares Bild von den Vorgängen zu verschaffen.«

Dann ging das »Reykjavik-Jahr« zu Ende. Michail Gorbatschow erkannte immer deutlicher, daß ein Erfolg auf außenpolitischem Gebiet, wo die Sache anscheinend gut vorankam, unsere inneren Probleme tangierte. Die Verwirklichung der Ideen von Reykjavik hing vom Verlauf der Perestrojka ab.

Von historischer Bedeutung (vielleicht auch für das Schicksal der Perestrojka selbst) war jedoch, daß der Westen damals nicht die volle Bedeutung von Gorbatschows Vorschlägen erkannt hatte. Die westlichen Regierungen betrachteten immer noch eingehend diesen außergewöhnlichen sowjetischen Führer, waren damit lange beschäftigt und vergeudeten Zeit, die Gorbatschow dringend gebraucht hätte. Westeuropa sträubte sich gegen Reykjavik und verdächtigte die UdSSR und die USA, ein Kondominium auf Kosten der Europäer anzustreben.[4] Präsident Reagan geriet in den USA ins Kreuzfeuer der Kritik. Unmittelbar nach Reykjavik versuchte die amerikanische Regierung, sich von dem Verdacht reinzuwaschen, sie sei bereit gewesen, den Sowjets nachzugeben, und der Präsident sei dem raffinierten Gorbatschow ins Netz gegangen. Die USA sagten sich de facto von der Einhaltung des SALT-II-Vertrags los und starteten den 131. Bomber neuen Typs, die Regierung ließ gegenüber Syrien und Nicaragua die Muskeln spielen, und der Kurs des Kreuzzugs gegen den Kommunismus wurde von neuem bestätigt.

Gorbatschow ließ sich von diesem Rückfall nicht aus dem Konzept bringen, aber die alten Stereotype der Konfrontation und des Klassenkampfes hielten sich länger in seinem Neuen Denken. Vor allem wurden dadurch die Gegner der Perestrojka und der neuen Außenpolitik gestärkt, die Anhänger einer Politik der Stärke in Gorbatschows Umgebung, im Parteiapparat und in der Gesellschaft.

Beim zentralen Problem, dem Wettrüsten, gab Gorbatschow sich nicht geschlagen. Allerdings erfaßte er auch hier das Problem nicht in seiner Gesamtheit. Um das Vertrauen, das der Westen in ihn bereits gefaßt hatte, weiter zu stärken, wäre eine Verlängerung des Moratoriums für Atomtests von einigem Vorteil gewesen. Aber nein! Gorbatschow gab dem Druck des militärisch-industriellen Komplexes nach, dessen Vertreter prophezeiten: »Wir werden zurückbleiben ...« Sogar vom propagandistischen Standpunkt aus wurde übereilt gehandelt. Die Wiederaufnahme der Atomtests zum 18. Dezember wurde angekündigt. Ein sehr ungünstiger Zeitpunkt: vor Weihnachten und Neujahr! Ich verfaßte einen kurzen Bericht für Gorbatschow, und er verschickte ihn an alle Politbüromitglieder. Schewardnadse und Dobrynin schmierten mir Honig um den Mund. Der

Außenminister rief mich an: »Jetzt ist es sowieso egal, denn im Prinzip ist alles bereits entschieden! Keinerlei Vorteile hast du davon, nur Nachteile, und irgendwelche Verlängerungen des Moratoriums werden auch nichts ändern ...« Eigentlich hat er recht, dachte ich bei mir.

Sackgasse Afghanistan

Was hatte sich inzwischen bezüglich Afghanistans getan? Ende 1986 erklärte Gorbatschow in einer Politbürositzung, daß wir mit dem Abzug aus Afghanistan beginnen würden, daß die Perestrojka dann in vielerlei Hinsicht, nicht nur auf außenpolitischer Ebene, schneller und besser vorankommen werde. Wir bräuchten, wie Dobrynin vorschlug, »ein afghanisches Reykjavik«. Es fand nicht statt, Karmal wurde lediglich von Nadjibullah abgelöst. Im Dezember unterhielt Gorbatschow sich lange mit Nadjibullah unter vier Augen. Später wurde darüber im Politbüro diskutiert. Fazit: Wie wir uns auch drehen und wenden, wir haben uns selbst in eine Sackgasse manövriert. Hier einige Auszüge aus meinen Aufzeichnungen im Politbüro am 13. November 1986:

Gorbatschow: »Wenn das so weitergeht, müssen wir noch 20-30 Jahre kämpfen! In sechs Jahren haben wir nicht gelernt, einen Krieg zu führen! Immer noch wird überlegt, wo sollen wir unser Panzerkorps aufstellen! Dort wird jedoch ein anderer Krieg geführt ... wie in Vietnam, Angola und Moçambique. Zu Recht taucht die Frage auf: Machen wir ein Ende oder wollen wir uns militärisch vollkommen blamieren?«

Gromyko gab zu, daß soziale und andere Umstände nicht hinreichend berücksichtigt worden seien, als eine militärische Unterstützung gebilligt wurde: »Die Lage ist schlimmer als vor eineinhalb Jahren. Die Zeit arbeitet gegen uns. Wir dürfen nicht länger zögern.«

Tschebrikow: »Die Grenze wurde nicht geschlossen, und unsere Möglichkeiten wurden nicht voll ausgeschöpft. Die Mudjaheddin haben ihre Taktik geändert. Mit militärischen Mitteln werden wir unser Ziel nicht erreichen; deshalb müssen wir politische Lösungen anstreben. Wir müssen mit Nadjibullah zusammenarbeiten.«

Schewardnadse: »Der Krieg in Afghanistan muß beendet werden. Wir müssen eine Frist setzen für den Truppenabzug und Nadjibullah volle Handlungsfreiheit gewähren. Unseren Genossen dort muß Einhalt geboten werden, wir müssen ihnen einschärfen, daß sie sich in einem souveränen Staat befinden und nicht in einem besetzten Land.«

Achromejew legte eine glänzende Analyse vor: »Wir haben den Kampf um die Unterstützung der Bevölkerung verloren. Die Mehrheit der Afghanen steht inzwischen auf der Seite der Konterrevolution. Wir vernachlässigten die Bauern, sie haben von der Revolution nicht profitiert. 80 Prozent des Landes befinden sich in den Händen der Mudjaheddin, und dort ist die Lage der Bauern besser als auf staatlich kontrolliertem Gebiet.«

Gorbatschow hielt eine zornige Rede an alle, die sich mit Afghanistan befaßten – hier in Moskau und dort vor Ort: »Wir hatten uns ein klares Ziel gesetzt: den Prozeß beschleunigen zu helfen, um ein uns freundschaftlich (?!) gesinntes, neutrales Land zu erhalten, und dann abzuziehen. Wir wollen dort ja keinen Sozialismus. Wir wollen nur vermeiden, daß die Vereinigten Staaten dort Stützpunkte errichten. Solange dort weder Flughäfen noch Stützpunkte oder Garnisonen entstehen, können die Afghanen sich dort einrichten, wie es ihnen gefällt. Niemand hat hierfür einen gangbaren Weg gezeigt. Die Unseren wollen alles selbst in die Hände nehmen, und ihre afghanischen Partner sollen vor ihnen strammstehen! Das strategische Ziel lautet: Innerhalb von einem, maximal zwei Jahren ist alles abzuschließen, und die Truppen sind abzuziehen.«

Innerhalb von zwei Jahren wurde diese Aufgabe tatsächlich erfüllt. Aber warum nicht in zwei Monaten? Warum fand diese Diskussion nicht schon viel früher statt? Weil Afghanistan, wie auch zu Anfang des Abenteuers, als Teil der globalen Auseinandersetzung mit dem Kapitalismus gesehen wurde und nur aus taktischen Gründen die Kategorie des Neuen Denkens auf den Konflikt angewandt worden war.

Außerdem wurde Gorbatschow nach der Doktrin des Gleichgewichts der Kräfte (also im wesentlichen nach der alten außenpolitischen Denkweise) von Berichten der obersten und streng geheimen Instanzen des militärisch-industriellen Komplexes von rascheren Maßnahmen abgehalten. Es gelang, Gorbatschow davon zu überzeugen, daß wir eine für die Amerikaner unerwartete Antwort auf SDI hätten. Ich hatte insbesondere von dem Astronauten Aksjonow anderslautende Informationen erhalten. Aksjonow war in diesem Bereich tätig und brachte mir Berechnungen und Dokumente, in denen nachgewiesen wurde, daß unser »SDI völlig unausgewogen« und »das Geld dafür zum Fenster hinausgeworfen sei«. Meine Versuche, Gorbatschow diese Informationen nahezubringen, scheiterten allesamt: »Du verstehst von diesen Dingen nichts, misch dich nicht ein!«

Das Politbüro am Rande der Spaltung

Die innenpolitische Lage war schwierig. Das Beschleunigungskonzept, das nun schon das zweite Jahr lief, zeitigte offensichtlich keinen Erfolg. Die wirtschaftliche Jahresbilanz war kläglich, die finanzielle Lage überaus besorgniserregend. Während der beiden letzten Fünfjahrespläne wurden 150 Milliarden Rubel mehr in die Wirtschaftsentwicklung investiert, als planmäßig vorgesehen. Auf wessen Kosten geschah dies?

1) Mit Geldern aus Einnahmen aus nicht mit der Produktion verbundenen Quellen: Verkauf von Erdöl und anderen wertvollen Rohstoffen. Die Hochkonjunktur sollte genutzt werden, aber die Konjunktur änderte sich, und wir saßen auf dem Trockenen.

2) Auf Kosten des Wodkas. Die Bevölkerung wurde zum Trinken animiert. So wurde die Grundlage der Arbeitsproduktivität untergraben, die Moral und die Ordnung im Land wurden zerstört. Im Endeffekt wurden weder Qualität noch Quantität produziert.

3) Die Preise für sogenannte Luxusgüter wie Pelzwaren und Teppiche wurden erhöht. Im elften Fünfjahresplan (1981-1985) nahm der Staat 50 Milliarden Rubel allein durch die Erhöhung der Preise ein.

»All das brachte unser Finanzsystem durcheinander«, sagte Gorbatschow am 30. Oktober 1986 im Politbüro. »Infolgedessen begannen wir uns bei der Bevölkerung zu verschulden und kurbelten die Notenpresse an. Eine Kluft zwischen Lohn und Arbeitsproduktivität entstand. Die Geldmenge nahm schneller zu als die Warenmenge. Inzwischen steht uns das Wasser bis zum Hals. Die Leute haben aufgehört zu arbeiten. Wenn es sowieso nichts zu kaufen gibt für das verdiente Geld, wozu sollen sie dann noch arbeiten und sich abplagen? Das ist eine sehr ernste Sache ...

Was müssen wir tun? Im Lauf des nächsten Fünfjahresplans müssen wir uns streng nach dem Plan richten. Keine neuen Projekte. Einige fordern, die Preise zu erhöhen. Das werden wir nicht tun. Die Bevölkerung hat von der Perestrojka noch nichts gehabt, hat keine materielle Verbesserung verspürt. Wenn wir die Preise erhöhen, kann man sich leicht die politischen Folgen ausmalen: Wir bringen die ganze Perestrojka in Verruf ...«

Schon einen Monat später sah Gorbatschow sich jedoch gezwungen, seine Haltung zu den Preisen zu ändern. Wegen dieser Frage kam es am

114

4. Dezember 1986 im Politbüro zu einer heftigen Auseinandersetzung. Der Ministerrat präsentierte seine Berechnungen und wies damit die Notwendigkeit einer Preiserhöhung nach. Gorbatschow stimmte zu: »Einen anderen Ausweg gibt es nicht.« Ministerpräsident Ryschkow, der ZK-Sekretär für Landwirtschaft Nikonow, der Leiter des Staatskomitees für Agro-Industrie Murachowskij und die ZK-Sekretärin Birjukowa unterstützten ihn. Aber der Zweite ZK-Sekretär Ligatschow, und mit ihm der Ministerpräsident der RSFSR Worotnikow und Außenminister Schewardnadse, wehrten sich entschieden gegen Preiserhöhungen mit einer unverhohlen populistischen Haltung zum Schutz der Armen: »25 Millionen Menschen in unserem Land leben von einem Einkommen unter 50 Rubel, 50 Millionen unter 80 Rubel. Unter diesen Umständen können wir keine Preiserhöhung zulassen.«

Gorbatschow äußerte mehrfach, daß die Perestrojka keinen Erfolg haben könne, wenn wir streng die Normen eines Sozialstaats beachteten. Daß dies reine Gleichmacherei sei, konnte die Gegner nicht überzeugen. Gorbatschow sagte schroff, daß wir alle Pläne zunichte machen würden, wenn wir uns nach denen richteten, die sich an ein Faulenzerleben auf Staatskosten gewöhnt hätten. Der Streit führte zu nichts und spitzte sich soweit zu, daß keiner dem anderen mehr zuhörte. Gorbatschow stellte schließlich »ernste politische Meinungsverschiedenheiten im Politbüro« fest und erklärte, daß er als Generalsekretär in diesem Falle die Frage von der Tagesordnung nehme und dem Ministerrat zur Überarbeitung zurückgebe. »Sonst kommt es noch zu Handgreiflichkeiten«, bemerkte er abschließend, »das Politbüro befand sich ohnehin schon am Rande einer Spaltung.«

Die Wurzel allen Übels sah Gorbatschow in den Kadern. Während des ganzen Dezembers 1986 bereitete er sich gründlich auf das ZK-Plenum zu Kaderfragen vor (im Januar hatte er es angekündigt). Er holte von allen treuen Perestrojka-Anhängern ihre höchstpersönliche Meinung (schriftlich) über eine geeignete Kaderpolitik ein. Daß das System selbst nichts taugte – gleich welche Kader darin arbeiteten –, so weit dachte Gorbatschow damals noch nicht. Jedenfalls habe ich von ihm keine Andeutungen in diesem Sinne gehört.

»Wir dachten nicht, daß es so schwer werden würde«, sagte Gorbatschow am 1. Dezember, als wir im kleinen Kreis das ZK-Plenum zu Kaderfragen vorbereiteten. »Wir haben es jedoch verdammt schwer – sowohl in der Wirtschaft, wie im sozialen Bereich, in der Partei selbst und besonders im theoretischen Überbau. Sogar in der Partei. Wir haben erst gesät, bis zur Ernte wird noch einige Zeit vergehen …

Ein gewisser Pessimismus bezüglich der Ergebnisse der Perestrojka ist vorhanden. Dadurch kommen Konservativismus, Selbstgefälligkeit, Trägheit und die Ablehnung der neuen Gangart auf. Mit Mühe haben wir die Bevölkerung erreicht, aber wir haben es noch nicht geschafft, sie zu motivieren. Manche glauben, daß wir die Sache zu entschlossen und mit zu hoch gesteckten Zielen angegangen sind und übereilte Entscheidungen treffen. Den Prozeß bremsen können wir jedoch nicht mehr, das Leben diktiert uns eine immer schnellere Dynamik. Daher das Problem der Kader, ihm kommt eine Schlüsselfunktion zu. Wenn wir keine Atmosphäre der Glasnost und Kritik schaffen, werden wir nie echte Kader ausbilden. Die ganze Geheimniskrämerei schadet letztlich nur …

Das größte Problem ist die Demokratisierung der Gesellschaft. Irgendwie sind wir alle ›dafür‹, aber sobald man sich selbst demokratisieren muß, erweist sich das als sehr kompliziert. Hier geht es schließlich um das persönliche Prestige. Jeder fürchtet hinter der Demokratisierung eine Intrige gegen seine Position!«

Vor dem Plenum sprach Gorbatschow am 19. Januar 1987 ein Problem an, das zwei Jahre später in Angriff genommen wurde und schwerwiegende Folgen haben sollte: »Nehmt zum Beispiel unsere Wahlen. Man kann die Urne oder den Ort, wo man seinen Stimmzettel holt, so einrichten, daß keine geheime Wahl möglich ist. Im Ausland wirft man uns immer wieder vor, daß bei uns Wahlen ohne echte Möglichkeit der Wahl abgehalten werden. Dabei geht es hier nicht nur um den Wahlakt selbst, der ganze Vorgang muß überprüft werden …«

Schon damals erkannte Gorbatschow die schwache ideologische Untermauerung seiner Politik. »Womit begann unser Sturz?« wandte er sich einmal an die Mitglieder des Politbüros. »Mit der theoretischen ideologischen Unfruchtbarkeit, mit der Schönfärberei. Wir nannten die Dinge nicht beim Namen. Seht euch an, welches Niveau die Reden bei der Konferenz der Lehrstühle für Gesellschaftswissenschaften hatten – ein armseliger Anblick! Sogar die Rede des Vizepräsidenten Fedossejew.«

Im Zusammenhang mit der ideologischen Problematik der Ausbildung der Kader lenkte Gorbatschow erstmals die Aufmerksamkeit auf die Mißstände in den Beziehungen zwischen den Republiken. »Hier haben sich Klischees gebildet, die dialektische Betrachtungsweise wurde vernachlässigt. Was hat sich daraus ergeben? ›Die nationale Frage wurde gelöst‹ und zu den Akten gelegt. Eine neue Generation ist jedoch herangewachsen. Die jahrzehntelange Entwicklung müssen wir genau im Auge behalten. Wir haben jedoch den Blick für diesen Prozeß verloren. Einige Mängel sind Folgen unserer Fehler, andere jedoch das Resultat einer realen nationalen Wiedergeburt. All das muß in Ruhe analysiert werden, auch die ideologische Frage, die wirtschaftliche und die Kaderfrage. Alles wird davon abhängen, wie wir uns psychologisch bewußt verändern. Wir müssen über ein besonderes ZK-Plenum zu den Beziehungen zwischen den Republiken nachdenken.«

Das sagte Gorbatschow im Dezember 1986! Kurze Zeit später, während der Vorbereitung zum Januar-Plenum 1987, machte Gorbatschow folgende Bemerkung: »Inzwischen kann die nationale Frage nicht als Ausdruck ideologischer Tätigkeit abgetan werden, sondern muß als Realität akzeptiert werden, die eine theoretische und praktische Herangehensweise erfordert.« Das Plenum wurde erst eineinhalb Jahre später durchgeführt, noch dazu auf der Basis von Überlegungen, die schon vor ihrer Niederschrift überholt waren.

Nach Reykjavik fand ein weiteres Ereignis von internationaler Bedeutung statt: Sacharows Verbannung nach Gorkij wurde aufgehoben. Es existieren verschiedene Versionen, wer den Anfang gemacht hat. Gorbatschow hatte seit langem die Peinlichkeit der Lage erkannt. In der Politbürositzung vom 1. Dezember 1986 hörte ich erstmals davon, daß ein Beschluß gefaßt worden sei, »die Angelegenheit zu beenden«. Gorbatschow sagte damals: »Martschuk (der Präsident der Akademie der Wissenschaften) soll zu Sacharow nach Gorkij fahren und ihm sagen: ›Genug der Possen⁵, das ganze Land arbeitet mit, wir brauchen alle patriotischen Kräfte. Alle müssen ihren Teil beitragen, kommen Sie nach Moskau. Zwei Wohnungen und eine Datscha stellen wir Ihnen zur Verfügung. Wenn Sie noch einen Wunsch haben, werden wir ihn erfüllen.‹ Und Martschuk soll darauf hinweisen, daß er im Auftrag des ZK handelt.«

Am 16. Dezember gab Gorbatschow dann auf einer Versammlung der Abteilungsleiter des ZK die Entscheidung zu Sacharow bekannt. Die meisten – ich überflog den Saal mit einem Blick – verzogen den Mund zu einem sarkastischen Grinsen. Offensichtlich erfuhr auch der ZK-Sekretär für Ideologie Michail Simjanin, der eng mit der Akademie der Wissenschaften zusammenarbeitete, erst damals davon. Nervös trommelte er auf den Tisch, schnitt Grimassen und hielt es schließlich nicht aus: »Hat er (Sacharow) sich wenigstens bedankt?« Gorbatschow ignorierte diesen Zwischenruf und erklärte, daß wir Sacharow »mit seinem Potential« in die patriotische Aufgabe der Perestrojka integrieren wollten. »Wir werden sehen, ob er dazu fähig ist. Aber solche Probleme müssen heutzutage gelöst werden!« Der vorliegende Fall sei eine Kleinigkeit verglichen mit anderen.

Anfang März 1987 erwiderte Gorbatschow in einem Gespräch mit dem Führer der argentinischen Kommunisten auf die Bemerkung, daß sogar Sacharow manchmal seiner Politik applaudiere: »Sacharow hat nie etwas Dummes gesagt. Nur äußert er sich zu Abrüstungsfragen ziemlich konfus. Sogar die Amerikaner haben ihn deshalb schon kritisiert. Überhaupt hat er neulich offen gesagt, daß er es müde sei, Interviews zu geben: ›Ich werde nach Gorkij fahren, um mich ein wenig zu erholen!‹«

Am Jahreswechsel 1986/87, dem letzten der aufsteigenden Linie der Perestrojka, war Gorbatschow zu der Meinung gelangt, daß eine rasche Realisierung der Umgestaltung nicht gelingen würde. Gleichzeitig war er weiter fest davon überzeugt, daß Perestrojka die Vollendung des Sozialismus bedeute, die nur im Rahmen des bestehenden sozialökonomischen Systems möglich sei. Für ihn blieb die marxistisch-leninistische Partei der Motor und das Gehirn der Verbesserung und Dynamisierung des Systems. Gorbatschow meinte dazu Ende 1986 auf einer Versammlung des ZK: »Unserer Generation bleibt nichts übrig, als das Land umzugestalten. Alles werden wir nicht schaffen, aber wir werden den Grundstein legen für die Beschleunigungsprozesse. Wir können rechtzeitig frische und fähige Kräfte hinzuziehen. Ich bin überzeugt, daß, selbst wenn alle Mechanismen, alle demokratischen und moralischen Mechanismen, richtig greifen, die Aufgabe der Partei nicht einfacher wird. Ihre Aufgaben werden wachsen, und die Arbeit wird immer komplizierter. Wir müssen die Formen und die Methoden ändern, weil wir unter demokratischen Bedingungen arbeiten werden. Die Partei hat die Pflicht, alles zu sehen, zu erfassen und zu synthetisieren. Sie muß begabte Leute suchen und am richtigen Ort einsetzen, ständig politisch weiterarbeiten und den Kontakt zum Volk aufrechterhalten.«

Unter demokratischen Bedingungen zu arbeiten – so lautete die Formel des Jahres 1986. Gorbatschow wiederholte sie immer wieder, aber sie wurde nicht verstanden. Nicht zuletzt deshalb, weil er selbst sich Demokratie (selbstverständlich sozialistische) als ein Instrument der Partei zur Umgestaltung der Gesellschaft vorstellte und nicht als grundlegendes Prinzip für die Gesellschaftsform an sich oder als allgemein menschlichen Wert. Diese Erkenntnis stand noch bevor.

Gorbatschow konnte im neuen Jahr auf den Aktivposten Reykjavik zurückgreifen, der – trotz aller Einschränkungen, Rückfälle, Zweifel und Schwierigkeiten bei der Realisierung der Grundidee – einen prinzipiellen Wandel in der Geschichte der internationalen Beziehungen einleitete.

Das Jahr 1986 war ein Jahr wirtschaftspolitischer Experimente. Ideologisch gesehen ging dies jedoch vorläufig nicht über den Rahmen der Neuen Ökonomischen Politik Lenins hinaus.

Erst im neuen Jahr sollte die schwere Bürde Afghanistan von uns genommen werden. So überzeugt Gorbatschow auch seit langem war, daß der Krieg beendet werden müßte, es war kein entscheidender Schritt getan geworden. Afghanistan und die Folgen von Tschernobyl blieben eine Belastung für Gorbatschows weitere Reformarbeit, schränkten die wirtschaftliche und die politische Manövrierfähigkeit ein und behinderten die Umsetzung der Ideen von Reykjavik in die Realität.

1987: Die Perestrojka rührt an das »System«

Anfang 1987 war Gorbatschow voller Optimismus und der festen Überzeugung, daß der Reformprozeß »angelaufen« sei. Das Januar-Plenum und die Rede Gorbatschows waren außergewöhnliche Ereignisse. Er verglich das Plenum mit dem XXVII. Parteitag vom Februar/März 1986. Die ganze Welt beobachtete gespannt die Ereignisse. Auch die ideologischen Gegner schätzten an Gorbatschow den Willen, große Veränderungen in die richtige Richtung vorzunehmen.

In seiner Rede sagte Gorbatschow: »Das Jahr 1987 spielt eine wichtige Rolle bei der Durchführung des strategischen Parteikurses der Beschleunigung ... Wir erreichen eine neue Etappe unserer Bewegung, unserer Arbeit an der Perestrojka.« Auf dem Plenum wurde zum ersten Mal eingestanden (und das fiel nicht leicht, im Politbüro wurde darüber heiß diskutiert), daß die Parteiführung und die Kader aller Ebenen in Partei und Staat am schlechten Zustand des Landes zu Beginn der achtziger Jahre schuld seien.

Im Rahmen von Leninscher Kritik und Selbstkritik vollzog Gorbatschow die wohl tiefste und schärfste Analyse von Vergangenheit und Gegenwart in allen Bereichen – vom Verhältnis zur Theorie bis zum moralischen Zustand der Gesellschaft. Aber eben immer noch mit Leninschen Maßstäben. Eine zweite Frage ist, ob er andere Maßstäbe hätte anlegen können oder wollen. Bei aller Reformbereitschaft tauchten in seinen Reden immer noch die traditionellen Formeln, Termini, Stellungnahmen und Ansätze auf: Lenin ist von Verzerrungen befreit und schöpferisch faßbar, der Sozialismus ist die höchste Gesellschaftsform, wird nun jedoch den ursprünglichen Idealen entsprechend verwirklicht, die Partei ist für alles verantwortlich, die Kader entscheiden alles wie früher. Der Optimismus Gorbatschows (die Schwierigkeiten behielt er trotzdem immer im Blick) basierte auf der uns allen anerzogenen Überzeugung, es gäbe keine Festungen, die Bolschewiki nicht erobern könnten. Die Begriffe »Bolschewismus« und »Bolschewiki« wurden wieder gebräuchlich, natürlich im positiven Sinn der glückbringenden Revolution.

Gorbatschow war sehr stolz darauf, daß durch offene und ehrliche Kritik an Ursachen und Umständen ein Handlungsprogramm erstellt wurde. Er wollte die Gesellschaft vollkommen verändern, allerdings die (sozialistischen) Grundlagen und die Macht der Arbeiter und Bauern (auch diesen Begriff übernahm er von den Anfängen der sowjetischen Geschichte) nicht antasten.

Das Januar-Plenum 1987 war für Gorbatschow ein Wendepunkt in der Politik der Perestrojka. Der Rückblick auf die letzten beiden Jahre war beunruhigend. Viele Entscheidungen seien nach dem April 1985 und dem XXVII. Parteitag getroffen worden, sagte er am Tag vor dem Plenum im Politbüro. Aber nur wenige hätten die Gesellschaft betroffen: der Kampf gegen den Alkohol und die Entscheidungen zur Verringerung der staatlichen Produktion. Und jetzt das Gesetz über die Betriebe. Bei einer Diskussion im kleinen Kreis sagte Gorbatschow am 19. Januar 1987: »Unsere Aufgabe ist es, in der Gesellschaftsentwicklung krisenhafte Perioden auszuschließen und die Partei vor groben Fehlern zu bewahren.«

Alle Parteibeschlüsse, die die Bevölkerung direkt betrafen, erwiesen sich als falsch. Und das Gesetz über die sozialistischen Betriebe war wahrscheinlich der erste Schritt zum Zusammenbruch der Wirtschaft. Der Hintergedanke Gorbatschows indes war offensichtlich: Er wollte die Eigeninitiative und die Freiheit der Produzenten vergrößern. Er wollte die Macht der Ministerien gegenüber den Betrieben schwächen, die wegen jeder Kleinigkeit beim Ministerrat um Erlaubnis fragen mußten, und er betonte, daß die Entfremdung des Menschen von der Produktion beendet werden müsse. Das Gesetz über die Betriebe war als Schritt in Richtung eines wirklichen Marktes gedacht.

»Früher hätte es ein solches Plenum bei uns nicht gegeben«, urteilte Gorbatschow eine Woche später im Politbüro. »Sogar auf dem XXVII. Parteitag konnte man vieles noch nicht sagen. Und später durfte man nicht mehr. Erst durch die Perestrojka wurde das möglich. Das Plenum kam also rechtzeitig.«

Gorbatschow warnte aber auch vor den Auswirkungen der Reformen. Er berief sich auf Informationen Arbatows, die dieser aus einem Gespräch mit einem angesehenen Amerikaner gewonnen hatte: »Die nächsten zwei Jahre werden«, zitierte er Arbatow, »die schwersten werden, denn die Perestrojka beginnt alle zu betreffen. Auch der Widerstand wird wachsen, denn dort, wo die Interessen der Menschen berührt werden, bilden sich oppositionelle Gruppen. Die Führung des Landes muß Kontrollen durchführen. Denn gerade in solchen Zeiten kommt es zu ungewöhnlichen Ereignissen. Dann erkennt man einen Fehler und muß seine Konzepte überarbeiten. Das provoziert Widerstand.«

»So bekamen wir eine kostenlose Beratung«, fuhr Gorbatschow fort. »Aber wir geraten nicht in Verwirrung. Wenn wir uns geirrt haben, dürfen wir nicht panisch reagieren. Das Wichtigste ist, das Volk einzubeziehen. Wer das nicht beherzigt und nur an sich denkt, kann nicht mit uns arbeiten. Es besteht auch kein Grund, sich mit Waffen zu versorgen.«

Im Zusammenhang mit dem Januar-Plenum und dem aufrichtigen Enthusiasmus, der in Reaktionen auf Gorbatschow zu spüren war, bemerkte ich bei ihm den Wunsch, die Perestrojka theoretisch zu fundieren. Das war ein Tribut an die Leninsche Parteitradition: Jede »große Sache« muß theoretisch begründet sein; der Parteiführer muß als Theoretiker auftreten, der den Marxismus-Leninismus weiterentwickelt. Es gab aber auch pragmatische Gründe: Die Maßnahmen waren ungewöhnlich und überschritten die Grenzen der orthodoxen Lehre. Um im Volk und vor allem in der Partei akzeptiert zu werden, benötigten die Maßnahmen einen ideologischen Deckmantel und die »Autorisierung durch Lenin«.

Gorbatschow stichelte in dieser Zeit mehrmals über das mangelnde Talent und die dogmatische Unflexibilität der Gesellschaftswissenschaften: »Die Sitzung der ›Philosophischen Gesellschaft‹ zu den Ergebnissen des Januar-Plenums zeigte beispielsweise, daß Anweisungen von oben erwartet werden wie früher. Und das, obwohl diejenigen, die zum Plenum die alten Parolen wiederkäuten, von der Tribüne herab gerügt wurden. Es gibt natürlich auch theoretische Feinde der Perestrojka. Sie sagen direkt, daß die Begeisterung für Waren-Geld-Beziehungen, Kooperativen und Selbstfinanzierung reinster Revisionismus seien.«

Bei anderer Gelegenheit bemerkte er: »Lenin dachte nie, daß der Weg zum Sozialismus geradlinig verlaufe. Er wußte die Leitsätze zu ändern, wenn das Leben es verlangte. Er wurde nie zum Sklaven seiner Beschlüsse. Wer seinen Idealen und der Sache der Arbeiterklasse treu ist, braucht nicht zu fürchten, daß Formen, die äußerlich denen anderer Systeme entsprechen, den Sozialismus unterminieren könnten. Aber wir sind in unseren Formen erstarrt.«

Streit mit der Eisernen Lady

1987 traf sich Gorbatschow mit zahlreichen ausländischen Führern, Delegationen, Gelehrten und Persönlichkeiten des öffentlichen Lebens. Mit fast allen führte er einen provozierenden oder höflichen Streit, in dem er auf dem Recht zum Sozialismus und auf dem sozialistischen Wesen der Perestrojka beharrte. Am interessantesten verlief das Gespräch mit Margaret Thatcher Ende März in Moskau. Das siebzigseitige Stenogramm belegt den wichtigen Platz des Gesprächs im Welttheater der Geschichte.

Außer den Übersetzern waren nur John Powell, der kluge, wohlwollende Mitarbeiter Thatchers, und ich anwesend. Das Gespräch fand im Katharinensaal des Kreml statt. Gorbatschow und Margaret Thatcher saßen sich an einem kleinen runden Tisch gegenüber. Sie war wie immer charmant und einfühlsam, aber entschieden, direkt und zuweilen belehrend. Er war ironisch, höhnisch und teilweise scharf. Seine Überzeugung von der Richtigkeit der Perestrojka verlieh ihm in persönlichen Kontakten Selbstbewußtsein – auch gegenüber Frauen. Margaret Thatcher konnte bei allem Sachverstand und Wissen nicht verleugnen, daß sie eine Frau ist. Sie beobachtete die vor ihr sitzenden Männer ständig daraufhin, welchen Eindruck sie als Frau auf sie machte.

Gorbatschow führte von Anfang an das Gespräch und machte ihr Vorhaltungen wegen der Rede, die sie am 21. März gehalten hatte: »Wieder wurden Kommunismus und Sowjetunion als verwerfliche Kräfte dargestellt, wieder diese Gespräche über die Stärkung der Position des Westens. Das hat uns sehr erstaunt. Es wurde sogar überlegt, daß die Premierministerin ihren Besuch absagen könnte ...«

»Nein, das kann nicht sein, daß Sie so dachten!« antwortete Margaret Thatcher. Die Sowjetunion sei bei fast allen strategischen und konventionellen Waffensystemen überlegen und halte deshalb an der Breschnew-Doktrin fest. Das »Streben des Kommunismus, überall zu dominieren«, veranschaulichte sie so: »Nehmen Sie den Jemen, Äthiopien, Moçambique, Angola, Nicaragua, die kubanischen Truppen in Afrika. Und Vietnam? Es hatte kaum die amerikanischen Truppen zum Abzug gezwungen, als es bereits in Kambodscha einfiel, statt sich mit den inneren Problemen des Landes zu befassen. Und Afghanistan? Warum behaupten wir, die Außenpolitik des Kommunismus ziele auf die Weltherrschaft?«

124

Dann lobte sie Gorbatschows Ansprache auf dem Januar-Plenum. »Die Rede war glänzend. Sie erörterten gewaltige Probleme ... Ich hoffe, daß Erfolge auf diesem Weg Ihre Meinung zur Weltherrschaft des Kommunismus ändern werden.« In diesem Punkt sollte sie recht behalten.

Gorbatschow erklärte, eine Doktrin der Verbreitung der sozialistischen Revolution in der ganzen Welt habe niemals existiert. Die marxistische Lehre sehe den Wechsel der Gesellschaftsformen voraus; nach der kapitalistischen Ordnung komme die sozialistische. Die Revolution in Nicaragua sei damit zu begründen, daß die Völker in einer bestimmten Etappe der Entwicklung Ausbeutung, Plünderung ihrer Ressourcen und das »Hinterhof«-Dasein nicht mehr ertragen könnten.

In einem solchen Dialog war eine Einigung natürlich unmöglich. Doch Gorbatschow verlagerte das Gespräch auf eine andere Ebene: »Der Kapitalismus ist eine Realität, und der Sozialismus ist eine Realität. Man darf nicht davon ausgehen, die Oktoberrevolution sei ein ›Mißverständnis‹, der Sozialismus und das sowjetische Rußland ein ›Fehler der Geschichte‹. Wir müssen uns von ideologischen Hindernissen freimachen, in der realen Welt leben und überlegen, wie wir die Beziehungen zwischen West und Ost verbessern können. Wir dürfen uns nicht gegenseitig nutzlose Vorwürfe machen, sondern müssen die Lage ohne Illusionen betrachten, zumal wir nicht mehr in den fünfziger, sondern in den achtziger Jahren leben.«

Margaret Thatcher reagierte darauf bissig: »Ich lebe nicht in den Erinnerungen an die fünfziger Jahre. Die Ereignisse, die ich als Beispiele angeführt habe, fanden in den siebziger und achtziger Jahren statt!«

Sie erklärte ausführlich, daß Großbritannien gegenüber seinen Kolonien die richtige Politik gemacht habe und daß der Westen den armen Ländern mit Nahrungsmitteln und Technik helfe. Die UdSSR unterstütze diese Länder mit Waffen, für die sie auch noch bezahlen müßten. Sie beendete diese Schilderung mit einer Bemerkung, deren Richtigkeit wir zugeben mußten: »Wir machten nie einen politischen Unterschied zwischen Kapitalismus und Sozialismus. Man muß anders unterscheiden: Auf der einen Seite stehen totale, zentralisierte Kontrolle, eine total geregelte Wirtschaft mit ihrem System, in dem die Gesellschaft im Rahmen der Gesetze, die von einer zentralen Regierung erstellt wurden, gewisse Freiheiten hat. Dem gegenüber stehen ein Parlament, verschiedene Organe der Selbstverwaltung, eine unabhängige Justiz. In Ihrer Januar-Rede unterstrichen ja auch Sie die Bedeutung dieser Institutionen.«

Der folgende Dialog erscheint mir so aufschlußreich, daß ich ihn wörtlich zitieren will:

Thatcher: »Für uns ist es sehr wichtig, daß Sie sich von der Doktrin des dominierenden Kommunismus lossagen.«

Gorbatschow: »Wir haben diese Doktrin nicht verkündet. Es gibt eine Philosophie, eine Politik und die Realität. Es ist die Sache eines jeden Volkes, seine Wahl zu treffen und seine Entscheidung zu verteidigen. Wir sind überzeugte Anhänger unseres Systems. Sie machen aus mir keinen Konservativen, und ich versuche nicht, aus Ihnen eine Kommunistin zu machen.«

Thatcher: »Ich versuche nicht, Sie zu überzeugen. Ich erläutere, was uns beunruhigt.«

Gorbatschow: »Ich führe meinen Gedanken fort. Manche Völker, die sich vom Kolonialismus befreit haben, wählen für sich das kapitalistische System. Andere versuchen, ein demokratisches System, in dem sie Kapitalismus und Sozialismus miteinander verbinden, aufzubauen. Dritte erschaffen eine Gesellschaft, die dem Sozialismus nahesteht. Sollen sie doch um Gottes willen ihr Leben so organisieren, wie sie es für richtig halten. Eine andere Sache ist, für wen wir Sympathie empfinden. Wir empfinden das für jene, die uns nahestehen, Sie für jene, die Ihnen nahestehen.«

Thatcher: »Das System der Länder, für die Sie Sympathie empfinden, gewährt dem Volk nicht das Recht, ein anderes System zu wählen. Der Kommunismus ist in der Verfassung verankert, ein anderes System gibt es nicht, es gibt nicht die Wahl zwischen verschiedenen Systemen. Ich verlange nicht, daß alle Länder unseres oder ein ähnliches System wählen. Ich möchte aber, daß es überall mehr persönliche Freiheit, mehr Kommunikation und mehr Wohlstand gibt. Die Länder, die das streng sozialistische Modell wählen, können keinen Wohlstand schaffen.«

Das Gespräch drehte sich im Kreis, manchmal stritten die beiden regelrecht.

Thatcher: »Ein System, das die Freiheit seines Volkes einschränkt, erscheint uns verdächtig.«

Gorbatschow: »Sie sprechen soviel über Freiheit, daß ich gezwungen bin, auf dieses Thema einzugehen.«

Thatcher: »Wir haben einen ähnlichen Charakter. Wir wollen beide immer das letzte Wort haben.«

Gorbatschow brachte nicht alle seine Argumente zu den sozialen Mängeln des Kapitalismus und der Manipulation durch »Pluralismus, auf den wir nicht hereinfallen«. Margaret Thatcher demonstrierte, welchen Nutzen Demokratie und Marktwirtschaft dem Volk, nicht nur der oberen Schicht (»ich selber gehöre nicht zur führenden Klasse«), bringen. Sie verglich sogar die Nordirland-Politik Londons mit der Moskauer Politik gegenüber den Chanten [einem finno-ugrischen Volk am Ob, überwiegend Fischer, Jäger und Rentierzüchter, etwa 21 000 Menschen], »die ihre Autonomie haben«.

Die Polemik blieb immer gleich: Er bestand auf der Freiheit der Wahl, sie auf der Freiheit überhaupt. Sie forderten sich gegenseitig auf, sich vom ideologischen Ansatz in den internationalen Beziehungen zu lösen, waren aber beide in deren Bann. Neu daran war lediglich, daß man sich deshalb, wie Gorbatschow wiederholt sagte, »nicht gegenseitig erschießen« müsse.

Das Problem der Auf- und Abrüstung nahm in diesem denkwürdigen Gespräch natürlich einen wichtigen Platz ein.

»Ich möchte mit Ihnen die grundlegende Frage erörtern: Ist der Westen wirklich zur Abrüstung bereit«, fragte Gorbatschow provozierend, »oder spricht er darüber nur, weil er unter dem Druck der öffentlichen Meinung steht? Ich wäre froh, wenn Sie mir in dieser Frage Klarheit verschaffen könnten. Was geschah bisher? Schon mehr als zwei Jahre beobachten wir immer das gleiche: Sowie die positive Lösung eines beliebigen Abrüstungsproblems in greifbare Nähe rückt, werden in Washington, London, Paris und Bonn unter Berufung auf die Überlegenheit der Sowjetunion Ausreden gesucht, um den Prozeß zu bremsen und erneut in die Sackgasse zu führen. Nichts bewegt sich, es wird nur darüber konferiert. Was die Überlegenheit angeht, so verfügen Sie, wir und Präsident Reagan über genaue Angaben zum wirklichen Kräfteverhältnis. Uns gegenseitig zu betrügen, ist nicht nur unnötig, sondern auch unmöglich. Wir müssen entscheiden, wie wir der Abrüstung eine Schneise schlagen.«

Die Frage der Mittelstreckenraketen, der taktischen Waffen und Flugzeuge wurde heftig diskutiert, mit wechselndem Erfolg. Aber in diesem Abschnitt des Gesprächs mußte Margaret Thatcher sich häufiger wehren und rechtfertigen. Gorbatschow hatte eine gute Position: In Reykjavik hatte er bewiesen, daß er zu einem großen Schritt bereit war und daß er die Rüstungsausgaben reduzieren und die Bedrohung durch die Atomwaffen wirklich verringern wollte.

Es folgten noch viele Gespräche von Politikern und Experten. Wir mußten Zugeständnisse machen wegen unserer Überlegenheit bei Panzern, bei taktischen Raketen und anderen konventionellen Waffen. Vor dem Abschluß der ersten Verträge stand Gorbatschow noch ein harter Kampf mit seinen eigenen Generalen bevor. Sie wollten lange nicht akzeptieren, daß die SS-20 aus Europa abgezogen werden sollten. (Hier spielte übrigens Generalstabschef Sergej Achromejew, trotz seines politischen und ideologischen Konservativismus, eine positive Rolle: Er erkannte die direkte Gefahr, die von den Pershing II ausging, und hatte die politische Entscheidung, die SS-20 auf die Bündnispartner der Amerikaner zu richten, schon immer für eine Dummheit gehalten, weil es »einen lokalen Atomkrieg« *per definitionem* nicht geben konnte.)

Aber diese Diskussionen standen allen noch bevor. Zuerst mußte Gorbatschow auf der Ebene der Staats- und Regierungschefs einen Kampf führen, um gemeinsam und gleichberechtigt den Abrüstungsprozeß in Gang bringen zu können. Er attackierte seine Gesprächspartner aus dem Westen und warf ihnen reichlich unverhohlen vor, dem Schicksal der Menschheit gegenüber gleichgültig zu sein und unmoralisch zu handeln. Gegen Margaret Thatcher polemisierte er besonders heftig, was aber seltsamerweise ihre gegenseitige Sympathie nur verstärkte.

»Mit Ihrer Einstellung zu Atomwaffen«, erklärte er ihr bei anderer Gelegenheit, »verhindern Sie, daß der Abrüstungsprozeß begonnen wird. Wenn Sie eidesstattlich erklären, Atomwaffen seien von Nutzen, dann wird uns deutlich: Vor uns steht eine Befürworterin von Atomwaffen, die bereit ist, das Risiko eines Krieges einzugehen.«

Margaret Thatchers Reaktion war sehr heftig: Sie fuhr zusammen, Röte schoß ihr ins Gesicht, und ihr Blick wurde streng. Sie streckte den Arm aus, bis sie Gorbatschows Jacke beinahe berührte. Sie ließ ihn nicht mehr zu Wort kommen und erklärte, man könne die Atomwaffen nicht abschaffen: Sie hätten in Europa durch die Abschreckung vierzig Jahre lang den Frieden garantiert. Wie könne er es wagen, sie solch unmenschlicher Gedanken zu bezichtigen? Sie war so erregt, daß sie Mühe hatte, die Form zu wahren. Beide fielen sich gegenseitig ins Wort, um sich von ihren guten Absichten zu überzeugen. Zuletzt machte sie Gorbatschow Komplimente wegen seiner Politik, der sie viel Erfolg wünschte.

In der Praxis lief die Abrüstung so, wie Frau Thatcher es gewollt hatte. Aber wenn Gorbatschow nicht so viel Elan und Willen gehabt hätte, allen zu zeigen, daß Atomwaffen verwerflich sind und auf der Grundlage des Wettrüstens keine Friedenspolitik gemacht werden kann, wäre mit der Abrüstung nie begonnen worden.

Aus dem Gespräch der beiden »Antagonisten« entstand eine Gegenbewegung. Im Westen wuchs das Vertrauen gegenüber Gorbatschow und das Verständnis dafür, daß er ohne das Ende des Wettrüstens die Perestrojka nicht durchführen konnte, mit der er als Politiker und Mensch verbunden war.

Es ist sicherlich von Interesse, wie er selbst das Treffen mit Margaret Thatcher im nachhinein einschätzte: »Es war richtig, daß wir sie eingeladen haben. Es ging uns nicht nur um ihre Meinung, sondern um die der USA und Europas. Ein stärkeres Großbritannien ist in unserem Interesse. Kohl hat das sofort bemerkt. Er bereut noch mehr, daß er im Herbst jene Dummheit begangen hat.[1] Die Italiener fürchten eine Annäherung zwischen Sowjetunion und Bundesrepublik. All das müssen wir im Auge behalten …

Es war wichtig zu erkennen, was in den Köpfen dieser Menschen vorgeht. Thatcher trat als Vertreterin der europäischen Interessen auf … Sie ist ehrlich und zugleich energisch. Sie interessiert sich für alles, was in der Sowjetunion passiert, und verbindet das mit ihren Entscheidungen in der Außenpolitik. Sie kam zu uns, um zu erkunden, welche Innenpolitik die sowjetische Führung machen wird – und damit auch, welche Außenpolitik. Sie traf Vertreter der Intelligenzija und der Dissidenten. Sie wollte die Stimmung in der Gesellschaft, die Einstellung zur Perestrojka kennenlernen und mit unserem Volk Kontakt aufnehmen. ›Was ist die Sowjetunion heute?‹ Das war für sie die wichtigste Frage.

Als Fazit des Besuchs gab sie zu viele positive Bewertungen ab. Das haben auch die westliche Presse und die Amerikaner erkannt. Irgend etwas muß in ihr vorgegangen sein angesichts der Vielzahl neuer Eindrücke. Sie soll nur gründlich über alles nachdenken.

Sie suchte Einverständnis und wollte unbedingt vermeiden, daß ihr Besuch als Mißerfolg bezeichnet werden könnte. Sie betonte die Notwendigkeit von Vertrauen. Die Sowjetunion habe selbst das Vertrauen des Westens untergraben; deshalb glaubten sie uns nicht. Wir würden unberechenbare Entscheidungen fällen: Ungarn, Tschechoslowakei, Afghanistan. Sie hätten beispielsweise nicht erwartet, daß wir wirklich in der Tschechoslowakei einmarschieren würden. Dasselbe gelte für Afghanistan. Sie fürchteten uns. Wir beseitigten die Mittelstreckenraketen, die Amerikaner auch, und sie seien dann uns gegenüber machtlos.

So urteilt sie. Sie glaubt, daß wir uns nicht von der Breschnew-Doktrin losgesagt hätten.

Das, Genossen, sitzt tief in den Köpfen. Man kann es nicht einfach rausnehmen.

Thatcher hatte nicht erwartet, daß sie hier mit jedem würde sprechen können. Auch unsere feste Haltung zu den Menschenrechten in öffentlichen Verlautbarungen hatte sie nicht erwartet. Es hat sie in Erstaunen versetzt, daß alles, was sie sagte, veröffentlicht wurde. Damit haben wir sie entwaffnet. Aber wieviel Theater hätte es gegeben, wenn wir eine Äußerung gekürzt hätten?!

Das Gespräch hat keine konkreten Ergebnisse gebracht, aber der Dialog hat sich weiterentwickelt. Die Tatsache, daß Thatcher für die Perestrojka ist, ist sehr wichtig. In den Augen der Amerikaner war das ihr größter Fehler.«

Gorbatschows Treffen mit Margaret Thatcher brachte vor allem in den Beziehungen zu Westeuropa große Veränderungen mit sich. Zwei Tage nach der Abreise der Premierministerin sagte Gorbatschow im kleinen Kreis:

»Vielleicht habe ich unrecht, aber mir scheint, daß wir Europa schlecht kennen. Wir müssen uns selbst damit befassen und die Leute darauf vorbereiten.

Zur Zeit läuft die Wiener Konferenz, bisher noch nicht die längste. Wie lange dauerte die Madrider Konferenz? Drei Jahre? Und ein Ende wäre nicht abzusehen gewesen, wenn das koreanische Flugzeug nicht abgeschossen worden wäre. Wir müssen also ein ›neues koreanisches Flugzeug‹ vorbereiten (Gelächter). Sergej Leonidowitsch (Verteidigungsminister Sokolow), kannst du das in die Hand nehmen? Wir schicken noch eine Armee nach Afghanistan, und dann laufen alle auseinander. So ist das bei uns Sitte: Erst laden wir ein, dann bringen wir die Ideen vor, und dann fangen wir an nachzudenken ...

Es liegt auf der Hand, daß wir keine Frage ohne Europa lösen können. Seine Erfahrung ... können wir sogar bei der Lösung innenpolitischer Fragen, bei der Perestrojka, gebrauchen. In der Außenpolitik bemerkt keiner Europa, obwohl es nicht nur wirtschaftlich außerordentlich mächtig ist, sondern auch politisch das stärkste Bürgertum hat. Es schien, als lasse Japan die ganze Welt hinter sich zurück, und schon macht die Bundesrepublik einen solchen Schritt vorwärts im wissenschaftlich-technischen Bereich. Einen Partner wie Westeuropa können wir nicht entbehren, zumal Fortschritte, auch in Regierungskreisen, spürbar sind.

Europa ist unsere Angelegenheit. Wir haben dort wichtige Interessen. Die militärische Konfrontation muß weitmöglichst verringert werden. Helsinki gibt uns neue Möglichkeiten, und wir müssen eine neue Etappe beginnen, Schritt für Schritt, wir müssen ein Beispiel geben. Eine wichtige Aufgabe ist, das wissenschaftlich-technische Potential Westeuropas zu nutzen, um so mehr, als unsere Freunde aus dem Rat für gegenseitige Wirtschaftshilfe dort miteinander verbunden sind.

Wir müssen Europa sehen, wie es ist. Nehmen Sie eine Realität wie die Integrationsprozesse. Was ist uns nützlich, was nicht? Außerdem müssen wir zur Kenntnis nehmen, daß Europa ganz verschiedene Gesichter hat. Es gibt entwickelte und weniger entwickelte, große und kleine Staaten. Wir müssen unsere Zusammenarbeit mit Europa gut vorbereiten. Wir müssen in der Wissenschaft neue Schwerpunkte setzen. Vielleicht gründen wir ein Zentrum zur Erforschung Europas. Wir dürfen nicht vergessen, daß Westeuropa unser wichtigster Partner ist ...

Europa hat überall Einfluß: in Kambodscha, im Nahen Osten, unter unseren östlichen Freunden und sogar in Lateinamerika. Ohne Europa kann man nichts mehr bewegen.«

Gorbatschow setzte sich für stärkere Zusammenarbeit mit Europa ein. Die meisten seiner Gesprächspartner in den Jahren 1987 und 1988 kamen aus Westeuropa. Die Kenntnis Europas, das Verständnis für seine Bedeutung im Neuen Denken und die vertrauensvollen Beziehungen zu europäischen Politikern erleichterten eine historisch wichtige Entscheidung Gorbatschows – die Zustimmung zur Wiedervereinigung Deutschlands.

Einen Monat vor dem Besuch Margaret Thatchers hatte Gorbatschow im Politbüro gesagt: »Wir können natürlich aus Afghanistan abziehen, ohne über die Folgen nachzudenken: Wir sind ja nicht für die Taten der früheren Regierung verantwortlich. Aber wir müssen an die Autorität des Landes denken, daran, daß so viele Menschen in diesen Krieg involviert waren. Wir werden vor unserem Volk nicht Rechenschaft ablegen, wenn wir aus Afghanistan abziehen, aber dort wird ein Blutbad stattfinden, wenn sich dort der Sowjetunion feindliche Lager bilden. Man wird sagen, wir hätten die Opfer und das Ansehen des Staates vergessen. Wir vergrößern die Bitterkeit darüber, daß so viele Menschen Opfer gebracht haben, die dann um so sinnloser erscheinen würden.«

Diese Position vertrat Gorbatschow noch längere Zeit. Aber wie konnte man mit einer Besserung der internationalen Lage rechnen, wenn die Haltung der sowjetischen Regierung in einem so heiklen Punkt so ideologisch und auf Konfrontation ausgerichtet blieb? Die organische Koordinierung der Außenpolitik mit den Umgestaltungsmöglichkeiten im Inneren zwangen Gorbatschow dazu, seinen »Stil« in reale Politik umzusetzen. Sie betraf nicht nur die Abrüstung, sondern alle grundlegenden Bereiche, einschließlich der Menschenrechte, die bisher nur in Anführungszeichen gesetzt wurden.

Der Tag, an dem Gorbatschow öffentlich die Richtigkeit von Andrej Sacharows Koexistenztheorie anerkennen sollte, war noch weit entfernt, obwohl die Perestrojka, der er hartnäckig den Weg bahnte, unerbittlich zu dieser Anerkennung führte.

Stagnation und Krise im Innern

Dieser Weg wurde immer verschlungener und morastiger. Die inneren Angelegenheiten entwickelten sich weiterhin langsam, nur durch Druck von oben – und oben[2] auch nur durch den Elan Gorbatschows. Nach einem kurzen Urlaub berief Gorbatschow am 24. März eine außerordentliche Sitzung des Politbüros ein. Er erklärte das Jahr 1987 für *kritisch:* »Wenn wir die Beschlüsse vom Januar-Plenum nicht ernst nehmen, ist die Perestrojka beendet.« Er sprach aus, was nach dem Plenum geschehen war: »Nichts.« Keiner in den Ministerien, in den Behörden oder im Parteiapparat arbeitete im neuen Stil. Sogar die Diskussion über die Plenumsbeschlüsse verliefen in allen Parteiorganisationen träge und bürokratisch: Es wurde über die Schriftstücke geredet, und dann kehrten alle in ihre Arbeitszimmer zurück. »Wir machen eine Revolution, aber handeln wie vor zwei Jahren«, stellte der Generalsekretär verbittert fest.

Die Eindrücke, die Gorbatschow von seiner Fahrt nach Estland und Lettland im Februar mitbrachte, stimmten ihn nicht sehr optimistisch. Ich erinnere mich daran, daß er im Politbüro betonte, die Idee und der Stil der Perestrojka und ihr Enthusiasmus seien noch nicht bis dorthin gelangt, nicht mal zu den Parteifunktionären. Treffen mit aktiven Parteimitgliedern hätten den Eindruck hinterlassen, die Leute seien von den Sorgen des Alltags überlastet. Die weiter oben gestellten Fragen zum Haushalt und die Sorgen gelangten nicht bis nach unten. Aber die »politische Lage in den Republiken ist gut, das Volk fühlt sich wie zu Hause in unserem großen Land«, stellte er fest. Das sagte er etwas mehr als ein Jahr vor den nationalistischen Umwälzungen im Baltikum. Ihre Vorzeichen erkannte Gorbatschow nicht, obwohl er sich des Nationalitätenproblems bewußt war. Er schob die Schuld aber auf den Bürokratismus der Vorgesetzten und deren Mißachtung nationaler Unterschiede.

»Wir müssen den Nationalsprachen mehr Freiräume geben«, erklärte Gorbatschow im Politbüro nach seiner Reise ins Baltikum. »Einige Vertreter denken sicher, daß die russische Sprache als Kommunikationsmittel ausreicht. Nicht alle wollen aber diese Sprache lernen. Sie beklagen sich, daß sie Russisch lernen müssen und ihre eigene Sprache nicht kennen. Nationale Probleme sind bei uns lösbar und werden geklärt, unter den Bedingungen des Kapitalismus jedoch geraten sie in eine Sackgasse. Lösen können wir sie nur, wenn wir die Vorgesetzten absetzen, für die Internationalismus verdächtig ist und die Panikstimmung heraufbeschwören und Drohungen aussprechen, wenn irgend jemand nicht ganz konform geht. Sie vergessen dabei, daß Lenin zu Vorsicht und Feingefühl, Entgegenkommen und Nachsicht von seiten der großen [russischen] Nation aufrief. Bei uns gibt es wirkliche Autonomie, obwohl die Republiken ganz unterschiedlich sind.«

Wir vertraten eine vollkommen orthodoxe, internationalistische Position und die Überzeugung, es genüge, gegen einige Bürokraten vorzugehen, die den »kleineren Brüdern« gegenüber keinen Respekt zeigen. Damals erschien uns allen diese Position nicht nur als normal, sondern als Übergang und als charakteristisch für die Perestrojka. Viele Vorgänger Gorbatschows und einige seiner Kollegen aus der Führung hatten sich mit chauvinistischen Ansichten nicht nur versündigt, sondern sich zu ihnen fast öffentlich bekannt. Für einen Reformator vom Format eines Gorbatschow wurde es jedoch zu einem verhängnisvollen Versäumnis, daß er die Entwicklung der Nationalitätenfrage nicht rechtzeitig erkannte, denn durch sie wurde die Trägheit des demokratischen Umgestaltungsprozesses verstärkt.

Zu jener Zeit begann sich der Konflikt von Berg-Karabach zuzuspitzen, und Ende 1986 kam aus Alma-Ata ein blutiges Signal. Die Zusammenstöße wurden nach alter Tradition in die Reihe der nationalistischen Erscheinungen aufgenommen, ungeachtet der Fehler der außer Kontrolle geratenen örtlichen Vorgesetzten, die von Dinmuchamed Kunajew (damals Erster Sekretär des kasachischen ZK und Mitglied des Politbüros des ZK der KPdSU) gedeckt wurden.

Die wirtschaftliche Lage wurde immer schlechter. Die gewaltige Trägheit der Wirtschaftspolitik der Ära Breschnew konnte auch nach zwei Jahren noch nicht beendet werden. Im Gegenteil, der Fehlschlag der Anti-Alkohol-Kampagne und das Sinken der Erdölpreise auf dem Weltmarkt verschlechterten die Situation. Gorbatschow begann ein »wirtschaftliches« Plenum für das ZK im Juni vorzubereiten. Ende April wurden im Politbüro erste Vorgehensweisen diskutiert. Der damalige Finanzminister Gostew gab folgende Einschätzung der Lage: »Finanziell gesehen stecken wir in einer Krise. Inflationäre Prozesse haben begonnen. Die Differenz zwischen Ein- und Ausgaben beträgt 300 Milliarden. Unter dem Schein der Qualitätssteigerung wurden die Einzelhandelspreise erhöht. Seit 1982 sind die Reallöhne nicht mehr gestiegen. In den letzten 15 Jahren stiegen die Preise aller Artikel, mit Ausnahme der Waren des täglichen Bedarfs.«

Zum Problem des Einzelhandels führte Gostew aus: »Butter kostet in den Läden 3,40 Rubel, die Herstellungskosten für den Staat betragen 8,20 Rubel; beim Rindfleisch sind es 1,50 zu 5 Rubeln. Wenn wir an der Situation nichts ändern, wächst die Summe der Subventionen nur für Lebensmittel bis 1990 auf 100 Milliarden Rubel. Der Geldumlauf funktioniert nicht mehr. Um die Finanzlage wieder in Ordnung zu bringen, bräuchte man zwei oder mehr Fünfjahrespläne.«

Gorbatschow nahm dazu ausführlich Stellung:

»In den letzten 15 Jahren erfüllten 25-30 Prozent der Betriebe den Plan nur mit Verlusten. Hier liegt die Ursache des Defizits, und daher kommt das Schmarotzertum auf Kosten des Staates. Vielleicht ist es besser, wenn solche Betriebe nach einem neuen Gesetz Bankrott machen, als sie auf Kosten derer, die ihre Pflicht erfüllen, zu unterstützen. Auf Kosten der fortschrittlichen Arbeiter decken wir die Mißerfolge der Mittelmäßigen und Schwachen. Wir haben hohe Ausgaben in nichtproduktiven Bereichen. Jährlich verschwenden wir 35 Milliarden für den Verwaltungsapparat.

Man kann es schon nicht mehr hören: In allen Fünfjahresplänen werden Vorhaben fallengelassen, aber der Haushaltsplan wird immer erfüllt. Und in allen Sitzungen des Obersten Sowjet wird das feierlich verkündet …

Nehmen wir das Preissystem: Faktisch haben wir gar keines mehr. Es ist nur die Gesamtheit verschiedener Preisbildungen der letzten Jahrzehnte. Die Großhandelspreise wurden mehrmals geändert, und zwar immer dann, wenn ein Produkt Verlust machte. Damit begannen die

Mißerfolge. Das ist ein weiteres Beispiel dafür, daß wir in den dreißiger Jahren steckengeblieben sind.

Gleichmacherei ist eine schreckliche Plage. Ich bat zu berechnen, wie viele bei uns über 500 Rubel verdienen: Von 130 Millionen in der Produktion Beschäftigten nur drei Millionen, davon sind 75 Prozent Arbeiter ...

Der reale Lebensstandard in der Sowjetunion liegt an letzter Stelle unter den Ländern des RGW (Rat für gegenseitige Wirtschaftshilfe). Vor 15 Jahren war er bei uns noch höher als in Bulgarien und Rumänien. Natürlich, die Rüstung braucht das Geld. Man kann nichts ändern. Wichtiger als Essen ist Leben ...

Und die Koordination zwischen den Republiken? Ihr finanzieller Ausgleich? Hier gibt es nur eine Methode: russische Folklore ...

Überall werden Arbeitskräfte ineffektiv eingesetzt, auch in der Rüstungsindustrie. Die Leute sagen, daß dort das Geld zum Fenster rausgeworfen wird.

Kredite wurden bei uns zu nicht rückzahlungspflichtigen Darlehen. Unser Bankensystem ist nicht entwickelt. Das ist auch ein Symptom unserer Rückständigkeit ...

Das Plenum muß die großen Entscheidungen bis zur Basis durchbringen, muß zeigen, daß die Perestrojka weitergeht.«

In der Zeit von April bis Mai 1987 sprach Gorbatschow auf jeder Versammlung des Politbüros, bei jeder Besprechung und bei jedem Treffen mit Ausländern davon, daß in der Wirtschaftspolitik ein Durchbruch erzielt werden müsse. Er forderte immer die grundlegende Änderung des Planungssystems der Wirtschaft. Er verwendete das Wort »System«, aber in einer Weise, daß man ihn nicht der Unterminierung des »sozialistischen Systems« verdächtigen konnte:

»Aus den letzten beiden Jahren haben wir viel gelernt, wurden uns noch mehr bewußt, daß tiefgreifende Veränderungen und das Aufbrechen des Bremsmechanismus notwendig sind. Wir haben gerade damit begonnen, ihn abzubauen, und sind immer noch gezwungen, auf unökonomische, administrative Methoden zurückzugreifen. Das Verwaltungs- und Planungssystem arbeitet seit den dreißiger Jahren gleich. Die Systemänderungen in den fünfziger Jahren waren nur halbe Maßnahmen, und ebenso die Reformen in den sechziger und siebziger Jahren. Der Grund ist einfach: Oben wollte keiner etwas abgeben. Das System steht im scharfen Gegensatz zu den Anforderungen im Land. Es ist unmöglich, mit diesem System neue Aufgaben anzugehen. Die Gefahr besteht sonst, daß unsere Revolution von oben erstickt wird ...

Wir befinden uns an einem Wendepunkt. Auch das Plenum soll so werden. Das Leben hat dahingeführt, daß wir entscheidende Entwicklungsfragen unserer Basis beantworten müssen.«

Gorbatschow verkündete seit dieser Zeit, daß der Zeitpunkt einer »radikalen Wende« gekommen sei, daß wir uns in einer »Etappe des Umbruchs« befänden, daß »entscheidende Wahlen« bevorstünden usw. Was für eine Täuschung! Das »Entscheidendste« passierte wesentlich später und ohne sein Zutun.

Wieder kritisierte Gorbatschow drohend die Kader von unten bis oben und machte der Partei selbst und ihrem Apparat immer heftigere Vorwürfe. Am 30. April erklärte er im Politbüro in seinem Schlußwort: »Zu Beginn der Perestrojka sagten wir, daß wir den Leuten eine Chance geben. Jetzt nach zwei Jahren müssen wir uns fragen, ob verschiedene aus dem Kader überhaupt in der Lage sind, den Anforderungen entsprechend zu handeln. Es gibt die Abwartenden, die mit ihrer Untätigkeit die Perestrojka kompromittieren. Deshalb dürfen wir nicht mehr reden und überzeugen. Wir müssen die absetzen, die nicht wollen oder können. Der Widerstand des mittleren Gliedes – warum existiert er? Weil die Glasnost zeigt, daß der König nackt ist und wir uns fragen müssen, warum ein nackter König regiert ... Nach zwei Jahren würde ich sagen: Wer die Perestrojka wollte, hat sich schon gewandelt. Wer sie nicht wollte, wird sich nie selbst wandeln, den müssen wir austauschen.«

Glasnost und der Widerstand gegen die Perestrojka

Der Wechsel wurde langsam vollzogen, auf Kosten der jüngeren Parteiapparatschiks, die begierig und eifrig die alten Methoden der diktatorischen Bürokratie übernommen hatten. Der Widerstand in der Partei entstand nicht nur, weil die Leute gezwungen wurden, so zu arbeiten, wie sie nicht konnten, und sich deshalb zum Gespött der Presse machten, sondern weil die Kader ihre »sozialistische« Ordnung in Gefahr sahen. Die Glasnost trug dazu ganz erheblich bei. Immer häufiger erschienen Artikel, die andeutungsweise oder unverblümt sagten, daß die Politik Gorbatschows widersprüchlich und die Reformen ohne die Einbeziehungen der »heiligen Kühe« des Sozialismus nicht durchführbar seien.

136

Auf den Sitzungen zitierte der Generalsekretär oft aus den Briefen, die er zu Hunderttausenden erhielt. Ein Briefschreiber warnte, wer im Plenum Gorbatschow absetzen wolle, müsse wie ein »Volksfeind« behandelt werden. Andere bezeichneten ihn als Revisionisten.

Eine Episode vom Juni 1987 ist charakteristisch für die ideologische Atmosphäre in dieser Phase der Perestrojka: Zum ersten Mal hörte man von der Pamjat-Bewegung. Im Auftrag Gorbatschows fertigten Ligatschow, Tschebrikow und Jakowlew einen Bericht an. Die Hauptaussage war, daß 90 Prozent der Anhänger über den Zustand alter Denkmäler und die Probleme der Vergangenheit beunruhigt seien. Geführt werde die Bewegung von einer Gruppe Aktivisten, die dieses gesunde Bestreben für ihre eigenen Ziele ausnutzen wollten. Die Ziele reichten von Anarchie bis zu Antisowjetismus.

Der Tonfall dieses Berichts unterschied sich stark von anderen aktuellen Publikationen. Damals kam Alexander Jakowlew zu mir ins Arbeitszimmer und warf eine Broschüre auf meinen Tisch: »Das verteilt ›Pamjat‹ in Moskau.« Das Heft hatte den Titel »Stoppt Jakowlew! ... den Anführer der Zionisten und Freimaurer, die Bedrohung aller russischen Heiligtümer.«

Jakowlew lief aufgewühlt hin und her. Ich versuchte ihn zu beruhigen: »Pfeif drauf! Das Wichtigste ist, daß du Gorbatschow und der Öffentlichkeit deine Sorge vorträgst.« Daraufhin sagte Jakowlew, er sei schon bei Gorbatschow gewesen. Der habe nur bemerkt: »Glaubst du etwa, das sei gegen dich gerichtet?! Nein, das geht gegen mich!«

Jakowlew erklärte, den Tränen nahe, wie schwer das für ihn sei: »Diese Dreckskerle werden doch direkt von Ligatschow und Worotnikow unterstützt. Ich bin überzeugt, daß Tschebrikow an der Schrift mitgearbeitet hat (das schien mir damals unwahrscheinlich). Ich bin ein russischer Mann, ein Bauer aus Jaroslawl. Ich verabscheue jede Art von Antisemitismus. Ich finde alle Formen von Nationalismus zum Kotzen. Ich spreche noch nicht einmal von staatlichen Interessen. Wenn jetzt russischer Chauvinismus wieder erweckt wird, dann wird von den Randgebieten eine solche Welle, ein solcher Nationalismus ausgehen, daß das ganze Imperium anfängt zu beben.« Diese Prophezeiungen sollten sich bewahrheiten, jedoch nur zur Hälfte. Das Imperium bebte nicht durch den russischen Chauvinismus, der sich zu dieser Zeit schon in einen russophilen »Isolationismus« verwandelt hatte.

Auf der erwähnten Sitzung des Politbüros entwickelte sich eine Diskussion zum Thema Glasnost. Die verschiedenen Nuancen deuteten die beginnende Spaltung in der Gesellschaft an. Selbst unter den Bedingungen einer eingeschränkten Meinungsfreiheit war die Neubewertung beständiger und unerschütterlicher Werte spürbar. »Schon wir schlagen verschiedene Wege ein«, sagte Gorbatschow scherzhaft. »Der Westen hat sich daran angeschlossen. Gorbatschow ist für Europäisierung nach der Art Peters des Großen; Ligatschow für die Russifizierung (damals kursierte ein sogenannter ›Brief Ligatschows‹); Jakowlew gruppiert die Freimaurer um sich und verfolgt kosmopolitische Ziele; Ryschkow ist Technokrat und gegen jede Form von Ideologie.« (Allgemeine Heiterkeit)

Gorbatschow erkannte in der Pamjat-Bewegung eine bestimmte Tendenz. Trotzdem ging er davon aus, daß bessere Parteiarbeit mit den Menschen und die teilweise Zusammenarbeit mit der Bewegung zum Erhalt der Denkmäler einen Konflikt vermeiden könnten. Gorbatschow betonte: »Ähnliche Erscheinungen zeigen, daß Leute, die für die Partei etwas organisieren sollen, es einfach nicht tun. Schon gibt es die ersten Demonstrationen. Man muß etwas gegen sie unternehmen. Die Fragen, die unerwünschte Reaktionen hervorrufen könnten, müssen gelöst werden. Wir haben eine ganze Armee von bezahlten Leuten, die Probleme lösen sollen, deretwegen die Menschen auf die Straße gehen. Aber sie entscheiden nichts. Wir dürfen nicht zu spät handeln. Ich bin jedoch nicht der Meinung, daß man alles verbieten und unterdrücken soll. Gesindel wie ›Pamjat‹, das die Perestrojka wie ein Parasit ausnutzt, muß man isolieren, aber als Ganzes, durch unsere Arbeit.«

Eine sehr aggressive ideologische Position nahm Gromyko ein. Doch Gorbatschow ignorierte seine »Initiativen« für gewöhnlich. Gromyko schaute dann finster drein, errötete und brachte später andere Vorschläge.

Nach der Diskussion zu Glasnost zog Gorbatschow folgendes Fazit: »Solange noch keine anderen Mechanismen der Perestrojka eingerichtet sind, kann nur die Glasnost den Prozeß unterstützen.« Mit dieser realistischen und selbstkritischen Bemerkung zeigte Gorbatschow einmal mehr seine Entschlossenheit zu grundlegenden Reformen. Wahrscheinlich hat er nicht geglaubt, daß die Glasnost in einer bestimmten Etappe das Ziel der Perestrojka (die Verwirklichung des Sozialismus) in etwas ganz anderes verwandeln würde.

Landung auf dem Roten Platz

29. Mai 1987: Spätabends am Flughafen Wnukowo-II. Gorbatschow kam aus Ostberlin von der Tagung des Politischen Beratenden Ausschusses des Warschauer Pakts. Er wurde wie immer von der gesamten Mannschaft empfangen. Er begrüßte alle, lächelte, aber er wirkte verbissen. Am Vortag war der Deutsche Mathias Rust mit einem Sportflugzeug auf dem Roten Platz gelandet.

Gorbatschow führte die Politbüromitglieder und die ZK-Sekretäre in ein Nebenzimmer des Flughafens. Nach einer Stunde kamen die ZK-Sekretäre und die Kandidaten für die Mitgliedschaft im Politbüro zurück. Eine halbe Stunde sprach er noch mit den Politbüromitgliedern. Mit rotem Gesicht, spöttisch und drohend, brummte er: »Morgen um zwei ist Sitzung im Politbüro« und stieg in den wartenden Wagen.

Am nächsten Morgen schickte ich ihm meine Notizen zu dem Vorfall: »Ich kann die Bitternis und die Scham über dieses deutsche Flugzeug nicht loswerden. Eine Großmacht wurde in einem einzigen Augenblick zum Gespött der Welt.

Das Echo dieses ›Jahrhundertereignisses‹ ist bedeutungsvoll. Der Vorfall schadet natürlich dem Ansehen und der Beliebtheit von Perestrojka und Demokratisierung. Er beweist das Vorhandensein einer wirklichen Gefahr für den Staat. In einer ›bürgerlichen Demokratie‹ müßte der Verteidigungsminister seinen Rücktritt einreichen.

Das Ereignis zwingt uns, über den Zustand unserer Armee nachzudenken. Technische Mängel sind nicht verantwortlich. Um ein solches Flugzeug abzufangen, genügt die Technik der dreißiger Jahre. Hier wird der notorische Schlendrian offensichtlich, der Ausdruck katastrophaler Mißstände in unserer Armee ist.

Genauso die ›nicht vorschriftsmäßigen [homosexuellen] Beziehungen‹, mit denen jahrelang weder Erziehungsarbeit noch disziplinarische Maßnahmen fertig wurden und die zu einer Schande für unsere Armee wurden.

Dasselbe gilt für die Schießereien von zur Verzweiflung getriebenen Soldaten mit ihren Peinigern – Offizieren und Hauptfeldwebeln; für die Katastrophen auf U-Booten; für das Marodieren und Schmuggeln in Afghanistan und das chaotische Treffen hunderter ehemaliger und aktiver Grenzsoldaten im Gorkijpark am 28. Mai, dem Tag des Grenzsoldaten (und das bei einer sogenannten Elitetruppe). Offizierskorps und Offiziersehre sind leere Worte. Sie sind schon zu faul, sich auf der Straße gegenseitig zu grüßen.

Michail Sergejewitsch! Die Armee ist für den Krieg geschaffen. Doch was bedeutet es, wenn es vierzig Jahre lang keinen Krieg gibt? (Oder noch schlimmer, einen siebenjährigen, der gar nicht unser Krieg ist, mit dem man keine Propaganda machen und kein Mitgefühl für Invaliden und Witwen unseres Krieges im Volk hervorrufen kann ...) Wenn angesichts des atomaren Patts kein richtiger Krieg mehr geführt werden und eine *solche* Armee sich nicht mehr bewähren kann? Wenn folglich die Armee für den Großteil der Einberufenen zu einem unbezahlten Arbeitsdienst verkommen ist? Dann beginnt unvermeidlich die Zersetzung dieser Armee.

Auch ›subjektive‹ Gründe spielten eine Rolle: Auf den Kommandostellen saßen zehn bis zwanzig Jahre lang nicht gerade die verdientesten Teilnehmer des Großen Vaterländischen Krieges ihre Zeit ab. Breschnew war jahrelang Oberbefehlshaber gewesen, war vierfacher Held und mehrfacher Ordensträger. Weiß der Himmel wofür! Bei diesen Karrieren entschieden Seilschaften und persönliche Beziehungen und nicht Fähigkeiten. Das gibt es natürlich überall, aber in einem ›Apparat‹ wie der Armee nahm es groteske Züge an.

Die Armee war der am stärksten tabuisierte Bereich. Sie war jenseits aller Kritik. Aber wie hätte man sie kritisieren sollen? Keiner wußte genau und durfte es auch nicht wissen, wie Hunderte von Milliarden verschwendet wurden, die der Armee widerspruchslos auf die erste Forderung hin zur Verfügung gestellt wurden.

Erinnern Sie sich, welche Achtung die Rote Armee in den dreißiger Jahren bei Alt und Jung genoß? Man schwärmte für die Armee, war begeistert, und sie hatte Vorbildfunktion. Was ist davon geblieben, obwohl unsere Armee den größten Sieg der Weltgeschichte davongetragen hat?

Michail Sergejewitsch! Jede Großmacht führt im Rahmen wichtiger gesellschaftlicher Veränderungen oder bei militärtechnischen Neuerungen Reformen in den Streitkräften durch. Im Rußland nach Peter dem Großen und in der Sowjetunion fand das höchstens zweimal statt – nach dem Bürgerkrieg und nach dem Krieg gegen Finnland. Auch jetzt ist eine großangelegte Reform notwendig. Zunächst ein kleines, aber wichtiges Detail: Der nächste Verteidigungsminister muß ein General des neuen Typs sein. Er muß nicht unbedingt im Politbüro sitzen, er kann auch hin und wieder teilnehmen, um unsere Politik zu kennen, aber ihre Gestaltung kann man gut ohne ihn machen.

Es wäre lächerlich, wenn ich ein auch nur ganz allgemeines Schema einer Reform vorschlagen würde. Aber es ist für uns lebensnotwendig, daß wir die Millionenarmee und das Einberufungssystem reformieren, damit die Fähigkeiten ›zukünftiger Newtons‹ nicht in Kasernen brachliegen. Wir brauchen eine Berufsarmee, also Qualität statt Quantität. Die Rote Armee hat ihre Erfahrungen gemacht – vom Kapitalismus umgeben. Talentierte Militärs haben in zehn Jahren eine großartige, damals wohl die beste Armee geschaffen. Wenn Stalin mit seinen ›Säuberungen‹ 1938-1940 nicht die fähigsten Offiziere hätte liquidieren lassen, wären die Deutschen nicht bis vor Moskau gekommen. Die deutsche Reichswehr der zwanziger Jahre hat ihre Erfahrungen gemacht und erwies sich als sehr effektiv.

Auch die Erfahrungen der Freiwilligenarmeen in den USA oder Großbritannien können nützlich sein.

Ich stehe wahrscheinlich unter dem Eindruck der Landung des Flugzeugs auf dem Roten Platz, der in Sekunden viele Schwächen unseres Militärapparates, und nicht nur der betroffenen Abteilungen, offenbart hat. Ich fühle, daß ohne eine grundlegende Umstrukturierung der Armee keine Perestrojka und kein Sieg des Neuen Denkens möglich sind.

Das, was Genosse Sokolow im Politbüro über die eingeleiteten Maßnahmen in der Armee berichtet hat, erscheint mir lächerlich.«

Abends rief Gorbatschow mich zu Hause an, um nach der schweren Sitzung im Politbüro einige Gedanken zu erörtern. »In solchen Situationen«, sagte er, »sollte die ganze Regierung und die führenden Köpfe des Verteidigungsrates mit seinen Stellvertretern (das heißt auch Gorbatschow) zurücktreten ... Sie brachten dem Land Schande und demütigten das Volk ... Was soll's, sollen ruhig alle bei uns und im Westen wissen, wo die Macht steckt. Sie liegt in der politischen Führung, im Politbüro. Jetzt verstummen die Gerüchte, es gäbe Militärs in Opposition gegen Gorbatschow, sie wollten ihn absetzen, und er beobachte sie die ganze Zeit.« In diesem Ton sprach er lange, wütend und mit Pausen. Der Verteidigungsminister Marschall Sokolow und andere »eher unmittelbar Verantwortliche« wurden entlassen.

Zwei Wochen später schrieb ich auf einen Hinweis von Valentin Falin eine weitere Notiz an Gorbatschow.

»*Michail Sergejewitsch!*
Die Eltern von Rust haben Ihnen einen Brief geschrieben (über den *Stern*-Reporter in Moskau). Er ist geschickt und wohlüberlegt geschrieben. Vielleicht sogar von einem *Stern*-Redakteur, obwohl diese versichern, sie hätten mit dieser Affäre nichts zu tun.

In diesem Zusammenhang liegt eine verrückte Idee nahe. Ich habe sie schon mit Falin besprochen, er wäre dafür. Wenn sich herausstellt, daß Rust nichts mit Geheimdiensten oder ähnlichem zu tun hat und er freigelassen werden muß, würden Sie ihn dann empfangen (oder mit ihm telefonieren)? Sie könnten ihm sagen: Was hast du Rotznase bloß getan? Du hast nicht nur dein eigenes Leben aufs Spiel gesetzt, sondern auch das anderer Menschen. Du hättest Reaktionen provozieren können, die auch deinem Land großen Schaden zugefügt hätten. Die Welt hätte an den Rand des Abgrunds gelangen können. Hast du Terroristen, irgendwelchen Kamikaze-Fliegern oder Drogenschmugglern den Weg bahnen wollen? Wegen dir müssen wir ehrliche und anständige Leute, Familienväter und Helden des Krieges, ins Gefängnis stecken, weil uns die militärische Disziplin keine andere Wahl läßt. Mit dir, du Dummkopf, hat man Mitleid, aber mit ihnen? usw. Sie können das besser als jeder andere.

Die Wirkung auf das Neue Denken und das Bild von der Sowjetunion wird großartig sein. Sollen sie doch im Westen noch einmal sehen (wie ihre Journalisten schreiben), daß Gorbatschow sogar eine ungeheure Schlappe noch zu seinem Vorteil wenden kann.«

Gorbatschow ignorierte unsere Idee und beschloß, daß alles nach dem Gesetz wie in einem Rechtsstaat geregelt werden sollte.

Die »Affäre Rust« wurde auch im Politbüro diskutiert. Der Vorsitzende des KGB Wiktor Tschebrikow erstattete Bericht. Er zitierte die Erklärung Rusts aus der Untersuchung: Er habe Gorbatschow sehen wollen, weil mit Reagan zu sprechen gar nichts bringen würde. Den außergewöhnlichen Auftritt habe er gewählt, um Aufsehen zu erregen.

Tschebrikow schlug vor, Rust den Hamburger Gerichten zu übergeben, wo bereits Anklage gegen ihn erhoben worden sei. Seine Leute hätten sich schon unter den Moskauern umgehört, diese seien derselben Meinung. »Es gibt Anzeichen«, sagte Tschebrikow, »daß Rust ›einen Schuß‹ hat‹. Aber wenn wir ein Gutachten erstellen lassen, redet wieder die ganze Welt von unseren berüchtigten psychiatrischen Anstalten. In diesen Sachen sind die Russen ja große Meister. Zu guter Letzt ist er womöglich als Gesunder hergeflogen und kommt als Verrückter zurück.«

Eine Diskussion fand nicht statt. Nur Sajkow bemerkte: »Stellen Sie sich vor, was passiert wäre, wenn einer von uns mit seinem Flugzeug vor dem Weißen Haus in Washington gelandet wäre. Was hätten sie mit ihm gemacht?«

»Als erstes hätten sie ihn abgeschossen«, reagierte Tschebrikow unter allgemeinem Gelächter. Dann teilte er mit, unsere Flakbatterien hätten Rust zehnmal ins Visier genommen – es wäre jedesmal ein Volltreffer gewesen. Den Feuerbefehl habe ihnen niemand erteilt, weil der Oberbefehlshaber von der Existenz Rusts erst erfahren habe, als dieser bereits zum Spasskijturm am Roten Platz marschiert sei.

Während des ganzen Gesprächs wurde Gorbatschows Gesicht immer bleicher, seine Augen funkelten. Wütend begann er zu sprechen: »Was soll das heißen? Er wollte sich mit mir treffen? Das wollen viele. Nein! Das ist eine Provokation! Wir haben 150 Generale und Offiziere vor Gericht gestellt, der Verteidigungsminister wurde abgesetzt. Hat sich das etwa nicht gelohnt? Und jetzt sagen wir zu ihm: Geh spazieren, flieg nach Hause! Nein, Demokratie ist nicht Willenlosigkeit! Er hat dreimal gegen das Gesetz verstoßen, nach dem Gesetz soll er bestraft werden. Die Untersuchung ist abgeschlossen? Also soll ihm der Prozeß gemacht werden. Alles so, wie es sich gehört. Das Strafmaß geht von einem bis zehn Jahre. Das Gericht entscheidet. Dann wird man sehen.«

Die Ereignisse anläßlich der »Affäre Rust« spiegelten die Symptome großer Veränderungen in unserer Politik und Gesellschaft. Einerseits waren die Soldaten, die Rust von der Grenze nach Moskau »begleitet« hatten, noch vom Abschuß des koreanischen Jumbos traumatisiert. Die Tatsache, daß sie Rusts »Cessna« nicht abschossen, zeigt auch, daß wir begannen, uns vom Kalten Krieg zu lösen, und daß die Beziehungen menschlicher wurden. Andererseits zeugte das technische Versagen vom desolaten Zustand der Armee.

Rust wurde bestraft und kam ins Gefängnis. Einige Zeit verbrachte er dort unter komfortablen Bedingungen, dann wurde er begnadigt. Insgesamt gesehen entwickelte sich die Geschichte zur Farce.

√ Weizsäcker in Moskau:
Die deutsche Frage bleibt offen

Gorbatschow verstärkte im Sommer 1987 seine außenpolitischen Aktivitäten. Fast wöchentlich traf er sich mit Staatsmännern anderer Nationen.[3] In einem Gespräch mit Bundespräsident Richard von Weizsäcker bei dessen Moskau-Besuch im Juli 1987 über die deutsche Frage, deren Lösung zwei Jahre später gravierende Veränderungen der Weltpolitik brachte, erklärte Gorbatschow: »Alle Staaten, vor allem die Staaten Europas, müssen ihren Beitrag zur Sicherung des Friedens leisten. Das betrifft auch die beiden deutschen Staaten. Was mit ihnen in hundert Jahren sein wird, entscheidet die Geschichte. Ein anderer Standpunkt ist nicht annehmbar. Wenn irgend jemand einen anderen Weg gehen wollte, hätte das ernste Folgen. Das muß allen Beteiligten klar sein. Die beiden deutschen Staaten sind politische Realität. Auch der Moskauer Vertrag, Ihre Verträge mit Polen, der Tschechoslowakei, der DDR und anderen Staaten sind Realität. Auf der Grundlage dieser Verträge ist die Entwicklung konkreter politischer, wirtschaftlicher, kultureller und menschlicher Kontakte möglich. Alle Versuche, diese Verträge auszuhöhlen, sind scharf zu verurteilen. Die Sowjetunion erkennt die Nachkriegsrealität an, sie achtet das deutsche Volk der Bundesrepublik und die Deutschen der DDR. Wir werden unsere künftigen Beziehungen auf dieser Grundlage aufbauen. Die Geschichte wird ihr Urteil sprechen.«

Die Geschichte ließ sich dazu allerdings keine hundert Jahre Zeit. Wichtig bleibt jedoch, daß Gorbatschow die Wiedervereinigung Deutschlands nicht ausschloß. Das Signal wurde verstanden. Ich kann bestätigen, daß er damals schon seit einiger Zeit der Meinung war, die Lösung der deutschen Frage und die Normalisierung der Beziehungen zwischen der Bundesrepublik Deutschland und der UdSSR sei die Grundvoraussetzung für die Verbesserung der internationalen Beziehungen.

Ein Telefongespräch, das ich mit Gorbatschow am 15. Juni 1987 geführt hatte, bestätigt dies. Ich hatte ihn an sein Versprechen erinnert, dem *Spiegel* eine Woche vor dem Besuch Weizsäckers ein Interview zu geben. »Ich will mich jetzt nicht bei den Deutschen einschmeicheln«, sagte er. »Erinnerst du dich an den Zirkus, den sie bei der 750-Jahr-Feier Berlins gemacht haben. Jetzt bringen wir erst unsere gesamtdeutsche Politik in Ordnung, dann gebe ich Erklärungen im *Spiegel* ab.«

144

Gorbatschow argumentierte weder für noch gegen die Einheit der deutschen Nation, obwohl der deutsche Bundespräsident mehrmals versuchte, ihn auf dieses Thema zu bringen. Er blieb in dieser Frage neutral.

Bei Weizsäckers Besuch kam es zu einer Peinlichkeit: Gromyko hatte als Vorsitzender des Präsidiums des Obersten Sowjet den Bundespräsidenten zu einem offiziellen Mittagessen eingeladen. Reden wurden gehalten, und Weizsäcker legte seine Ansichten sehr ausführlich dar. Gromyko gab Kwizinskij (damals Botschafter in der Bundesrepublik) den Auftrag, die Stellen, die »den Sowjetbürgern nicht gefallen«, zu streichen: über Kant in Königsberg und das gesamtdeutsche Bewußtsein, daß Freiheit bedeute, sich gegenseitig besuchen zu können. Also all das, was Weizsäckers eigentliches Anliegen war, was der Bundespräsident loyal und behutsam vorbringen wollte.

Die Rede wurde gekürzt in der *Iswestija* abgedruckt. Die Deutschen äußerten sogleich Erstaunen und Empörung: Ihr habt doch Glasnost, außerdem wurden Thatcher und Chirac ohne Kürzungen gedruckt. Ich wurde ständig angerufen. In- und ausländische Journalisten fragten, warum wir den alten Unfug trieben. Glasnost sei doch Glasnost. Ich rief Kwizinskij an und fragte ihn, ob er sich, so weit von der Heimat, noch nicht an Glasnost gewöhnt habe. Er war selbst unglücklich über die Kürzungen, aber er hatte nur seine Anweisungen ausgeführt.

Nun rief ich Gorbatschow an und sagte, daß wir eine Dummheit begangen hätten. Er antwortete erbost, das sei ihm egal. Mit den Deutschen müsse man so umgehen. Sie liebten die Ordnung (er gebrauchte das deutsche Wort).

Später erfuhr ich: Die Frage der Veröffentlichung war sofort nach dem Bankett diskutiert worden. Schewardnadse, Jakowlew und Ryschkow, vor allem letzterer, traten entschieden dafür ein, die Rede Weizsäckers nicht zu kürzen. Gromyko ging daraufhin schmollend weg. Wie sich herausstellte, rief er Gorbatschow, der nicht an dem Essen teilgenommen hatte, an und überredete ihn, den Text zu kürzen.

Nach Gorbatschows Gespräch mit Weizsäcker am folgenden Tag trafen sich Schewardnadse, Kwizinskij und ich in Gorbatschows Arbeitszimmer. Die Veröffentlichung wurde wieder diskutiert. Schewardnadse unterstützte mich tatkräftig. Doch Gorbatschow lenkte das Gespräch auf ein anderes Thema: Weizsäcker habe ihm gut gefallen, das Gespräch sei interessant und fruchtbar gewesen. Aber er kam offensichtlich nicht zu einem klaren Standpunkt und schloß sich zuletzt Gromykos Position an. Trotz allem konnte ich mich mit Jakowlew darauf einigen, daß der ungekürzte Text in den nächsten Nummern von *Nedelja* und *Moskowskije Nowosti* veröffentlicht werden würde.

Stalins »Respekt« vor dem Volk

Am 20. Juni rief Gorbatschow mich kurzfristig zur Datscha Wolynskoje. Dort waren Jakowlew, Medwedew, Sljunkow und Boldin bereits versammelt. Zur Diskussion stand die Rede fürs Juni-Plenum des ZK. Gorbatschow wies mir den Platz neben sich an und gab mir den Text. Ich las mich ein (sie hatten schon früher angefangen). Gorbatschow fragte nach meiner Meinung. Sie stritten sich und kamen beim Problem der »kontrollierten Ziffern« (d. h. bei den staatlichen Aufträgen) nicht weiter. Gorbatschow lud Ryschkow nach Wolynskoje ein.

Der Streit weitete sich aus. Der Ministerpräsident wollte mehr Macht, um vom Zentrum aus Anweisungen erteilen zu können. Medwedew wollte ihn überzeugen, daß die neuen Mechanismen und wirtschaftlichen Methoden der Verwaltung nicht funktionieren konnten. Gorbatschow mischte sich in den Streit ein, widerlegte Ryschkow, wollte ihn aber nicht beleidigen und den Anschein vermeiden, er unterstütze Medwedew gegenüber dem Vorsitzenden des Ministerrates. Schließlich wurden die Formulierungen abgeschwächt und die endgültige Entscheidung auf das Politbüro abgeschoben. Jakowlew rief mir lachend zu: »Siehst du, Anatoli, so wird über das Schicksal des Landes entschieden.«

Auch die Bewertung des (Terror-) Systems der dreißiger Jahre wurde für das Plenum in Aussicht genommen. Der Plan sah so aus: Es verdiene Kritik, in manchem auch Verurteilung, aber damals sei es die einzige Möglichkeit gewesen. Ich widersprach mit dem Argument, das bedeute eine Rechtfertigung des Stalinismus. Jakowlew unterstützte mich. Die anderen schwiegen. Die Formulierungen blieben unverändert.

Abends beim Wegfahren rief Gorbatschow mich zu sich und sagte, ich solle meine Meinung zum System der dreißiger Jahre aufschreiben und ihm am nächsten Morgen schicken. Ich schrieb die Notiz und schloß sie mit den Worten: »Mir scheint es riskant, dieses System eindeutig positiv zu bewerten, obwohl vorübergehend – bis zur gänzlichen Klärung der Siebzig-Jahr-Feier der Oktoberrevolution – die heftig steigende Spannung in der Gesellschaft in Betracht gezogen werden muß.«

Nach dem Juni-Plenum suchte ich Gorbatschow auf. Er hatte gerade beim sowjetisch-indischen Festival ein mehrstündiges Gespräch mit Rajiv Gandhi hinter sich. Ich ging auf ihn zu, er saß zurückgelehnt in einem Sessel und lächelte schwach.

»Weißt du, ich bin so müde. Jeden Tag arbeite ich bis spät in die Nacht, und mehr und mehr Arbeit türmt sich auf. Man kann es nicht ändern, Anatoli, wir müssen durch. Was für eine Sache haben wir da nur angefangen! Zurück können wir nicht mehr. Und was für ein Plenum haben wir! Aber ich werde durchhalten. Ich gebe nicht auf … Nicht schwanken, das ist das Wichtigste. Und nicht zeigen, daß du zögerst, daß du müde bist, daß du nicht sicher bist … Und weißt du, was mich kränkt: Sie glauben nicht, daß du deine ganze Kraft in die Sache steckst. Sie beneiden dich … Neid, verstehst du, der Neid ist ein schreckliches Übel.«

Ich fragte nicht, an wen er dabei dachte, aber ich bemerkte, Neid sei für den wahren russischen Charakter untypisch. Dies sei das Erbe der moralischen Wiedergeburt, die auf Stalin[4] zurückgehe …

»Wieder sprichst du dieses Thema an«, erwiderte Gorbatschow, »aber du hast recht. Stalin steht nicht nur für (die Säuberungen) 1937, sondern für ein System, das von der Wirtschaft bis zum Bewußtsein alles beeinflußt hat. Alle waren begeistert, daß er in kurzen Sätzen sprach … und bemerkten nicht, daß es kurze Gedanken waren, die alle übernahmen … Bis heute! Alles, was wir jetzt bewältigen müssen, rührt daher.«

So sprach er mit mir und mit Jakowlew. Aber in der Öffentlichkeit war er vorsichtig. Meine Vorschläge zum System der dreißiger Jahre für das Plenum übernahm er nicht. Aber den Plan (der angeblich an die Umstände angepaßt wurde) hat er »redigiert«.

Er fürchtete, der Verleumdung oder des Nihilismus gegenüber der Vergangenheit beschuldigt zu werden. Möglicherweise wollte er, weil er einen »langen Weg« vor sich hatte, sich nicht frühzeitig von denen distanzieren, die nicht bereit waren, den ganzen Weg zu gehen, oder die sich gegen ihn richten würden. Vielleicht auch wegen seiner fast übersteigerten »Liebe zum Volk«: »Der größte politische Fehler ist, das Volk nicht zu respektieren. Unser Volk bemitleidet sich nicht, ist hungrig, zerfetzt, hat nur ein Hemd zum Wechseln, hat sich kahlgeschoren, damit sich keine Läuse einnisten, arbeitet ohne persönlichen Ertrag, rechnete gar nicht damit, etwas von den Früchten seiner unsäglichen Mühen zu ernten, baute ein Land auf, bereitete es auf den Krieg gegen den Faschismus vor, kämpfte für Ideen … Und wir, wir klugen Leute überrumpeln

147

es jetzt! Wir müssen sehr vorsichtig sein und dem Volk unseren Respekt erweisen.«

Ich saß wütend dabei. Abends schrieb ich ihm eine Notiz über den Respekt Stalins vor dem Volk: »Er vernichtete den fleißigen Bauern, den wertvollsten Teil des Dorfes. Er liquidierte die Überreste der Intelligenzija, auch die in der Partei – das Gehirn des Volkes, seine besten Begabungen. Durch sein zeitweiliges Bündnis mit Hitler brachte er drei bis vier Millionen Soldaten unter die faschistischen Panzer und 1941 in die Gefangenschaft. Er ›verehrte‹ die Partei …«

Gorbatschow reagierte nicht auf mein Schreiben. Aber etwas blieb in seinem Gedächtnis haften, obwohl ich ihm nur Banalitäten mitgeteilt hatte. (Banalitäten waren das natürlich nur in unseren »höheren« Kreisen; in der Gesellschaft waren das noch unerhörte Behauptungen!) Ich bemerkte das bei der Konzeption seines Buches über die Perestrojka Anfang Juli.

Das »Perestrojka«-Buch

Zu Beginn des Jahres 1987 hatten die amerikanischen Verlage »Harper & Row« und »Simon & Schuster« Gorbatschow vorgeschlagen, ein Buch über seine Politik zu schreiben. Gorbatschow zeigte Jakowlew, Dobrynin und mir den Brief. Jakowlew und Dobrynin schlugen vor, wie Gorbatschows Vorgänger einfach seine wichtigsten Reden und Artikel zu veröffentlichen. Ich entgegnete: »Uns steht ein solcher Reichtum zur Verfügung wie die Aufzeichnungen der Gespräche Gorbatschows mit Ausländern. Sie sind nirgends veröffentlicht. Und dort wird alles Wichtige zur Perestrojka gesagt. Außerdem alles aus erster Quelle und im Stil Gorbatschows. Daraus könnte man ein Buch machen, das wäre garantiert ein Bestseller!«

Gorbatschow hatte seine Zweifel. Deshalb wurde nichts entschieden. Nach einigen Tagen rief er mich an: »Ich habe über deine Idee nachgedacht. Sie gefällt mir. Versuch mal, das Material zusammenzukriegen – nicht nur von den Gesprächen mit ausländischen Gästen, sondern auch aus dem Politbüro. Ich sehe doch, wie du immer mitschreibst …«

Zu siebt[5] machten wir uns mit zwei Stenotypistinnen in der Datscha Gorkij vierzig Kilometer von Moskau entfernt an die Arbeit. Den ganzen März sichteten wir unzählige Seiten mit Material und sortierten sie mehr oder weniger nach Themen. Ich schickte Gorbatschow das

Material »portionsweise«; er las es, machte Anmerkungen und wählte aus.

Die ganze Zeit spürte ich, daß er an dem Vorhaben zweifelte. Er fragte immer wieder: »Was halten die Kollegen davon?« Die Gedanken und Worte waren nicht, »wie bei uns üblich«, kollektiv dargelegt und abgewägt worden, sondern es waren seine eigenen Anschauungen und sein Stil der Perestrojka. Hier zeigte sich seine Persönlichkeit, sein Charakter, seine Eigenheiten und heimlichen Absichten, seine Bereitschaft, wirklich weit zu gehen – er selbst wußte nicht, wie und wohin. Aber er spürte, daß dieses »weit« überhaupt nicht dem entsprach, was sechzig Jahre lang gefördert wurde und was in das ganze überkommene Bild der Gesellschaft eingegangen ist.

Als wir das Material ausgewertet hatten, ließ Gorbatschow es von Jakowlew, Frolow und Boldin lesen. Am 4. Juli trafen wir uns, um über das Buchprojekt zu entscheiden. Aus seinen ersten Worten hörte ich bereits heraus: Er hatte sich dafür entschieden. Den Charakter des Buches definierte er so:

»Wir müssen klären, was das für ein Buch ist. Die offiziellen Ideen der Perestrojka konnte man schon in offiziellen Publikationen lesen. Das Buch soll Gedanken und Absichten erklären, zeigen, wie wir zur Perestrojka gelangt sind und daß dies nicht nur die Ambitionen einzelner Personen oder Gruppen sind. Es muß klarwerden, daß die Gesellschaft selbst in ihrer Entwicklung diese Etappe erreicht hat und daß die Notwendigkeit der Perestrojka schon lange ›an die Türe klopft‹. Unsere widersprüchliche Lage muß deutlich werden: zum einen die (im Sinne von Bildung) ›allzu zivilisierte Gesellschaft‹, zum anderen die Bereiche der Wirtschaft und der Politik, die Situation in der Partei und im geistigen Bereich, in denen alles erstarrt ist. Die Möglichkeiten der Gesellschaft werden erstickt. Anders gesagt, unsere Gesellschaft hat die Perestrojka unter Qualen hervorgebracht. Das muß das Hauptthema unseres Buches sein: Gedanken und Beurteilungen vor allem über unser Volk. Alles muß so formuliert werden, wie wir im Politbüro oder in kleiner Runde frei miteinander sprechen. Hier müssen wir uns natürlich zurückhalten und die verschiedenen Ansätze und Positionen darstellen, auch die extremen. Die einen sahen die Lösung darin, daß man die Schraube wieder stärker anzieht, die anderen in der Lossagung von der Vergangenheit …

Das Buch beschreibt die philosophischen Grundlagen der Perestrojka.

Die Logik der Entwicklung in den letzten beiden Jahren muß immer nachvollziehbar sein.«

Einige Wochen später überarbeitete meine »Brigade« noch einmal das ganze Material und sammelte zusätzliche Informationen. Im August fuhr Gorbatschow in Ferien, zunächst in die Datscha im Gebiet Liwadija, wo er auch 1986 war. Er beschäftigte sich dort hauptsächlich mit dem Buch. Ende September kam er sogar zehn Tage »zu spät« nach Moskau, was bei uns und im Westen Verwirrung hervorrief. Die Zeitschriften schrieben, daß sein Aufenthaltsort schon nicht mehr Privatsache sei.

Er diktierte drei Vorfassungen, schickte sie aber trotzdem einigen Politbüromitgliedern. Sie machten fast keine Anmerkungen. Ryschkow hatte irgendeinen speziellen, technisch-wirtschaftlichen Einwand. Jedoch äußerte auch niemand begeisterte Zustimmung.

In Moskau lud Gorbatschow dann Repräsentanten des Verlags ein. Eine interessante Szene spielte sich ab: Alle waren sehr liebenswürdig, nur Cornelia und Michael Bessi von Harper & Row waren beunruhigt. Sie hatten schon Erfahrungen mit Büchern unserer Führer gemacht und fürchteten, einen Text dieser Provenienz zu bekommen. Sie befragten Gorbatschow, ob er von Hand geschrieben oder diktiert habe, und versuchten durch weitere Fragen zu klären, wie das Buch entstanden sei. Dann erbaten sie sich einen Tag Zeit, um sich einen Eindruck vom Text zu verschaffen.

Am nächsten Tag kamen sie strahlend und begeistert zu Gorbatschow. Sie waren davon überzeugt, er habe den Text selber geschrieben: Es war seine persönliche Ausdrucksweise, die nicht von Mitarbeitern stammen konnte.

Der Rest ist bekannt. Das Buch wurde in erstaunlich kurzer Zeit publiziert und in der ganzen Welt bekannt. Noch heute bekommen wir Nachrichten aus fernen Ländern zu dem Buch, obwohl sein Inhalt, so scheint es jedenfalls, schon Geschichte ist.

Probleme mit der Perestrojka

Noch vor Gorbatschows Urlaub wurden im Politbüro unter dem Gesichtspunkt der Entscheidungen des Plenums anfallende Fragen diskutiert, darunter der Verkauf von Baumaterial und Haushaltsartikeln an die Bevölkerung und die Wohnungssituation. Und wieder legten die Minister mit ihren Zahlen dar, wieviel 1985 getan worden war und wieviel jetzt, obwohl sie zugeben mußten, daß die Pläne in keinem Punkt erfüllt wurden.

Gorbatschow warf einen Stapel Briefe auf den Tisch. »Hier stehen unterschiedliche Sachen«, sagte er zornig und streng, »aber der Grundtenor ist gleich: Was ist das für eine Perestrojka? Was haben wir, die einfachen Leute davon? Nichts! Und in Moskau wird ein Plenum nach dem anderen einberufen.« Er erregte sich immer mehr. »Das sind die Bedürfnisse des Volks. Und bei uns, in der Sowjetunion, hocken die großen Vorgesetzten, genießen alle Vorteile, und ihre Wohnungen werden auf Kosten gewisser Behörden renoviert. Auf das Volk pfeifen sie! Und alle sind sie ZK-Mitglieder, Minister oder Regierungsmitglieder! Wie lange sollen wir das noch ertragen? Ich warne Sie: Das ist das letzte Gespräch zu diesen und ähnlichen Fragen. Wenn sich nichts ändert, werden sich hier das nächste Mal andere Personen unterhalten.«

Die Drohung blieb indes folgenlos.

1987 sollte das siebzigjährige Jubiläum der sowjetischen Diplomatie gefeiert werden. Außenminister Schewardnadse schlug dem Politbüro unter anderem vor, für Tschitscherin, Litwinow und die Kollontaj Gedenktafeln an den entsprechenden Häusern anzubringen. Andrej Gromyko mischte sich sofort sehr gereizt ins Gespräch ein: »Tschitscherin? Was hat er denn Besonderes getan? Mit Lenin gearbeitet? Lenin hat doch alles alleine gemacht ... Übrigens, über Tschitscherin kann man noch reden. Aber Litwinow! Wie kann man das nur vorschlagen? Das ZK hat ihn als Volkskommissar für Auswärtige Angelegenheiten abberufen. Wissen Sie das etwa nicht? Und weshalb? Wegen Unstimmigkeiten mit der Parteilinie. Er war dagegen, sich von England und Frankreich auf Deutschland umzuorientieren; deshalb wurde er entlassen. Es stimmt, nur zeitweilig, dann wurde er als Botschafter nach Washington geschickt und setzte dort seine Linie durch. Sie können seine chiffrierten Schreiben lesen. Später wurde er dort durch ›einen anderen Genossen‹[6] ersetzt.«

Ich beobachte die Situation. Auf den Gesichtern spiegelt sich kaum verhehlte Ironie. Alle verstehen den Sinn der Empörung Gromykos: Irgendein Litwinow und eine Kollontaj sollen gewürdigt werden, aber er, Gromyko, wird nicht einmal erwähnt. Wütend fuhr er fort: »Kollontaj? Wer ist die Kollontaj? Ja, Lenin kannte sie. Aber sie war doch immer gegen Lenin! Denken Sie an Brest und an die ›Arbeiteropposition‹. Nun, sie war Botschafterin in Mexiko, aber nach ihr brach Mexiko die diplomatischen Beziehungen mit uns ab.[7] Dann war sie in Schweden. Und? Was lief dort im Untergrund? Natürlich, in letzter Zeit erschienen von gewissen Autoren Artikel über sie ...«

Wie verhielt sich Gorbatschow? Schon als die Rede davon war, das ZK habe Litwinow seines Amtes enthoben, begann Gorbatschow Gromyko zu necken: »Andrej Andrejewitsch, Tschitscherin ist doch wohl auch nicht auf eigenen Wunsch gegangen?« Dann zog er Bilanz: »Gegen Tschitscherin hat ja wohl keiner etwas einzuwenden, auch Andrej Andrejewitsch scheinbar nicht. Auch Litwinow akzeptieren wir. Sie sagen, er sei mit dem ZK nicht einer Meinung gewesen? Aber die Koalition gegen Hitler hat doch bereits bestanden. Das heißt, daß er den Gang der Dinge nicht ganz falsch vorausgesehen hatte? Was die Kollontaj angeht, so gab es wirklich viele bedeutende Botschafter. Andrej Andrejewitsch hat einige genannt. Aber sie wurde nicht dadurch berühmt. Und dazu, daß sie gegen Lenin aufgetreten sei, kann man nur sagen, was er selbst sagte: Wer hat schon keine Fehler? Er hat sie übrigens sehr verehrt ...

Wenn Sie sagen, sie sei die Tochter eines zaristischen Generals gewesen, dann muß man hinzufügen, daß auch Litwinow nicht von Lumpenproletariern, sondern von einem reichen Kaufmann abstammte. Das tut also gar nichts zur Sache.«

Gromyko, dieser altersschwache Mann, saß weiterhin im höchsten Machtorgan an der Seite Gorbatschows und hielt zu allen möglichen Fragen, bei denen er nicht immer kompetent war, mindestens einstündige Reden. Dabei vertrat er immer dieselbe Position: Alles, was früher war, d. h. zu seinen Zeiten, war gut und richtig, alles andere war dubios.

Zwei Episoden aus dem Jahr 1987 seien hier noch erwähnt. Im Sommer wurde Gorbatschow zum ersten Mal auf die Massenerschießungen im Wald von Katyn angesprochen. Er bekam damals eine Reihe von Briefen aus England und Skandinavien. Die Briefschreiber waren durch Solidarność-Mitglieder auf den Arbeitsbeginn einer Kommission sowjetisch-polnischer Historiker zum Problem der »weißen Flecken« in der Beziehung der beiden Staaten aufmerksam geworden. Sie stützten sich auf die Archive des Smolensker Gebietskomitees, die von den Deutschen mitgenommen worden waren, und auf ein Gespräch Gomułkas mit Chruschtschow, der gesagt haben soll, daß das »Berijas Tat war«.

W. Gusenkow, ein Referent Gorbatschows, und ich schrieben ihm eine Notiz, in der wir alle Briefe zusammenfaßten, die folgenden Inhalt hatten:

Die UdSSR trägt Schuld an der Erschießung der polnischen Offiziere. Die Schuldigen sollen bestraft werden. Der Besuch der Begräbnisstätten soll Polen erlaubt werden. Wir nahmen dazu Stellung:

»Die Sache ist nicht einfach. Unsere offizielle Meinung ist, daß die Deutschen die Polen im Herbst 1943 erschossen haben. Diese Stellungnahme wurde 1944 von einer speziellen Kommission (Leiter: Akademiemitglied N.N. Burdenko, Schriftsteller Alexej Tolstoj) veröffentlicht. Während der Nürnberger Prozesse gelang es den sowjetischen Anklägern nicht, die Erschießungen von Katyn in den Schuldspruch einzuschließen.

Im Rahmen der Arbeit zur Klärung der »weißen Flecken« können wir das Problem jedoch nicht vom Tisch wischen. Wir müssen in jedem Fall, wenn auch nur für uns selbst, Klarheit in die Sache bringen.

In der ZK-Abteilung heißt es, in den Smolensker Archiven seien noch Akten erhalten. In den Archiven von KGB und Zentralkomitee müssen auch noch Unterlagen sein.

Sollte man nicht die Genossen Tschebrikow, Lukjanow und Boldin mit dieser Frage beauftragen?«

Gorbatschow antwortete nicht auf unsere Notiz. Aber offensichtlich hat er einige Anweisungen erteilt. Außer Gusenkow und mir hatten wohl noch andere die Aufklärung der Schuld von Katyn gefordert.

Als Gorbatschow 1989 in Polen zu Besuch war, stellte Jaruzelski keine direkten Fragen zu diesem Thema. Auf einem Treffen mit Vertretern der polnischen Intelligenz wurden jedoch von Gorbatschow klare Antworten gefordert. Er verwies wieder darauf, daß man die endgültigen Ergebnisse der sowjetisch-polnischen Kommission abwarten müsse, obwohl schon damals ihren Teilnehmern, auch den sowjetischen, klar war, daß »wir« schuld waren und es an der Zeit gewesen wäre, sich zu den Massenerschießungen zu bekennen. Falin bestand in mehreren Schreiben an das Politbüro darauf, aber die Angelegenheit wurde kein einziges Mal (zumindest bei den Treffen, an denen ich teilnahm) im Politbüro verurteilt. Später deckte die Presse alles ohne die Teilnahme Gorbatschows auf. Er versuchte auch nicht, das zu verhindern.[8]

Die zweite Episode betrifft Jelzin. Während des Urlaubs in der Datscha auf der Krim kam ich zur Mittagszeit in Gorbatschows Arbeitszimmer. Er sprach gereizt am Telefon. Als ich eintrat, beendet er gerade das Gespräch. Er gibt mir ein Blatt Papier.

»Hier, lies!«

»Was ist das?«

»Lies es!«

Es war ein Brief Jelzins, in dem er mitteilte, er könne *so* nicht mehr weiterarbeiten. Er widme sich der Sache mit ganzer Kraft, habe kein Selbstmitleid, aber die anderen würden ihm nicht helfen, sondern ihn bei der Arbeit behindern. Vor allem Ligatschow bremse die Arbeit im ZK-Sekretariat. Deshalb bitte er um seine Entlassung.

»Was sollen wir jetzt machen?« fragte Gorbatschow. Ich erinnerte mich, wie er Jelzin mehrmals im Politbüro und bei anderen Gelegenheiten gelobt hatte. Er sprach von dessen schwieriger Aufgabe in dem von Grischin und Promyslow demoralisierten und zerrütteten Moskau und davon, daß Jelzin damit begonnen habe, »die Stadt von Schurken und Halunken zu befreien«.

Etwa zwei Tage später war ich abermals bei ihrem »persönlichen« Gespräch anwesend. Gorbatschow machte Komplimente, bestürmte Jelzin mit Bitten und versuchte ihn zu überreden: »Hab Geduld, Boris, reg dich nicht auf. Wir klären das. Bis zur Siebzig-Jahr-Feier der Oktoberrevolution klappt es noch. Moskau spielt hier die Hauptrolle. Das muß gut vorbereitet und würdig durchgeführt werden, wichtige Sachen müssen da gesagt und getan werden. Arbeite! Wir führen die Maßnahme durch, wie es sich gehört. Dann bringen wir die Sache in Ordnung. Ich bitte dich, diese Frage nicht aufzuwerfen.«

Nach dem Gespräch sagte Gorbatschow zu mir: »Mit Mühe und Not habe ich ihn überredet. Wir haben ausgemacht, daß er bis zu den Feiertagen ruhig bleibt.«

Jelzin hielt bekanntlich nicht Wort. Auf dem Plenum Ende Oktober, das nur die Rede des Generalsekretärs zur Siebzig-Jahr-Feier der Oktoberrevolution zum Thema hatte, bestand er darauf, zu Wort zu kommen, obwohl die Diskussion nicht eröffnet worden war. Er erklärte seinen Rücktritt. Als Grund gab er an, daß Ligatschow und andere ZK-Sekretäre gegen ihn intrigierten und seine Arbeit behinderten. Außerdem entstehe im Politbüro die Atmosphäre des Personenkultes: Einer spricht, die anderen stimmen zu.

Jelzin sprach konfus, grob, manchmal stotterte er, und man verstand nicht, was er sagen wollte. Trotzdem mußte man die Rede veröffentlichen. Mit ihr begann der Mythos: Jelzin, der Kämpfer für die Gerechtigkeit.

Ich muß jedoch bemerken, daß der Text der Rede, den ich später in der französischen Zeitung *Le Monde* gelesen habe, nichts mit dem gemeinsam hatte, was ich im Plenum (in der zweiten Reihe, direkt gegenüber vom Rednerpult) selber gehört hatte. Es waren nicht nur einzelne Absätze unterschiedlich, etwas hinzugefügt oder weggelassen oder nicht ganz genau interpretiert. Nein, es waren zwei vollkommen verschiedene Texte! Ich war damals sehr erstaunt, daß eine solide und informierte Zeitung so auf eine Fälschung hereinfallen konnte.

Das ist jedoch Nebensache. Die grobe Vorgehensweise gegen das Allerheiligste unseres Systems – das ZK-Sekretariat, gegen den »zweiten Mann« in der Partei und gegen den Generalsekretär persönlich – war damals ein Skandal. So etwas hatte das Plenum seit Trotzkijs Zeiten nicht mehr erlebt. Der Skandal weitete sich aus: Jelzins frühere und heutige Mitarbeiter gingen nacheinander ans Rednerpult. Alle Politbüromitglieder und ZK-Sekretäre attackierten nun Jelzin in der übelsten Tradition von Stalin bis Chruschtschow. Im besten Fall ermahnten sie ihn nur oder redeten ihm ins Gewissen. Einige forderten seine sofortige Absetzung und Abberufung aus dem Zentralkomitee.

Wenn Gorbatschow nicht mehrmals eingegriffen hätte, wäre es auch so weit gekommen. Er versuchte, Jelzin Argumente zu seiner Rechtfertigung zu liefern, doch Jelzin ging nicht darauf ein.

Im Plenum des Moskauer Stadtkomitees der Partei wurde Jelzin seines Amtes enthoben. Am Vortag des Plenums hatte ich Gorbatschow einen Brief geschrieben:

»Michail Sergejewitsch!
… Zum ersten Mal zeigen sich die Schwierigkeiten der Perestrojka in der Parteiführung; dadurch werden Jelzins Auftritt und die Reaktionen bedeutsam. Je mehr die Zeit fortschreitet, um so mehr muß man über das Plenum nachdenken.

Vor allem geht es um Emotionen: ›Ich‹, sagt Jelzin, ›setze meine ganze Kraft ein, ich schone mich nicht (und das ist tatsächlich so), ich versuche, aus diesem trägen, überheblichen und stagnierenden Moskau etwas zu machen und bekomme ständig Schläge, harte und öffentliche Schläge auch im Sekretariat.‹

Sein Ehrgeiz ist kein Makel: Er hatte es kaum auf die ersten Plätze abgesehen. (Er hat genug Verstand, um nicht auf sie zu spekulieren.) …

Das Verhalten Jelzins im Politbüro machte mir deutlich, daß er bei seinem Rücktrittsgesuch damit rechnete, man werde nicht wagen, es zu akzeptieren. Er war überall schon zu bekannt und in Moskau sogar populär. Im Westen wäre sein Rücktritt als Rückzug oder Notbremse in Sachen Perestrojka verstanden worden.

Dennoch darf er nicht abgesetzt werden. Es hat sich so ergeben, daß der Fall Jelzin vor dem Hintergrund wichtiger historischer Entscheidungen im Politbüro und in jenem Plenum stattgefunden hat. Die Koordination läuft innen ab. Das habe ich am Samstag besonders gespürt, vor allem an der Reaktion auf die kritischen Stellen aus Ihrer Rede zur Siebzig-Jahr-Feier. Der Rücktritt Jelzins wird als Sieg der Konservativen verstanden werden, obwohl seine Ansichten zu unserer Geschichte, vor allem durch die ›Unkenntnis‹ auf diesem Gebiet, von den gängigen Meinungen nicht allzu weit abweichen.

Ein Genosse prophezeite schon die Reaktion der Gebildeten auf seinen Rücktritt: Auch diese Revolution (die Perestrojka) verschlingt ihre Kinder!

Und zu Moskau … Was soll sein Nachfolger daraus schließen, daß Jelzin gehen mußte? Soll er es ruhiger, präziser und ohne Gewalt und Drohungen versuchen? Aber so kommt man mit Moskau nicht weit. Da muß man erst vieles aufwühlen. Bei Jelzin waren erste Erfolge zu sehen, er rüttelte die Menschen wach und kümmerte sich um sie. Nicht umsonst will das Moskauer Büro, daß er bleibt, obwohl er für sie natürlich nicht nur ein Geschenk ist. Der Fall Jelzin hat ein Schlaglicht auf viele Bereiche geworfen, obwohl sicher noch viel im Dunkeln blieb.

Je nach Ausgang sind Glossen über Ihre Autorität und Ihre Möglichkeiten, Ihren Kurs zu halten, zu erwarten. Sie hatten recht, als Sie im Politbüro sagten, Jelzins Auftritt werde in Moskau und im Westen als Warnung vor dem Personenkult und als Widerstand gegen Ligatschow aufgefaßt werden. Zu Ligatschow gibt es nur eine Meinung: Die Befürworter der Perestrojka (das sogenannte breite Publikum) sind auf der Seite Jelzins. Im ersten Punkt wird die Entscheidung über Jelzin von Ihnen persönlich abhängen: Halten Sie diesem Angriff stand, verhalten Sie sich ruhig, zeigen Sie Ihre Stärke und Überzeugung, lassen Sie diesen Menschen weiterarbeiten, weil er der Sache ergeben ist und lediglich wagt zu sagen, was er denkt, und seien es Dummheiten. (Sein Verhalten war wirklich dumm und zeugte von einer Primitivität und Beschränktheit, die allerdings nicht zum ersten Mal erkennbar wurde.) Anhand der Ergebnisse wird entschieden werden, ob in der Parteiführung wieder die

Leninschen Spielregeln gelten. Man kann Jelzin nicht vorwerfen, er schätze Sie nicht oder toleriere in Moskau eine despektierliche Haltung Ihnen gegenüber.

Der Einsatz ist hier also hoch.

Sie haben die optimale Entscheidung[9] getroffen, als sie nach der Pause ins Politbüro zurückkehrten. Es stehen tatsächlich konkrete Konflikte und gesetzlich vorgeschriebene Entscheidungsprozesse durch die Partei an. Mit Spontaneität ist hier nichts zu erreichen …«

Bei der Niederschrift dieses Briefs konnte ich mir noch nicht vorstellen, daß mit Jelzins Auftritt ein neues Kapitel in der Geschichte der Perestrojka begonnen hatte.

1988: Glasnost gewinnt an Kraft

Gorbatschow: »Ich möchte alle Schleusen öffnen!«

Im Jahre 1988 bereitete Gorbatschow ein zweites Buch mit dem Arbeitstitel »Perestrojka, eine Lebenserfahrung« vor; Untertitel: »Aus meinem Tagebuch«. Im Gegensatz zum ersten Buch, das nach seinen eigenen Worten hauptsächlich ausländische Leser über die Perestrojka hatte aufklären sollen, konzipierte Gorbatschow das zweite Buch als eine Erklärung an das russische Volk. Das Manuskript hatte 400 Seiten.

Als der Text jedoch veröffentlicht werden sollte, war der Inhalt längst veraltet. Das Buch war von einem Optimismus und Glauben an den Erfolg durchdrungen, der bereits völlig deplaziert war, auch wenn es kritische und selbstkritische Einschätzungen und Überlegungen enthielt. Die Bevölkerung hätte so ein Buch nicht akzeptiert, und so endete es in der Schublade – ein interessantes historisches Dokument.

Liest man heute dieses Manuskript, erkennt man, daß Gorbatschow zuletzt gezwungen war, Glasnost die Zügel schießen zu lassen, und schließlich sogar die Pferde mit der Peitsche antreiben mußte. Die XIX. Parteikonferenz vom 28. Juni bis 1. Juli 1988 markierte einen Wendepunkt. Die Parteimitglieder haben dort die Möglichkeit erhalten, offen – nicht vom Apparat diktiert, sondern spontan – zu sprechen. Jeder konnte sagen, was er dachte und wollte, ohne auf hohe Persönlichkeiten und Hierarchien Rücksicht zu nehmen. Vor der Konferenz haben nicht nur das Politbüro, sondern auch Gorbatschow selbst Glasnost nur als eine steuerbare Einrichtung betrachtet. Danach war jedoch klar, daß sie eine selbständige, wenn nicht gar die einzige Kraft war, die das Land aus den Fängen des Totalitarismus befreien konnte.

Im wachsenden Strom der Glasnost begann die Befreiung der Perestrojka von der Ideologie, wenn auch anfangs als Suche nach einer neuen sozialistischen Lehre anstelle der von Breschnew geprägten, im Kern aber stalinistischen Ideologie. Gorbatschows Rede zum 70. Jahrestag der Oktoberrevolution hatte hier eine erste Bresche geschlagen. Allerdings beruhten Gorbatschows Urteile und Analysen noch auf der sowjetischen

Betrachtungsweise unserer Geschichte. Bei weitem nicht alles entsprach der Wahrheit.

Am 31. Oktober 1987, eine Woche, bevor Gorbatschow die Rede hielt, leitete er die Diskussion über das Konzept im Politbüro mit folgenden Worten ein: »Über einige Dinge werden nähere Ausführungen erwartet ... Wir dürfen keinesfalls weniger zugeben ... aber auch nicht mehr!« Von grundlegender Bedeutung war jedoch, daß der Generalsekretär, traditionell der höchste und unangefochtene Verkünder der absoluten Parteiwahrheit, in der Hauptsache erklärte, unsere Geschichte dürfe unparteiisch untersucht und viele, bisher unantastbare theoretische Postulate dürften angezweifelt und überprüft werden.

Gorbatschow hat später selbst im Politbüro eine Bilanz der Feierlichkeiten zum 70. Jahrestag gezogen und den (nach seiner damaligen Einschätzung) verwirklichten Grundgedanken formuliert: »Wir können davon sprechen, daß die Bevölkerung zu der Einsicht gelangt ist, daß wir unbedingt schrittweise das Gesellschaftssystem *entsprechend den realen Bedürfnissen der Menschen* erneuern müssen. Eben dadurch hat die seit Jahrzehnten kultivierte Dogmatisierung des Denkens einen schweren Schlag erlitten.«

Überhaupt ist diese aus heutiger Sicht euphorische Rede zu den Ergebnissen des 70. Jahrestages bemerkenswert, weil Gorbatschow hier alles offengelegt hat, was in seinen Gedanken unter dem Einfluß der Perestrojka herangereift ist. Hier einige Auszüge:

»Im Mittelpunkt der Perestrojka steht der Mensch. Das haben wir klar und entschieden zum Ausdruck gebracht. Daraus folgt der für eine moderne Konzeption des Sozialismus sehr wichtige Schluß, daß die Wirtschaft, der soziale und kulturelle Bereich, die Steuer- und Funktionsmechanismen des Systems, kurz alles, was den Menschen beeinflußt, Gemeingut sind. An all dem muß der Mensch teilnehmen. Der Mensch muß um seiner selbst willen an allen Prozessen beteiligt werden ...

Wenn wir den sogenannten ›Fall Jelzin‹ (er war am 11. November als Moskauer KP-Chef abgesetzt worden) im großen Zusammenhang betrachten, dann illustriert er im Verlauf der Perestrojka gerade den Moment des Übergangs von der Versammlungsphase, von der stürmischen Ausbreitung von Glasnost und Kritik, zur Praxis. Die Charaktereigenschaften dieses Mannes machten ihn gleichsam anfällig für die Kinderkrankheit des Übereifers. In der Euphorie der beginnenden außergewöhnlichen Veränderungen ist dieser Übereifer verständlich, aber man muß ihn rechtzeitig zügeln. Wenn dies nicht gelingt, kann man die eigenen Ambitionen nicht in konkrete Taten und Alltagsarbeit umsetzen, und dann gerät der Politiker in eine Krise.

Wir haben sehr wohl wahrgenommen, daß sich nun aufgrund des Talents zu konkreten Taten herausstellt, wer tatsächlich unter den Bedingungen der Perestrojka etwas zu leisten vermag. Auf den Versammlungen war eine Art persönlicher Qualitäten gefragt, jetzt geht es um andere, jetzt muß Wohnraum geschaffen und die Versorgung mit Nahrungsmitteln sichergestellt werden und so weiter. Gerade hier hat sich die Rückständigkeit der Parteiorganisationen hinter dem Lauf der Ereignisse und hinter den zu verwirklichenden Ideen gezeigt.

Das feierliche Treffen von Parteien und Bewegungen[1] (im Rahmen der Jubiläumsfeiern) war sehr wichtig. Im Grunde genommen fand dort ein Durchbruch statt, weil Kommunisten und Sozialdemokraten sich zum ersten Mal seit siebzig Jahren an einem Tisch in einer Atmosphäre ruhiger theoretischer und politischer Diskussion getroffen haben ...

Bemerkenswert ist auch, daß diese Konferenz ein Reinfall geworden wäre, wenn wir uns nicht mit der inneren Einstellung des Neuen Denkens, durch das wir die modernen Weltprobleme neu betrachten konnten, getroffen hätten. Nicht weniger wichtig ist auch die Tatsache, daß wir uns mit eigenen Augen von der Richtigkeit unseres Entschlusses überzeugen konnten, uns künftig nicht mehr abzukapseln. Bislang galt noch eine Überzeugung, die vor vielen Jahren Wurzeln geschlagen hat: ›Ich bin Kommunist und habe deshalb sowieso immer recht ...‹

Ein Genosse hat die Tage der Feierlichkeiten ›fünf Tage, die die Welt erschütterten‹ genannt. Ich habe ihn verbessert: Jene zehn Tage der Oktoberrevolution haben die Welt erschüttert, aber diese fünf Tage haben die Welt wachgerüttelt. Sie haben uns tatsächlich die Möglichkeit gegeben, die Perestrojka in ihrem weiten ideologischen und theoretischen Kontext vorzustellen. Wir haben uns der Welt weiter geöffnet, sie hat uns besser kennengelernt, und unser Wissen über sie hat ebenfalls zugenommen. Eine eigentümliche Internationalisierung der Perestrojka hat sich vollzogen. Vielen, an erster Stelle uns selbst, ist die weltweite Bedeutung der Perestrojka verständlicher geworden ...

Einige begrüßen und unterstützen unsere Rückbesinnung auf allgemein menschliche Werte. Von anderen haben wir jedoch finstere Andeutungen zu hören bekommen, die Ideen der Perestrojka und des Neuen Denkens würden den Klassenkampf in der Theorie und in der Politik abschwächen ...

Dritte wollen offenbar keine Schritte unternehmen, um auf die moderne Welt angemessen zu reagieren. Sie sagen: ›Wir waren die Avantgarde der Arbeiterklasse und werden das auch bleiben‹, obwohl die Arbeiterklasse schon längst woanders steht ... Einige haben sich gar ereifert: ›Wir sind doch keine Revisionisten, wir werden unsere ideologischen Positionen nicht aufgeben ...‹

Wir haben nicht die Absicht, irgend jemand unsere Meinung aufzudrängen ... Eine seltsame Lage hat sich ergeben: Die Kapitalisten sagen, daß wir zu zaghaft den revolutionären Weg der Perestrojka verfolgen, ihn nicht konsequent bis zum Ende gehen. Manche Kommunisten wollen uns jedoch an Händen und Füßen zurückhalten ...

Schon Marx sprach von der Einheit der menschlichen Rasse. Und zu welcher Zeit hat er das bereits festgestellt! Das ist ja ein philosophischer Begriff. Wir haben diese Einheit nur eine bestimmte Zeit lang nicht mehr bemerkt. Inzwischen ist sie jedoch klar an den Tag getreten. Wenn man sich das Wesen der friedlichen Koexistenz näher vor Augen führt, ist sie eigentlich nur eine andere Bezeichnung für die Einheit der menschlichen Rasse. Sogar Reagan sagt inzwischen: ›Wer meint, der Konflikt zwischen unseren Völkern und Staaten sei unvermeidlich, der irrt sich gewaltig.‹«

Gorbatschow zog daraus folgende praktische Schlüsse:

»Die Ideen und sogar konkrete Anordnungen, die auf politischer Ebene von der Führung getroffen werden, stoßen auf einen Bremsmechanismus bei der Ausführung. Das betrifft auch die außenpolitischen Apparate. Zum Beispiel sind fünf bis sechs Monate vergangen, seit wir erklärt haben, daß das Problem des Ungleichgewichts in Europa (bei Bewaffnung und Truppenstärke) unbedingt beseitigt werden müsse. Auf der Verhandlungsebene wurde jedoch nichts unternommen. Alle warten auf neue Impulse und neue Anweisungen.

Nikonow (Politbüromitglied, verantwortlich für Landwirtschaft) sagt, daß im Bereich des agrarisch-industriellen Komplexes alle unsere Resolutionen und Gesetze von den Instruktionen unterdrückt werden. 15000 Instruktionen!

Ja, Genosse Nikonow, wohin schaust du denn? Warum hebt ihr sie nicht auf? Warum erlaßt ihr nicht ein Gesetz, das alle Instruktionen, die etwa dem Gesetz über die sozialistischen Betriebe widersprechen, für ungültig erklärt. Und wer sich weiter an die Instruktionen hält, soll herkommen und klarmachen, daß sie dem Gesetz nicht widersprechen. *Die* sollen den Beweis führen. Zu eurer Kommission sollen Minister persönlich kommen und euch beweisen, daß gewisse Instruktionen weiterhin befolgt werden müssen. Man hat mir inzwischen mitgeteilt: 100 000 Instruktionen. Wenn wir in diesem Tempo weitermachen, werden wir während des ganzen Fünfjahresplans nicht damit fertig.

(Er wendet sich wieder Nikonow zu.) Du trittst also auf und appellierst immer wieder an irgend jemand. Aber wer wird die Angelegenheit regeln? Genau dafür bist du doch zuständig. Du wartest jedoch die ganze Zeit ab: Soll Ryschkow sich doch um die Instruktionen kümmern oder noch besser Tschebrikow (also der KGB!), und dann werde ich mich anschließen (Gelächter). Ich sage dies, damit du einsiehst, daß du ein eigenes Arbeitsgebiet hast und dort selbst unternimmst, was du für nötig hältst.

Den Chinesen gelang es, in zwei Jahren ausreichend Nahrungsmittel für eine Bevölkerung von einer Milliarde zu produzieren. Aber wir fürchten uns. Wir haben gesagt: Macht, was ihr wollt, Hauptsache die Produktion läuft. Wir haben die Möglichkeit geschaffen, Verträge zu schließen oder Land zu pachten. Das ist der richtige Weg, wir müssen den Leuten die Möglichkeit zur Initiative geben. Solange wir auf der Stelle treten und tatenlos zusehen, wird sich nichts ändern. Aber gebt dem Volk die Freiheit, und die Produktion wird steigen. Technologie ist der Kern der Produktion, der Steigerung von Milch- und Futtererträgen. Für den Rest brauchen wir Freiheit.«

Der amerikanische Historiker Stephen Cohen hat Gorbatschow sein Buch über Bucharin und die Bolschewistische Revolution geschickt. Einige Bekannte Gorbatschows hatten dieses Buch aus dem Westen ebenfalls erhalten und ihn darauf aufmerksam gemacht. Gorbatschow hat es mit in den Urlaub genommen und mir immer wieder daraus vorgelesen. Er war begeistert von Bucharins Verstand und hat schon damals beschlossen, das Verbot seiner Werke aufzuheben.

In seiner Rede zum 7. November 1987 hat Gorbatschow das getan. Er hat Bucharins Rolle und Person neu bewertet und damit Tür und Tor geöffnet für die Überprüfung unserer ganzen Ideologie, die sich faktisch noch auf Stalins »Geschichte der Kommunistischen Partei (Bolschewisten). Kurzer Lehrgang« gründete. Eine erste Welle grundlegender Umbewertungen unserer Geschichte folgte. Einzig und allein Lenins Autorität wurde noch nicht angezweifelt. Die Autoren der Umbewertung sind noch von der Rückkehr zum wahren Lenin ausgegangen.

Gorbatschow hat nicht nur Bücher und Dokumente, die unter Lenin erschienen waren, gelesen, sondern auch die Ausgaben der Reihe »Istorija Marxisma« (Geschichte des Marxismus), die nur an einen ausgewählten Personenkreis verteilt wurde. In dieser Reihe konnte zum ersten Mal in der UdSSR ein leider geschlossener Kreis die Forschungen und Meinungen unabhängiger Autoren über Marxismus, über den sowjetischen Sozialismus und über unsere Geschichte nachlesen. Beinahe zu jedem Band hat der Politologe Jewgenij Ambarzumow das Vorwort geschrieben und ist weit über den Rahmen des zu diesem Thema damals Erlaubten hinausgegangen.

Schon lange vor seiner Ernennung zum Generalsekretär war Gorbatschow innerlich zur Zerstörung der marxistisch-leninistischen Orthodoxie bereit. Auf der Suche nach einer Ideologie für die Perestrojka wandte er sich jetzt dem freien, dem nichtsowjetischen Gedankengut zu. Er hat damals daran gedacht, drei Vorlesungen an der Akademie der Gesellschaftswissenschaften oder an der Universität über das neue Verständnis des Sozialismus zu halten. Sie haben nie stattgefunden, weil er zu beschäftigt war, aber auch weil die von ihm ausgelösten Prozesse mit den herkömmlichen Erklärungsmustern nicht mehr plausibel darzustellen waren.

Ein Gespräch, das ich im August nach der Parteikonferenz (also schon 1988) mit Gorbatschow führte, gibt einen guten Hinweis auf seine diesbezüglichen Absichten:

»Die Antwort auf die Frage: Was ist eigentlich Sozialismus? ist das zentrale Problem bei der Bestimmung unseres ideologischen Standpunkts ... Ohne eine Bestandsaufnahme der von unseren Klassikern geprägten Begriffe kommen wir hier nicht aus. Wie sie sich Sozialismus konkret vorgestellt haben, muß ihren Werken entnommen werden ...

Die zweite Etappe ist Lenin. Aber auch hier muß die Entwicklung seiner Gedanken zum Sozialismus, insbesondere nach der Revolution unter der Sowjetmacht, aufgezeigt werden.

In einer dritten Etappe der Begriffsbestimmung kommt die Erfahrung im Aufbau der UdSSR zum Tragen. Sie muß ebenfalls berücksichtigt werden, wenn auch nur in ihren Grundzügen.

In der folgenden Etappe werden die theoretischen Erkenntnisse zum Sozialismusbegriff *während der Perestrojka* miteinbezogen ...

164

So stelle ich mir das erste Kapitel oder die erste Vorlesung vor. Sie liefert die Grundlage für alle folgenden Überlegungen ...

Daran schließt unmittelbar die Ausarbeitung der Frage an, wie wir uns die Entwicklung der sozialistischen Gesellschaft während und nach der Perestrojka vorstellen. Alle Bereiche des gesellschaftlichen Lebens müssen untersucht werden, in erster Linie natürlich der wirtschaftliche. Überall ist jedoch die *Überwindung der Entfremdung* das Hauptthema, das heißt die Lösung der Aufgabe, wie der einzelne wieder in die Wirtschaft, den Produktionsprozeß, die Politik, die gesellschaftliche Praxis und das geistige Leben integriert werden kann. Überwindung der Entfremdung bezieht sich auf die Produktionsmittel, auf das Eigentum im Prozeß der Demokratisierung der Produktion, auf die Standortbestimmung des Menschen in den Warenbeziehungen und natürlich das Problem der sozialen Gerechtigkeit im Sozialismus – all diesen Problemen muß aus der Sicht der Perestrojka, deren entscheidender Punkt eine vollständige Demokratisierung ist, auf den Grund gegangen werden ...

Wir müssen die grundlegende Formel propagieren: Mehr Demokratie heißt mehr Sozialismus! Die Mechanismen, die unter einem Einparteiensystem die vielfältigen Interessen der Bevölkerung sicherstellen, müssen deutlich herausgestrichen werden. An erster Stelle ist hier Glasnost zu nennen. Im Grunde genommen heißt Glasnost Wettbewerb, aber nicht Wettbewerb politischer Parteien, sondern der einzelnen Menschen (Talent, Verstand, Wille, Charakter, Ideengut, Zielstrebigkeit). In diesem Zusammenhang sei an Lenins berühmte These von den überheblich gewordenen Parteien erinnert, die an ihrer Überheblichkeit gegenüber dem Volk zugrunde gehen werden.

Der Mechanismus der Demokratie im Vielvölkerstaat muß unbedingt aufgezeigt werden.

Mit einem Wort, ich möchte *alle Schleusen öffnen.*«

Michail Gorbatschow konkretisierte auch einige der genannten Punkte: »Was im Lauf der Perestrojka über Sozialismus gesagt wurde, muß systematisiert werden. Wir müssen alle theoretischen Erörterungen zusammensuchen und danach zur praktischen Arbeit übergehen:
- wirtschaftlicher Aufbau
- Entwicklung auf geistigem Gebiet
- Kultur ...

Ich möchte auch im Fernsehen sprechen ...

Ich habe heute den Artikel von Daniil Granin in der *Prawda* gelesen.

Ich schätze diesen Schriftsteller sehr, einer der fähigsten sowjetischen Autoren. Ich habe seine früheren Werke wahrscheinlich alle gelesen, heute habe ich keine Zeit dazu. Granin ist ein intelligenter Mann und hat die Eindrücke von der Parteikonferenz sehr anschaulich wiedergegeben ...

Aber wie kann er behaupten, das Volk lebe schlechter als früher?! Nimm zum Beispiel den Anfang der fünfziger Jahre. Ich habe damals in Moskau studiert. In den Läden gab es alles, vom Kohl bis zum Kaviar. Die Regale waren voll, aber die Leute hatten kein Geld, um all das zu kaufen. 60 Prozent der Bevölkerung haben damals in Kolchosen gearbeitet, sie haben überhaupt keinen Lohn bekommen. Das muß man auch in Betracht ziehen! ...

Granin schreibt, daß zwei Jahre Perestrojka vergangen seien, im Grunde aber alles beim alten geblieben sei. Er verweist auf das Wohnungsproblem und die Versorgung mit Nahrungsmitteln. Sogar dieser vernünftige Mann will nicht den Kern der Sache sehen und schließt sich im Prinzip der Gruppe der Schmarotzer an ...

Ich lese zur Zeit die Mitschrift des VIII. Parteitags der Russischen Kommunistischen Partei (Bolschewiki) im Jahr 1919. Bucharin hält eine Rede zum Parteiprogramm und sagt: Wir brauchen einen ›Produktionskommunismus‹. Wir brauchen einen Ausbau der Produktivkräfte, wir müssen eine Warenwirtschaft aufbauen und nicht einfach dem Zaren und den Kapitalisten alles wegnehmen und verteilen, und was kommt dann?

Das ist eine alte russische Krankheit – verteilen. Auch heute ist diese Mentalität weitverbreitet – eine Verteilermentalität auf Kosten des Staates. Aber wem sollen wir jetzt etwas wegnehmen?

Und im Handel herrscht ein völliges Chaos, jede Menge Faulenzer und Diebe. Dagegen müssen wir schonungslos vorgehen. Aber die Hauptrichtung bleibt der Produktionskommunismus ...

Kalaschnikow (Minister für Elektroindustrie) hat heute zu mir gesagt (er hat Gorbatschow angerufen): ›Ein Arbeiter verläßt vor Feierabend die Fabrik, ohne sein Tagessoll erfüllt zu haben. Der Direktor fragt ihn, was er sich dabei denke. Und jener antwortet frech, das sei eine dumme Frage, den festgesetzten Lohn erhalte er ja sowieso.‹ Das ist eine regelrechte Raffgier, die auf dem Boden der Gleichmacherei entstand, eine Verteilermentalität.

Wie erreichen wir einen Umschwung?

Die Haltung zur Arbeit und zur Produktion muß geändert werden ...

Die Produktion muß komplett neu gestaltet werden. Und wenn wir das vorhandene Geld ausgegeben haben, wie geht es dann weiter? Granin ist für die Perestrojka, zweifelt aber an ihr. Er meint, daß es womöglich eine Alternative gebe. Doch er selbst kennt sie nicht. Er ruft dazu auf, mehr Entschlossenheit zu demonstrieren. Was für eine Entschlossenheit? Wozu? Wofür?

Lenin hat sich selbst einen Opportunisten genannt und offen gesagt, daß er immer für den *Erhalt der Revolution* eintreten werde. Nicht wie Trotzkij und besonders Bucharin: Selbst wenn die Revolution untergeht, werden wir vom Standpunkt der Idee aus mit weißer Weste dastehen. Waschlappen waren sie alle.

Ich möchte in der Rolle des Opportunisten auftreten. Ich kann das leere Geschwätz von durchaus fähigen Leuten, die Jelzin nach dem Mund reden, nicht länger ertragen. Das gefällt den Einheimischen. Zum Beispiel eine Kantine im Granower Gebiet. Ich habe angeordnet zu klären, wieviel Fleisch weggeworfen wird – 300 Tonnen jährlich. Das ist die Produktion eines ganzen Mastbetriebs. Was für ein Spektakel das auslöste!

Allerdings ist es zur Zeit nicht Mode, den Linken zu widersprechen. Von links wird ein Geschrei erhoben, daß die Perestrojka nichts eingebracht habe, und die Krakeeler fordern durchgreifende Maßnahmen um jeden Preis. Von rechts wird über die wachsenden Schwierigkeiten getuschelt und vor Eile gewarnt, sonst gebe es ein Chaos. Darauf kann es nur eine Antwort geben – den eingeschlagenen Kurs streng beibehalten. Für mich sind die Linken genauso wie die Rechten die Sargnägel der Perestrojka.«

Die Entideologisierung der Außenpolitik

Schon am 23. Oktober 1987 hatte ein sehr wichtiges Treffen von Gorbatschow mit dem amerikanischen Außenminister George Shultz stattgefunden. Nach diesem Treffen waren reale Abrüstungsergebnisse bereits greifbar nahe. Erstens waren, bis auf einige Details, endgültig die Parameter eines künftigen Abkommens über die Mittelstreckenraketen in Europa festgelegt worden. Zweitens wurde ein inoffizieller und im Kern einzigartiger Mechanismus für praktische Abrüstungsverhandlungen geschaffen: Gespräche zwischen zwei Delegationen, einer sowjetischen und einer amerikanischen, Verhandlungen zwischen Menschen, die sich gut kennen und einander nicht nur auf politischer, sondern auch auf persönlicher Ebene vertrauen und dabei hochprofessionell arbeiten.

Das Treffen war auch ein Vorbote der künftigen Beziehungen zwischen der UdSSR und den USA, kaum weniger wichtig als die öffentlichen Beteuerungen. Gorbatschow und Schewardnadse haben ein ungezwungenes und freundschaftliches Einvernehmen mit George Shultz (einem Mann, der zweifellos aus der Masse der amerikanischen Politiker herausragt) hergestellt.

Gorbatschow beurteilte die Ergebnisse dieses Gesprächs nach Reykjavik positiv: »Eine Atmosphäre der sachlichen Zusammenarbeit ist entstanden. Auch wenn der Prozeß sich als schwierig erweist, geht es doch voran. Wir brauchen diese Atmosphäre, ohne sie erreichen wir überhaupt nichts.«

Im Dezember 1987 traf Gorbatschow in Washington zum dritten Mal mit Präsident Reagan zusammen. Der INF-Vertrag über Mittelstreckenwaffen wurde unterzeichnet – der erste, der nicht nur eine Begrenzung des Rüstungswettlaufs, sondern einen wirklichen *Rüstungsabbau* zum Gegenstand hatte. Gorbatschow berichtete am 17. Dezember auf einer Sitzung des Politbüros über seine Reise in die USA:

»In Washington haben wir vielleicht zum ersten Mal so klar erkannt, was der menschliche Faktor sogar in der Außenpolitik bewirken kann. Bisher … war Reagan für uns nur der Wortführer des konservativsten Teils des amerikanischen Kapitalismus und des militärisch-industriellen Komplexes. Aber Politiker, vor allem führende, verantwortlich handelnde Staatsmänner verkörpern auch schlichte menschliche Qualitäten und Hoffnungen einfacher Menschen. Insbesondere jener Menschen, die diese Politiker gewählt haben und mit deren Namen und deren persönlichen Möglichkeiten das Ansehen des Landes und ihren persönlichen Patriotismus in Verbindung bringen …

Wir waren bereit und haben selbst angestrebt, auch den persönlichen Kontakt mit der amerikanischen Regierung aufzunehmen, wie auch, nebenbei bemerkt, mit den Regierungen anderer Länder. Das heißt, im wahrsten Sinne des Wortes den rein menschlichen Faktor in die große internationale Politik einzubeziehen. Das ist ebenfalls ein wichtiger Bestandteil des Neuen Denkens, der Resultate erbracht hat. In Washington haben wir dies wohl zum ersten Mal so deutlich verspürt.«

Im April 1988 kam Außenminister Shultz zu einem Besuch nach Moskau. Gorbatschow hatte sich auf dieses Treffen gründlich vorbereitet und seine Herangehensweise geändert. Unser Material stellte ihn nicht zufrieden. Eine beträchtliche Menge hatte sich angesammelt. Als er im Katharinensaal des Kreml Shultz gegenübersaß, schob er alles beiseite, nahm das Deckblatt, auf dem einige handschriftliche Notizen standen, vom Stapel und starrte seinen Gesprächspartner stumm an.

Shultz reagierte prompt: »Ist das alles, was Sie haben?« (Kurzes Gelächter).

Gorbatschow erwiderte: »Ich habe Vieles für Sie.« Dann begann er mit zunehmendem Eifer, in seiner offenen und geradlinigen Art seine Einschätzung der kurz zuvor von Präsident Reagan gehaltenen Reden darzulegen. »Schon drei Mal haben wir uns getroffen, so daß wir einander eigentlich verstehen müßten. Wir haben ein überaus bedeutendes Dokument unterzeichnet – das erste Abkommen über den Abbau atomarer Rüstung. Jetzt zeigt sich aber, daß wir einander zur Liebe nicht zwingen können. Ihr geht immer noch davon aus, daß eine kommunistische Aggression droht. Ihr wollt die Tatsache nicht anerkennen, daß es keine Aggression gibt und nicht geben wird, und habt auch nicht die Absicht, euren Kurs zu ändern.«

Gorbatschow teilte mir seine Eindrücke von diesem Gespräch mit Außenminister Shultz und dessen Kollegen am selben Abend mit: »Alle sind schnell bei der Hand, nehmen Reagan vor mir in Schutz und überschlagen sich beinahe. Sogar Margaret Thatcher wünscht einen weiteren Besuch in Moskau, um mir zu erklären, was ich alles mißverstanden hätte. Nun, egal, soll Reagan sich persönlich von seiner Rede gegen Gorbatschow reinwaschen. Alle müssen begreifen, daß wir unter keinen Umständen unsere Würde preisgeben. Weißt du, Anatoli, sie haben keine Achtung vor einem Schlappschwanz: Sie würden ihn zertreten. Von Zeit zu Zeit muß man sie daran erinnern, mit wem sie es zu tun haben.

Und schau, wie Shultz, der Abrüstungsexperte Paul Nitze, die Unterstaatssekretärin im Außenministerium für Europa Rozanne Ridgway und der Sicherheitsberater Colin Powell staunten, als ich sprach. Niemand hat einen Versuch unternommen, den Präsidenten zu rechtfertigen. Shultz ist wirklich ein vernünftiger und anständiger Mensch, ein fähiger Politiker. Er ist nach Kiew gefahren und hat dort mit der Bevölkerung gesprochen. Er hat sich überzeugt, daß ich die Wahrheit gesagt habe, und dies öffentlich bestätigt. Und Nitze? Als ich mich von ihm verabschiedete – ich habe mit jedem einzelnen einige Worte gewechselt –, hat er gesagt: ›Leider bin ich schon alt und kann nicht mehr persönlich alle Angelegenheiten mit Ihnen bearbeiten. Auch wenn es heißt, Alter bedeutet Weisheit. Ich habe schon einiges erlebt während meiner Zeit und mußte mit vielen Menschen zusammenarbeiten. Aber mit Ihnen, Herr Generalsekretär, eröffnet sich etwas ganz Neues, und ich würde gern etwas Nützliches tun. Ich habe mich nun davon überzeugt, daß es mit Ihnen möglich ist.‹ Ridgway hat zum Abschied gesagt: ›Ich bin einfach erschüttert, woher nehmen Sie diese Flut ehrlicher Gedanken, diese Fähigkeit, alles sofort zu erfassen und gleichzeitig weit vorauszuschauen. Und alles so schlicht und entwaffnend …‹

Und schau, wie die Feinarbeit vor sich ging. Schewardnadse hat mir erzählt, wie Ridgway und Bessmertnych beisammen saßen, als würden sie offizielle Verhandlungen führen. Sie haben sich sofort verstanden: Das machen wir so, jenes können wir erledigen, dies lassen wir vorläufig beiseite. Darauf kommen wir später noch zurück und so weiter. Zwei vernünftige und gescheite Köpfe. Die zwei Delegationen haben sich eingespielt … Als ich mir die Amerikaner ansah, hatte ich den Eindruck, daß sie beim Zuhören vergessen haben, daß sie eigentlich Beamte in Reagans Diensten sind. Sie fühlten sich schlicht als normale Menschen, die sich ihrer Verantwortung bewußt sind.«

Das Streben nach neuen Beziehungen zum Westen und der Abrüstungsprozeß, die eigentlich nur den äußeren Rahmen für die Perestrojka liefern sollten, erwiesen sich als Lokomotive der Umgestaltung. Das gilt in jedem Falle für das ideologische Gebiet, das Haupthindernis für die Veränderungen. Um in der neuen Außenpolitik Erfolge zu erzielen, mußten wir die Mythen und Dogmen der alten, auf Konfrontation ausgerichteten Ideologie und Theorie abschaffen. Die öffentlichen Auftritte des Generalsekretärs und die Presse der Perestrojka haben dies auf die in der Gesellschaft allgemein verbreitete geistige Haltung übertragen.

Die Beziehungen zu Westeuropa haben eine ähnliche Wirkung auf uns und auf den Demokratisierungsprozeß ausgeübt. Dagegen haben die Beziehungen zu den sozialistischen Ländern, insbesondere zu China und Kuba, die Entideologisierung der Außenpolitik gebremst. In konkreten Fällen hat Gorbatschow sich gemäß der ihm eigenen Inkonsequenz unterschiedlich verhalten, in einem Wechselspiel von Taktik und Strategie.

Anfang April 1988 wurde das Problem Äthiopien akut. Präsident Mengistu schickte ein chiffriertes Telegramm nach dem anderen und flehte um Hilfe: Er bat um mehr Waffen, Geld, Transportmittel, Verpflegung. Verteidigungsminister Jasow, der Stellvertretende Vorsitzende des Ministerrats Masljukow, der ZK-Sekretär für internationale Angelegenheiten

Dobrynin und Außenminister Schewardnadse verfaßten einen Bericht und entwarfen eine Resolution, nach der diverses Kriegsmaterial nach Äthiopien zu schicken war. Ich befestigte an den Entwurf eine Notiz: »*Michail Sergejewitsch!* Sie selbst versuchen, im Politbüro und öffentlich alle für politische Lösungen zu gewinnen. Hier wird wieder die routinemäßige Antwort eingesetzt: Ein Freund bittet um Waffenhilfe – wir liefern sofort. Unsere Waffen werden nichts ändern. Gerade durch diese Hilfe ermuntern wir Mengistu zu dem unsinnigen Versuch, alle Konflikte mit militärischen Mitteln lösen zu wollen.«

Ein paar Stunden später teilte mir Gorbatschows Mitarbeiterin Olga Lanina mit: »Ihre Notiz hat er abgerissen und weggeworfen. Die Resolution hat er unterschrieben.«

Abends kam im Politbüro auch Äthiopien zur Sprache. Marschall Achromejew zeichnete ein deprimierendes Bild von Mengistus Politik. Einen militärischen Sieg könne er nicht erringen. »14 Jahre kämpft Mengistu um Eritrea«, sagte Achromejew, »aber die Lage wird immer schlechter. Wir fördern in Äthiopien nur seine Politik, anstatt unsere eigene zu betreiben.« Für diese Stellungnahme wurde er scharf kritisiert. Marschall Achromejew war ein rechtschaffener und mutiger Mann, ungeachtet seiner Rolle bei späteren Ereignissen.

Während Achromejews Rede blickte mich Gorbatschow immer wieder mit funkelnden Augen an: Da sitzt mein Berater und lacht sich ins Fäustchen.

Anfang April 1988 tat sich auch in Afghanistan einiges. Gorbatschow flog nach Taschkent, um Nadjibullah zu treffen. Gorbatschow versuchte damals, Nadjibullah dafür zu gewinnen, »so viele wie möglich um sich zu scharen, auch Mudjaheddin«. Hauptsächlich sprachen sie darüber, wie wir von dort abziehen könnten. Aus dem, was ich damals hörte, schloß ich: Nadjibullah möchte, daß wir abziehen.

Im Politbüro wurde ein Brief von Shultz zu einem amerikanisch-sowjetischen Abkommen über Afghanistan (später das »Genfer Abkommen« genannt) erörtert. Von der Einstellung amerikanischer Waffenlieferungen war darin nicht die Rede, daher wurde bei uns Skepsis geäußert. Gorbatschow meinte: »Wir haben sowieso beschlossen abzuziehen. Wenn ein Abkommen geschlossen wird, fällt es uns nur leichter. Für uns ist die Hauptsache, daß dort immer noch unsere Jungs getötet werden. Oder wollen wir uns etwa dort ein Übungsgelände erhalten, um neue Waffen zu testen? Und außerdem: ein Mann ein Wort! Ganz zu schweigen von den jährlichen Kosten von 6 Milliarden Rubel (von den 20 Milliarden, um die das Nationaleinkommen sich erhöht hat).«

Gorbatschow befragte jedes Politbüromitglied. Alle stimmten der Unterzeichnung dieses Abkommens zu. Achromejew legte einen Plan für den Truppenabzug vor. »Auf jeden Fall«, schloß Gorbatschow, »werden wir den Abzug am 15. Mai beginnen.« Hier hatte also das Neue Denken gesiegt, wenn auch verspätet.

In der Folgezeit brachte Gorbatschow das Thema Afghanistan im Politbüro immer wieder zur Sprache. Der Grundtenor lautete stets: Alle unsere Aktionen müssen dem gesetzten Ziel untergeordnet werden. Wir ziehen ab, und die Afghanen sollen sich um ihre Angelegenheit selbst kümmern ... Wie die Amerikaner oder sonst jemand sich auch verhalten werden, wir ziehen auf jeden Fall ab. Das ist endgültig und unwiderruflich entschieden.

Über ein halbes Jahr nach der Annahme des Beschlusses traf ein chiffriertes Schreiben aus Kabul ein mit der Bitte, von unserem Territorium aus einen Bombenangriff gegen ein von Masud, einem Führer der Mudjaheddin, besetztes Gebiet zu führen. Ich schrieb sofort einen Kommentar:

»Michail Sergejewitsch! Entweder verstehe ich überhaupt nichts mehr, oder die Leute, die den Vorschlag anläßlich des Telegrammes unterbreitet haben, begreifen Ihre Linie nicht. Vor allem erstaunt mich, daß Woronzow unterschrieben hat ... Es geht schließlich um eine Aktion von einem Ausmaß, wie sie, soweit ich weiß, nicht einmal in den heißesten Phasen unseres Krieges in Afghanistan angenommen worden wäre.

Diese Aktion würde sicherlich Hunderte oder Tausende Opfer unter der Zivilbevölkerung fordern. Eine weitere Erschütterung der Gefühle des afghanischen Volkes uns gegenüber wäre die sichere Folge. Auch Verluste auf unserer Seite wären nicht zu vermeiden. Schließlich erlitten wir zwangsläufig propagandistischen und diplomatischen Schaden, weil wir diese Aktion nicht als Antwort auf einen Überfall auf unsere Truppen ausgeben (gemäß dem getroffenen Abkommen, das die Selbstverteidigung der abziehenden Truppen vorsah) und daher die grobe Verletzung des Abkommens durch Einsatz von Waffen keinesfalls verbergen könnten.

Die Hauptsache ist jedoch, daß wir unser Ziel sowieso nicht erreichen. Das eigentliche Ziel lautet: Nadjibullah retten. Aber erstens: Ist der Preis dafür nicht zu hoch?

Zweitens: Wir werden die gut ausgerüstete Opposition nicht ein-schüchtern. Der Versuch, sie auf diese Weise Nadjibullahs Regime ge-fügiger zu machen, heißt schlicht, daß wir nach acht Jahren noch nicht begriffen haben, mit was für einem Volk wir es zu tun haben, und daß wir aus diesem Krieg auch nicht das Geringste gelernt haben.

Drittens: Ich weiß als kriegserfahrener Mann, daß Brand- und Luft-angriffe, soviel Schrecken sie auch verbreiten, keinerlei Erfolge bringen, wenn das bombardierte Gebiet nicht von Bodentruppen besetzt werden kann (nach der Taktik der Mudjaheddin).

Viertens: Diese Aktion hat einen demoralisierenden Nebeneffekt, weil sie gegen unsere Richtlinie, die Afghanen selbst kämpfen zu lassen, ver-stößt.

Wenn Nadjibullah fallen muß (darauf haben wir bereits keinen Einfluß mehr), dann fällt er, daran ändert auch ein Blutbad mit Bomben und Raketen nichts mehr.

Mit einem Wort, Michail Sergejewitsch, die Aktion ist in jeder Hin-sicht ein Abenteuer.

An noch etwas möchte ich Sie erinnern: Als Sie mit Sharq (dem da-maligen Premierminister von Afghanistan) gesprochen haben und Sche-wardnadse zur UN-Vollversammlung gefahren ist, haben Sie unter an-derem deutlich gesagt: Den Abzugsbeschluß ändern wir nicht, die Afghanen sollen selbst kämpfen – das müssen die Unseren und die Afghanen endlich begreifen. Auf irgendwelche Anspielungen von der Rednertribüne der UNO aus, in Gesprächen mit ausländischen Politi-kern oder in der Propaganda sagen wir: Wir werden die nötigen Maß-nahmen erwägen. Wenn auch künftig irgendwelche Verstöße gegen das Abkommen zu Afghanistan begangen werden, dann nur infolge von Druck oder Erpressung, und nicht, weil wir unter wie immer gearteten Umständen wirklich wieder militärisch vorgehen werden.«

Gorbatschow geriet in Wut und ordnete an, meinen Kommentar mit einem vernichtenden Resolutionsentwurf an die Mitglieder des Polit-büros weiterzuleiten.

Anfang April 1988 fand ein Treffen mit Jasir Arafat statt. Der Palä-stinenserführer saß bereits im Kreml und wartete darauf, zu einem Ge-spräch vorgelassen zu werden, als Schewardnadse, Dobrynin, Brutenz und ich in Gorbatschows Arbeitszimmer eintraten. Er saß erschöpft auf seinem Stuhl und begrüßte uns scherzhaft und fast beleidigend: »Ent-lassen sollte ich euch alle, ich strecke schon alle viere von mir, und ihr schleppt immer noch neue Besucher an. Zum Beispiel euren Arafat. Welchen Sinn hat ein Treffen mit ihm?! Nur Anatoli hat versucht, mich davor zu bewahren, aber er konnte sich gegen euch nicht durchsetzen.«

Ich hatte mich tatsächlich lange und hartnäckig gegen eine Einladung an Arafat, der damals an alle Türen klopfte, gesträubt. Mit Eduard Schewardnadse habe ich mich darüber sogar heftig gestritten und einmal eine Politbüroresolution über einen Termin zu Fall gebracht. Aber offensichtlich hat er sich noch einmal ins Zeug gelegt und Gorbatschow überredet.

Das Gespräch mit Arafat brachte in der Tat nichts. Politisch hatten wir es auch nicht nötig. Wir haben Arafat lediglich Gelegenheit gegeben, sich noch mehr aufzublasen. Immerhin hat es den Zweck erfüllt, daß Arafat aus Gorbatschows Mund hörte: Sie dürfen auf gar keinen Fall zulassen, daß die Palästinenser zu den Waffen greifen. Das würde alles verderben.

Mit der Zeit hat Gorbatschow ein Gespür entwickelt für perspektivlose und für uns unnütze Politiker. Er hat das sogar wörtlich gesagt: »Welchen Nutzen haben wir von dem?« Zum Beispiel hat Gorbatschow trotz großer Bemühungen vieler Personen von außen und von innen (auch ich gehörte dazu), trotz mehrmaliger Bekräftigung der Gesprächsbereitschaft (fünfmal ist der Termin verschoben worden) nie den Führer der britischen Labour-Partei Neil Kinnock empfangen. Der Grund war keineswegs nur, daß er nicht an einen Wahlsieg der Labour-Partei glaubte. Entgegen der Regeln westlicher Diplomatie, die Treffen mit Regierungsvertretern *und* Vertretern der Opposition als normal ansieht, hat Gorbatschow nach russischer Tradition die Einladung an Kinnock als unloyal und treulos gegen Margaret Thatcher betrachtet, mit der ihn politisches Interesse und persönliche Zuneigung verbanden.

Um ein Treffen mit Nelson Mandela hat Gorbatschow sich gedrückt, obwohl Fachleute und Mitarbeiter des Außenministeriums (allerdings gegen erheblichen Widerstand von meiner Seite) ihm ausführlich die Notwendigkeit erläutert haben: Mandela habe die ganze Welt bereist, immer auf höchster Ebene, nur nach Moskau dürfe er trotz allem nicht kommen! Gorbatschow glaubte nicht, daß wir den richtigen Prozeß in Südafrika förderten, wenn wir den ANC unterstützten und mit Waffen belieferten. Aus Trägheit hat er die Waffenlieferungen nicht gestoppt, er war zu beschäftigt. Außerdem hatte Gorbatschow erkannt, daß ein Empfang von Mandela in Washington etwas anderes ist als ein Empfang im »roten« Moskau, das man noch des Strebens nach Ausbreitung des Kommunismus verdächtigte.

174

Gorbatschows Sympathien für Castro sind nach einem aufschlußreichen Gespräch auf dem XXVII. Parteitag rasch geschwunden. Er hat eine Reise nach Kuba immer wieder verschoben, ist aber schließlich doch gefahren. Das Erdbeben in Armenien war ihm ein willkommener Vorwand, nicht von New York aus, wo er vor der UNO eine Rede hielt, nach Havanna zurückkehren zu müssen.[2]

Interne Widerstände: Die Rolle Ligatschows

Eine entscheidende Abrechnung mit dem Erbe des Stalinismus stand unmittelbar bevor. Gorbatschow hat das bewußt angestrebt (»ich werde weit gehen«) und somit die Bürde der eigenen Vergangenheit als Parteimitglied überwunden (»wir sind schließlich alle Kinder unserer Zeit«).

Bereits im Sommer 1988 brachte der Konflikt zwischen dem ZK-Sekretär für Parteiorganisation und Ideologie Jegor Ligatschow und dem ZK-Sekretär für Propaganda und Agitation Alexander Jakowlew, die im Politbüro, im ZK, in der Partei und sogar in der Gesellschaft zwei Stoßrichtungen der Perestrojka repräsentierten, Gorbatschow in ein schweres Dilemma. Beide hätten den Generalsekretär gern als Anführer ihrer Linie gesehen. Gorbatschow aber wollte sie nicht verlieren und in den Dienst seines – damals schon zentristischen (auch wenn dieses Wort erst zwei Jahre später geprägt wurde) – Kurses nehmen. Die beiden Stoßrichtungen waren jedoch völlig unvereinbar.

Gorbatschow hat sich in den persönlichen Qualitäten Ligatschows und Jakowlews getäuscht. Ersterer widersetzte sich Gorbatschow immer stärker in der Überzeugung, eben seine neostalinistische Konzeption der Perestrojka sei die einzig richtige, obwohl er sich meiner Ansicht nach stärker von den Interessen der kommunistischen Sache leiten ließ, als er wahrhaben wollte. Letzterer wollte sich ein eigenes politisches Image schaffen, weil er immer klarer erkannte, daß sein Versuch, Gorbatschow gänzlich zu beherrschen, gescheitert war, und weil er sich beleidigt fühlte (»Gorbatschow nimmt mich weder im Politbüro noch vor den Verleumdern der Presse in Schutz«).

Anfangs hatte Jakowlew die Freundschaft zu Gorbatschow ausgenutzt und gleichzeitig ein Gerücht in Umlauf gebracht: »Ich bin der wahre Urheber der Perestrojka, von mir sind die wichtigsten Ideen ausgegangen, und Gorbatschow ist nur das Sprachrohr.« Im Lauf der Glasnost schlug die Stimmung dann gegen Gorbatschow um, und prompt nahm

Jakowlew eine oppositionelle Haltung ein und äußerte demonstrativ seine Ablehnung: »Wenn Gorbatschow auf mich gehört hätte, wäre alles in Ordnung.« Nach dem Putsch schließlich tat er so, als übe er Nachsicht (obwohl er keine andere Wahl hatte), und stellte sich wieder an Gorbatschows Seite. Heute nutzt er ausgiebig die Gorbatschow-Stiftung, um den Mythos um seine Person zu kultivieren.

In wenigen Monaten wurde der stalinistischen Ideologie der entscheidende Schlag versetzt. Es begann im Herbst 1987 mit der erwähnten Rede zum 70. Jahrestag der Oktoberrevolution; dann folgte das Februar-Plenum 1988, auf dem zum ersten Mal die Frage gestellt wurde, ob die Partei sich nicht von der staatsmonopolistischen Haltung lösen müßte; schließlich der Skandal um den Artikel von Nina Andrejewa (in dem Stalin gerechtfertigt wurde) in der *Sowjetskaja Rossija* und die XIX. Parteikonferenz.

Gorbatschow spürte damals bereits, daß einschneidende Maßnahmen getroffen werden mußten. Einmal telefonierte ich am späten Abend mit ihm: »Wir brauchen ständige Kontrollen«, sagte er. »Wir müssen es den Faulenzern zeigen und die Menschen fördern, die arbeiten und für die Perestrojka kämpfen wollen. Das Verhältnis zwischen letzteren und denen, die nicht arbeiten wollen und können, beträgt vorläufig noch fünfzig zu fünfzig …

Im Ministerrat sitzen sie herum, bekritzeln schnell ein paar Papiere und glauben, daß damit die Perestrojka vorankommt. Aber diese Papiere müssen in Taten umgesetzt werden, damit sie Wirkung haben. Wir haben schließlich Resolutionen angenommen – grundlegende und schicksalhafte –, jetzt geht es nur darum, sich an deren Ausführung zu begeben …

Bei uns gibt es zwei Positionen: Die einen meinen, daß es reicht, eifrig zu kritisieren, um die Perestrojka in Gang zu bringen. Alle werden dann richtig handeln und aktiv mitwirken. Das vertritt Jakowlew. Die anderen verweisen stets auf die keimenden Erfolge, die positiven Beispiele. Wir müssen damit den Leuten Mut machen, zeigen, daß die Sache angelaufen ist und die Perestrojka in Gang kommt. Das vertritt Ligatschow. Doch beide sehen die Sache zu einseitig. Wir brauchen eine Kombination der beiden Haltungen …

Die Pläne müssen erfüllt werden, aber nicht um jeden Preis, wie Jegor Ligatschow meint. Sonst bricht alles zusammen. Dann werden alle Pläne scheitern …

Sieh dir nur an, was sie jetzt drüben machen! Alles haben sie in Bewegung gesetzt – die nationale Frage, die Tatarenfrage, die Judenfrage. Das Militär versuchen sie aufzustacheln, und in der Führung wollen sie die Leute gegeneinanderhetzen ...

Bei uns sollen vernünftige Köpfe aufgetaucht sein – und das sei gut so. Endlich hätten wir Männer in der Führung, von denen lesenswerte Bücher und lohnende Interviews im Westen erwartet würden. Kurz, um den Generalsekretär scharen sich Persönlichkeiten. Früher sei alles wie vom Bügeleisen geplättet gewesen. Und darüber schwebte die Ideologie wie eine Seifenblase, die jeden Augenblick platzen kann. Darunter lag jedoch eine Einöde, in der wir auch jetzt noch leben.«

Gorbatschow hatte gleichzeitig Briefe erhalten von Ligatschow, von Jegor Jakowlew, dem Chefredakteur der *Moskowskije Nowosti* und vom Direktor des Instituts für die USA und Kanada Arbatow. Er rief mich spätabends im Büro an und hielt mir einen Vortrag (ich habe ihn zu Hause aus dem Gedächtnis notiert):

»Wir haben uns eine enorme historische Aufgabe gestellt. Alle drei Männer machen sich große Sorgen, weil unsere Überlegungen solch ein Ausmaß erreicht haben. Aber in ihren Positionen steckt eine unwahrscheinliche Vielfalt an Meinungen und Streitpunkten, der ganze Pluralismus der Gesellschaft ...

Einige haben mich bereits einen Revisionisten genannt, andere dagegen begrüßt, daß ich den Marxismus-Leninismus zerstört hätte. Obwohl alle drei dieselbe Besorgnis um die Perestrojka angetrieben hat, betrachten sie die Angelegenheit aus verschiedenen Blickwinkeln ...

Einer glaubt, wir hätten dem moralischen Verfall Tür und Tor geöffnet. ›Sehen Sie sich‹, sagt er, ›den Film über ein Bordell aus dem Rigaer Filmstudio an ... Kader werden dort gezeigt: eine nackte Lehrerin auf einem Keiler und ähnliches mehr. Nichts ist mehr heilig! Aber wenn man mit Elem Klimow darüber spricht, sagt er, das sei ein wunderbarer Film, er entlarve das Laster und rufe Ekel vor der moralischen Dekadenz hervor ...‹

Die Meinungen gehen sehr weit auseinander. Das läßt sich nicht vermeiden bei einer so umfassenden Wende und bei der Verwirrung, die eine Revolution stets begleitet, besonders unter der Intelligenz ...

Wir müssen die Merkmale der Glasnost im Auge behalten. Die Werte des Sozialismus müssen wir bewahren. Einige sind bereits zu weit gegangen: Der Schriftsteller Wiktor Nekrassow ist in Paris gestorben, und in der *Moskowskije Nowosti* wird ein Nachruf mit Trauerrand für einen Gegner der Sowjetunion (!) abgedruckt. Als Antwort darauf meldet sich der Selbsterhaltungstrieb, den wir in der Pamjat-Bewegung wiederfinden ...

Der Chefredakteur der *Moskowskije Nowosti* Jegor Jakowlew schreibt: ›Ich kann ja zurücktreten.‹ Und wo bleibt seine Verantwortung vor dem Volk? Zurücktreten ist einfach, man wäscht seine Hände in Unschuld ... Er rühmt sich der Popularität seiner Zeitung, aber von dieser Popularität muß die Perestrojka profitieren. In seiner Zeitung, wie auch im *Ogonjok*, werden keine gegensätzlichen Meinungen einander gegenübergestellt. Was für eine Vorstellung von Demokratie haben sie dort, wenn nur eine Seite zu Wort kommt. Und es widert mich einfach an, wenn sie sich aus Sensationssucht zu billig verkaufen ...

Mit Ligatschow habe ich mich über Jegor Jakowlew unterhalten. Ich habe ihm erklärt, daß es ein großer Fehler sei, ihn als Chefredakteur abzusetzen. Und wenn die Mitarbeiter der Propagandaabteilung des ZK sich weigern, mit ihm zusammenzuarbeiten, ist das deren Problem – sie müssen das eben lernen. So, wie sie das wollen, geht es nicht. Sie sollen keine Panik verbreiten ...

Ligatschow sorgt sich natürlich auch um die Perestrojka, doch seine Methoden müssen getadelt werden ...

Anatoli, laß uns alle zu einer Einheit zusammenfassen, Unruhestifter gibt es in jeder Gesellschaft. Die Fehler der einen wie der anderen werden der gemeinsamen Sache schaden ...«

Plötzlich fügte Gorbatschow dann noch hinzu: »Borniertheit herrscht selbst in der Parteiführung. Alexander Jakowlew erklärt, daß er mit Ligatschow nicht auskommen könne, und sammelt gleichzeitig kompromittierendes Material über ihn ... Unter Ligatschows Äußerungen finden sich problemlos genügend, um ihn als Gegner der Perestrojka abzustempeln.«[3]

Die drei Briefe und der Gegensatz zwischen Jakowlew und Ligatschow haben die panikartige Stimmung, die bei der breiten Masse der Parteimitglieder herrschte, zum Ausdruck gebracht. In einer Politbürositzung ging Gorbatschow auf dieses Problem ein:

»In den Reihen der Partei kommt die Perestrojka ... nur mäßig voran. Das liegt daran, daß die Perestrojka von gewissen Funktionären als Anschlag auf ihre Macht und die alte, gewohnte Ordnung aufgefaßt wird ...

In der ersten Phase haben wir den Akzent auf Kritik gelegt. Die Werktätigen haben diesen Akzent unterstützt. Die Kader haben jedoch nur zögernd reagiert, weil sich herausgestellt hat, daß sie beinahe an allen Fehlern der Vergangenheit Schuld tragen. Also standen wir vor folgendem Dilemma: Das Volk war mit Leib und Seele für die Perestrojka, auf mittlerer Führungsebene stieß sie jedoch auf Widerstand …

Es stimmt ja auch: Außer Glasnost und der Möglichkeit, Kritik zu üben, hat sich noch nichts Greifbares ergeben. Sogar die Demokratisierung (Wahlen, Aktivität der Sowjets), von der Wirtschaftsreform ganz zu schweigen, haben noch keine Ergebnisse gebracht. Wir haben nichts Greifbares vorzuweisen.«

Nach dem skandalumwitterten Artikel in der *Sowjetskaja Rossija* (zugeschrieben der Chemieingenieurin Nina Andrejewa, die nicht dementiert hat) hätte die Diskussion um das richtige Verständnis der Perestrojka beinahe zu einer Spaltung des Politbüros geführt.

Als wir am 6. April 1988 nach Taschkent zu dem Treffen mit Nadjibullah flogen, erzählte mir Gorbatschow im Flugzeug folgendes:

»Der Artikel ist einen Tag vor meinem Besuch in Jugoslawien erschienen. Ich habe ihn zwar gesehen, aber nicht gelesen, sondern in das Fach gesteckt, wo ich mir Zeitungen für spätere Lektüre aufbewahre. Nach meiner Rückkehr habe ich ihn aufmerksam gelesen; in ganz Moskau hat die Bevölkerung schon eifrig über ihn diskutiert. Ich habe mir überlegt, wie ich mit den Kollegen darüber sprechen müßte, doch ich war noch zu keinem Ergebnis gekommen. Überraschend hat sich ein Gespräch mit ihnen entwickelt: In einer Pause der Versammlung von Kolchosarbeitern im Kreml haben wir im Präsidiumszimmer Tee getrunken. Worotnikow sagte auf einmal: ›Ja-a-a! In der *Sowjetskaja Rossija* ist jetzt ein Artikel erschienen! Ein wirklich treffender Artikel. Ein Musterbeispiel – so muß man ideologische Arbeit betreiben.‹

Nach diesem Ausspruch hat Ligatschow den Artikel lobend erwähnt: ›Es ist gut, daß die Presse begonnen hat, diesen … die Zähne zu zeigen. Sonst wären sie völlig außer Rand und Band geraten.‹ Gromyko hat ihn unterstützt: ›Ich halte den Artikel für gut. Er rückt die Dinge zurecht.‹ Solomenzew hat sich angeschickt, etwas Ähnliches zu äußern.

Ich habe gesehen, daß ich einschreiten mußte. Ich sagte: ›Wenn ihr das für ein Musterbeispiel haltet, dann haben wir einiges zu klären …‹«

Nach Auskunft Alexander Jakowlews, der bei dem Gespräch anwesend war, hat Gorbatschow weiter ausgeführt: »Ich bin da allerdings anderer Meinung.«

Worotnikow: »Nanu!«

Gorbatschow: »Wieso ›Nanu‹?«

Peinliches Schweigen. Die Blicke wandern vom einen zum andern.

Gorbatschow: »Wenn das so ist, laßt uns die Angelegenheit im Polit-büro diskutieren. Reden wir darüber. Ich sehe wohl, daß die Sache nicht so läuft, wie sie sollte. Es riecht nach Spaltung. Wieso ›Nanu‹?! Der Artikel richtet sich gegen die Perestrojka, gegen das Februar-Plenum. Ich habe nie etwas dagegen gehabt, wenn jemand offen seine Meinung äußert. Gleich wer, ob in der Presse oder in Briefen. Aber ich habe gehört, daß dieser Artikel als richtungsweisend ausgegeben wird. Er macht in den Parteiorganisationen schon die Runde als neue Richtlinie, ganz wie in früheren Zeiten. In der Presse auch nur ein Wort gegen ihn zu ver-öffentlichen wurde untersagt. Auf dem Februar-Plenum habe ich keine persönliche Rede gehalten. Wir haben sie gemeinsam erörtert und abge-segnet. Das war eine Rede des Politbüros. Und das Plenum hat sie ak-zeptiert. Wie sich zeigt, wird inzwischen jedoch ein anderer Kurs ein-geschlagen ... Ich klebe nicht an meinem Stuhl. Aber solange ich hier bin und auf diesem Stuhl sitze, werde ich die Ideen der Perestrojka ver-teidigen ... Nein! So geht das nicht. Diskutieren wir im Politbüro dar-über.«

In der nächsten Politbürositzung gebrauchte Gorbatschow, nachdem die offizielle Tagesordnung abgeschlossen war, ähnliche, aber deutlichere Worte. Ligatschow erbleichte und ergriff als erster das Wort: »Ja, der Chefredakteur der *Sowjetskaja Rossija*, Walentin Tschikin, ist zu mir ge-kommen. Der Artikel hat mir gefallen. Aber mehr hatte ich damit nicht zu tun.«[4] Das war schlicht gelogen, und der Generalsekretär war wütend über diese Unverfrorenheit.

Jakowlew sprach ungefähr zwanzig Minuten und nahm den Artikel Punkt für Punkt auseinander. Er wies darauf hin, daß jede These des Artikels sich gegen Gorbatschow persönlich und natürlich gegen die Re-solutionen der ZK-Plena im Januar und im Februar richte. »Das ist ein Manifest gegen die Perestrojka«, stellte er abschließend fest. Später galt dies als offizielle Beurteilung.

Am nächsten Tag ergriff Ryschkow als erster das Wort. Er verurteilte den Artikel scharf und schonungslos. Seine Rede war wohl die emotio-nalste. Am Ende schlug er sogar vor, Ligatschow, der sich diese Aufgabe mit Jakowlew teilte, von der Aufsicht über die Ideologie zu entbinden. »Vor allem habe ich«, sagte Ryschkow, »folgenden Eindruck: Die Autoren stellen genaugenommen die Frage, wozu brauchen wir die Perestrojka?! Aber da das Unglück nun einmal passiert ist, müssen wir es möglichst klein halten und bremsen.«

Schewardnadse, Medwedew, Sljunkow, Masljukow, Tschebrikow und Jasow stimmten dieser Generallinie (mit unterschiedlichem Nachdruck) zu. Für Ligatschow und den Artikel traten Solomenzew, Nikonow und Lukjanow ein. Aber alles endete mit der traditionellen, unzerstörbaren Einheit. Einstimmig wurde folgender Beschluß gefaßt: Die *Prawda* solle beauftragt werden, eine Kritik des Artikels zu veröffentlichen. Die Gebietskomitees sollten einen zusammenfassenden Bericht über die Diskussion im Politbüro erhalten.

Jakowlew sagte damals zu mir: »Wenn Michail Gorbatschow kein Mitleid mit Ligatschow hat, wird dieses Datum in die Geschichte eingehen.« Aber Gorbatschow hat Ligatschow nicht nur bemitleidet, sondern ihm noch geholfen, die Spuren zu verwischen. Später erzählte er mir: »Der Artikel in der *Prawda* vom 5. April (vorbereitet von Beratern und Jakowlew) hat einige in eine peinliche Lage gebracht. Ligatschow ist wie ein geprügelter Hund zu mir gekommen. Er hat sichtlich gelitten und gesagt: ›Lassen wir eine Untersuchung durchführen. Geben Sie die Anweisung, daß die Angelegenheit überprüft wird: Ich habe nicht angeordnet, daß der Artikel von der Andrejewa als Richtlinie betrachtet wird. Ich war es nicht …‹

Vielleicht«, fügte Gorbatschow hinzu, »war er's wirklich nicht. Aber wohin hat uns seine Meinung geführt. Gegner der Perestrojka gibt es bereits in Hülle und Fülle. Einige Gebietskomitees haben bereits eine Resolution angenommen, den Artikel als Musterbeispiel für das Herangehen an die Perestrojka zu diskutieren. Als ich ihn durchlas, habe ich sofort gemerkt: Eine Nina Andrejewa, Chemieingenieurin, kann nicht so einen Artikel verfassen. Das ist ein regelrechtes Manifest. Jegor (Ligatschow) habe ich jedoch gesagt: ›Beruhige dich, wir brauchen keine Untersuchungen, die Arme waren noch zu kurz, um das Politbüro zu spalten …‹«

Hätte es keine Nina Andrejewa gegeben, habe ich damals notiert, dann hätte man sie erfinden müssen. Ein solcher Sturm von Antistalinismus und offener Kritik ist in den Zeitungen und Zeitschriften entfesselt worden, daß Ligatschow und seine Mannen vor diesem Artikel sicherlich eingeschritten wären.

Später wurde Gorbatschow vorgeworfen, vor allem er habe die entscheidende Lektion nicht gelernt: Er hätte diesen Vorfall nutzen müssen, um alle aus der Führung zu entfernen, die sich durch ihre Unterstützung des Artikels verraten hätten. Womöglich hätte eine Umbesetzung des Politbüros tatsächlich durchgeführt werden können. Aber was hätte das geändert? Das System wäre dasselbe geblieben, auch wenn das ZK die Erneuerung unterstützt hätte. Die Partei hätte den Staat weiterhin beherrscht.

Vom 11. bis zum 18. April 1988 führte Gorbatschow in drei Etappen eine Versammlung mit den Ersten Sekretären der Gebietskomitees und Republiken durch. An jeder Sitzung nahmen fünfzig Personen teil, insgesamt also 150 Parteiführer; die Hauptmacht war also vertreten. Formal stand die Vorbereitung der XIX. Parteikonferenz auf der Tagesordnung, aber genaugenommen ging es um die Haltung zu dem Artikel von Nina Andrejewa.

Zunächst beschäftigte sich Gorbatschow jedoch mit grundsätzlichen Fragen:

»Was heißt Demokratisierung der KPdSU? Entscheidende Bedeutung kommt der Arbeitsweise des Zentralkomitees zu. Brauchen wir ein so großes ZK? Bei uns setzt es sich nämlich nach dem Funktionärsprinzip zusammen. Ein Mensch hat kaum begonnen, etwas zu tun, und schon befördern wir ihn von Amts wegen ins ZK, zu den Parteiführern. Diese Praxis müssen wir überdenken ... Und wir, Genossen, sollten uns nicht um unsere eigene Position im System sorgen, sondern an das Land denken ...

Wenn wir ehrlich sind, hat die Partei auf völlig undemokratische Weise ihre heutige Machtposition usurpiert. Das wurde uns seit langem nicht nur vom Westen, sondern auch von unseren Juristen vorgeworfen. Daraus folgt, daß wir als erste gegen das Gesetz verstoßen. Aber wer soll denn die Gesetze achten, wenn nicht die Partei ... In keinem Land der Erde verfügt jemand über soviel Macht wie unsere Partei. Einzig und allein Gewissen und Parteiprinzipien beschränken uns. Wie die historische Erfahrung uns gelehrt hat, reicht das jedoch nicht aus. Vor dem Gesetz müssen alle gleich sein. Bei uns ist es jedoch soweit gekommen, daß selbst Richter in das Gebietskomitee gerufen werden und Anweisungen erhalten, wie sie zu entscheiden haben ...

Die ganze Welt wirft uns vor, die Partei regiere unser Land gesetzeswidrig, weil die Macht nur von einem Teil der Gesellschaft ausgeübt wird – die wirkliche Macht.«

Das Hauptthema dieser dreistufigen Versammlung des Generalsekretärs mit den wichtigsten Persönlichkeiten der Parteistruktur war jedoch, wie gesagt, der Artikel in der *Sowjetskaja Rossija*. Gorbatschow berichtete von der Diskussion im Politbüro. Fast alle ergriffen in irgendeiner Form das Wort – ausführlichst oder einsilbig. Aus den Reden ging klar hervor, daß viele Gebietskomitees den Artikel bereits nachgedruckt hatten. In Leningrad war sogar die Durchführung eines theoretischen Seminars über Gorbatschows ideologische Fehler geplant worden. Andere fragten: »Wie kann das sein? Wir sind schließlich Mitglieder des ZK. Wir haben der ganzen Rede vom Februar-Plenum zugestimmt. Und jetzt legt uns ein Organ des ZK eine völlig entgegengesetzte politische Plattform vor! Ja, wo sind wir denn hier? Warum hat uns niemand gefragt?«

Einige schlugen vor, Tschikin abzusetzen oder gleich das gesamte Redaktionskollegium der *Sowjetskaja Rossija* zum Teufel zu jagen. Gorbatschow widersprach dem: Wir werden »nur im Rahmen eines demokratischen Prozesses« handeln. Nach den ersten beiden Sitzungen erklärte er: »Ihr habt nicht die ganze Problematik verstanden, nicht alle haben sofort erkannt, daß der Artikel sich im Kern gegen die Perestrojka richtet …«

Als in der dritten Gruppe der Erste Sekretär des Swerdlower Gebietskomitees Petrow eine Rede hielt, wurde Gorbatschow jedoch wütend.

»Ja, was ist denn?« begann Petrow, ein Vertreter der Arbeiteraristokratie aus stalinschen und breschnewschen Zeiten. »Mir hat der Artikel gefallen, und ich habe angeordnet, ihn in der lokalen Presse nachzudrukken. Genug der Enthüllungen aus unserer Vergangenheit. Die Arbeitskollektive fragen uns, wie lange wir noch tatenlos zuschauen wollen?!«

Gorbatschow entgegnet ihm: »Na, und jetzt, nach dem Artikel in der *Prawda*, hast du wenigstens jetzt verstanden, worum es geht?«

Petrow: »Ich sehe allmählich klarer. Natürlich hat Nina Andrejewa nicht in allem recht. Aber auch die *Prawda* läßt einige Fragen offen. Und jetzt druckt sie eine einseitige Auslese von Leserbriefen.«

In diesem Sinn sprach er noch lange weiter. Gorbatschow lief vor Wut rot an. Petrow bemerkte dies und sagte: »Sie fordern doch selbst immer, man solle sagen, was man denkt. Genau das tue ich …«

Kurz darauf wurde Petrow als Botschafter nach Kuba geschickt, zu seinen Gesinnungsgenossen. Damals war Gorbatschow noch in der Lage, solche Maßnahmen, die seinem Vertrauen in den demokratischen Prozeß widersprachen, zu ergreifen. Aber Tschikin hat er aus Furcht vor einem

Bruch mit den Anhängern Ligatschows nicht abgesetzt. Petrow, ein Vertrauter des jetzigen Präsidenten Jelzin, gehört übrigens seit dem Putsch zur Führungsmannschaft jener demokratischsten aller Regierungen der gesamten russischen Geschichte.

Als feierlichen Schlußakt sprach Gorbatschow dann ein deutliches und kompromißloses Verdikt über Stalin aus: »Solange wir nicht wußten, was damals geschah, war das etwas anderes. Aber inzwischen wissen wir Bescheid und erfahren immer mehr. Zu diesem Punkt kann es keine unterschiedlichen Meinungen geben. Stalin war ein Verbrecher ohne jegliche Moral. Euch (!) vertraue ich an: Eine Million Parteiaktivisten wurden erschossen, drei Millionen in Lager geschickt, wo man sie umkommen ließ. Die besten Männer wurden anhand von Listen erschlagen ... Die Kollektivierung habe ich dabei nicht mitgerechnet, sie hat weitere Millionen das Leben gekostet. Und Nina Andrejewa ruft uns, wenn wir ihrer Argumentation folgen wollten, zu einem neuen Jahr des Terrors wie 1937 auf. Wollt ihr das? Ihr seid Mitglieder des ZK. Ihr müßt über das Schicksal des Landes sorgfältig nachdenken und ständig im Gedächtnis behalten: ›Wir alle sind für den Sozialismus‹. Aber für welchen? Stalins Sozialismus brauchen wir nicht ...

Eben erst hat der Sekretär von Kalinin erklärt, dort sei eine Gruppe Intellektueller mit der Forderung aufgetreten, den Namen der Stadt wieder in Twer zu ändern. Früher haben sie sich auf die alte russische Geschichte berufen, aber nach dem Artikel über Michail Kalinin im *Ogonjok* berufen sie sich darauf, es sei unmoralisch, eine Stadt nach diesem Mann zu benennen. Was denn sonst, Genossen?! Im *Ogonjok* haben sie die Wahrheit geschrieben. Stalin hat Kalinins Frau als ›Feindin des Volkes‹ eingesperrt, und er lobt weiter Stalin und kriecht vor ihm. Was ist das für eine Moral? ...

Und mit Breschnew das gleiche Spiel. Sein Schwager hat Bestechungsgelder in Höhe von einer Million Rubel aus allen Regionen der Union entgegengenommen. Überhaupt die ganze Familie ... Wie können wir es der Bevölkerung verwehren, Städte, Regionen, Fabriken und alles, was die Namen solcher Leute trägt, umzubenennen?«

Die XIX. Parteikonferenz: Rücktritt als Generalsekretär?

Seit April 1988 hat Gorbatschow immer wieder den engen Beraterkreis in unterschiedlicher Zusammensetzung einberufen, um zu besprechen, welche Ideen in seine Rede für die XIX. Parteikonferenz aufgenommen werden sollten. Während einer solchen Besprechung sagte er:
»Mit der bevorstehenden Konferenz überschreiten wir eine Grenze. Allerdings dürfen wir sie nicht mit dem April 1985 gleichsetzen. Damals hat eine Revolution begonnen. Die Konferenz stellt in dem Sinne eine Grenze dar, daß gesagt wird: Wir lösen uns endgültig vom administrativen Kommandosystem und dem ganzen Erbe des Stalinismus. Mit Rücksicht auf den Artikel von Nina Andrejewa und den folgenden Ereignissen muß das besonders betont werden. Nina und ihresgleichen müssen das von dieser Tribüne aus hören. Das Wort ›Unumkehrbarkeit‹ kommt aus der Mode. Das Kind Perestrojka ist bereits geboren. Ihre Periode als Embryo ist zu Ende. Und wie das Kind heranwächst, hängt von der Sauberkeit der Windeln, der Qualität der Ernährung und der Neuheit der Spielzeuge ab.«
Ende April zog sich die Arbeitsgruppe zur Vorbereitung der Materialien für die Konferenz in die Datscha Wolynskoje-II zurück. Gorbatschow reiste sehr oft an. In einer Woche steckte ich gemeinsam mit meinen Experten den Rahmen für den internationalen Bereich ab. Erstmals kritisierten wir auch die Außenpolitik. Schewardnadse unterstützte uns …
Als Präsident Reagan Ende Mai nach Moskau kam, unterbrachen wir die Arbeit. Gorbatschow zog genau ins Kalkül, wie er seinen Gegenspieler mit Hilfe von dessen Emotionalität beeinflussen könnte. Er ging mit ihm über den Roten Platz, und gemeinsam unterhielten sie sich mit dem Volk. Präsident Reagan war im Arbat, und danach sprachen sie nur noch von dem bunten Treiben dort. Reagan hat gesehen, daß wir nicht das Reich des Bösen sind, sondern gewöhnliche Sterbliche mit einer reichen Geschichte und eigenen Sorgen – also eine andere Art von Koloß. Er schickte Gorbatschow eine Notiz: »Michail von Ron«. Gorbatschow antwortete auf dieselbe Art. Mit einem Wort, hier wirkte sich der menschliche Faktor sehr stark aus.
Nach Reagans Abreise zog eine Arbeitsgruppe (Jakowlew, Medwedew, Lukjanow, Frolow, Schachnasarow, Boldin und ich) auf die Ar-

beitsdatscha nach Nowo-Ogarjowo um. Gorbatschow kam jeden Tag zu uns, und von zehn Uhr morgens bis acht oder neun abends saßen wir zusammen. Er sah das von uns aufbereitete Material durch.

In jener arbeitsreichen Zeit vor der Konferenz tauchte übrigens Nadjibullah in Moskau auf. Ich nahm an dem Treffen teil. Gorbatschow schärfte ihm die Abzugskonzeption ein. Nadjibullah reagierte so verwirrt und ratlos, wie ich ihn noch nie erlebt hatte. Zum Beispiel schlug er vor, einen gemeinsamen Krieg der UdSSR, Indiens und Afghanistans gegen Pakistan zu organisieren oder umfangreiche Operationen sowjetischer Truppen gegen die Mudjaheddin durchzuführen. Michail Gorbatschow wies beide Vorschläge als töricht zurück.

In diesen Tagen fand auch ein auf seine Art einzigartiges Treffen mit Kardinal Casaroli, im Vatikan für auswärtige Angelegenheiten zuständig, statt, bei dem unter anderem philosophische Fragen zur Sprache kamen. Dieser Mann, der die Weisheit der tausendjährigen Christenheit und die Schläue der Jesuiten zu verbinden weiß, hat Gorbatschow behandelt wie einen Staatsmann, der der Menschheit die Tür zu einer neuen Epoche öffnet.

Gorbatschow hat im Politbüro keinen Bericht über das Gespräch verteilt (was sonst üblich war). Er wollte niemanden reizen, wie er nach der Episode mit Nina Andrejewa oft sagte. Ein solches Gespräch mit dem Stellvertreter des Papsts in Rom hätten die Mitglieder des Politbüros »sicher nicht verstanden«.

Zur gleichen Zeit erhielt Gorbatschow einen Brief von zwei Geistlichen der Orthodoxen Kirche. Sie erinnerten an die Tausendjahrfeier der Taufe Rußlands. Das Jubiläum überschnitt sich mit dem Termin für die Parteikonferenz. Ich verfaßte aus diesem Anlaß einen Bericht an Michail Gorbatschow:

»Natürlich ist es Zufall, daß die Termine zusammenfallen. Da jedoch auf der Parteikonferenz die Ideologie der Perestrojka erörtert werden wird, läßt sich das Problem der Beziehungen unserer Jugend, wenn nicht gar des Erziehungswesens, zur Religion nicht ausklammern.

Außerdem ist die Rede von allgemein menschlichen und moralischen Werten. Im Grunde und ihrer Herkunft nach handelt es sich dabei immerhin um christliche Werte.

Das Problem wird noch erschwert, weil unser Land ein Vielvölkerstaat mit vielen Religionen ist. Der Anteil der orthodoxen Bevölkerung beträgt bei uns etwa die Hälfte, vielleicht etwas mehr ...

Das Stalinsche Modell der Beziehungen zur Kirche kann keinesfalls übernommen werden: Er hat schlicht auf die Opferbereitschaft der Rechtgläubigen für ihr Vaterland spekuliert, weil er sie für den Sieg im Krieg und später für den Kampf mit dem Kosmopolitismus brauchte.

Offensichtlich müssen wir eine neue Herangehensweise finden. Denn das Problem des Verhältnisses zwischen Kirche und Staat oder wenigstens zwischen Religion und Gesellschaft wirkt sich in unserem multinationalen Staat unter den Bedingungen der Demokratisierung und Glasnost langfristig aus.«

Während wir in Nowo-Ogarjowo arbeiteten, kam es zu außergewöhnlich stürmischen Diskussionen und Zusammenstößen zwischen Vertretern der alten und der neuen Zeit im Zusammenhang mit der Wahl der Delegierten zur Konferenz. Auch Jurij Afanasjew wurde vorgeschlagen, aber das Regionskomitee lehnte ihn ab, und zur Moskauer Stadtkonferenz war er nicht zugelassen. Auf dieser Konferenz wurde Afanasjew als Revisionist heftig angegriffen, insbesondere von der Historikerin Koruschonowa aus dem Institut für Parteigeschichte des Stadtkomitees. Gorbatschow verteidigte ihn. Dem Ersten Sekretär des Moskauer Stadtkomitees Sajkow flüstert er zu, daß die Wahl Afanasjews zum Delegierten der XIX. Parteikonferenz durchgesetzt werden solle, was dann auch geschah.

Als wir in Nowo-Ogarjowo den Abschnitt über die Reform des politischen Systems in Gorbatschows Rede abgeschlossen hatten, erklärte er, daß dies »die Genossen im Politbüro niederschmettern« werde, weil die Mehrzahl von ihnen nach dem neuen System keine Spitzenposition einnehmen würden. Er hat lange laut darüber nachgedacht, wie der Abschnitt einzuleiten sei. »Vielleicht sollte ich eingangs vom Posten des Generalsekretärs zurücktreten und gleichzeitig vorschlagen, den Posten mit dem Amt des Vorsitzenden des Obersten Sowjet und nicht mit dem Vorsitz des Präsidiums des Obersten Sowjet zu vereinigen. Und die Konferenz und danach der Kongreß der Volksdeputierten sollen darüber entscheiden ...« Allerdings ist er von dieser Idee wieder abgekommen: »Eine weitere Bürde brauche ich nicht.«

Am 10. Juli, eine Woche nach der Konferenz, notierte ich:

»Sehr viel ist über diese Konferenz geschrieben worden. Die genauesten und einfühlsamsten Kommentare finden sich in der ernst zu nehmenden westlichen Presse. Übrigens habe ich sie erst heute ausgiebig gelesen und mich dabei beruhigt. Dort haben sie ganz richtig erkannt:

Gorbatschow hat das Bestmögliche und sogar noch mehr daraus gemacht. Er hat sich auch ihnen (im Westen) von einer neuen Seite gezeigt, obwohl sie meinten, sie würden ihn gut kennen. Sie kannten ihn nur als außerordentliche Persönlichkeit und interessanten Gesprächspartner. In ihren Augen ist Gorbatschow begeisterungsfähig, bereit zu überraschenden Schritten, klug, schlagfertig etc. Hier haben sie jedoch einen Politiker mit enormer Selbstdisziplin kennengelernt, der die Kunst beherrscht, Aufmerksamkeit auf sich zu ziehen, eine Menschenmenge zu führen, darunter auch Leute mit anderer Meinung ...

Die Politbürositzung zu den Ergebnissen der Konferenz hat er sehr sachlich geführt, ohne jegliche Überstürzung. Er ist gegenüber Ligatschow, Sajkow und Worotnikow standhaft geblieben, als sie forderten, die alte Praxis wiedereinzuführen und Stadtbewohner zum Ernteeinsatz aufs Land zu schicken, weil die Ernte in Gefahr sei (als ob man sie dadurch retten könne!). Damit hätten sie jedoch gegen das Genossenschaftsgesetz verstoßen und in Kauf genommen, das ganze Rentabilitätsprinzip in Verruf zu bringen.

Warum hat dennoch eine mutlose Stimmung geherrscht?

Erstens, weil im Verlauf der wirklich historischen Konferenz der Presse und der Intelligenzija ein Schuß vor den Bug verpaßt wurde, also denen, die sich von Anfang an für die Perestrojka eingesetzt haben und ohne die sie weder begonnen hätte noch vorankommen würde. Ohne sie wäre auch die Konferenz selbst nicht möglich gewesen. Zweitens, weil Ligatschow eine hinterhältige und unverschämte Rede gehalten hat. Michail Gorbatschow versucht alle zu überzeugen, daß die Partei, das Volk und das Land die Perestrojka durchstehen müßten und daß der Untergang drohe, wenn nichts geändert werde. Soviel Kraft hat er schon darauf verwendet, allen zu beweisen, daß die Perestrojka aus der allgemeinen, die ganze Gesellschaft umfassenden Krise heraus entstanden sei. Doch Ligatschow verkündet in seiner Rede, daß das alles überhaupt nicht stimme. Alles habe mit einer kleinen Kungelei im Politbüro begonnen, als er, Ligatschow, im Zentrum der Macht gewesen sei und gemeinsam mit KGB-Chef Tschebrikow, Außenminister Gromyko und dem Vorsitzenden des Komitees für Parteikontrolle Solomenzew Gorbatschow im März 1985 zum Generalsekretär ernannt habe. Diese vier Männer hätten aber auch einen anderen ernennen können. Und die Ereignisse hätten dann eine ganz andere Richtung genommen. Ligatschow hat auch berichtet, wie er das Tomsker Gebiet als dortiger Erster Sekretär zur

Blüte geführt habe. So könne es auch mit dem ganzen Land gehen, wenn nicht das Geschwätz über Freiheit, Demokratie und Glasnost stören würde. Er hat sogar unseren Dichter Puschkin zitiert, inmitten ›der wilden Schreie der Empörung höre er die Rufe der Zustimmung‹. Dies muß man im Kontext sehen: Die westliche Presse und die hiesigen Anführer der Perestrojka kritisieren ihn, während zur gleichen Zeit eben der Westen Gorbatschow zum ›Mann des Jahres‹ wählt und nicht müde wird, ihn zu preisen.

Auf diese Weise ist es Ligatschow gelungen, seinen politischen Standpunkt umfassend darzulegen. Er hat sich dabei auf die vom Schriftsteller Bondarew geprägte Metapher eines Flugzeugs berufen: Der Pilot ist gestartet und weiß jetzt nicht, wo er landen soll. Es war eine konservative, finstere Rede, sozusagen Nina Andrejewa in Potenz, und außerdem hatte sie einen antisemitischen Beigeschmack ...

Und was war mit Gorbatschow? ... Jedenfalls hat er sich Ligatschows politische Grundsatzerklärung wie auch die beleidigende Anspielung auf den März 1985 gefallen lassen. Hier hat er eine Art Komplex. In den Pausen hielt ich mich gewöhnlich im Präsidiumszimmer oder in einem Nebenzimmer auf, wo Gorbatschow seine Beobachtungen von der Konferenz den wenigen Anwesenden mitteilte. Dort hat er wortwörtlich gesagt, daß er Jelzin im Schlußwort nicht einmal erwähnen werde. Im Präsidiumszimmer tendierten dann Mitglieder des Politbüros zunächst in die gleiche Richtung, doch plötzlich fielen die Worte: ›Das können wir so nicht hinnehmen.‹ Als ich Gorbatschow ansah, wußte ich sogleich: Die Frage ist entschieden – Jelzin wird im Schlußwort erwähnt werden.

Am späten Abend vor dem letzten Tag der Konferenz hat Gorbatschow uns abermals im Präsidiumszimmer versammelt, um endgültig den Inhalt der Schlußrede zu besprechen. Sljunkow, Boldin, Jakowlew, Medwedew, Frolow, Schachnasarow und ich waren anwesend. Gorbatschow selbst sprudelte über vor Ideen und verbesserte sich ab und zu – kurz, wie immer. Wir anderen haben Ratschläge erteilt und unsere Meinung geäußert. Ich habe vor allem vorgeschlagen, in der Bewertung der Konferenz nicht nur die positiven Aspekte, sondern auch die negativen zu erwähnen. ›Insbesondere‹, sagte ich, ›kann die Rede von Bondarew nicht unerwidert bleiben. Sie war reaktionär, dreist und gegen die Perestrojka gerichtet, ganz zu schweigen davon, daß sie viel Unsinn und billiges philosophisches Geschwätz enthielt.‹ Kurz, ich habe Bondarew heftig attackiert, übrigens nicht zum ersten Mal in Gegenwart von Gorbatschow.

Er hat mich jedoch unterbrochen und abgewinkt: ›Hast du gesehen, wie der Saal reagiert hat?‹

›Das habe ich, Michail Sergejewitsch, und deshalb ist es besonders beschämend. Und um so notwendiger ist es, die Sache zur Sprache zu bringen.‹

Alle haben geschwiegen und meinem Wortwechsel mit Gorbatschow zugehört (obwohl Schachnasarow, Frolow und Jakowlew mir gegenüber ihre Empörung über die Rede von Bondarew und über Ligatschows Unterstützung für diese Gedanken geäußert haben). Um mich zum Schweigen zu bringen, hat Gorbatschow unwillig geantwortet: ›Ich werde mich doch nicht nach dir richten.‹

Die Episode hatte Folgen. Für den Besuch in Polen suchte Gorbatschow geeignete Leute. Auf der Liste der Begleiter standen – schon vor der Konferenz – der Slawist Lichatschow und der Kernphysiker Sagdejew. Sie gehörten zu der Delegation, weil ein Treffen mit der polnischen Intelligenz und eine Ansprache in der Akademie der Wissenschaften geplant waren. Drei Tage nach der Konferenz erfuhr ich, daß Gorbatschow die beiden aus der Liste gestrichen und als Ersatz Bondarew eingetragen hatte. Und das, obwohl er darauf hingewiesen worden war, daß beide Akademiemitglieder schon die Koffer gepackt hatten und Gorbatschow ihre Dankbarkeit für das Vertrauen hatten ausrichten lassen. Wadim Medwedew hat sich entschlossen dagegen gewehrt, Bondarew auf die Liste zu nehmen. Als überzeugendstes Argument wurde vorgebracht, daß ›die Polen dafür kein Verständnis haben werden‹. Schließlich ist Bondarew als großrussischer Chauvinist berüchtigt. Letzten Endes ist Bondarew dann nicht mit nach Polen gefahren. Zu den Gründen gibt es nur Spekulationen, aber die Episode veranschaulicht, wie Gorbatschow politisch manövrierte.«

Während der Konferenz hat Gorbatschow mich in die Redaktionskommission für die ersten beiden Resolutionen berufen. Zu meinen Vorschlägen zählte der berüchtigte Schwur, die KPdSU werde »niemals wieder einen ähnlichen Personenkult und eine Phase der Stagnation wie unter Breschnew zulassen«. Auf diesen Satz hat die Presse weltweit reagiert. Der italienische *Messaggiero* schrieb: »Die KPdSU hat hiermit den Höhepunkt der Bewältigung ihrer Vergangenheit erreicht.«

In den Tagen der Vorbereitung in Nowo-Ogarjowo war auch einmal die Landung des deutschen Amateurpiloten Rust auf dem Roten Platz zur Sprache gekommen. Er saß damals noch im Gefängnis. Gorbatschow fragte: »Was sollen wir mit ihm machen?« Ich mischte mich sofort ein: »Wir müssen ihn laufen lassen, Michail Sergejewitsch. Möglichst sofort nach der Konferenz – als Beweis der fortschreitenden Humanisierung unseres Systems (alle lachten). Wir dürfen um Himmels willen die Freilassung nicht weiter aufschieben und näher an den Besuch von Kohl oder Genscher im Herbst rücken.« Lukjanow und Jakowlew stimmten mir sofort zu, und Gorbatschow entschied auf der Stelle: »Wir lassen ihn frei.« Tschebrikow sollte eine entsprechende Vorlage ausarbeiten.

Die Konferenz war längst zu Ende, aber die Vorlage fehlte noch immer. Am 9. Juli habe ich Gorbatschow nach einem Treffen mit dem indischen Präsidenten im Katharinensaal gesagt: »Michail Sergejewitsch, Sie fahren nach Polen, und ich habe hier alle Hände voll zu tun.«

»Gehen wir doch gleich ins ZK, dabei können wir alles besprechen.«

»Wie meinen Sie das?«

»Nun, zu Fuß eben.«

Wir traten aus dem Kremlpalast und gingen durch den Kreml. Gorbatschow befahl den Sicherheitsbeamten, sich etwas abseits zu halten, »damit wir nicht so auffallen«. Im Kreml wimmelte es nur so von Reisegruppen und Touristen. Das Erstaunen war groß, als die Besucher plötzlich Gorbatschow entdeckten. Einige blieben stehen und drückten sich an die Wand, andere wollten Gorbatschow die Hand schütteln. Manche Frauen fielen ihm einfach um den Hals. Als er sich mit einer Gruppe Franzosen unterhielt, tauchte plötzlich eine Frau aus der Provinz auf und schrie: »Und ich, und ich?« Gorbatschow umarmte sie. Die beiden boten einen malerischen Anblick, in der Nähe der Zar Kolokol und von aufgeregt sprechenden und fotografierenden Franzosen umringt. Wir gingen durch das Spasskijtor auf den Roten Platz, der wie immer voller Menschen war. Sobald sie Gorbatschow entdeckten, stürzten sie auf ihn zu. Eine Gruppe Schweden war unter ihnen. Gorbatschow hatte sich gerade von ihnen losgerissen, als ein russischer Bauer ihm die Hand auf die Schulter legte und sagte: »Michail Sergejewitsch, arbeiten Sie nicht so viel, passen Sie auf sich auf. Ich sehe ja, wie müde Sie sind.«

Gorbatschow klopfte ihm ebenfalls auf die Schulter: »Das macht nichts, Kamerad, ich halte das aus. Jetzt habe ich noch zu tun, ausruhen kann ich später.«

Eine Gruppe hinter der Einzäunung um die Basilius-Kathedrale rief: »Wir halten zu Ihnen, Michail Sergejewitsch, bleiben Sie standhaft.«

Als wir an der Basilius-Kathedrale vorbeigingen, wies ich auf die Stelle und sagte zu Gorbatschow:

»Genau hier ist Rust gelandet. Erinnern Sie sich? Sie wollten doch noch vor der Konferenz die Angelegenheit abschließen.«

»Ja, ja«, sagte er, »gut, daß du mich daran erinnert hast. Sobald wir angekommen sind, werde ich telefonieren. (Er hat dann im ZK wirklich Schewardnadse angerufen – Tschebrikow war im Urlaub – und angeordnet, noch heute einen entsprechenden Beschluß vorzulegen.) Gehen wir doch die Rasinstraße entlang. Ich möchte beim Hotel ›Rossija‹ vorbeischauen. Ich habe mir dort immer ein Zimmer genommen, als ich noch aus Stawropol nach Moskau fahren mußte.«

Schwierigkeiten mit dem Hitler-Stalin-Pakt

In Gorbatschows Arbeitszimmer im ZK-Gebäude erfuhr ich, daß er am 1. August 1988 in Urlaub fahren werde: »Halte dich bereit. Vielleicht fällt mir wieder etwas Besonderes ein.« (Er spielte darauf an, daß er sich 1986 im Urlaub das Treffen von Reykjavik und 1987 das Buch über die Perestrojka und die Rede zum 70. Jahrestag der Oktoberrevolution ausgedacht hatte.)

Die Zeit vom 1. August bis zum 4. September verbrachte ich mit Gorbatschow in der Datscha Sarja, also bereits in der neuen Datscha bei Foros auf der Krim, die drei Jahre später auf so zweifelhafte Weise berühmt werden sollte.

Die vorige Datscha bei Jalta war ein gewöhnlicher Schuppen verglichen mit dem Gebäudekomplex, der auf dem riesigen Gebiet von Tessel bis zum Kap von Sarytsch entstanden war. Am zweiten Tag nach unserer Ankunft fragte ich ihn ironisch: »Gefällt es Ihnen hier?«

»Was denkst du denn?« antwortete er. »Aber viel zuviel überflüssiger Kram wurde hinzugefügt. Wenigstens ist das Gebäude nicht während meiner Amtszeit gebaut worden ...«

Am dritten Tag unseres Aufenthaltes besprach Gorbatschow mit mir, was er während des Urlaubs erledigen wollte: Material sammeln für eine Vorlesungsreihe (oder Broschüre) »Über den Sozialismus«; seine Rede in Krasnojarsk, wohin er im September fahren wollte (eine Fortsetzung

192

der Initiative von Wladiwostok), in Grundzügen vorbereiten; eine Konzeption für den Umbau des Parteiapparates und vor allem des Zentralkomitees ausarbeiten.

Doch dabei blieb es nicht. Eduard Schewardnadse kam eines Tages auf die Idee, einen Artikel über den Hitler-Stalin-Pakt von 1939 (immerhin war August) zu schreiben, und schickte ihn Michail Gorbatschow auf die Krim. Gorbatschow rief mich spätabends in meinem Appartement an: »Lies den Artikel so schnell wie möglich und sag mir, was du davon hältst.« Der Titel lautete: »Die Lektion der Geschichte kennen und im Gedächtnis behalten«.

Bis zum Morgen hatte ich eine komplette Rezension geschrieben: »Selbstverständlich könnte unter der jetzigen Glasnost ein ähnlicher Artikel in der *Literaturnaja Gaseta* oder in den *Moskowskije Nowosti* publiziert werden. Aber sobald er im Politbüro diskutiert wird und in der *Prawda* erscheinen soll, ergeben sich eine Menge Fragen …

In den Kontext der Enthüllungen von Stalins Fehlern und Fehlkalkulationen würde der Artikel passen, wenn sich neue Erkenntnisse zu diesem Thema ergäben. Aber außer einer Verurteilung des Grenz- und Freundschaftsvertrags vom 28. September 1939, über den in unserer Presse schon genug zu lesen war und über den Sie im Nachwort zu einem sowjetisch-polnischen Buch ein paar Worte sagen wollten, steht in dem Artikel eigentlich *nichts Wesentliches.* Er gibt keine Antworten auf noch ungeklärte Hauptfragen, durch die wir das Problem wirklich aufarbeiten könnten. Ich zitiere: ›Deutschland konnte ungehindert ganz Polen besetzen *und danach weiter nach Osten vordringen.*‹

Jeder gewissenhafte Historiker, ja die ganze Bevölkerung, stellt sich zur Zeit die Frage: Konnte Deutschland damals wirklich die Sowjetunion angreifen, war die Vorbereitung (objektiv) abgeschlossen? Um diese Frage zu beantworten, darf man sich nicht auf die Ebene der Diplomatie beschränken, sondern muß auch die wirtschaftliche Lage der beiden Staaten und das reale Kräfteverhältnis der sowjetischen und deutschen Truppen zu jenem Zeitpunkt untersuchen.

Genau das ist der springende Punkt: Entweder wußte Stalin, daß Deutschland nicht angreifen wird, und verfolgte somit selbst expansionistische Ziele, oder er hat es nicht gewußt, aber dann spricht das nicht gerade für ihn: Bei unseren damaligen Informationsquellen (nicht zuletzt über die Komintern) hätten wir unbedingt darüber informiert sein müssen. Das ist die erste Kernfrage.

Zweitens. Auf Seite 10 des Artikels findet sich eine sonderbare Formulierung: ›Die Sowjetunion mußte versuchen, den Ereignissen *zuvorzukommen* und einen Kompromiß mit Deutschland anzustreben.‹ Was heißt ›zuvorkommen‹? Weltweit werden in der Presse verschiedene Versionen diskutiert, teils rein spekulativ, teils aber auch mit Dokumenten belegt, die beweisen sollen, daß Stalin schon lange vor 1939 mit Hitler kokettiert habe. Zum Beispiel wird auf die Tatsache hingewiesen, daß der VII. Kongreß der Komintern 1935, auf dem der fortschrittliche Teil der Menschheit gegen den Faschismus und gegen Hitlerdeutschland mobilisiert wurde, im ›Kurzen Lehrgang‹ mit keinem Wort erwähnt wird.

Außerdem wird darauf verwiesen, daß der damalige Außenkommissar Litwinow im Frühjahr 1939 abgesetzt wurde, weil er unbequem geworden war und offensichtlich in der Weltpolitik um keinen Preis mit Hitler gemeinsame Sache machen wollte. Dagegen war Litwinow fähig, mit den westlichen Demokratien ernsthaft einen Kompromiß anzustreben (aufgrund seiner Biographie, seinen Beziehungen und seinen Kenntnissen über die westlichen Länder. Er war frei von irgendwelchen Komplexen wie der fast schon fanatischen Anglophobie Stalins). Seine Absetzung fand noch vor dem Beginn der sowjetisch-französisch-englischen Verhandlungen statt.

Und noch ein wichtiger Aspekt: Bei der sowjetischen Führung und bei Stalin nahmen die bereits bestehenden Zweifel an der Aufrichtigkeit der Engländer und Franzosen zu. Somit trug auch die sowjetische Seite am Verlauf (und am Scheitern) der Verhandlungen eine beträchtliche Schuld.

In diesem Moment schlug Hitler einen Pakt vor (gleichsam ein Geschenk des Himmels!), und nach zwei Tagen ist das Dokument unterzeichnet. Nicht die geringsten Zweifel an Hitlers Aufrichtigkeit! Wie kommt das wohl?

Außerdem gibt es für die Existenz des geheimen Zusatzprotokolls Beweise von Mitarbeitern des Außenministeriums, die an der Unterzeichnung teilnahmen. Es heißt, einer von ihnen habe sich gar notiert: ›Ribbentrop ging bereits zum Ausgang. Stalin hielt ihn plötzlich zurück und schlug ihm dieses Zusatzprotokoll vor. Jener war völlig überrascht und bat vor einer Zusage, mit Berlin Verbindung aufnehmen zu dürfen.‹ Von dieser Version ist auch Genosse Gromyko überzeugt, im Politbüro hat er sie einmal erwähnt.

[Diese Aussage könnte die Geschichtsschreibung beeinflussen, weil Stalin dann der Initiator des geheimen Zusatzprotokolls gewesen wäre.] Offiziell dürfen wir selbstverständlich nicht zugeben, daß das verlorene Dokument existiert. Wir brauchen aber auch nicht zu heucheln und zu erklären, das Dokument habe nie existiert und müsse folglich gefälscht sein ...

Und zum Schluß die Hauptsache: *der baltische Aspekt des Paktes.* Alle hätten Verständnis, wenn wir als Geste an die baltischen Staaten so einen Artikel veröffentlichten. Sollte der Artikel den vorgeschlagenen Weg gehen, also in der *Prawda* mit dem Segen des Politbüros publiziert werden, müssen wir den baltischen Aspekt zur Sprache bringen.

Hier wird nur die außenpolitische Seite der Ereignisse angesprochen, losgelöst von den innenpolitischen Entwicklungen und von der realen sozialen und psychologischen Lage in den drei baltischen Staaten. Nur am Rande wird erwähnt, daß ›die Mehrheit der Bevölkerung eigentlich für die Vereinigung‹ gewesen sei. Aber in dieser Frage brauchen wir aussagekräftige Beweise, die auf handfesten Fakten beruhen. Sonst wird daraus eine Deklaration, die bestehende Antipathien weiter aufstachelt.

Noch eine Bemerkung wird Widerspruch hervorrufen: ›Die stationierten Truppen haben sich nicht in das innere Leben eingemischt (aber schon ihre Anwesenheit mußte den Gang der Ereignisse beeinflussen), das diktatorische Regime gelähmt und den revolutionären Prozeß in Gang gebracht.‹ Übrigens kann von keinem revolutionären Prozeß die Rede sein – eher von einem Export der Revolution –, wenn wir behaupten, wir hätten die Nationalstaaten vor der faschistischen Okkupation gerettet. Ganz zu schweigen davon, daß alle wissen und die Balten sich noch gut daran erinnern, daß es sich um eine direkte *politische* Einmischung unter Führung des Volkskommissars Wyschinskij handelte.

Kurz gesagt, die Darstellung des baltischen Aspektes ist überaus dürftig und schlecht fundiert.

Meiner Ansicht nach müssen wir den Balten selbst die Möglichkeit bieten, alle damaligen Ereignisse in ihren Staaten genau zu untersuchen. Alle baltischen Literaten, Historiker und Parteigenossen müssen daran arbeiten, und sie tun es bereits. Ihnen jetzt Grenzen aufzuzeigen und fertige Formulierungen in den Mund zu legen, würde nur die Gemüter erregen und Mißtrauen gegen die Moskauer Parteiführung säen ...

1989 jährt sich der Beginn des Zweiten Weltkrieges zum 50. Mal. Bis dahin können die Forschungen abgeschlossen werden, neue Fakten gefunden werden. Außerdem gibt es dann einen offiziellen Anlaß für eine Stellungnahme.«

Gorbatschow stimmte mir zu und brachte einige vernünftige Ergänzungen vor: »England und Frankreich haben Hitler gegen uns aufgehetzt, und Stalin wollte sie gegeneinander hetzen ...« Oder: »In zwei Tagen werden solche Dinge nicht entschieden (am 20. August 1939 ist Hitlers Brief angekommen, und am 23. haben sie schon den Pakt unterzeichnet).«

Aber was geschah dann? Wenig später erschien der Artikel mit geringfügigen Korrekturen in der *Prawda*. Der Artikel war dumm, schlecht fundiert und nahm faktisch Stalin in Schutz. Ich fragte Michail Gorbatschow nicht, was passiert war – vergangenes Jahr hätte ich das noch gemacht. Ich erfuhr von Boldin und Woronzow, daß Ligatschow Gorbatschows Äußerung so interpretiert habe, als wäre jener nur mit dem *vorliegenden* Text unzufrieden gewesen. Er habe die Verfasser also angewiesen, den Artikel zu »überarbeiten«. Die neue Version (ohne grundlegende Veränderungen) habe er Gorbatschow zugeschickt, der Ligatschow telefonisch mitgeteilt habe, daß er jetzt »dafür« sei, den Artikel zu veröffentlichen.

Der Westen reagierte natürlich sofort entsprechend auf den Artikel in der *Prawda* und stufte ihn als »einen weiteren« Sieg Ligatschows ein.

Ich notierte mir damals: »Gorbatschow hat sich inzwischen verändert, sein Verhältnis zu mir beschränkt sich faktisch auf eine funktionale und sachliche Zusammenarbeit. Letzten Endes geht es hier nicht um meinen persönlichen Ehrgeiz. Durch dieses Verhalten von Gorbatschow mir und anderen Gleichgesinnten gegenüber, die ihre Meinung und ihr Wissen offen vortragen, könnten inkonsequente und schlicht falsche Entscheidungen zustande kommen, vielleicht nur in Einzelfragen, aber bei genauerem Hinsehen wachsen diese Einzelfragen sich zu richtigen Grundlinien der Politik aus.«

Wirrwarr um die Perestrojka

Die Vorbereitung der Materialien für die Vorlesungen »Über den Sozialismus« nahmen im Verlauf dieses Urlaubsmonats viel Zeit in Anspruch. Gorbatschow diktierte die »Einleitung«, die eine Antwort auf die Frage geben sollte, warum wir dieses Thema ausgerechnet jetzt diskutieren zu

müssen glaubten. Die Meinungen klafften damals bereits soweit auseinander, daß niemand mehr genau wußte, wo Sozialismus anfing und wo
er aufhörte, was Sozialismus überhaupt war und wofür man ihn brauchte.
Vor dem Diktat habe ich Gorbatschow das auch gesagt.

Ich sammelte alles und faßte zusammen, was in der Presse zu unserem
Gesellschaftssystem vor der Perestrojka erschienen war. Der Politologe
Ambarzumow schickte eine Analyse der Entwicklung von Lenins Ansichten zum Sozialismus auf die Krim. Ich selbst ordnete auf 40 Seiten
systematisch, was Gorbatschow jemals zu diesem Thema gesagt und geschrieben hatte.

Das weitere Schicksal des ganzen Materials war ähnlich wie das des
Artikels zum Jahr 1939. Als wir wieder in Moskau waren, rief Gorbatschow die Berater zusammen, berichtete von der »bewältigten Arbeit«
und dem gesammelten Material, das nun »in eine entsprechende Form«
gebracht werden müsse, und erteilte den Auftrag Iwan Frolow. Er sagte,
wir würden ein Plenum zur Reorganisation des Apparates durchführen
und bräuchten dafür »eine neue Theorie des Sozialismus«.

Übrigens ist aus den Vorlesungen »Über den Sozialismus« nichts geworden – wahrscheinlich wegen Frolows Faulheit. Gorbatschow hat –
wie bei der Vorbereitung der XIX. Parteikonferenz – die Untätigkeit
und die Unfähigkeit Frolows wie immer geflissentlich ignoriert.

An der Rede, die Gorbatschow in Krasnojarsk halten wollte, hat er
lange gearbeitet. Er hat mir einzelne Abschnitte diktiert, manchmal sogar
nachts per Telefon. Ich selbst verfaßte einen Entwurf für den Abschnitt
zur internationalen Politik (die zweite Etappe der Initiative von Wladiwostok) und sprach den Text mit dem Außenministerium ab, genauer
mit Achromejew und Kamenzew (dem Stellvertretenden Ministerpräsidenten, zuständig für außenpolitische Beziehungen). Gorbatschow gefiel
der Text, er korrigierte hier und da etwas und lobte mich (was bei ihm
sehr selten vorkam, mit Lob und Dank ist er sehr sparsam umgegangen).

Er selbst plagte sich mit dem Abschnitt zur Innenpolitik ab. Die nach
der Parteikonferenz entstandene Situation beunruhigte ihn sehr. Die
Funktionäre im Apparat merkten, daß »ihre Tage gezählt« waren, im
günstigsten Fall würden sie einfach ihre Arbeit einstellen und damit den
alten Mechanismus der Bürokratie außer Kraft setzen. Schlimmstenfalls
würden sie jedoch mit allen (ihnen damals zur Verfügung stehenden)
Mitteln beweisen wollen, daß alle Probleme nur die Folgen von Gorbatschows politischen Abenteuern waren. Ein neuer Mechanismus existier-

te noch nicht, und die Regale blieben leer. In Moskau hieß es bereits, »die Lage sei schlimmer als unter dem früheren Moskauer Parteichef Grischin«; die Einwohner verglichen die heutige Lage mit den zwei Jahren unter Jelzins Führung.

Gorbatschow suchte nach einer Lösung, aber immer wieder verlor er sich in »Rechtfertigungen« und »Ausflüchten«. Letzten Endes fand er dann jedoch den Stein der Weisen:

»Wir haben ein überaus schwieriges Projekt in Angriff genommen, aber uns bleibt keine Wahl, wir müssen immer weiter voranschreiten. Wer nach den neuen Methoden arbeitet, kann auch schon Ergebnisse vorweisen. Fragt nicht mich, wie die Perestrojka vorankommt. Genau das muß ich euch fragen. Ich habe euch volle Handlungsfreiheit verschafft. Nun handelt auch danach! Ernährt eure Familie, kleidet euch und baut euch Wohnungen …«

Mit dieser »Konzeption« der Perestrojka fühlte Gorbatschow sich bestärkt, als wir kurz vor Ende des Urlaubs einen Tag in Sewastopol verbrachten. Wir fuhren übers Meer wie zu einem Ausflug in die berühmte Stadt, aber als wir uns dem Hafen näherten, sahen wir Tausende von Menschen: auf den Plätzen, an den Fenstern, auf den Dächern, auf den Böschungen am Ufer. Die Menschen standen Spalier an den Straßen, die Gorbatschow entlangging. Dreieinhalb Stunden wurde heftig diskutiert.

Nachdem sie Gorbatschow tüchtig eingeheizt hatten (mit Zuckermangel, Wohnungsnot, Einschränkung der Zeitungszustellung, Renten, Scheitern des Genossenschaftsgesetzes, Atomkraftwerk auf der Krim), erklärte er: »Wer bin ich denn für euch – der Zar? Oder Stalin? Was wollt ihr, soll ich von Stadt zu Stadt fahren: dem einen seine Wohnung, dem anderen die Rente, dem nächsten gerechten Arbeitslohn, einem anderen Ordnung in der Fabrik … Ihr habt hier einen Dieb? Ins Gefängnis mit ihm! Und so weiter? Nein, so nicht. Drei Jahre lang hattet ihr schon Gelegenheit, die Menschen kennenzulernen – wer taugt wofür und auf welchem Posten kann er als Leiter oder Organisator tätig sein. Ihr konntet selbst entscheiden, wer welche Stelle verdient, und Taugenichtse davonjagen. Ihr konntet euch so einrichten, wie ihr es für richtig haltet. Das ist der Kern der Perestrojka. Im Grunde habt ihr also die Perestrojka nicht verstanden, wenn ihr jetzt von mir Lösungen fordert und von Moskau Entscheidungen und Almosen erwartet.«

Diese Sichtweise der Dinge hat Gorbatschow dann auch in der Rede in Krasnojarsk vertreten.

Bevor ich zum wichtigsten Thema unserer Beschäftigung im Urlaub übergehe, werde ich eine Episode erzählen, die für das Verständnis vieler späterer Ereignisse wichtig ist. Ich saß in meinem Appartement, die Nachrichtensendung im Fernsehen *Wremja* war gerade zu Ende, als das Telefon klingelte.

»Hast du gehört, was Jegor (Ligatschow) in Gorkij gesagt hat?«

»Das habe ich, Michail Sergejewitsch.«

»Und, was hältst du davon?«

»Das war ein böswilliger Angriff auf das Neue Denken mit all seinen Prinzipien. Ich habe Ihnen ja schon früher gesagt: Ihre Kollegen in der Parteiführung verstehen diese Prinzipien nicht, ja nicht einmal die Parteidokumente, denen sie als erste zugestimmt haben. Inzwischen, nach der XIX. Parteikonferenz und nach der Rede Ligatschows im Zusammenhang mit dem Fall Jelzin, bin ich aber überzeugt, daß dahinter ein System steckt, vielleicht noch nicht ganz ausgereift, aber jedenfalls bewußt gegen Sie gerichtet. Das System verfügt nicht nur über Kader, sondern über eine richtige Struktur. Schon wenn das Wort ›Wirrwarr‹ fällt (wie in Ligatschows Rede in Gorkij), dann sagt er damit ungestraft, daß es Alternativen zum Neuen Denken gibt.«

Gorbatschow hörte zu, ohne mich zu unterbrechen, und sagte dann: »Nun gut, du bist noch derselbe. Schreib mir bis morgen die wichtigsten Überlegungen zu dieser Rede auf, zum Abschnitt über internationale Politik. Aber knapp – für ein Gespräch (mit wem?).«

So lautete meine Analyse: »Erstens erfordert schon allein die Tatsache Beachtung, daß Ligatschow nach der Parteikonferenz einen Abschnitt zur internationalen Politik in seine Rede aufgenommen hat.

Zweitens wäre diese Tatsache durchaus verständlich, wenn sie aufgrund von dringenden, eben erst aufgetauchten außenpolitischen Fragen erfolgt wäre, die eine entsprechende sofortige Reaktion der Parteiführung erfordert hätten. Aber in dem Text war ausschließlich von der grundsätzlichen Linie unserer Weltpolitik die Rede.

Ligatschow stellt die Grundfrage zu dem Verhältnis zwischen allgemein menschlichen und klassenkämpferischen Aspekten unserer Außenpolitik. Aber wie stellt er sie? Auf dem XXVII. Parteitag und in den folgenden Reden des Generalsekretärs wird diese Frage im Kontext einer Analyse der neuen Realitäten gestellt, um eine neue Herangehensweise zu entwickeln und den allgemeinmenschlichen Aspekt stärker zu betonen. Davon ist das Neue Denken eigentlich ausgegangen.

Mit der Rede von Gorkij kehrte Ligatschow zu unserer traditionellen Herangehensweise zurück. Eins der grundlegenden Prinzipien in der Konzeption des Neuen Denkens ist das *Selbstbestimmungsrecht.* Es wird als Voraussetzung für den Erhalt der Welt und den Fortbestand der Zivilisation angesehen, sowie als Abbild der weltweiten sozialen Entwicklung. Nach Ligatschow muß umgekehrt über den Sozialismus Frieden geschaffen werden, um den Völkern das volle Selbstbestimmungsrecht zu garantieren. Diese These wird in unserer Parteischule schon längst nicht mehr vertreten.

Nach Ligatschow kämpfen wir für den Erhalt der Menschheit, weil wir für den Sozialismus sind (also sofern wir auf dem klassenkämpferischen Standpunkt beharren), und nicht, weil wir Menschen sind wie alle anderen auch. So sieht also Ligatschows Neues Denken aus!

Als ob er sich vor den Genossen rechtfertigen müsse, sagt er: ›Die Hauptsache bleibt für uns der Klassenkampf und der Sturz des Imperialismus.‹ Und den globalen Problemen kann er sich ebenfalls nicht entziehen. Er stellt die rhetorische Frage ›Können wir tatenlos zusehen?‹ – drei Jahre, nachdem wir im Kampf um Abrüstung und gegen den drohenden Atomkrieg die führende Rolle übernommen haben.

Ligatschow erklärt abschließend, mit dem Neuen Denken sei nur Verwirrung im Bewußtsein der sowjetischen Bürger und der Genossen im Ausland gestiftet worden. Das heißt also, daß Sie mit Ihrer Rede auf der XIX. Parteikonferenz, wo Sie ›die Priorität der allgemein menschlichen Werte in unserer Zeit‹ betont haben, nur Verwirrung gestiftet hätten. Tatsächlich herrschte und herscht in manchen Köpfen ein großes Durcheinander. Aber das ist kein Grund, den auf dem Parteitag festgelegten Kurs zu korrigieren und somit, nur um irgendwelchen Dogmatikern zu schmeicheln, das Mißtrauen weiter zu schüren, das Neue Denken und die neue Außenpolitik seien nur hinterlistige, taktische Winkelzüge. Eigentlich würden wir noch wie früher denken, wie Ligatschow in Gorkij. Er habe jetzt alles wieder an den gebührenden, klassenbedingten Platz gerückt.

In Ihrer Rede auf der Parteikonferenz finden sich übrigens auch die Worte: ›Die Perestrojka hat *inhaltlich und formal eine neue Qualität* der sowjetischen Außenpolitik erforderlich gemacht.‹ In der Rede von Gorkij wird das faktisch geleugnet.«

Gorbatschow nahm meinen Text wortlos entgegen. Ich wollte die Reden von Jakowlew in Riga und Wilnius zur Sprache bringen, in denen Ligatschow eine regelrechte Abreibung erteilt wurde. Ich fragte Gorbatschow, ob er die Reden in der *Sowjetskaja Latwija* und in der *Sowjetskaja Litwa* gelesen habe. Er verneinte schroff. Ich bat ihn nicht, die Reden zu lesen, weil ich merkte, daß er mich nicht in den Konflikt zwischen den beiden Mitgliedern des Politbüros hineinziehen wollte.

Drei, vier Tage später bat ich darum, die Reaktionen der französischen, englischen und amerikanischen Presse zu dem Duell zwischen Jakowlew und Ligatschow aus Moskau auf die Krim zu schicken. Gorbatschow war durch eine Radiomeldung auf die beiden aufmerksam geworden: »Warum liegen sie sich ständig in den Haaren?« Ich gab ihm die Artikel aus den westlichen Zeitungen. Besonders vernünftig war der Artikel im britischen *Economist.* Er behielt sie: Das war ein gutes Zeichen, denn was er für unwichtig hielt, hat er sofort zurückgegeben.

Als wir wieder in Moskau waren, rief Gorbatschow die Berater zusammen. Er vertraute sich uns an, das Problem Ligatschow kam ebenfalls zur Sprache. Schachnasarow und Frolow fanden besonders scharfe Worte. Sie erinnerten an den Brief eines obskuren Ingenieurs an Ligatschow. Der Mann hatte sich sehr über eine Fernsehsendung aufgeregt, in der »unsympathische junge Leute jüdischer Nationalität« ihre fragwürdigen Ansichten »dem sowjetischen Publikum« aufdrängen würden. Jegor Ligatschow schickte diesen Brief allen ZK-Sekretären und beauftragte seine Helfershelfer Slesko (Stellvertretender Leiter der Propagandaabteilung) und Sajzew (Stellvertretender Leiter der Kulturabteilung), »sich kundig zu machen und Maßnahmen zu ergreifen«.

Gorbatschow hörte bis zu Ende ohne jede Reaktion zu. Dann begann er zu reden: »Ich kenne ihn (Ligatschow) schon viele Jahre. Hab' schon einiges von ihm erlebt. Er ist durch und durch ehrlich. Aber von Kultur hat er keine Ahnung, das ist über seinem Niveau. Was kann man da machen?«

Sofort mischte ich mich ein: »Michail Sergejewitsch, Ignoranz und Mangel an Kultur sind – bei seiner Position – politische Probleme. Darin liegt eine Gefahr für unsere ganze Sache ...«

Gegen Ende des Gesprächs teilte Gorbatschow uns mit, daß er im Zuge der Reformierung des ZK-Apparates Ligatschow den Bereich der Landwirtschaft »zuteilen« und von der Ideologie »entbinden« werde.

Der Mini-Staatsstreich

Damit komme ich zum dritten Arbeitsbereich im Urlaub – zur Reorganisation des Apparates.

Michail Gorbatschow hat den Bericht zweimal redigiert und mich zweimal gebeten, ihn in eine »schriftsprachliche« Form zu bringen und ein wenig zu ergänzen, »falls mir etwas einfallen sollte«. Gegen Ende des Urlaubs war die endgültige Fassung fertig. Gorbatschow hat sie an die Mitglieder des Politbüros verschickt. In seiner Rede auf der Politbürositzung vom 8. September 1988 hat er den Kern der beabsichtigten Reorganisation zusammengefaßt. Ich zitiere hier die wichtigsten Auszüge:

»Vor allem müssen wir die Zahl der Mitarbeiter im Apparat um 800 000 bis 900 000 verringern. Und zwar allein in den lokalen Parteiorganisationen. Wir dürfen uns nicht mit halbherzigen Maßnahmen zufriedengeben, noch immer wirken viele Bremsfaktoren. Die Reorganisation wird nicht leichtfallen: Seit den dreißiger Jahren – seit mehr als einem halben Jahrhundert – sind wir der Stalinschen Richtung in der Organisation und in der Arbeitsweise des Apparates gefolgt ...

Durch das administrative Kommandosystem ist in unserem Land eine verderbliche Tradition entstanden: Die Partei kümmert sich um alles und jeden. Ich meine die zahlreichen konkreten Resolutionen, die vom Politbüro und vom ZK angenommen werden. Die Sowjetbürger sind schon so sehr an Resolutionen gewöhnt, daß sie glauben, ohne eine Resolution des ZK wird sich nichts ändern. Für jeden Schritt brauchen wir eine neue Resolution. Alles entscheiden und delegieren wir auf der höchsten Parteiebene. Damit müssen wir Schluß machen ...

Einige Genossen haben richtig erkannt, daß eine Perestrojka des Apparats, insbesondere des ZK-Apparats, eine radikale Änderung der Machtverteilung und eine Stärkung der politischen Einflußmöglichkeiten des einzelnen unmittelbar zur Folge hat. Ohne eine Reorganisation des Apparats und eine Änderung seiner Funktion können wir die Aufgabe, die uns jetzt bevorsteht, nicht lösen: Wir müssen erreichen, daß die Staatsgewalt den ihr gebührenden Platz einnimmt.

Die Reorganisation des Apparats geht einher mit der Gestaltung eines rechtsstaatlichen Systems. Unsere ganze Gesellschaftsstruktur und unser Staatswesen müssen auf eine legitimierte Grundlage gestellt werden, also einen gesetzlichen Rahmen erhalten. Keiner hat das Recht, diesen Rahmen zu verlassen und gegen Gesetze zu verstoßen. Wie ich schon mehrmals betont habe, sitzt der größte Gesetzesbrecher, die Partei, hier an diesem Tisch. Soweit ist es gekommen.

Im Zuge der Reorganisation des Apparats muß auch die praktische Arbeit völlig neu gestaltet werden. Sie hat unserem Gesellschaftssystem enormen Schaden zugefügt und die Art und Weise der politischen Entscheidungsfindung deformiert. Während der Periode der Stagnation (Ära Breschnew) hat sich nämlich ein Verfahren herauskristallisiert, nach dem die Behörden Berechnungen angestellt, nach ihrem eigenen Ermessen ein wenig hinzugefügt und dann uns das Ergebnis präsentiert haben, wobei sie sich im wesentlichen von ihren eigenen Interessen leiten ließen. Der ZK-Apparat hat die Daten in der Regel übernommen und an Sekretariat und Politbüro weitergeleitet. Und wir haben unter all das unseren Stempel gedrückt. Wie ihr wißt, hat auf keiner Ebene eine echte Besprechung der Ergebnisse stattgefunden. Manchmal wurden folgenschwere Entscheidungen nach einer Erörterung von fünf bis zehn Minuten getroffen. Es stellt sich also die Frage: Wer hat damals die Politik im Politbüro bestimmt? Die Bürokraten ...

Die Partei hat ihre Hauptaufgabe nicht mehr erfüllt. Sie ist mit wirtschaftlichen, administrativen und sonstigen Aufgaben völlig überlastet.

Viele Parteifunktionäre betrachten es als ihre ideologische Pflicht, Aufgaben der Zensur zu übernehmen. Sobald sie etwas in der Zeitung entdecken, was nicht ihrer Ansicht entspricht, rufen sie: ›Hilfe, eine Übertreibung! Schreitet ein! Dementiert!‹ Das ist die übliche Reaktion unserer Apparatschiks ...

Die Lösung theoretischer und politischer Aufgaben, von denen das Schicksal des Vaterlands und des Sozialismus abhängt, wird der Partei niemand abnehmen.

Die Regierung und der Oberste Sowjet müssen die ihnen anvertrauten Aufgaben in Angriff nehmen, darunter auch Aufgaben, die bisher die Partei übernommen hat.«

Als ich Gorbatschow den Text übergab, sagte er: »Wenn wir sofort einen Parteitag einberufen würden, könnten wir kein neues ZK bilden, weil noch keine neuen Kader herangewachsen sind. Wir müssen aber eine Erneuerung des ZK von Grund auf anstreben. Das ZK muß ein leistungsfähiges Organ werden, die Mitglieder sollten nicht aufgrund ihrer amtlichen Stellung, sondern aufgrund ihrer Intelligenz und ihrem Engagement für die Perestrojka ausgewählt werden ...

Wir werden eine ZK-Kommission aus den Mitgliedern bilden, die eine Politik ausarbeiten sollen. Die einzelnen Abteilungen müssen im Apparat der Kommission vertreten sein ...

Der ZK-Apparat selbst umfaßt beinahe 3000 Personen. Wir werden ihn auf die Hälfte verringern.«

Ich vertrat den Standpunkt: »besser gleich auf ein Drittel«, und wir trafen uns in der Mitte (in der Endfassung hieß es »auf weniger als die Hälfte«).

»Wir werden«, fuhr Gorbatschow fort, »alle Abteilungen mit wirtschaftslenkenden Funktionen abschaffen. Wir behalten lediglich eine Abteilung bei, die auf ›sozialökonomischer‹ Ebene rein theoretische Forschungen anstellt und keine Befugnis hat, regulierend einzugreifen. Sonst haben wir bald die alten Sorgen wieder.

Die Landwirtschaftliche Abteilung behalten wir bei, weil hier die Lage äußerst prekär ist. Außerdem war der Agrarsektor traditionell immer unter Leitung der Partei (und Gorbatschows persönlich als ›Agrarier‹!). Aber nur eine Zeitlang. Bis wir die Lebensmittelversorgung in den Griff bekommen. Eine Abteilung für Rüstungsindustrie brauchen wir.«

Ich widersprach. Im Politbüro hatte Ryschkow sich entschieden gegen eine Abteilung für Rüstungsindustrie ausgesprochen. Wir einigten uns schließlich auf die Bildung einer Kommission für Verteidigungspolitik unter der Leitung des Generalsekretärs als Vorsitzendem des Verteidigungsrats.

»Eine Internationale Abteilung statt drei«, fuhr Gorbatschow fort. »Eine Ideologische Abteilung statt zwei.

Ich habe nicht ausdrücklich geschrieben, daß ich das ZK-Sekretariat abschaffen werde, allerdings bleibt die Funktion der Sekretäre ›tendenziell‹ erhalten.«

Ich wendete ein: »Wie soll das gehen? Das Sekretariat schaffen Sie ab und beauftragen es gleichzeitig, ›konkrete Vorschläge zur Reorganisation des Apparats‹ vorzubereiten. Ich kann mir lebhaft vorstellen, was daraus wird.«

Er durchbohrte mich mit seinem Blick: »Das ist meine Sache. Sollen sie sich ihre Gedanken machen. Ich mache mir ja auch meine!«

Auf dem erwähnten Treffen mit den Beratern vertraute Gorbatschow uns seine Überlegungen an: Er wollte Ligatschow und Jakowlew auseinanderbringen und beide von ideologischen Fragen entbinden. Jakowlew solle die Internationale Abteilung übernehmen, Medwedew die Ideologische.

Medwedew hat, wie Jakowlew (wenn auch weniger radikal), die von Gorbatschow begonnenen Veränderungen wesentlich mitbeeinflußt. Ich konnte mich auf den Politbürositzungen und im kleinen Kreis davon überzeugen, daß Medwedew immer eine eigene Meinung vertrat und sich dem Konservativismus von Ryschkow, Worotnikow, Ligatschow und Sajkow widersetzte. Als Gorbatschow uns Beratern eröffnete, daß er Medwedew zum Sekretär der Abteilung für Ideologie ernennen wolle, fügte er hinzu: »Ein Mensch mit Charakter! Manchmal möchte man ihm eine in die Fresse hauen: Alles scheint ausdiskutiert im Politbüro, wir sind uns in allen Punkten einig geworden und haben mit Müh und Not einen Kompromiß gefunden, aber er steht noch einmal auf und – hol's der Teufel! – beweist sachlich und unwiderlegbar, daß wir dabei sind, eine Dummheit zu begehen. Und das gefällt mir. Medwedew hat eine eigene Meinung und ist bereit, sie zu verteidigen, ohne auf irgend jemanden Rücksicht zu nehmen.«

Medwedews Auseinandersetzungen mit Ryschkow und Ligatschow wurden auf Politbürositzungen zur alltäglichen Routine.

Mehrmals haben Ligatschow, Ryschkow und andere im Politbüro gefordert, Jegor Jakowlew von den *Moskowskije Nowosti,* Witalij Korotitsch vom *Ogonjok,* Fjodor Burlazkij von der *Literaturnaja Gaseta* und andere Redakteure der gesellschaftspolitischen Zeitschriften abzusetzen. Medwedew hat ihnen als erster widersprochen. Ich erinnere mich, wie einmal die *Moskowskije Nowosti* zur Sprache kam. Medwedew wurde bleich, erhob sich und erklärte: »Das werde ich nicht tun. Eher trete ich selbst zurück!«

Eine andere Frage ist Medwedews Befangenheit und Unbeholfenheit im Umgang mit der Intelligenzija, seine nüchterne und langweilige Redeweise, seine allzu große Parteidisziplin (im Gegensatz zu Jakowlew), sein Mangel an Ausstrahlung … All dies verlieh ihm den Ruf eines unverbesserlichen Apparatschiks. Aber ich muß aufgrund meiner Beobachtungen jeden Vorwurf des Konservativismus und der Unredlichkeit entschieden zurückweisen.

Kehren wir zu Gorbatschows Plänen zurück, wen er wohin »versetzen« wollte: Sljunkow in die Sozialökonomische Abteilung, Worotnikow zum Vorsitzenden des Obersten Sowjet der RSFSR (»soll er dort murren«), und für den Posten des russischen Ministerpräsidenten wollte er einen tüchtigen und mutigen von den Neuen aussuchen (dann wurde es jedoch Wlassow). Dobrynin sollte in den Ruhestand gehen, aus ihm sei nie ein ZK-Sekretär geworden, er sei Botschafter geblieben. Aber er ist ein guter und nützlicher Mann. Wir werden eine passende Aufgabe für ihn finden.

Und wieder die Frage: Was machen wir mit Ligatschow?»Ich habe mir überlegt, ihn zum Vorsitzenden des Parteikontrollkomitees zu ernennen. Aber Pugo ist dafür geeigneter. Er ist anständig und klug. In Lettland fühlte er sich nicht wohl. Überhaupt müssen wir mehr Genossen aus den Republiken ins Zentrum holen. Jegor Ligatschow aber in den Agrarsektor. Da kennt er sich gut aus.« Alle Berater befürworteten diese Aufteilung einhellig.

Damals sprach Gorbatschow von einer weiteren ZK-Abteilung, der »grundlegende Bedeutung bei der Gründung eines Rechtsstaates« zukommt: von der Justizabteilung.»Sie ist ein entscheidender Bestandteil unserer langwierigen Revolution. Deshalb muß diese Unterabteilung ständig an der Seite des Generalsekretärs bleiben.« Als Leiter der Abteilung hat er Lukjanow genannt, aber gleichzeitig wollte er ihn im Obersten Sowjet sehen »in der Nähe des (künftigen) Präsidenten«. (Lukjanow war dann einer der Hauptakteure des Putsches.)

Wegen gesundheitlicher Probleme konnte ich nicht mit Gorbatschow nach Krasnojarsk fahren. Er kehrte am 20. September 1988 zurück und rief mich an. Ganz aufgeregt erzählte er mir von Treffen mit Einheimischen und ereiferte sich über die Ereignisse.

»Ich habe dort eine Gratwanderung vollführt und bin auf besorgniserregende Dinge gestoßen. Im Volk brodelt es. Das Problem sind die Kader: unfähig, widerwillig, überaltert, müde. Ich mußte scharf Hetzparolen entgegentreten: Eröffnet das Feuer auf die Führung! Ein neues Säuberungsjahr 1937 wird es in der Perestrojka nicht geben … Es gibt auch vernünftige Leute. Aber sie sind verstreut und wissen nicht, wie sie sich organisieren sollen. Die Partei schleppt sich in dem ausgetretenen Gleis unter der Führung und dem Schutz von Jegor Ligatschow dahin.«

Gorbatschow hat auch Jakowlew die Eindrücke von der Reise mitgeteilt. Letzterer hat mich übrigens ein paar Tage später gefragt, ob Gorbatschow nicht die Absicht habe, sich »vom treuesten Perestrojkabefürworter« zu trennen. Ich habe ihm und anderen geantwortet: »Michail

Gorbatschow ist kein Einfaltspinsel, er will keinesfalls den Eindruck erwecken, bei der Reorganisation der Führung ließe er sich von *persönlichen* Differenzen leiten. Er will nur Leute entlassen, für die im politischen Reformprozeß ›objektiv‹ kein Platz ist.« Ich war damals so naiv, das zu glauben.

Am 27. und am 28. September 1988 befaßte sich Gorbatschow mit der Vorbereitung der Umbesetzungen im Politbüro und im Sekretariat. Er wollte die »Veränderungen der Kader« möglichst rücksichtsvoll durchführen, sie sollten als politische und nicht als persönliche Entscheidung betrachtet werden. Er bat die Genossen zu sich und »erklärte« ihnen, wer gehen müsse und wer einen anderen Posten bekomme. Er begann mit dem Vorsitzenden des Präsidiums Gromyko und schlug anschließend den Vorsitzenden des Parteikontrollkomitees Solomenzew, den Kultusminister Demitschew und den ZK-Sekretär für Energie Dolgich für den Ruhestand vor. Tschebrikow wurde von seinem Posten als KGB-Chef abgesetzt und zum ZK-Sekretär ernannt. Bei den übrigen Veränderungen hielt Gorbatschow sich ungefähr an seine Vorankündigung für uns Berater nach seiner Rückkehr von der Krim.

Am 30. September fand ein ZK-Plenum statt, auf dem alle Umbesetzungen bestätigt wurden. Auf der Tagung des Obersten Sowjet am 1. Oktober wurde Gorbatschow zum Vorsitzenden des Präsidiums gewählt, obwohl ich und andere ihm geraten hatten, »sich nicht mit Kleinigkeiten abzugeben« und den von Breschnew und Tschernenko eingeschlagenen Pfad zu gehen. Gorbatschow sollte direkt die Präsidentenwürde anstreben.

Ein außergewöhnlich offenes Gespräch zeigte uns Beratern, wie Gorbatschow zumute war: Er mußte Menschen absetzen und versetzen, mit denen er viele Jahre zusammengearbeitet hatte. Jede Woche hatte er mit ihnen über die Angelegenheiten der Partei und des Landes entschieden, zu vielen hatte sich ein kameradschaftliches Verhältnis gebildet. Ihnen die »letzten« Worte ins Gesicht sagen zu müssen, das war eine enorme nervliche Belastung. Dabei sah Gorbatschow, daß sie wohl verstanden hatten: Auf dem Weg zur eigentlichen »Präsidentschaft« war diese Maßnahme notwendig. Aber was blieb sonst? Wenn wir wollten, daß die Perestrojka Bestand hatte, gab es keine Alternative. Ohne Gorbatschow als Staatsoberhaupt konnte die bevorstehende zentrale Aufgabe der Schaffung einer umfassenden, aber demokratischen Regierungsreform, eines Übergangs zu einer neuen Staatsform, nicht bewältigt werden.

Am Ende jenes Gesprächs mit uns Beratern ging Gorbatschow zum Telefon und sagte nebenbei: »Vergeßt nicht, daß es im Politbüro zu einer Abstimmung kommen könnte …« Das war sehr selten und galt als schlechtes Zeichen. Mit dieser Bemerkung deutete Gorbatschow Zweifel an, ob alles wie geplant ablaufen werde.

Im Politbüro wurde übrigens die Frage erörtert: Wohin mit den entlassenen Apparatschiks, wo und wie sollen wir ihnen Arbeit verschaffen? Auch die Frage der Bezahlung der im Amt verbleibenden Funktionäre wurde besprochen. In diesem Zusammenhang rief mich der Leiter der Abteilung für Parteiorganisation Boldin an und sagte, Gorbatschow habe ihn beauftragt, sich im Zusammenhang mit der Reorganisation des Apparats über die Bezahlung der Berater und Mitarbeiter zu informieren. »Ich sitze also hier mit Olga Lanina und Tamara Mokatschowa (zwei Sekretärinnen Gorbatschows) und diktiere ihnen Vorschläge. Haben Sie, Anatoli Sergejewitsch, nicht eine gute Idee?« Er fuhr fort: »Einmal ist Olga außer sich geraten (sie läßt sich wirklich von niemandem etwas sagen und hat eine spitze Zunge): ›Wo hat man so etwas schon gesehen, daß ein Berater mehr verdient als der Generalsekretär? So etwas ist nur bei uns möglich! Sehen Sie her – Frolow: 700 Rubel als ZK-Mitglied, 500 als Akademiemitglied und noch 200 können Sie ruhig draufschlagen. Ist das vielleicht gerecht?‹«

Ich habe Boldin gefragt, wie er sich aus dieser mißlichen Lage befreien wolle. »Irgend etwas fällt mir schon ein – mit Olgas Hilfe«, antwortete der künftige Putschist.

Ein paar Tage später teilte mir Gorbatschow in einem eher persönlichen Gespräch mit: »Ich habe Krutschina (Geschäftsführer des ZK) gebeten auszurechnen, wieviel Geld ich das Land während meiner zehnjährigen Arbeit in Moskau gekostet habe. Jener hat bei den zuständigen Behörden in Erfahrung gebracht: 100000 Rubel. Von den Honoraren für das Buch ›Perestroika: die zweite russische Revolution‹ habe ich dem Staat alleine 850000 Rubel gezahlt, noch dazu in Valuta …«

Nach dem ZK-Plenum fragte Gorbatschow mich über die Reaktionen der Moskauer aus. Ich sagte ihm, einige Anekdoten würden gerade umgehen. Zum Beispiel: Gorbatschow hat beschlossen, ein Plenum einzuberufen, um zu verkünden: »Schluß jetzt! Ich trete in den Ruhestand, weil das Volk sich nicht selbst helfen will!« Er lachte. »Die französischen Zeitungen«, fügte ich hinzu, »haben als erste erkannt, daß die Umgestaltungen von Ihnen geplant waren. Im Westen und sogar bei uns deuten sie das Ergebnis so: Inzwischen konzentriert sich alles allein auf Gorbatschow, man kann nicht mehr auf Störfaktoren innerhalb des Politbüros verweisen.«

»Ja«, erwiderte er, »einerseits ist es einfacher: Wir müssen keine Zeit und Kraft mehr verwenden für diplomatische Manöver in der Parteiführung. Aber andererseits wachsen die Belastungen: Wir müssen möglichst schnell konkrete Resultate erzielen ...«

Was hat sich jedoch nach diesem Mini-Staatsstreich ereignet?

Seit der XIX. Parteikonferenz hat das Ansehen der Partei rapide abgenommen, und ihre Struktur wurde geschwächt. Die Gebietskomitees, Regionskomitees und die anderen Parteiorganisationen waren so verwirrt, daß sie nicht mehr wußten, welche Aufgaben sie leisten sollen: Sie hatten immer die Wirtschaft gelenkt und die Verwaltung beaufsichtigt, und jetzt? Die Sowjets konnten der Partei weder die eine noch die andere Aufgabe abnehmen: Jahrzehntelang hat man ihnen eingetrichtert, sie seien nur Dekoration und Befehlsempfänger. Alle wußten, daß dort nichts entschieden wurde.

Das gleiche geschah im Zentrum. Früher (und zwar lange!) wurden ohne Beschluß des Zentralkomitees (faktisch des Politbüros) keine wichtigen Aufgaben begonnen oder fortgesetzt. Die Regierung und die Ministerien haben ohne die Autorität und die gezielt eingesetzten Impulse und Drohungen des zentralen Apparats oder Sekretariats ihre Funktionsfähigkeit verloren. Die Selbständigkeit der Unternehmen und der Kolchosen, mit der niemand etwas anfangen konnte, war (mangels Markt, demokratischer Gewohnheiten und Regeln) keineswegs in der Lage, das Kommandosystem der Partei zu ersetzen.

Stellt sich also auch mir die berechtigte Frage: Hat Gorbatschows Reorganisation sich als Fehler erwiesen? Die Antwort darauf kann nur ein klares Nein sein. Sie war ein Schritt zur Beseitigung des Einparteienstaats. Ohne diese Maßnahme hätten später keine oder weniger freie Wahlen (wenigstens Wahlen mit verschiedenen Kandidaten) stattfinden können, hätte es keinen entscheidenden Schritt in Richtung Demokratie wie den Ersten Kongreß der Volksdeputierten der UdSSR im Mai 1989 (trotz all seiner Mängel) gegeben.

Die Abschaffung des Kommandosystems erwies sich in jeder Hinsicht als schwieriger und schmerzlicher Prozeß. Aus heutiger Sicht hätte Gorbatschow diesen Prozeß eher noch vorantreiben und so rasch wie möglich abschließen sollen. Wahrscheinlich wäre das damals, Ende 1988, möglich gewesen. Aber dann hätte Gorbatschow eine Auseinandersetzung mit der »roten Hundertschaft« nicht scheuen dürfen und noch vor den Wahlen zum Kongreß der Volksdeputierten von seinem Posten als Generalsekretär zurücktreten müssen. Dann wären seine Chancen, ein »Volkspräsident« zu werden, enorm gestiegen, und er wäre von einer breiteren Öffentlichkeit und vor allem von der Intelligenzija besser unterstützt worden. Aber Gorbatschow hat sich und anderen eingeredet, er könne die Partei reformieren und aus ihr eine echte Avantgarde der Perestrojka machen.

Bezeichnend für diese Überzeugung ist folgender Auszug aus dem Bericht zur Reorganisation des ZK vom August 1988: »Wegen der besonderen Rolle, die das Zentralkomitee im Leben unserer Partei und unserer Gesellschaft spielt, ist das eine heikle Frage. Gerade das Zentralkomitee *trägt* einen großen Teil der Verantwortung *für die zunehmende Rolle der Partei als politische Avantgarde.*«

Das sind die Schlüsselworte. Man kann sie auch so verstehen, daß Gorbatschow eigentlich nur die Absicht gehabt hätte, die Partei »als steuernde und lenkende Kraft« zu vervollkommnen und ihr ein zivilisierteres Antlitz zu verleihen. Ich bin überzeugt, daß das nicht stimmt. Mit dem Wort »politisch« war auch Gorbatschows Absicht angesprochen, die Partei von einer staatlichen zu einer gesellschaftlichen Organisation umzuwandeln, die den Weg zu einem »neuen Sozialismus« nicht durch Druck von oben, sondern durch ihren moralischen und theoretischen Einfluß beschritt. Allerdings muß ich hinzufügen, daß Gorbatschow lange Zeit wütend auf Jurij Afanasjew war, weil er als erster gesagt hat, wir bräuchten eine »parlamentarische« Partei.

Leider (hier hat Gorbatschow sich verrechnet) kam er zu spät zu der Schlußfolgerung, daß eine Partei wie die KPdSU, die von Stalin geschaffen und mit Terror eingeschüchtert worden war, nicht weiter existieren und arbeiten konnte als normale politische Partei im demokratischen Sinn.

Als Gorbatschow dies erkannt hatte, mußte er, nach seinen Worten, Generalsekretär aus ganz anderen Gründen bleiben: um »*diesen Hort der Reaktion*« unter seiner Aufsicht zu halten. Die ganze Sache der Perestrojka sollte nicht an der Partei scheitern. Im kleinen Kreis hat er später genau diese Worte benutzt.

Energisch verteidigte Gorbatschow die Idee, das Parteiamt des Ersten Sekretärs (eines Gebietskomitees, Regionskomitees oder einer Republik) mit einem staatlichen Posten (Vorsitzender des lokalen Sowjet, des Präsidiums des Obersten Sowjet) zu vereinigen. Diese Idee hat jedoch dazu beigetragen, das Machtmonopol des Parteiapparats zu verlängern – was Gorbatschow eigentlich nicht wollte. Zur Brechung dieses Monopols hat er ja die XIX. Parteikonferenz angeregt. Er ließ sich vor allem von dem Wunsch leiten, die Regierbarkeit des Landes in der Übergangsperiode vom Parteistaat zum Rechtsstaat zu erhalten. Deshalb hat er sich so lange geweigert, den sechsten Artikel der Verfassung, der die führende Rolle der Partei festschrieb, »übereilt« abzuschaffen.

Nationalitätenprobleme: Das Sowjetreich bröckelt

Wie gestalteten sich inzwischen die *nationalen Beziehungen?* Gerade im Jahr 1988 wuchsen sich einzelne lokale Mißstände zu einem Problem für die ganze Union aus. Gorbatschow hat diese Entwicklung wahrgenommen. In den ersten Urlaubstagen, kurz nach der XIX. Parteikonferenz, verschickte er einen Bericht an die Mitglieder des Politbüros mit dem Vorschlag, ein spezielles ZK-Plenum zur nationalen Frage »voraussichtlich im Juni 1989« einzuberufen. »Diese Frage«, schrieb er, »erfordert nicht nur eine gründliche theoretische Aufarbeitung. Sie ist auch in praktischer Hinsicht überaus wichtig und, wie wir alle sehen, dringlich geworden.«

Die Aktualität der Frage wurde im Baltikum durch Unruhen anläßlich des nahenden 50. Jahrestags der Angliederung an die UdSSR bewiesen. Berg-Karabach ist der zweite Brennpunkt der Nationalitätenproblematik. Gorbatschow legte seine Position im Politbüro schon im März 1988 gleich nach dem Pogrom von Sumgait dar:

»Wir haben nach Baku *und* Jerewan Genossen geschickt. Ich habe an das armenische und aserbaidschanische Volk appelliert. Mit ihren Stellvertretern haben wir die nötigen Kontakte aufgenommen. Wo es unvermeidlich war, haben wir eingegriffen. Kurz, wir waren stets auf dem laufenden, haben auf die Ereignisse angemessen reagiert und das Schlimmste verhindert.

Aber die Situation ist sehr kompliziert. Wir dürfen auf keinen Fall glauben, wir seien bereits Herren der Lage.

Vor uns, Genossen, liegt eins der schwierigsten Probleme in der Geschichte unseres Landes. Einfache, schablonenhafte Antworten auf nationale Probleme hat es noch nie gegeben und wird es nie geben.

Wir müssen hier eine klare, internationalistische Linie verfolgen und auf ihrer Grundlage alle der Partei und der Gesellschaft zur Verfügung stehenden Mittel einsetzen. Mit allen Gruppierungen müssen wir Kontakt aufnehmen und einen Dialog führen. Wir müssen Argumente suchen, überzeugen, beweisen und erklären.

Ja, wir müssen entschlossen und mutig handeln, aber keinesfalls mit der Kavallerie über sie herfallen. Das ist manchmal recht und schön, aber in der nationalen Frage kann man damit größten Schaden anrichten.

Vor allem, Genossen, bitte ich um echte Hochachtung! Gerade für die Armenier: Wir müssen Verständnis dafür haben, daß dort niemand nach dem, was geschah und vor allem wie es geschah, von heute auf morgen seinen Standpunkt ändern kann. Was ist denn so schrecklich daran, wenn das armenische ZK-Plenum die Bitte äußert, eine Untersuchungskommission zu bilden. Dürfen sie etwa nicht darum bitten, wenn die ganze armenische Bevölkerung dafür ist. Solch ein Pogrom, Genossen, muß man erst einmal verarbeiten …

Das Geschehene verpflichtet uns, eingehend nach seinen Ursachen zu forschen … Die Wurzeln des Problems liegen in der Geschichte. Die Völker jenseits des Kaukasus haben soviel erlitten und überlebt, welche Invasionen sind über sie hinweggerollt – zuerst die Türken, dann die Perser! Sie haben sich deshalb entschieden und sich an Rußland, an das russische Volk gewandt, sie haben sich freiwillig unter seinen Schutz gestellt und sogar an den Zaren appelliert. Das ist die eine Seite.

Doch sehen wir auch die andere: Aus dem nationalen Bewußtsein der Armenier ist die Tragödie nicht auszulöschen, daß eineinhalb Millionen Menschen dieses Volks massakriert und die anderen über die ganze Welt verstreut wurden. So etwas kann man nicht vergessen. Das lebt in jeder Familie fort. Aber jeder Armenier, wo er auch lebt, hält das Sowjetische Armenien für seine Heimat!

Was ist denn geschehen, was hat die Armenier denn so in Erregung versetzt? Vor ihren Augen liegt das Beispiel Nachitschewan. Dort ist in vierzig Jahren der Anteil der Armenier von vierzig auf eineinhalb Prozent zurückgegangen. Und in Berg-Karabach drohte das gleiche Schicksal. Wenigstens haben die Einwohner von Berg-Karabach und Armenien die aserbaidschanische Politik so aufgefaßt …

Dabei geht es hier um ein Gebiet, in dem Jahrhunderte die Völker miteinander gelebt und sich vermischt haben, wo alles verflochten ist und wo eigentlich unter sowjetischen Bedingungen sich alle den Ideen der Konsolidierung, Zusammenarbeit und Freundschaft unterordnen müßten. Statt dessen haben sie genau das Gegenteil getan. Die Hauptschuld daran tragen das ZK der KP Aserbaidschan und das ZK der KP Armenien.

Einfache Menschen leben dort seit Generationen miteinander, haben untereinander geheiratet, ihre Kinder wuchsen gemeinsam auf, überall gingen sie friedlich nebeneinander. Damals haben Aserbaidschaner und Armenier sich gegenseitig nachbarlich geholfen, Kinder in die Schule gebracht oder von dort abgeholt. Der Virus der Feindseligkeit entsteht nicht unter den einfachen Leuten, sondern unter den Intellektuellen. Sie sind die Träger des nationalen Gedankens. Von ihnen geht auch die Konkurrenz der Nationen aus. Das können wir jedoch nicht hinnehmen. Das ist nicht unsere Herangehensweise.

Wir dürfen also, Genossen, die Ursachen und den Charakter der Ereignisse keinesfalls verharmlosen. Aber untersuchen wir unsere eigene Handlungsweise. In drei Jahren sind 500 Briefe alleine zu Berg-Karabach im ZK eingegangen. Sogar Delegationen sind nach Moskau gekommen. Wir haben jedoch schablonenhaft reagiert. ›Diese Armenier‹, hieß es, ›halten doch immer und überall zusammen.‹ Diese heikle Frage sind wir klischeehaft und unbeholfen angegangen. Wir haben das nicht rechtzeitig erkannt.

Es gab keinen Unterricht und keine ernst zu nehmende Erforschung der nationalen Probleme und der Wurzeln dieser negativen Erscheinungen sowie der historischen Erfahrung, wie solche Probleme überwunden werden können. Wir haben all das vernachlässigt.

Wir müssen ausschließlich mit der Wahrheit und dem Ideengut vorgehen, wir müssen mit den Einheimischen respektvoll und sensibel umgehen. Und zwar so geschickt, daß die Leute, gleich ob sie irrtümlich oder vorsätzlich gehandelt haben, sich nicht mehr herausreden können, daß sie gezwungen sind, zur Wiedergeburt des Internationalismus beizutragen.

Nehmt zum Beispiel Aserbaidschan, nehmt die Aktivitäten des Parteichefs Alijew. Wieviel haben wir verloren in dieser Region, seit er auf seinem Posten sitzt! Auch hier hat Nationalismus mitgespielt und soziale und politische Prozesse beeinflußt, die einhergingen mit einer moralischen Diskreditierung der Parteiführung. Ja, wir müssen eine Führungskrise des ZK von Aserbaidschan und des ZK von Armenien konstatieren. Ich möchte noch nicht von einer Krise unserer Führung der dortigen ZKs sprechen. Aber auch wir müssen uns einige Gedanken machen.

Wir müssen, Genossen, prinzipientreu bleiben, wir müssen die Ruhe bewahren und dürfen unseren Gefühlen nicht freien Lauf lassen. Wir dürfen keine künstlichen Feindbilder schaffen. Wir müssen begreifen, daß es dem Armenier, der gestern noch den einen Standpunkt vertrat, nicht leichtfällt, morgen einen ganz anderen, entgegengesetzten Standpunkt zu vertreten. Wer glaubt ihm noch! ›Ein Heuchler‹, sagen alle.

Wir dürfen nicht selbst zu Beleidigungen greifen. Natürlich ist es verletzend, wenn es heißt, die Partei sei nicht mehr Herr der Lage, weil faktisch nicht die Kommunisten regieren, sondern ein selbsternanntes Komitee. So etwas kränkt uns. Wir können uns aber nicht den Luxus erlauben, wegen dieses Vorwurfs die Nerven zu verlieren. Überleben zu wollen kann man niemand verbieten. Aber wir dürfen dabei nicht die Fassung verlieren und müssen unsere politische Mission erfüllen.

Wir müssen einige Vorsichtsmaßnahmen treffen, damit unsere Abgesandten sich in äußerster nervlicher Anspannung und physischer Gefahr zur Wehr setzen können. Ich habe gehört, daß Offiziersanwärter in Ohnmacht gefallen sind, als sie sich anschauen mußten, was die Helden des Pogroms in Sumgait angerichtet haben. Was wäre gewesen, wenn sie in diesem Moment eine Maschinenpistole in der Hand gehabt hätten?

Ich bin sehr dafür, Informationen über Sumgait zu veröffentlichen. Ich bin immer für umfassende Informationen, weil wir sonst nur Gerüchte schüren. Ohne genaue Angabe der Zahl der Opfer. Aber auf jeden Fall müssen wir publik machen, daß großer Schaden angerichtet wurde, daß Menschen gelitten haben und daß die Schuldigen zur Rechenschaft gezogen werden.«

Wer könnte dem widersprechen, wer den ersten Stein werfen? Einige haben doch widersprochen und Steine geworfen. Bis heute wird Gorbatschows Ansehen besudelt, und alle möglichen finsteren und grausamen Hintergedanken werden ihm in Verbindung mit Sumgait und später mit Tiflis und Baku unterstellt. Dabei war Gorbatschow aufrichtig, ehrenhaft und moralisch integer in seiner Herangehensweise an die nationalen Probleme. In sieben Jahren habe ich kein einziges Mal an ihm

Verachtung, Überheblichkeit oder Geringschätzung (eins seiner Lieblingswörter) gegen irgendein Volk beobachten können.

Gorbatschow hat diese und ähnliche Worte (bei anderen Anlässen) nicht zur Selbstbestätigung oder zur Imagepflege geäußert, sondern verband damit eine von guten Absichten geleitete Politik. Wo lag also der Haken? Warum hat sich hier alles entgegen seiner Überzeugungen und aufrichtigen Bemühungen entwickelt? Der objektive Lauf der Ereignisse ist von Gorbatschows Geschenk der »Rede- und Handlungsfreiheit« ausgelöst worden, und die Akteure hatten bereits begonnen, das Machtmonopol der Partei *als solches* abzulehnen, selbst wenn die Partei sich verglichen mit früher gebessert hätte.

Wäre es *im vorliegenden Fall* möglich gewesen, die Ereignisse in eine vernünftigere Richtung zu lenken? Ich denke ja. Dafür hätte man schon im Jahr 1986, gleich nachdem die Krise in Berg-Karabach ausbrach und solange der aserbaidschanische Nationalismus noch schlummerte oder wenigstens nicht organisiert war, die Region Armenien zuteilen müssen. Dann hätten zwei souveräne Staaten sich untereinander einigen müssen. Vielleicht wäre auch das nicht unblutig verlaufen, aber das chaotische, permanente Blutvergießen und die Pogrome wären vermieden worden. Sie dauern nun schon vier Jahre an und werden irgendwann genau so enden, wie es schon 1986 möglich gewesen wäre – mit der Übergabe von Berg-Karabach an das armenische Volk. Gorbatschow hat damals ständig darauf verwiesen, welches Schicksal die eineinhalb Millionen Armenier in Aserbaidschan erdulden müßten, wenn Berg-Karabach übergeben werde?! Welches denn? Natürlich genau das Schicksal, das sie sowieso ereilt hat, der qualvolle und höllische Prozeß ist nur um Jahre verlängert worden.

Gorbatschow war einverstanden mit der Idee, in Berg-Karabach eine autonome Republik einzurichten. Er hat diesbezüglich geäußert: »Was die Umwandlung des Autonomen Gebiets Berg-Karabach in eine autonome Republik betrifft, muß dies von ihnen selbst (das heißt von dem armenischen und dem aserbaidschanischen Parlament) erörtert und entschieden werden, damit unser Gewissen rein bleibt. Wir haben davon keinen Vorteil. So werden wir vorgehen.« Allerdings hat er das erst nach Sumgait gesagt, am 6. Juni 1988.

Was hat sich im *Baltikum* ereignet? Während ich zu Berg-Karabach nicht oft konsultiert wurde, war ich in der baltischen Frage aufdringlich und unnachgiebig und bin bei Gorbatschow mehrfach auf Widerstand gestoßen. Dabei hatte er die Lage richtig eingeschätzt und die Ursachen für die nationale Wiedergeburt gesehen. Er hat lediglich die Macht des nationalen Faktors unterschätzt.

Am 28. April 1988 sprach Gorbatschow in seiner gewohnt bitteren und ironischen Art im Politbüro: »Minister Kolesnikow schlägt wieder vor, Elektrofabriken zu bauen. Was haben wir erreicht? Von Gorkij bis Nowgorod und im ganzen Goldenen Ring um Moskau stehen Dörfer leer, sind wie ausgestorben. Alle sind ausgezogen, aber nicht nach Gorkij oder Nowgorod, sondern ins Baltikum ...

Die Moskauer Behörden schalten und walten, wie es ihnen paßt, und sprechen sich nicht einmal mit den Ministerräten der Republiken ab, sie bauen wild drauf los und locken Arbeiter an. In Estland ist der Anteil der Esten von 80 auf 30 Prozent der Bevölkerung gefallen. Die Regierung der Republik getraut sich nicht einmal mehr, einen Nagel einzuschlagen, ohne vorher in Moskau anzufragen.

Den Esten wie den Litauern müssen wir mitteilen: Arbeitet stets auf der Grundlage des Rentabilitätsprinzips, der Selbstfinanzierung und so weiter. Das ist der erste Schritt, den wir unternehmen müssen.

Wir haben gesehen, daß Ministerien der Union einfach über Regierungen der Republiken hinweggegangen sind. Sie haben vollkommen rücksichtslos gehandelt, sowohl bei Kaderfragen als auch bei ökologischen Fragen oder bei sozialen Problemen. Und jetzt kommt das alles hoch. Wir dürfen mit Mitgliedern unserer Föderation nicht so umspringen.«

Am 13. Oktober 1988 führte Gorbatschow weiter aus: »Wenn ich unser Land überblicke, sehe ich sehr viele Probleme, nicht nur in Armenien oder in Berg-Karabach. Im Baltikum kriselt es, in Kirgisien, Kasachstan, Moldawien und in der Ukraine. Überall tauchen große Probleme auf. Es handelt sich um nationale Fragen: den Status der Republiken und ihre Rechte.

Im großen und ganzen ist die Lage nicht so dramatisch, daß wir gleich die Alarmglocke läuten müßten, aber wir dürfen die Vorgänge auch nicht verharmlosen. Diese Prozesse sind ganz natürlich unter den Bedingungen der Demokratie und Glasnost. Viele uralte Geschwüre brechen auf.

Infolge der brüderlichen Einmischung in die Angelegenheiten der Republiken entsteht bei den Einheimischen der Eindruck, sie würden an die Zentralregierung zuviel abführen und zuwenig dafür erhalten. Es gibt auch unionsweite soziale und politische Fragen, die innerhalb einer Republik nicht gelöst werden können. Wir müssen sie aber lösen. Wenn wir sie nicht lösen, werden es andere auf ihre Weise tun: gegen den Internationalismus und gegen die Union. Solange wir auf der Stelle treten, werden Spekulationen aufkommen. Die öffentliche Meinung wird von Gerüchten beeinflußt.

Im Baltikum ist zum Beispiel bald der 50. Jahrestag der Angliederung an die UdSSR. Wir müssen den Menschen dort mit Verständnis begegnen. Die baltischen Staaten sollen das ruhig selbst angehen. Oder nehmen wir Georgien, die Gedenkstätten der Christenheit. Ich habe von dem Truppenübungsplatz schon gesprochen, der in der Nähe von einem historischen, dem georgischen Volk heiligen Ort gebaut wurde.

Ich war in Krasnojarsk. Wir müssen unbedingt sofort Maßnahmen ergreifen, damit endlich Schluß ist mit der Unterdrückung kleiner ethnischer Gruppen. Hier wird in unserem Land nur Unfug getrieben.

Die Frage der Staatsbürgerschaft in den Republiken. Wir müssen uns rasch informieren und eine Entscheidung treffen, nicht erst das spezielle Plenum abwarten.

Probleme unter den sogenannten ›nicht verwurzelten‹ Nationalitäten [Nationalitäten ohne staatliche Organisation in einer Republik oder in einem autonomen Gebiet] in den Republiken tauchen auf und spitzen sich zu. Hier kommt eine regelrechte Woge auf uns zu. Das gilt auch für die slawischen Völker im Baltikum. In Lettland oder Estland setzt die Arbeiterklasse in großen Unternehmen sich im wesentlichen aus Russen zusammen. Man stelle sich vor, wohin das führen kann, wenn wir dieses Problem vernachlässigen …

Konflikte zur Landessprache, Kultur und Geschichte haben sich zugespitzt. Die Nationen, Nationalitäten und Völker müssen echte Gleichberechtigung erhalten und sich unter normalen Bedingungen weiterentwickeln können. Auch hier kommen wir leider zu spät, hier in Moskau, wie auch vor Ort.

Das Volk ist inzwischen auf die Straße gegangen und hat die Frage aufgeworfen: Was haben wir hier in den Republiken für eine Regierung? Das sind doch nur Moskaus Marionetten, nicht mehr! Anweisung aus Moskau – schon wird sie ausgeführt! So kam eins zum anderen.

Ich muß betonen, daß manche Informationen im ZK einseitig und nicht konstruktiv sind. Oft will man uns nur einen Schreck einjagen. Sie denken, im Politbüro säßen lauter Blinde. Einige schreien bereits um Hilfe und hoffen, mit Desinformation ein Chaos zu schaffen …

Alle nationalen Fragen können nur im Zuge der Perestrojka gelöst werden. Nationale Prozesse können nur im Rahmen der Perestrojka in internationalistische Prozesse umgewandelt werden. Wir verfügen über eine wunderbare Ideengrundlage – die Resolutionen der XIX. Parteikonferenz. Jede dieser Resolutionen hat einen direkten Bezug zu nationalen Fragen. Ich bitte darum, sie bei der ideologischen, politischen und wirtschaftlichen Arbeit zu berücksichtigen.«

Diese realistische Betrachtungsweise der Probleme hatte jedoch keinen Einfluß auf die konkrete Politik. Bei der Rückkehr aus Orjol, wo Gorbatschow im November 1988 eine landwirtschaftliche Versammlung geleitet hatte, erwarteten Medwedew, Sljunkow und Tschebrikow ihn am Flughafen. Die drei Politbüromitglieder waren einen Tag zuvor nach Lettland, Litauen und Estland gefahren, um vor Ort die Lage zu erkunden. Alle drei waren schockiert. Tag und Nacht sind um das Haus, in dem sie untergebracht waren, Demonstranten gesessen und haben Plakate hochgehalten: »Geht heim, Russen!«, »KGB, MWD, Sowjetische Armee – zurück nach Moskau!«, »Nieder mit der Moskauer Diktatur!«, »Sofortiger Austritt aus der UdSSR!«, »Volle Souveränität!« Die Intellektuellen haben in Gesprächen unter vier Augen vernünftige Vorschläge gemacht, aber dieselben Leute haben kurz nach den Gesprächen mit Medwedew, Sljunkow und Tschebrikow auf Versammlungen genau das Gegenteil propagiert, ganz im Sinne eben jener Plakate.

Gorbatschow fragte mich und, wie ich später erfuhr, Jakowlew und Schachnasarow, ob die Balten denn wirklich »austreten« wollten. Ich habe ihm erwidert: »Offensichtlich ja. Es ist sogar schon soweit gekommen, daß die bekannte und im ganzen Land populäre Sängerin Artmana öffentlich von der ›40jährigen Okkupation Lettlands‹ spricht ...«

Gorbatschow entgegnete: »Einerseits machen sie aus mir den dummen August, andererseits bin ich überzeugt, daß sie (wirtschaftlich) zugrunde gehen werden, wenn sie austreten.« Was hat Gorbatschow nach der Mission Medwedews, Sljunkows und Tschebrikows unternommen? Er hat *live* vor Fernsehkameras eine Sitzung des Präsidiums des Obersten Sowjet geleitet. Ein jämmerlicher Auftritt und alles andere als eine Diskussion! Wir haben nur gelernt, andere zu verurteilen und zu brandmarken, aber wir können keine parlamentarische Debatte führen! Gorbatschow persönlich hat unter dem Einfluß der gedankenlosen Zustimmung der Präsidiumsmitglieder keine überzeugenden Argumente gefunden. Er hat sich wieder hinter Berechnungen verschanzt, wieviel wir »Estland geben« würden und wieviel es in den »gemeinsamen Topf« zahle. Aber eigentlich haben die Esten nicht nötig, was wir ihnen vierzig Jahre lang »gegeben« haben, und sie hatten es auch nie zuvor nötig gehabt. Gorbatschow hat das selbst im Politbüro hinter verschlossenen Türen gesagt.

Einige Tage später kam es im Nußbaumzimmer im Kreml vor einer Sitzung des Politbüros zu einer stürmischen Auseinandersetzung. Kurz zuvor waren in Baku Schützenpanzerwagen und sogar Panzer in Brand gesteckt und zwei russische Soldaten erschlagen worden. Auf den Straßen wurde mit grünen Fahnen und Porträts von Khomeini demonstriert, die Demonstranten riefen dazu auf, mit allen Armeniern in Aserbaidschan wie in Sumgait zu verfahren.

Im Nußbaumzimmer kam die Sprache auf Estland und einige Änderungen in der Verfassung, und Worotnikow warf die Frage auf: »Wohin treiben wir?« Ligatschow hakte sofort nach: »Ich habe schon im Februar gesagt, daß es an der Zeit ist, unsere Macht zu demonstrieren, die Ordnung wiederherzustellen und denen eine Lektion zu verpassen – was wollen wir noch alles dulden?! Die Menschen sind außer Rand und Band geraten und reden daher, wie es ihnen paßt. Der Zerfall unseres Staates beginnt ...«

Gorbatschow, der anfangs ironisch lächelnd zugehört und sich über Ligatschow lustig gemacht hatte, explodierte schließlich: »Warum willst du mich ständig einschüchtern, Jegor? Warum reibst du mir immer unter die Nase: Schau, wohin uns deine Perestrojka geführt hat! Wohin treiben wir? Was geht in unserem Land vor?!

Aber ich war und bleibe für die Perestrojka. Ich fürchte nicht, was bei uns vor sich geht. Wenn ihr (er wandte sich an alle am runden Tisch Sitzenden) meint, daß wir so nicht weitermachen dürfen, daß ich etwas falsch mache, dann gehen wir ins Nachbarzimmer (Tagungsraum des Politbüros), und ich erkläre meinen Rücktritt. Sofort! Keine weiteren Worte werde ich verlieren, keine Beleidigungen. Entscheidet euch, wen ihr an meiner Stelle wollt – soll der dann nach seinem Gutdünken regieren.

Aber solange ich auf diesem Stuhl sitze, werde ich meinen Kurs fortsetzen und um keinen Preis von ihm abweichen!«

Später fielen dann Gorbatschows ehemalige Kollegen der Reihe nach über ihn her. Warum haben sie *damals* nicht die Gelegenheit genutzt?

Sie hätten ihn nur beim Wort zu nehmen brauchen. Damals hatten sie ja, wie es hieß, die überwältigende Mehrheit im Politbüro und im ZK. Damals hatte der »Zerfall« ja erst begonnen, und sie hätten »Ordnung schaffen können«! Aber nein! Dazu waren sie nicht bereit, denn sie hatten außer den in der Parteischule einstudierten, stalinistischen Klischees keine Konzeption. Gorbatschow hat den Zerfall vorausgesehen. Er hat ihn zwar nicht gewollt, aber er konnte ihn auch nicht stoppen. Wenigstens hat er nicht kehrtgemacht – darin liegt sein historisches Verdienst.

Am selben Abend unterhielt sich Gorbatschow über dieses Gespräch mit Jakowlew. Der habe ihm, so Gorbatschow, gesagt: »Michail Sergejewitsch! Ich habe Ihnen schon einmal gesagt, daß ein gekränkter Mann kein guter Ratgeber sein kann, um so mehr, weil er in seinem Herzen ein Gegner der Perestrojka ist.«

Nicht nur Ligatschow war kein guter »Ratgeber« in der »nationalen Frage«, sondern auch der ganze damalige Regierungsapparat. Das war ja die Tragödie.

Auf der folgenden Tagung des Obersten Sowjet verteidigte Gorbatschow seine Konzeption des »Zusammenhalts«. Er machte den Esten aus seiner Sicht große Zugeständnisse und lockte sie mit der Erklärung, das sei nur die *erste* Etappe politischer Reformen, später würden wir *weitergehen*. Dieses Versprechen gab er, obwohl die Mehrheit im Politbüro und im ZK-Plenum zwar nicht offen widersprochen, aber stumm die Lippen aufeinandergepreßt hat.

Ich konnte in diesen Tagen bei Gorbatschow das Bestreben beobachten, den Balten großzügig entgegenzukommen. Es war nicht einmal die mögliche Reaktion des Zentralkomitees und der Parteiführung, die ihn zurückhielt. Damals war er überzeugt, er würde mit dieser Opposition fertig werden. Vielmehr beunruhigte ihn die Reaktion der Russen. Er hat mir mehrmals gesagt, daß die Russen ihm nie den »Zerfall des Imperiums« (so Gorbatschow) verzeihen würden, »die großrussischen Stimmen spucken immer größere Töne ...«

Ich widersprach mit der Ansicht, das russische Volk lege keinen so großen Wert mehr auf »das einige und unteilbare Imperium«, sondern besinne sich auf einen primär russischen Nationalismus: »All die Fremden drängen sich an uns, wir kommen auch ohne die aus, sie sind uns nur eine Last.« Allerdings könnten und würden der Perestrojka feindlich gesinnte Gruppierungen unbedingt das Banner der Rettung »unserer großartigen Errungenschaft«, der Union, hissen. Diese Art von Opposition hätte mit Hilfe einer Forcierung der sozialökonomischen Veränderungen überwunden werden können, und genau das hat Michail Gorbatschow ständig propagiert.

Fast ein Jahr nachdem Gorbatschow und ich uns erstmals über den Hitler-Stalin-Pakt unterhalten hatten, haben Esten, Letten und Litauer »sich an den Händen gefaßt« und quer durch das ganze Baltikum eine Menschenkette mit Kerzen gebildet. Ich habe damals (ebenfalls auf der Krim im Urlaub) Gorbatschow gesagt: »Der Prozeß ist unumkehrbar! Wir müssen das Baltikum aus der Union entlassen, sonst bildet sich ein Geschwür, das der Nationalitätenpolitik im ganzen Land unabsehbaren Schaden zufügen wird.«

Gorbatschows Reaktion auf die Menschenkette mit Kerzen ist bekannt: Er ordnete an, einen drohenden Brief zu veröffentlichen, in dem Separatisten, Extremisten und Nationalisten die Schuld an allem zugeschoben wurde. Der Brief und die folgenden ungeschickten Manöver zur Dämpfung der nationalen Begeisterung hatten den gegenteiligen Effekt. Sie nutzten gerade den Nationalisten und nicht vernünftigen und verantwortungsvollen, nationalen Führern vom Typ des litauischen Parteichefs Brasauskas, der späteren litauischen Ministerpräsidentin Prunskiene, des Vorsitzenden des lettischen Präsidiums Gorbunow oder des estnischen Parteichefs Väljas.

Gorbatschow unterschätzte die nationale Bewegung in den slawischen Republiken, was sich als großer Fehler erweisen sollte. Ende Februar 1988 war er in die Ukraine gefahren, am 3. März hatte er in einer Politbürositzung die Ergebnisse der Reise zusammengefaßt. Sein Bericht spricht in Anbetracht der folgenden Ereignisse für sich:

»In der Ukraine und in Weißrußland stellen sich nationale Fragen auf andere Art als in den nichtslawischen Republiken. Hier ist alles sehr eng mit Rußland verwoben. Millionen Ukrainer und Weißrussen leben und arbeiten jenseits der Grenzen ihrer Republik in Rußland. Sie werden dort nicht nur in ihrer Eigenart akzeptiert, sondern besetzen angesehene Stellungen in der Gesellschaft, im Produktionsprozeß, in Verwaltungs- und Parteiorganen und im kulturellen Bereich.

Das sind große Völker. Die Verwandtschaft mit den Russen ist historisch belegt, die Sprachen ähneln sich sehr, und ihr Schicksal war über Jahrhunderte so eng miteinander verflochten, daß kaum zu unterscheiden war, wo das Gebiet der Russen aufhörte und wo das der Ukrainer oder Weißrussen anfing. Daher rührt zum Beispiel auch die Problematik der Landessprache. Die Entwicklung kam ganz von selbst. Die Weißrussen und Ukrainer wollten ihre Kinder nicht mehr in ›eigene‹ Schulen schikken, vor allem in den Städten.

Und jetzt werfen Intellektuelle die Frage der eigenen Herkunft und nationalen Identität auf, die so viele Jahre lang vernachlässigt wurde. Andererseits kann man auch die Schriftsteller in gewisser Weise verstehen: Wer hätte denn ihre Werke in der eigenen Sprache gelesen?

So kam eins zum anderen. Einige versuchen, nationale Fragen von extremistischen Positionen aus anzugehen. Ich möchte aber betonen, daß unter den Kadern wie im Vok eine internationalistische Einstellung fest verankert ist. Deshalb müssen die Verkünder der Selbständigkeit ihren Vorbildern im Baltikum nacheifern. Aber sie zündeln nur herum, es gelingt ihnen nicht einmal, ein Lagerfeuer, geschweige denn einen Flächenbrand zu entfachen. Das Volk, insbesondere die Arbeiterklasse, läßt sich von den Forderungen dieser Leute nicht beeinflussen.

Wir müssen aufpassen und dürfen nichts verharmlosen. Als ein Bergarbeiter in Donezk bei einem Treffen sich ein wenig abfällig über die ukrainische Sprache ausgelassen hat, ist die ukrainische Intelligenzija in Empörung geraten. Kiewer Schriftsteller haben ein Treffen mit mir gefordert. Obwohl die Zeit bereits sehr knapp war, bin ich zu ihnen gefahren. Das Gespräch hat sich als fruchtbar erwiesen. Gontschar hat eine regelrechte Erklärung abgegeben: ›Wir können uns die Ukraine ohne Rußland gar nicht vorstellen. Wir waren und bleiben fest in dieser Haltung. Wir sind mit dem sowjetischen Vielvölkerstaat untrennbar verknüpft. Aber es gibt Leute, die die Arbeiterklasse gegen uns Schriftsteller aufhetzen.‹

Der Besuch in Lwow (Lemberg) hat mich besonders erfreut. Bei uns ist nämlich bereits ein Automatismus eingekehrt: Hört man die Worte ›Westukraine‹ oder ›Westweißrußland‹, kommen einem als erstes Benderowzy, Partisanen und das Jahr 1939 in den Sinn. Wie sich jedoch herausstellte, haben die Einwohner der Westukraine, sogar die einheimische Intelligenzija, damit überhaupt keine Probleme. Sie betrachten die Wiedervereinigung im Jahr 1939 als einen Markstein in der Geschichte ihres Volkes. Mit dieser Einstellung gehen sie auch an alle anderen Fragen heran, die mit nationalen Aspekten verknüpft sind.

In Lwow sind wir überraschend aufgetaucht. Programmgemäß hätten wir von Kiew aus nach Donezk fliegen sollen, aber wegen starken Schneetreibens konnten wir den Flughafen nicht anfliegen. Deshalb machten wir kehrt und flogen sofort nach Lwow. Die Einwohner haben erst ungefähr eine Stunde vor unserer Ankunft von dem Besuch erfahren. Aber die ganze Stadt war auf den Beinen. Ich glaube, keine Organisation hätte in der kurzen Zeit so viele Menschen motivieren können, auf die Straße zu gehen. Das war einfach unvorstellbar. Wir konnten nicht einmal durch die Straßen fahren, sondern wurden buchstäblich von Menschenwogen geschaukelt.

Natürlich gab es auch Versuche, Parolen anzustimmen. Ein paar bemitleidenswerte Grüppchen haben sich mit ihren Unabhängigkeitsparolen irgendwo aufgebaut. Aber die Volksmenge hat sie buchstäblich von der Straße gefegt.«

Ein Kommentar ist hier nahezu überflüssig: Wunschbilder wurden für Realität gehalten. Der Blick für die Realität war Gorbatschow durch seine gewohnt internationalistische Sichtweise verwehrt.

»Wofür brauchen wir eine so große Armee?«

Wie stand es um die Rüstungsausgaben und die Verteidigung? Charakteristisch für Gorbatschows politische Denkweise war eine organische Verknüpfung von Innen- und Außenpolitik, was auch aus seinem Buch »Perestroika« hervorgeht. Jede größere Aktion (oder Initiative) hat er immer an ihrer innen- *und* außenpolitischen Wirkung gemessen. Auch den Rüstungsausgaben legte Gorbatschow diese Kriterien zugrunde. Nachdem er die Reorganisation des politischen Systems in Angriff genommen hatte, stellte er die Frage, wie der Rüstungswettlauf zu begrenzen sei, welchen Stellenwert der militärisch-industrielle Komplex im neuen System einnehmen und welche Rolle er in der gesamten Wirtschaft des Landes spielen werde.

Die tatsächlichen Gegebenheiten in diesem Bereich hat Gorbatschow klar erkannt. Er steckte voller kühner Ideen und Ansichten. Gegenüber den Wächtern des unerschütterlichen militärischen Bollwerks des Totalitarismus gebrauchte Gorbatschow leidenschaftliche und schonungslose Worte. Wie so oft wurden auch diese Pläne zu spät in Angriff genommen, weil niemand seine Analysen und seine Ziele umsetzen konnte.

Als Gorbatschow im Februar 1988 die Ergebnisse der Gespräche mit

223

Außenminister Shultz im Politbüro zusammenfaßte, hatte er schon gesagt:

»Ja, schließlich haben wir militärische und strategische Ebenbürtigkeit mit den Vereinigten Staaten erlangt. Niemand hat errechnet, wieviel uns das gekostet hat. Aber diese Berechnung ist notwendig. Inzwischen ist klar, daß wir ohne eine beträchtliche Einschränkung der Militärausgaben die Probleme der Perestrojka nicht lösen können. Ebenbürtigkeit ist das eine, und wir müssen sie aufrechterhalten. Aber wir müssen auch abrüsten. Und jetzt haben wir die Gelegenheit dazu. Denn wir haben eine neue Qualität politischer Beziehungen zu den Vereinigten Staaten erreicht …

Wir sollten jemanden beauftragen, gründlich zu analysieren, was eine starke sowjetische Armee bedeutet, was wir für die Gewährleistung unserer Sicherheit benötigen und was eine uneingeschränkte Sicherheitsgarantie impliziert. Und wenn wir all das berechnet haben – streichen wir alles übrige.«

Gorbatschow erkannte genau, daß die Folgen des Militarismus unsere Wissenschaft abtöteten, und ohne Wissenschaft konnte er sich keinen Fortschritt der Perestrojka vorstellen.

Am 3. November 1988, nach der Reorganisation der Parteiführung, beschloß Gorbatschow, die zunehmende Kluft zwischen der Politik des Neuen Denkens und der realen Aktivität des militärisch-industriellen Komplexes zu überbrücken. In drei Jahren Perestrojka hatte sich weder grundsätzlich noch praktisch etwas geändert.

Was damals als Tagesordnungspunkt im Politbüro erörtert wurde, habe ich in meinem Tagebuch als »historisches Ereignis« notiert. Ich war auf Gorbatschows Rede vorbereitet, weil er am Tag zuvor Schewardnadse, Jakowlew, Falin, Dobrynin und mir seine Gedanken mitgeteilt hatte. »Und dir«, wandte er sich damals an mich, »kann dies als Konzeption für meine Rede vor den Vereinten Nationen dienen.« Der Besuch war bereits geplant. Hier meine Aufzeichnungen:

»Ich habe neulich mit Nikolaj Iwanowitsch (Ryschkow) und Genosse Masljukow (Stellvertreter Vorsitzender des Ministerrats, verantwortlich für den militärisch-industriellen Komplex) gesprochen. Dieses Gespräch, wie die Masse von Briefen, die mich täglich von Sowjetbürgern erreicht, und mein kürzlich abgehaltenes Treffen im Haus der Jugendorganisation zwingen mich, endlich ernsthaft über die Frage nachzudenken, die mir bei dem Treffen auch Komsomolzen gestellt haben: ›Wofür brauchen wir denn eine so große Armee?‹

Wir sind an das Thema, das uns schon längst beunruhigt, auf der XIX. Parteikonferenz herangegangen. In den zuvor ausgearbeiteten Thesen, in der Rede und schließlich in den Resolutionen haben wir betont, daß wir Qualität brauchen und nicht Masse. Inzwischen ist der Moment gekommen, an dem wir eine bedeutende Entscheidung treffen müssen …

Die von uns verkündete Militärdoktrin stimmt nicht mit unserer Aktivität im militärischen Bereich überein. Was ist, wenn wir öffentlich zugeben, wie die Sache wirklich aussieht: Unsere Militärausgaben sind zweieinhalb mal so hoch wie die der USA. Kein einziger Staat der Welt, vielleicht außer den unterentwickelten Staaten, die wir mit Waffen überschütten, ohne irgendeinen Ausgleich zu erhalten, gibt für diese Ziele pro Kopf der Bevölkerung mehr aus als wir. Wenn wir all das publik machen, dann ist unser ganzes Neues Denken und unsere neue Außenpolitik beim Teufel.

Wir haben eben erst erklärt, daß wir bereit sind, die Daten zu veröffentlichen, wir treiben damit die Amerikaner in die Enge. Aber wenn es wirklich zur Veröffentlichung kommt, was werden wir dann tun?

Aber das ist noch nicht einmal das Wichtigste. Wir werden die Aufgaben der Perestrojka nicht lösen, wenn wir die Armee so lassen, wie sie ist. In den militärischen Sektor gehen wie früher die fähigsten wissenschaftlichen und technischen Kräfte, dorthin fließen die meisten Gelder, und die Versorgung klappt dort reibungslos …

Die Jungs aus dem Komsomol (Kommunistischer Jugendverband) haben recht: Wofür brauchen wir so eine Armee? Sechs Millionen Mann! Und eben hat mir jemand gesagt, es werde erwogen, junge Männer schon mit 17 Jahren einzuziehen … Was treiben wir denn?! Wir berauben uns der besten und frischen Kräfte und somit der intellektuellen Ressourcen! Wie werden wir dann die Perestrojka weiterführen?

In der DDR sind mächtige Stoßtruppen mit Panzern stationiert. Dazu Pioniertruppen. Wie können die Amerikaner und andere auf unsere defensive Militärdoktrin vertrauen, solange sie diese Drohung vor Augen haben?

Nun zum Abbau unserer militärischen Präsenz in den sozialistischen Ländern. Heute hat Eduard Schewardnadse uns von seinem Gespräch mit Grosz (damals Generalsekretär der Ungarischen Sozialistischen Arbeiterpartei) berichtet. Zur Zeit ist das Problem nicht so dringlich. Aber es kann übel für uns ausgehen, wenn die Lage in Ungarn sich verschlechtert. Dann werden wir nicht freiwillig abziehen, sondern hinauskomplimentiert werden. Also, auch dieses Problem – unserer Präsenz – müssen wir so schnell wie möglich mit unseren Freunden besprechen. Ich schlage dem Verteidigungsrat vor, die Sache genau zu prüfen und die Ergebnisse im Politbüro vorzulegen. Ist jemand dagegen?«

Alle nickten zustimmend. Ryschkow erklärte, daß von einem Anstieg des Lebensstandards gar keine Rede sein könne, wenn wir das nicht täten. »Welche Regierung ihr auch einsetzt, diese Aufgabe wird sie nicht lösen können.«

Gorbatschow erklärte abschließend: »Wenn alle einverstanden sind und wenn wir einen bedeutenden Beschluß fassen, der auch einseitige Abrüstungsschritte vorsieht ..., dann habe ich die Absicht, dies in meiner Rede vor der UNO anzukündigen.« Alle waren einverstanden.

Gorbatschow fügte dann hinzu: »Nach dem INF-Vertrag und dem Beschluß, aus Afghanistan abzuziehen, wird folgender Eindruck entstehen: Alle werden sehen, daß wir nicht nur schwätzen, sondern reale Friedenspolitik betreiben. Hauptsächlich brauchen wir die Initiative für die Perestrojka. Nikolaj Iwanowitsch Ryschkow hat recht: Ohne Abbau der Armee und des militärisch-industriellen Komplexes können wir die Aufgaben der Perestrojka nicht lösen.

Keine Frage: Wir brauchen unbedingt militärische Stärke. Aber zu unserer eigenen Sicherheit, und nicht als Drohpotential.«

Als Gorbatschow das sagte, hatte ihn Schewardnadse bereits durch eine Notiz eindringlich davor gewarnt, daß die Militärs ihn hintergehen würden, noch dazu in wichtigen Fragen wie der Entwicklung neuer Waffensysteme und des Aufmarschs großer Truppenverbände.

Der Verteidigungsrat hat getagt. Ich nahm nicht daran teil und erfuhr später, daß dort die Frage genau erörtert wurde, welche einseitige Abrüstungsmaßnahme in der UNO angekündigt werden könne.

Zu diesem Problem gehörte auch der unkontrollierte Waffenexport. Ich habe gemeinsam mit Schachnasarow, dem Stellvertretenden Leiter der Abteilung für die Beziehungen mit den kommunistischen Parteien in den sozialistischen Ländern, immer wieder versucht, den Waffenexport zu stoppen oder wenigstens die Lieferung zu verschieben. In der Regel haben diese Versuche nichts genützt.[5]

Am 30. September 1988 beschloß ich mit Schachnasarow, einen offiziellen Protest an den Generalsekretär zu richten:

» Michail Sergejewitsch!
Der Widerspruch zwischen unserem grundlegenden Kurs in der internationalen Politik und der Praxis der Waffenexporte wird immer auffälliger.

Einerseits bemühen wir uns intensiv um zählbare Ergebnisse in der Abrüstung konventioneller Waffen. Aber andererseits tauchen jede Woche und manchmal mehrmals in der Woche Vorschläge im ZK auf, den Bitten um immer neue Waffenlieferungen an verbündete, befreundete und nicht sehr befreundete Staaten nachzugeben. ...

Diese Praxis scheint uns inakzeptabel, weil die Lieferungen eigentlich aus purer Trägheit wegen irgendwann gegebenen Versprechen fortgesetzt werden und zum größten Teil die nicht enden wollenden Bitten jener Staaten erfüllen, die auf unsere internationalistische Einstellung bauen und denen der Weltfrieden im großen und ganzen gleichgültig ist.

Unsere fast widerspruchslose Bereitschaft, diesen Bitten und zum Teil auch Forderungen zu entsprechen, ist nicht nur mit Blick auf die Beziehungen zum Westen beleidigend, also aus der Perspektive unserer Friedensinitiativen. Die Bereitschaft hält auch ein Abhängigkeitsverhältnis dieser Staaten zur Sowjetunion aufrecht. Sie fordert außerdem eine Fortsetzung und Verschärfung einer Politik heraus, die dem Neuen Denken und unseren realen Interessen zuwiderläuft.

Nehmen wir nur die letzten Fälle: Algerien, Äthiopien, Volksrepublik China. Wofür brauchen sie Waffen, mit deren Lieferung sie erst kurz vor dem Jahr 2000 rechnen? Was bedroht ihre Unabhängigkeit und ihre nationalen Interessen? Ihnen droht zur Zeit und voraussichtlich auch künftig keine Gefahr. Warum müssen wir mit diesen Lieferungen die Ambitionen ihrer Führer unterstützen und faktisch die Politik von, beispielsweise, Kim Il Sung oder Mengistu sanktionieren, die dem gesunden Menschenverstand und sogar ihren eigenen Interessen widerspricht, ganz zu schweigen von globalen Interessen?

Kurz, es stellen sich viele Fragen. Zunächst einmal wäre es vielleicht günstig, die Genossen Masljukow und Katuschew zu beauftragen, sie sollten darlegen, welchen realen materiellen Nutzen wir vom Waffenexport haben und wie lebensnotwendig er für die Sowjetunion ist. Sie sollen objektiv begründen, wie diese Praxis sich mit dem verordneten Sparkurs bei Rüstungsausgaben verträgt – und mit der Orientierung auf Qualität statt auf Masse. In Betracht zu ziehen ist dabei, ob wir die modernsten, also hochwertigen Waffensysteme, die wir für unsere eigene Verteidigung benötigen, womöglich auch nach Libyen, Angola oder Kuba schicken wollen.«

Gorbatschow hat Masljukow und Katuschew den Auftrag erteilt, ihn unverzüglich »über die ganze Problematik« zu informieren. Danach hat eine gewisse »Regulierung« eingesetzt.

Die Kürzung der Militärausgaben blieb ein Wunschtraum. Der Rüstungswettlauf im Kalten Krieg hatte einen unvorstellbar trägen Apparat hervorgebracht. Nicht einmal Jelzin kam gegen diesen Apparat an. Auch er konnte bislang kaum effektiv Gelder für die Bedürfnisse der Bevölkerung freisetzen.

Zwei Jahre nach dem Goebbels-Vergleich: Kohls Besuch in Moskau

Die Beziehungen zu Deutschland waren hinter den übrigen Beziehungen zu einflußreichen westlichen Staaten zurückgeblieben. Michail Gorbatschow spürte, daß diese Situation nicht normal war. Bei verschiedenen Anlässen hat er betont, daß wir ohne ein normalisiertes Verhältnis zu Deutschland keine echte europäische Politik betreiben könnten. Aber Gorbatschow wurde von dem beleidigenden Vergleich mit Goebbels in einem Interview Bundeskanzler Kohls mit dem US-Magazin *Newsweek* im Oktober 1986 zurückgehalten. Er intensivierte die Kontakte zu England, Italien und den USA und wollte damit den »Deutschen eine Lektion erteilen«.

Im Oktober 1988 kam es schließlich doch zu Helmut Kohls Besuch in der Sowjetunion. Einen Tag vorher besprach Gorbatschow mit mir die Materialien für die Gespräche und zur Person des Kanzlers. Ich sagte zu ihm: »Ich schätze die Lage folgendermaßen ein: Das Land (die BRD) ist bereit, uns tatkräftig zu unterstützen, aber er (Kohl) nicht.« Gorbatschow erwiderte: »Bei uns ist es umgekehrt: Die Führung ist bereit, aber das Land nicht.« Zum Glück haben wir uns beide getäuscht.

Am 28. Oktober 1988 fand im Katharinensaal des Kreml ein Gespräch zwischen Michail Gorbatschow und Helmut Kohl statt, das zur Wende in den Beziehungen führte – »unter vier Augen«, genaugenommen mit Horst Teltschik und mir. Wir saßen einander gegenüber, und ich blickte dem außergewöhnlichen Berater des Kanzlers in die Augen. Er war ein Mann mit einem scharfen, praktischen Verstand, der eine wichtige Rolle in der damaligen deutschen Politik gespielt hat, insbesondere bei der deutsch-sowjetischen Annäherung. Unsere Presse und die Mitarbeiter des Außenministeriums haben ein ziemlich »abschreckendes« Bild von diesem Politiker gezeichnet. Wie in so vielen anderen Fällen hat sich das jedoch als falsch erwiesen. Gorbatschow und ich waren aufrichtig betrübt, als er für uns so überraschend seinen Posten beim Bundeskanzler verließ. Wir hatten regen Briefverkehr, haben uns angefreundet und waren ihm gegenüber besonders offen. Übrigens hat er sich auch nach Gorbatschows Rücktritt sehr vornehm verhalten.

Ich habe also mit Teltschik an jenem Tag einer erstaunlichen Wandlung beigewohnt. Zwei Staatsmänner solchen Ranges, die sich »auf höchster Ebene« trafen, haben sich von Mensch zu Mensch miteinander unterhalten. Ein Deutscher und ein Russe, in denen die dramatische und miteinander verflochtene Geschichte zweier großer Völker lebt. Und weder klassenkämpferische Ansätze oder ideologische Spitzen noch entgegengesetzte Ansichten oder ein Hauch von Feindseligkeit und Mißtrauen haben das gute Gesprächsklima gestört. Keiner wollte seinen Gesprächspartner »über den Tisch ziehen« oder seinen Absichten entsprechend in die Irre führen.

Ich hatte einmal mehr Gelegenheit, Gorbatschows Kühnheit und Weitsicht und seinen längst vollzogenen Bruch mit dem Marxismus-Leninismus zugunsten des gesunden Menschenverstands zu bewundern.

Folgendes Detail war bezeichnend. Bei dem offiziellen Essen hielt Kohl eine Rede und sprach selbstverständlich die Einheit Deutschlands und die Berlinfrage an. Am selben Morgen hatten Gorbatschow, Falin und ich noch überlegt, ob dieses Thema nicht zu Beginn des Gesprächs unter vier Augen angeschnitten werden sollte. Gorbatschow erteilte sogar Falin den Auftrag, etwas zu formulieren, »damit es nicht vergessen wird«. Allerdings sagte er kein einziges Wort aus Falins Text. Später erklärte er uns, warum: Kohl mußte das selbst ansprechen, um sich seiner Bündnispartner und der Fanatiker im eigenen Land zu erwehren!

Gorbatschow lag damit ganz richtig. Aus Kohls Umgebung habe ich erfahren, daß Kohl sorgfältig auf die Reaktionen der NATO-Bündnispartner geachtet hat. Er befürchtete, sie würden ihn nach seiner Rückkehr aus Moskau angreifen. Die Kommentare zweier französischer Zeitungen (*Quotidien de Paris* und *Le Figaro*) mahnten ihn zur Vorsicht. Sie schrieben, der Charakter des Besuches stelle Kohls Zuverlässigkeit in den Bündnisverpflichtungen in Frage. Während einer Pressekonferenz stellten französische Journalisten giftige Fragen: »Schön, daß Sie den Russen gegenüber so großzügig waren, und was haben Sie dafür bekommen? Einige freigelassene Gefangene für Ihr Gewissen? Und was wird jetzt aus der französisch-deutschen Allianz und den anderen Zusagen an die Franzosen?« Kohl hat auf ähnliche Anspielungen in der amerikanischen Presse aufmerksam gemacht. Er war überrascht von der gemäßigten Reaktion der Engländer. Er hat hier Margaret Thatcher unterschätzt!

Wie dem auch sei, seit dem Treffen zwischen Gorbatschow und Kohl hat das gegenseitige Vertrauen rasch zugenommen und ist bald in eine echte Duzfreundschaft übergegangen. Sie hat bedeutenden Anteil daran gehabt, daß die deutsche Wiedervereinigung unblutig verlaufen ist.

1989: Das verlorene Jahr

Triumph vor den Vereinten Nationen

Im Dezember 1988 fuhr Michail Gorbatschow nach New York, um eine Rede vor den Vereinten Nationen zu halten. Auf die Reise an den East River, die ursprünglich mit einem Besuch in Kuba und in London verbunden werden sollte, begann Gorbatschow sich erst Ende November intensiv vorzubereiten. Die Mitarbeiter des Außenministeriums hatten schon lange vorher Entwürfe verfaßt nach seinen Richtlinien für konkrete Fragen (einseitige Abrüstungsmaßnahmen, Menschenrechte – Freilassung aller politischen Gefangenen, die Schuldenkrise der »Dritten Welt« bewältigen etc.). Ich mußte mit meinen Experten diese Vorlage von Grund auf überarbeiten und umschreiben. Gorbatschow schärfte mir immer wieder ein, wie die eine oder andere Formulierung abgeändert und was noch hinzugefügt werden müsse. Ich war schon damals überzeugt, daß wir in New York eine Sensation auslösen würden.

Michail Gorbatschow feierte einen wahren Triumph vor den Vereinten Nationen. Ungefähr eine Stunde lauschte ihm der Saal gebannt, dann ertönte langanhaltender Applaus. So etwas hatte es bei der UNO noch nicht gegeben.

Gorbatschow zog indes nicht alle denkbaren Schlüsse aus seinem Triumph. Die sowjetische Presse berichtete eher über die konkreten Initiativen Gorbatschows, als daß sie den Geist dieser Rede, mit der das Neue Denken aus dem Rahmen des Marxismus-Leninismus ausbrach, interpretierte. Die westliche Presse unterstrich die Außergewöhnlichkeit dessen, was der oberste Politiker des Kommunismus vor der ganzen Welt verkündet hatte. Ich möchte nicht behaupten, bei Gorbatschow habe sich in New York die Abkehr von der Psychologie und dem Charakter eines sowjetischen Parteifunktionärs vollzogen. Aber gerade in dieser Zeit kehrte er sich bewußt von der orthodoxen Klassentheorie und Methodik zur Bewertung von Vorgängen in der Welt und bei der Bildung eines politischen Kurses ab (jedoch noch immer nicht bei allen konkreten Projekten).

In den Massenmedien wurde sehr oft über den Eindruck berichtet, den Gorbatschow mit seiner Rede auf die ganze Welt machte. Man muß aber auch berücksichtigen, welchen Einfluß es auf Gorbatschow selbst ausübte, daß er nun im Mittelpunkt des Interesses stand. Er hatte schon vor langem einen Eid auf das Neue Denken geschworen und bezeichnete sich als einen internationalen Politiker des neuen Typs. Jetzt wurde ihm dieses »Amt« würdevoll verliehen. Er bekam von der internationalen Staatengemeinschaft einen Preis ausgehändigt. Eine solche Unterstützung und Anerkennung schien die Lösung der außenpolitischen Probleme zu erleichtern: die Beziehung zu den sozialistischen Ländern, die Abrüstung, den Afghanistankonflikt.

Eine ähnliche ideologische Entwicklung vollzog sich auch bei den innenpolitischen Prozessen. Gerade in dieser Zeit begann die Auseinandersetzung mit unserer siebzigjährigen sowjetischen Geschichte. Alles wurde nun genau unter die Lupe genommen. Man versuchte nicht mehr nur Bucharin und Trotzkij Gerechtigkeit widerfahren zu lassen, sondern sprach jetzt darüber, daß sie es zwar anders, aber dennoch nicht ganz richtig hätten machen wollen. Die Oktoberrevolution wurde als ein historischer Fehler interpretiert, und sogar Lenin stand nicht mehr über aller Kritik.

In den Massenmedien war keine Formulierung mehr tabu. Das sowjetische System wurde als Totalitarismus bezeichnet. Sowchosen und Kolchosen waren nicht mehr nur Fehler, sondern galten als Verbrechen. Nur durch die Emigration seien geistige Werte erhalten worden. Im Fernsehen konnte man schon Metropoliten und Bischöfe sehen, die den Herrn lobten und dem Volk mitteilten, wie sündig es bisher gelebt habe.

In diesen Gesellschaftsbereichen begann die »Revolution des Bewußtseins«, die Gorbatschow als die schwierigste Aufgabe bezeichnete und die für ihn ein zentrales Problem der Entwicklung der Perestrojka war.

Gorbatschow schimpfte und war zornig, wenn seine engen Mitarbeiter aus der Regierung in einer Zeitung Druck auf ihn ausüben wollten, indem sie vor dem Ausverkauf aller sowjetischen und sozialistischen Werte warnten. Die ernsthafte Überprüfung unserer Dogmen und des Bildes unserer Vergangenheit, die häufig und teilweise von hochbegabten Leuten unternommen worden war, beeinflußte Gorbatschow ebenfalls. Dank seiner Initiative gingen zumindest die bewußten und einflußreichen Schichten der Gesellschaft bis an ihre geistigen Grenzen. Es war unumgänglich geworden, den Übergang in einen »säkularen Staat« (um einen westlichen Begriff zu gebrauchen) durch Deideologisierung und Entleninisierung zu vollziehen. Zuletzt erreichten wir diesen Bruch mit der Tradition auch, aber erst »nach Gorbatschow« und als zerfallener Staat.

Vor dem Jahreswechsel sprach Gawriil Popow im Fernsehen. Er vertrat die Ansicht, die aufgekommenen Tendenzen würden sich verstärken. Die objektive Konsequenz von Gorbatschows Politik sei der Zerfall des siebzigjährigen kommunistischen Regimes; vielleicht sei das auch seine Absicht. Erst durch den Zwang zur Selbsterhaltung werde die Gesellschaft sich erneuern und die Dogmen der Vergangenheit, auch die Leninschen, widerlegen. War es nun »historische Konsequenz« oder »Absicht«? Ich denke beides. Gorbatschow sagte oft: »Ich gehe weit!« Er hätte aber nach der New Yorker Rede, mit der er außenpolitisch Erfolg gehabt hatte, erheblich schneller handeln müssen.

In New York übernachteten wir damals am Sitz unserer UN-Mission. Frühmorgens wurde mir ein Telegramm für Gorbatschow gebracht, in dem kurz und unverständlich über das Erdbeben in Armenien berichtet wurde. Wir konnten daraus nicht schließen, welches Ausmaß die Katastrophe hatte.

Nach dem UNO-Auftritt wurde Gorbatschow mit einer kleinen Gruppe von Begleitern von Reagan und Bush auf Governors Island empfangen. Auf dem Weg dorthin traf Gorbatschow mit Ryschkow zusammen; dieser berichtete, was in Armenien tatsächlich geschehen war. Gorbatschow war sehr bedrückt und unterhielt sich mit dem Präsidenten und dem Außenminister hauptsächlich über die Katastrophe. Auch nach dem Essen stand das Erdbeben bei Gesprächen im kleinen Kreis im Vordergrund.

Später fand eine kurze Stadtrundfahrt statt. Unsere Diplomaten und Journalisten hatten prophezeit, daß in dieser Stadt keine begeisterten Massen die Straßen säumen würden. Gorbatschow war das gleichgültig. Doch entgegen aller Vorhersagen blieb die Wagenkolonne fast in den Menschenmassen stecken. Sie riefen, winkten, warfen ihre Mützen in die Luft, trugen selbstgemachte Plakate, und alle Fenster waren besetzt. Gorbatschow wurde auf den Aussichtspunkt eines Wolkenkratzers geführt. Er schaute lange und nachdenklich auf die Stadt: »Ein großes Werk menschlichen Verstands und menschlicher Hände Arbeit«, sagte er zu den Umstehenden.

Nach dem Empfang bei UN-Generalsekretär Pérez de Cuellar rief Gorbatschow alle nahestehenden Begleiter zu sich. Er hatte das Jackett abgelegt und wirkte bedrückt und niedergeschlagen (und das nach einem solchen Festakt und solchen Ovationen in der UNO!). Er bat, Wodka und das Abendessen zu bringen, und fragte: »Was tun wir jetzt?« Noch bevor wir antworten konnten, wandte er sich an Plechanow und befahl: »Morgen früh fliegen wir nach Moskau. Du, Eduard, berufst eine Pressekonferenz ein und erklärst alles. Ihr beide (Schachnasarow und ich) schickt Thatcher und Castro ein Telegramm, daß wir nicht zu ihnen kommen.« Margaret Thatcher schickte übrigens als erste ein Beileidstelegramm und sicherte Hilfe zu.

Nach dem Erfolg in der UNO mußten wir uns mit den sozialistischen Freunden auseinandersetzen. Am 15. Januar 1989 zogen wir eine Art Bilanz der Auslandsreisen Gorbatschows im vergangenen Jahr. Gorbatschow fragte, wie wir uns gegenüber Kuba verhalten sollten. Ich erinnerte ihn an ein Schreiben, in dem er die Ansicht vertreten hatte, daß er nicht mehr nach Kuba reisen müsse. Er unterbrach mich, nahm eine chiffrierte Nachricht vom Tisch und las uns einen Bericht des KGB über die Lage in Prag vor. Fazit: Jene, die 1968 die Macht ergriffen haben und von Breschnew und seinen Leuten gehätschelt worden sind, hassen unsere Perestrojka. Sie prophezeien, daß wir scheitern werden.

»Jakeš (der Erste Sekretär der KP der Tschechoslowakei) war vor kurzem bei Castro«, fuhr Gorbatschow fort. »Auch er beschimpfte die Perestrojka als Verrat am Marxismus-Leninismus, an der Revolution, am Sozialismus und an den Bruderländern. Für ihn ist das Opportunismus und Revisionismus der schlimmsten Art. Castro sagte zu ihm, der wichtigste Zufluchtsort für den Marxismus-Leninismus sei Kuba, das niemals aufgeben werde.«

Ich ergriff das Wort: »Der Bärtige hat die Revolution zugrunde gerichtet, jetzt wird das Land zerstört. Die Demagogie vom Marxismus-Leninismus und die Behauptung, er würde ›niemals aufgeben‹, sind das einzige, womit er das Verblassen seines Heiligenscheins noch hinauszögern kann. Dieser ist jedoch schon längst nur noch ein Mythos. Keiner in Lateinamerika rechnet mehr mit Kuba. Das Land ist kein positives Beispiel mehr. Der kubanische Faktor existiert nicht mehr …

Es wird mit dem Bruch gedroht, falls Sie nicht nach Kuba fahren. Was soll's? Kuba ist nicht China. Wenn Castro die Beziehungen abbricht, schadet er nur sich selbst. Wir gewinnen politisch und sparen jährlich fünf Milliarden. Wer wird sich beschweren? Die Dogmatiker, die Sektierer aus dem revolutionären Lager und aus den herrenlosen kommunistischen Parteien – deren Zeit ist ohnehin abgelaufen.

Ihr Besuch kann den Bruch nur verzögern, aber nichts Grundlegendes verändern. Die zehn oder zwanzig Milliarden können wir ihnen nicht geben. Etwas anderes wollen sie nicht von uns. Da wir nicht können, sind wir in ihren Augen Revisionisten und Verräter, die mit den Imperialisten einen Pakt geschlossen haben ... Ich muß Ihnen, Michail Sergejewitsch, nicht beibringen, daß in der Politik nichts hinausgezögert werden darf, weil man hofft, es werde sich schon zum Besseren wenden, wenn dies objektiv nicht möglich ist ... Das gilt auch für Afghanistan: Vor gut einem Jahr war offensichtlich, daß alles so enden würde, wie es jetzt endet. Aber wir zögerten und zögern noch immer und verschwenden Milliarden von Rubel und setzen das Leben von Tausenden von Afghanen und Hunderten unserer Leute auf's Spiel. Wozu?!«

Gorbatschow hatte genug: »Anatoli, du bist im Unrecht. Wir müssen nach Kuba fahren, sonst haben wir noch eine Front mehr gegen uns: Siehst du nicht, was in der Tschechoslowakei passiert? Und in Rumänien? Und bei Kim Il Sung? Und was sagt Honecker?« Gorbatschow suchte schon in seinem Kalender nach einem Termin und bestimmte den 29. Februar für den Besuch in Kuba.

Bruch des Genfer Abkommens?

Im Januar 1989 rief mich Alexander Jakowlew an und brachte Neuigkeiten zu Afghanistan: »Hast du die ›Sonderakte‹ mit den Vorschlägen Schewardnadses gesehen? Er kommt gerade von Kabul.«

»Nein.«

»Dann fordere sie an. Ich weiß nicht, was ich tun soll. Mich wieder mit Schewardnadse und den anderen anlegen? Ich habe schon einige Ohrfeigen eingesteckt. Aber das Gewissen plagt mich ...«

»Was ist denn los?«

»Nadjibullah hat vorgeschlagen, daß wir aus dem Militärbezirk Turkestan eine Brigade mit 3000-5000 Mann schicken, die den Belagerungsring von Kandagar durchbrechen und den Waffentransport dorthin absichern sollen.«

»Ist er (Schewardnadse) verrückt geworden, oder versteht er nicht, daß Nadjibullah uns eine Falle stellen will, damit wir nicht abziehen können und mit den Amerikanern und der ganzen Welt in Konflikt geraten? Oder hat er so wenig Charakter, daß er diese Bitten nicht zurückweisen kann?«

»Was können wir denn tun?«

»Sascha! Wir müssen dieses Verbrechen verhindern. Da werden doch wieder unsere Leute für eine sinnlose Sache geopfert. Wofür? Und für wen? Wir sind auf jeden Fall an dem Punkt angelangt, der auch schon vor anderthalb Jahren offensichtlich war. Die Aktion ist weder Nadjibullah (wir können sowieso nur seine Haut retten, sein Regime ist verloren) noch zehn unserer Leute wert, aber wir müßten Hunderte, wenn nicht noch mehr opfern.«

Nach dem Gespräch brachte mir Gorbatschows Sekretärin Olga Lanina die Sonderakte. Ich schrieb sofort an Gorbatschow: »Was tun wir? Wir haben die Opfer und die Hoffnungslosigkeit vor Augen! Aber wir ziehen nicht ab! Nadjibullah ist es nicht wert, daß wir das Genfer Abkommen brechen. Entweder hat Schewardnadse seinen Gefühlen nachgegeben, oder er hat sich persönlich mit Nadjibullah zusammengetan und beschlossen, Dutzende unserer Soldaten zu opfern …«

Ich brauchte den Brief nicht abzuschicken, weil Gorbatschow mich wegen einer anderen Frage anrief. Ohne zu wissen, daß er die Sonderakte noch nicht gesehen hatte, sagte ich: »Die Akte über unsere Sturmbrigade in Kandagar werde ich nicht abzeichnen …«

»Über welche Brigade?«

Er ließ Jakowlew und Schewardnadse auf Konferenz schalten. Wir stritten uns zu viert, unterbrachen uns gegenseitig. Gorbatschow hörte zu, machte Einwürfe. Schewardnadse lallte Unsinn wie ein Kind und schob die Schuld einfach auf die Militärs. Ich unterbrach ihn grob:

»Die Militärs ordneten die technische Ausarbeitung einem politischen Plan unter, mit dem Sie einverstanden sind. Aber dieser Plan läuft unserer ganzen Politik zuwider, ja sogar dem gesunden Menschenverstand, von den Opfern, die Sie von unseren Leuten fordern, nicht zu reden.«

»Sie waren doch nie dort! Aber ich war es! Sie wissen nicht, was wir dort in zehn Jahren angerichtet haben.«

»Warum soll man diesen Verbrechen weitere hinzufügen? Welche Logik steckt dahinter? Nadjibullah können wir sowieso nicht retten.«

»Er hat zu mir gesagt, daß er sich an der Macht halten kann, wenn wir ihn noch ein Jahr unterstützen.«

»Und das glauben Sie? Dafür wollen Sie unsere Sturmbrigade in den

Krieg schicken? Und das Genfer Abkommen brechen, das Sie selbst unterschrieben haben?«

Gorbatschow begann zu schlichten und mich zur Mäßigung zu bewegen: »Wir dürfen nicht den Eindruck einer Flucht erwecken, die dritte Welt beobachtet unser Verhalten genau ... Ich werde Ihre Leitung vorübergehend abschalten und mit Kabul sprechen, (KGB-Chef) Krjutschkow ist dort.«

Wie sich herausstellte, hatte der schon den vor kurzem ernannten Generalstabschef Moissejew angerufen. Dieser war nicht zur Stelle, rief mich aber später an. Ich erklärte ihm, worum es ging, und merkte sofort, daß auch er gegen dieses Abenteuer war. Später erläuterte er auch Gorbatschow von Kabul aus seinen Standpunkt. Schließlich erhielten wir eine chiffrierte Nachricht mit den Unterschriften von Krjutschkow, Warennikow, Sajkow und Woronzow. Sie berichteten, daß sie eine Möglichkeit gefunden hätten, wie Kandagar ohne Sturmtruppen geholfen werden könne.

Schewardnadse empfand das offensichtlich als Beleidigung (zumal er sich auf die Militärs gestützt hatte). Und zu Recht! notierte ich damals. Wenn du dich in Wien und bei der UNO so human gibst, dann denke daran, wenn man dich darum bittet, einige Menschenleben zu opfern.

Damit war die Angelegenheit aber noch nicht erledigt. Anfang März 1989, als unsere Truppen schon aus Afghanistan abgezogen waren, flehte Nadjibullah Gorbatschow nochmals um Hilfe an: Jalalabad werde belagert, und wenn die Stadt falle, sei der Weg nach Kabul frei. Er bat darum, daß wir von unserem Territorium aus einen Bombenangriff durchführen sollten, sonst werde alles zerstört.

Schewardnadse unterstützte Nadjibullah wieder massiv und brachte KGB-Chef Krjutschkow und Verteidigungsminister Jasow auf seine Seite. Jasow verhielt sich, wie es für einen General typisch ist: Ein Bombenangriff mache aus militärischer Sicht überhaupt keinen Sinn, und vor der Außenwelt könne man ihn nicht verbergen. Sollte der Angriff jedoch politisch beschlossen werden, würde er seine Pflicht als Soldat tun.

Gorbatschow fuhr sofort nach Nowo-Ogarjowo, wo eine Arbeitsgruppe tagte. Dort rief er einen engen Kreis von Regierungsmitgliedern zusammen. Als erster legte Jasow seine Meinung dar. Schewardnadse versuchte hartnäckig zu beweisen, daß »man nicht anders handeln könne«, daß das »Verrat« sei, daß »wir es versprochen hätten«, daß »wir Freunde hängen ließen«, daß »wir die Reaktion der Dritten Welt, von

Mengistu und anderen nicht vergessen dürften«. Er betonte, daß Nadjibullah nur noch zwei Monate Unterstützung brauche, dann habe er es geschafft. Krjutschkow unterstützte ihn schwach.

»Wer noch?« fragte Gorbatschow. Schweigen. Tschebrikow stand auf und sprach zögernd. Er versuchte Gorbatschows Gedanken zu erraten. Danach wieder Schweigen. Gorbatschow zeigte auf Jakowlew: »Und du?«

Jakowlew zeigte ohne Umschweife, daß die Argumente Schewardnadses nicht stichhaltig waren. Unter anderem führte er aus: »Wir haben unter schweren Bedingungen internationales Vertrauen gewonnen und können erste Erfolge verzeichnen, aber mit einer solchen Aktion machen wir alles wieder kaputt. Und wozu? Unser Volk erholt sich langsam von Afghanistan, Gromow wurde an der Grenze empfangen: Der letzte Soldat, der in einem fremden Land kämpfte, ist zurückgekehrt. Und wir, die Regierung?! Während der Wahlkampagne! Oder sollen wir wieder auf die Meinung der Gesellschaft, auf unser Volk pfeifen?«

Sljunkow, Nikonow, Medwedew und Masljukow traten ebenfalls entschieden gegen die abenteuerliche Aktion auf. Ryschkow und Ligatschow waren nicht anwesend. Ersterer war in Sibirien, letzterer in Prag. Dann zog Gorbatschow das Fazit:

»Ich bin kategorisch gegen jegliche Bombenangriffe oder ähnliche Aktionen. Solange ich Generalsekretär bin, werde ich nicht zulassen, daß wir ein Wort brechen, das wir vor der ganzen Welt gegeben haben. Haben wir etwa nicht gewußt, worauf wir uns einließen, als wir die Truppen abzogen? Waren wir etwa überzeugt, Nadjibullah werde sich halten, oder hatten wir uns darauf Hoffnungen gemacht (und wenn auch nur für uns), daß dies eine Bedingung für die Unterzeichnung der Verträge in Genf war?! … Die Antwort auf Nadjibullahs Bitte ist ein kategorisches Nein!«

So emotional und schroff äußerte er sich immer häufiger in Diskussionen zu heiklen Themen mit seinen Kollegen. Danach befahl er, seine Entscheidung nach Kabul zu telegraphieren.

Solschenizyns »Lenin in Zürich«

Auf einer Sitzung des Politbüros (Anfang November) wurde der Fall Solschenizyn erörtert. Es ging darum, daß zu Gorbatschow Bittbriefe und Forderungen gelangten, Solschenizyn die Staatsbürgerschaft zurückzugeben. Im Auftrag von Gorbatschow haben Tschebrikow und Medwedew einen Vorschlag ausgearbeitet: »den Erlaß zum Entzug der Staatsbürgerschaft als Vaterlandsverräter in Kraft lassen«. Drei Berater, Frolow, Schachnasarow und ich, haben einen scharfen Protest gegen diesen Vorschlag verfaßt. Im Politbüro sagte Gorbatschow: »Ja, Solschenizyn ist ein unversöhnlicher und überzeugter Gegner des Systems. Aber das ist lediglich seine Überzeugung. In einem Rechtsstaat wird jedoch niemand wegen seiner Überzeugung verurteilt. Von ›Vaterlandsverrat‹ kann bei ihm keine Rede sein. Überhaupt wurde damals gegen alle Regeln verstoßen ... es gab nicht einmal eine Verhandlung. Das heißt: Der Vorschlag ist abgelehnt.«

Die Autoren wurden rot. Tschebrikow hat geknurrt: »Er hat Verrat geübt (also mit konkreten Taten und nicht nur mit seinen Überzeugungen).« Gorbatschow hat darauf nur mit den Schultern gezuckt.[1]

Am Silvesterabend 1988 war ein offener Brief an Gorbatschow veröffentlicht worden, unterschrieben von bekannten Künstlern: Uljanow, Baklanow, Gelman, Klimow, Granin und Sagdejew: Zu Stalins Zeiten seien Führungskräfte, die die offizielle Linie nachlässig befolgten, entlassen oder gar erschossen worden. In der Perestrojka hätte man nicht nur Geduld, man verließe sich sogar darauf, daß die Führungskräfte alles richtig machten. Dieser Brief von bekannten Vertretern der Intelligenzija und ein Treffen Gorbatschows mit Vertretern der Arbeiterklasse im Januar erinnerten erneut an ein großes Problem: Perestrojka und Intelligenzija als Hauptstütze der Demokratie. Gegen Ende der Präsidentschaft gestand Gorbatschow, daß »sie sich nicht rechtzeitig verstanden hätten« – mit »unvorhersehbaren Folgen«. Doch im großen und ganzen waren sie vorhersehbar gewesen, und Gorbatschow bereitete die Beziehung zur Intelligenzija auch immer Unbehagen.

Kurz nach dem Treffen mit den Arbeitern teilte ich ihm brieflich meine Beunruhigung mit. Einige Auszüge verdeutlichen die geistige Atmosphäre der Zeit:

»Michail Sergejewitsch!

Wieder mische ich mich in Sachen ein, die mich nichts angehen, aber die Angelegenheit bedrückt mich zu sehr.

Bei Ihrem Treffen mit den Arbeitern verspürte ich den Wunsch, Ihnen meine Gedanken zum Zustand der Ideologie mitzuteilen. Man braucht nur in die Zeitung zu schauen oder fernzusehen, um zu erkennen, welch tiefgreifende und bedeutsame Prozesse hier stattfinden.

Die Intelligenzija hat sich in eine Vielzahl von Gruppierungen aufge-
spaltet. Sie berauscht sich geradezu an der Gedankenfreiheit und offenbart dadurch ihre Bildung und ihre Talente. Obwohl sie sich auch sinnlos
oder zum eigenen Schaden verausgabt, ist dieser Prozeß nicht aufzuhalten und fruchtbar. Die Befreiung der Gedanken wird früher oder später
ein gutes Resultat bringen.

Die Gruppierungen, die sich nicht alle befeinden, beschäftigen sich
mit unterschiedlichen Bereichen. Einige streben nach den höchsten
Geistessphären und beschäftigen sich mit dem Sinn des Lebens, der Geschichte und den Quellen religiösen Bewußtseins. Sie setzen sich mit der
russischen philosophischen Tradition, dem besonderen Schicksal Rußlands und ähnlichen Fragestellungen des Philosophen Berdjajew auseinander. Das ist Kapital für die Zukunft und ein Teil der kulturellen Grundlagen, die erst wieder neu gebildet werden müssen.

Andere arbeiten mit mehr Realitätsbezug: Von der Entlarvung des Stalinismus sind sie zur Klärung der Ursachen übergegangen. Auch hier
gibt es ein ganzes Spektrum von Meinungen, in das auch schon die Frage
nach dem Wesen (und der Notwendigkeit!) der Oktoberrevolution, der
Argumentation Lenins und des Leninismus und ihrer Angemessenheit
für Rußland einbezogen wurde.

Die Ideen Solschenizyns haben nicht nur auf die Intelligenzija Einfluß,
sondern auch auf eine breite Schicht aktiver und beunruhigter Menschen
anderer sozialer Schichten. Die Pamjat-Bewegung und einige große
Schriftsteller und Publizisten spielen hierbei eine wichtige Rolle …

Die Auseinandersetzung findet in allen Bereichen der Kultur statt:
Prosa, Lyrik, Malerei, Musik, Architektur, Bildhauerei, Kleinkunsttheat-
ter, Theater, Kino und in den Gesellschaftswissenschaften. Unter die gesunde Suche, die Reinigung und Wiedergeburt und erste Erfolge können
sich schädliche Strömungen mischen, die das geistige Umfeld negativ
beeinflussen.

Ein bedeutsamer Teil der Intelligenzija äußerte sich in der Presse zur
Umbildung der Wirtschaft und des politischen Systems. Auch hier offenbarte sich ein intellektuelles Potential, das einem in jeder wissenschaftlichen oder künstlerischen Zeitschrift wiederbegegnet. Eine Reihe
von Namen ist uns bereits vertraut, aber es kommen immer neue Namen
dazu, auch von jungen Menschen.

Man kann ihre Meinungen unterschiedlich bewerten. Das Problem ist
jedoch, daß nur die Leser der entsprechenden Zeitschriften ihre Ansich-

ten kennen. Keiner analysiert ihre Gedanken, Empfehlungen oder Schlußfolgerungen, und bei weitem nicht alles, was Beachtung verdiente, wird auf politischer Ebene in Erwägung gezogen …

Auch die Intelligenzija spürt, daß ihr Potential zwar gefordert, aber nicht entsprechend genutzt wird. Ein früherer Mitkämpfer Twardowskijs (Schriftsteller und Herausgeber von *Nowyj Mir*) wurde gefragt: ›Denken Sie, daß die Führung des Landes sich der Intelligenzija nähert?‹ Er sagte: ›Nein, das denke ich nicht. Sie wird beachtet, verehrt, man ist bereit, ihr zuzuhören, und ihre Rolle in der Gesellschaft wird anerkannt. Aber eine wirkliche Annäherung, d. h. die Nutzung ihres schöpferischen Potentials, findet noch nicht statt.‹ Diese Äußerung wurde für die Jugend im *Moskowskij Komsomolez* veröffentlicht.

Die Arbeiter zeigten beim Treffen im ZK am 14. Februar ein erstaunliches intellektuelles Niveau und bewunderungswürdige Weitsicht. Manche mahnten aber auch zur Vorsicht. Mir schien es, daß zum Teil Mißgunst gegenüber der Intelligenzija mitschwang.

Es ist nicht wahr, daß die Gelehrten nur Angst verbreiten und daß die Presse sich nur mit Sensationen beschäftigt. In jeder Zeitung, auch in solchen wie *Iswestija, Trud, Sowjetskaja Rossija, Ekonomitscheskaja Gaseta, Literaturnaja Gaseta* und im *Ogonjok*, kann man in jeder Ausgabe Texte über Erfahrungen mit der Perestrojka finden. Auch über die Arbeiter wird viel geschrieben. Nicht nur Briefe werden publiziert, sondern auch Gespräche und Interviews. Die Zeitungen sind voll davon.

Es ist unverzeihlich, daß die *Prawda* die Sache so darstellt, als würde die Presse sich nicht mit der Perestrojka auseinandersetzen. Der Leitartikel zum 17. Februar ist schädlich. Er stellt den Geist Ihres Treffens mit den Arbeitern verzerrt dar und schürt Emotionen gegen die Intelligenzija, die nicht aufkommen dürfen …

Die Ideologie ist bei uns schon längst Teil der Psychologie der Massen geworden. Alle sind für den Sozialismus, aber keiner kann erklären, was das ist. Genau deshalb sind die Wurzeln von Stalinismus und Breschnewismus so stark. Diesen Zustand kann man nur allmählich erfassen und überwinden. Dazu reicht nicht allein die Wissenschaft aus, auch die Gesellschaft muß sich umstrukturieren.«

Gorbatschow verstand die Bedeutung der Intelligenzija und schätzte ihre Unterstützung, die sie ihm zu Beginn seiner Arbeit mit Begeisterung gewährte. Aber er konnte sich nicht entschließen, die demokratischen Denker um sich zu scharen und sich offen auf sie zu stützen. Er bemühte sich mehr darum, die Führung in einem kleinen Kreis um sich zu versammeln und niemandem zu nahe zu treten.

Die Rede vor der UNO und das in der Vergangenheit undenkbare Mitgefühl, die Solidarität und Hilfe nach dem Erdbeben in Armenien bewiesen, daß jetzt auch der Westen Interesse an uns zeigte. Gorbatschow hatte die Unwägbarkeiten des Kalten Kriegs und der Konfrontation der Systeme überwunden.

Die Anerkennung als ein Führer ersten Formats erlaubte ihm, gegenüber Teilen seiner engeren und weiteren Umgebung, die seinen Kurs und die Perestrojka zurückwiesen, entschlossener aufzutreten. Dabei konnte er sich allerdings auch auf die in Jahrzehnten ausgebildete träge Loyalität im Staat und in der Partei gegenüber der Person des Generalsekretärs stützen.

Aber erlaubte sein innerer Zustand den entscheidenden Schritt im Gang der Perestrojka? Konnte er den Volksdeputiertenkongreß, dieses einzigartige Gebilde, das er selbst als Übergangslösung zu einem demokratischen Staat erdacht hatte, dabei einsetzen? War er tief in seinem Inneren frei von den ideologischen Stereotypen der Vergangenheit?

Ein Gespräch kann Aufschluß über diese Frage geben. Mitte Januar war ich abends bei ihm. Wir hatten viel zu tun. Als ich gehen wollte, hielt er mich zurück: »Hast du Solschenizyns ›Lenin in Zürich‹ gelesen?«

»Nein.« (Das Buch erschien damals noch im Tamisdat.)

»Ich habe es gelesen. Ein sehr beeindruckendes Buch. Er ist boshaft, aber talentiert.«

Er ging im Arbeitszimmer auf und ab, blieb stehen, gestikulierte, setzte sich ganz nah zu mir, krümmte sich und spielte mir so den Lenin Solschenizyns vor.

»47 Jahre war er damals alt. Und hatte noch nichts erreicht! Er war nervös und gehässig, hatte sich mit allen zerstritten und ließ keinen an sich heran. Inessa (Geliebte Lenins) … Da wird wahre Liebe gezeigt! Von 1908 bis 1920. Ist das etwa ein Witz? Erinnerst du dich, wie Mischa Uljanow (in Schatrows Stück ›Weiter, weiter, weiter‹, 1988) sich an ihre Brust schmiegt? Damals erschien es mir als Schändung. Jetzt habe ich es bei Solschenizyn gelesen. Bei ihm erscheint es einfach menschlich. Man kann jeden, auch einen großen Helden, als Menschen zeigen, zum Spießer erniedrigen. Aber hier gerät die Darstellung nicht zur Karikatur. Man erkennt Lenin wieder.«

»Obwohl man dasselbe«, warf ich ein, »immer mit negativem oder positivem Vorzeichen zeigen kann ...«

»Ja«, antwortete Gorbatschow. »Was für uns klar schien, kann man auch von der anderen Seite beschreiben. Und man wird dabei nicht lügen. Sehr interessant! Lenin ist dort der Zerstörer und kämpft alleine gegen alle.« Gorbatschow erzählte noch lange kunstvoll und emotional. Solschenizyn hatte ihn sehr beeindruckt.

Er hatte Lenin auch früher nicht zur Ikone stilisiert, obwohl er ihn sehr verehrte und sich immer wieder »mit ihm beriet«. Er nahm sich Lenins Verhalten in ähnlichen Situationen zum Vorbild, und er stützte sich auf etwas anderes als die Lenin-Apologeten: Er schätzte an Lenin, daß er bereit war, Dogmen preiszugeben, wenn eine konkrete Situation dies erforderte.

Doch bei der Lektüre dieses Buches geschah etwas anderes: Gorbatschow sah Lenin zum ersten Mal als gewöhnlichen Menschen, der sich nicht nur wie jeder andere täuschen konnte (manchmal täuschen sich auch Genies), sondern der sich eher in historischen Maßstäben getäuscht hatte, denn er war nicht Gott, und ihm war nicht gegeben, »zu sehen, was die Zeit verdeckt« (Majakowskij).

Er erkannte noch eine weitere, erstaunliche Qualität Lenins: Rußland war für ihn ein Übungsplatz für die Revolution, zu dem bei günstiger Gelegenheit auch Deutschland, die USA (wohin er aus Verzweiflung emigrieren wollte) oder die Schweiz hätten werden können. Seine schweizerischen Mitkämpfer stachelte er zur Revolution auf, ohne sich damit auseinanderzusetzen, wie unsinnig in einem solchen Land eine Revolution gewesen wäre.

In diesem Zusammenhang sprach Gorbatschow von den Spekulationen über die jüdische Herkunft Lenins, die von der Schriftstellerin Marietta Schaginjan mit ihrer Trilogie ausgelöst worden waren. Solschenizyn schreibt, Lenin sei nur zu einem Viertel Russe.

»Als ich von diesem Geschwätz erfahren hatte«, erklärte er mir, »ließ ich mir alles Material bringen und steckte es in einen Tresor. Sag nichts, Anatoli! Solche Sachen können großen Einfluß haben! Das ist abstoßend und niederträchtig ... aber was soll man machen?«[2]

Ich dachte damals: Hier wird die geheime Nachsicht Gorbatschows gegenüber Below, Rasputin, Alexew, Proskurin und sogar Bondarew, gegenüber all diesen erzkonservativen Schriftstellern deutlich. Sie sorgen sich um den russischen Menschen, sie sind entsetzt über die Zerstörung, der das russische Volk ausgesetzt ist. Daher kommt auch ihre Suche nach den jüdischen Wurzeln bei der Kollektivierung, dem Bürgerkrieg, dem Massenterror und überhaupt bei der Oktoberrevolution, die das Russische erniedrigt und Rußland zugrunde gerichtet hat.

Bruch mit dem Sozialismus?

Mir scheint, daß Anfang 1989, also vier Jahre nach Beginn der Perestrojka, die Chance zu einem großen Schritt vorwärts gegeben war. Aber dazu mußte man das Ziel kennen. Es war klar, daß es so nicht mehr weitergehen konnte, und der Entschluß zu tiefgreifenden Reformen war gefaßt. Gorbatschow begann zu spüren, daß er mit Lenin nicht weit kommen würde. In einem Gespräch mit dem früheren amerikanischen Außenminister Henry Kissinger, dem ehemaligen französischen Staatspräsidenten Valéry Giscard d'Estaing und dem einstigen japanischen Ministerpräsidenten Yasuhiro Nakasone sagte er am 18. Januar: »Aktuelle Probleme können nicht auf der Basis der Vergangenheit gelöst werden.« Aber welche Basis sollte man wählen? Keiner wußte, wohin wir gehen würden, vor allem unsere Gelehrten nicht. Die Angst, ihre sozialistische Identität zu verlieren, durch die die UdSSR zu einer Supermacht geworden war und die ihr erlaubte, mit den USA gleichberechtigt über die Zukunft der Welt zu sprechen, hielt sie zurück. Diese Angst quälte auch Gorbatschow.

Zu dieser Zeit wandte sich Ayatollah Khomeini mit einem Schreiben an ihn. Schon die Tatsache als solche war erstaunlich. Der Inhalt des Schreibens war sehr wohlwollend und religiös-philosophisch. Khomeini prophezeite jedoch das Ende von Sozialismus und Kommunismus. Gorbatschow beantwortete das Schreiben sehr vorsichtig: »Ich teile nicht ihre düsteren Ansichten zu diesem Thema ... Wir halten die Marxistische Weltanschauung für richtig ... Wir sollten akzeptieren, daß wir unterschiedliche Ansichten haben ...«

Vor den drei ehemaligen Politikern führte er weiter aus: »Jedes System sollte aufzeigen, wie es sich an die tiefgreifenden Veränderungen in der Welt anpassen will. Die Unterschiede im gesellschaftlichen Aufbau können zu Änderungen und Vergleichen anregen und Nützliches hervorbringen.

Einerseits bemühten wir uns nicht, uns mit den inneren Mechanismen des Kapitalismus, seiner Fähigkeit, sich anzupassen und sich unter neuen

Bedingungen zu entwickeln (und er hat diese Möglichkeiten), auseinanderzusetzen. Statt dessen prophezeiten wir seinen Zusammenbruch. Andererseits betrachten viele westliche Politologen den Sozialismus als mittelloses Kind der Zivilisation, dessen Platz auf dem Müll der Geschichte ist.

Das ist eine sehr ernste Frage, mit der wir uns auseinandersetzen müssen. Wir müssen in der wirklichen Welt leben, diese falschen Vorstellungen überwinden und uns gegenseitig akzeptieren.

Wir bleiben unserer Wahl treu. Die Perestrojka ist der revolutionäre Versuch, dem Sozialismus neue Qualitäten zu verleihen und sein Potential aufzudecken. Wir sind für den Sozialismus, wir werden ihn weiterentwickeln und verwirklichen.«

Man muß bedenken, daß er sich so gegenüber politisch sehr einflußreichen Menschen äußerte. Er rechnete fest damit, die Konfrontation unter Beibehaltung der entgegengesetzten sozial-politischen Systeme abbauen zu können. Aber seine Gesprächspartner glaubten nie daran (sie konnten es nicht) und verhielten sich deshalb in der großen Politik vorsichtig und abwartend. Sie vertrauten Gorbatschow persönlich, aber das bedeutete nicht, daß sie sich bei der Suche nach Verständigung auf den Sozialismus verließen.

Kissinger überbrachte Gorbatschow einen Brief von George Bush, der in diesen Tagen das Präsidentenamt antreten sollte. Gorbatschow schätzte die Aufmerksamkeit gegenüber der UdSSR. Einen Monat später beklagte er sich schon beim Führer der italienischen kommunistischen Partei Achille Occhetto: Bush beeile sich nicht, aus seiner (Gorbatschows) Rede vor der UNO Konsequenzen zu ziehen. Er wolle die Initiativen der Sowjetunion durch den Westen abschwächen lassen. Egal, ob das so war oder nicht, der Ärger Gorbatschows unterstrich, daß er, von seinen friedlichen Absichten überzeugt, erwartet hatte, daß man ihm jedes Wort glauben und eine entsprechende Politik machen würde. Die westlichen Führer glaubten nicht, daß Gorbatschow den Sozialismus zu einem akzeptablen Partner in einer einheitlichen, zusammenhängenden Welt machen könnte.

Achile Occhetto, den Gorbatschow schon seit den Tagen des Komsomol von Kontakten der internationalen Jugendorganisationen kannte und der ihm sehr sympathisch war, fragte ihn: »Auf welcher Etappe befindet sich die sowjetische Gesellschaft, welchen Weg nehmen die Erneuerungsprozesse in der UdSSR?«

»Die Periode, die wir jetzt durchlaufen«, antwortete Gorbatschow, »ist die Periode der Aneignung der Leninschen Methodik, Dialektik und der politischen Schritte Lenins in den ersten Jahren der Sowjetmacht. Wir müssen uns von den verzerrten und deformierten Vorstellungen, die in der Vergangenheit vorherrschten, befreien. Gleichzeitig müssen wir, ausgehend von Lenins Konzeption, die Entwicklungsmöglichkeiten des Sozialismus in unserem Land überdenken.

Die neue Gesellschaftsform wird sozialistisch sein, eine andere kommt nicht in Frage. Davon bin ich vollkommen überzeugt. Der Sozialismus ist nicht an allem schuld. Ursache für Mißerfolge sind die Deformation und die tragischen Perioden. Die Hauptziele der Perestrojka bestehen darin, die Entfremdung des Menschen in der Wirtschaft und im politischen Prozeß zu überwinden und ihn durch die vollkommene Entfaltung der sozialistischen Demokratie geistig zu befreien.«

Diese Äußerungen Gorbatschows waren in bezug auf seine Absichten und Wünsche sehr interessant. Er sprach auch davon, daß ohne die Änderung der Eigentumsverhältnisse die Aufgaben der Perestrojka nicht gelöst werden könnten. Er konnte sich die neuen Eigentumsverhältnisse aber nur in Kategorien wie Pacht, Rentabilitätsprinzip, Selbstfinanzierung, Privateigentum in geringem Umfang und Kooperation vorstellen. Immer wieder betonte er diese Haltung, indem er, sich auf Lenin stützend, daran erinnerte, daß Sozialismus die Aufhebung des Privatbesitzes bedeute.

Gorbatschow sprach viel und offen über die Schwierigkeiten, über bremsende Faktoren und unüberwindliche Hindernisse. Als ich die Aufzeichnungen dieser Tage nach vier Jahren wieder las und sie mit Gorbatschows Berufung auf Lenin in Zusammenhang brachte, hätte ich ihn am liebsten gefragt: Was wäre gewesen, wenn Sie, Michail Sergejewitsch, dem Beispiel, auf das Sie sich beriefen, gefolgt wären? Wenn auch Sie, vier Jahre nach dem Beginn die Perestrojka ganz neu überdacht hätten?! Wenn Sie damals, als der wirtschaftliche Zustand des Landes noch nicht so katastrophal war, mit dem Abbau der sozialistischen Strukturen einverstanden gewesen wären? Aber Sie hielten an dem Hauptbestandteil der alten Ordnung fest: an der Partei. Sie beklagten nur, daß es keine Kader gebe, die in der Lage seien, Ihre Pläne in die Realität umzusetzen, und machten sogar Witze, ob man solche Leute nicht bei den Italienern ausleihen könne. Sie wurden zornig, wenn Ihnen irgend jemand unterstellte, Sie wollten das Einparteiensystem aufgeben, und Sie versicherten gegenüber Ihren Gesprächspartnern, daß man die Demokratie unter der Führung einer (natürlich erneuerten) Partei leichter garantieren könne.

Gerade zu dieser Zeit bereiteten Sie, Michail Sergejewitsch, während eines kurzen Urlaubs in Pizunda ein ZK-Plenum zur Agrarpolitik vor. Ich saß stundenlang bei Ihnen und hörte zu, wie Sie laut nachdachten, diktierten und mit unsichtbaren Opponenten über die Eigentumsverhältnisse auf dem Land polemische Wortgefechte führten. In Moskau fanden erregte Diskussionen mit Ligatschow, Nikonow und anderen zu Ihren Thesen statt.

Am 2. März waren die Mitglieder der Agrarkommission, die das Plenum vorbereiteten (vierzig Mann, geleitet von Politbüromitglied Nikonow), ins Politbüro eingeladen. Die Kolchosgenerale (so nannten Sie diese Führungskräfte), d. h. die Verteidiger des bisherigen Kolchos- und Sowchossystems, brachten Sie zur Weißglut. Sie haben mit ihnen heftig gekämpft, und Ryschkow unterstützte Sie dabei, aber er wurde unsachlich und griff Ligatschow und Nikonow persönlich an. Ein Skandal drohte. Sie stellten zweimal die Frage, ob man das Plenum absagen solle, weil wir zu einer neuen Agrarpolitik noch nicht bereit seien.

Aber Sie gewannen die Oberhand und konnten Ihre Konzeption durchsetzen. Nach einem Jahr mußten Sie feststellen, daß nichts geschehen war. Mit der Durchführung der Reformen, die als Rettung der Perestrojka gedacht waren, wurde die Partei betraut. (Der Parteiapparat kontrollierte bei uns traditionell die ganze Landwirtschaft.)

Natürlich stimmt es, daß hinterdrein auch die Dummen klug sind! Aber die Klugen gab es auch zu jener Zeit schon. Sie wiesen schon damals nachdrücklich darauf hin, daß nichts gelingen würde, wenn die Eigentumsverhältnisse nicht grundlegend geändert würden.

Die Wahlen zum Ersten Kongreß der Volksdeputierten im März 1989 zeigten sehr deutlich, daß mutige Schritte und ein Bruch mit den sozialistischen Ideen dringend nötig waren. Sie zeigten den steigenden Unmut der Bevölkerung gegenüber den Gruppen, die die Perestrojka verwirklichen sollten. Obwohl zu diesem Zeitpunkt zwei Drittel der Führungsschicht in Parteikomitees auf Bezirksebene und darunter, in den Sowchosen und Kolchosen und sowjetischen Organen ausgetauscht worden waren, wurden bei weitem nicht alle gewählt. In Moskau und Leningrad scheiterten die ersten Sekretäre verschiedener Ebenen und andere Führungskräfte kläglich.

Die Wahlen wurden einen ganzen Tag im Politbüro diskutiert. Gorbatschow begann damit, daß man sie im Kontext der Perestrojka betrachten müsse. Ihre Durchführung wertete er als »großen Schritt bei der Verwirklichung politischer Reformen und im Hinblick auf die weitere Demokratisierung der Gesellschaft«.

Die Presse stellte sich hier jedoch auf die Seite des Parteiapparats und beschuldigte Gorbatschow, er habe den Parteiapparat bewußt hintergangen. Der Sekretär des Leningrader Parteikomitees Solowjow erklärte im Politbüro, das ZK habe sie alle den Demagogen zum Fraß vorgeworfen. Ligatschow stimmte ihm zu. Lukjanow rief dazu auf, alle Nichtgewählten »moralisch zu unterstützen und ihnen zu helfen«.

Aus den Reaktionen Gorbatschows schloß ich, daß die Anschuldigungen nicht berechtigt waren. Er wollte genau wissen, wer wie einzuschätzen sei. Den Anwälten der Gescheiterten erteilte er einen Verweis: »Das ist die Strafe dafür, wie sie mit den Menschen umgehen. Für sie ist das Volk nur das Arbeitsvieh. Ich wurde mit Tausenden von Briefen überschüttet, von Menschen, die diese Bürokraten jahrelang mit Bitten bestürmt haben. Sie haben nichts getan, um auch nur die elementarste Versorgung zu sichern. Und das ZK soll solche Leute verteidigen und in ihren Ämtern halten! Das wird nicht mehr vorkommen. Die Konsequenzen müssen sie selber ziehen, und wir werden das gleiche tun.«

Gorbatschow warnte, das gelte ab jetzt für alle Wahlen; die Menschen könnten jetzt wählen und die Unfähigen von ihren Posten vertreiben. Gleichzeitig erkannte er, daß es hier nicht nur um die nichtgewählten Kandidaten aus dem Parteiapparat ging. Das Resultat zeigte die steigende Unzufriedenheit mit der Politik, die keine Besserung für die Menschen brachte. Später sagte er zu Jakowlew und mir, er werde in erster Linie in Moskau und Leningrad Konsequenzen ziehen.

Rückschläge und Kritik im Innern

Unmittelbar vor dem Kongreß der Volksdeputierten gab es ein weiteres Anzeichen für Nationalitätenkonflikte. Wieder einmal wurde deutlich, daß die Politik den Ereignissen hinterherlief. Ich spreche von den Unruhen in Tiflis. Gegen eine friedliche Demonstration für Unabhängigkeit von einigen tausend Menschen wurde nachts mit Panzern vorgegangen. Zwanzig Menschen, vor allem Frauen, kamen dabei ums Leben. Gorbatschow erfuhr von den Ereignissen am Flughafen Wnukowo-II, als er von einem Staatsbesuch in London zurückkehrte.

Ich bin über den genauen Verlauf der Unruhen in Tiflis nicht unterrichtet. In diesem Zusammenhang wurde auch Gorbatschow angegriffen und verdächtigt. Deshalb will ich konkret von der Diskussion über die Ereignisse in Georgien am 20. April 1989 im Politbüro berichten. Schewardnadse war gerade von Tiflis zurückgekehrt. Gorbatschow hatte ihn sofort nach seiner Rückkehr aus London dorthin gesandt. Nach dessen Bericht führte Gorbatschow aus:

»Die ausgebrochene Krise kam nicht unerwartet. Eduard hat uns schon früher darauf hingewiesen, daß dort Probleme anstehen. Die Reaktion des Ersten ZK-Sekretärs der KP Georgiens Patiaschwili sprach nur für den maroden Zustand unserer Kader: Sie hoffen auf eine Politik der Stärke und sind unfähig zu konkreter politischer Arbeit. Wichtig war vor allem, daß Patiaschwili keine gemeinsame Sprache mit der georgischen Intelligenz fand. Und die georgische Intelligenz ist eine besondere gesellschaftliche Gruppe, sie ist durch ihre Geschichte mit dem Volk näher verbunden als irgendeine andere. Sie ist eine nationale Kraft. Und sie interessiert sich lebhaft dafür, daß man sie achtet und Verständnis für ihre Rolle zeigt ...

Aber Patiaschwili und seine Gefolgsleute neigen zu entschlossenem Handeln. Ich habe sie schon vor langer Zeit dazu aufgefordert, sich in Demokratie zu üben. Sie haben das nicht ernst genommen. Jetzt müssen wir dafür büßen. Politische Methoden sind in den Augen unserer Kader ein Zeichen von Schwäche. Ihr Hauptargument ist Stärke ...

Wir spüren erneut, daß unsere traditionellen Verfahrensweisen in eine Krise geraten sind ...

Hiermit ist eine andere Frage verbunden: Welche Informationen erhalten wir? Wenn man die chiffrierten Nachrichten liest, erkennt man sofort, ob sie von der GRU (Aufklärungsabteilung des Generalstabs), vom KGB oder den Parteiorganen verfaßt wurden. Jeder hat seine eigenen Interessen. Aber wir, die Regierung, brauchen die Wahrheit, um eine Entscheidung zu treffen ... Ich schaue dich an, Wladimir Alexandrowitsch (Krjutschkow)!

Ich komme also aus London zurück und erfahre, daß Truppen in Georgien einmarschiert sind. War das wirklich notwendig?! Unterwegs wurde mir erklärt, es sei zum Schutz von Objekten. Ich spürte, daß etwas in der Luft lag. Objekte muß man in der Tat schützen, aber mehr auch nicht!

Die Sperrstunde war überflüssig und dumm. Die ZK-Mitglieder hätten sich ans Volk wenden sollen ... Statt dessen sind sie im Bunker gesessen und haben der Macht vertraut – und sie gerufen. Mehr oder weniger klare Informationen gab es erst später ... Man muß fähige Leute dorthin schicken, sonst werden die richtigen Entscheidungen nicht getroffen werden. In solchen Situationen muß man sehr genau abwägen, was man tut.«

Nun mischte sich Ryschkow ein:

»Aber was wissen wir hier, im Kreml? Die ZK-Sekretäre wußten etwas, aber wir, die Politbüromitglieder und ich, das Haupt der Regierung, erfahren über die Vorgänge aus der *Prawda*. Was passiert? Welche Entscheidungen soll das Politbüro treffen, wenn die Mehrheit der Mitglieder die Fakten nicht kennt?!«

Er wurde sehr wütend. Gorbatschow wollte ihn beruhigen, aber Ryschkow fuhr unbeirrt fort: »Wie kann man nur die Armee gegen das Volk hetzen! Dem Kommandierenden der Armee in Georgien gibt irgend jemand aus Moskau einen Befehl, und die Regierung weiß überhaupt nichts davon! Der Kommandierende nimmt das Politbüro des georgischen ZK fest, und wir erfahren das aus der Zeitung? Auch Michail Sergejewitsch, Vorsitzender des Verteidigungsrates und Generalsekretär, wußte von nichts. Wie ist sowas möglich? Und wenn die Armee ohne Wissen des Politbüros handelt, dann ist das noch schlimmer.«

Gorbatschow fiel ihm nun ins Wort und fuhr Verteidigungsminister Jasow scharf an: »Dmitrij Timofejewitsch! Merke dir das für immer und erteile noch heute die entsprechenden Befehle: Ab sofort ist es der Armee verboten, ohne Beschluß des Politbüros in Zivilangelegenheiten einzugreifen.«

Einen Tag später sagte er zu mir unter vier Augen: »Die georgische Führung hatte die Hosen voll und hat Truppen, russische Soldaten, auf das Volk losgelassen. Es sind dabei Frauen umgekommen. In Georgien! Und wir müssen die Suppe auslöffeln!«

Abends schrieb ich in mein Tagebuch: »Die Ereignisse in Georgien sind ein Wink des Schicksals. Wenn das christliche und von den Russen geliebte Volk, mit dem wir zweihundert Jahre lang friedlich zusammengelebt haben, mit dem wir gegen gemeinsame Feinde gekämpft haben und mit dem wir eine Beziehung gegenseitigen Respekts haben, wenn dieses Volk aus der Sowjetunion austreten will, dann hat das etwas zu bedeuten. Das ist nicht wie im Baltikum, wo nichts anderes zu erwarten war.

Gorbatschow steht vor einer Wahl: entweder Okkupation und Imperium oder Föderation und dem Wesen nach eine Konföderation. Das Juni-Plenum muß entscheiden. Ich weiß nicht, wozu Gorbatschow bereit ist. Ob er selbst bereit ist oder ob er glaubt, daß ein derartiger Vorschlag nicht durchkommen würde?«

Einen Monat vor dem Kongreß der Volksdeputierten hatte die Partei Gorbatschow durch Generale und hochrangige Offiziere zu verstehen gegeben, er schlage einen falschen Weg ein. Auf dem April-Plenum des ZK wurde die Politik der Perestrojka offen kritisiert, und der Generalsekretär wurde zum ersten Mal in der Geschichte der UdSSR scharf und beleidigend angegriffen, was bis dahin undenkbar gewesen wäre.

Vor dem Plenum zirkulierten in Moskau die Gerüchte: Sie werden Gorbatschow absetzen. Ein ZK-Mitglied (eine gebildete deutsche Traktoristin aus Kasachstan) rief mich am Vortag aus dem Hotel an und fragte mich flehentlich: »Was sollen wir tun? Ich weiß, daß ›sie‹ sich abgesprochen haben und Gorbatschows Rücktritt fordern wollen!«

Tatsächlich zeigte das Verhalten der Mehrheit auf dem Plenum eindeutig, daß die Nomenklatura der Partei (zumal nach den Wahlen zum Deputiertenkongreß) spürte, daß sie jetzt ihre Kräfte sammeln und ihre Prinzipien verteidigen mußte. Offene Worte wurden ausgesprochen, manche Teilnehmer wurden sogar unverschämt, denn jetzt war das nicht mehr gefährlich. Im Gegenteil, auf diese Weise konnte man zeigen, wie mutig man war, wie sehr man sich um das Wohl des Volks sorgte und was für ein ideologisch gefestigter Patriot man war.

Gorbatschow erkannte das sofort und schlug vor, »alles bis zur letzten Zeile zu veröffentlichen«, damit alle Bürger nachlesen könnten, »wer was sagt«. Das wurde nicht widerspruchslos angenommen – und zwar von beiden Seiten nicht, allerdings aus gegensätzlichen Gründen. Auf einen offenen Kampf mit den Opponenten ließ Gorbatschow sich indes nicht ein, er sprach nicht einmal die Frage nach den außer Kontrolle geratenen Massenmedien an.

Kein Befürworter der Perestrojka ließ sich auf eine Polemik mit den Gegnern ein. Ich fragte mich (und später auch Gorbatschow), woran das gelegen haben könnte. Haben sie nicht gelernt, miteinander zu streiten, wagen sie nicht, an heiligen Stätten wie dem ZK-Plenum Skandale zu inszenieren? Waren sie durch die negativen Fakten, mit denen die Kritiker des Systems arbeiteten, entmutigt? Oder waren sie sich nicht sicher (was später häufiger vorkam), daß sie von Gorbatschow offen und persönlich unterstützt würden?

Am nächsten Tag sagte er zu mir unter vier Augen: »Hast du bemerkt, daß alle Auftritte abgesprochen waren? Sie sprachen alle wie gedruckt, auch die, die nicht vom Blatt abgelesen haben … Wie aus einem Mund!«

Ich antwortete ihm: »Daß sie die hundert Alten[3] aus dem ZK gejagt haben, ändert nichts. Die hätten aus ihrem Gefühl der Selbsterhaltung und der trägen Loyalität gegenüber der Führung sowieso geschwiegen und ›dafür‹ gestimmt. Schlimm ist, daß die neuen, relativ jungen Leute, die von Ihnen eingesetzt wurden, sich gegen Sie wenden.«

Gorbatschow schimpfte auf viele Redner dieses Plenums, aber er zog keine Konsequenzen, im Gegenteil. Er sagte: »Sollen wir etwa wie unter Breschnew vorgehen? Erinnerst du dich an Jegorytschew (Erster Sekretär des Moskauer Stadtkomitees)? Er kritisierte die schlechte Luftabwehr der Stadt (unter dem Eindruck des arabisch-israelischen Kriegs), und am nächsten Tag wurde er als Botschafter abgeschoben.«

Ich entgegnete: »Aber wir machen eine Revolution. Das Volk würde es verstehen, es würde in dieser Etappe der Perestrojka ein Vorgehen gegen die Demokratie verzeihen.«

Auf dem Plenum wurde jedoch Gorbatschows Linie auch verteidigt. Schewardnadse sprach scharf und unverblümt. Medwedew und Jakowlew unterstützten ihn, aber sie nahmen mehr Rücksicht auf das Auditorium. Ryschkow versuchte sich in Selbstkritik und geriet so ins Kielwasser der Gegner.

Ich notierte damals: »Gorbatschow hat überall Zerfallsprozesse ausgelöst, die unterdrückt oder verdeckt wurden: der Rüstungswettlauf, die Angst vor dem Krieg, die Mythen der internationalen kommunistischen Bewegung, die sozialistische Freundschaft, die Weltrevolution, der proletarische Internationalismus … In Osteuropa verschwindet der Sozialismus. Die kommunistischen Parteien in Westeuropa lösen sich auf, sofern sie sich nicht mit einer nationalen Idee verbünden konnten.

Anders gesagt, was im Leben schon lange gereift war, nahm nun seine natürliche Gestalt an. Es zeigte sich, daß die Dinge nirgendwo so waren, wie man sie sich vorgestellt hatte und wie sie dargestellt worden waren.

Das Wichtigste ist, daß die Mythen und widernatürlichen Formen unseres Lebens zerfallen: die Planwirtschaft und die spezifischen Eigenheiten des Sozialismus. Die Ideologie als solche gibt es schon nicht mehr.

Die Föderation, das Imperium zerfällt. Die Partei bricht zusammen und verliert dabei ihren Platz als herrschende und im allgemeinen unterdrükkende, strafende Kraft. Die Macht ist bis zu einem kritischen Punkt erschüttert. Die ersten Anzeichen des Chaos wurden sichtbar … bedrohliche Gesetze, die die Ordnung erhalten sollen, deren Einhaltung jedoch schon niemand mehr erzwingen kann. Oder kann man unser Volk nur durch solche Kräfte zur Ordnung bewegen?«

Mitte Mai wurde im Politbüro ein Schreiben von sechs Politbüromitgliedern zur Lage im Baltikum diskutiert. Der Inhalt war niederschmetternd und verbreitete Panik: Alles sei am Zusammenbrechen, die Volksfronten gewännen an Macht. Die Ersten Sekretäre der ZKs von Estland, Litauen und Lettland – Väljas, Brasauskas und Vargas – wurden eingeladen. Sie wurden unerbittlich zurechtgewiesen, ließen sich aber nicht beleidigen. Würdevoll und ruhig verteidigten sie ihre nationale Position und brachten kaum zu widerlegende Argumente vor. Wie würde Gorbatschow sich verhalten?

Wieder war er seinen Kollegen überlegen. Er zog folgende Schlußfolgerungen:

»Wir vertrauen euch allen, anders darf es nicht sein …

Volksfronten, hinter denen 90 Prozent der Bevölkerung stehen, dürfen nicht mit Extremisten gleichgesetzt werden. Mit ihnen muß man sprechen können …

Wenn wir ein Referendum machen, dann wird sich keine der drei Republiken abspalten, auch Litauen nicht …

Die Führer der Volksfronten müssen in staatlichen Funktionen, in der Regierung und in Ämtern mitarbeiten: Sie sollen ruhig zeigen, wie es bei ihnen mit ›Wort und Tat‹ steht …

Man muß dem gesunden Menschenverstand vertrauen … Wir dürfen keine Angst davor haben, daß die Republiken ihre Souveränität unterschiedlich nutzen …

Das Wichtigste ist: Wir müssen überlegen, wie unsere Föderation umgestaltet werden kann, sonst zerfällt sie wirklich …

Gewaltanwendung ist ausgeschlossen. In der Außenpolitik konnten wir sie ausschließen, dann dürfen wir sie nicht gegen unsere eigenen Völker anwenden …«

Ich glaubte schon damals nicht, daß man die baltischen Republiken in der Union halten könnte. Ich hielt ihren Verbleib in der Union sogar für unnötig und sinnlos und ihre Umwandlung in selbständige Staaten für unausweichlich. Auch das ganze Imperium war in meinen Augen schon nicht mehr zu retten.

Als sich im Baltikum anläßlich des 50. Jahrestags des Nichtangriffspakts eine Lichterkette quer durch das Land bildete, handelte Gorbatschow entgegen seiner obengenannten Konzeption und »gab den Gefühlen nach« (ein von ihm selbst geprägter Ausdruck).

Gorbatschow liebäugelte weiterhin mit der russischen Rechten: mit Bondarew und Kunjajew, den er zum Redakteur von *Literaturnaja Rossija* berief. Immer wieder sagte er zu mir: »Wenn Rußland aufsteigt, dann geht es los!« Er kämpfte eisern gegen die Bildung einer kommunistischen Partei Rußlands und gegen den Vollstatus Rußlands als Unionsrepublik. Im Politbüro sagte er nach den Ferien offen: »Das wäre das Ende des Imperiums.« (Womit er recht hatte.)

Er versuchte, die alten Strukturen in den Behörden zu erhalten ... wie damals Chruschtschow. Und das, obwohl er erkannt hatte, daß er schon zu viele Freiheiten gewährt hatte und nicht mehr umkehren konnte. Er fürchtete wirtschaftliche Veränderungen: die Folgen der Marktwirtschaft, freie Preise und die Auflösung von Kolchosen und Sowchosen, obwohl er sah, daß Pacht anders nicht möglich war. Schon in den Ferien sagte er, die »Helden der sozialistischen Arbeit«, die Vorsitzenden der Kolchosen und Sowchosen, würden das März-Plenum sabotieren. Ligatschow reise durchs Land, um sie zu ermuntern und die Kolchosstruktur zu festigen. Er wagte es nicht, das Politbüro aufzulösen, obwohl die Mehrzahl der Mitglieder gegen ihn war. Ich schickte ihm ein dreiseitiges Schreiben mit Argumenten für einen außerordentlichen Parteitag der KPdSU, auf dem grundlegende Neuerungen beschlossen werden müßten: Faktisch sprach ich das aus, was ihm Dutzende anderer Leute sagten und schrieben. Er winkte ab: »Wir sind noch nicht so weit!«

Welches Thema wurde auf der ersten Sitzung des Politbüros nach den Ferien behandelt? Der Mangel an Seife und anderen Gütern. Die Menge lachte.

Die nationalen Leidenschaften tobten: In Aserbaidschan floß Blut, in Berg-Karabach war Bürgerkrieg. Im Kaukasus standen Hunderte von Zügen. Die Oppositionsbewegung Ruch (Bewegung) verkündete in Charkow ihr definitives Ziel: die unabhängige Ukraine. Arbeiterkomitees aus Tscheljabinsk, Swerdlowsk und Leningrad zogen auf ihren Versammlungen die Bilanz: Vor der Perestrojka war alles besser, nieder mit Gorbatschow!

Sacharow und Starowojtowa waren in Tscheljabinsk auf einer Begräbnisfeier für 300 000 Menschen, die in den dreißiger Jahren erschossen worden waren. Sacharow sagte: »Ich idealisiere Gorbatschow nicht. Er ist unentschlossen und uneffektiv. Er muß sich endlich entscheiden, ob er der Führer der Perestrojka oder der Nomenklatura ist.« Die Intelligenzija ergötzte sich lange an dieser Formel.

Anfang Oktober stellte Gorbatschow das Politbüro ganz neu zusammen. Noch einmal gewann das Plenum. Aber auf diesem Feld konnten für die Perestrojka schon keine Siege mehr errungen werden.

Nach dem Volksdeputiertenkongreß begann die Perestrojka nach unten abzurutschen. Sie war schon nicht mehr rückgängig zu machen, aber in negativem Sinne.

Verständnis in London und Bonn

Außenpolitisch gesehen wurde in der Zeit vor dem Kongreß die Stellung Gorbatschows in Europa gestärkt. Es fanden viele Treffen mit den unterschiedlichsten Persönlichkeiten statt, bei denen über das »gemeinsame europäische Haus« diskutiert wurde. Die wichtigsten Impulse für den europäischen Prozeß im Sinne des Neuen Denkens gingen von den Besuchen Gorbatschows in England (April) und in Deutschland (Juni) aus.

Margaret Thatcher war wie immer sehr charmant. Drei Stunden lang saß ich ihr gegenüber (Gorbatschow saß neben ihr) in ihrem Arbeitszimmer in der Downing Street 10 und war wieder von ihr fasziniert. Sie versuchte, Gorbatschow zu bezaubern, er reagierte ehrlich auf ihre Offenheit, tat so, als werde er nachgeben, zeigte aber auch Zurückhaltung.

Vor der Öffentlichkeit sparte sie nicht mit großen Worten und positiven Einschätzungen. Sie machte das sehr mutig, wohl auch im Hinblick auf das Establishment in England und auf andere westliche Politiker. Sie arbeitete für die große Politik, für die Geschichte und auch für sich selbst. Dabei setzte sie darauf, daß Gorbatschow Erfolg haben werde. Ihr Hintergedanke war wohl, daß beide Vorteile aus den Veränderungen ziehen könnten. Rußland war nach der Logik des Neuen Denkens in einer Sackgasse. Das Land war dazu verdammt, sich dem Westen anzunähern. Damit würde auch die Angst vor dem Sozialismus und der Ost-West-Konflikt aus der Weltpolitik verschwinden. Die Welt würde sich vollkommen ändern.

Ich war überzeugt, daß sie für uns wirklich das Beste wollte. Ihre politischen Ambitionen und ihre Ehrlichkeit fielen hier mit ihrer weiblichen und menschlichen Haltung zusammen. Über die Perestrojka sprach Frau Thatcher mit Gorbatschow, als würde sie selber daran teilnehmen. Sie analysierte interessiert die Probleme und Perspektiven und zeigte vollstes Verständnis für die Ursachen von Schwierigkeiten.

Bei dem Treffen konnte ihre Haltung zur Abrüstung und zu regionalen Fragen geklärt werden, und es zeigte sich, daß die Einstellung zu dieser Problematik bei beiden ähnlich war (obwohl sie sich immer noch über die Funktion der Atomwaffen stritten). Vor allem jedoch beschwichtigte Margaret Thatcher Gorbatschows Befürchtung, Bush werde von dem Weg abgehen, den er mit Reagan eingeschlagen hatte. Ihr glaubte er. Kohl konnte ihn dann vollends überzeugen.

Gorbatschow sagte damals zu all seinen ausländischen Gesprächspartnern, daß man im Weißen Haus Angst vor dem neuen Charakter der Sowjetunion habe. Die Veränderungen bei uns erschreckten die Administration in Washington; in diesen Kreisen werde überlegt, wie man den Einfluß Gorbatschows begrenzen könne. Die Reden Bushs und Bakers drückten durch kalte Konfrontation aus, daß der Präsident und der Außenminister eine doppelzüngige Politik betrieben. Über bestimmte Kanäle (d. h. durch Krjutschkow und den KGB) hatte Gorbatschow erfahren, daß in der CIA und im Außenministerium eine spezielle Kommission gebildet worden war, die mit der Diskreditierung der Perestrojka und ihres Initiators befaßt sein sollte.

Margaret Thatcher wies dies alles kategorisch zurück und berief sich auf ihre eigene Kenntnis der Beweggründe und Absichten der amerikanischen Politik und auf den Charakter und die Denkweise Bushs. Sie erklärte die unübersehbare Vorsicht in den ersten Monaten der Präsidentschaft und sagte genau voraus, welche Politik Bush und Baker gegenüber der Sowjetunion machen würden, obwohl sie sich etwas anders verhielten als Reagan.

Auf dem Rückflug wurde über das Phänomen Margaret gesprochen. Raissa Gorbatschowa, Schewardnadse, Jakowlew, Kamenzew und Frolow nahmen an dem Gespräch teil. Ich äußerte mein Unverständnis darüber, daß Gorbatschow ihr gegenüber so vorsichtig war.

»Das hat seine Richtigkeit!« entgegnete Gorbatschow. »Sie ist so, ich bin so.«

»Vielleicht denken Sie an Ihre Leute in Moskau, die das nicht verstehen.«

Gorbatschows Augen funkelten: »Seht ihr, Anatoli ist nicht einverstanden.«

»Natürlich nicht. Erstens ist es ungerecht, auf Entgegenkommen nicht entsprechend zu reagieren. Sie unterstützt uns: Sie hat die Latte der Perestrojka und ihrer eigenen Autorität so hoch gehängt, daß Kohl, Mitterrand und sogar Bush schleunigst lernen müssen, höher zu springen. Sie hat sich offen gegen die Welle des Pessimismus gegenüber der Perestrojka gewandt. Zweitens macht sie die große Politik mit Ihrer Hilfe, d. h. in diesem Fall macht sie *mit* Ihnen, was Sie vorhaben. Ihre Position zu Namibia ist ein klares Beispiel dafür. Keiner hilft uns jetzt so entschieden, die internationale Lage zu verändern. Warum geben Sie sich den Anschein, als schätzten Sie das nicht besonders? Außerdem ist sie eine Frau. Man darf sich nicht verhalten wie bei einem Mann, der einen Rock trägt. Ihr ganzer Charakter und ihre politische Verhaltensweise sind weiblich. Zudem ist sie Engländerin ... Wenn sie offen und ehrlich zu uns ist und wir ihr nicht ebenso gegenübertreten, wird sie mit verletztem Stolz reagieren. Dadurch können wir viel verlieren.«

Die Frauen, die die Delegation begleiteten, fanden eine ganz andere Version für die Zurückhaltung. Schaut euch doch das Foto von den beiden in den *Moskowskije Nowosti* an – wie Verliebte. So nahe sind Ernst und Spaß beieinander, wenn der menschliche Faktor die Weltpolitik beeinflußt.

Die Beziehungen zu Großbritannien waren unter Gromyko nicht nur bis zur Feindseligkeit abgekühlt, in Moskau galten sie lange auch als zweitrangig. Um so erstaunlicher ist, daß die Briten Gorbatschow auf seinem Weg zur neuen großen Europapolitik begleiteten. Mit Magaret Thatchers Haltung zur Perestrojka begann die Anerkennung der Reformbewegung in der offiziellen westlichen Welt.

Ein großes Verdienst daran gebührt dem ehemaligen britischen Botschafter in Moskau, Sir Rodric Braithwaite. Wir schlossen später Freundschaft, doch nicht deshalb erwähne ich seine Rolle – obwohl solche Beziehungen zwischen einem Adligen und Botschafter des Vereinigten Königreichs und dem Mitarbeiter des Generalsekretärs des ZK der KPdSU und des Präsidenten der Sowjetunion auch ein Zeichen grundlegender Veränderungen sind. Er ist ein sehr gebildeter, weitsichtiger

Mensch, ein Diplomat der klassischen Schule. Er ist eine Persönlichkeit und prägte die Politik des Landes, das er vertrat. Er studierte Rußland, die Russen und unsere Geschichte. Man kann ihn als Kenner der russischen Literatur bezeichnen, in der bekanntlich der ganze Geist unserer Nation zu finden ist. Während er hier war, hat er immer versucht, alle Ereignisse zu verstehen, und er pflegte zahlreiche Kontakte zu den verschiedensten Menschen und Einrichtungen. Außerdem reiste er viel im Land herum.

Deshalb erkannte er auch rasch, daß die Perestrojka eine große Chance für grundlegende Veränderungen bot. Entsprechend informierte er London und beeinflußte dadurch Margaret Thatchers Position. Offensichtlich trug er dazu bei, daß nach ihrer Amtszeit sofort ein wohlwollender und freundschaftlicher Kontakt zwischen John Major und Gorbatschow entstand.

Dann folgte der Besuch in der Bundesrepublik. Obwohl seit dem Besuch in London zwei Monate vergangen waren, sprach Gorbatschow auch mit dem Bundeskanzler über seine Zweifel an Bushs Politik. Kohl vertrat ganz entschieden die Ansicht, daß die Entspannung fortgesetzt werden würde. Bush sei freilich ein ganz anderer Mensch als Reagan, meinte Kohl. Man dürfe jedoch nicht vergessen, daß er ein schwieriges Erbe antrete, vor allem in wirtschaftlicher Hinsicht ... Nach kurzer Zeit könnten Bush und Baker ihre politisch herausragende Stellung unter Beweis stellen. Der Präsident und sein Außenminister seien stark, man dürfe sie nicht unterschätzen. Das müsse man nutzen ...

Eine Rolle spiele auch der Umstand, bemerkte Kohl weiter, daß Frau Bush ruhig und ausgeglichen sei. Das habe auf ihre Umgebung einen besänftigenden Einfluß. Früher sei das nicht so gewesen. Er kenne Barbara Bush, sie sei eine bezaubernde Frau, Mutter und Großmutter. Wo immer sie erscheine, entspanne sich die Atmosphäre. Das sei im ganzen Weißen Haus sehr spürbar. Gorbatschow müsse sich davon überzeugen, wenn er das Weiße Haus besuche.

Kohl sagte, er könne mit Bestimmtheit sagen, daß Bush mit Gorbatschow persönlich in Kontakt treten wolle, zum Beispiel wegen des arabisch-israelischen Konflikts und der veränderten Haltung des Weißen Hauses gegenüber den beteiligten Regierungen. Gorbatschow könne sich zu seiner Orientierung auf eine positive Entwicklung der Ereignisse in den USA einstellen.

Der begeisterte und ehrliche Empfang und die ungewöhnliche Gemeinsame Erklärung, die in Bonn unterzeichnet wurde, legten den Grundstein für den Einigungsprozeß Deutschlands, obwohl Kohl sich in einem Gespräch unter vier Augen beklagte, er sei mit seinem Gesprächspartner in der Frage der deutschen Einheit uneinig. Das Signal wurde auch von den Amerikanern, Franzosen, Belgiern und Italienern verstanden. Das Wichtigste war jedoch: Auch in der DDR wurde oben und unten verstanden, daß in der sowjetischen Deutschlandpolitik jetzt die Bundesrepublik Priorität haben würde. Sie würde auch die wichtigste Partnerin beim Aufbau eines neuen Europas werden. Das Fazit für die Ostdeutschen lag auf der Hand: Die Sowjetunion verhindert die Einigung nicht mehr, also kann man handeln – was die Menschen in der DDR alsbald taten.

Über die Situation in der Sowjetunion machte sich Gorbatschow Illusionen. Am 23. September 1989 traf er sich mit Margaret Thatcher, die auf der Durchreise nach Japan war. Er sprach mit ihr offener als mit anderen: »Höchste Priorität haben jetzt Demokratisierung und Dezentralisierung«, führte Gorbatschow aus. »Wir haben natürlich noch viele andere Probleme, aber das sind die größten. Das Ziel der ersten Etappe haben wir erreicht: Wir haben eine Konzeption und eine politische Linie für die Perestrojka erarbeitet. Jetzt beginnt die zweite, die Übergangsetappe. Wir müssen bestimmen, wie wir diese Linie in allen Bereichen (Wirtschaft, Politik, Ideologie und, wenn man es umfassender betrachtet, Kultur) praktisch umsetzen …

Trotz der vielen unterschiedlichen Meinungen und Analysen der Situation kristallisiert sich in der Gesellschaft ein allgemeines Verständnis heraus: Es geht um die Entscheidung für den Sozialismus und die Ablehnung all dessen, was nicht dem wahren Charakter des Sozialismus entspricht. Wir müssen die Verformungen, die mit der Politik des Stalinismus, dem herrschenden Verwaltungssystem, dem Dogmatismus, dem stereotypen Denken und der Mißachtung der Erfahrungen anderer Völker zusammenhängen, überwinden.«

Margaret Thatcher bemerkte: »So wie ich es verstehe, müßte man die gegebene Psychologie der Menschen ändern, aber das ist sehr schwierig.«

»Es geht nicht nur um die Psychologie«, erwiderte Gorbatschow. »Die Kernpunkte sind Demokratisierung und Dezentralisierung, die nur mit Kontrollmechanismen erreicht werden können. Dabei müssen die neuen

Machtorgane und Behörden und die neue Rolle der Partei integriert werden …

Die derzeitige Übergangsphase, das gebe ich offen zu, bringt neue Schwierigkeiten mit sich. Die Sache müßte eigentlich schnell vorankommen, denn alle haben die Unumgänglichkeit der Perestrojka erkannt und unterstützen sie. Die Aufgabe der wirtschaftlichen, politischen und demokratischen Reformen steht uns bevor. Sie betrifft unmittelbar die Interessen vieler Menschen. Es wird lebhaft diskutiert, viele fragen, ob es wirklich notwendig sei, alles so radikal und schnell zu ändern. Wir haben eine feste Position und halten am eingeschlagenen Kurs fest, obwohl wir die Probleme nicht vereinfachen und Versäumnisse und Mängel zur Kenntnis nehmen. Irgendwo sind wir zu spät dran, irgend etwas überdenken wir zu lange. Aber wir gehen vorwärts. Wir müssen entschieden und mutig handeln. Wir dürfen nicht in Panik geraten, sondern müssen Schritt für Schritt vorgehen, die Politik der Praxis anpassen und uns so unserem Ziel nähern. Wir müssen Konsequenzen ziehen, abwägen, Erfahrungen sammeln und wissenschaftlich fundiert und im Sinne des Neuen Denkens handeln. Alle Schichten und Völker, die die sowjetische Gesellschaft bilden, müssen in Eintracht miteinander leben.«

Ungefähr einen Monat später sprach Gorbatschow mit Willy Brandt: »Die Arbeit unter extremen Bedingungen bringt auch Fehler und unsystematische Vorgehensweisen mit sich. Als wir den Betrieben Selbständigkeit gaben, dachten wir nicht an Mechanismen, die dem Prozeß einen bestimmten Rahmen verleihen würden. Der Monopolismus ist bei uns noch stärker als bei Ihnen. Dem Verbraucher werden Preise einfach diktiert. Die Geldmenge steigt, aber es gibt nicht mehr Waren. Früher mußten die Betriebe ein bestimmtes Sortiment anbieten: Der Plan schrieb ihnen das vor. Heute ist das für sie unrentabel, die Bevölkerung bekommt weniger Bedarfsgüter. Wir haben nicht alles bedacht. Wir haben keine Steuerpolitik …

Auf dem Verbrauchermarkt ist die Situation sehr kompliziert. Es gibt viel ›schlechtes‹ Geld. Die Regale in den Läden sind leer. Wir müssen diese Probleme lösen, sonst wächst die kritische Haltung gegenüber der Perestrojka. Sie ist bereits vorhanden, und man darf das nicht leichtnehmen …

Trotz allem bleiben wir auf unserem Kurs. Ein ganzer Gesetzeskomplex wird diskutiert: über Eigentum, Grund und Boden, Pacht und Kooperativen. Die Situation wird sich für die Menschen grundlegend ändern. Wir sind bereit, die Erfahrungen anderer Länder zu nutzen. Wer uns vorschlägt, einfach fremde Erfahrungen zu kopieren, begeht jedoch nur die übliche Dummheit. Wir müssen die Gesellschaft sehen, wie sie ist, und in ihr Prozesse in Gang bringen, die sie verändern können. Genau da müssen wir suchen.«

Die Suche ging weiter. Aber mit jeder Woche sank die Wahrscheinlichkeit, daß wir die Ergebnisse unserer Suche in die Realität umsetzen könnten. Der Prozeß geriet außer Kontrolle. Es ist bekannt, daß die Spontaneität in jeder Gesellschaft ein Zeichen für ihre Natürlichkeit, also auch für das ist, was sie wirklich benötigt. Das Unglück bestand darin, daß im vorliegenden Fall die Zerstörung des totalitären Monsters nicht mit der Bildung eines positiven Potentials zur Umgestaltung einherging.

Sowjetisches ABC 1990:
Von Malta bis Marktwirtschaft

Der »Seegipfel«

Die Beziehungen der beiden Supermächte änderten sich beim »Seegipfel« im Dezember 1989 in Malta von Grund auf. Vor dem Flug von Mailand nach Valletta zweifelte Gorbatschow bis zum letzten Augenblick an der Bereitschaft des amerikanischen Präsidenten Bush und Außenminister Bakers, eine gemeinsame Vertrauensbasis zu schaffen, die mit den bestehenden Beziehungen zu Margaret Thatcher, François Mitterrand, Helmut Kohl und Giulio Andreotti auch nur annähernd verglichen werden konnte. »Die Amerikaner haben noch nicht endgültig Stellung bezogen«, sagte Gorbatschow am 29. November zu Andreotti, »und darin liegt vielleicht das größte Problem der jetzigen Übergangsperiode in der Geschichte unserer Beziehungen.«

Aus verschiedenen Kanälen gelangten ständig Informationen zu Gorbatschow, daß sich im Weißen Haus immer noch kein Konzept für den Unterstützungsfonds durchgesetzt habe. Vielmehr überwiege die Meinung, man solle sich nicht für die Perestrojka einsetzen, sondern die Sowjetunion um jeden Preis schwächen und dadurch die USA stärken. Gorbatschows Mißtrauen erwies sich jedoch als nicht gerechtfertigt. Die Ansichten der amerikanischen Regierung hatten sich zum Positiven hin verändert, da die Perestrojka sich auch bei unseren Beziehungen auswirkte, nachdem sie bereits das internationale Klima verbessert hatte.

Beim ersten Treffen mit Gorbatschow am 2. Dezember 1989 auf dem Passagierdampfer »Maxim Gorkij« – wegen des stürmischen Wetters fanden die Begegnungen nicht auf den vorgesehenen Kriegsschiffen statt – sagte Bush: »Als ich im Sommer im Flugzeug von Paris nach Washington meinen Brief an Sie mit der Bitte um dieses Treffen formulierte, wurde mir klar, daß ich meinen bisherigen Kurs um 180 Grad ändere. Das amerikanische Volk hat Verständnis für diese Änderung unserer Haltung.«

· Eine erste Bilanz wurde bereits auf der »Maxim Gorkij« während der *gemeinsamen* Pressekonferenz beider Staatsoberhäupter gezogen. Aus heutiger Sicht ist eine gemeinsame Pressekonferenz nichts Besonderes.

Aber wer sich in jene Zeit zurückversetzt, erkennt, wie außergewöhnlich dieses Ereignis damals war. Die Idee entstand erst im Lauf der Gespräche auf dem Schiff, weil das persönliche Verhältnis zwischen den beiden Politikern sich von Grund auf gewandelt hatte. Gorbatschow begrüßte nicht nur die Erklärung des Präsidenten der USA, er habe seine Meinung über die Perestrojka und über die Beziehungen zur Sowjetunion geändert. Er machte auch darauf aufmerksam, daß Bush und Baker im voraus konkrete Schritte geplant hätten, die ihre Entschlossenheit unterstrichen, die sowjetisch-amerikanischen Beziehungen zu verbessern.

Dieses Treffen unterschied sich von früheren durch die überaus wohlwollende und offene Atmosphäre. Ein »Durchbruch« war erreicht worden. Zu Ehren der Amerikaner muß ich noch ein Gespräch beim Abendessen auf der »Maxim Gorkij« erwähnen. Wie Bush und vor allem Baker als Wirtschaftsfachmann mit Gorbatschow über unsere wirtschaftlichen Probleme diskutierten, machte mich völlig sprachlos. Es schien, als wären sie, wenn nicht gar Regierungsmitglieder von uns, so wenigstens Fachleute mit aufrichtigem Interesse an unserem Erfolg. Diese Diskussion beeindruckte auch Gorbatschow. Dadurch verstärkte sich bei ihm der Eindruck, daß die amerikanische Regierung, der Präsident, der Außenminister und Sicherheitsberater Brent Scowcroft ihre Entscheidung getroffen hätten.

Bush sagte selbst: »Was unsere Haltung gegenüber der Perestrojka betrifft, möchte ich mit aller Bestimmtheit sagen, daß ich vollkommen mit Ihren Äußerungen (vor der UNO) in New York einverstanden bin: Die Welt wird besser, wenn die Perestrojka erfolgreich verläuft. Vor kurzem hatten viele in den USA diesbezüglich noch ihre Zweifel. Damals in New York sagten Sie, es gebe bei uns Gruppierungen, die einen Mißerfolg der Perestrojka wünschten. Ich muß zugeben, daß in den USA solche Gruppierungen existieren. Aber man kann mit Bestimmtheit sagen, daß einflußreiche Persönlichkeiten in den USA ähnliche Ansichten nicht unterstützen.«

Gorbatschow antwortete nach der Erörterung aller Fragen einschließlich der Abrüstung: »Ich habe inzwischen entdeckt, daß Sie die Welt anders sehen, als ich erwartet hatte. Ich weiß, daß Sie die Repräsentanten verschiedener Kreise anhören müssen. Jedoch haben Sie heute in Ihren Erklärungen konkrete Vorschläge gemacht, die den Ausbau der Zusammenarbeit zwischen der UdSSR und den USA zum Ziel haben. Daran läßt sich ablesen, daß Präsident Bush sich eine bestimmte Vorstellung von der Lage verschafft hat, die den Herausforderungen der Zeit entspricht ...

Wir erwarteten von dem Präsidenten der USA nicht nur Erkenntnisse, sondern auch die entsprechenden konkreten Schritte. Inzwischen sind wir ein gutes Stück vorangekommen. Ich ziehe diesen Schluß aus Ihrer soeben gehaltenen Rede. Mögen es vorläufig nur Absichtserklärungen sein. Aber auch die sind sehr wichtig ...

Die USA und die UdSSR sind praktisch ›verurteilt‹ zum Dialog, zur gegenseitigen Unterstützung und zur Zusammenarbeit. So ist das nun einmal. Aber dafür müssen wir uns davon lösen, den anderen als Feind zu betrachten. Dieses Bild sitzt immer noch in unseren Köpfen. Genausowenig dürfen sich unsere Beziehungen auf die militärische Ebene beschränken.«

Nach Malta konnte man davon ausgehen, daß die äußeren Bedingungen für eine Beschleunigung der Perestrojka günstig waren. Der ideologische Mythos einer Bedrohung von außen war zerstört. Wir hatten die Hände frei.

Vor allem gaben die Amerikaner erstmals das Versprechen, die Perestrojka und unsere Reformen wirtschaftlich zu unterstützen. Heute wissen wir, daß vom Versprechen bis zu realen Taten noch viele Hindernisse aus dem Weg zu räumen waren. Dennoch kam dieser öffentlichen Absichtserklärung psychologisch große Bedeutung zu.

Allerdings beschränkte sich der Umbruch nicht auf die sowjetisch-amerikanischen Beziehungen. Das Treffen von Malta war längst überfällig. Die Lage in Europa hatte sich nach den Herbstereignissen in den sozialistischen Ländern von Grund auf geändert. Der Kalte Krieg ging seinem Ende entgegen. Nachdem die Kommunisten die Macht in Ungarn und Polen bereits verloren hatten, fiel die Berliner Mauer, und Honecker und Schiwkow wurden gestürzt. Die Ereignisse in der DDR hatten selbstverständlich die größte Bedeutung. Wir glaubten damals noch, die Perestrojka werde eine »ganze Etappe in der Geschichte des Sozialismus« abschließen. Nach dem Fall der Mauer war jedoch offensichtlich, daß wir die Folgen von Jalta und Stalins Erbe in Europa überwinden mußten. Die Bilanz der »Zerschlagung Hitlerdeutschlands« mußte revidiert werden. Die Wiedervereinigung Deutschlands wurde zum Symbol der europäischen Veränderungen. Daß sie insgesamt friedlich verliefen, verdanken wir nicht nur den Deutschen, Tschechen, Ungarn und Polen, sondern vor allem Gorbatschow und Bush.

Die Lage war sehr explosiv. Gorbatschow diskutierte mit vielen westlichen Politikern darüber. Er spürte, daß die deutsche Wiedervereinigung unvermeidlich war. Mit der DDR sollte ein »Vorposten des Sozialismus« im Herzen Europas verschwinden. Über die »ideologischen Folgen« machte er sich keine Sorgen mehr. Allerdings wurde aus den Gesprächen mit Honeckers kurzzeitigem Nachfolger Egon Krenz und einigen Unterredungen mit westlichen Gesprächspartnern deutlich, daß Gorbatschow noch eine gewisse Übergangsperiode einplante. Nach dem Sturz Honeckers sollte die DDR innerlich umgestaltet werden. Vor allem fürchtete Gorbatschow die Gefahr, daß die entfesselten Wiedervereinigungsbestrebungen die europäische Entwicklung stören könnten. Er wollte jegliches Blutvergießen verhindern.

Daher forderte Gorbatschow Bundeskanzler Kohl am 11. November eindringlich auf, seiner Begeisterung nicht freien Lauf zu lassen und die nahende Einigung nicht zum Thema des Wahlkampfs zu machen. Kohl sollte alle Schritte vermeiden, die zur Katastrophe führen könnten:

»Jede Veränderung bedeutet in gewissem Maße Instabilität. Wenn ich also von der Bewahrung der Stabilität spreche, heißt das, wir müssen jeden Schritt vorher sorgfältig überdenken …

Mir scheint, Herr Bundeskanzler, daß sich zur Zeit eine historische Wende zu neuen Beziehungen und zu einer neuen Weltordnung vollzieht. Und wir dürfen diese Wende keinesfalls mit ungeschickten Aktionen gefährden. Je mehr die Ereignisse forciert werden, um so mehr treibt die Entwicklung in eine nicht vorhersagbare Richtung, ins Chaos … Ich hoffe, Sie werden Ihre Autorität, Ihr politisches Gewicht und Ihren Einfluß nutzen, um auch andere gemäß den Erfordernissen der Zeit in die Schranken zu weisen.«

Kohl erwiderte: »Herr Generalsekretär, soeben ging eine Kabinettsitzung der Bundesregierung zu Ende. Wenn Sie daran teilgenommen hätten, hätten Sie sich womöglich darüber gewundert, wie sehr unsere Einschätzungen übereinstimmen. Diese historische Stunde erfordert entsprechende Reaktionen, historische Entscheidungen. In der deutschen Sprache gibt es den treffenden Begriff ›Augenmaß‹. Er bezeichnet das Gefühl für das rechte Maß und die persönliche Verantwortung sowie die Fähigkeit, mögliche Folgen schon bei der Vorbereitung miteinzubeziehen. Ich möchte Ihnen versichern, daß ich mir meiner besonderen Verantwortung durchaus bewußt bin.

Ich bin sehr zufrieden, daß die Beziehungen zwischen der UdSSR und der Bundesrepublik den heutigen Stand erreicht haben. Und ich schätze besonders die guten persönlichen Kontakte zwischen uns beiden. Meiner Ansicht nach haben unsere Beziehungen den trockenen, offiziellen Charakter überschritten und beinhalten eine persönliche Nuance. Sicher ließe sie sich noch erweitern. Ich bin dazu bereit. Ich weiß, daß persönliche Beziehungen den Charakter der Probleme nicht ändern, aber sie können deren Lösung erleichtern.«

Daraufhin erklärte Gorbatschow: »Ich glaube, daß die Deutschen beider Staaten mit der ihnen eigenen Gründlichkeit alle auftretenden Fragen erörtern und den Prozeß der Umgestaltungen weiterführen werden.«

Nach den Aufzeichnungen der Gespräche, die Gorbatschow mit den bundesdeutschen NATO-Bündnispartnern damals führte, wollten die Briten, die Franzosen und die Italiener keineswegs eine schnelle deutsche Wiedervereinigung. George Bush faßte am 2. Dezember in Malta ihre Verhandlungsposition zusammen:

»Kohl weiß, daß einige westliche Bündnispartner in ihren Reden zwar die vom deutschen Volk geforderte Vereinigung befürworten, gleichzeitig aber über diese Aussicht sehr beunruhigt sind.«

Gorbatschow antwortete: »Ja, das weiß ich. Diese Ansicht hat mir auch Kohl mitgeteilt. Nur sage ich offen im Gegensatz zu Ihren Bündnispartnern und Ihnen: Es gibt zwei deutsche Staaten – so fügte es der Lauf der Geschichte. Und die geschichtliche Entwicklung soll nun auch den weiteren Verlauf im Kontext des neuen Europa und der neuen Weltordnung bestimmen. Kohl betonte mehrmals, er kenne seine Verantwortung und werde unsere Vereinbarungen von Bonn (deutsch-sowjetische Erklärung vom Juni 1989) beachten. Überhaupt müssen wir in dieser Frage sehr behutsam vorgehen, damit wir bei den begonnenen Veränderungen keinen Rückschlag erleiden.«

»Einverstanden«, erklärte Bush. »Wir werden keine übereilten Schritte bezüglich der Wiedervereinigung unternehmen und nichts forcieren … Merkwürdigerweise ziehen Sie in dieser Frage an einem Strang mit unseren NATO-Bündnispartnern. Sogar die konservativsten unter ihnen begrüßen Ihr Vorgehen. Gleichzeitig versuchen sie, sich die politische Lage vorzustellen, wenn die Begriffe BRD und DDR in die Geschichte eingegangen sein werden. Ich werde hier Vorsicht walten lassen. Unsere Demokraten sollen mir ruhig Zaghaftigkeit vorwerfen. Ich habe nicht die Absicht, vor der Mauer zu demonstrieren[1], weil hier viel zu viel auf dem Spiel steht.«

Gorbatschow warf ein: »In der Tat, vor Mauern zu demonstrieren gehört sich nicht für einen Präsidenten.« (Gelächter)

Bush fuhr fort: »Wenn Bush und Gorbatschow ihre Zufriedenheit mit dem Lauf der Veränderungen äußern können, wird alles gutgehen. Ich werde mich vor irgendwelchen Maßnahmen hüten, die auf den ersten Blick wunderschön scheinen, aber gefährliche Folgen haben können.«

Gorbatschows Position zur deutschen Einigung mit dem Standpunkt der »anderen europäischen Bündnispartner« gleichzusetzen, halte ich für übertrieben. Jene wollten offensichtlich den Vereinigungsprozeß mit Gorbatschows Hilfe aufhalten. Sie nahmen an, daß die sowjetische Führung nicht zuletzt aus ideologischen Gründen daran sehr interessiert wäre. Aber sie unterschätzten Gorbatschows Fähigkeit, »sich mit den Tatsachen abzufinden«. In diesem Fall erkannte er besser als sie die Zeichen der Zeit. Ein Chaos wollte er unbedingt vermeiden. Genau das wäre jedoch die Folge gewesen, wenn er sich der realen Notwendigkeit mit »sowjetischen Methoden« widersetzt hätte. Darüber hinaus wäre der Kalte Krieg wieder ausgebrochen, was auch die Bündnispartner nicht wollten.

Führungskrise

Entscheidend für die damalige Entwicklung war: Die Umgestaltung Osteuropas verlief im wesentlichen friedlich. Diese Tatsache beweist, daß die äußeren Bedingungen für eine Beschleunigung der Perestrojka vorlagen.

Wie weit war jedoch Gorbatschow als Politiker und Mensch bereit, diese günstigen Voraussetzungen zu nutzen?

Ende Oktober 1989 stand ein Besuch in Finnland bevor. Ich studierte zur Vorbereitung sämtliche westlichen Analysen unserer Wirtschaftslage und die empfohlenen Maßnahmen. Außer Pipes und Brzezinski äußerten alle Osteuropaexperten ihr Interesse am Erfolg der Perestrojka. Ihre Empfehlungen deckten sich im wesentlichen mit den Forderungen, auf denen Margaret Thatcher in ihren Gesprächen mit Gorbatschow beharrte. Einige hielten sogar ein »sowjetisches Wirtschaftswunder« für möglich …

Die Osteuropaexperten forderten von Gorbatschow vor allem, seine übertriebene Vorsicht abzulegen, keine halbherzigen Maßnahmen mehr durchzuführen und endlich den Durchbruch zu wagen. Er müsse erkennen, daß die Zeit gegen ihn arbeite. Für einen Teil der Gesellschaft zögen unvermeidlich schwere Zeiten herauf. Aber nach einer gewissen Durststrecke werde die Wirtschaft sich erholen.

Viele identifizierten die Reformen mit Gorbatschow und appellierten persönlich an ihn, diese oder jene Entscheidung zu treffen oder eine bestimmte Maßnahme durchzuführen! Leider waren ihm jedoch die Hände gebunden. Und das nicht etwa, weil Ligatschow, der Apparat und die Bürokratie ihm im Weg stünden, wie die Osteuropaexperten meinten, sondern weil niemand in der Lage war, seine Entscheidungen in die Praxis umzusetzen. Die Partei konnte diese Rolle nicht mehr übernehmen. Sie war ja selbst zu Reformen nicht fähig. Die Sowjets waren nach wie vor hilflos. Unternehmer befanden sich in einem Dilemma: Von oben kamen keine Anweisungen, und sie selbst verfügten über keine Entscheidungsbefugnis. Sie rannten von einer Stelle zur anderen, um den Kontakt zu den Zulieferbetrieben aufrechtzuhalten. Der Apparat war auf allen Ebenen korrupt und wartete, die Hände im Schoß und mit wohlgefälligem Grinsen, bis alles zusammenbrach. Die Losung »Den einzelnen am Reformprozeß teilhaben lassen« ging um. Doch unsere Bürger fühlten sich ohne Führer verlassen, und ihr Zorn wuchs: Es gab nichts mehr, niemanden konnte man bitten und nirgends etwas fordern. Da blieb nur, aus vollem Hals zu schimpfen. Eine Führungskrise bahnte sich an.

Seit ich Ponomarjows Abteilung verlassen hatte, verspürte ich zum ersten Mal inneres Unbehagen. Meine Unzufriedenheit mit Gorbatschow resultierte aus der großen Kluft zwischen der innenpolitischen und der außenpolitischen Entwicklung. Obwohl ich mit der Innenpolitik nur über Gorbatschow in Berührung kam, erlebte ich schmerzlich alles mit, was bei uns vor sich ging. Was wir unter Gorbatschows Führung innenpolitisch in Angriff genommen hatten, war mißlungen. Die realen Ergebnisse entsprachen weder den tatsächlichen Erfordernissen noch Gorbatschows Absichten. Die Diskrepanz zwischen seinen Überzeugungen und seinen Taten verbitterte mich.

In mir keimten Zweifel, ob ich meine Arbeit wirklich gewissenhaft erledigte. Nein, seinem Gewissen gegenüber gab es keine Kompromisse, weil die Doppelmoral von früher nicht mehr existierte. Ich befaßte mich mit Gorbatschows internationalen Aktivitäten und machte meine Sache mit Begeisterung. Ich konnte beobachten, wie sich seine politischen Ansichten entwickelten, und dies machte mir Hoffnung. Vielleicht habe ich auch nur seine verborgenen Gedanken und Absichten besser verstanden, die sich von den sozialistischen Postulaten klar unterschieden. Mir imponierte die Leninsche Eigenschaft, sich über Dogmen hinwegzusetzen, sofern sie den realen Anforderungen widersprachen. Gorbatschow paßte sich stets den Gegebenheiten an. In der Politik spiegelten sich diese Veränderungen nur bedingt wider. Manchmal wichen seine offiziellen Erklärungen und Handlungen stark ab von dem, was er im engen Kreis oder zu einzelnen Gesprächspartnern sagte, die aufrichtig versuchten, ihn zu verstehen.

Dieser Zwiespalt legte auch den Gedanken an seinen Rücktritt nahe. Als wir uns im Januar 1989 zwei Wochen in Pizunda aufgehalten hatten, hatte Gorbatschow beim Abendessen erstmals davon gesprochen, allerdings im Spaß: »Soll ich nicht alles hinwerfen und Platz machen ... sollen sie doch zeigen, daß sie die erlangte Freiheit zu nutzen wissen.« Im Sommer in Foros wurde das bereits ernster erwogen. Raissa Maximowna bezog sich vermutlich auf ein Gespräch mit ihrem Mann, als sie sagte: »Michail Sergejewitsch, es ist Zeit, abzutreten. Du solltest dich ins Privatleben zurückziehen und deine Memoiren schreiben. Du hast deine Aufgabe erledigt.«

Auch enge Mitarbeiter Gorbatschows dachten in jener Zeit an Rücktritt – selbst ich, obwohl auf dem Gebiet der internationalen Politik alles zu meiner Zufriedenheit lief.

Alexander Jakowlew beklagte sich oft bei mir über erlittene Kränkungen. Ende Oktober 1989 besuchte er mich und erzählte voller Bitterkeit, daß auch er von Gorbatschow in den fünf Jahren gemeinsamer Arbeit nicht ein einziges Mal das Wort »Danke« gehört habe. »Keine Spur von Anerkennung habe ich von Gorbatschow dafür erfahren«, sagte Jakowlew, »daß wir bei gemeinsamen Gesprächen in Kanada die Idee der Perestrojka entwickelt haben. Ich war damals noch Botschafter. Wir sind enge Freunde und haben Vertrauen zueinander. Aber Gorbatschow käme nie auf den Gedanken, dies in der Öffentlichkeit zu zeigen oder mich zu loben. Ich fühle mich ihm innerlich eng verbunden. Er aber geht auf Distanz und möchte weder vor dem Politbüro noch vor dem ZK, deren Mitglieder mich hassen, noch in der Öffentlichkeit meinen Ansichten zustimmen und sich damit endgültig Ligatschow und Co. entgegenstellen. Er behandelt mich fast wie einen Privatsekretär: Ich darf ihm soufflieren, Ratschläge erteilen, koordinieren und ein Problem analysieren.

Seit Beginn der Perestrojka haben alle Mitglieder des Politbüros«, setzte er enttäuscht fort, »zum Jahrestag der Oktoberrevolution oder zu

Lenins Geburtstag eine Rede halten dürfen. Nur mich übergeht Gorbatschow immer. Dieses Jahr hat er Krjutschkow, der erst ins Politbüro aufgenommen wurde, für die Rede am 7. November bestimmt.«

Nach diesen Worten fragte Jakowlew ohne Umschweife: »Soll ich zurücktreten?« Ich habe natürlich entschieden widersprochen, obwohl ich gemerkt habe, daß er eine kleine Schau abzog. Ich nahm es ihm nicht übel, weil er jemand brauchte, um sich auszuweinen. Außerdem verstand ich ihn nur zu gut. Ich sagte ihm meine Ansicht dazu: »Wenn du uns jetzt verläßt, ist sofort allen klar, daß das Ende der Glasnost gekommen ist und Gorbatschow Chruschtschows Fehler wiederholen wird.«

Unter dem Eindruck dieses Gesprächs verfaßte ich für Gorbatschow ein kurzes Schreiben. Hier einige Auszüge:

»Kürzlich habe ich mich mit Jakowlew unterhalten. Er schien sehr gekränkt. Er fühlt sich schon länger übergangen, aber zur Zeit besonders stark. Ich habe sofort begriffen, woran es diesmal lag: Sogar mir hat es einen Stich versetzt, als Sie ihn in der letzten Politbürositzung ›so nebenbei‹ Medwedew unterstellt haben. (Es ging um die Vorbereitung der Rede für die Parteikonferenz.)

Sie hatten sicher Ihre Gründe, aber der Sache haben Sie damit keinen guten Dienst erwiesen. Wenn Sie sich von der XXVIII. Parteikonferenz ein echtes politisches Programm versprechen, dann ist Medwedew dafür zu vorsichtig. Er ist zu sehr Gefangener der politökonomischen Schule, aus der er stammt. Vor allem hat er keine Phantasie. Im übrigen geht es nicht nur um ein neues Konzept für die Perestrojka, sondern wir müssen neue theoretische Grundlagen für unsere Politik und die gesellschaftliche Entwicklung schaffen. Wir müssen dem sozialistischen Gedanken eine von Grund auf neue Bedeutung verleihen und Lenins Auslegung dialektisch überwinden.

Genau in diesem Moment opfern Sie dem heutigen ›Bucharin‹ (offensichtlich aus taktischen Gründen, denn ich weiß wohl, daß Sie die unterschiedlichen Fähigkeiten der beiden kennen) den heutigen – mit wem läßt Jakowlew sich vergleichen? – ›Pjatakow‹. Von Jakowlew werden Sie deshalb kein Wort der Klage hören. Aber womöglich ist es zu spät, wenn Sie im Vorfeld der Konferenz seine Fähigkeiten gebrauchen könnten, um noch schnell die eigenen Reihen zu ordnen. Vom menschlichen Aspekt der Angelegenheit ganz zu schweigen – von der Würde und dem Ansehen der beiden.

Entschuldigen Sie, aber ich hielt es für meine Pflicht, Sie darauf aufmerksam zu machen. Nicht nur wegen meiner persönlichen Beziehung zu Alexander Jakowlew.«

Das Schreiben hat Gorbatschow verletzt. Er hat mir gesagt, es gehe hier nicht um persönliche Ambitionen (eine bevorzugte Redewendung) ... Völlig unvermittelt hat er Vertreter der Intelligenzija angegriffen, mit denen Jakowlew in Verbindung stand und die über Gorbatschows (kürzliche) Kritik an den Linken empört waren.»Ich griff sie so hart an«, erklärte Gorbatschow,»weil sie die Rechten mit ihrem Geschrei und ihrer Kritik an Lenin, an der Oktoberrevolution und am Sozialismus provozieren und mobilisieren. Sie rufen Panik hervor, ohne zu verstehen, daß ich dazu verdammt bin, immer weiter voranzuschreiten. Sobald ich einen Schritt zur Seite weiche, werde ich mit der Sache untergehen. Wie kommen sie nur auf den Gedanken, ich würde mit Ligatschow gemeinsame Sache machen?«

Dabei fluchte er fürchterlich. In diesem Moment trat sein persönlicher Berater Iwan Frolow ins Zimmer und sagte:»Ich habe die Feiertage (7. und 8. November) mit einigen Freunden verbracht und rate Ihnen dringend: Michail Sergejewitsch, setzen Sie Ligatschow ab – und zwar sofort. Die Bevölkerung verachtet und haßt ihn über alles. Vor allem verstärkt sich der Eindruck, daß Sie mit ihm gemeinsame Sache machen und nur so tun, als würden Sie die Perestrojka fortsetzen.«

Bei diesen Worten ging Gorbatschow im Zimmer auf und ab und sagte dann zu Iwan:»Da hast du mir was Schönes aufgetragen!« Damit war die Angelegenheit erledigt.

Eine nicht gehaltene Rede

Am Silvesterabend 1989 lag ich mit einer schweren Grippe im Bett und hatte Zeit zum Nachdenken. Ich habe mir vorgestellt, ich würde Michail Gorbatschow eine Rede halten, wenn er anriefe, um zum Neuen Jahr zu gratulieren. Wenn Gorbatschow den Stimmungen und Meinungen der Intellektuellen mehr Bedeutung beigemessen hätte (in einem ausgewogenen Verhältnis mit den Stimmungen der übrigen Bevölkerungsschichten), dann hätte er vielleicht mehr bewirkt. Allerdings bin ich überzeugt, daß er seiner Art treu geblieben wäre und von seinem Informationsstand verantwortungsvoll Gebrauch gemacht hätte.

Meine niemals gehaltene Rede habe ich in mein Tagebuch geschrieben.

272

Die folgenden Auszüge geben die damalige Stimmung vieler Intellektueller wieder:

»Sie, Michail Sergejewitsch, haben im vergangenen Jahr die Mittel für einen Ausweg aus der Krise vorbereitet. Das Jahr 1990 wird ein Jahr der Entscheidungen. Sie hängen ausschließlich von Ihnen ab (leider braucht das Land immer noch einen Führer). Sie sind jedoch zu spät dran. Manche schreiben bereits, daß Sie stehengeblieben seien ... Ich arbeite seit vier Jahren für Sie. Ich beobachte von innen, wie sehr Sie sich mühen, die sich rasch ausweitende Freiheit, die Sie dem Land verliehen haben, in den Griff zu bekommen. Aber Sie haben immer noch Angst davor, daß alles zusammenbricht, wenn Sie *alle* alten Methoden und Prinzipien über Bord werfen.

Ihre endlosen Rückgriffe auf sozialistische Werte, die bereits jeden Bezug zur Realität verloren haben (etwa Recht auf Arbeit, soziale Sicherheit, kostenlose medizinische Versorgung usw.), bleiben ohne jede Wirkung.

Deshalb haben Sie sich auch im Herbst geweigert, neue Gesetze zur Bodenreform, zum Privatbesitz, zur wirtschaftlichen Unabhängigkeit der Republiken und zur Machtverteilung zwischen Zentrale und örtlichen Behörden einzubringen. Im Urlaub auf der Krim haben Sie noch befohlen, einige Skizzen für eine Fernsehrede anzufertigen, in der Sie die Projekte öffentlich ankündigen wollten. Aber die Rede wurde nie gehalten, weil Sie inzwischen darauf bestanden haben, die Verabschiedung der Gesetze auf das Jahr 1990 zu verschieben. Warum? Fürchten Sie etwa diese Maßnahmen? Früher oder später müssen wir sie sowieso verabschieden. Erinnern Sie sich, wie sehr Sie sich der Verabschiedung der Gesetze zur wirtschaftlichen Unabhängigkeit des Baltikums widersetzt haben? Am Abend vor der entscheidenden Tagung des Obersten Sowjet haben Sie mir mit einem Seufzer telefonisch mitgeteilt: ›Ich habe mich entschieden!‹ Ich habe erwidert: ›Das war ein überaus wichtiger Schritt.‹ Aber wo bleiben die anderen wichtigen Schritte?

In Ihrem Innern haben Sie sich, wie ich Ihren Worten entnehme, bereits entschieden, die Macht der Partei zu entziehen und dem Obersten Sowjet zu übergeben. Wovor haben Sie noch Angst? Vor Ligatschow und seiner Truppe?

Übrigens keimt dieser Verdacht im Volk. Bei den Tagungen sitzt er im Präsidium neben Ihnen. Sie haben ständig Kontakt zu ihm: Sie scherzen, lachen, flüstern miteinander. Sie demonstrieren also, daß Sie beide ein Herz und eine Seele sind. Die reinste Heuchelei vor aller Öffentlichkeit! Darüber hinaus verwirrt dieses Verhalten die Sowjetbürger. Womöglich denken Sie, die Partei stehe hinter Ligatschow. Wenn Sie damit recht haben, steht es schlecht um die Partei. Um so dringlicher ist es, die Macht dem Obersten Sowjet zu übertragen, das Amt eines Präsidenten zu schaffen und ein Kabinett zu gründen.

Bei dem ZK-Plenum vom 25. Dezember 1989 wurde die Misere abermals offenkundig. Es verlief schlimmer als das vorige und das vom April 1989. Dieses ZK müssen wir abschaffen, wenn die Partei weiterhin die Perestrojka vorantreiben soll. Wie Sie wissen, sitze ich in den ersten Reihen des Sitzungssaals, aber meine Mitarbeiter sind über den Saal verteilt. Sie hören also, was die ZK-Mitglieder untereinander flüstern, und es widert sie schlicht an. Der Schandfleck des Saals befindet sich rechts, ein wenig weiter hinten, wo sich 150 bis 200 erklärte Feinde der Perestrojka und Ihrer Person versammelt haben. Von dort kommen auch die Pfiffe und Schmährufe. Sie sehen dies vom Präsidium aus besser als ich. Auf dem Plenum vom 9. Dezember hat Genosse Melnikow Ihnen vorgeworfen, Ihre Politik ›ziele vor allem darauf ab, der Bourgeoisie und dem Papst in Rom zu gefallen‹. Sie haben daraufhin gefragt, ob Sie zurücktreten sollten und unter den 150 Gesellen war deutlich zu vernehmen: ›Das ist längst an der Zeit!‹

Auf dem Plenum vom 25. Dezember haben Sie ein Machtwort gesprochen und die Forderung abgelehnt, die Volksbewegung im Baltikum zu verbieten, Brasauskas aus der Partei auszuschließen und in Litauen ein zweites ›Tiflis‹ zu schaffen. Sie haben erklärt, daß Sie an Ihrer Politik festhalten und kein Blutvergießen zulassen würden. Sie haben sich damit endgültig entschieden. Und wieder ist unter den Gesellen und im ganzen Saal ein deutliches Geraune zu vernehmen: ›Du hast uns lange genug erpreßt! Du hast nur Angst! Jetzt wäre es an der Zeit, zurückzutreten!‹

Im engen Beraterkreis haben wir in Ihrem Arbeitszimmer über den Verlauf des Plenums gesprochen. Als Sie gefragt haben, warum die treuen Anhänger der Perestrojka schweigen und die Unruhestifter nicht zurechtweisen würden, habe ich entgegnet: Solange Sie selbst nicht explodierten und sich grimmig zur Wehr setzten, wüßten Ihre treuen Anhänger schlicht nicht, wie Sie Ihnen hätten beistehen sollen. Zum Beispiel haben Sie auf dem Plenum vom 9. Dezember Ligatschow den Vortritt gelassen. Als jener eine seiner üblichen Reden gegen Ihre ganze Philosophie und gegen die Perestrojka gehalten hat, sollen Sie ihn nach Jakowlews Aussage hinter den Kulissen gar gelobt haben: ›Du hast die Partei wieder verteidigt!‹ Ligatschow hat also das Plenum geleitet, und seine Truppe hat wieder einmal gesehen, daß man Sie hart angreifen durfte. Erst nach Ihrem Ausbruch haben die Verteidiger der Perestrojka das Wort ergriffen. Da haben Sie Ihre Erklärung, von Ihnen wird eine klare Linie erwartet: Solange Sie in aller Öffentlichkeit Ligatschow umarmen, obwohl Sie wissen, daß er Ihr Feind ist, wird die Partei sich auch nicht erneuern.«

All diese Gedanken kannte Gorbatschow. Jakowlew, Schachnasarow und ich hatten unsere Kritik bei allen möglichen Gelegenheiten geäußert. Wenn wir ein beliebiges Thema angesprochen haben, wußte er schon im voraus, was wir sagen wollten. Das verdeutlichte auch ein Gespräch mit Jakowlew am 28. Dezember. Alexander besuchte mich und erzählte, er sei am Abend zuvor bei Gorbatschow gewesen und habe ihm – meiner Ansicht nach völlig zu Recht – gesagt: »Michail Sergejewitsch, als im Plenum die Hetzer gegen die Perestrojka Sie so schonungslos attackierten, hätten Sie sofort feststellen müssen, Sie würden mit diesem ZK künftig nicht mehr zusammenarbeiten. Dann hätten Sie gehen müssen. Ich wäre Ihnen sofort gefolgt. Ich bin überzeugt, daß Medwedew, Schewardnadse, Sljunkow und Krjutschkow ebenfalls gegangen wären, vielleicht auch Ryschkow, aber da bin ich mir inzwischen nicht so sicher. Aus dem Plenum wären noch 100 ZK-Mitglieder aufgestanden und gegangen. Eine Spaltung? Was ist schon dabei! Irgendwann müssen wir uns dazu durchringen. Mit diesen Leuten im ZK-Plenum kann die Perestrojka nicht vorankommen; entweder richten die uns mitsamt der Perestrojka zugrunde, oder wir müssen uns von ihnen mitsamt der Nomenklatura der KPdSU trennen.«

Primitiver Nationalismus

Wie begann das neue Jahr? Am 2. Januar 1990 fand eine Sitzung des Politbüros statt. Ich war noch krank, Schachnasarow erzählte mir später davon. Nach dem Eklat im letzten ZK-Plenum herrschte vor der Sitzung Alarmstimmung: Etwas mußte geschehen.

Aber eigentlich passierte nichts Besonderes. Gorbatschow präsentierte eine Bilanz des letzten Jahres ähnlich wie in seiner Neujahrsansprache im Fernsehen. Über Ryschkows Wirtschaftsprogramm wurde gesprochen. Gorbatschow sagte, wir müßten uns vom ersten Tag an »zusammenreißen«, und erklärte: »Das Jahr 1990 wird das Entscheidungsjahr. Wenn wir die Versorgungsprobleme nicht bewältigen, müssen wir abtreten!« Für die nächsten Tage kündigte er eine Sitzung des Präsidiums des Obersten Sowjet und berief für den 15. Februar eine Tagung des Obersten Sowjet, auf der nur das Steuergesetz zur Diskussion stand. Das bedeutete, daß die Entscheidungen zu Privatbesitz und Landreform weiter hinausgezögert würden.

Gorbatschow entschloß sich, im Januar nach Litauen zu fahren. Im Politbüro wurde diskutiert, welches Angebot er unterbreiten sollte. Schachnasarow und ich nahmen uns vor, unsere früheren Vorschläge diesmal energisch zu vertreten: Wir dürfen auf keinen Fall die Litauer ermahnen. Wir müssen ihnen vielmehr vorschlagen, die Beziehungen zur Sowjetunion vertraglich zu regeln. Litauen hat nämlich, wie viele andere spätere Republiken, den Unionsvertrag aus den Jahren 1922 bis 1924 nie unterzeichnet! Wir dürfen die Lösung des baltischen Problems nicht länger aufschieben, sonst kommt es zu noch größeren Spannungen, und ein für den Staat gefährliches Geschwür entsteht. Die Erfahrung mit dem Hitler-Stalin-Pakt hatte uns gelehrt, daß ein Aufschub unvermeidlicher Maßnahmen nur den Druck im Kessel erhöhte. Wir sagten Gorbatschow gerade heraus: »Wenn Sie den Litauern keinen Vertrag anbieten, fahren Sie besser gar nicht erst hin. Sie bringen sich sonst in eine prekäre Lage.« Übrigens war die Mehrheit der Politbüromitglieder am 2. Januar geneigt, die Hinhaltetaktik fortzusetzen: Vielleicht geht es ja vorbei!

In Litauen hielt Gorbatschow aussagekräftige und weitblickende Reden. Hier einige Auszüge:

»Wir ändern unser Land und alle Lebensformen in ihm zur Zeit von Grund auf. Wir legen neue Lebensformen zugrunde, die das Aussehen unserer Gesellschaft auf Jahrzehnte hinaus bestimmen werden. Wir werden eine völlig neue Gesellschaftsform erhalten. Solange wir uns und unsere Denkweise nicht ändern und uns weiterhin von Stereotypen beeinflussen lassen, werden wir nichts Neues schaffen können …

Die Einwohner unseres multinationalen Staates machen zur Zeit eine überaus schwierige Phase durch. Hauptsächlich geht es um die endgültige Absage an das Stalinsche Föderationsmodell, das nominell föderale Prinzipien enthielt, aber faktisch zentralistisch ausgerichtet war …

Ich bin zutiefst überzeugt, daß wir nur über eine Verfassung mit souveränen, in einer Föderation vereinten Staaten politische Souveränität, wirtschaftliche Unabhängigkeit, kulturelle Entfaltung und Bewahrung der Tradition erreichen können ... Für euch, für die Russen, für alle gilt: Wenn wir getrennte Wege einschlagen, werden wir zerbröckeln und zerfallen; dadurch wird das Schicksal von Millionen Menschen bestimmt, dadurch wird Haß in der Bevölkerung gesät. Das Verhältnis der Menschen zueinander hat sich bereits abgekühlt.

Hier vor mir liegen Briefe und Notizen, die alle dasselbe aussagen: Ihr habt uns jahrzehntelang besetzt, jetzt werden wir euch einen Denkzettel verpassen. Ich schenke dem keine Aufmerksamkeit, das ist primitiver Nationalismus. Aber wenn er in die Politik eindringt und Entscheidungen aufgrund der Argumente der Nationalisten fallen, dann, Genossen, stehen uns schwere Zeiten bevor ... Ein freies Litauen, ein unabhängiges Litauen bleibt immer ein Litauen, das in die eine oder andere Gemeinschaft integriert ist ... Laßt uns jeweils die Meinung des anderen hören und dann gemeinsam überlegen, was zu tun ist.«

Gorbatschow versuchte den Austritt Litauens aus der neuen, demokratischen, von Totalitarismus und imperialen Bestrebungen befreiten Union aufzuhalten. Er rief zu einer realistischen und vernünftigen Betrachtungsweise auf und appellierte an den gesunden Menschenverstand. Aber die eigentlichen Ursachen für den Austritt lagen jenseits der Grenzen des Rationalen und des Menschenverstandes. Die Verluste, die mit einer Trennung von dem russischen »Mutterland« verbunden waren, lagen auf der Hand. Der Nationalstolz war stärker als alle Argumente und Berechnungen. Genau das haben wir der internationalistischen Schule des Marxismus-Leninismus zuliebe vergessen. Das unzähmbare Nationalgefühl ist weiterhin ein wichtiger Faktor der Geschichte, und seinetwegen setzt man sich über Menschenrechte hinweg, ja sogar, wie wir inzwischen sehen können, über die einfachen Regeln menschlichen Zusammenlebens.

Im Grunde hätten wir den baltischen Ländern schon zwei Jahre früher die Freiheit geben müssen. Inzwischen hätten viele Probleme, innere wie sowjetisch-baltische, mit Rücksicht auf den nationalen Charakter der dortigen Völker auf friedlichem Wege gelöst werden können. Wir hätten loyale und gewissenhafte Nachbarn bekommen. Im vorliegenden Fall war die Befürchtung, wir könnten eine Kettenreaktion auslösen, und das Festhalten an imperialen Zielen nicht gerechtfertigt. Die Balten haben sich noch nie als organischer Teil der Sowjetunion gefühlt. Jahrzehnte nach dem Krieg hat sich bei ihnen die Überzeugung erhalten, ihre Zugehörigkeit zur UdSSR sei nur befristet. Wer dorthin in Kur fuhr, hat sich fast wie im Ausland gefühlt. Ich werde nie vergessen, wie ich in den Jahren 1944 und 1945 dort gekämpft habe. Unsere ganze Truppe hat von dem Moment an, als wir die estnische Grenze überschritten haben, bis zur Einnahme Rigas und der Besetzung Kurlands ständig gespürt, daß wir uns in einem fremden Land befinden. Die Einwohner waren uns feindselig gesinnt und hatten Angst vor uns. Ich hatte das auch als Argument angeführt, als ich meinen Standpunkt vor Gorbatschow verteidigte.

Nach der Rückkehr fragte Gorbatschow mich nach meiner Meinung zu der Reise. Meine Antwort lautete: »Ich glaube, Sie haben den Trennungsprozeß ein wenig gemäßigt, aber Sie können ihn nicht aufhalten. Außerdem sorge ich mich wegen des bevorstehenden ZK-Plenums zur neuen Plattform der Partei. Was Sie in Litauen gesagt haben über Föderation, Stalinismus und Partei – erstmals haben Sie das ehemalige Regime totalitär genannt –, geht weit über das hinaus, was in den von der Arbeitsgruppe verfaßten 54 Seiten steht.«

Gorbatschow nannte den Programmentwurf »leeres Geschwätz«.

Die Ereignisse in Baku überstürzten sich. Ich hatte mit den Beschlüssen und Diskussionen zur dortigen Lage nichts zu tun, beobachtete jedoch Gorbatschow. Mir fiel auf, daß er keine konkrete politische Lösung für das Problem anbieten konnte. Er hielt es für seine Pflicht, Menschen vor Pogromen und Gewaltakten zu schützen.

Die Ereignisse von Aserbaidschan überlagerten die Bilanz der Reise nach Litauen und lösten stürmischen Protest unter den russischen Müttern und Gattinnen, weil das Verteidigungsministerium hastig Reservisten einzog, um sie in das Gebiet der blutigen Konflikte zu entsenden. Hatte der Schriftsteller Rasputin nicht recht, als er unter dem Gelächter der Volksdeputierten erklärte, Rußland müsse sich als erste Republik von der Sowjetunion trennen?! Gorbatschow fürchtete, das russische Volk werde ihm den Zerfall des Imperiums nie verzeihen. Eigentlich will das russische Volk aber die Bürde des Imperiums nicht länger tragen und weiter das Leben seiner Söhne opfern, um die Konflikte der »Ausländer« zu schlichten oder sie in der Union zu halten.

Vielleicht, dachte ich damals, läßt sich auch das Nationalitätenproblem der UdSSR über die russische Frage lösen? Sollen sie doch alle austreten, auch die Ukraine. Sicher wird Rußland für eine gewisse Zeit seine Großmachtrolle verlieren. Das überleben wir. Wir werden nach der Wiedergeburt von Rußland diese Bezeichnung wieder verdienen … Übrigens habe ich am selben Tag, dem 21. Januar 1990, notiert: »Jelzin hat erklärt, er werde im Obersten Sowjet der RSFSR (Russische Sozialistische Föderative Sowjetrepublik) für das Amt des Präsidenten kandidieren. Wahrscheinlich wird er gewählt werden, aber Gorbatschow käme für diesen Posten in Rußland bereits nicht mehr in Frage. So kommt es! Jelzin wird die Früchte der historischen Wende ernten, die Rußland und die ganze Welt Gorbatschow verdanken.«

Jakowlews revolutionärer Ratschlag

Aus den Meldungen dieser Tage wurde klar: Die osteuropäischen Länder wandten sich von uns ab, die Reste der MKD (Internationale Kommunistische Bewegung) zerfielen. »Eine ganz neue Ära bricht an«, notierte ich an Lenins Todestag. »Wir müssen uns deutlicher von den Leninschen Stereotypen distanzieren.« Michail Gorbatschow hielt sich jedoch immer noch aus Angst vor den Folgen zurück. In seinem Inneren hatte er sich bereits zu neuen Ansichten durchgerungen, aber pragmatisch, wie er war, zog er »alle Eventualitäten« in Erwägung und hatte Angst davor, die Taue zu kappen.

Am 22. Januar 1990 hat eine Sitzung des Politbüros stattgefunden mit dem einzigen Tagesordnungspunkt: Diskussion des Entwurfs einer »Plattform« für die KPdSU (als Ersatz für das Parteiprogramm). Sollen wir ein Mehrparteiensystem zulassen? Damit würde die Macht der KPdSU zerstört werden. Nicht zulassen? »Ist unrealistisch«, wie Ryschkow sagte. Wollen wir eine Föderation oder eine Konföderation? Letztere ist eigentlich unannehmbar, aber erstere wird von einigen Republiken bereits abgelehnt. Wie stand es um Artikel 6 der Verfassung? Die einen waren sich einig, ihn zu streichen. Andere wollten ihn einfach übergehen, »mit der Zeit« würde sich das Problem »von selbst lösen«. Privatbesitz war nach dem Entwurf eigentlich verboten. Privat erwirtschaftetes Eigentum ohne Ausbeutung »von Menschen durch Menschen, von Völkern durch Völker und von Ländern durch Länder« (Jakowlew) wurde gestattet.

Sollte die Partei sich künftig aus der Arbeiterklasse oder aus allen Befürwortern des Sozialismus rekrutieren? Es könnten ja auch Bevölkerungsschichten entstehen, deren Interessen nicht vereinbar sind mit sozialistischen Idealen. Lassen wir Fraktionsbildungen zu? Sollen wir weiterhin von der Rolle der »Avantgarde« sprechen? Sollen wir erneut betonen, daß die Partei dem Marxismus-Leninismus ergeben ist? Darf ein Kommunist sich in nichtsozialistischen Bewegungen engagieren, darf er über Privatbesitz verfügen?

Sollen wir Rußlands besondere Rolle als vereinigender Faktor in der Union herausstreichen oder besser herunterspielen, um die anderen Republiken nicht zu provozieren?

Sollen wir zur Frage des Präsidentenamtes Stellung beziehen? Oder lassen wir »die Frage noch heranreifen«?

Ein Söldnerheer ist inakzeptabel! Aber was sonst? Wir können auch die Armee nicht so lassen, wie sie ist. Sollen wir weiterhin von einer bestehenden Kriegsgefahr sprechen, die Ängste womöglich zusätzlich schüren? Sajkow und einige andere sind dafür. Fragen über Fragen!

Gorbatschow hörte schweigend zu, denn immerhin hatte er den Entwurf verschickt. Sehr bestimmt sprachen sich Ryschkow und Medwedew für die Perestrojka aus. Letzterer sagte:

»Es heißt, wir sollen die Lage nicht dramatisieren. Die wirkliche Lage ist jedoch dramatischer, als wir wahrhaben wollen. Wir müssen demonstrieren, daß wir grundlegende Änderungen in der Partei und im Land anstreben. Wir müssen den Ereignissen zuvorkommen. Wenn wir zurückbleiben, werden wir überrollt. Wir müssen offen zugeben, daß unsere Lage nicht nur infolge der Vergangenheit so miserabel ist, sondern auch infolge falscher und unzureichender Maßnahmen während der Perestrojka. Was diesbezüglich in dem Entwurf steht, reicht nicht aus.

Der Abbau alter Mechanismen ging schneller voran als der Aufbau neuer Mechanismen in der Wirtschaft, Politik und Ideologie. Dadurch ist das Gleichgewicht im Land gestört worden.«

Hauptsächlich bewegten sich die Meinungen zwischen zwei Polen hin und her: das Stalinsche Sozialismusmodell beibehalten, aber ohne Repressionen (was ein Widerspruch in sich ist), oder sich den Gesetzen der bereits keimenden marktwirtschaftlichen, ihrem Wesen nach bürgerlich-demokratischen Gesellschaftsform unterordnen. Eigentlich war bereits offensichtlich, daß wir keine andere Wahl hatten, als den Weg einer Demokratisierung weiter zu verfolgen, wenn wir auf eine Knebelung des Volkes durch Terror und Ideologie verzichten wollten. Das wollte jedoch niemand zugeben, obwohl wir schon damals wußten, daß genau darin das Problem lag.

Gorbatschow rief am nächsten Tag Jakowlew, Medwedew, Frolow, Boldin, Schachnasarow, Petrakow und mich zu sich. Zur Diskussion stand, wie die Plattform angesichts der Auseinandersetzungen im Politbüro endgültig aussehen sollte. Wir diskutierten sechs Stunden lang und drehten uns dabei genauso im Kreis wie im Politbüro – wir suchten nach akzeptablen, also den Kern der Sache verschleiernden Formulierungen.

Warum mußten wir unbedingt dem Volk und der Partei ein neues sozialistisches Programm präsentieren? Ende Januar diktierte mir Gorbatschow nachts telefonisch folgenden Text. Er wollte ihn in seine Rede vor dem ZK-Plenum integrieren:

»Seit einiger Zeit, übrigens nicht immer in böser Absicht oder gegen die Perestrojka gerichtet, verbreiten sich in der Bevölkerung defätistische und destruktive Stimmungen. In unserer Geschichte gab es schon öfter solche Momente, und sie waren immer mit bestimmten Umständen in einem revolutionären Prozeß verbunden. Wovon spreche ich? Wofür, heißt es, brauchen wir all diese Überlegungen über Sozialismus, Theorie und Partei? Wir haben nichts zu essen, und dort überlegen sie, wie die Gesellschaftsform, in der wir leben, genannt werden soll?

Auch wenn die Äußerungen von Intellektuellen kamen, vereinfachen sie auf populistische Weise die tatsächliche Lage ... Wir trennen uns von dem fast religiösen, dogmatischen Kult aller ›Ismen‹, wir weigern uns, der Ideologie die realen Interessen der Menschen zu opfern. Aber wir geben die großartige Idee nicht auf, die schon lange vor Marx Hoffnungen genährt und den Kampf für eine bessere Zukunft der Masse der Werktätigen eingeleitet hat. Verschiedene politische Systeme haben die Idee teilweise verwirklicht, aber bis heute ist es ihren Vertretern nicht gelungen, eine ihrer historischen Bedeutung angemessene materielle Grundlage zu schaffen.

Und wir stellen uns jetzt die Aufgabe, mit Blick auf die Realität und ohne Hoffnung auf ein Wunder uns diese Basis zu verschaffen, indem wir die gesamte tragische Erfahrung der Perestrojka berücksichtigen. Dabei distanzieren wir uns von alten Vorurteilen und ideologischen Tabus und verarbeiten alles, was in anderen Gesellschaftsformen über Wirtschaft und über soziale Absicherung, über Produktionsorganisation und über Alltag, über Wissenschaft, Technik und Kultur geschrieben worden ist und noch geschrieben wird. Mit anderen Worten, wir haben aus der bitteren Erfahrung gelernt und wollen dem Sozialismus den rechtmäßigen Platz in der Weltgeschichte zurückgeben, nicht wie früher als Konkurrenz zu anderen Gesellschaftsformen, sondern gemeinsam mit ihnen wie unter Gleichberechtigten.

Wir haben keinen ernsthaften Grund, an der Möglichkeit zu zweifeln, das Ideengut des Sozialismus lasse sich in die Realität umsetzen, und auch die Wirkungsmöglichkeiten einer sozialistischen Partei, die von selbst den Weg einer grundlegenden Erneuerung gewählt hat, sind durchaus optimistisch zu beurteilen.«

Der Gang der Ereignisse hat jedoch die auf Neuerung bedachten, theoretischen Konstruktionen zum Scheitern verurteilt. Am 28. Januar haben Schachnasarow, Petrakow und ich in Wolynskoje-II ausformuliert, was wir bezüglich der Plattform besprochen hatten. Überraschend tauchte Jakowlew auf und nahm mich beiseite. Er vertraute mir »unter dem Siegel der Verschwiegenheit« an: »Gestern und vorgestern hat Gorbatschow mich zu sich gebeten und ist danach noch persönlich in mein Arbeitszimmer gekommen. Er ist ratlos und bekümmert, er fühlt sich einsam. ›Was soll ich nur tun?‹ hat er gefragt. ›Aserbaidschan und Litauen, Radikalreformer einerseits, Sozialdemokraten andererseits, und die Schläge werden immer schmerzhafter, die Wirtschaft treibt vor sich hin, das Volk ist an der Grenze seiner Kraft.‹

›Sie müssen handeln‹, habe ich zu ihm gesagt und folgende Vorschläge unterbreitet, denen Gorbatschow zugestimmt hat: ›Die Haupthindernisse der Perestrojka und Ihrer ganzen Politik sind das Politbüro und das ZK. Warum rufen Sie das Politbüro so oft zusammen? Wenn Sie noch länger mit der Machtergreifung zögern, wird alles zusammenbrechen. Sie müssen unbedingt in den nächsten Wochen, vielleicht anstelle des Obersten Sowjet Mitte Februar, den Kongreß der Volksdeputierten einberufen und das Amt des Präsidenten einführen. Der Kongreß soll Sie vorläufig zum Präsidenten wählen.‹ Gorbatschow hatte dieser Idee im Prinzip schon am 23. Januar zugestimmt, als wir in Nowo-Ogarjowo im engen Kreis an der Plattform arbeiteten. Er konnte sich noch nicht dazu entschließen, dies sofort zu erledigen und nicht bis zum Frühjahr oder Herbst aufzuschieben.«

»›Auf diese Weise‹«, fuhr Jakowlew fort, seinen Rat an Gorbatschow zu zitieren, »›würde die Macht allein in Ihren Händen liegen, und Sie hätten dem Politbüro und dem Obersten Sowjet alle Einflußmöglichkeiten genommen. Anschließend müßten Sie noch vor dem für den 5. oder 6. Februar angesetzten ZK-Plenum im Fernsehen eine Rede halten und mit einem Appell an das Volk erklären, daß Sie die Verantwortung auf sich nehmen würden für ein Notprogramm: Land den Bauern, Fabriken den Arbeitern, den Republiken echte Souveränität, kein Unionsstaat mehr, sondern eine Union unabhängiger Staaten, Mehrparteiensystem und Verzicht der KPdSU auf das Machtmonopol. Weiter den Apparat stark reduzieren, große Anleihen beim Westen, Militärreform (Generale absetzen und an ihre Stelle die Oberstleutnante ernennen, Truppen aus Osteuropa abziehen), alle Ministerien für Industrie abschaffen und so schnell wie möglich dem privaten Unternehmertum freie Entscheidungsbefugnis geben. So ein Programm hat Sljunkow schon ausgearbeitet, der stets gegen den Kurs von Ryschkow und Masljukow ankämpft.

Ryschkow muß von seinem Posten als Ministerpräsident abgesetzt werden, er sieht nicht über den Horizont eines Fabrikdirektors hinaus. Die Staatliche Planungsbehörde mit Masljukow an der Spitze muß ebenfalls aufgelöst werden, sie arbeitet nach der Methode des militärisch-industriellen Komplexes und ist nicht reformierbar.‹

›Wer soll die beiden ersetzen?‹ hat Gorbatschow gefragt.

›Es gibt genug fähige Köpfe, man braucht nur mehr Mut bei der Auswahl, auch das ist eine Art Revolution!‹ habe ich geantwortet.«

Jakowlew verschwieg, welchen Punkten seines Programms Gorbatschow zugestimmt hatte. »Fahr' sofort nach Wolynskoje, weihe ein paar zuverlässige Männer ein und bereitet eine Fernsehrede vor, dann sehen wir weiter«, soll Gorbatschow erwidert haben.

In den letzten Januartagen hielten Jakowlew und ich uns ständig auf dem laufenden. Wir waren uns in fast allen Punkten, auch in der Frage der KPdSU, einig. Wir widersprachen beide einer Verschiebung des Parteitags auf Juni 1990 energisch – Gorbatschow hatte unter dem Druck scharfer Kritik während eines Treffens mit Arbeitern und Direktoren im Kreml diese Absicht geäußert. Die Teilnehmer hatten befürchtet, daß der Apparat und die »Arbeiterklasse« auf den Parteitag Delegierte entsenden würden, die Gorbatschow und der Perestrojka das Genick brechen würden. Der Parteitag würde sich dem Obersten Sowjet widersetzen und das Chaos ausbrechen.

Die Partei mußte die Möglichkeit erhalten, den Weg der SED, der KP der Tschechoslowakei oder der Polnischen Vereinigten Arbeiterpartei einzuschlagen, sie mußte sich also auflösen oder »zu einer von vielen« werden. An einigen Orten begannen bereits Aufstände gegen Parteiführung und Nomenklatura. In Tjumen wurde der Erste Sekretär und Bonze Bogomjakow verjagt, und in Wolgograd Kalaschnikow, in Tschernigow wurde der Erste Sekretär wegen Diebstahls abgesetzt, in Baku Wesirow wegen Unfähigkeit. Im Februar begann eine Welle von Rücktritten auf der Ebene der Regionskomitees. Überall fanden Versammlungen statt, auf denen die Absetzung der Parteikomitees gefordert wurde. Aber wer würde sie ablösen? Junge Männer, erbitterte Gegner Gorbatschows, Repräsentanten der Arbeiterklasse, jener mythologischen Gesellschaftsschicht, an die er immer noch glaubte. In Wirklichkeit war diese unter Chruschtschow und Breschnew herangewachsene Arbeiteraristokratie stärker privilegiert als die Nomenklatura. Diese Arbeiter waren gehätschelt worden und wurden nun frech.

»Gorbatschow ist unschlüssig«, stellten Jakowlew und ich fest. Ich notierte damals: »Wie oft werden wir noch ›den Beginn einer entscheidenden Phase‹ ankündigen, ohne den Rubikon zu überschreiten?«

Die Sitzung des Politbüros vom 29. Januar verlief sehr hektisch. Die Diskussion drehte sich vor allem um zwei Themen: die finanzwirtschaftliche Lage und das Präsidentenamt. »Die Lage ist schwierig«, begann Ryschkow, »wenn nicht kritisch, und sie verschlechtert sich weiter. Der Höhepunkt der Krise von 1989 ist noch nicht überwunden.«

Sljunkow äußerte deutlichere Worte: »Man kann die Lage schon nicht mehr schwierig nennen. Das Volk sieht keine Perspektiven mehr. Und eine Regierung, die unfähig ist, die Ausgaben und die Einnahmen im Gleichgewicht zu halten, hat tatsächlich keine Perspektive. Die Hauptsache ist jedoch, daß die Preisreform wieder verschoben wurde: Ich bin für eine Freigabe der Preise auf einen Schlag, die Regierung ist für eine schrittweise Lösung. Momentan ist noch nicht einmal letztere in greifbarer Nähe. (Medwedew und auch Jakowlew unterstützten Sljunkow nach Kräften.) Die Beschlüsse und Anweisungen der Regierung setzt niemand um. 30 Prozent der Unternehmen haben den Plan nicht erfüllt, aber alle haben Prämien erhalten. Der Rückstand hinter den Planvorgaben belief sich auf 60 Milliarden Rubel.«

Sljunkow legte sein Programm dar. Es enthielt ähnliche Maßnahmen wie später das Programm der 500 Tage. Er äußerte die Ansicht, die Lage würde sich katastrophal verschlechtern, wenn wir nicht schon im Februar oder März Beschlüsse von großer Bedeutung faßten.

Auch Ligatschow trat (womöglich um Ryschkow wieder eins auszuwischen, die beiden waren spinnefeind) dafür ein, noch 1990 eine Währungsreform und eine Preisreform durchzuführen und das Steuersystem zu erneuern, allerdings mit der Einschränkung, daß die Armen geschont werden sollten.

Ansonsten das Übliche: Ordnung und Disziplin einführen, die Nachfrage steigern, Funktionäre absetzen, Schauprozesse, Kontrolle der Basis und natürlich eine scharfe Kritik der Massenmedien, insbesondere der Nachrichtensendung *Wremja,* wo »Tichomirow[2] zu weit gegangen ist«.

Eine Äußerung von KGB-Chef Krjutschkow ist mir im Gedächtnis geblieben: »Vielleicht sollten wir manche Maßnahmen (der Perestrojka) wieder rückgängig machen?«

Gorbatschow stellte zusammenfassend fest, wir hätten die für 1989 versprochene Wende in der Wirtschaft nicht vollzogen. Die Sowjetbürger würden das Vertrauen verlieren. »So dürfen wir nicht weitermachen«, sagte er. »Das betrifft alle hier im Raum. Wenn wir so weiterarbeiten, sind unsere Tage gezählt. Das Volk wird uns absetzen. Vor allem dürfen wir keine Zeit verlieren. Jeder Monat zählt …

Wir haben bereits wirtschaftliche Prozesse verschlafen. Man spricht von Anarchie in der Wirtschaft. Das einfachste Mittel wäre, Druck auszuüben. Darin kennen wir uns aus. Wie bringen wir aber das Wirtschaftssystem in Ordnung? Das ist die Kernfrage.«

Gorbatschow versprach, »eine umfassende Umbesetzung der Führungsgruppe« vorzuschlagen, und befahl Ryschkow, die Maßnahmen der Regierung um einige »Elemente« aus Sljunkows Programm zu ergänzen. Er bezweifelte, daß das Land der »zweiten Variante« (von Sljunkow) gewachsen sei. »Andere Kräfte könnten an Einfluß gewinnen, die Bevölkerung wird dann gespalten. Die Regierung gerät in eine Vertrauenskrise.«

Alle sprachen sich dafür aus, das Amt eines Präsidenten der UdSSR einzuführen. Nur Ligatschow versuchte einen faulen Trick: Bleich vor Wut forderte er, noch vor dem Kongreß der Volksdeputierten ein ZK-Plenum einzuberufen, damit das Zentralkomitee und somit die Partei Gorbatschows Kandidatur für eine Präsidentschaft vorschlagen könnten. »Einzig und allein auf die Partei können wir noch vertrauen, um alles zu retten«, sagte Ligatschow.

Gorbatschow ließ sich wie immer von Ligatschow beeinflussen. Er war ganz rot geworden und sprach »von der Rolle der Partei«. (Hatte er Ligatschows Falle nicht erkannt?) Dann nahm er den Kalender zur Hand und suchte einen Termin für ein ZK-Plenum. Der Erste Sekretär des Moskauer Stadtkomitees Prokofjew rettete die Situation (ich war darüber erstaunt, weil er tags zuvor bei einem Plenum des Stadtkomitees Gorbatschow heftig kritisiert hatte). »Wenn ein ZK-Plenum die Kandi-

285

datur für das Präsidentenamt vorschlägt, könnt ihr davon ausgehen, daß der Oberste Sowjet das ganze Projekt scheitern läßt – aha, werden die Deputierten denken, Artikel 6 haben sie zwar abgeschafft, aber alles bleibt beim alten: Die Partei will jetzt über den Präsidenten ihr Machtmonopol verwirklichen.«

Das überzeugte alle – das ZK-Plenum wurde verschoben.

Die Chance wurde jedoch verspielt. Vor der aufsehenerregenden Demonstration in Moskau zum Jahrestag der Februarrevolution von 1917 habe ich Gorbatschow einen Bericht geschrieben, der die Lage schildert.[3]

Gorbatschow war sich der Notwendigkeit, der Partei die Machtausübung zu entziehen, längst bewußt. Als ein Zeichen hierfür kann man den Bericht des ZK-Geschäftsführers Krutschina und des Stellvertretenden Leiters der Rechtsabteilung Pawlow werten, in dem der Parteibesitz inventarisiert wurde. Den staatlichen Organen sollten danach übergeben werden: die Chiffrierabteilung, Geheimtelefone, zentrale Parteigebäude, die Sicherheitstruppen und alles übrige aus dem Apparat des Politbüros und ZK-Sekretariats, was eine normale politische Partei nicht benötigt. Als Frist wurden zwei Monate angesetzt. Die Demonstration vom 25. Februar 1990 trieb Gorbatschow jedoch wieder in die Arme der Partei. Am 2. März 1990 wurde im Politbüro eine Bilanz der Ereignisse vom 25. Februar gezogen. »Der Verlauf der Sitzung mahnt dringend zur Vorsicht«, notierte ich damals. Gorbatschow erweckte nicht den Eindruck eines Anhängers des Neuen Denkens, sondern den eines gewöhnlichen Parteifunktionärs vergangener Zeiten. Ryschkow sprach anfangs von einem »großartigen Sieg« (er spielte auf die Tatsache an, daß ein riesiges Aufgebot an Miliz, Armee und militärischem Gerät in Moskau versammelt war und »Ausschreitungen« der Demonstranten verhindert hatte). »So müssen wir weitermachen!« KGB-Chef Krjutschkow erklärte: »Das Volk hat endlich zu spüren bekommen, daß *wir* über die Macht verfügen.« In diesem Sinn sprachen sich noch andere Mitglieder des Politbüros aus.

Plötzlich explodierte der damalige Innenminister Bakatin: »Was für ein Sieg?! Wir haben die Bewohner der Stadt eingeschüchtert. Aus Angst sind viele gar nicht auf die Straße gegangen. Deshalb haben sich nicht eine Million Demonstranten versammelt, wie zu befürchten war. Aber es waren nicht nur 70000 bis 100000, wie Krjutschkow behauptet, sondern 250000 bis 300000. Durch Einschüchterung konnten wir die Ordnung aufrechterhalten, aber so macht man keine Politik. Am

1. Mai werden eine Million Menschen auf die Straße gehen, und sie werden zum Kreml marschieren, wie sie es schon für den 25. Februar angekündigt haben. Was machen wir dann? Schießen, Gummiknüppel und Schützenpanzer einsetzen? Welche Kommission werdet ihr dann im Obersten Sowjet gründen? Das ist eine Massenbewegung, ausgelöst durch die allgemeine Unzufriedenheit. Davon haben wir nichts: Sieg! Über wen und was? Wir brauchen eine politische Lösung. Wir brauchen einen runden Tisch mit allen Reformern ...

Wenn ich etwas nicht richtig verstanden habe, bin ich auf dem falschen Posten. Aber ich kann dem, was hier gesagt wurde, nicht zustimmen ...«

Nach dieser Rede sprach niemand mehr von einem »Sieg«, aber Bakatin selbst wurde beschimpft – leider besonders heftig von Gorbatschow: »Der Innenminister ist in Panik geraten. Wahrscheinlich haben seine Bekannten ihm das eingeredet. Die Parolen der Führer der Demonstration waren nicht die Parolen der Massen, auch wenn Unzufriedenheit herrscht und von einigen ausgenutzt wird. Die Arbeiterklasse ist nicht auf die Straße gegangen und hat noch nicht Partei ergriffen ... (›Obwohl sie im Donez-Becken, im Kusbass und in Workuta sich bereits zu Wort gemeldet hat, wo sie die Parteiführung verjagt hat und streikt‹, habe ich bei der Niederschrift in das Tagebuch hinzugefügt.)

Ein runder Tisch ist Unsinn. Mit wem sollten wir uns zusammensetzen und wofür? Sie (!) repräsentieren niemanden und haben kein Konzept. Wenn Bakatin will, soll er selbst mit ihnen einen runden Tisch veranstalten ...«

Gorbatschow las einige Zitate aus den Reden vom Moskauer Bürgermeister Gawriil Popow, vom Vizevorsitzenden des Stadtsowjet Stankewitsch, von den Volksdeputierten Botscharo und Ryschow und von Tschernitschenko vor. »Das sind lauter Halunken ... Man kann ihnen nicht trauen und sich nicht an einen Tisch mit ihnen setzen! Hast du gehört, Wadim (Bakatin), wie sie die neue Miliz gelobt haben und wie sie über dich denken? Zieh die Konsequenzen.

Sie rufen nicht mehr einfach: ›Nieder mit Ligatschow!‹, ›Nieder mit Gorbatschow!‹ Inzwischen rufen sie: ›Schafft die ganze KPdSU ab!‹ und zugleich den KGB, der immer in den Händen der Partei war. Sie wollen alles zerstören, die jetzige Regierung stürzen und die Macht an sich reißen!«

Die Ereignisse Ende Februar 1990 und die Reaktionen haben der Perestrojka sehr geschadet. Allerdings haben auch jene Radikalreformer (selbstverständlich waren sie keine Halunken) Gorbatschow so weit getrieben. In der Regel hat er mit viel mehr Distanz über sie gesprochen. Kurz zuvor hatte er sogar den Deputierten der interregionalen Gruppe Zusammenarbeit angeboten. Er sprach mit Ryschow und Stankewitsch und wollte sie an der Einführung einer Präsidialherrschaft beteiligen. Sie sagten ihm zunächst ihre Unterstützung zu und kritisierten ihn dann. Auf Versammlungen und im Obersten Sowjet setzten sie Gorbatschow unter Druck, weil er angeblich nach persönlichem Machtgewinn strebe.

Gorbatschow ist ein zwar umgänglicher, aber empfindlicher Mann. Er hat das als Verrat aufgefaßt. Die Reformbewegung hatte darunter zu leiden. Ohne Gorbatschow, der keinerlei diktatorische Absichten hatte, war die Bildung einer dauerhaften Regierung unmöglich. Alle wußten, daß für die Durchführung von Reformen eine stabile Regierung erforderlich war, aber sie mißtrauten Gorbatschow. Sie dachten, er würde Demokratie nur vortäuschen und im Inneren noch zu Ligatschow & Co. halten. Hätten sie doch gewußt, was ich wußte. Aber sie haben mir auch nicht geglaubt, obwohl ich ihnen gegenüber ganz aufrichtig war. Einige, darunter Jurij Afanasjew, zu denen ich früher sehr engen Kontakt hatte, sind einfach nicht mehr zu mir gekommen, weil sie sich offensichtlich an einem Gefolgsmann Gorbatschows nicht die Finger schmutzig machen wollten.

Unter diesen Umständen bereitete Gorbatschow den Kongreß der Volksdeputierten und seine Wahl zum Präsidenten vor. Der Verlauf der Vorbereitungen beunruhigte mich sehr. Das Hauptaugenmerk wurde auf den Inhalt der Antrittsrede gelegt. Kein Wort über die künftige Struktur der Regierung wurde verloren. Was würde Gorbatschow als nächstes tun? Mit wem und wie? Immerhin zählte jeder Tag, alle erwarteten grundlegende Veränderungen. Oder würde Gorbatschow, wie die Radikalreformer befürchteten, das Politbüro in einen Präsidialrat (Kabinett oder ähnliches) umformen, und alles bliebe beim alten?

In mir keimte sogar der Verdacht, Gorbatschow könne bewußt eine Katastrophe herbeiführen wollen, um dann abzutreten. Aber das war Unsinn, dann hätte er sich nicht so engagiert.

Gorbatschow: »Ich werde
das Baltikum nicht gehen lassen!«

Am 3. März 1990, dem 59. Geburtstag Gorbatschows, notierte ich:
»Ich bin völlig verwirrt. Der Staat zerfällt, und kein Neuanfang ist in
Aussicht. Nach meinen letzten Beobachtungen glaubt auch Gorbatschow nicht mehr daran, daß ›die Prozesse kontrollierbar‹ sind. Anscheinend ist er angesichts der Ereignisse ›vom Weg abgekommen‹ (ein
Lieblingsausdruck) und beginnt ›einfache Lösungen‹ (ebenfalls ein Lieblingswort) zu suchen.«
Diese Befürchtung bestätigte sich. Die Politbürositzung vom 22. März
»zum Problem Litauen« erinnerte mich an Tschierna 1968 vor der Invasion in die Tschechoslowakei [Treffen der Prager Regierung mit den
übrigen Staaten des Warschauer Pakts Ende Juli 1968]. Ich war völlig
konsterniert. Alle hießen den Plan von General Warennikow gut (Notstand, Präsidialregierung, Invasion von drei Regimentern, Isolierung der
Führung in Wilnius, litauische Marionetten appellieren an die Sowjetarmee usw. nach dem Prager Vorbild). Jakowlew und Medwedew hüllten
sich in Schweigen.
Ich saß am Tisch und überlegte: Was sollte ich tun? Ein zweites Mal
in meinem Leben konnte ich mich nicht mit einer Invasion abfinden wie
vor 22 Jahren. Ich war auch in einer anderen Position als damals. Am
Tag zuvor hatte Gorbatschow mich zum »Berater des Präsidenten« ernannt (bis dahin war ich Berater des Generalsekretärs). Aber sollte es in
Litauen zur Gewaltanwendung kommen, würde ich nicht nur zurücktreten, sondern wahrscheinlich noch mehr anstellen.
Am nächsten Tag sprach ich mit Gorbatschow: »Michail Sergejewitsch! Gestern im Politbüro habe ich einen Schrecken bekommen …«
»Das Politbüro erschreckt dich immer«, erwiderte er scherzhaft.
»Nicht immer. Manchmal wundere ich mich, manchmal verzweifle
ich, manchmal lache ich darüber, und manchmal rege ich mich auf.«
»Was gibt's denn?«
»Ich verstehe überhaupt nichts mehr. Ich kann ja inzwischen Ihre Taktik von Ihren Zielen gut unterscheiden, aber was Sie in Litauen vorhaben,
verstehe ich nicht. Wenn Sie glauben, Sie könnten Litauen mit einschüchternden Reden ohne den Einsatz von Truppen zurückhalten, geht das
an der Realität vorbei. Damit werden Sie nichts erreichen, und dabei

richten Sie sich sonst immer nach den Gegebenheiten. Sollten Sie jedoch tatsächlich, wie Sie gestern erklärt haben, den ›Vorschlag von Warennikow‹ in Betracht ziehen, bringen Sie damit Ihre große Sache zum Scheitern. Und weshalb? Nur wegen imperialer Bestrebungen. Wir würden doch nichts verlieren, wenn wir Litauen gehen ließen, die Litauer haben sowieso niemanden, an den sie sich wenden könnten.

Wie ist die unterschiedliche Reaktion auf die Ereignisse in Litauen und in Georgien zu deuten? Die litauische Regierung fordert bei ihrer Trennung die Beachtung der Verfassung der UdSSR. In Georgien wird nichts gefordert, aber täglich werden zwei oder drei Lenindenkmäler umgestürzt, überall wird der ›Austritt‹ aus der UdSSR propagiert, alle sowjetischen und kommunistischen Symbole werden entfernt, und Schlägertrupps werden bewaffnet. Aber das Politbüro sieht tatenlos zu. Gegen Litauen ergeht ein einschüchternder Erlaß nach dem anderen, obwohl die litauische Angelegenheit weder von den USA noch von Westeuropa, noch von der Weltöffentlichkeit als innere Angelegenheit der Sowjetunion anerkannt wird. Die außenpolitischen Folgen des Plans von Warennikow liegen auf der Hand. Georgien gilt dagegen als innere Angelegenheit. Wo bleibt da der gesunde Menschenverstand, ganz zu schweigen von der großen Politik?«

»Hör auf, Anatoli«, unterbrach Gorbatschow meinen Redeschwall. Er stand am Tisch und blätterte in einem Stapel Papiere. »Alles kommt, wie es kommen muß, und hat schon seine Richtigkeit.«

Er gab mir also zu verstehen, ich solle mich nicht in seine Angelegenheiten einmischen.

Gorbatschow konnte sich innerlich nicht mit dem Austritt der baltischen Staaten abfinden. Er hat tatsächlich geglaubt, daß vor allem die Bevölkerung der Republiken darunter zu leiden haben werde. Deshalb war er überzeugt, daß Extremisten und Separatisten den Einwohnern die Köpfe verdreht hätten. Diesen Eindruck hatte er auch bei der Reise nach Litauen im Januar gewonnen. Die Informationen des KGB und der kommunistischen Parteien der Republiken bestätigten Gorbatschow in seiner Überzeugung. Allerdings nutzte er auch andere Informationsquellen. Gorbatschow sprach häufig mit den litauischen und estnischen Parteichefs Brasauskas und Väljas sowie mit dem Vorsitzenden des lettischen Präsidiums Gorbunow und der litauischen Ministerpräsidentin Prunskiene; einige von ihnen fand er sogar sympathisch. Sie betrachteten die Lage objektiv, weil sie sich »im guten trennen« wollten.

Gorbatschow empfing auch mehrere Volksdeputierte aus den Republiken, darunter den Historiker Vulfson und andere sehr gebildete Männer, die Gorbatschow und Rußland wohlgesonnen waren. Gorbatschows innere Einstellung änderte sich jedoch nicht: Er wollte unter keinen Umständen den Austritt der baltischen Staaten aus der UdSSR zulassen. In dieser Frage ließ er sich nach eigenem Bekunden oft »von seinen Gefühlen leiten« und in Gesprächen zu voreiligen Äußerungen hinreißen: »Ich werde sie am Ende doch kleinkriegen«, meinte er. »Ich werde den Zerfall des Reiches nicht zulassen.« Und er fügte hinzu: »Wenn es nötig ist, werden wir rhetorische und gesetzgeberische Mittel anwenden, um sie zur Vernunft zu bringen.«

Im April betonte Gorbatschow in einer Rede in Swerdlowsk noch einmal, er werde »das Baltikum nicht gehen lassen«. (In derselben Rede fiel übrigens auch die unglückliche Bemerkung, Jelzin sei »als Politiker gescheitert«.) Meiner Ansicht nach hat Gorbatschow nicht auf Unterstützung durch den Parteiapparat in den baltischen Republiken gesetzt, der von Moskau aus gesteuert wurde. Funktionären wie dem lettischen Parteichef mißtraute Gorbatschow zutiefst. Wahrscheinlich setzte er auf den Pragmatismus der Balten und glaubte, daß sie bei den ersten Anzeichen negativer (wirtschaftlicher) Folgen eines Austritts aus der Union ihre Führer auffordern würden, die Abspaltung zu stoppen oder zurückzutreten. Aber Monate vergingen, und die Führer gewannen weiter an Einfluß.

Nach Litauen wurden zwar keine Panzer geschickt, doch wirtschaftlicher Druck wurde ausgeübt.

Zwei Monate nach diesen Ereignissen bereiste Gorbatschow die Vereinigten Staaten. Für den Besuch in Washington und Camp David Ende Mai/Anfang Juni hatte er sich zum Ziel gesetzt, die in Malta erreichte Vertrauensbasis zu stärken[4], den START-Vertrag über den Abbau von strategischen Offensivwaffen und Interkontinentalraketen zu unterzeichnen, die Positionen zur deutschen Wiedervereinigung abzustimmen und einen Handelsvertrag abzuschließen, der die Benachteiligung der UdSSR beenden sollte. Im Zusammenhang mit dem Baltikum war vor allem der Handelsvertrag von Bedeutung.

Gorbatschow und Präsident Bush trafen sich mehrmals unter vier Augen. Gorbatschow versuchte hartnäckig, einen Handelsvertrag auszuhandeln. Er gab offen zu, daß der Vertrag vorläufig nur eine »politische

Geste zur Unterstützung der marktwirtschaftlichen Politik« sei. Doch immerhin sollte der Vertrag wirtschaftliche Unterstützung von seiten der USA in Aussicht stellen. »In einem Moment, in dem sich für unsere Perestrojka Hamlets Frage nach dem Sein oder Nichtsein stellt«, argumentierte Gorbatschow, »hätte eine solche Geste enorme Bedeutung.«

Präsident Bush wollte Gorbatschow gern helfen, versicherte ihn seiner Treue zum »Geist von Malta« und sprach davon, daß die Mehrheit der Amerikaner an einem Erfolg der Perestrojka interessiert sei. Er wies aber auch darauf hin, daß er wegen Gorbatschows Politik gegenüber dem Baltikum keinen Handelsvertrag abschließen könne. Weder der Kongreß noch die Öffentlichkeit würden den Präsidenten unterstützen, wenn er Gorbatschow in einem Moment nachgeben würde, in dem Litauen faktisch einer »Wirtschaftsblockade« ausgesetzt sei. Gorbatschow protestierte gegen diesen Begriff nicht. Er brachte die Frage auf den Punkt: »Ich habe Ihnen meine Überlegungen mitgeteilt, Sie mir Ihre. Wir müssen uns entscheiden. Sie haben sich offensichtlich entschieden, die baltischen Staaten zu unterstützen, und sind auf meine Überlegungen nicht eingegangen. Ich kann den Präsidenten der USA nicht zwingen. Wenn die Unterstützung der baltischen Staaten dem amerikanischen Präsidenten wichtiger ist als alles andere, nehme ich das zur Kenntnis, wir werden damit leben. Das ist alles. Schließen wir uns wieder den Delegationen an.«

Bush sagte daraufhin: »Ich wollte nur nachfragen, ob eine Chance für einen Dialog besteht?«

Gorbatschow entgegnete: »Ich habe bereits den Abgesandten des Kongresses gesagt und wiederhole Ihnen gegenüber noch einmal: Wir sind für einen Dialog, aber im Rahmen der Verfassung. Wenn Litauen im Rahmen eines verfassungsmäßigen Prozesses aus der Sowjetunion austreten will, leiten wir bereitwillig das ›Scheidungsverfahren‹ ein. Ich bemühe mich als Präsident schon seit zwei Monaten, taktiere und treffe mich übrigens inoffiziell oft mit baltischen Führern. Ich bin für den Dialog und möchte keinesfalls, daß die Lage uns zu dramatischen Aktionen zwingt. Wie ich aus Moskau erfahren habe, hat sich inzwischen anscheinend etwas ergeben. Wenn wir wieder zu Hause sind, werden wir sehen.«

Bush schlug nun vor: »Vielleicht können wir morgen in einer entspannteren Atmosphäre darüber reden. Übrigens habe ich gehört, der soeben gewählte Präsident der RSFSR Jelzin strebe eine neue Art von Beziehungen zu Litauen an. Natürlich ist das Ihre Sache, aber aufgrund der Geschichte Litauens ist das ein besonderer Fall. Dennoch wollen wir das Zustandekommen eines Handelsvertrages und standen noch nie so nah davor. Ich weiß nicht, was ich hier vorschlagen soll. Ich möchte nicht öffentlich zu dieser Frage Stellung nehmen, weil der Eindruck entstehen könnte, ich wolle der Sowjetunion irgendwelche Maßnahmen aufzwingen. Das ist schlechte Diplomatie. Wir brauchen hier eine flexible Formulierung, sonst hat es gar keinen Zweck, das Abkommen dem feindseligen Kongreß vorzulegen – die Abgeordneten würden es in der Luft zerreißen.«

Gorbatschow erwiderte: »Gut, ich sehe, Sie haben eine Entscheidung getroffen, und wir werden heute in dieser Frage kaum weiterkommen. Immerhin sind wir Jahrzehnte ohne einen Handelsvertrag ausgekommen, wir werden das auch jetzt überstehen. Hier geht es nicht um Leben und Tod. Mich beunruhigt lediglich, daß in den USA wie in der UdSSR bekannt war, daß wir für dieses Treffen zwei Punkte vorbereitet hatten – den START-Vertrag und ein Handelsabkommen. Ein Punkt fehlt. Wir werden erklären müssen, warum.«

Bush stimmte zu: »Ja, das weiß ich. Ich wurde deshalb auch schon kritisiert, denn in den USA werden all diese Fragen viel diskutiert. Mir liegt sehr an einem Erfolg unseres Treffens.«

Gorbatschow schloß: »In dieser Frage habe ich Ihnen alles gesagt und die Bedeutung der politischen Geste – einer Geste des Präsidenten der USA – unterstrichen. Jetzt liegt alles in Ihren Händen.«

Letzten Endes hat Präsident Bush sich zu der Geste entschlossen, aber das »Scheidungsverfahren« ist dann erst nach dem Putsch eingeleitet worden. Die Verzögerung war jedoch nicht nur darauf zurückzuführen, daß Gorbatschow an der Verfassung festhielt und nicht gemäß dem historischen Imperativ handelte, sondern auch auf die Tatsache, daß Funktionäre, die Einfluß auf den Prozeß der Trennung gehabt hätten, ihre Hauptaufgabe darin sahen, die »Scheidung« zu verhindern.

»Aus dem Weg, Partei Lenins!«

Die Arbeit des Frühjahrs 1990 – die Probleme mit dem Baltikum, die Vorbereitung auf die Amerikareise, die deutsche Frage – ging in einer sehr gespannten Atmosphäre vonstatten. Laute Donnerschläge ertönten am 1. Mai 1990.

Nach langen Auseinandersetzungen hatten wir uns darauf geeinigt, einen »zweiten Demonstrationszug« von sogenannten »Moskauer Wählervereinigungen« zuzulassen. Der erste Zug vor dem Mausoleum ähnelte den traditionellen Kundgebungen am 1. Mai, wenn auch der übliche Pomp und die Begeisterung der Massen fehlten. Der zweite Zug hingegen marschierte mit den Parolen: »Nieder mit Gorbatschow! Nieder mit der KPdSU - Ausbeuterin und Plünderin des Volkes! Nieder mit Sozialismus und faschistischem, rotem Imperium! Freiheit für Litauen! Aus dem Weg, Partei Lenins!«

Als Gorbatschow und alle, die mit ihm beim Mausoleum waren, kehrtmachten und hinuntergingen, setzte ein ohrenbetäubender Lärm ein: Gekreische, Pfiffe, Gelächter, Rufe wie »Schande! Schufte! Nieder mit ihnen!«

Vor den Augen des Landes und der Welt ereignete sich etwas, das jeden »guten Sowjetbürger« buchstäblich erschütterte. Diese Auflehnung gegen die Regierungsmacht war unvorstellbar für jemanden, der siebzig Jahre »eiserner Disziplin« erlebt hatte. Dostojewskijs berühmter Spruch »Alles ist erlaubt!« hallte wider durch unsere Geschichte und kündigte den Zusammenbruch an. Eine der Ursachen für die Krise war, daß rechte wie linke Strömungen in unserer jungen Demokratie Gorbatschow mit der Herrschaft der Partei und der Nomenklatura identifizierten.

Wie reagierte Gorbatschow? Den zweiten Zug auf dem Roten Platz nannte er politisches Rowdytum und befahl, »über die Hintergünde Informationen einzuholen«.

Die Ereignisse des 1. Mai blieben nicht ohne Wirkung. Ein sichtbares Zeichen hierfür war Gorbatschows Gefühlsausbruch am 20. Mai während der Sitzung in Nowo-Ogarjowo zur Vorbereitung des XXVIII. Parteitags. Jakowlew, Primakow, Frolow, Schachnasarow, Boldin, Petrakow und ich waren anwesend.

»Was ist das Leben? Es ist etwas Einzigartiges!« sagte Gorbatschow verbittert. »Für das Leben würde ich alles hergeben – das Fressen und die eigene Großmutter! Ich bereue nichts. Ich habe dieses Land wachgerüttelt! Sie schreien: ›Chaos! Leere Regale! Die Partei zerfällt! Keine Ordnung mehr!‹

Aber was denn sonst? Historische Ereignisse bringen immer solche Probleme mit sich. In der Regel sind so umfassende Veränderungen mit Blutvergießen verbunden. Bislang konnten wir das bei uns verhindern. Schon das ist ein großes Verdienst. Die ganze Welt denkt inzwischen in den Bahnen des Neuen Denkens. Ist das etwa nichts? Immerhin soll alles dem Menschen zugute kommen, einer zivilisierteren Gesellschaft. Defizite und leere Regale werden wir überstehen. Irgendwann gibt es wieder zu essen.

Sie schimpfen und fluchen. 70 Prozent des ZK-Apparats und das ZK selbst sind gegen mich, sie hassen mich. Es gereicht ihnen aber nicht zur Ehre, wenn sie weiter aus purem Egoismus nörgeln.

Nein, ich bereue gar nichts. Ich habe auch keine Angst. Bei dem Parteitag werde ich weder Fehler eingestehen noch mich rechtfertigen.«

Ein Aufschrei aus tiefster Seele!

Einen Monat später stand in der Wochenzeitung *Sobesednik* zu lesen: »Wir brauchen eine funktionsfähige Regierung ... und Marktwirtschaft. Die jetzige Regierung kann dem Volk nicht offen sagen: ›Die Kommunisten haben das Land so weit gebracht.‹ Sie muß abtreten und einer Koalitionsregierung Platz machen, die einen wichtigen Vorteil hat: Sie ist nicht der sterbenden Ideologie verpflichtet, noch der Entscheidung, die angeblich 1917 ein für allemal getroffen wurde, und sie ist nicht mit den begangenen Verbrechen belastet ...

Eine neue Regierung (die jetzige hat ihren Vertrauenskredit verspielt) wird die Einführung der Marktwirtschaft und Veränderung der Gesellschaftsordnung anstreben ...

Gorbatschow konnte nicht anders handeln und mußte daher zurückbleiben. Vor drei Jahren war er nicht in der Lage, Artikel 6 abzuschaffen, ein Gesetz über den Austritt aus der UdSSR einzuführen, verschiedene Besitzformen zu gestatten, ein Mehrparteiensystem einzuführen und so weiter. Sonst wäre er schon am nächsten Tag Rentner geworden.«

Vier plus Zwei

Die nervliche Anspannung im Frühjahr merkte man Gorbatschow äußerlich nicht an. Er hat sich stets erstaunlich schnell erholt – auch von sehr harten Schicksalsschlägen. Hier hat sich seine physisch wie moralisch gesunde Natur gezeigt. Allerdings haben die Überanstrengungen dieser Monate die außenpolitische Aktivität etwas gedämpft. Gorbatschow hätte gern den Sommer freigehalten von Treffen oder Auslandsreisen, doch das war unmöglich.

Die Außenpolitik mußte in ihrer ganzen Konzeption neu gestaltet und von den Relikten des Kalten Kriegs mit den USA befreit werden. Das war das Hauptziel, von dem alles andere abhing, auch die deutsche Frage.

Schon Ende Januar 1990 rief Gorbatschow einen kleinen Kreis zur Diskussion der »deutschen Frage« zusammen. Jakowlew, Schachnasarow und mich bestellte er aus Wolynskoje zu sich ins Arbeitszimmer im ZK. Dort trafen wir Ryschkow, Schewardnadse, Krjutschkow, Achromejew, Falin und den Stellvertretenden Leiter der Internationalen Abteilung Fjodorow an. Die zeitweise heftige Debatte dauerte vier Stunden.

Ich ergriff als erster das Wort und schlug vor, uns streng an der Haltung der BRD zu orientieren, weil wir in der DDR bereits keinerlei Rückhalt mehr hätten, um den Gang der Ereignisse zu beeinflussen. Außerdem sollten wir uns in der BRD konkret an Bundeskanzler Kohl halten und nicht an die SPD. Die Sozialdemokraten benutzten die Wiedervereinigung als Wahlkampfthema; Kohl hielte dagegen erstens an der Idee fest: Wiedervereinigung im Rahmen des gesamteuropäischen Prozesses, fühlte sich zweitens den NATO-Partnern verpflichtet und sei drittens zuverlässiger in seinen persönlichen Beziehungen zu Gorbatschow – ein Mann der Tat. Ich sprach mich gegen eine Einladung des Ministerpräsidenten der DDR Modrow nach Moskau aus und gegen ein Treffen mit SED-Parteichef Gysi, mit einer Partei, »die faktisch nicht mehr besteht und keine Zukunft hat«. Im letzten Punkt stimmten mir die anderen nicht zu.

Falin und Fjodorow (Der studierte Germanist erklärte zum allgemeinen Erstaunen: »In der BRD will niemand die Wiedervereinigung.«) plädierten sehr für eine Orientierung an der Haltung der SPD, und Jakowlew und Schachnasarow unterstützten die beiden. Schewardnadse stimmte mir zu, Ryschkow auch, aber mit der Einschränkung: »Wir dürfen Kohl nicht alles geben«. Krjutschkow war bereit, sich »der Mehrheit« anzuschließen, und merkte lediglich an, daß die SED »als solche« bereits nicht mehr existiere und die staatlichen Strukturen der DDR sich auflösen würden.

Einstimmig wurde jedoch mein Vorschlag angenommen, die Bildung eines sechsköpfigen Gremiums[5] anzuregen zur Erörterung aller Probleme, die sich im Zusammenhang mit der deutschen Wiedervereinigung ergäben: die vier Siegermächte (UdSSR, USA, England, Frankreich) und die beiden deutschen Staaten (BRD und DDR).

Gorbatschow faßte die Ergebnisse kurz zusammen:
- Gremium von sechs Personen bilden;
- Sechsergruppe bilden;
- sich an Kohl orientieren, aber die SPD nicht ignorieren;
- Modrow und Gysi einladen;
- engen Kontakt mit London und Paris halten: »Eventuell werde ich persönlich nur wegen dieser Frage für je einen Tag in die Hauptstädte fliegen.«
- Achromejew soll den Auszug der Truppen aus der DDR vorbereiten: »Das ist eher ein innenpolitisches als ein außenpolitisches Problem: 300 000 Mann, darunter 100 000 Offiziere mit Familie müssen untergebracht werden!«

Aber der Weg zu einer Konzeption, auf die wir uns ausgehend von der Unvermeidbarkeit der deutschen Einheit verständigen konnten, erwies sich als schwierig. Als Schewardnadse Anfang Mai zur ersten »Zwei-plus-Vier-Runde« fahren sollte, kam es im Politbüro zu einer heftigen Diskussion. Gorbatschow ließ sich dazu hinreißen, den Verbleib Deutschlands in der NATO kategorisch abzulehnen: »Eher nehme ich das Scheitern der Wiener KSZE-Verhandlungen und des START-Vertrags in Kauf, aber das lasse ich nicht zu.«

Der ursprüngliche Entwurf war bei weitem nicht so schroff gefaßt und von Schewardnadse, Jakowlew, Jasow und Krjutschkow unterzeichnet. Im Politbüro blieben alle außer Schewardnadse stumm wie die Fische. Ich wurde damals nicht gefragt.

Am nächsten Morgen schrieb ich Gorbatschow ein Memorandum. Mein Grundgedanke war: Die Mitglieder des Politbüros sind nicht in allen Fragen auf dem laufenden und kennen nicht alle Informationen außerhalb ihres Spezialgebiets; dennoch können sie über jede Frage in vollem Umfang entscheiden. Dadurch kann Ligatschow mit seinem Geschrei die Ansichten des Politbüros zur deutschen Frage ganz konkret beeinflussen: »Die NATO rückt an die Grenzen der Sowjetunion heran!« Das ist Quatsch! Das liegt auf der Ebene der Überlegungen von 1945 und des Pseudopatriotismus' der Masse. Denn Deutschland wird sowieso in der NATO bleiben, und wir rennen dann wieder dem abgefahrenen Zug hinterher. Wir legen es geradezu auf ein Scheitern an, anstatt daß wir jetzt klare Bedingungen für unser Einverständnis stellen. Das haben wir nun davon.

Den Telegrammen von Schewardnadse und seinem Bericht nach der Rückkehr von der »Zwei-plus-Vier-Runde« war deutlich zu entnehmen: Wir haben verloren, weil wir uns weigerten, ein Dokument zu unterzeichnen, das in der erwähnten Politbürositzung abgelehnt wurde. Schewardnadse mußte sich mit allgemeinen Phrasen herausreden.

Bundeskanzler Kohl und Außenminister Baker nützten das schnell aus. Die Runde wurde von ihnen als »historisches Treffen« bezeichnet, nach dem »der Vereinigung nichts mehr im Weg steht« (Kohl). Darüber hinaus hat die Presse Schewardnadses Haltung als Hindernis für den europäischen Prozeß und die Wiedervereinigung Deutschlands kritisiert.

Bei dem Besuch in den USA Ende Mai holte Gorbatschow den »abgefahrenen Zug« jedoch wieder ein. Die deutsche Frage wurde mehrmals kontrovers diskutiert. Präsident Bush stellte sogar einmal fest, hier bestehe »ein fundamentaler Unterschied zwischen unserer und Ihrer Meinung«. Gorbatschow bestand darauf, daß Deutschland zur NATO *und* zum Warschauer Pakt gehören sollte. Bush hielt das für unannehmbar. Die gefundene Kompromißformel ist wert, hier zitiert zu werden (aus dem Gespräch vom 31. Mai):

Gorbatschow: »Wir formulieren also wie folgt: Die Vereinigten Staaten und die Sowjetunion sprechen sich dafür aus, um zu einer endgültigen Regelung unter Berücksichtigung der Ergebnisse des Zweiten Weltkriegs zu gelangen, dem vereinten Deutschland selbst die Entscheidung zu überlassen, zu welchem Bündnis es gehören will.«

Bush: »Ich würde eine etwas abgeänderte Fassung vorschlagen: Die USA sprechen sich eindeutig für eine Mitgliedschaft des vereinten Deutschland in der NATO aus, allerdings werden wir, falls es sich anders entscheiden sollte, die Entscheidung nicht anfechten, sondern tolerieren.«

Gorbatschow: »Einverstanden. Ich akzeptiere Ihre Formulierung.«

Während des Besuchs in den USA kam die ganze Vielzahl grundlegender Veränderungen in den sowjetisch-amerikanischen Beziehungen zum Tragen. Aus heutiger Sicht war Gorbatschows Amerikareise eine Art Lichtblick vor dem Hintergrund der düsteren Lage, die im Sommer 1990 in der Sowjetunion entstanden war. In den USA sprach Gorbatschow außerordentlich offen mit Leuten, die ihm zuhören und ihn verstehen wollten. Sie hatten Verständnis für ihn und wünschten ihm und seiner Sache Erfolg. Dort erklärte ein freier Mann mit gesundem Menschenverstand mutig und unverblümt seine Absichten und Ziele. Hier im Land sah Gorbatschow sich unverhohlener Feindseligkeit gegenüber und ließ sich von der Angst um sein ganzes Projekt leiten. Er suchte nach dem Prinzip: »Wer unter Wölfen lebt, muß auch mit ihnen heulen« einen Ausweg. So erklären sich die taktischen Manöver, die Zweideutigkeit der Rede, die bereits Hohngelächter hervorrief, und die Appelle zum Kompromiß, zur Einheit und zur Zusammenarbeit, die leider der aktuellen Politik und seinen Plänen schadeten.

Gorbatschow saß aus diesem Grund während des ganzen Parteitags schweigend da und hatte Angst. Ihm wurde Verachtung und Geringschätzung der Partei vorgeworfen. Er erduldete die Ohrfeigen des Pöbels und auch die Beleidigung von General Mokaschow. Er hörte sich himmelschreiende Dummheiten an und ließ abenteuerliche Erklärungen über sich ergehen. Er nahm sich vor, in der Schlußrede Stellung zu beziehen. Die Delegierten unterbrachen ihn und forderten, er solle auf provokatorische, boshafte und spöttische Fragen antworten. Gorbatschow antwortete umständlich und konfus, als wolle er sich bei jenen im Saal, die ihn grimmig haßten, einschmeicheln. Zeitweise hielt er sich merklich zurück, weil er nicht volle Klarheit schaffen wollte. Er wiederholte abgedroschene Argumente gegen seinen Rücktritt als Generalsekretär, gegen die Umwandlung der KPdSU in eine parlamentarische Partei und für die Arbeiterklasse als soziale Basis der Partei.

Als Reaktion auf den Parteitag, auf Gorbatschows hilfloses Auftreten und auf die Wahl Poloskows zum Ersten Sekretär der RKP (Kommunistische Partei Rußlands) trat eine große Zahl Mitglieder der KPdSU aus der Partei aus, und noch mehr erklärten, daß sie nicht automatisch Mitglieder der RKP werden wollten.

Der Wirtschaftsexperte Schatalin forderte Gorbatschow öffentlich auf, als Antwort auf den Parteitag sofort den Kongreß der Volksdeputierten einzuberufen, sonst würde er, Schatalin, aus dem Präsidialrat austreten. Schachnasarow und ich schickten Gorbatschow eine Notiz, in der wir ihn buchstäblich anflehten, auf den Posten des Generalsekretärs zu verzichten und auf diese Art zu beweisen, daß es zur Zeit nur einen Ausweg gebe: sich über alle Parteien und Gruppierungen zu stellen und endlich als Präsident mit allen Machtbefugnissen zu handeln. Das würde ihm ermöglichen, sich von den Kritikern aller Couleur abzugrenzen, die ihn anhand des Parteistatuts als Generalsekretär und als Präsident diffamierten und seine ganze Politik in Verruf brachten. Gorbatschow hat unsere Bitten ignoriert.

Ich notierte damals: »Wenn Gorbatschow sich von dem Parteitag der

RKP beeinflussen läßt und Poloskow, Ligatschow & Co. nach dem Mund redet mit dem Ziel, die Partei an sich zu erhalten, erwartet uns alle ein unrühmliches Ende. Vielleicht nicht morgen, aber sehr bald werden wir in einen tiefen Abgrund fallen. Dann hätte dieser große Politiker nicht die Kraft zur entscheidenden Tat gehabt, als die Stunde da war. Und die Zeit war reif. In dieser schweren Zeit habe ich zwei verschiedene Aspekte von Gorbatschows Persönlichkeit deutlich gesehen. Diese Zweiteilung spiegelte die beiden unterschiedlichen Welten wider, in denen er gleichzeitig agieren mußte, – die zivilisierte und die unzivilisierte Welt (gemessen an allgemeinmenschlichen Werten). In ersterer wurde er mehr und mehr akzeptiert, in letzterer abgelehnt. Deshalb fiel es ihm auch immer schwerer, dort sich treu zu bleiben; er mußte sich immer häufiger verstellen, um die zwei Welten einander näherzubringen und um den soeben erst erfolgten Eintritt des Landes in die Zivilisation zu sichern.«

Der letzte Parteitag der KPdSU

Nach dem reaktionären Parteitag der RKP rückte der Termin des XXVIII. Parteitags (1. - 11. Juli 1990) näher. Die Arbeitsgruppe zur Vorbereitung der Materialien für den Parteitag (Jakowlew, Medwedew, Schachnasarow, Petrakow, Frolow, Bikkenin und ich, zeitweise auch Lukjanow und Boldin) tagte ununterbrochen entweder in Wolynskoje-II oder in Nowo-Ogarjowo, wo Gorbatschow uns oft besuchte und wir uns bis Mitternacht um Formulierungen stritten.

Am 28. Juni 1990 berief Gorbatschow eine Politbürositzung nach Nowo-Ogarjowo ein. Die Berater durften nicht teilnehmen. Wir gingen unserer Arbeit nach und traten manchmal auf die Veranda, um die Diskussion im ersten Stock zu verfolgen. Scherzhaft hieß es: Wir wohnen einem historischen Ereignis bei. Dem uneingeschränkten Zentrum der Macht, dem Politbüro der KPdSU, schlägt das letzte Stündlein. Inzwischen war offensichtlich, daß es in unserem Land nie wieder so ein Politbüro geben würde.

Wir erfuhren natürlich in den Pausen der »historischen« Sitzung, worum es ging. Leider stand Gorbatschows Kampf um die beiden Posten im Mittelpunkt. Wir Berater ahnten schon zuvor, daß es so kommen würde. Deshalb hatten Schachnasarow, Petrakow und ich Gorbatschow am 22. Juni eine Notiz zukommen lassen. Hier einige Auszüge:

»Sie denken wahrscheinlich, Michail Sergejewitsch, daß vor kurzem einige von uns eine andere Haltung eingenommen haben, weil sie Ihnen damals darin zustimmten, daß die Vereinigung der Posten auf eine Person günstig sei. Aber die Lage hat sich grundlegend geändert. Damals war die Vereinigung unbedingt nötig, um eine Doppelherrschaft zu verhindern. Heute stellt sich die Frage anders. Im Gegenteil, wir brauchen eine Macht, die über den gegensätzlichen politischen und staatlichen Strukturen steht. Kurz, wir sind überzeugt, daß zum jetzigen Zeitpunkt diese unabhängige Macht den Interessen des Landes und des Volkes dienlich ist, sowie letztlich auch dem Teil der Kommunisten, die für eine echte, revolutionäre Perestrojka eintreten.

Nicht zu verachten ist auch, daß diese Aktion den Präsidenten aus der Abhängigkeit von der Partei befreien würde. Durch diese Abhängigkeit ist er verpflichtet, jeder noch so unsinnigen Laune von irgend jemandem nachzugeben, dem es einfiel, eine Delegation Bittsteller und Fürsprecher für Parteifunktionäre zum Kongreß der Volksdeputierten zu schicken. Immerhin könnten die Deputierten auch dafür stimmen.

Der Verzicht auf das Parteiamt würde den Präsidenten auch der endlosen und unverantwortlichen Kritik von ungebildeten Kommunisten entziehen, die von ihren Rechten nach dem Parteistatut gegenüber dem ›Parteigenossen‹ Gebrauch machen könnten, auch wenn er der Vorsitzende ist.«

Gorbatschow erwähnte unsere Notiz mit keinem Wort. Bevor wir uns am Tag nach der Politbürositzung wieder an die Vorbereitung der Rede begaben, bat Gorbatschow uns zu einem Spaziergang am Ufer der Moskwa. Plötzlich forderte er uns auf, Tisch und Stühle direkt unter den Bäumen aufzustellen. Wir trieben eine Flasche Kognak auf, und Gorbatschow stellte »Betrachtungen über den Sinn des Lebens« an. Dabei kam er schnell zu Erinnerungen aus Stawropol und aus seiner Studienzeit. Diese Ungezwungenheit zeigte deutlich, daß Gorbatschow sehr zufrieden war über den ersten Sieg auf dem Weg zum Parteitag – aber es war ein Pyrrhussieg.

Ligatschow hatte auf der Politbürositzung gefordert, Gorbatschow solle das Amt des Präsidenten niederlegen und »sich ganz der Partei widmen«. Sein Hintergedanke ist klar und erfordert keinen Kommentar. Andere schlugen eine Teilung der Ämter vor, mit Gorbatschow als Präsidenten. Er lehnte kategorisch ab: »Entweder beide Ämter, oder ich trete ganz zurück!«

Bei einem ZK-Plenum forderten Ligatschows Helfershelfer ebenfalls die Trennung der beiden Posten. Die Absicht war klar: Gorbatschow zum Rücktritt provozieren. Gleichzeitig forderten sie, er solle persönlich Poloskow in Schutz nehmen (den die demokratische Presse fürchterlich beschimpft hatte, seit er zum Ersten Sekretär der RKP gewählt worden war) und überall Porträts von Poloskow aufhängen lassen. Gorbatschow persönlich zogen sie rücksichtslos in den Schmutz. Damals erklärte er zum ersten Mal: »Kritik akzeptiere ich. Aber Pöbeleien werde ich nicht mehr dulden.«

Auf der Politbürositzung am 28. Juni hatten fast alle erklärt, sie würden nicht unbedingt im Politbüro bleiben wollen. Lange diskutierten sie, wer das Amt des Ersten Stellvertreters des Generalsekretärs (ein neu eingeführtes Amt) übernehmen sollte. Er sollte faktisch alle Parteiangelegenheiten regeln. Ryschkow weigerte sich und erklärte, damit würde er aus der Regierung »in einem schweren Moment der Wirtschaftsreform« fliehen. Bakatin wurde vorgeschlagen, er lehnte aber ebenfalls ab. Sogar Iwan Frolow wurde der Posten angetragen. Er war sehr geschmeichelt, sagte jedoch, er könne »sich als ZK-Sekretär besser auf die Ideologie konzentrieren«. Er hatte erkannt, daß er bei der Wahl durchfallen würde.

Schließlich wurde Wassilij Iwaschko zum Stellvertretenden Generalsekretär ernannt.

Auf dem XXVIII. Parteitag Anfang Juli ging es drunter und drüber. Ich zitiere aus meinen Notizen: »Eine Bande Übergeschnappter in der Provinz und ein Rudel Demagogen in den Städten ... Das Niveau der Redner ist so niedrig, daß sie gar nicht in der Lage sind, etwas anderes wie den Marxismus-Leninismus der Parteischulen zu verstehen. Sonst rufen sie sofort ›Verrat!‹ oder zumindest ›Abweichung von der sozialistischen Ideologie‹. Sie haben gefordert, jedes Politbüromitglied solle persönlich Rechenschaft ablegen, und alle sollten Noten bekommen. Medwedew hat die Abgeordneten in seiner Rede hart angegriffen. Sie haben anfangs verächtlich zugehört und ihn dann ausgepfiffen. Einer ist zum Mikrofon im Saal getreten, hat sein Abgeordnetenmandat (eine rote Karte) hochgehoben und gerufen: ›Genosse Medwedew, wissen Sie, was diese Karte in der Hand eines Fußballschiedsrichters bedeutet? Genau so zeige ich Ihnen die Rote Karte: Feldverweis! Wegen Verstoßes gegen die Spielregeln!‹ Das ist natürlich närrisch, aber auch symptomatisch: Gorbatschow und seine Mannschaft haben gegen die Spielregeln der Nomenklatura verstoßen, die seit Stalins Zeiten gegolten hatten.«

Jakowlew formulierte seinen Rechenschaftsbericht gut. Er griff zu einer einfachen List: »Ich bin, wie ich nun mal bin. Macht, was ihr wollt. Ich klebe nicht an meinem Sessel.« Er bekam sogar ein wenig Applaus. Aber am nächsten Tag erwies er sich bei der Beantwortung von Fragen als völlig unfähig. Übrigens hat er hier auch zum ersten Mal »offenbart«, daß er der eigentliche Ideologe und Anführer der Perestrojka sei und Gorbatschow nur Jakowlews Ideen zu Anweisungen umformuliert habe.

Das war jedoch nicht das Wichtigste: Vor allem mußte Gorbatschows Mannschaft auf dem Parteitag eine vernichtende Niederlage einstecken. Die ganze Mannschaft, nicht nur Jakowlew, erwies sich als unfähig, sich zu verteidigen, ganz zu schweigen von ihrer Unfähigkeit zum Gegenangriff. Der Grund liegt auf der Hand: Diese Männer hielten an der Partei fest. Sie konnten sich ihr politisches Handeln ohne die Partei nicht vorstellen, und noch viel weniger in Opposition zu ihr, wie sie sich auf dem Parteitag präsentiert hatte. Nur Jelzin erkannte mit seinem Instinkt für die Macht die Zeichen der Zeit. Als die Delegierten ihn nach seiner »bonapartistischen« Rede (so nannte sie einer der Delegierten) ins Kreuzfeuer nahmen, erklärte er von der Tribüne herab, er werde aus der Partei austreten. Manche riefen »Verrat!«, als Jelzin den Saal verließ. Er blieb standhaft in einer Situation, in der bereits allen klar war, daß kein Kompromiß gefunden werden konnte, und dadurch hob er sich positiv von Gorbatschows ewigen Kompromissen ab.

Gorbatschow zog abermals keine Konsequenzen, obwohl er alles gesehen und verstanden hatte. Nach einem Treffen mit Sekretären von Regions- und Gebietskomitees während des Parteitags sagte er mir: »Egoisten, sie interessiert nur ihr Futter und ihre Machtposition ...« und fluchte dabei fürchterlich.

Ich erwiderte: »Pfeifen Sie doch auf dieses Pack, Michail Sergejewitsch. Sie sind Präsident. Sie sehen ja, was für eine Partei das ist. Sie ist Ihnen weiter ein Klotz am Bein, und Sie dienen ihr noch permanent als Prügelknabe.«

»Weißt du, Anatoli«, entgegnete er, »du meinst, ich würde das nicht sehen. Ich sehe das alles sehr wohl und habe auch eure Notizen gelesen. Arbatow, Schmeljow – wie alle haben sie mir geraten, als Generalsekretär zurückzutreten. Aber sieh doch ein: Ich darf diesen räudigen, tollwütigen

Hund nicht von der Leine lassen. Wenn ich das tue, stellt sich das ganze Monstrum gegen mich ...«

Gorbatschow war isoliert. Die Zeiten waren vorbei, als in den Pausen Dutzende, ja Hunderte von Delegierten ihn umringten und nach seiner Meinung fragten, ihre eigene äußerten oder um etwas baten. Nur von dem langen Krjutschkow (der ihn später verraten sollte) begleitet, ging Gorbatschow hinter die Kulissen. Ein Jammer! Es ist schrecklich, wenn ein Staatsoberhaupt und großer Politiker nur noch Mitleid erregt. Sogar öffentlich wurde er in Zeitungen und im Fernsehen bedauert.

Nach Jelzins Abgang (am 12. Juli) rief Gorbatschow mich abends an. Er erklärte, das sei »das logische Ende«. Ich widersprach: »Auch wenn etwas Theatralik dabei war, darf man diesen Abgang nicht unterschätzen. Er erweckt den Eindruck: Ein Mann hat sich entschlossen, etwas riskiert und den Demokraten ein Signal gegeben – auf die KPdSU kann man nicht zählen, daraus wird nichts; und ein Signal an die Kommunisten – auch in der Partei müsse man sich nicht den wilden Hetzern unterordnen ...«

Zwei weitere Punkte überging ich jedoch schweigend: Wir hatten in Nowo-Ogarjowo wochenlang unter seiner Leitung um die Kommasetzung gestritten, und innerhalb von drei Wochen erschütterten zwei Parteitage das ganze Land mit zwei Skandalen und brachten die Partei und ihn selbst in Verruf. Er klammerte sich buchstäblich an den höchsten Posten einer ihm feindlich gesinnten Partei. Jelzin jedoch spuckte der Partei ins Gesicht und tat, was Gorbatschow eigentlich hätte tun müssen. Dann wäre die Perestrojka vielleicht in seinem Sinn fortgesetzt worden.

Gorbatschow hat noch einmal gewonnen und ist Generalsekretär geblieben. Er erreichte, daß seine persönliche Liste (85 Personen) mit ZK-Mitgliedern zusätzlich zu den von Delegationen ernannten Mitgliedern bestätigt wurde und konnte die Delegierten sogar dazu überreden, Personen aus der Liste ins ZK aufzunehmen, die bei der ersten Abstimmung durchgefallen waren. Aber im Zentralkomitee stellten die Anhänger von Ligatschow und Poloskow bereits die überwältigende Mehrheit. Die Begeisterung für Michail Gorbatschow war dahin.

Im großen und ganzen hätte es auf dem Parteitag kaum schlimmer kommen können. Doch ich kehrte zu meiner Arbeit als »Schreiberling in außenpolitischen Fragen« zurück: Helmut Kohls Besuch nahte. Das Procedere der deutschen Wiedervereinigung sollte endgültig geklärt werden.

Kohl im Kaukasus:
Einigung über die deutsche Einheit

Sie trafen sich in einer Villa an der Tolstojstraße, die durch ihr von dem genialen Architekten Fjodor Schechtel entworfenes Jugendstil-Interieur bezaubert. Kohl war entschlossen und energisch. Er spielte ein faires, aber hartes Spiel. Er machte große Zugeständnisse, aber die Hauptsache bekam er: ein vereintes Deutschland in der NATO. Gorbatschow widersprach diesmal schon nicht mehr und schlug keine »abgeschwächten« Varianten bezüglich der NATO-Mitgliedschaft vor. Hier zeigte sich wieder sein Sinn für Realitäten, denen er sich in außenpolitischen Fragen fast immer gebeugt hat.

Einen Monat später in Helsinki hat Gorbatschow in einem vertraulichen Gespräch mit Präsident Bush seine Entschlossenheit in der deutschen Frage mit folgenden Worten beschrieben:

»Sie werden mir wohl zustimmen, daß die Ereignisse in Osteuropa und die deutsche Frage für uns problematischer sind als für die USA. Ich gestehe Ihnen offen, daß enorme Anstrengungen und politische Durchsetzungskraft nötig waren, um buchstäblich über den eigenen Schatten zu springen, die alten, angeblich sakrosankten Methoden abzuschaffen und den veränderten Realitäten gemäß zu handeln. Ich muß noch heute diese Haltung in der Sowjetunion erläutern, die Notwendigkeit des Neuen Denkens und neuer Herangehensweisen an die Weltpolitik darlegen und die Korrektheit der Schritte nachweisen. Das fällt manchmal schwer, um so mehr, weil es im Westen Leute gibt, die Analysen nach den alten Denkmustern anfertigen. Das erschwert meine Lage.«

Bundeskanzler Kohl übergab Gorbatschow den Entwurf des Deutschlandvertrages (im allgemeinen war der Vertrag annehmbar), der nach Kohls Worten einen Schlußstrich unter die Vergangenheit ziehen, eine stetige Annäherung sichern und ein Band der Freundschaft zwischen den beiden Völkern knüpfen sollte. Er bat Gorbatschow, vorläufig nicht das Außenministerium einzuschalten und die Arbeit auf der Grundlage des von Teltschik und Tschernajew ausgearbeiteten Kurses fortzusetzen. Hier wirkte sich offensichtlich nicht nur der »Genscherkomplex« aus, sondern auch die Abneigung gegen zuviel Informationsfluß; außerdem wurde damit der persönliche Charakter des Zustandekommens des Dokuments unterstrichen. Wir hatten keinen ähnlichen Komplex, und ich habe das Versprechen gebrochen und Schewardnadse sowie Botschafter Kwizinskij eingeweiht, aber nur die beiden.

Gorbatschow zeigte dann seinem Freund Helmut (seither hat er ihn nur so genannt und immer geduzt) seine Heimatgegend um Stawropol. Sie beschränkten sich auf den kleinen, malerischen Kurort für hohe Ansprüche Archys. Dort übernachteten sie, genauer: sie saßen die ganze Nacht am Tisch, natürlich weder am Verhandlungs- noch am Schreibtisch.

Nach Gorbatschows Liste und nach dem Protokoll hätte ich sie begleiten müssen, aber ich redete mich heraus: »Die Angelegenheit wurde bereits in Moskau erledigt, ich würde eher stören, wenn ich mitfahre.« Die Hauptsache war jedoch, daß ich nach den Ereignissen auf den beiden Parteitagen ein Gefühl der Abneigung gegen Gorbatschow empfand. Ich wollte nicht in seiner Nähe sein. Meiner Ansicht nach hat er mein Fehlen bei der Reise nicht einmal bemerkt. Immer öfter kam mir der Gedanke zurückzutreten.

Am Ende des Kalten Krieges:
Bush und Gorbatschow gegen Saddam Hussein

Der vorletzte Urlaub in Foros in der Datscha Sarja währte vom 30. Juli bis zum Abbruch am 21. August 1990. Buchstäblich am Tag vor der Abfahrt forderte Gorbatschow mich auf: »Pack deine Sachen, wir fahren, diesmal nehmen wir auch Petrakow mit ...« Ich verstand sofort: Dieser Urlaub wird dem marktwirtschaftlichen Programm gewidmet.

Ein Umstand trieb uns zur Eile: Jelzin hatte sich nach dem Bruch mit der KPdSU immer dreister als »Oberhaupt des russischen Staates« aufgespielt.

Gorbatschow hatte sich noch nicht einmal in der Datscha eingerichtet, als uns die Nachricht erreichte, daß der irakische Staatschef Saddam Hussein in Kuwait einmarschiert sei. In mir keimten Befürchtungen, ob Gorbatschow entschlossen genug reagieren würde. Immerhin stand die wohl härteste Prüfung der Verläßlichkeit des Neuen Denkens bevor. Doch es waren keinerlei Ratschläge von meiner Seite nötig. Bei einem Anruf von Präsident Bush erklärte Gorbatschow ausdrücklich, es handle sich hier um eine nicht zu rechtfertigende Aggression. Einige Tage später wiederholte er diese Erklärung öffentlich. Er unterstützte die Anregung, Schewardnadse und Baker sollten sich in Moskau treffen (Baker kehrte aus der Mongolei zurück) und eine gemeinsame Erklärung abgeben, voll.

Gorbatschow hat also seinen Standpunkt demonstriert und ist von ihm im Prinzip nicht abgewichen. Für ihn selbst und für unsere ganze neue Außenpolitik war dies von grundlegender Bedeutung. Wir haben enorme materielle Verluste in Kauf genommen (Erdöl, Waffenlieferungen im Wert von 1,2 Milliarden Rubel). Wir haben klargemacht, daß an die Stelle ideologischer Erwägungen endgültig moralische und rechtliche Prinzipien getreten waren. Gorbatschow hat mit konkreten Taten bekräftigt, daß er die sowjetisch-amerikanischen Beziehungen wirklich für die Kernfrage der Weltpolitik hielt.

Allerdings hatte George Bush während der Golfkrise schwerere Prüfungen zu bestehen als Gorbatschow. Er schlug ein kurzfristiges Treffen in Genf vor. Daß solche Treffen beim Eintreten außergewöhnlicher Umstände jederzeit möglich sein sollten, hatten Gorbatschow und Bush in Camp David vereinbart. Gorbatschow schlug Helsinki als Treffpunkt vor, und Bush war einverstanden.

Das Treffen vom 8. September war in vielerlei Hinsicht folgenschwer. Der folgende Dialog soll für sich sprechen:

»Herr Gorbatschow, kann ich Sie einfach Michail nennen?«

»Aber natürlich, George«, antwortete Gorbatschow sofort, stand auf und umarmte den Präsidenten.

Sie führten ein langes und ernstes Gespräch. Beide verfolgten das Ziel, die Golfkrise zur Festigung des neuen Charakters sowjetisch-amerikanischer Beziehungen und zur Schaffung einer neuen Weltordnung zu nutzen. Gorbatschow vertrat die Ansicht, dies sei auch ohne eine militärische Aktion möglich. Er schlug einen Plan vor, der ein Schlupfloch für Saddam Hussein offen gelassen hätte. »Wenn wir ihn in eine ausweglose Lage bringen«, sagte Gorbatschow, »wird dieser Mann nicht davor zurückschrecken, sein eigenes Land, ganz zu schweigen von den bedeutenden Rohstofflagern der Region, zu zerstören.«

Gorbatschow wollte Husseins heimtückische Taktik, die Invasion in Kuwait mit dem arabisch-israelischen Konflikt zu koppeln, ausnützen. Bush und Gorbatschow hätten nach seinem Plan erklären sollen, daß auf Husseins Rückzug aus Kuwait der Abzug der amerikanischen Truppen und die Einberufung einer Konferenz zu diesem Problem folgen würde. Wenn die Koppelung der beiden Konflikte nur ein Bluff Husseins war, dann hätte er sich durch die Ablehnung dieses Vorschlags vor den

Augen der arabischen Welt selbst entlarvt. Hussein hätte dann keinesfalls mehr zum Helden und Beschützer der arabischen Sache stilisiert werden können. Gorbatschow hat die Existenz dieses Risikos betont, weil die arabischen Volksmassen, im Gegensatz zu ihren Regierungen und Führern, dazu neigen könnten, genau diesen Helden ihrer Sache in Saddam Hussein zu sehen.

Bush entgegnete, es werde Hussein nicht gelingen, die Angelegenheit als einen Konflikt zwischen dem Satan und der islamischen Welt (mit ihm an ihrer Spitze) darzustellen. Sollte Hussein Gorbatschows Vorschlag annehmen, dann würde er faktisch sein strategisches Ziel erreichen und tatsächlich als Held dastehen: »Viele Jahre bemühen sich schon verschiedene Gruppierungen um einen Fortschritt im Nahen Osten, aber nichts wurde erreicht. Er jedoch hätte mit seiner militärischen Aktion Erfolg gehabt.« Bush hätte ebenfalls einer politischen Lösung den Vorzug gegeben, aber er zweifelte deren Möglichkeit an und hat das auch offen gesagt.

Wie dem auch sei, allein die Tatsache eines solchen Treffens hatte internationale politische und moralische Bedeutung. Auf höchster Ebene wurde ein Dokument verabschiedet, in dem festgehalten wurde, daß der Aggressor in seine Schranken gewiesen und der Status quo ante wiederhergestellt werden müsse (einschließlich der Rückkehr des Emirs nach Kuwait); außerdem müßten das Völkerrecht und die Grundsätze der UNO beachtet werden.

Präsident Bush hat die Lage richtig eingeschätzt und den Verlauf der Ereignisse genau prognostiziert. Über die dramatischsten Tage und Monate des Konflikts werde ich noch ausführlicher berichten.

Hier möchte ich jedoch festhalten, daß im Namen neuer Maßstäbe in der Weltpolitik zu alten Mitteln gegriffen werden mußte – zu einer militärischen Aktion. Wäre jedoch nicht Gorbatschow einer der damaligen Hauptakteure gewesen, dann hätte der Einsatz militärischer Mittel erstens den Rahmen des von der UNO gesteckten Ziels verlassen können und zweitens wären viele Errungenschaften gefährdet worden, die wir in zwei Jahren stetiger Verbesserung der Weltlage erreicht hatten. Wenn es im Kalten Krieg zu einem ähnlichen Konflikt gekommen wäre, hätte die Welt sich am Rand einer Katastrophe befunden.

Marktwirtschaft – Rettungsanker der Perestrojka?

Während des Aufenthalts in Foros war auch ein Artikel oder eine Fernsehrede zum »ewigen Thema«, der Entscheidung für den Sozialismus, vorzubereiten. Einen Tag nach unserer Ankunft sprach Gorbatschow mit mir über die Themenstellung: Markt und Sozialismus. »Mir wird immer vorgeworfen«, sagte er, »ich wolle das Land vom Sozialismus befreien.« Also galt es zu beweisen, daß wir lediglich einen »modernen Sozialismus« schaffen wollten, der sich organisch »in den zivilisatorischen Prozeß« einfügen sollte. Gleichzeitig wurde Schachnasarow beauftragt, Material für eine Fernsehrede zum Unionsvertrag vorzubereiten (ein Jahr vor dem Putsch!).

In dieser Situation kam Jasows Vorschlag, Gorbatschow solle bei Manövern im Militärbezirk Odessa Mitte August vor Offizieren eine Rede halten, sehr gelegen. Gorbatschow stimmte zu und nahm beide Themen – die Entscheidung für den Sozialismus und den Unionsvertrag – in die Rede auf: Er sprach auch von Marktwirtschaft und von Privatbesitz. Es war ein Schritt vorwärts, daß er erstmals »erarbeiteten« Privatbesitz erwähnte. Ebenfalls zum ersten Mal sprach er von einer »Krise des Sozialismus« und von Privatisierung (allerdings in die »Entscheidung für den Sozialismus« integriert) und legte einen ersten Plan zur Entstaatlichung vor.

Zum Inhalt des Unionsvertrags rangen Michail Gorbatschow und Georgij Schachnasarow zäh miteinander. Schachnasarow rief mich an und beklagte sich: »Gorbatschow verspätet sich wieder mal.« Er habe mit der »Leninschen Auffassung des Föderalismus« begonnen, die wir wiederherstellen müßten. Dann sei eine »Erneuerung der Föderation« und schließlich eine Konföderation erörtert worden. Zuerst kam die Idee einer »Union souveräner Republiken« auf und endlich eine »Union souveräner Staaten«.

Das alles wurde noch diskutiert, nachdem einige Republiken bereits die Absicht erklärt hatten, aus der UdSSR auszutreten. Gorbatschow kam zu spät (mit dem Inhalt der Rede), weil er bereits flehen mußte: »Tretet nicht aus! Ihr habt nur Nachteile davon!« Seinen Argumenten wurde nicht mehr die Beachtung geschenkt, die ihnen eigentlich als Äußerungen des Präsidenten gebührt hätte.

Am 17. August flog Gorbatschow von Foros nach Odessa und hielt zum Abschluß der Manöver die Rede. Die Massenmedien haben sie geflissentlich »überhört« oder nur kurz erwähnt. Er selbst hat jedoch der Rede grundlegende Bedeutung beigemessen, denn er hat in ihr faktisch seine Entschlossenheit erklärt, in nächster Zukunft eine »marktwirtschaftliche Reform« einzuleiten.

Fast an jedem Urlaubstag hat Gorbatschow nachgefragt, wie die »Gruppe der 13«, die in Archangelsk das berühmte »Programm der 500 Tage« vorbereitete, vorankomme. Wann und auf welche Weise Gorbatschow und Jelzin aufeinander zugegangen waren mit der Idee, ein gemeinsames Wirtschaftsprogramm vorzulegen, weiß ich nicht. Petrakow, der im letzten Moment doch in Moskau bleiben mußte, hatte jedoch schon Ende Juli an einer gemeinsamen Arbeitsgruppe zur Vorbereitung teilgenommen.

In den Kern der Sache und in den Stand der Verhandlungen wurde ich nicht eingeweiht. Hierfür waren der Wirtschaftsberater Petrakow und das Mitglied des Präsidialrats Schatalin zuständig, die Gorbatschow ständig auf dem laufenden hielten, das aufbereitete Material auf die Krim schickten und von ihm Instruktionen bekamen. Weil ich ihn fast jeden Tag gesehen habe, weiß ich aber, daß er voller Enthusiasmus war. »Anatoli!«, hat er gesagt, »wir nehmen jetzt die Hauptsache in Angriff. Das ist der endgültige Durchbruch zu einer neuen Etappe der Perestrojka ... Wir verschaffen ihr die nötige Basis ...« Gorbatschow und Jelzin haben in jenem August oft miteinander telefoniert und über die Arbeit der Gruppe der 13 gesprochen.

Allen ausländischen Politikern, mit denen Gorbatschow vor dem Urlaub, nach seiner Rückkehr nach Moskau und in Helsinki sprach, teilte er mit: »Wir gehen zur Marktwirtschaft über.« Zum italienischen Ministerpräsidenten Andreotti sagte er am 26. Juli 1990: »Wir haben unsere schwerste Entscheidung getroffen: Wir gehen zur Marktwirtschaft über. Das Programm zum Übergang wird mit dem 1. Januar in Kraft treten ... Die Lage im Land hat sich so zugespitzt, daß wir Veränderungen in der Wirtschaft und in der Föderation nicht länger aufschieben dürfen. Jeder Monat zählt.«

Dem finnischen Präsidenten Koivisto gegenüber führte Gorbatschow am 8. September aus: »Wir erarbeiten zur Zeit zwei miteinander konkurrierende Programme wirtschaftlicher Reformen. Zu einem beachtlichen Teil stimmen sie überein, aber es gibt Unterschiede. Der Hauptunterschied liegt in der Art und Weise des Übergangs zur Marktwirtschaft. Die Regierung schlägt vor, am 1. Januar mit der Erhöhung der Preise zu beginnen. Nach dem Plan von Schatalin regulieren wir zuerst den Geldumlauf, stabilisieren den Rubel und gehen dann zur Marktwirtschaft über. Mir persönlich gefällt der Plan ... Die Regierung glaubt aber nicht, daß wir den Rubel stabilisieren können. Gestern haben wir im Präsidialrat und im Föderationsrat die Frage bis ein Uhr nachts diskutiert. Wir sind zu dem Schluß gekommen, daß wir uns auf ein Programm einigen müssen.«

Am 9. September sagte Gorbatschow zu Präsident Bush auf dem Gipfeltreffen der beiden Präsidenten in Helsinki: »Bei der Diskussion über eine Wirtschaftsreform sind wir in eine entscheidende Phase eingetreten. Die vorbereiteten Gesetzesentwürfe übergeben wir den Republiken zur Bestätigung. Wir haben vor, die Umsetzung der Programme am 1. Oktober zu beginnen ... Für eine erste Stabilisierung der wirtschaftlichen Lage benötigen wir fünf Monate. Der Übergang zur Marktwirtschaft wird ungefähr eineinhalb Jahre dauern. Schon jetzt fürchten einige Preissteigerungen und Arbeitslosigkeit ... Wir dürfen die Annahme der Beschlüsse jedoch nicht länger aufschieben. Wenn wir nicht sofort radikale Entscheidungen treffen, dann droht nicht nur der Zusammenbruch der Wirtschaft, sondern des ganzen Staates. Wir würden ein regelrechtes Chaos in der Wirtschaft anrichten.«

Dem amerikanischen Außenminister Baker erläuterte Gorbatschow am 13. September: »In den letzten Monaten des Jahres mußten wir eine endgültige Entscheidung treffen, von der abhing, wohin wir uns wenden werden. Inzwischen haben wir eine Entscheidung getroffen, und wir werden sie um jeden Preis durchführen. Es ist bereits höchste Zeit! Wir haben uns geeinigt und das Programm für den Übergang zur Marktwirtschaft den Republiken und dem Obersten Sowjet vorgelegt. Harte Kämpfe stehen uns noch bevor. Gleich nach Helsinki werde ich im Obersten Sowjet Rede und Antwort stehen müssen ... Wir haben eine Wahl getroffen, sie ist uns nicht leichtgefallen, aber wenn wir uns nicht entschieden hätten, würde es hundertmal schlimmer kommen.«[6]

Am 14. September sagte Gorbatschow zum britischen Außenminister Hurd: »Gestern war es noch zu früh, und morgen wird es bereits zu spät sein, wir müssen jetzt handeln ... Gestern war noch nicht einmal die Rede von verschiedenen Eigentumsformen und von politischem Pluralismus usw., wir mußten noch keine tiefgreifenden Reformen beginnen ... Warum ist es morgen schon zu spät? Die Prozesse, die sich zur Zeit in der Sowjetunion abspielen, können zu einer wesentlichen Verschlechterung der Lage führen. Deshalb müssen wir jetzt unbedingt handeln. Da kommen wir nicht drum herum. Jede Verzögerung kann überaus gefährliche Folgen haben ...

Der zentrale Punkt der Reformen ist das wirtschaftliche Stabilisierungsprogramm. Wir müssen in der Stabilisierungsphase einen genau umrissenen Zeitrahmen einhalten. Wenn ihr hört, daß wir in 500 Tagen zur Marktwirtschaft übergehen wollen, denkt ihr wahrscheinlich, wir seien sehr naiv oder gar Abenteurer. Ihr werdet wohl denken: ›Wir haben 300 Jahre dafür gebraucht, und die wollen in 500 Tagen einen freien Markt schaffen ...‹ Nein, nein, wir verstehen auch etwas davon. *Es geht nur um den Beginn eines Prozesses. Er ist langwierig und wird solange andauern, bis wir eine voll entwickelte Marktwirtschaft mit all ihren Mechanismen, der Infrastruktur und der sozialen Absicherung geschaffen haben werden.*«[7]

Gleichzeitig bat Gorbatschow bei allen Gesprächspartnern um finanzielle Unterstützung. An Baker wandte er sich mit der Bitte um eine zinslose Anleihe über ein bis eineinhalb Milliarden Dollar. Hurd bat er, die Europäer und die Amerikaner zu bewegen, Sonderkredite auf fünf bis sechs Jahre in Höhe von fünfzehn bis zwanzig Milliarden Dollar zu gewähren. Schon im Juli hatte er mit Andreotti darüber gesprochen und Mitte September dessen Außenminister De Michelis daran erinnert. Bei dem Treffen im Juli und bei dem Telefongespräch am 10. September im Zusammenhang mit der deutschen Wiedervereinigung wollte Gorbatschow Kohl überzeugen, daß wir unbedingt eine Anleihe in Höhe von fünfzehn Milliarden Mark brauchten. Am 12. September sagte er Genscher dasselbe.

Leider sind die Gelder erst zwei Jahre nach diesen Gesprächen und Ermahnungen eingetroffen, aber nicht mehr in der UdSSR, sondern in Rußland. Um sich dazu durchzuringen, hat der Westen erst einen Putsch gebraucht. Doch darum geht es mir hier nicht. Ich habe diese Äußerungen zitiert, um Gorbatschows Entschlossenheit zu demonstrieren, »einen freien Markt zu schaffen«, und zwar auf der Gundlage des Programms der 500 Tage. Im September 1990 hat er diesem Programm klar den Vorzug gegeben und das auch im Obersten Sowjet erklärt.

Was ist aber geschehen? Warum hat er sich später von ihm wieder abgewandt? Warum hat er begonnen, zwischen den beiden Varianten –

der von Ryschkow und der von Schatalin, Petrakow und Jawlinskij (500 Tage) – zu lavieren, obwohl die zweite im Einvernehmen mit Jelzin und unter Anleitung der beiden ausgearbeitet worden war?

Darüber existieren viele Spekulationen: Gorbatschow hatte seinen Urlaub abgebrochen und war nach Moskau geeilt. Dort habe ihm angeblich die gleiche Truppe, die ein Jahr später den Putsch organisiert hat, gedroht: »Entweder du sagst dich von dem Programm der 500 Tage los, oder wir stürzen dich.« Das ist jedoch alles Quatsch.

Welche Truppe soll das gewesen sein? Das Politbüro war umbesetzt worden und stand nicht mehr auf Ligatschows Seite. Es setzte sich wie der Föderationsrat aus den Ersten Sekretären der Kommunistischen Parteien der Republiken zusammen. Die Mitglieder waren im allgemeinen für den Übergang zur Marktwirtschaft. Oder der Präsidialrat? Seine Mitglieder haben sich Anfang September energisch für das Programm der 500 Tage eingesetzt, sie forderten sogar Ryschkows Rücktritt.

An einem der letzten Tage auf der Krim hatten Gorbatschow, Primakow und ich über das Thema gesprochen. Gorbatschow hatte uns zu einem »familiären Abendessen« eingeladen. Primakow und ich bedrängten den Präsidenten stark: »Es ist Zeit, sich von Ryschkow zu trennen, er ist das Sprachrohr des militärisch-industriellen Komplexes, der Direktoren der Staatsunternehmen, der Rüstungsfabriken und der Generale, die allesamt Ihre Reformen ablehnen. Ryschkow ist von Natur aus unfähig, einen freien Markt zu akzeptieren, noch viel weniger, eine marktwirtschaftliche Konzeption zu entwickeln. Er hat eine ganz andere Denkweise und andere Ambitionen ... Er stellt jetzt öffentlich sein Programm dem des Präsidenten entgegen und bringt die Gruppe der 13 in Verruf ... Der Wirtschaftsfachmann Abalkin ist in Ryschkows Augen zu sehr vorbelastet, Abalkin durchschaut das zwar alles, aber aus Loyalität stimmt er zu und deckt mit seiner akademischen Reputation verderbliche Pläne ...«

Gorbatschow hat nach meiner Erinnerung ungefähr geantwortet: Wenn wir in der jetzigen, schweren Lage einen weiteren Konflikt schaffen, haben wir ausgespielt. Ryschkow und der Ministerrat werden der natürlichen Entfaltung des marktwirtschaftlichen Systems zum Opfer fallen. Sie sind darin überflüssig, es ist dasselbe Spiel wie mit der Macht der Partei. Das wird noch in diesem Jahr geschehen.

Am nächsten Tag erfuhr ich von Jakowlew (er war ebenfalls in der Datscha Juschnyj untergebracht, wo ich mich in meiner Freizeit erholte):

»Gorbatschow hat angeordnet, die personelle Zusammensetzung und die Konzeption eines Ministerkabinetts unter dem Präsidenten als Ersatz für den Ministerrat vorzubereiten.«

Bei der Rückkehr von der Krim am 21. August haben uns wie immer alle Mitglieder der Führungsriege, die sich in Moskau aufhielten (auch Ryschkow), auf dem Flughafen Wnukowo-II empfangen. Wie immer bei solchen Anlässen bildete sich um Gorbatschow eine Menschenmenge – früher aus den Mitgliedern des Politbüros, inzwischen auch aus den Mitgliedern des Präsidialrates. Die übrigen wahrten einen gewissen Abstand. Ein heftiger Streit entflammte zwischen Ryschkow, bleich vor Wut, und den Verteidigern des Programms der 500 Tage. Gorbatschow hat wie immer die Streithähne getrennt und geschlichtet. Schon begann der Aufbruch, alle verabschiedeten sich voneinander. Ich stand neben Petrakow (einem Mitglied der Gruppe der 13). Nikolaj Ryschkow streckte ihm die Hand hin und rief voller Haß aus: »Na, du wirst mir noch in die Geschichte eingehen!«

Lukjanow trat heran, um sich zu verabschieden, und sagte zu uns beiden: »Wenn ihr so weitermacht, wird der Oberste Sowjet noch im September die Regierung absetzen, und im November werden der Kongreß der Volksdeputierten und der Oberste Sowjet aufgelöst. Neuwahlen werden angesetzt, und noch im Dezember wird auch der Präsident abgesetzt und ihr beide mit ihm!«

Zwei Tage lang, am 28. und 29. August, tagte der Präsidialrat. Ein Skandal lag in der Luft. Viele Redner forderten Ryschkow zum Rücktritt auf. Schließlich erklärte er: »Ich bitte um einen Tag Bedenkzeit.« Doch dann folgte ein, bei ihm für das vergangene Jahr charakteristischer, hysterischer Ausbruch: »Wenn ich zurücktrete, dann müssen alle zurücktreten, denn (er wandte sich an Gorbatschow) wir haben gemeinsam alles zerstört, in Blutvergießen und wirtschaftliches Chaos geführt. Wir sind alle an der heutigen Krise Schuld. Warum soll ich allein der Sündenbock sein?!«

Gorbatschow beruhigte die Gemüter wieder: »Wenn jemand nicht fertig wird mit seiner Aufgabe, kann man ihn natürlich absetzen, aber warum gleich so extrem – den Rücktritt der Regierung fordern?« Offensichtlich ging er nach der Taktik vor, die er Primakow und mir auf der Krim anvertraut hatte: Durch den objektiven Prozeß wird sich alles von selbst regeln.

Am 1. September forderte Jelzin auf einer Pressekonferenz Ryschkow ebenfalls zum Rücktritt auf: »Er soll rechtzeitig selbst zurücktreten, sonst werden wir ihn absetzen.« Er lobte »das Programm von Schatalin« (500 Tage) sehr und forderte, es als Grundlage für die russische Wirtschaftsreform zu verwenden. Gegenüber Gorbatschow war Jelzin sehr nachsichtig.

Im Frühherbst 1990 hat sich die Atmosphäre im Land nicht täglich, sondern stündlich stärker aufgeladen. Gorbatschow bekam dies nicht nur über Presse, Rundfunk und Fernsehen zu spüren, Hunderte von Telegrammen aus dem Land lagen täglich auf dem Tisch: Die Kriminellen entwickeln immer raffiniertere und schrecklichere Methoden – Mord, Raubüberfall, freche Plünderungen, Mißhandlung Minderjähriger. Alle möglichen Leute verschaffen sich unvorstellbare Mengen von Waffen.

Das Volk klagt über die Hilflosigkeit der Behörden und verflucht den Präsidenten, der »unfähig ist, für Ordnung zu sorgen« und das Leben der Menschen zu schützen. All das vor dem Hintergrund leerer Regale ... Tabak wurde knapp, an einigen Orten gab es bereits »Tabakaufstände«. In Moskau haben sich tausendköpfige Warteschlangen für Brot gebildet – für Rußland ist das schlicht tödlich! In den Schlangen haben die Menschen der paradiesischen Zeiten unter Stalin und Breschnew gedacht. Großmütter haben Haß gepredigt und Bauern bei der Nennung von Gorbatschows Namen lästerlich geflucht. Die Schonungslosigkeit der nationalen Auseinandersetzungen hat uns überrascht, weil sie lange im »internationalistischen Schlaf« geschlummert hatte. Offener Haß herrschte unter den Völkern, tobte auf den Straßen, in den Bussen, in den Läden und auf den Märkten. In Ufa flog eine Spiritusbrennerei in die Luft, Phenol wurde in der Wasserversorgung einer Millionenstadt gefunden. Und noch vieles mehr, Michail Gorbatschow drohte das Schicksal von Boris Godunow ...

Jelzin reiste durch ganz Rußland und gab allen autonomen Republiken, Regionen und Gebieten soviel Freiheit, »wie sie annehmen konnten«. Er hat in seinen Reden die Zentralgewalt »zermalmt«. Darüber beklagte Gorbatschow sich beim französischen Außenminister Dumas, zu dem er ein »kameradschaftliches Vertrauen« hatte: »Jelzin hetzt die Volksmassen auf mich, unterstützt gezielt die Destabilisierung und schürt Haß und Zwietracht unter den Menschen, um die Macht zu erlangen. Ich sehe jedoch meine Hauptaufgabe darin, die Macht nicht abzugeben: In der jetzigen Lage wäre das Chaos die Folge, und eine Diktatur würde drohen. Der Nährboden hierfür ist schon bereitet ... Ich werde konsequent an einem Kompromißkurs mit Rußland festhalten, wir sind auf Rußland angewiesen.«

Anfang September veröffentlichte die *Iswestija* Schatalins Programm. Das russische Parlament debattierte über seine Annahme. Die Russische Kommunistische Partei bezeichnete das Programm auf ihrem zweiten Parteitag (der zweiten Etappe des Gründungsparteitags im Sommer) als antisowjetisch und brandmarkte es als Verrat am Sozialismus und Kapitulation vor dem Kapitalismus.

In jenen Tagen vor Gorbatschows Reise nach Helsinki habe ich Gorbatschow wohl zum ersten Mal fassungslos gesehen. Die Macht entglitt fast sichtbar seinen Händen, während er sich tagelang mit Fachleuten und Vertretern über das Wirtschaftsprogramm und den Unionsvertrag beriet und etliche Stunden auf dem Parteitag der KP Rußlands verbrachte, wo er beschimpft und verflucht wurde.

Am 1. September 1990 notierte ich:

»Gorbatschows Vertrauensvorschuß tendiert gegen Null. Jelzin profitiert von Gorbatschows Ideen, Erfolgen und von seiner Inkonsequenz. Was Jelzin heute verkündet, hat Gorbatschow schon seit fünf Jahren ›bei den entsprechenden Etappen‹ gesagt, aber er konnte sich nicht entschließen, die Reformen voranzutreiben. Er hat sich an die Ideologie der Parteikomitees geklammert. In diesem Zusammenhang ist charakteristisch, daß er auf der Krim einen Artikel über Sozialismus begonnen hat ... und gleichzeitig täglich Schatalin und Petrakow bei der Ausarbeitung ihres Programms zur Eile antrieb, obwohl darin kein einziges Mal ›Sozialismus‹, ›Entscheidung für den Sozialismus‹ und ›Ideologie‹ vorkommen.«

Die äußerst gespannte Lage im Land blieb nicht ohne Wirkung auf Gorbatschow. Er lehnte immer mehr die »Wissenschaft« ab und hörte stärker auf »die Stimme des Volkes«, genaugenommen auf die Stimme der Massen. Nach der Abreise des italienischen Außenministers De Michelis am 15. September sagte Gorbatschow zu mir unter vier Augen: »Anatoli! Was soll ich denn tun? Woran soll ich mich festhalten? Gestern haben im Obersten Sowjet Aganbegjan, Abalkin und Schatalin mit ihren Programmen einen Wettbewerb ausgetragen. Dem Volk bleibt das Maul offenstehen – wem soll ich nachgeben! Ryschkow übt auf seine Weise Druck aus: Er stellt sein Programm als realistisch und gemäßigt dar. Ein Referendum über die Alternativen durchzuführen wäre dumm. Auch die Republiken, aus denen jene Alternativen stammen, könnten andere

Wege wählen. Wie soll man sie vereinen? Dabei hat sich Rußland doch bereits für den Plan von Schatalin entschieden und macht überhaupt, was es will.«

Im Obersten Sowjet formulierten die Wirtschaftsfachleute Aganbegjan und Schatalin das Problem: »Wir müssen nicht zwischen Sozialismus und Kapitalismus wählen, sondern zwischen Leben und Tod.« Abalkin hingegen rechtfertigte in populistischer Manier Ryschkow und wurde darin von dem für seine Skandale berüchtigten Delegierten Suchow aus Charkow unterstützt. Suchow bezichtigte Gorbatschow abermals des Verrats »an der Sache der Partei und des Sozialismus«.

Am Ende nahm der Oberste Sowjet keinen Programmvorschlag an, sondern stimmte Gorbatschows Anregung zu, Abalkin, Aganbegjan und Schatalin sollten alle Varianten in einer zusammenfassen (obwohl sogar Laien auf den ersten Blick erkannten, daß die Konzeptionen unvereinbar waren) und die neue Ausarbeitung nochmals vorlegen. Eine Woche später sagte Gorbatschow zu mir: »Das Leben hat Schatalins herrliches Programm in Luft aufgelöst.«

Bereits in den nächsten Sitzungen des Präsidialrates und des Föderationsrates trat Gorbatschow für eine Art Kompromiß ein (obwohl er zuvor öffentlich versprochen hatte, sich auf keinerlei Kompromisse einzulassen), der sich von Ryschkows Variante im wesentlichen nur noch in Formulierungen unterschied. Gleichzeitig forderte Gorbatschow vom Obersten Sowjet der UdSSR die Gewährung außergewöhnlicher Vollmachten, um den Übergang zur Marktwirtschaft zu gewährleisten. Der russische Oberste Sowjet reagierte sofort: Ohne seine Zustimmung sollten keine Erlasse des Präsidenten der UdSSR in Rußland in Kraft treten! Im Obersten Sowjet stellte sich bei der Abstimmung über außergewöhnliche Vollmachten heraus, daß die Versammlung nicht beschlußfähig war (gemäß Satzung hatten 16 Delegierte gefehlt).

Um den Obersten Sowjet der UdSSR in diesem kritischen Moment der »endgültigen Entscheidung« zu charakterisieren, berichte ich über die routinemäßige Erörterung der Aufhebung des »Vertrags über Freundschaft, Zusammenarbeit und gegenseitigen Beistand mit der DDR« von 1975 auf 20 Jahre. Es war ein formaler Akt, weil der Staat, mit dem der Vertrag geschlossen worden war, nicht mehr bestand! Aber unsere Parlamentarier forderten, daß Kohl die Patenschaft für einen Vertrag übernehme, in dem von der »Unverletzlichkeit der Grenzen zwischen der DDR und der BRD« und vom gemeinsamen Kampf gegen den »westdeutschen Imperialismus« und ähnlichem die Rede war. Die Delegierten weigerten sich, den Vertrag als ungültig anzuerkennen. Zugleich hielten sie Gorbatschow die Vernichtung der KPdSU, den Zerfall der UdSSR, den Verlust Osteuropas, die Beseitigung des Marxismus-Leninismus, die Zerstörung der Armee, die leeren Regale in den Läden und die steigende Kriminalität vor.

Gorbatschow hatte an der Sitzung nicht teilgenommen. Als ich ihm von den Ereignissen berichtete, sagte er: »Hättest du doch alle davongejagt!«

Der allgemeine Zusammenbruch drohte. Am 22. September notierte ich:

»Die zentrifugalen Tendenzen, die von Gorbatschows Ideen ausgelöst wurden, stellen Zentrum, Kongreß, Obersten Sowjet, den Präsidenten und die Regierung ins politische Abseits. Tage, Wochen vergehen … und jeden Moment kann alles zusammenbrechen.

Am Alltag läßt sich immer klarer erkennen: Ein Wechsel der Staatsordnung geht vor sich. Ich selbst und Gleichgesinnte finden sich in einer Lage wieder, ähnlich der ›Ehemaligen‹ nach 1917. Was ich geleistet habe, gehört alles der alten Gesellschaftsordnung an. Eine Anerkennung meiner Dienste – wende dich an die alte Ordnung. Ich darf nicht mehr prahlen: ›Ich habe mein ganzes Leben gewissenhaft gearbeitet!‹ Sie werden fragen: ›Für wen denn? An ihn stelle deine Forderungen. Das ist nur gerecht.‹

Die Revolution, die Gorbatschow gerufen hat, rückt näher. Aber er hat nicht erwartet, daß sie auf diese Weise kommt … Lange Zeit hat Gorbatschow sich geweigert, sie mit einem Machtwechsel zu verknüpfen, auch jetzt spricht er nur von einem Wechsel des Wirtschaftssystems. Nein, was heute geschieht, ähnelt tatsächlich den Ereignissen von 1917.«

Doch in dem ganzen Chaos gab es auch erfreuliche Episoden: Witalij Ignatenko, seit August Berater des Präsidenten und Pressesprecher, war Anfang Oktober 1990 in Amerika und traf George Bush. Jener gab sich sehr familiär (seit einem Monat bereits duzt er Michail!), riß einen Zettel aus dem Notizbuch und schrieb ein paar Zeilen. Er steckte ihn in ein Kuvert, klebte es zu und schrieb darauf: Michail via Ignatenko.

»Dieses Brieflein«, hat Ignatenko mir erzählt, »habe ich Gorbatschow in einer Pause bei dem ZK-Plenum (am 8. Oktober) überreicht. Er öffnete den Umschlag sofort. Sonst war niemand in der Nähe, der Englisch konnte. Gorbatschow sagte zu mir: ›Lies vor.‹ Ich lese: ›Lieber Michail!

Wir haben zur Zeit beide unsere Probleme: Bei mir ist es die Ablehnung des Haushalts, bei Dir die Marktwirtschaft. Aber wir werden schon damit fertig. Gut, daß Du Primakow zu Hussein geschickt hast, wie besprochen. Vielleicht kommt dabei etwas heraus. Ich wünsche Dir Erfolg und alles Gute. Gruß an Raissa.«

Warum erzähle ich das hier? Ich wollte daran erinnern, womit ich das Kapitel begann: Alle *außenpolitischen* Bedingungen lagen vor, um die alte Ordnung *auf politischem* Weg zu überwinden, und zwar genau Ende Sommer bis Herbst 1990. Gorbatschow hätte sich von der Partei, der sozialistischen Ideologie, der früheren Machtausübung und der Sowjetunion lösen, Wahlen für ein neues Parlament ansetzen und in eben diesem Moment (nicht erst ein halbes Jahr später) den »Prozeß von Nowo-Ogarjowo« einleiten müssen. Mit anderen Worten, Gorbatschow hätte anerkennen müssen, daß die Perestrojka eine Revolution war, die auch die *Staatsordnung veränderte.*

Beim Übergang von der zerstörerischen Etappe der Perestrojka, als Gorbatschow noch im Aufwind war, zur Etappe des Aufbaus hat er einen grundlegenden Fehler gemacht. Obwohl er persönlich mehrmals betont hat, es sei die Aufgabe der Perestrojka, der Gesellschaft eine freie und natürliche Entfaltung zu ermöglichen und sie nicht in ein bestimmtes Schema zu zwängen, hat er die Rollen des obersten Architekten und des Bauleiters persönlich übernommen. Doch das war bereits definitiv unmöglich, ganz zu schweigen davon, daß er (und auch niemand anders) trotz all seiner Begabung dieser Rolle nicht gewachsen war.

Ich hatte gehofft, daß Gorbatschow den für unser Land so ungewöhnlichen Posten des Präsidenten nutzen und sich über den alltäglichen Gang der Ereignisse stellen würde. Er aber wollte offensichtlich »neue« Möglichkeiten schaffen, um den »Prozeß zu lenken«, und hat sich wie früher an allem festgeklammert und sich überall eingemischt, wie schon als Sekretär des Regionskomitees und als Generalsekretär unter sozialistischen Bedingungen.

Das »Programm der 500 Tage« hätte ihm eben die Möglichkeit eröffnet, Präsident in einem bereits unumkehrbar veränderten Land zu bleiben und die *Führung* auszuschalten. Dieses Programm hätte den Weg zu einer natürlichen Entwicklung der Gesellschaft gewiesen, den Gorbatschow selbst gebahnt hat, als er »dem Volk die Freiheit« gab.

Wenn ich mir vor Augen führe, wie ein großer Teil der Intelligenzija und einige mächtige Zentren der Arbeiterklasse auf Gorbatschows Abkehr von dem Programm und auf seine Annäherung an Ryschkow reagierten, kann ich mit einiger Sicherheit behaupten, daß Gorbatschow nicht mehr auf die Intelligenzija zählen konnte. Er konnte diese einflußreiche Schicht der Gesellschaft, die voller Enthusiasmus für die Veränderungen gewesen war, nicht mehr für sich gewinnen. Die Intelligenzija hätte die KPdSU ablösen können, die sich von ihm abgewandt hatte. Sie hätte durchaus eine neue Reformpartei Gorbatschows aus ihrer Mitte heraus formieren können.

Gorbatschow schreckte jedoch vor der Durchführung des Programms zurück, weil eindeutig eine Änderung der Staatsordnung die Folge gewesen wäre, obwohl dieser Entschluß eigentlich seinem Charakter entsprochen hätte: Schließlich war er der Mann, der von Anfang an die Absicht hatte, »weit zu gehen«.

Gorbatschow hat jedoch beschlossen, an einer Regierung festzuhalten, die bereits »der Natur der Sache« nicht mehr entsprach. Seine verzweifelten Versuche, »die Führung zu ordnen«, haben nur weitere Beweise geliefert für den Vorwurf, er würde die Entwicklung behindern und das Unvermeidliche bremsen, noch dazu aus persönlichem Ehrgeiz.

Das ist nicht berechtigt! Ich weiß genau, daß er sich nicht von persönlichen Ambitionen leiten ließ, sondern vielmehr von der aufrichtigen Sorge, den Sowjetbürgern neues Leid zumuten zu müssen. Nach der alten Terminologie ließ Gorbatschow sich »von der Sorge um die Menschen« leiten, die seit 70 Jahren daran gewöhnt waren, daß Staat und Führung die Entscheidungen für sie trafen, obwohl diese Zeiten im Jahr 1990 unwiderruflich vorbei waren.

Gorbatschow hat das genau erkannt und zugegeben. In Dutzenden veröffentlichter Reden und in Äußerungen, die nur einem engen Kreis bekannt waren, läßt sich ein und derselbe Gedanke auf verschiedene Weise formuliert wiederfinden: Perestrojka beinhaltet den Übergang zu einer Gesellschaft, in der jeder sich um sich selbst, um seine Familie, um seine Gesundheit und Altersversorgung und um die Umsetzung seiner Fähigkeiten selbst kümmern muß. Perestrojka lehnt grundsätzlich jedes Schmarotzertum ab, vor allem gegenüber dem Staat.

Leider handelte Gorbatschow emotional und weigerte sich, ein Risiko einzugehen und die althergebrachten Methoden der Politik endgültig zu verwerfen.

Das Jahr vor dem Putsch

Abschied von der Oktoberrevolution

Gorbatschow versuchte die »Achtung vor der Geschichte« zu erhalten, indem er die Bedeutung der Oktoberrevolution im Lichte des Neuen Denkens und von einem zivilisierten Standpunkt aus überdachte. In der Nacht zum 31. Oktober 1990 diktierte er mir telefonisch seine Gedanken zur Rede für den traditionellen Festakt am 6. November. Er sollte der letzte werden:

»Der Text soll zehn bis höchstens fünfzehn Minuten lang sein. Man muß lebendige Worte finden, die den jetzigen, in jeder Beziehung wichtigen Augenblick umfassend widerspiegeln. Einige belastende Gedanken mit einer Einschätzung der dramatischen Wirklichkeit des heutigen Lebens müssen wir andeuten.

Angesichts der vergangenen Zeit und der großen Veränderungen der letzten Jahre müssen wir die Oktoberrevolution, die Millionen von Menschen auf eine neue historische Ebene gehoben hat, neu bewerten. Das war der erste Schritt einer neuen Qualität von Zivilisation, die sich im Rahmen unserer jetzigen großen Revolution vollziehen sollte. Wir müssen der Revolution für das Verständnis unserer Geschichte und der ganzen Welt mehr Bedeutung verleihen. Wir müssen die Gedanken, die im Gespräch mit González (auch von ihm) geäußert wurden, verwenden: Die Oktoberrevolution hat die Welt gespalten. Die jetzige Revolution vereinigt sie und leitet eine große humanistische Epoche ein. Die Revolution ist eine Tragödie, aber sie beleuchtet die Werte neu. Sie bringt Hoffnung. Der wahre Erhalt dieser Werte wird uns mit all seinen Bedeutungen erst jetzt, durch die Perestrojka, möglich ...

Das Neue wird gewährleistet, wenn wir verstehen, was mit uns geschehen ist und was das Wesen der Oktoberrevolution ist. Wir müssen auf Lenin zu sprechen kommen. Die Worte dürfen nicht banal, sondern müssen sehr präzise sein: sowohl für die, die sich von ihm nicht lossagen wollen, als auch für jene, die ihn allmählich verfluchen. Wir müssen etwas zu den Generationen sagen, die Lenin gefolgt sind.

321

Unbedingt müssen wir noch einmal sagen, was die Perestrojka geleistet hat: die Freiheit und die Möglichkeit, neue Lebensformen zu suchen. Die Erfahrung der letzten Jahre zeigte, daß wir die Bedeutung von Freiheit nicht einschätzen konnten. Wir wußten nicht einmal, was das ist, und hatten auch nie die Möglichkeit, das zu lernen. Die Perestrojka hat einen schwierigen und kritischen politischen Prozeß eingeleitet. Auf allen Ebenen kann man die komplizierte Lage erkennen. Die Demokratie ist noch nicht entwickelt, es gibt noch keine Mechanismen. Verdrängte Probleme kamen zum Vorschein.

Schließlich haben wir uns an die Welt gewandt. Sie hat uns verstanden, und wir spürten eine Welle der Solidarität und Sympathie. Die Welt wird von Grund auf verändert: Mauern und Angst werden abgebaut, sie hatten die Welt geteilt und durch Unfreiheit belastet. Durch die Auseinandersetzung mit der Welt konnten wir neue Möglichkeiten schaffen: Wir haben Anteil am Fortschritt der Zivilisation in der gegenwärtigen Epoche der Wende, und wir haben große Verluste, vielleicht die größten, hinnehmen müssen.

Es ist wichtig, daß der Alltagsdruck uns nicht daran hindert, den Maßstab der begonnenen Sache zu sehen. Wir dürfen nicht die Kriterien für das, was wir für den Erhalt des menschlichen Lebens täglich tun, verlieren. Trotz allem müssen die Sorgen aller gesehen und beachtet werden.

Wir müssen alles retten, was in diesen Jahren erarbeitet wurde. Wir müssen uns gegen zerstörerische Kräfte zusammentun und uns eine Verfassung geben, nach der das Gesetz regiert. Wir müssen dafür sorgen, daß die Revolution friedlich verläuft. Mehr denn je, das ist unsere historische Aufgabe, müssen wir Ungewöhnliches leisten.

Wir müssen dem Volk gratulieren, denn trotz allem ist dieser Tag unser Feiertag. Das richtige und ehrliche Verhältnis zu ihm hilft uns, die Politik, unsere Umwelt und unseren eigenen Platz im Leben mit seiner Vergangenheit, Gegenwart und Zukunft zu verstehen.

Bei unserer Arbeit dürfen wir uns nicht an einer ›leuchtenden Zukunft‹ orientieren, sondern wir müssen das Land für die jetzt Lebenden retten. Alles was in diesem schwierigen, gefährlichen, stürmischen und widersprüchlichen Herbst getan wird, soll dem Volk in nächster Zeit das Gefühl einer Besserung im alltäglichen Leben vermitteln. Damit wird gleichzeitig das Fundament für eine überzeugte und energische Bewegung zur neuen Gesellschaft gelegt, in der die Menschen ruhig und angenehm leben werden.

Wir nehmen teil am Beginn einer Epoche, die die wahre menschliche Zivilisation feiert. Deshalb müssen wir in unserem Land auf materieller und gesellschaftspolitischer Ebene in kürzester Zeit eine Wende zum Besseren erreichen.«

In diesem Sinne sprach Gorbatschow am 6. November 1990 im Kongreßpalast im Kreml. Er fand im Saal keine Zustimmung, ganz zu schweigen vom »Volk«, der Presse und seinen politischen Gegnern.

In diesem Jahr fand auch zum letzten Mal auf dem Roten Platz eine Demonstration zum 7. November statt, die von der ganzen Union gefeiert wurde. Gorbatschow und Jelzin gingen dabei gemeinsam in der ersten Reihe und standen nebeneinander auf dem Mausoleum. Dies war erstaunlich, denn Jelzin war drei Wochen vorher (am 16. Oktober) im Obersten Sowjet der RSFSR mit einer programmatischen und für Gorbatschow beschämenden Rede aufgetreten: Faktisch hatte er erkärt, daß Rußland sich von nun an nicht mehr dem »Zentrum« unterordnen werde.

Am Morgen des 17. tagte um zehn Uhr der Präsidialrat wegen der Rede Jelzins. Das Gespräch und die Atmosphäre des Treffens erinnerten an die Situation im Oktober 1917 in St. Petersburg, als die Bolschewisten mit der Stürmung des Winterpalais drohten.

Lukjanow forderte nach Krjutschkow »harte Maßnahmen«. Rewenko betonte, die Ukraine werde sich auch ablösen und Jelzins Rede werde eine Kettenreaktion auslösen. Osipjan analysierte wissenschaftlich, warum Jelzin gerade jetzt auf den Plan getreten sei. Schewardnadse sprach sich entschieden gegen eine »Konfrontation« mit Jelzin aus, beispielsweise durch einen Fernsehauftritt Gorbatschows. Medwedew plädierte ebenfalls dafür, weiter im Rahmen der Gesetze zu handeln, nichts zu zerstören und sich nicht auf Jelzins Konfrontationstaktik einzulassen. Ryschkow dagegen tobte: »Wieviel sollen wir denn noch ertragen?! Wir sind die Regierung und keine Prügelknaben! Keiner hört uns zu! Wenn wir jemanden bestellen, kommt kein Mensch! Anordnungen werden nicht befolgt! Das Land hat vollkommen die Richtung verloren! Die Auflösung ist voll im Gange! Alle Massenmedien sind gegen uns und arbeiten für die Opposition! Sogar der Zentralrat der Gewerkschaften der Sowjetunion! Sogar die Partei! Aber wir sind doch Kommunisten! Wir sind doch aus dieser Partei in die Regierung gekommen! Sogar - *Iswestija* und *Prawda* arbeiten gegen uns. Wir müssen zumindest die

Zeitungen, die den ZK-Organen angehören, wieder auf unsere Seite bringen. Und die Hälfte der Leute beim Fernsehen entlassen ...« Rasputin vertrat eine ähnliche Meinung, drückte sich jedoch gewählter aus.

Alle waren von Angst und Haß gezeichnet. Es war lächerlich, bitter und beschämend, dieses hohe Gremium des Staates zu beobachten ... Diese Menschen konnten weder denken noch als Staatsmänner handeln. Gorbatschow saß dabei, hörte zu, betrübt und innerlich bewegt, und machte gelegentlich einige Einwürfe.

Auf zwölf Uhr war das Treffen mit US-Verteidigungsminister Cheney anberaumt. Als alle am Gehen waren, flüsterte Lukjanow Gorbatschow etwas zu. Dieser wandte sich an Schewardnadse: »Eduard, bitte verlege alle meine Auslandsreisen oder sage sie ab! Spanien, Frankreich und was noch ansteht.« Ich war wie vor den Kopf geschlagen: Wie konnte man Jelzin ein solches Geschenk machen! So den Verlust von Selbstbeherrschung und Macht demonstrieren! Aber protestieren konnte ich nicht, Cheney erwartete uns.

Wir gingen in das andere Zimmer. Gorbatschow war wie ausgewechselt: Er war wieder in seinem Element, war wieder Führer einer Weltmacht, beherrschte die Situation nach allen Regeln der Weltpolitik. Er war ruhig und von seinem Erfolg überzeugt. Er ließ die Amerikaner kaum zu Wort kommen, obwohl sie zu siebt waren.

Nach dem Treffen mit Cheney ging Gorbatschow in sein Zimmer. Ich folgte ihm. Im Flur warteten Schatalin, Petrakow und Ignatenko. Sie versuchten ihn von dem Fernsehauftritt abzubringen. Er redete sie alle nieder: »Ich habe mich schon entschieden. Wir haben uns im Präsidialrat abgesprochen. Ich kann nicht schon wieder schweigen! Was sagt dann das Volk! Das wäre feige. Jelzin reißt in einem solchen Moment das Präsidentenamt an sich. Er ist nicht bei Trost, hetzt seine Leute auf mich ... Sie müssen eine in die Fresse kriegen ...«

Ich mischte mich ein: »Michail Sergejewitsch! Wovor haben Sie Angst? Ryschkow hätte gewagt zu schreien: Sie erschießen uns (im guten Fall), oder sie hängen uns (im schlechten)! Und das ist das Oberhaupt unserer Regierung. Von dem müßte man eigentlich mehr erwarten können. Ich habe zum Beispiel keine Angst ... nicht weil ich alt bin, sondern weil ich das nicht glaube. Das kann und wird nie sein! Und Sie dürfen sich von diesen Provokationen (im Obersten Sowjet der RSFSR) nicht so beeinflussen lassen!«

Er hörte uns nicht mehr zu, sondern ging in sein Zimmer. Ignatenko und ich folgten ihm. Im Gehen fragten wir ihn: »Was machen Sie? Wollen Sie wirklich Ihre Reisen absagen? Auch nach Paris zur KSZE? Das wäre ein Skandal! Ein Fiasko! Sie erniedrigen sich selbst ...«

Er betrat sein Zimmer, wir sprachen ununterbrochen weiter. Er ging an seinen Tisch und nahm den Telefonhörer: »Schewardnadse! Ist er nicht da? Kowaljowa! Hast du die Absagen nach Paris und Madrid geschickt? Nein? Dann ist es ja noch nicht zu spät!«

Ignatenko und ich waren erleichtert, dann ging unser Angriff weiter. Wir wollten auch den Fernsehauftritt verhindern. Schließlich rief er Lukjanow an und bat ihn, die Ansprache zu übernehmen. Gorbatschow sagte später zu mir: »Dieses Gesindel (Ministerrat) müßte man verjagen. Ryschkow mit seiner Panikmache hat mich ganz durcheinandergebracht! Dieser Ryschkow, das ist doch einer von gestern!«

Der Leiter der Abteilung für Parteiorganisation Boldin teilte mir übrigens mit, Jelzin habe versucht, mit Gorbatschow zu telefonieren. Gorbatschow nahm das Gespräch an, und die beiden »sprachen ruhig miteinander«. Jelzin rechtfertigte die Schärfe seiner Rede vom 16. Oktober.

Politik und in noch höherem Maße Umstürze und Revolutionen werden nicht vom »Volk« als solchem, sondern von einem kleinen Teil der Bevölkerung gemacht. Dieser Teil hatte seinen Wunsch, nicht mehr an Gorbatschows Seite zu gehen, ausgedrückt. Auf diesen Teil stützte sich Jelzin und nutzte das wirklich gefährliche Durcheinander im gesellschaftlichen Bewußtsein dieser Zeit aus. Der Zug der Geschichte der Sowjetunion war an der wichtigsten Weiche vorbeigefahren. Er fuhr zwar noch in der richtigen Richtung, aber schon nicht mehr auf den Gleisen, die Gorbatschow so vorsichtig und mühevoll gelegt hatte.

Es hatte symbolischen Charakter, daß Gorbatschow gerade in dieser Zeit der Nobelpreis verliehen wurde. Er signalisierte, daß die »Geschichte« begann, seinen Sieg anzuerkennen. Bei uns wurde auf die Verleihung des Nobelpreises im besten Fall ironisch, ansonsten eher höhnisch (auf einem sehr niedrigen Niveau) reagiert. Wieder einmal setzten wir die zivilisierte Welt in Erstaunen. Die KGB-Abteilungen berichteten aus dem ganzen Land, daß Gorbatschows Nobelpreis von der Mehrzahl der Bürger negativ bewertet werde.[1] Die *Times* schrieb dazu: »In der Welt geschätzt und im eigenen Land verflucht«.

Gorbatschow sprang jedoch nicht vom fahrenden Zug ab, nachdem er an der wichtigsten Weiche vorbeigefahren war – obwohl er offensichtlich spürte, daß er seine ihm vom Schicksal zugewiesene Aufgabe erfüllt hatte. Eine Umkehr war unmöglich geworden, das totalitäre Monster würde sich nicht mehr erholen. Nicht umsonst sagte er vertraulich zu James Baker: »Einige behaupten, die Zeit Gorbatschows neige sich ihrem Ende zu. Er habe alles getan, was er könne, man müsse nach neuen Leuten suchen … Da ist nichts dran! Einige bei uns verlieren die Nerven, auch Anhänger der Perestrojka.«

Michail Gorbatschow schätzte die Lage im Herbst 1990 falsch ein. Einen Tag nach dem Jahrestag der Oktoberrevolution begann eine Reihe von Treffen mit ausländischen Partnern. Gorbatschow erklärte dem amerikanischen Außenminister, die sowjetische Gesellschaft werde es nicht ertragen, wenn die Zerfallsprozesse nicht gestoppt würden. Die Menschen seien dafür, daß der Prozeß tiefgreifender Veränderungen verteidigt werde. Die Leute wollten, daß der Präsident Maßnahmen ergreife, in den Massenmedien für Ordnung sorge und unverantwortlichen Äußerungen ein Ende mache. Genauso müsse man das Gleichgewicht zwischen Forderungen und Wünschen bewerten, das in den unterschiedlichen Manifestationen zum 7. November zum Ausdruck gekommen sei: »Wir stehen sozusagen auf Messers Schneide. Einerseits wünschen die Menschen Stabilisierung und fordern entschiedene Maßnahmen. Andererseits wollen die Konservativen diese Wünsche ausnutzen, um die Gesellschaft zurückzuwerfen. Das lehne ich kategorisch ab. Auf diesem schmalen Grat müssen wir gehen.«

Am 9. November 1990 sprach Gorbatschow in Bonn mit Helmut Kohl: »Wir erhalten jetzt klare Signale, daß die sowjetischen Menschen Stabilisierung und Konsolidierung wollen. Sie sind für Demokratie, aber gleichzeitig für Ordnung und Disziplin und kategorisch gegen Separatismus und Nationalismus … In der Gesellschaft wächst die Zustimmung zu einer schnellen Unterzeichnung eines neuen Unionsvertrages. Seine Planung ist fast vollendet. In nächster Zeit wird er veröffentlicht, damit er diskutiert werden kann …

Die Nationalisten spüren, daß ihre Stunde geschlagen hat. In Litauen haben sie schon verstanden, daß die Politik von Landsbergis in eine Sackgasse führt. Die führenden Regierungsmitglieder der drei baltischen Republiken sitzen entweder im Ministerrat der UdSSR bei Ryschkow oder im Gosplan (staatliche Planungsbehörde) bei Masljukow. Sie wollen erreichen, daß ihre Republiken im Jahr 1992 eigenständige Haushaltsführung betreiben können. Treffen sind natürlich gut, aber leben muß man trotz allem! ...

In Moldawien, Aserbaidschan, Armenien und Mittelasien konnte man sehen, was Nationalismus ist. Die Leute werden mit jedem Tag nüchterner, werden sich bewußt, daß Nationalismus und Separatismus nicht zum Guten führen und daß man schädliche Triebe ausschneiden muß. Man kann von Abspaltung reden. Aber wohin soll man sich dann wenden? Dort beginnen sie zu vestehen, wie sinnlos und perspektivelos dieses Vorgehen ist ...

Wir werden oft gefragt: Warum hat Gorbatschow im Frühjahr nicht die Marktwirtschaft eingeführt? Im Frühjahr waren 85 Prozent der Bevölkerung gegen den Markt. Jetzt hat sich die Situation geändert. Ungefähr genauso viele sind dafür.«

Zu George Bush sagte Gorbatschow am 19. November (im Rahmen der KSZE-Konferenz in Paris): »Die Leute wollen entschiedenere, härtere Maßnahmen, noch vor dem neuen Unionsvertrag und anderen Entscheidungen ... Wir gehen weiter in derselben Richtung wie früher, aber führen wichtige organisatorische Änderungen durch. Ich meine das Amt des Präsidenten, das Präsidialsystem, in dem die Exekutivgewalt direkt dem Präsidenten unterstellt sein wird.«

Und zum Baltikum gab Gorbatschow folgende Einschätzung: »Im Baltikum ist ein bestimmter Prozeß in Gang gekommen. Die Lage dort hat sich zugespitzt. Die Stellung der jetzigen Machthaber ist in Gefahr. In Lettland und Litauen hat die Presse eine kritische Kampagne begonnen. Landsbergis wird scharf kritisiert, vor allem, nachdem er erklärt hat, er wolle das Eigentum seines Vaters zurückerhalten. Die Bauern, Arbeiter und führende Vertreter der Intelligenzija drücken ihre Unzufriedenheit aus ...

Die Menschen sagen zu den Machthabern: Unter den Kommunisten war es besser, ihr seid Diebe, Raffer und Nichtsnutze. Ihr nehmt euch nur die Autos, Datschen und anderes. Hinter dem Rücken der jetzigen Machthaber schauen große Extremisten hervor, Leute, die damals mit den Nazis zusammengearbeitet haben. Wir haben übrigens viele Angaben dazu, daß es dort zu Konflikten kommen wird.«

Ähnliches äußerte er zu Margaret Thatcher (auch in Paris):

»Im Baltikum ist das Volk mit der Führung unzufrieden. In Riga demonstrierten am 7. November nicht weniger Menschen als in Moskau – mehr als 100 000. Das Volk reagiert allmählich allergisch auf Extremisten. In Litauen ist die Lage sehr kompliziert. Die Position von Prunskiene (Ministerpräsidentin) ist ins Schwanken geraten, von Landsbergis (Präsident) braucht man gar nicht mehr zu reden.«

Gorbatschow zog also aus klaren Fakten nicht die entsprechenden Konsequenzen, sondern suchte immer eine beruhigende Erklärung.

Fast alle Gesprächspartner waren an der Beziehung zwischen Gorbatschow und Jelzin interessiert. Helmut Kohl fragte ihn: »Was will Jelzin eigentlich? Will er deinen Platz einnehmen?«

Gorbatschow antwortete ihm: »Das weiß ich nicht … Im großen und ganzen komme ich mit ihm klar. Wir haben ausgemacht, daß wir uns treffen und die wichtigsten Probleme besprechen. Deklamationen, Demagogie und Konfrontation sind typisch für seine Politik. Die Gesellschaft beginnt, ihn zurückzuweisen. Die Leute haben genug davon …«

Dieselbe Frage stellte ihm Bush in Paris. Gorbatschow antwortete: »Was stört die Zusammenarbeit zwischen Gorbatschow und Jelzin? Meiner Meinung nach nichts. Objektiv gesehen müssen wir zusammenarbeiten. Die Leute sagen zu uns beiden: Wenn ihr euch nicht einigen könnt, dann werdet ihr nichts erreichen …

Jelzin erlangte Ansehen durch Widerspruch. Die Leute sagten: Ein Pfundskerl, der kritisiert sogar Gorbatschow. Jetzt hat er Macht, Befugnisse und natürlich Pflichten. Und die Leute fragen: Was hat sich geändert? Beschuldigt er immer noch das Zentrum?«

Der Westen setzt auf Gorbatschow

Die von Gorbatschow geprägte, entspannte Situation in der Außenpolitik blieb erhalten. Für alle an der internationalen Politik Beteiligten war die Teilnahme Gorbatschows ein Garant für die Ernsthaftigkeit und Solidität aller Entscheidungen, die den Friedensprozeß beeinflußten. Das Ansehen der Sowjetunion als Weltmacht – dem Träger des Neuen Denkens in der Weltpolitik – war noch nicht von den Erschütterungen und der ungeklärten Situation im Land beeinträchtigt.

Bundeskanzler Kohl sagte zu Gorbatschow am 9. November: »Ich erkläre Ihnen ganz offiziell, daß ich als Bundeskanzler Deutschlands und als Bürger Helmut Kohl auf Sie zähle, Herr Gorbatschow. Gerade auf Sie, und nicht auf die, die sich in Ihrem Umfeld befinden … Deshalb fühle ich mich berufen und verpflichtet, mit Ihnen bei der Durchführung Ihrer guten Ziele zusammenzuarbeiten. Sie können sicher sein, daß ich auf dieser schwierigen Strecke des Weges an Ihrer Seite stehen werde.«

Und Präsident Bush bekräftigte am 19. November:

»Erlauben Sie mir, eines zu sagen: Alles was wir tun können, um Ihnen in Ihrer schwierigen Situation zu helfen, versuchen wir zu tun.«

Die wichtige und unersetzbare Rolle Gorbatschows (als Führer der Sowjetunion!) in der Weltpolitik war allgemein anerkannt, vor allem aber von amerikanischer Seite. Gorbatschow sollte deshalb in die Lösung der Golfkrise mit einbezogen werden. Saddam Hussein wandte sich mit Appellen an ihn, schickte zweimal seinen bevollmächtigten Minister Asis und hoffte, den Sicherheitsrat der Vereinten Nationen zu spalten. Die Führer der europäischen Mächte (vor allem Mitterrand, Thatcher und Andreotti) berieten sich mit ihm, suchten gemeinsame Vorgehensweisen und analysierten die unterschiedlichsten Entwicklungen der Ereignisse und mögliche Initiativen bis ins Detail. Auch die Führer der arabischen Staaten wandten sich an ihn – mit der Bitte um Unterstützung und Solidarität.

Am wichtigsten war, daß Bush und Baker nur Entscheidungen treffen wollten, die sie mit Gorbatschow beraten hatten und mit denen er einverstanden war. George Bush sagte in Paris zu ihm: »Wenn ich daran denke, daß wir Beziehungen mit Zukunft aufbauen wollen, halte ich Ihre Unterstützung für einen deutlichen Beweis unserer Partnerschaft. Deshalb bitte ich Sie um Hilfe, nicht nur für mich, wer weiß, wer in zwei Jahren Präsident wird. Ich bitte Sie um Ihre Hilfe, um das zu tun, was gerecht ist. Wenn Sie jetzt noch keine endgültige Antwort geben können, habe ich dafür vollstes Verständnis. Trotzdem bitte ich Sie zu berücksichtigen, daß Ihre Antwort für uns große Bedeutung hat ... Ich wollte mit Ihnen darüber alleine sprechen und nicht im Beisein von Kollegen, und zwar aus zweierlei Gründen: Um Ihnen alles zu sagen, was ich auf dem Herzen habe, und damit Sie nicht unter Druck geraten, sich sofort endgültig entscheiden zu müssen.«

Zehn Tage zuvor hatte Baker Gorbatschow gebeten, über die Teilnahme sowjetischer Soldaten am Schlag gegen die irakischen Truppen nachzudenken, falls dieser Schlag nicht vermieden werden könne: »Natürlich verstehe ich die Position der Sowjetunion, wenn Sie zu dem Schluß kommen, nicht an der Aktion teilzunehmen. Sie vollziehen gerade große Änderungen, die Erfahrungen mit Afghanistan sind ganz neu. Dennoch läßt mich ein Gedanke nicht los: Wenn es notwendig würde, militärisch vorzugehen, würde das Bild von Amerikanern und Russen, die Seite an Seite (auch wenn Ihr Kontingent nur klein wäre) kämpfen, großen Eindruck machen.«

Gorbatschow antwortete Baker (Bush erhielt eine ähnliche Antwort): »Ich möchte unterstreichen: Wir wollen in jeder Situation an Ihrer Seite sein. Wir wollen, daß Entscheidungen getroffen werden, die die Autorität der Vereinigten Staaten stärken und nicht untergraben. Deshalb muß alles genau durchdacht werden. Keine Lösung darf ergeben, daß die Vereinigten Staaten alleine dastehen, ohne die Unterstützung des Sicherheitsrates und ohne Verständnis der anderen.«

Dieser Haltung blieb er während der ganzen Krise treu, auch während der Kampfhandlungen.

Mitte November 1990 reisten wir nach Spanien und Italien. Gorbatschow sprach später viel und aufrichtig von der Rolle des Königs beim Entstehen und der Verteidigung der Demokratie nach Franco. Mit González führte er ein Gespräch auf sehr hohem theoretischem Niveau über Wesen und Schicksal von Kapitalismus und Sozialismus, über politisches Handeln unter den verschiedensten Umständen.

Danach fuhren wir weiter nach Italien. Dort wurde Gorbatschow der Fiuggi-Preis für den Einsatz für Menschenrechte verliehen. Er ist eine der angesehensten Auszeichnungen in Italien und Europa. Außerdem wurde der Freundschaftsvertrag zwischen Italien und der Sowjetunion unterzeichnet.

In Italien und Spanien wurden tiefgreifende Gespräche zur Golfkrise geführt. Die Ansätze waren unterschiedlich: Sie hingen von der Persönlichkeit der Gesprächspartner ab und von nationalen und europäischen Interessen. Im großen und ganzen war man sich in den Urteilen einig, aber was sollte man tun? Und alle, auch Mitterrand in Paris und Rambouillet, fürchteten, die Amerikaner würden ohnehin machen, was sie für richtig hielten. Gorbatschow war der Ansicht, daß in jedem Fall eine »politische Entscheidung« getroffen werden müsse, gab aber gleichzeitig zu verstehen, daß er »in jedem Falle auf Bushs Seite stehen werde«. Es ist nicht wahr (das behaupteten viele Zeitungen), daß er mit Bush während der KSZE-Konferenz in Paris über die Planung der Resolution des UN-Sicherheitsrates gegen Saddam Hussein gestritten habe (über »die Frist des Ultimatums« und den Begriff »geeignete Maßnahmen«). Es hieß, Bush und Baker hätten auf dem Begriff »militärische Maßnahmen«

bestanden, aber es sei ihnen nicht gelungen, Gorbatschow zu überreden. Dieses Gespräch hat nie stattgefunden. Ich habe an allen Gesprächen von Anfang bis Ende teilgenommen. Dabei herrschte vollstes Einverständnis aller Beteiligten.

Bei der Pariser KSZE-Konferenz wurden Gorbatschows Verdienste durch Staatsmänner größeren und kleineren Formats anerkannt. Es schien, als wollten alle, wenn auch nur kurz, alleine mit ihm sprechen. Und wie sehr auch der französische Präsident versuchte, über der Konferenz zu »schweben« (er tauchte ab und zu im Saal auf, von Adjutanten und Gefolge begleitet), der »wichtigste Mann« war Gorbatschow. Er stand im Mittelpunkt des Interesses. An zweiter Stelle stand eindeutig Helmut Kohl. Es war komisch zu beobachten, wie einige Regierungschefs um Kohls Gunst warben, vor allem die Politiker aus Osteuropa.

Wenn er an Gorbatschow vorbei zu seinem Platz ging, beugte er sich immer zu ihm herunter und flüsterte ihm etwas zu. Wenn sie sich zu zweit ein wenig abseits unterhielten, was mehrmals vorkam, hatte man den Eindruck, als könnten sich die Anwesenden nur noch mit Mühe auf den Redner konzentrieren, und im Saal sank der Geräuschpegel. Wenn sie sich freundschaftlich austauschten, raunte man im Saal: »Das haben die beiden für Europa getan, von ihnen hängt alles ab!«

Schewardnadses Rücktritt

Vor der Reise nach Italien hatte Gorbatschow sich mit Jelzin getroffen. Jelzin »berichtete« am folgenden Tag im russischen Parlament ultimativ und grob über den Inhalt des Gesprächs. Gorbatschow wurde wütend: Warum mußte Jelzin ihn nach jedem ruhigen, sachlichen Gespräch öffentlich als Dummkopf hinstellen? Im kleinen Kreis kündigte er an, er werde das nicht länger hinnehmen und Jelzin »den Krieg erklären«. Falls Jelzin ihn bewußt provoziert haben sollte, hatte er sein Ziel erreicht. Der Oberste Sowjet der UdSSR vergrößerte den Skandal noch, die Deputierten änderten die von ihnen bewilligte Tagesordnung und forderten, daß Gorbatschow über die »Lage im Land« und sein Verhältnis zu Jelzin berichten solle.

Die Zeitungen verbreiteten Panikstimmung: Sie prophezeiten Aufstände, Massenstreiks, Bürgerkrieg, einen Umsturz. Immer häufiger wurde Gorbatschows Rücktritt gefordert, »wenn er die ihm zur Verfügung stehenden Rechte nicht zu nutzen und die Ordnung wiederherzustellen vermag«. *Moskowskije Nowosti* veröffentlichten einen »Aufruf ans Volk und den Präsidenten«. Er war von Ambarzumow, W. Bykow, Adamowitsch, Karjakin, Afanasjew, Gelman und einem Dutzend anderer aus ihrer Mitte unterschrieben. Gorbatschow hatte sie seinerzeit in die politische Verantwortung geholt, sie unterstützt, ihnen vertraut und auf sie gehofft. Er war sehr betrübt und empfand den Aufruf als Verrat.

Etwas später erschien der Artikel von A. Zipko im *Ogonjok* (Nr. 47). Er beschrieb Gorbatschow als tragische Figur: ein kommunistischer Reformator, der der Versuchung der absoluten Macht widerstanden und die Gesellschaft in einen neuen Zustand versetzt hatte, in der für ihn kein Platz mehr war. Und Oberst Alksnis erklärte im Obersten Sowjet, Gorbatschow habe bei seinem Treffen mit Volksdeputierten, die der Armee angehörten, die »Armee verloren«.

Am 18. November, einen Tag vor Unterzeichnung des KSE-Vertrags in Paris, hielt Gorbatschow die Rede mit den berühmt gewordenen »acht Punkten« (über die Reorganisation der Verwaltung und dringende Maßnahmen) vor dem Obersten Sowjet. Durch ihre Kürze, Dynamik und Bestimmtheit, die von ihm erwartet wurde, machte die Rede Eindruck. Aber es handelte sich nur um eine Skizze – jeder der Punkte mußte entwickelt und in Gesetzesform gebracht werden.

Am Abend des 20. November in Paris besuchte ich ihn in seiner Suite (wir wohnten in der rue de Grenelle im Amtssitz des Botschafters). Er machte sich für den Empfang anläßlich des Abschlusses der Europäischen Konferenz in Versailles fertig. Er stand vor dem Spiegel, band sich die Krawatte und sprach über die Unterschiede zwischen »hier« und zu Hause. Ich frage ihn: »Wie steht es mit Ihren acht Punkten? Tut irgend jemand etwas? Sonst kommen wir zurück, und alles ist beim alten geblieben ...«

»Was denkst du! Ich habe die Aufgaben verteilt. Zu allen Punkten werden Pläne ausgearbeitet.«

»Wer macht es?«

»Lukjanow, Krjutschkow, Sitarjan ... und noch jemand habe ich benannt.«

Ich schwieg: Alles war klar.

Zu meinen Eindrücken auf den Reisen nach Rom und Paris notierte ich: »Schwermut. Voller Pein sehe ich, wie Gorbatschow prahlt, wie er versucht, Haltung zu bewahren. Er wiederholt sich nicht nur in seinen

Worten und seinem Verhalten gegenüber Menschen. Er wiederholt sich auch als Politiker: Er dreht sich im Kreis. Er steht fast alleine da und hält sich dennoch an das Alte: an Ryschkow, Sitarjan, Masljukow, Boldin ... noch schlimmer – an sein Amt als Generalsekretär und an Poloskow, der ihn öffentlich angegriffen hat (vor kurzem auf dem ZK-Plenum der russischen kommunistischen Partei) für den Zerfall der Sowjetunion, den zugrunde gerichteten Sozialismus, die Zerstörung der Armee und für den Vernichtungskampf innerhalb der Partei.

Er hat keine Befürworter der Perestrojka, die in die Strukturen, die er in seinen acht Punkten gefordert hat, eingesetzt werden könnten. Er kann sich nicht für noch unbekannte Leute entscheiden. Die ›Poloskows‹ liebt er nicht, er kennt den Wert ihres Intellekts, aber er verachtet die ›Prinzipien, nach denen sie *nicht* handeln‹. Aber sie gehören irgendwie zu ihm, er kennt sie, ihr Verhalten ist vorhersehbar und, darauf hofft er, lenkbar.«

Einen Tag später trat Gorbatschow im Obersten Sowjet auf: Er improvisierte, provozierte und schmälerte damit wieder das positive Fazit, das die Delegierten aus seinen »acht Punkten« gezogen hatten.

Damals trafen wir uns wieder einmal im kleinen Kreis. Petrakow hatte die Ausgabe von *Sowjetskaja Rossija* bekommen, in der über die Bildung der Fraktion »Sojus« als Gegengewicht zur »MGD« [Interregionale Gruppe von Deputierten, in der sich Radikalreformer wie Popow oder Afanasjew zusammengeschlossen hatten] berichtet wurde. Geistiger Vater dieser Fraktion war Lukjanow persönlich. Nikolaj Jakowlewitsch (Petrakow) kommentierte: Warum gerate Gorbatschow in Wut, wenn Afanasjew und andere Mitglieder der MGD seinen Rücktritt forderten; wenn jedoch »jene« dergleichen forderten, ignoriere er es einfach?

Gorbatschow entgegnete ihm: »Ich brauche keine Mitarbeiter, die einseitige Informationen liefern.«

Primakow mischte sich ein und berichtete, was bei dem Treffen Lukjanows mit den Mitgliedern der MGD (Popow, Stankewitsch, Afanasjew, Jablokow, Muraschkow ...) gesagt worden sei und daß außer Afanasjew keiner von Gorbatschows Rücktritt gesprochen habe.

»Warten wir ab, was Lukjanow mir von diesem Treffen berichtet. Er berichtet immer die Wahrheit.«

Am 30. November versammelte Gorbatschow Jakowlew, Primakow, Medwedew, Petrakow und mich im Nußbaumzimmer des Kreml, später kam Schatalin hinzu. Wir mußten die Rede für den zwei Wochen später beginnenden Volksdeputiertenkongreß verfassen. Anstatt in zwanzig Minuten einen Plan auszuarbeiten und die Aufgaben zu verteilen, saßen wir sechs Stunden lang an dem runden Tisch und bastelten an Formulierungen zu den immer gleichen Problemen. Primakow und ich hatten uns abgesprochen und griffen »je nach Kompetenz« recht unverschämt ein: Die Rede sollte sehr kurz sein, im wahren Sinne des Wortes die »Rede eines Präsidenten«: von der Art her wie die »acht Punkte«, ohne Erklärungen, Argumente, Abschweifungen, ohne Rechtfertigungen und Polemik. Nur genaue Stellungnahmen zu den wichtigsten Fragen: Produktion, Macht, Union. Was wurde zu den acht Punkten nach dem 18. November getan, und was plant der Präsident selbst zu tun? Mehr nicht! Gorbatschow war verärgert und wies uns zurecht.

Zwischendurch redigierte er (mit unserer Beteiligung) einen Erlaß über die Arbeitskontrolle im Handel. Wir stritten heftig: wieder ein Tribut ans klassenbedingte Vorgehen, wieder die proletarische Mythologie der Vergangenheit. Wieder wird nichts geschehen, es sei denn, daß eine weitere Möglichkeit zu Korruption, Mißbrauch und Betrug geschaffen wird. Millionen von Leuten, die zur Kontrolle herangezogen werden, werden einer unnützen Beschäftigung nachgehen. Aber er blieb starrsinnig. Am folgenden Tag wurde der Erlaß veröffentlicht – mit den vorhersehbaren Folgen.

Hier zeigte sich Gorbatschows Charakter: Er wollte alles selbst machen. Er wollte den Zerfall nicht mit Macht verhindern (er hatte sich geschworen, nicht zu diesem Mittel zu greifen), nicht mit den »Hebeln der Verwaltung«, die ihm schon fast aus der Hand geglitten waren, sondern er wollte die Menschen überzeugen und gewinnen. Er verbrachte enorm viel Zeit mit der Vorbereitung und Redaktion seiner Reden. Es waren viel zu viele, so daß er seine Position eher schwächte.

Schachnasarow und ich flehten ihn fast an, er solle nicht auf dem russischen Volksdeputiertenkongreß auftreten. Umsonst.

Am 5. Dezember 1990 hatte Gorbatschow seinen mißglückten Auftritt vor dem Obersten Sowjet. Er war nicht wiederzuerkennen, sprach undeutlich und sagte im Vergleich zu den »acht Punkten« nichts Neues. Die Zuhörer wirkten vollkommen gleichgültig, ja sogar voller Verachtung. Der Kritik zur Versorgungslage begegnete er nur mit ein paar verworrenen Bemerkungen über Nudeln und Fisch.

Zusammen mit Jakowlew und Primakow schaute ich die Direktübertragung seines Auftritts an. Wir waren verzweifelt: Wie war das möglich?! Wer den Auftritt *live* erlebt hatte, war noch entsetzter als wir. Schatalin, Medwedew und Ignatenko kamen zu uns zur Datscha Wolynskoje. Schatalin verfluchte einfach alles, Medwedew sagte, Gorbatschow sei überlastet, erbost und verwirrt. Jakowlew rief mich zu sich und flüsterte niedergeschlagen: »Jetzt bin ich davon überzeugt, daß er am Ende ist.«

Nun begann das andere Lager ihn zu »verraten«. Rasputin, mit dem Gorbatschow ein Jahr lang keinen Kontakt gehabt hatte und den er dann zur Verwunderung aller in den Präsidialrat berief, hielt vor dem Plenum des Schriftstellerverbandes eine Schmährede gegen Gorbatschow. Falin, der das parlamentarische Komitee zu internationalen Fragen leitete, verurteilte den deutsch-sowjetischen Vertrag scharf. (Äußerlich richtete sich die Kritik gegen das Außenministerium, aber er wußte besser als alle anderen, daß der Vertrag das Werk Gorbatschows war.)

In dieser Atmosphäre kam der Termin des 4. Volksdeputiertenkongresses der UdSSR näher. Einige Wochen vorher sagte Gorbatschow zu Schachnasarow und mir scherzhaft: »Ryschkow ist wahrscheinlich schon vor dem Kongreß nicht mehr da. Ich vielleicht ab dem zweiten Tag des Kongresses.«

Der Kongreß begann mit dem hysterischen Auftritt einer von Gorbatschow protegierten Frau, der Umalatowa[2], die ihn aufforderte, freiwillig zurückzutreten. Am zweiten Tag trat nicht Gorbatschow zurück, sondern Schewardnadse. Vor allem dadurch wurde der Kongreß berühmt. Ich kenne nicht die genauen Hintergründe, die Schewardnadse zu diesem Schritt veranlaßten. Ich glaubte damals und glaube auch heute noch, daß er persönliche und politische Gründe hatte. Er tat diesen Schritt aus Überzeugung und nicht, weil er gebeten werden wollte zu bleiben. Aber Gorbatschows Sache und dessen Prestige hat er mit seinem Rücktritt sehr geschadet: Innenpolitisch, weil die Intelligenzija sich noch weiter von ihm abwandte, und außenpolitisch (davon bin ich überzeugt), weil sich der Westen durch die Störung nicht rechtzeitig zu materieller und wirtschaftlicher Unterstützung Gorbatschows entschließen konnte. Und das trotz der wohlwollenden Gesten verschiedener Organe der Europäischen Gemeinschaft und des Erfolgs Gorbatschows beim Treffen der G-7 in London.

Die Resonanz auf Schewardnadses Rücktritt war laut … und gefährlich für unsere Außenpolitik. Ignatenko und ich schlugen Gorbatschow vor, George Bush einen persönlichen Brief zu schreiben. Er lautete wie folgt:

»An den Präsidenten der Vereinigten Staaten von Amerika
Herrn George Bush
Lieber George!
Im Geiste der freundschaftlichen und vertrauensvollen Beziehung, die zwischen uns entstanden ist, halte ich es für meine Pflicht, Ihnen einige Erklärungen zum Rücktritt Eduards zu geben.

In der Weltöffentlichkeit und in politischen Kreisen hat der Rücktritt große Unruhe, viele Mutmaßungen und Behauptungen zur Folge gehabt, die dieses wirklich unangenehme Ereignis allzu hoch bewerten. Ich sagte auf dem Kongreß sofort, das wissen Sie, daß die Erklärung für mich vollkommen unerwartet kam. Sie hat mich sehr betrübt, nicht nur weil die Loyalität gegenüber dem Präsidenten nicht gewahrt wurde. Es gibt keine Rechtfertigung dafür, daß er sich mit mir nicht beraten hat und mich, seinen langjährigen Freund und Genossen, nicht vorgewarnt hat.

Daß er unendlich müde ist, daß unglaubliche Belastungen ihn erschöpft haben, daß er, wie wir sagen, ohne sich zu schonen, alles Menschenmögliche getan hat und in einem bestimmten Augenblick das alles zuviel für ihn wurde, all das müssen wir akzeptieren. Deshalb möchte ich mich auch verständnisvoll verhalten. Aber gutheißen kann ich sein Verhalten nicht.

Wie auch immer er persönlich wegen politischer Entscheidungen kritisiert wurde (denn er trug nach dem Präsidenten die größte Verantwortung), sei es von Parlamentariern oder gesellschaftlich-politischen Gruppierungen, mehr noch von seiten einiger Presseorgane, verschiedenen Extremisten oder Demagogen, seine Reaktion wird dadurch nicht gerechtfertigt. Kritik, auch unbegründete, ungerechtfertigte, sogar beleidigende, gehört unausweichlich zu einer demokratischen Gesellschaft, zu der wir werden wollen. Sie wissen das besser als ich. Wenn jeder als Antwort auf Kritik zurücktreten würde, wäre keine ernsthafte Politik möglich, vor allem in einer schwierigen Übergangsphase, in der die Gesellschaft sich entwickelt.

Ich habe mit Eduard gesprochen, obwohl ich verstand, daß er seine Erklärung nicht widerrufen kann. Er würde dabei das Gesicht verlieren. Bei seinen Anschauungen von Würde ist das unmöglich.

Ich schätze seinen Beitrag zu unserer neuen Außenpolitik, der Vorbereitung und Durchführung entscheidender Fragen hoch – er wird mir sehr fehlen. Ich denke nicht, daß er ganz aus dem politischen Leben ausscheiden wird. Er wird einen bedeutenden Platz in den neuen staatlichen Strukturen einnehmen, die jetzt vom Volksdeputiertenkongreß erörtert werden.

Wer der neue Außenminister wird, kann ich Ihnen noch nicht sagen. Ich habe es selbst noch nicht entschieden. Ich bitte Sie, meine feste Zusicherung anzunehmen: Der Kurs unserer Politik – der Kurs des Neuen Denkens –, der Vertrauen und Zusammenwirken zwischen den Führungen unserer Länder stärken will, bleibt unverändert, sowohl inhaltlich als auch formal. Das betrifft die bilateralen Beziehungen, den europäischen Prozeß, alle Probleme der Abrüstung und Sicherheit. Das bezieht sich auf die Lage am Persischen Golf und alle anderen Bereiche, in denen gegenseitiges Einvernehmen und Absprachen bestehen. Alles bleibt in Kraft.

Ich hätte nichts dagegen, wenn Sie Jim (Baker) von meinem Brief erzählen würden. Übermitteln Sie ihm meine besten Wünsche.

Ich nütze die Gelegenheit und sende Ihnen und Ihrer liebenswerten Familie aufrichtige Wünsche zum neuen Jahr und erlaube mir, Ihnen zu sagen: Frohe Weihnachten!

Ich hoffe, daß wir in den nächsten Tagen Fernsehansprachen an unsere Völker austauschen werden.

Alle Termine zur Vorbereitung Ihres Besuchs in Moskau bleiben bestehen. Ich freue mich darauf, Sie hier begrüßen zu können.

Hochachtungsvoll
M. Gorbatschow
25. Dezember 1990«

Nach Schewardnadses Rücktritt mußte ich mich auch um personelle Angelegenheiten kümmern. Der Posten des Außenministers durfte in einer solchen Zeit nicht unbesetzt bleiben. Ich schlug Gorbatschow einige Kandidaten vor:

»Michail Sergejewitsch!
Da ich zu Ihnen und zur Außenpolitik enge Beziehungen habe, möchte ich Ihnen meine Überlegungen zu Schewardnadses Rücktritt mitteilen. Wir müssen über einen Nachfolger nachdenken, der den Anforderungen Ihrer Politik entspricht.

1. Eine Entscheidung im Geiste Gorbatschows, des Autors der Perestrojka, wäre die Ernennung A. N. Jakowlews: Die ganze Welt würde verstehen, daß die bisherige Politik fortgesetzt wird, daß ein wichtiger Teil der ›Mannschaft‹ erhalten bleibt, daß Sie noch durchsetzen können, was Sie wollen. Der Oberste Sowjet, das sagen erfahrene Leute, kann überzeugt werden, wenn auch nicht mit großer Mehrheit. Einige Parteiinstanzen werden die Wahl kritisieren und sich beschweren. Aber die Außenpolitik ist ohnehin nicht sehr parteibestimmt. Das Diplomatische Korps (des Außenministeriums) wird nicht schockiert sein. Auch für Schewardnadse wäre die Wahl nicht beschämend: An seine Stelle würde ein seiner Nachfolge würdiger Mensch treten.

2. A. A. Bessmertnych: Er gehört zu Schewardnadses Leuten und zu Ihnen. Die Amerikaner würden seine Ernennung als Geste auffassen: Das Außenministerium würde von einem Menschen mit ›amerikanischer Orientierung‹ geleitet, er ist Botschafter in den USA, für den Westen ein verständiger, annehmbarer und berechenbarer Politiker. In den Moskauer Rankünen ist er eine neutrale Figur, er ist professionell, klug und gebildet.

3. E. M. Primakow: Er ist in der Welt bekannt, kontaktfreudig, kennt sich in der Außenpolitik aus, und seine Analysen sind präzise. Er ist sachlich und hat eine rasche Auffassungsgabe. Gegen ihn spricht, daß das derzeitige Außenministerium ihn nicht akzeptieren wird. (Es kursieren schon seit zwei Jahren Gerüchte, er werde an Schewardnadses Stelle treten, um Stimmung gegen ihn zu machen. Selbst Kowaljow [Stellvertretender Außenminister] hat mich schon mehrmals vor dieser ›Gefahr‹ gewarnt.) In internationalen Kreisen hat er den Ruf eines Politikers, der ›mit den Arabern sympathisiert‹. Deshalb würde seine Ernennung im jetzigen Augenblick in Washington und an anderen Orten Bedenken auslösen.

4. Auch A. S. Dsachosow kann man in Betracht ziehen. Ich kann nicht viel über ihn sagen, außer daß er klug und in Diplomatie erfahren ist. Vielleicht ist er zu ›flexibel‹ bei der Verteidigung seiner Ansichten (die übrigens im Sinne der Perestrojka sind).

In jedem Fall dürfen wir die Welt nicht länger in Unwissenheit lassen.

Hochachtungsvoll
A. Tschernajew
21.12.90«

Nach dem Gespräch mit Gorbatschow über diese Notiz gab ich Bessmertnych den Vorzug. Gorbatschow hatte mir auch beiläufig erklärt, Jakowlew werde sowieso nicht vor dem Obersten Sowjet bestehen können, und außerdem würde er sich in Interviews gegen ihn äußern. Dasselbe sagte er zu Primakow, der ebenfalls Jakowlew vorgeschlagen hatte.

Gorbatschow wollte mit mir über keinen anderen sprechen, und es zeigte sich auch, daß er mit keinem von uns in diesen für ihn dramatischen Tagen reden wollte: weder mit Jakowlew, Primakow, Medwedew, noch mit irgendwelchen Beratern. »Er hat sich also mit Lukjanow und Krjutschkow zusammengetan«, spotteten wir untereinander.

Es war beschämend zu beobachten, wie er sich von den Menschen entfernte, die ihm immer treu gewesen waren. Ich spürte, daß auch ich bald würde gehen müssen. Nicht nur die »Trägheit«, sondern auch das tiefe Mitgefühl und Verständnis dafür, wie schlecht es ihm jetzt gehen mußte, hielten mich davon ab, sofort zurückzutreten. Ich empfand es als unanständig, ihn in diesem Augenblick im Stich zu lassen.

Übrigens trat kurze Zeit später Petrakow zurück. Er war schon einmal, nach dem Scheitern des »Programms der 500 Tage« zurückgetreten, aber Gorbatschow hatte in der für ihn typischen Art reagiert: »Laß den Quatsch!« Jetzt akzeptierte er das Rücktrittsgesuch. Petrakow machte das sehr geschickt und klug. Er knallte bei seinem Abgang nicht mit den Türen. Er erklärte einfach in der Zeitung: »Bei aller Hochachtung für Gorbatschow kann ich nicht an einer Wirtschaftspolitik mitarbeiten, mit der ich nicht einverstanden bin.«[3] Ich hätte kein solches Motiv angeben können.

Der Volksdeputiertenkongreß wurde für Gorbatschow zur Qual. Der Kongreß »redigierte« im Chor den geplanten Vortrag zur Lage im Land. Einfach absurd! Plötzlich mischte Gorbatschow sich ein: Warum werde seine Gesetzesinitiative zur Durchführung eines Referendums über Privatbesitz und über die Union und den Austritt aus der Union ignoriert? Kein Deputierter und nicht einmal Nasarbajew als Leiter der Kommission, die den Text vorbereitete, schenkten der Tatsache, daß beides im Entwurf enthalten gewesen war, Beachtung. Gorbatschow (das hatte es früher nie gegeben) überflog den Text mehr, als er ihn las. Als man ihm Formulierungen soufflierte, geriet er offensichtlich in Verwirrung. Später setzte er sich dafür ein, daß in dem Text zum Referendum über den Erhalt der Union unbedingt das Wort »sozialistisch« stehen bleiben sollte: Union der Sozialistischen Sowjetrepubliken. Diplomatischer wäre es gewesen, diese Frage nicht anzusprechen. Dann wäre die Diplomatie mit Georgien, Moldawien und vielleicht sogar mit dem Baltikum einfacher gewesen. Aber er war davon nicht abzubringen.

Am folgenden Tag ließ der Kongreß den Vorschlag zur Schaffung einer Kontrollinstanz (mit einer neuen Struktur, aus dem Programm der »acht Punkte«) durchfallen. Gorbatschow begann zu kämpfen und versuchte mit allen rhetorischen Mitteln zu beweisen, wie wichtig die Kontrollinstanz für die Realisierung von Gesetzen sei. Noch mehr Gegenstimmen waren die Folge.

Bezüglich des Artikels über den Föderationsrat gab es zwei entgegengesetzte Standpunkte: Sollten in ihm nur die Unionsrepubliken oder auch die autonomen Republiken vertreten sein? Gorbatschow plädierte leidenschaftlich für die erste Variante. Doch nur 140 von 1890 Delegierten stimmten für seinen Vorschlag. Spürte er die Atmosphäre etwa nicht? Es fiel mir schwer, ihm nach Bekanntgabe des Ergebnisses in die Augen zu sehen.

Wir bilden präsidiale Macht, wenn die Autorität des wirklichen Präsidenten so offensichtlich gesunken ist! Und er selbst nimmt sich die Macht: Er schlug vor, den Präsidialrat abzuschaffen. Der Kongreß hat das gerne unterstützt: Nur 34 stimmten dagegen. In diesem Augenblick zerstob die Gruppe seiner letzten demokratischen Gefolgsleute an der Spitze (Jakowlew, Medwedew, Schatalin, Primakow …).

Primakow kam zu mir. »Jetzt muß ich mir über die Akademie (er ist Akademiemitglied) ein Auto besorgen. Als Mitarbeiter des Präsidenten kriege ich keins mehr«, lachte er. »Als ich vor einem Jahr im ZK-Plenum zum Kandidaten für das Politbüro gewählt wurde, stand am Ausgang schon der Wagen für Mitglieder samt Wache.«

Das Jahr 1991 begann trostlos. Die Glückwünsche des Präsidenten, auch die eindringlichsten Worte, wurden nicht mehr ernst genommen, und viele Menschen reagierten nur noch gereizt. Gorbatschow wurde, auch auf dem Kongreß, allenfalls noch Mitgefühl oder gar Mitleid entgegengebracht, und das verbitterte ihn zusätzlich.

An Neujahr rief er nach der Aufzeichnung seiner Neujahrsrede Schachnasarow und mich in sein Arbeitszimmer. Wir saßen in Sesseln am Tisch. Er sortierte Blätter, verfaßte Resolutionen, telefonierte. Plötzlich fragte er: »Wen ernennen wir zum Ministerpräsidenten?«

Schachnasarow schlug Abalkin vor. Ich bemerkte, daß er ehrlich und klug sei, aber psychologisch nicht akzeptabel. Er sei Ryschkow zu ähnlich, und das Volk habe bereits eine Steuer nach ihm benannt. Ich schlug Wolskij vor. Gorbatschow akzeptierte ihn nicht: »Ich weiß mehr über ihn als du.«

Ich begann weitschweifig zu erklären: »Es muß doch keiner der bekannten, keiner aus der Nomenklatura sein, sondern ein neuer Mann. Und wenn er Fehler macht, dann wird er eben abgesetzt, das ist ein Rechtsstaat. Aber wenn Sie Woronin oder einen Mann ähnlicher Couleur ernennen, dann ist alles aus. Dann verliert das Volk endgültig den Glauben an Sie.«

Gorbatschow sprach davon, daß viele Pawlow favorisierten. Ich sagte, ich würde ihn flüchtig kennen, er mache den Eindruck eines professionellen Mannes mit Charakter. Er stehe Ryschkow gegenüber schon lange in Opposition, obwohl er sich ihm auch unterordne (im Finanzministerium). Das Volk werde ihn nicht akzeptieren, vielleicht nicht einmal der Oberste Sowjet: Zu viele unpopuläre Maßnahmen würden mit seinem Namen in Verbindung gebracht.

Mir fiel Sobtschak ein, ich nannte ihn damals aber nicht. Abends, als ich mit Gorbatschow telefonierte, sagte ich, Sobtschak sei klug, streng und standhaft. Er könne organisieren, er habe Charakter und kenne die Bürokratie Leningrads. Er wisse, daß für den Staat zu arbeiten nicht bedeute, auf Konferenzen herumzusitzen. Am wichtigsten sei seine politische Überzeugung als Radikalreformer. Durch die Wahl Sobtschaks würde er dieser Gruppe die Hand reichen. Das käme ja faktisch deren Forderung nach einer Koalitionsregierung entgegen. Das wäre eine Aufforderung zu Verantwortung und gemeinsamer Arbeit.

Gorbatschow hörte zu meinem Erstaunen aufmerksam zu. Später erfuhr ich, daß ich nicht als erster von Sobtschak gesprochen hatte. Er widersprach mir nicht, stimmte aber auch nicht zu. Er wollte abwarten.

Der »Blutsonntag« von Wilnius

Am Sonntag, dem 13. Januar 1991, ernannte Gorbatschow Alexander Bessmertnych zum Außenminister. Am gleichen Tag wurden die Ereignisse von Wilnius bekannt. Ich erfuhr von den Panzern am Fernsehgebäude und von den Getöteten morgens aus dem Radio. In einem Tag wurde nach den Informationen der Massenmedien die ganze Welt in

Angst und Schrecken versetzt. Ich blieb den ganzen Tag am Radio. Am Abend war ich nervlich am Ende. Gorbatschow wurde sofort zum Hauptschuldigen gemacht. »Gorbatschow und seine Clique«, »Gorbatschow – der größte Lügner aller Zeiten«, »Gorbatschow – der Führer eines schändlichen Regimes« – so ereiferten sich die Journalisten.

Einer nach dem anderen traten die Deputierten verschiedener Parlamente auf. Sie erklärten, daß sie diesem Regime nicht länger dienen würden. Swjatoslaw Nikolajewitsch Fedorow (der berühmte Professor für Augenheilkunde und Manager) kündigte an, daß er sein Deputiertenmandat niederlegen werde. Wahrscheinlich stehe schon das Boot bereit, das ihn, Sobtschak, Popow und andere, wie im Jahre 1922 Berdjajew und seine Gefolgsleute, ins Ausland bringen solle.

»Wo ist das Parlament? Wo sind die Deputierten? Wohin schauen sie?« tönte es aus den Lautsprechern. Sogar Bush habe beim Kongreß die Erlaubnis für den Truppeneinsatz gegen Saddam Hussein eingeholt. Und Gorbatschow? »Er schleicht sich jetzt ans russische Parlament ran, will er es vertreiben?«

In der Radiosendung »Antworten auf Telefonanrufe« sagte eine Frau aufgebracht: »Ich schäme mich, daß ich Russin bin.« Eine andere: »Gorbatschow ist schlimmer als Hitler.« Scharfrichter wurden aufgefordert, sich bereit zu halten. In Litauen sollen die Soldaten auf die Seite der Verteidiger des Fernsehgebäudes übergewechselt sein.

Afanasjew, Stankewitsch, Tschernitschenko und die Starowojtowa führten den Zug zum Roten Platz an: Sie zeigten demonstrativ ihre Deputiertenausweise und trugen Transparente mit Losungen wie »Schande den Scharfrichtern! Schande Gorbatschow!« Auf der Kundgebung sagten sie: »Diese Menschen werden getötet, weil sie frei sein wollen!« – »Ruhm der sowjetischen Armee für den Blutsieg über das eigene Volk!« – »Nehmt Gorbatschow den Nobelpreis wieder ab!«

Im Fernsehen wurden die Panzer in Wilnius, die Drehtürme mit ausgefahrenen Waffen, ein von Ketten überfahrenes Mädchen, ein durch Kopfschuß getöteter alter Mann gezeigt.

Die Redaktion der *Moskowskije Nowosti* trat mitsamt ihrem Leiter Jakowlew aus der KPdSU aus. In der folgenden Ausgabe stand ein Artikel mit der Überschrift »Blutsonntag« – faktisch die Anklageschrift gegen Gorbatschow. Unterschrieben hatten ihn Abuladse, Karjakin, Bowin, Gelman und andere. Insgesamt etwa dreißig Leute, die meisten hatten Gorbatschow nahegestanden. Unter ihnen waren auch Petrakow und

Schatalin ... Sie hatten ein Dokument unterschrieben, in dem Gorbatschow als Mörder bezeichnet wurde! Das Kollektiv des Instituts für Weltwirtschaft und internationale Beziehungen, nicht gerade das dem ZK der KPdSU am nächsten stehende der Akademie der Wissenschaften, verkündete in einer Resolution, es werde von nun an nicht mehr mit der »Führung des Landes« zusammenarbeiten. Immer häufiger wurde berichtet, daß Kommunisten in die Parteibüros und Gebietskomitees kämen, um ihre Parteibücher zurückzugeben.

Der Radiosender »Echo Moskaus« rief die Moskauer zu einer Demonstration »zur Verteidigung Litauens und Rußlands« unter der Losung »Gorbatschow und seine Mannschaft müssen abtreten« auf. Die Demonstration führte über den Gartenring und den Arbat zum Alten Platz, wo der Sitz des ZK der KPdSU war. »Von dort wird der militärische Parteiputsch gelenkt« (das Wort war damals schon zu hören).

Vulfson, ein mir bekannter Volksdeputierter der UdSSR aus Lettland (ein weiser, guter, offener Mensch, der im Krieg kämpfte), rief mich von Riga aus zu Hause an: »Gorbatschow muß sofort etwas unternehmen! Sonst läuft morgen bei uns in Riga genau dasselbe ab. Warum weigert er sich, mit Landsbergis und Gorbunow zu sprechen?« Er schluchzte.

Aber ich konnte Gorbatschow weder am Sonntag noch am Montag erreichen! Wozu auch? Er wußte schließlich selbst, was im Baltikum geschah!

Ignatenko und ich ergriffen die Initiative. Wir baten Gorbatschow in einem Schreiben, seine engsten Mitarbeiter zu versammeln und in kleiner Runde die Situation zu besprechen. Wir bekamen keine Antwort.

Ignatenko, Jakowlew und Primakow gaben Gorbatschow einen Rat: Er solle sich ins Flugzeug setzen, nach Wilnius fliegen, Kränze niederlegen, im Parlament der Republik auftreten, zu den dort stationierten militärischen Einheiten gehen usw. Er schien das zu akzeptieren und beauftragte uns sogar, für den 15. Januar alles vorzubereiten. Am nächsten Morgen tat er so, als habe dieses Gespräch niemals stattgefunden.

Ignatenko sprach am Morgen des 14. Januar mit mir über seinen Rücktritt. Primakow bat Gorbatschow darum, dieser antwortete ihm: »Das entscheide ich, nicht du!« Andrej Gratschow rief an und erklärte, er werde den Posten des Leiters der internationalen Abteilung im Apparat des Präsidenten (es war geplant, ihn zu bilden) nicht annehmen: »1968 und 1979 reichen mir! Das ist ungeheuerlich!«

Jelzin war nach Tallinn gefahren, um die Führer des Baltikums zu treffen. Kurz zuvor hatte er eine Resolution des Föderationsrates initiiert – über Gewaltverzicht gegen die Bevölkerung.

Am 14. Januar forderte der Oberste Sowjet der UdSSR Erklärungen zu den Ereignissen in Litauen. Innenminister Pugo und Verteidigungsminister Jasow wurden ans Rednerpult gerufen. Ihre Stellungnahmen waren dumm, frech und verlogen. Es blieb unklar, ob sie vorher etwas gewußt, Kommandos erteilt oder das Eingreifen der Armee genehmigt hatten. Wenn aber nicht, warum verurteilten sie dann die Willkürakte ihrer Untergebenen nicht? Warum waren diese Leute noch nicht verhaftet?

Dann nahm Gorbatschow Stellung: eine zerrissene, gestammelte Rede mit sinnlosen Ausflüchten. Das Wichtigste, die Politik, fehlte. Er gab nicht die Antwort, die die ganze Welt von ihm erwartete. Das war des einstigen Gorbatschows unwürdig. Und das in dem Augenblick, in dem sich das Schicksal seiner großen Taten entschied. Es war peinlich, das anzuhören.

Ich war vollkommen verzweifelt. Als ich am folgenden Tag zur Arbeit kam, setzte ich mein Rücktrittsgesuch auf:

»Michail Sergejewitsch!
Da der Bruch tatsächlich eingetreten ist und es nicht voraussehbar war, daß er unter so traurigen und beschämenden Umständen vollzogen würde, hat keiner das Recht zu schweigen.

Seit einiger Zeit haben wir, Ihre Mitarbeiter, bemerkt, daß Sie uns nicht brauchen. Wir wissen nichts über ihre Absichten, über Ihre Pläne, Ihre nächsten Schritte oder Vorschläge für Kandidaturen. Unsere Meinung interessiert Sie nicht. Aber das bedeutet nicht, daß wir dazu keine eigene Meinung hätten. Ich habe im Rahmen meiner Möglichkeiten ehrlich und treu alles für Ihre Sache getan, und halte es deshalb für meine Pflicht, Ihnen folgendes mitzuteilen.

Ihre Rede vor dem Obersten Sowjet war ein Vorzeichen des Endes. Das hatten die Welt und das Land nicht von Ihnen erwartet. Das war nicht der Auftritt eines großen Staatsmannes in dem Moment, in dem all seine Ziele in Frage gestellt werden. Ihre Rede war chaotisch, unklar, mit einigen seltsamen Eindrücken vom Treffen mit Prunskiene, mit einer ›Fabel‹ der Ereignisse, die niemand auf der Welt akzeptieren wird. Man hatte den Eindruck, Sie seien überhaupt nicht informiert oder drehten sich im Kreis, weil Sie nicht sagen wollten, was Sie wirklich bezwecken wollten.

Das Wichtigste hat in ihrer Rede gefehlt: die Politik. Und Politik, das haben Sie selbst uns beigebracht, bedeutet immer, sich zu entscheiden. Sie hatten diesmal folgende Wahl: Entweder Sie sagen direkt, daß sie eine Abspaltung von der Sowjetunion nicht zulassen, und Sie benutzen alle Mittel, auch Panzer, um dies zu verhindern. Oder Sie gestehen, daß ein tragischer, vom Zentrum nicht kontrollierbarer Vorfall stattgefunden hat, daß Sie all jene verurteilen, die Gewalt ausgeübt und Menschen getötet haben, und daß Sie sie zur Verantwortung ziehen werden.

Im ersten Fall bedeutet das, daß Sie alles widerrufen, was Sie in den letzten fünf Jahren gesagt und getan haben. Sie gestehen damit, daß Sie selbst und das Land zur revolutionären Wende auf einem zivilisierten Weg noch nicht bereit waren und daß Regierungsgewalt und Behandlung des Volkes wie früher gehandhabt werden müssen.

Im zweiten Fall hätte man die Sache noch im Sinne der Perestrojka berichtigen können, obwohl einiges nicht wiedergutzumachen ist. Kein Staatsanwalt oder Untersuchungsrichter, zu welchen Schlüssen sie auch kommen sollten, kann die Bewertung der Ereignisse durch die Weltöffentlichkeit und die westlichen Politiker mehr ändern. Auch Sie können unsere öffentliche Meinung nicht mehr beeinflussen. Sie haben diesen Faktor viel zu lange unterschätzt oder wurden über ihn falsch informiert.

Sie wissen offensichtlich nicht, was man im Volk über Sie denkt und redet. Sie werden mit Telegrammen von Tausenden von Menschen überhäuft (obwohl Sie aus langjähriger Erfahrung wissen, welche Praktiken üblich sind). Aber die Meinung der anderen Millionen wollen Sie einfach nicht zur Kenntnis nehmen. Sie werden in Ihren Plänen nicht berücksichtigt. Wissen Sie, daß jetzt fast rund um die Uhr ›Echo Moskaus‹ und sogar ›Leuchtturm‹ gesendet werden? Dort ist schon der Begriff ›Gorbatschow und seine Clique‹ gebräuchlich. Und das erreicht die ganze Welt. Die gestrige Sendung des Leningrader Fernsehens hat alle in Schrecken versetzt: Särge, Leichen, weinende Frauen, Panzer, ein Mädchen, das einen Schirm unter Ketten hervorzieht ... Beeinflußt das die Politik etwa nicht? Sind für Sie nur die selektierten Telegramme wichtig?

Das wichtigste Ergebnis der Politik des Neuen Denkens wird nun zerstört: das Vertrauen. Ihnen wird niemand mehr vertrauen, egal was Sie früher getan haben. Wer das prophezeit hat, frohlockt: Das ganze Neue Denken ist eine Maske, die im passenden Augenblick (oder wenn es keine andere Wahl zu geben scheint) fallen gelassen wird. Ich denke jetzt an die Gefühle von Bush, Baker und anderen, die Ihnen wirklich vertraut haben.

Sie gaben Jelzin & Co. eine weitere, vielleicht die endgültige Chance, Sie abzuschießen. Denn er hat mit den Balten ein Beistandsabkommen geschlossen und sich an die UNO gewandt. Er hat mit der Ukraine, Weißrußland und Kasachstan ein Gremium gebildet, in dem für das Zentrum kein Platz mehr ist. Die Bildung eines neuen Staates, wie auch immer die Sowjetunion dann heißen wird, ist also in der Weltgemeinschaft bereits im Gang. Sie werden dabei umgangen, es wird gegen Ihren Willen geschehen. Sie haben begonnen, das Land in die Zivilisation zurückzuführen, aber Ihr Konzept von einem einheitlichen und untrennbaren Staat ließ sich dabei nicht durchhalten. Sie haben zu mir und anderen Kollegen mehrmals gesagt, die Russen würden den ›Zerfall des Imperiums‹ keinesfalls hinnehmen. Jelzin treibt den Zerfall im Namen Rußlands auf dreiste Weise voran. Und weit und breit protestiert kein Russe dagegen. Sogar die von der Sowjetunion überzeugten Kommunisten trauen sich nicht, in ihrem eigenen Parlament entschieden zu protestieren.

In Endeffekt blieben Sie zu einer Politik verdammt, deren Ziele man nur mit Gewalt durchsetzen kann. So brachten Sie sich in einen Widerspruch zu der von Ihnen verkündeten Philosophie.

Sie haben kein einziges Mal öffentlich erklärt, daß Sie Gewalt gegen Menschen nicht zulassen werden. Es kann ja sein, daß Sie »nichts wußten« und in dieser Nacht nicht befohlen haben, zu schießen und Panzer einzusetzen. Aber die Ereignisse sind die Folge Ihrer Politik. Sie wollten Litauen nicht im guten gehen lassen.

In Moskau und anderen Städten, das wurde gestern im Radio verkündet, werden am Mittwoch ›politische Warnstreiks‹ stattfinden. Dazu hat der Ministerrat der russischen Republik aufgerufen. Am Sonntag wird auf dem Alten Platz eine Massendemonstration stattfinden, die von Jelzin geführt wird. Das Motto ist: ›Gorbatschow und seine Mannschaft müssen zurücktreten.‹

Sie kennen die Resolutionen des Präsidiums des Obersten Sowjet der Ukraine und der Stadtsowjets der Volksdeputierten von Moskau und Leningrad. Aber man hört nichts von Demonstrationen für diese Politik in Litauen. Es war auch schon früher schwierig, die Politik im Baltikum zu rechtfertigen, aber jetzt – bei 13 Toten und Hunderten von Schwerverletzten – ist es vollkommen undenkbar, wenn man ein Gewissen hat.

Daß Landsbergis die Verfassung verletzt hat, ist die einzige formale Rechtfertigung, die einige wenige gelten lassen. Aber gerade Sie müssen wissen, daß man über die Legitimität dieser Verfassung streiten kann. Und wenn Sie von Panzern durchgesetzt werden muß ... das haben wir mehr als einmal hinnehmen müssen. So handelt kein Rechtsstaat, der – das sagen Sie selbst – nur das Ergebnis eines demokratischen Prozesses und das Werk von Massen sein kann.

Vor anderthalb Jahren auf der Krim, als die Balten eine tausend Kilometer lange Menschenkette mit Kerzen gebildet hatten, sagte ich zu Ihnen: Den Austritt aus der UdSSR kann man nur mit Panzern verhindern. Sie haben damals abgewinkt. Doch jetzt geschieht genau das. Ich frage mich, wozu das nötig ist. Die Perestrojka ist doch für die Menschen da! Und wenn 150 000 von rund drei Millionen Menschen in Litauen in der Sowjetunion bleiben wollen, heißt das doch nicht, daß man gegen die Mehrheit der Bevölkerung so vorgehen kann. Die schmählichen Rechtfertigungen, die Pugo und Jasow gestern abgaben, kann niemand akzeptieren. Sie diskreditieren Sie und stellen das Zentrum in einem ungünstigen Licht dar. Sie sind übrigens auf deren ›Logik‹ eingegangen. Und die könnte von einem kleinen Jungen stammen: Mich haben sie geschlagen (als die Abordnung des Komitees zur nationalen Errettung im litauischen Obersten Sowjet auftauchte), und jetzt hole ich meinen großen Bruder, der wird es euch zeigen!

In einem Staat, der erklärtermaßen ein Rechtsstaat werden will, kann man politischen und juristischen Werten keine Märchen entgegensetzen: Einer gesellschaftlichen Organisation habe eine Radiosendung mißfallen. Sie habe Truppen zu Hilfe gerufen, und gemeinsam hätten sie das Fernsehgebäude besetzt. Das wäre ja so, als hätte eine Moskauer Gruppierung, der die Fernsehsendungen ›Wsgljad‹ (Blick) oder ›120 Minuten‹ nicht gefallen hat, den nächstbesten Regiments- oder Bataillonskommandeur gebeten, mit seinen Soldaten den Fernsehturm Ostankino zu besetzen und das Personal zu verjagen. Und wenn ein Wachmann am Eingang geschossen hätte, wären Panzer aufgefahren worden. Ungefähr soviel sind die Erklärungen wirklich wert, die sich unser Parlament und die ganze Welt anhören mußten.

Durch Ihren Versuch, Litauen in der Sowjetunion zu halten, zerstören Sie mit Ihren eigenen Händen das, was nach Ihren Worten die Welt verändern sollte.

Ich habe den Eindruck, daß Sie nicht einmal die chiffrierten Nachrichten aus dem Ausland lesen, die von entsetzten Protesten, Zorn, Enttäuschung und der Drohung, alle Verbindungen zu uns abzubrechen, überquellen. Regierungen, Parteien und gesellschaftliche Organisationen setzen sich für Litauen ein. Das Bild, das sich uns jetzt zeigt (auch vor unseren Botschaften), erinnert an die Zeit, als Sacharow in Gorkij in Verbannung war.

Vor diesem Hintergrund erscheint die Erklärung der Kabinettsmitglieder im Obersten Sowjet wie ein seltsames Trugbild: Die Regierung eines nicht mehr klar definierten Staatsgebildes wird einberufen. Von einem Unionsvertrag nach Ihren Vorstellungen kann nicht mehr die Rede sein.

Ich kenne Sie gut genug, um einschätzen zu können, wie Sie auf mein Schreiben reagieren werden: Noch einer, der aufgibt, weil er es nicht mehr aushält. Sei's drum. Mir mit meinen siebzig Jahren Ehrgeiz und Ruhmsucht vorzuwerfen, wird Ihnen schwerfallen … Ich habe nie nach meinem Vorteil gestrebt. Der Hauptgedanke meines Schreibens ist: Gläubig und aufrichtig habe ich jenem Gorbatschow gedient, dem großen Neuerer und Urheber der Perestrojka. Jetzt erkenne ich ihn nicht mehr wieder und verstehe ihn nicht.

Unter dem Einmarsch in Prag 1968 habe ich sehr gelitten. Ich habe ihn im stillen, unter meinen Freunden und gegenüber meiner Tochter – sie war noch eine Schülerin –, verurteilt. Damals sagte ich zu ihr: Vergiß nie, daß unser großes Land sich mit Schande bedeckt hat. Das wird uns niemals verziehen werden. Im Kreise der Mitarbeiter der Internationalen Abteilung des ZK habe ich meine Empörung über den Einmarsch in Afghanistan kaum verheimlicht. Meine moralische Verantwortung für die Politik, die zu diesen Interventionen führte, war gering. Ich war nur ein einfacher Apparatschik. Aber zur Politik der letzten fünf Jahre habe ich eine direkte Beziehung. Diese Politik schloß Ereignisse wie die von 1968 und 1979 aus. Jetzt zeigt sich, daß dies nicht der Fall war. An einer Politik, deren Wesen so grundlegend verändert wird, kann ich nicht mitwirken.

Michail Sergejewitsch! Seit ich unter Ihnen arbeite, hatte ich nie das Gefühl, mich jemals wieder – wie unter Breschnew und Tschernenko – für die Politik der sowjetischen Führung schämen zu müssen. Jetzt ist es doch so weit gekommen …

Hochachtungsvoll
A. Tschernajew«

Ich habe lange gezögert, ob ich den Text in dieses Buch aufnehmen sollte. Gorbatschow hat ihn nie erhalten. Meine Sekretärin Tamara Alexandrowna weigerte sich zunächst, den Brief zu stenografieren. Nach einigem Zögern tippte sie ihn jedoch, schloß ihn in ihrem Tresor ein und verschwand. Am nächsten Tag erschien sie nicht zur Arbeit. Als sie schließlich auftauchte, verkündete sie mir, sie würde nicht zulassen, daß ich das (!) täte. Stürmisch erklärte sie mir: »Und wenn Sie recht haben! Sie dürfen Gorbatschow jetzt nicht im Stich lassen. Sehen Sie denn nicht, in welchem Zustand er ist? Er weiß nicht mehr, was und warum er es sagt. Sie dürfen ihn jetzt nicht so kränken. Wollen Sie etwa auf seine Kosten in einem guten Licht dastehen?! ...« Den Text gab sie mir nicht zurück, sie hatte ihn sogar vorsorglich mit nach Hause genommen. Eine Woche später gab sie ihn mir dann wieder.

So hatte ich Zeit zum Nachdenken und konnte beobachten, wie sich die Dinge entwickelten. Natürlich dachte ich noch oft darüber nach, daß ich diesen Schritt letztlich unterlassen habe. Ich halte das aber immer noch für richtig. Schließlich gelten bei »politischen« Beziehungen unter Menschen – vor allem für Adjutanten und Befehlshaber, die eine große Aufgabe zu erfüllen haben – die Kriterien der Loyalität, Ehre und eventuell Ergebenheit. Zum anderen habe ich keine faktischen oder psychologischen Beweise für die Beteiligung Gorbatschows an den Aktionen in Wilnius, die durch die dortige kommunistische Partei und die »zu Hilfe gekommenen« Militärs und Spezialeinheiten durchgeführt wurden.

Ich war zu diesem Zeitpunkt übrigens derselben Meinung wie James Baker, der zwei Wochen später zu Gorbatschow sagte: »Wir wollen glauben, daß die Korrekturen an Ihrem Kurs nur das Ziel haben, den Erfolg Ihrer Reform und der Demokratisierung zu sichern. Wir hoffen, daß keine grundlegende Änderung vollzogen wurde, daß Sie nicht von Ihrem Kurs abkommen und daß Sie nicht von den Kräften der Vergangenheit eingeholt werden. Wir wollen das glauben und tun dies auch.«

»Wollen Sie es nur glauben oder glauben Sie es?«

»Beides.«

Auch die wütende Hetzjagd auf Gorbatschow in der Öffentlichkeit hielt mich davon ab, mit ihm zu brechen. Sie eskalierte im Handumdrehen in der Presse, im Radio, im Fernsehen und auf der Straße. Das rief bei mir Abscheu hervor. Bei aller Empörung über das Verhalten Gorbatschows konnte ich nicht wie andere, die ihn persönlich kannten, Texte unterschreiben, in denen er als Mörder angeklagt wurde. Schatalin forderte in der *Komsomolskaja Prawda* Gorbatschows Rücktritt. Petrakow sagte in einem Interview für die italienische *La Stampa* faktisch dasselbe. Mir schien es niederträchtig, sich öffentlich von Gorbatschow zu distanzieren, um sich reinzuwaschen, aber das taten natürlich auch ehrenhafte Menschen.

Gorbatschow betrieb trotz allem seine vollkommen erfolglose Baltikumpolitik weiter. Er konnte auch nicht die geschlossene Sitzung des Obersten Sowjet am 16. Januar nutzen. Die ins Baltikum entsandten Deputierten Olejnik, Dementej und Denissow legten einen formellen, nichtssagenden und empörend gleichmütigen Bericht vor, der lebhaft diskutiert wurde. Gorbatschow fiel nichts Besseres ein als der Vorschlag, das Pressegesetz zu verschärfen und in allen Redaktionen einen Zensor aus den Reihen der Politbüromitglieder einzusetzen. Der Vorschlag ging natürlich nicht durch, aber er bestärkte den Verdacht, Gorbatschow sei an den Aktionen in Wilnius und eine Woche später in Riga beteiligt.

Die Ereignisse in Riga hatten übrigens einen anderen Charakter als in Wilnius. Die vom Moskauer Innenministerium befehligten Miliz-Einheiten (OMON) besetzten das Gebäude des lettischen Innenministeriums. Gorbatschow erzählte dem französischen Außenminister Dumas davon, als dieser zu einer Besprechung wegen des Golfkriegs in Moskau war. Gorbatschow wandte sich dann an Jasow und sagte: »Erinnerst du dich, wie sie uns zu Beginn der Schießerei zwischen OMON und den lettischen Kämpfern über die Regierungsleitung aus dem Gebäude des Ministerrats anriefen. Sie baten uns, Truppen zu schicken. Aber darauf sind wir beide nicht eingegangen. Das war eine Provokation. Sie wollten die Armee, die russischen Soldaten, reinziehen, um dann dem Zentrum, Gorbatschow, die Schuld zu geben.«

Am Tag nach der Sitzung des Obersten Sowjet bat mich Gorbatschow zu sich ins Arbeitszimmer. Er sprach in einem für die damalige Situation untypischen, munteren Tonfall: So habe es ja kommen müssen ... Solch ein Gegensatz, solch ein Abgrund und solch eine Verbitterung in der Gesellschaft ... Er sah, daß ich an meine Grenzen gekommen war, daß ich es kaum mehr aushalten konnte. Er spürte, daß ich ihm nicht mehr ganz vertraute. Mir schien es damals, als wolle er mich vom Rücktritt abhalten, als ihn – so seine Worte – »alle sitzen ließen, alle verrieten«. Zuvor hatten ihn 116 Vertreter der Intelligenzija in den *Moskowskije Nowosti* und am selben Tag einige Dutzend in der *Rossiskaja Gaseta* scharf angegriffen. Gleichzeitig lobten sie Jelzin, der mit seiner Reise ins

Baltikum »die Ehre des russischen Menschen gerettet hat, ganz im Gegensatz zu Gorbatschow, der sie mit Füßen getreten hat«.

Als Antwort auf seine besänftigenden Worte sagte ich: »Sollen sich doch die Burokjavicius' und Landsbergis' streiten, meinetwegen können sie sich umbringen. Aber wozu die Panzer?! Damit stirbt doch die ganze gute Idee! Ist Litauen das etwa wert? Warum haben Sie das Vorgehen nicht sofort verurteilt?«

»Das verstehst du nicht. Ich konnte mich nicht gleich von der Armee distanzieren und sie verurteilen. Die Soldaten, Offiziere und ihre Familien wurden öffentlich verhöhnt. Sie wurden als Okkupanten und Schweine beschimpft. Strom und Wasser wurden in ihren Garnisonen dort abgestellt.«

Aber mit solchen Argumenten konnte er mich nicht besänftigen. Primakow, Ignatenko und ich drangen weiter in ihn, daß er öffentlich Stellung nehmen solle. Wir kamen um zehn Uhr morgens zu ihm. Er erklärte uns ruhig, wie er mit Rüütel, Gorbunow und Rubiks einig geworden war. Er war einverstanden, daß wir eine Rede für das Fernsehen vorbereiteten. Mir gab er einen Plan, den Schachnasarow ausgearbeitet hatte. Er hatte also schon vorher die Vorbereitung einer Stellungnahme in Auftrag gegeben. Ich überarbeitete die Fassung grundlegend. Nachmittags diktierte er meine Fassung im Beisein von Primakow, Schachnasarow und Ignatenko um.

Am 22. Januar sagte Gorbatschow im Fernsehen das, was schon eine Woche vorher hätte gesagt werden müssen. Dann hätte es auch keine Treffen, Verdammungen, Parteiaustritte, Rücktritte von Intellektuellen, Enttäuschung im Westen und Demonstrationen vor unseren Botschaften, keine EG-Resolutionen und Drohungen mit wirtschaftlichen Sanktionen gegeben. Aber Gorbatschow kam zu spät.

Nun gab er endlich Erklärungen und Bewertungen, drückte Beileid und Bedauern aus. Im Gegensatz zum 14. Januar bezog er eine politische Position. Einige Auszüge:

»Ich möchte vor allem betonen: Die Ereignisse von Wilnius und Riga drücken in keinster Weise die Linie der präsidialen Macht aus. Deshalb weise ich alle Spekulationen, Verdächtigungen und Verleumdungen diesbezüglich zurück …

Die Ereignisse im Baltikum entwickelten sich in einer krisenhaften Stimmung. Ungesetzliches Handeln, die Verletzung der Verfassung, Mißachtung präsidialer Befehle, schwere Verstöße gegen die Bürgerrechte, Diskriminierung von Menschen anderer Nationalitäten, verant-wortungsloses Verhalten gegenüber der Armee, den Armeeangehörigen und ihren Familien schafften den Nährboden und die Atmosphäre, in der es völlig unerwartet zu solchen Zusammenstößen kommt ...

Jegliche gesellschaftlichen Organisationen, Komitees oder Volksfron-ten, mit welchen Programmen auch immer sie auftraten, können nur im Rahmen der Verfassung und unter Verzicht auf jegliche Gewaltanwen-dung Machtansprüche erheben. Alle Versuche, das Militär in den poli-tischen Kampf einzubeziehen, sind unzulässig. (Das ging an die Adresse des ›Komitees zur nationalen Errettung‹, das von den baltischen Kom-munisten gebildet worden war.)

Eigenmächtiges Vorgehen von seiten der Truppen ist ebenfalls unzu-lässig. Es ist die Pflicht und Ehre aller Kommandeure, nur auf Befehl zu handeln, Ausdauer zu zeigen, auf Provokationen nicht einzugehen und bei den Untergebenen für Disziplin zu sorgen ...

Die Ereignisse der vergangenen Tage wurden von gewissen Kreisen ausgenutzt, um die Angst vor einem Rechtsruck und der Gefahr einer Diktatur zu schüren. Spekulationen aus dieser Ecke weise ich zurück ...

Leider muß ich feststellen, daß die Ereignisse im Ausland einseitig bewertet wurden. Teilweise in einer Art, die an den ideologischen Krieg vergangener Zeiten erinnert. Viele glaubten, in der Politik der sowjeti-schen Führung finde eine Wende statt ...

Es ist betrüblich und gefährlich, wenn durch eine solche falsche In-terpretation die Verbesserung der internationalen Beziehungen in Gefahr gerät.«

Am 24. Januar wandte sich Matlock, der Botschafter der USA, an Gor-batschow. Er brachte einen Brief von Präsident Bush zu Litauen und zu den militärischen Operationen gegen Hussein. Das Gespräch zwischen den beiden fand ohne Übersetzer statt. Es verdeutlicht Gorbatschows psychische Verfassung, seine Ansichten in diesem Moment und die Re-aktion des Westens. Ich nahm daran teil und zitiere hier die wesentlichen Sätze:

»Herr Botschafter, manchmal versteht man sich nicht ganz richtig, manchmal aber auch gar nicht. Amerika und wir sind wie miteinander kommunizierende Röhren. Wir müssen vorsichtig sein.«

»Mein Präsident befindet sich unter starkem Druck«, sagte Matlock. »Kongreß, Senat und Gesellschaft – alle haben sich eingeschaltet. Die Schritte, die Sie im Dezember und Januar unternommen haben, waren anscheinend die Auslöser der Ereignisse im Baltikum. Keiner glaubt, Sie hätten selbst die Befehle zur Gewaltanwendung erteilt. Aber die Maßnahmen, die diesen Ereignissen vorausgingen ... Ihren Sinn kann ich schwer verstehen. Natürlich hat sie die andere Seite provoziert, aber trotzdem ...«

»Die Beziehungen zwischen den Regierungen unserer Länder sind so, daß ich offen reden muß«, begann Gorbatschow. »Das Verhältnis zwischen mir und Bush ist wirklich beispiellos. Vielleicht ist das das größte, was in der Weltpolitik entstanden ist. Ohne diese Beziehung würde in der Welt nichts stattfinden. Man muß sie schätzen ...

Ich gehe davon aus, daß Bush die Ereignisse in der Sowjetunion angemessen bewerten kann. Wir haben uns schon mehrmals darüber unterhalten. Sie, Herr Botschafter, kennen doch unsere Lage und müssen verstehen, daß die vergangenen fünf Jahre nur das Vorspiel zu einer grundlegenden Änderung waren. Erst jetzt beginnt sie wirklich. Deshalb auch jetzt diese Probleme ...

Jetzt erklären viele, daß sie mehr als andere liberalen Werten ergeben seien. Das hört sich gut an. Aber wie soll man in einem solchen Land in der Praxis Probleme lösen? Wir haben uns doch als erstes dazu verpflichtet, sie ohne rot und weiß, schwarz und blau zu lösen. Nicht alles kann man vorhersehen. Dann ereignen sich diese Vorfälle, die wir verhindern wollten ...

Ich habe doch geschworen, die Grundlagen der Verfassung und die Bürgerrechte zu verteidigen. Aber täglich werden sie irgendwo verletzt. Ich sagte schon zu Bush: ›Wenn sich bei Ihnen in irgendeinem Staat etwas Ähnliches wie im Kaukasus oder im Baltikum entwickeln würde, hätten Sie nach 24 Stunden alles beruhigt.‹ Er schmunzelte und sagte: ›Ja, auf jeden Fall!‹ Und ich suche immer durch Dialog und Konsensbildung die Lösung ...

Wir bauen auf ihr Verständnis. Vor allem wollen wir, daß die Regierung der Vereinigten Staaten uns versteht, daß sie sich in unsere Lage versetzt. Das ist für uns und für die ganze Welt wichtig ...

Unverständnis gibt es auch in unserer Gesellschaft. Manche wollen auch nicht verstehen ... Unseren Demokraten schien es, daß Gorbatschow sich nach rechts bewegt, daß die Armee, die Partei und der militärisch-technische Komplex auf ihn Druck ausüben. Er sei ihre Geisel. Er regiere schon nicht mehr selbst. Ich kann das Zeug einfach nicht mehr lesen ...

Die Begeisterung für Souveränität, vor allem für die Souveränität Rußlands, also für Jelzin, wirkt zerstörerisch. Mit Jelzin wird ein politisches
Spiel getrieben. Das sehe ich genau. Wenn wir unter vier Augen reden,
ist alles klar, wir scheinen uns zu verstehen. Wenn er weggeht, gerät er
in irgendeinen Kreis und ist nicht wiederzuerkennen. Er ist wie ein Krug,
aus dem man trinken kann, wenn man guten Wein einschenkt, aber wenn
man dreckiges Wasser hineingießt, ist das Ergebnis entsprechend ...

Jetzt wird in der Presse und auf Treffen mein Rücktritt gefordert. Glauben Sie mir, für mich wäre das sehr einfach. Aber wenn ich wirklich gehe,
was passiert dann? Es wäre für alle sehr fatal, auch für die Beziehungen
zu Amerika. Ich will alle Möglichkeiten nutzen, um die Gesellschaft zu
organisieren und zu verhindern, daß die Emotionen überhandnehmen,
auch in der Partei. Deshalb bleibe ich Präsident und Generalsekretär ...

Der ganze Westen ist auf der Seite der Litauer, Letten usw. Um sie
machen sie sich Sorgen. Aber was im Baltikum mit den Russen, Polen,
Ukrainern und Weißrussen passiert, das ist ihnen egal. Aber den Menschen werden ihre Aufenthaltsgenehmigungen entzogen, sie bekommen
nicht alle Lebensmittel. Ihnen werden faktisch die Bürgerrechte ab-
erkannt. Und die Armee wird provoziert. Das ist doch Wahnwitz, so
mit Armeeangehörigen und ihren Familien umzugehen. Wenn ein Teil
der Bevölkerung diskriminiert wird, entsteht natürlich Haß. Was für eine
Stimmung herrscht dann? Moskau läßt uns hängen, und die verspotten
uns. Dann müssen wir uns eben selbst verteidigen und alleine entscheiden. Was das für Folgen hat, haben wir jetzt gesehen ...

Die Stimmung in den Truppenteilen, vor allem in den Familien der
Armeeangehörigen, ist bedrückend ...

Die Eskalation kam nicht von ungefähr. Im Baltikum stellte sich die
Frage der Unabhängigkeit. Wir haben ihnen geantwortet: Bitte, macht
ein Referendum, damit alle ihre Meinung sagen können. Dann kann der
Prozeß nach dem Gesetz ablaufen ... Es ist eure Sache, wenn ihr euch
für den Austritt entscheidet. Aber ihr müßt die Verfassung respektieren.
Wir beginnen den Prozeß in drei oder vier Jahren. Dann können die
Interessen aller gewahrt werden. Aber sehen Sie, sie haben Angst vor
einem Referendum ...

Bitte sagen Sie meinem Freund George Bush: Was auch immer für ein
Druck auf mir lastet wegen des Golfkriegs, der Deutschlandfrage, der
Ratifizierung der Verträge zu den konventionellen Waffen, ich werde in
jedem Fall so vorgehen, wie wir es besprochen haben.

354

Mein größter Wunsch ist, daß die grundlegenden Veränderungen nicht von Gewalttaten begleitet werden, daß ich die Ziele, die ich mir gesteckt habe, nicht aufgebe.

In einigen Tagen wird Bessmertnych zu Ihnen fahren. Ich gebe ihm einen Brief für George mit.« In diesem Stil war auch die Antwort an George Bush vom 5. Februar verfaßt. Ähnliche Argumente gebrauchte Gorbatschow auch gegenüber seinen westlichen Gesprächspartnern, mit denen er sich im Verlauf des Februars über das Baltikum unterhielt.

Polemischen Charakter hatte das Gespräch mit drei Außenministern, die die Europäische Gemeinschaft vertraten – de Michelis (Italien), Van den Broek (Niederlande) und Poos (Luxemburg). Besonders pedantisch, fast unverschämt, argumentierte der Luxemburger. Er fragte Gorbatschow unverblümt, ob Wilnius und Riga nicht einen Rechtsruck bedeuteten. Gorbatschow entgegnete ihm, ob der Westen das wirklich glauben könne?! Habe er nicht durch sein ganzes Handeln gezeigt, daß es kein Zurück mehr gebe?! Es sei schwer vorstellbar, daß so erfahrene Politiker, die schon mit dem Nationalismus konfrontiert worden seien, ihre Standpunkte auf der Basis einseitiger Informationen begründen könnten. Wer nachdenke, könne wohl kaum glauben, daß die jahrelange gemeinsame Arbeit und die neu entstandenen internationalen Beziehungen so aufs Spiel gesetzt würden?! In diesem Sinne widerlegte er die Argumente der Minister. Sie verließen ihn offensichtlich zufrieden und beruhigt.

Gorbatschow schrieb zum Thema Baltikum nicht nur an Bush, sondern auch an Mitterrand, González und sehr emotional an Andreotti. Mit Kohl telefonierte er. Außerdem empfing er den britischen Botschafter Sir Braithwaite, mit dem er sich ganz offen und freundschaftlich unterhielt.

Ich bin heute überzeugt, Gorbatschow glaubte wirklich nicht, daß die drei Republiken mit der Union brechen wollten. Er hatte das Gefühl, sie und gleichzeitig die internationale Gesellschaft würden betrogen. Er heuchelte nicht, als er erklärte, das Problem solle in Übereinstimmung mit der Verfassung, also durch ein Referendum und einen gesetzlichen »Scheidungsprozeß«, gelöst werden. Er war gegen jede Anwendung von Gewalt, aber für den Einsatz aller denkbaren Mittel, um die Republiken vom Austritt abzuhalten. So geriet er unfreiwillig auf die Seite derer, die willens waren, auch Gewalt anzuwenden.

Die Tragödie bestand darin, daß er sich, wie schon ein Jahr zuvor (damals war es noch verständlich), nicht mit dem Gedanken anfreunden konnte, das Baltikum könne nur mit Gewalt in der Union gehalten werden. Seine Appelle an eine Verfassung, die nur auf dem Papier existierte, waren eines Reformators und Politikers seines Formats nicht würdig.

Der Golfkrieg

Die Hysterie – bei uns und im Westen – ließ allmählich wieder nach. Der grausame Krieg, der im Nahen Osten tobte, zog alle Aufmerksamkeit auf sich.

Seit dem Einmarsch der Iraker in Kuwait hatte ich nicht eine Minute daran gezweifelt, daß die Amerikaner militärisch eingreifen würden. Gorbatschow glaubte noch lange Zeit, er könne Hussein zum Abzug überreden. Wie in vielem anderen berief er sich auf den gesunden Menschenverstand und den Glauben, die Menschen wären zu Kompromissen fähig.

Am 17. Januar 1991 begann der »Golfkrieg«. Ich wurde um vier Uhr morgens durch einen Telefonanruf geweckt. Das Auto wartete schon vor dem Haus. Wir fuhren zum Kreml. Im Arbeitszimmer Primakows waren Falin, Dsachosow und Primakows Mitarbeiter Robert Markarjan versammelt. Primakow teilte uns mit, Gorbatschow erwarte von uns, daß wir eine Erklärung vorbereiteten. Wir machten uns gleich an die Arbeit.

Um sieben Uhr versammelte Gorbatschow alle Politbüromitglieder und Kandidaten und alle ZK-Sekretäre. (Damals erschien es mir symptomatisch, daß er in schwierigen Augenblicken immer bei der Partei Unterstützung suchte.) Die fachliche Kompetenz der Anwesenden verdeutlicht die Frage eines der ZK-Sekretäre an seinen Nachbarn, als über den Beginn der Kampfhandlungen berichtet wurde: »Aber warum eine Flotte, gibt es dort etwa ein Meer?«

Natürlich waren auch Verteidigungsminister Jasow und einige Generale anwesend. Später versammelte Gorbatschow, einmal in der Woche oder sogar häufiger, einen kleinen Kreis von Leuten, die etwas mit der Golfkrise zu tun hatten: Bessmertnych, Jasow, Tschebrikow, Achromejew, Primakow, Belonogow (Stellvertretender Außenminister) und einige Experten. Ich erinnere mich daran, daß Jasow bei einem dieser Treffen auf der Karte zeigte, was angeblich an den Fronten geschah. Dabei konn-

356

te er genau vorhersagen, wie sich die Kampfhandlungen entwickeln und wie die Operationen ungefähr beendet würden. Er schloß aus, daß die Amerikaner die Eroberung Bagdads planten: Das mache politisch und militärisch keinen Sinn.

Am 18. Januar führte Gorbatschow drei Telefongespräche. Mitterrand rief ihn als erster an. Beide waren im Prinzip überzeugt, daß militärische Maßnahmen unvermeidbar seien, befürchteten aber, daß die Amerikaner zu zielstrebig und nicht kompromißbereit genug vorgingen.

Das Gespräch mit Kohl hatte einen entspannten Charakter und drehte sich eher um »ihre« Probleme. Gorbatschow gratulierte seinem Freund zur Wahl als Kanzler des vereinigten Deutschland. Kohl erklärte, er habe keine Minute lang geglaubt, daß Gorbatschow sich nach rechts bewegen würde, und er versicherte, »alles würde so laufen, wie bei den letzten Treffen besprochen«.

Das Gespräch mit Bush begann distanziert. Gorbatschow legte sofort sein Konzept der zwei Phasen vor. In der ersten habe man schon gesiegt: Hussein sei politisch in Verruf geraten, sein militärisches Potential stark angeschlagen, die Gefahr einer Hegemonie des Irak in der Region sei gebannt worden. Wozu solle man also weiter töten und eigene Leute opfern. Man müsse eine Kampfpause einlegen und Husseins Rückzug aus Kuwait fordern. Dafür sollten ihm Verhandlungen versprochen werden, aber erst nach dem Abzug.

Bush war damit nicht einverstanden. Er glaubte nicht, daß Hussein auf das Angebot eingehen würde. Gorbatschow bestand nicht weiter auf seinem Vorschlag. Sie verabredeten, regelmäßigen Kontakt zu halten.

Gleich nach Beginn der Kämpfe wurde die Erklärung des Präsidenten der UdSSR veröffentlicht, in der das Konzept der zwei Phasen dargelegt wurde. Am selben Tag wurden Briefe an die Regierenden Großbritanniens, Frankreichs, Chinas, Deutschlands, Italiens, Indiens und der meisten arabischen Staaten geschickt. Auch nach Bagdad wurde ein Sonderschreiben geschickt – mit dem Auftrag an den Botschafter, es, wenn irgend möglich, Hussein persönlich zu übergeben (das war schon nicht mehr so einfach). Die sowjetische Führung forderte den irakischen Präsidenten auf, unverzüglich und entschieden den Truppenabzug aus Kuwait anzukündigen.

Das wichtigste Werkzeug von Gorbatschows Politik war Außenminister Bessmertnych. (Anderen schenkte er zwar Gehör, handelte aber, wie er es für richtig hielt.) Bessmertnych war qualifiziert, er handelte rasch, aber überlegt, zeigte Initiative und arbeitete tadellos. Er stimmte in den Zielen und der Taktik völlig mit Gorbatschow überein. Mit Bessmertnych und seinem Stellvertreter für die Region des Nahen Ostens, Belonogow, stand ich ständig in Kontakt.

Ich war wahrscheinlich bei allen von Gorbatschow eingeleiteten Aktionen anwesend, auch bei dem berühmten Telefonmarathon am 23. Februar, dem Tag, bevor die amerikanischen Landstreitkräfte in den Kampf eingriffen. Gorbatschow argumentierte, stritt, überzeugte, erklärte sich einverstanden, warnte, sprach alle möglichen Varianten und die jeweiligen Folgen durch. Er redete mit Bush (zweimal), Mitterrand, Major, Kohl, Kaifu, Andreotti, González, Mubarak, Asad und Rafsandschani. Gorbatschow war nicht allein der Initiator der Gespräche, viele wollten von sich aus mit ihm sprechen und unterstrichen so seine Bedeutung und Verantwortung.

Michail Gorbatschow versuchte alle davon zu überzeugen, Hussein werde seine Truppen aus Kuwait abziehen, weil er keine andere Wahl habe. Er bezog sich dabei auf den letzten Besuch des irakischen Außenministers Tarik Asis in Moskau (einige Tage vor dem 23. Februar). Die Opfer und Zerstörungen, die Folgen der Operation Wüstensturm sein würden, könnten vermieden werden. Niemand sagte zu ihm: »Schone deine Kräfte. Das wurde schon vor zwei Wochen entschieden. Keiner will (oder besser: Bush will nicht, und wir anderen können nicht) Widerstand leisten. Im Gegenteil, vielen käme es sehr gelegen, wenn Hussein nicht abzieht, weil es dann gerechtfertigt wäre, ihm eine Schlacht wie in Stalingrad zu liefern.«

Gorbatschow spürte jedoch, daß niemand offen und ehrlich mit ihm sprach. Trotzdem glaubte er, daß sich humane Verfahren gegen die bisher erprobten Methoden der Konfliktlösung durchsetzen könnten. In moralischer Hinsicht hatten wir (Gorbatschow) vor Husseins Herausforderung bestanden. Allah oder unser Gott werden das irgendwo notieren. Aber mehr nicht. Wir sind dazu verurteilt, mit den Amerikanern gut Freund zu sein, andernfalls sind wir wieder isoliert, und alles geht drunter und drüber.

Als ich Gorbatschow abends davon abriet, auf Husseins letztes Schreiben zu antworten, sagte er: »Du hast recht! Was soll das noch? Eine neue Epoche hat begonnen!« Auch für uns ist alles neu, dachte ich. Alle Revolutionen enden erfolglos, obwohl sie das Land verändern, einige sogar die ganze Welt.

Das war am 23. Februar, dem Tag der Sowjetischen Armee. Spät abends kam Gorbatschow noch in Jakowlews Arbeitszimmer. Bakatin, Ignatenko und Primakow waren bereits anwesend. Das Gespräch bei Whisky und Wodka war sehr hochtrabend – über das Schicksal, über den Wert von Menschen, über Risiko und Feigheit, über Treue zu den Pflichten und Freunden. Wir hatten wegen der vielen Telefongespräche fast nichts gegessen. Ich war schnell betrunken und konnte zu Hause keine Notizen mehr machen. Es blieb mir nur als ein gutes Gespräch in Erinnerung. Zum ersten Mal umarmte Gorbatschow mich als Frontkämpfer.

Ich bin der Ansicht, daß Gorbatschow im Golfkrieg sowohl innen- als auch außenpolitisch optimal gehandelt hat. Seine Ziele waren:

1) Er wollte nicht, daß der Krieg das zerstört, was in der Weltpolitik mit Hilfe des Neuen Denkens erreicht wurde.

2) Der Aggressor mußte zurückgedrängt und die internationalen Rechte mußten wiederhergestellt werden. Die von der UNO vertretenen Prinzipien sollten durchgesetzt werden.

3) Der massive Einsatz moderner Waffen war ihm ein Greuel, und sein leidenschaftliches Engagement ist Ausdruck seines Wunsches, die Zahl der Opfer gering zu halten.

4) Aufgrund der neuen Kriterien der Weltpolitik hielt er die Zerstörung des irakischen Staates für unzulässig. Dadurch würde nicht mehr Hussein, sondern die Bevölkerung bestraft.

Die Behauptungen, er hätte einen militärischen Schlag gegen den Irak verhindern wollen, weil er von unseren Generalen, der Rüstungsindustrie und dem KGB unter Druck gesetzt worden sei, sind barer Unsinn. Ich nahm an allen Besprechungen im kleinen Kreis teil. Krjutschkow und Jasow waren immer anwesend, manchmal auch Moissejew. Ich konnte aus ihren Äußerungen keine Tendenzen in dieser Richtung heraushören. Und die Meinung derer, die mit Saddam Husseins Porträt durch die Straßen zogen oder im Obersten Sowjet vom Verrat am Kampf gegen den amerikanischen Imperialismus sprachen, verachtete Gorbatschow zutiefst. Die Gefahr für die Position Gorbatschows, die von dem Teil der sowjetischen Bevölkerung ausging, der auf der Erfüllung unserer internationalen Pflicht [d. h. Unterstützung aller Feinde des amerikanischen Imperialismus] bestand, wurde im Westen weit überschätzt.

Keinen Einfluß auf Gorbatschows Haltung hatten Befürchtungen (er sprach aber mit ausländischen Gesprächspartnern darüber), die Amerikaner könnten die Zerschlagung des Iraks und die massive Konzentration ihrer Truppen ausnutzen, um die ganze Region unter Kontrolle zu bekommen und das amerikanische Modell der Regulierung im Nahen Osten durchzusetzen.

»Zu den Ereignissen am Golf habe ich meine eigene Meinung«, sagte Nixon bei einem Gespräch unter vier Augen zu Gorbatschow. »Ich glaube nicht, daß sich hier unsere Interessen vollkommen deckten. In einem Punkt waren wir jedoch einig: Saddam Hussein war der Aggressor, den es zu stoppen galt. Für mich ist es offensichtlich, daß auch ich an der Stelle des Präsidenten Gorbatschow die Initiative ergriffen hätte, um die Bodenoffensive zu verhindern.

Entscheidend in dieser Krise war, daß wir gemeinsam handelten, obwohl unsere Interessen nicht ganz identisch waren. Auch in der Zukunft wird das vorkommen. Es ist naiv zu glauben, daß wir jetzt für immer Freunde und in allem einer Meinung wären. Ich denke aber, daß es bei allen Unterschieden wichtig ist, am Ende für dieselbe Seite Partei zu ergreifen. Präsident Bush ist ein geschickter Politiker, und das gilt auch für Präsident Gorbatschow. Ich bin überzeugt, sie werden sich einigen.«

Ende Mai 1991 kam Andreotti nach Moskau. Damals gehörte der Golfkrieg schon der Vergangenheit an. Andreotti resümierte im Gespräch mit Gorbatschow seine Sichtweise der Ereignisse:

»Eine wichtige Bedeutung hatte Ihre politische Linie. Sie hat sehr geholfen, Emotionen abzubauen, und das wurde von den Amerikanern hoch geschätzt. Vor allem durch Ihre Unterstützung wurden die Beziehungen zu den arabischen Ländern vereinfacht. Natürlich gibt es weiterhin Schwierigkeiten, aber ohne Ihre Hilfe wären sie unüberwindlich. Ihr Kurs hat also für die Beziehungen zu den arabischen Staaten, in letzter Zeit vor allem aber auch zu Israel[4], eine große Bedeutung.«

Gorbatschow handelte meiner Ansicht nach moralisch integer. Eine andere Sache ist, daß ich – und auch andere – große Zweifel an der Durchführbarkeit seiner Linie hatten. Wir beobachteten ihn während des ganzen Golfkriegs und hatten das Gefühl, daß der moralische Aspekt sein Handeln dominierte.

Krisensignale – und Jelzin macht mobil

Die Krise, die schon im Herbst begonnen hatte, verschärfte sich nach den Ereignissen von Wilnius. Gorbatschows Vorschlag, die Medien massiv zu kontrollieren, war offensichtlich kein Witz gewesen. Er wollte die Angelegenheit wohl herunterspielen, als er im Parlament hinter die Kulissen trat und sagte: »Diese Deputierten, erst fordern sie die Schaffung von Ordnung, aber bei meiner ersten Andeutung, daß ich dazu bereit wäre, regen sie sich auf und reden von einer Gefahr für die Demokratie!«

Bei der Herstellung der Ordnung dachte er nur an den Druck von rechts, der aus seiner direkten Umgebung kam, und nicht an die Machthaber in den Republiken. Am 29. Januar gingen Ignatenko und ich morgens zu ihm. Wir protestierten gegen die Befehle Pugos und Jasows, daß Soldaten in den Städten patrouillieren sollten. Gorbatschow reagierte scharf: »Mischt euch nicht in anderer Leute Angelegenheiten! Habt ihr etwa nichts zu tun? Ihr versteht das überhaupt nicht. Das ist doch ganz normal. Ihr macht ja Panik wie die Intelligenzija. Mal seid ihr für die, mal für mich.«

Ich gab nicht auf: Das sei nicht die Aufgabe der Armee, sondern der Sowjets der Städte und anderer politischer Ebenen. Wenn die es wollten, könnten sie die Soldaten bitten, aber daß die Moskauer Minister über die Köpfe der städtischen Organe hinweg entschieden, das gehe nicht. Er sei doch immer dafür, die Verfassung zu achten. Gorbatschow wurde wütend und sagte, wir seien als Politiker unfähig.

Abends rief er mich zu Hause an und teilte mir mit, er habe den Befehl unterzeichnet, der die Patrouillen unter Beteiligung der Obersten Sowjets lokal und in den Republiken regle. Nach einigen Tagen wurde bekannt, daß die Republiken, eine nach der anderen, die Patrouillen auf ihrem Territorium untersagten – eine weitere Niederlage für Gorbatschow.

Am 31. Januar fand das ZK-Plenum der russischen kommunistischen Partei statt. Wieder einmal ein Plenum, das sich gegen Gorbatschow wandte. Poloskow stellte die Position der Meinungsträger der Partei dar. Einige Tage später erschien sein Artikel zum Plenum in *Sowjetskaja Rossija*.

Ich schrieb Gorbatschow dazu einen Brief und mischte mich damit wieder einmal in fremde Angelegenheiten ein:

»Der Auftritt Poloskows und vor allem sein Artikel in *Sowjetskaja Rossija* vom 5. Februar hat bei vielen Befremden hervorgerufen. Das Plenum erklärte, die Partei wolle zum Angriff übergehen. Gegen wen? Den Auftritten Poloskows und anderer Teilnehmer des Plenums nach zu urteilen gegen die Perestrojka, gegen die Politik der Führung des Landes, also gegen Gorbatschow. Auch gegen alle, die Revolution und Sozialismus beschimpfen, soll vorgegangen werden. Das wird von vielen als etwas Abstraktes empfunden, das mit den wirklichen Sorgen der Menschen nichts zu tun hat.

Einige halten das für normal: Sie haben akzeptiert, daß es in einer Partei unterschiedliche Meinungen geben kann. Aber mit Poloskow polemisiert niemand, der auf seiner Ebene steht, keiner aus dem ZK der KPdSU. Mit ihm streitet niemand, außer denen, die ohnehin nicht in der Partei oder gegen sie sind. Für die wahre Perestrojka-Politik setzt sich niemand ein.

An den Instituten spricht man darüber, Gorbatschow widerstrebe es, auch aus außenpolitischen Gründen, Positionen wie Poloskow zu vertreten. Deshalb lasse man Poloskow der Partei und dem Volk das mitteilen, was Gorbatschow eigentlich denke. Es ist schwer, diese Vermutungen zu widerlegen.

Wäre es in Frankreich, wo der Präsident auch Führer der Sozialistischen Partei ist, etwa denkbar, daß gegen den Präsidenten so vorgegangen würde? Dasselbe gilt für Spanien. Dort ist der Ministerpräsident González Führer der Sozialistischen Arbeiterpartei. Die Mitglieder der Parteiführung würden sich nicht erlauben, was sich Poloskow in der KPdSU erlaubt.

Immerhin brachte er zum Ausdruck, daß die Politik der Regierung nicht die Interessen der Arbeiter vertritt. Ich bin der Ansicht, man hätte nach dem Plenum, in dem Maßnahmen der Partei zur Verteidigung der Interessen der Arbeiter verkündet wurden, auf der Ebene von ZK-Sekretären oder anerkannten ZK-Mitgliedern in der *Prawda*, dem Organ des ZK der KPdSU, eine Polemik gegen die Anhänger von Poloskows Meinung veröffentlichen müssen. Sie wissen, daß die Zahl der Parteiaustritte weiter ansteigt. Es verbreitet sich aber auch eine Erscheinung, die man passiven Widerstand nennen könnte. Die Leute beschweren sich nicht mehr, geben nicht mehr demonstrativ ihre Ausweise ab, sondern bleiben stillschweigend von den Versammlungen fern, boykottieren ihre Aufgaben und zahlen keine Beiträge mehr.

Mir wurde berichtet, wie eine Gruppe dieser Verweigerer in ein Gebietskomitee gebeten wurde. Sie wurden gefragt, was los sei. Ob sie nun austreten wollten oder nicht. Sie antworteten, sie wollten nicht aus der Partei austreten, aber für einen wie Poloskow würden sie keine Beiträge zahlen.«

Diesen Brief schickte ich auch an die ZK-Sekretäre Iwaschko, Dsachosow und Schenin. Ich hoffte, sie würden mit der Polemik beginnen. Immerhin mußten sie zur Kenntnis nehmen, daß es auch unsere Meinung gab.

Aber auch die Gegenseite war aktiv. Am 19. Februar eiferte Jelzin vierzig Minuten lang gegen Gorbatschow: Der Präsident betrüge das Land. Seine Politik sei gegen das Volk gerichtet. Er trage Schuld an den Konflikten zwischen einzelnen Nationen. Er habe das Land zerstört und sei an der Verarmung der Bevölkerung schuld. Er habe nur leere Versprechungen gemacht. Deshalb fordere er Gorbatschows Rücktritt.

Knapp einen Monat später wiederholte Jelzin das alles in noch schärferer Form bei einer Versammlung der linken Parteimitglieder im Haus des Films: Der Präsident sei ein Lügner. Die KPdSU mache jetzt mobil, das Plenum der russischen KP habe ein Zeichen gesetzt, daß man jetzt für die Rettung der Demokratie eintreten müsse. Habe er etwa die Union zerstört? Das sei eine Lüge. Der Präsident habe mit seiner verbrecherischen Politik die Union zerstört. Die Armee? Er sei für die Armee, aber dagegen, daß man sie auf das Volk hetze.

Jelzin »ohrfeigte« Gorbatschow damals vor der ganzen Welt. Wie reagierte dieser darauf? In einer späteren Besprechung kamen alle zu dem Schluß, Jelzin habe diesen Moment ausgewählt, weil das Volk bereit gewesen sei, Gorbatschow zu stürzen. Alle rieten Gorbatschow, sich nicht auf eine skandalöse Polemik einzulassen. Er sagte zu mir und Ignatenko: »Jelzins Lied ist gesungen, jetzt hat er Angst, daß er gefragt wird, was er für Rußland getan oder nicht getan hat.«

Vor dem 8. März stellte Gorbatschow dem Obersten Sowjet die von ihm ausgewählten Mitglieder des geplanten Sicherheitsrates zur Bestätigung vor: Ministerpräsident Pawlow, Vizepräsident Janajew, Innenminister Pugo, KGB-Chef Krjutschkow, Außenminister Bessmertnych, Primakow, Innenminister Bakatin und Boldin. Beim ersten Wahlgang fielen Boldin und Primakow durch. (Primakow war als Vorsitzender des Unionssowjets, einer der beiden Kammern des Obersten Sowjet, zu konsequent gewesen.) Im zweiten Wahlgang, der auf Betreiben Gorbatschows durchgeführt wurde, kam Primakow mit etwas mehr als fünfzig Prozent durch, Boldin schnitt noch schlechter ab. Das war ein weiterer Schlag für Gorbatschow. Aber warum wählte er auch solche Leute als Berater aus? Mit wenigen Ausnahmen waren das alles Männer der Vergangenheit, ganz zu schweigen davon, daß sie fähig und kompetent gewesen wären.

Ungefähr eine Woche später versammelte Gorbatschow im Nußbaumzimmer alle Mitarbeiter, Berater und einige Mitglieder des Sicherheitsrates: Jakowlew, Medwedew, Primakow, Schachnasarow, Ignatenko und natürlich Boldin. Ich nannte das Gremium den Geheimen Rat, was Gorbatschow gar nicht gefiel. Wir erörterten sechs Stunden die Lage im Land. Jeder sagte, was er dachte. Ich erinnere mich daran, daß einige, vor allem Jakowlew, gekränkt waren, weil Gorbatschow alle über einen Kamm scheren wollte. Er nahm keine Rücksicht auf frühere Verdienste, auf das Alter, auf frühere Titel oder Ämter und Dienstzeit. Er war gereizt und beleidigend, was seinen damaligen nervlichen Zustand widerspiegelt. Ihm war es in dieser schwierigen Situation wichtiger, daß ihn die Dinosaurier der Macht – Krjutschkow, Jasow, Pugo – unterstützten; mit ihnen stimmte er sich beinahe täglich ab.

Zu dieser Zeit hatte Gorbatschow die Idee, anstelle des aufgelösten Präsidialrates einen neuen, dem Präsidenten untergeordneten Rat zu bilden. Er sollte wirklich eine Art Geheimer Rat sein: kein offizielles Organ mit Vollmachten, sondern ein Kreis, in dem alle Probleme offen und kompetent diskutiert werden sollten. Nach Gorbatschows Vorstellungen sollte er aus zwei Gruppen bestehen: zum einen aus den festangestellten Mitarbeitern und Beratern (wie Ignatenko, Achromejew oder mir), zum anderen aus einigen Experten, die je nach Thema hinzugezogen werden sollten. Zweimal versammelte er einen solchen Rat. Die Diskussionen wurden offen, unparteiisch und auf einem hohen Kenntnisstand geführt. Man hätte sie allerdings schon viel früher führen müssen.

Auf dem Treffen des Geheimen Rates Anfang März erfuhren einige von uns, darunter auch Ignatenko, der den Pressedienst des Präsidenten leitete, zum ersten Mal von einer von Boldin geleiteten Informationsabteilung, die dem Präsidenten (über Boldin) eine Auswahl von Zeitungen, chiffrierten Nachrichten und Material aus anderen Quellen zur Verfügung stellte. Ich bat Boldin um einige dieser Dossiers. Er zeigte sie mir, schrieb aber auf die Aktendeckel: Auf Anforderung sofort zurückgeben. Ich konnte mich davon überzeugen, daß alles tendenziöser Blödsinn war, ganz wie in Breschnews Zeiten. So wurden Gorbatschows Verhältnis zu einzelnen Personen, sein Verhalten und seine Entscheidungen beeinflußt. Die Zeiten, in denen er selber unterschiedlichste Informationen verarbeiten konnte, waren also vorbei.

Nachdem sich die Aufregung um das Baltikum etwas gelegt hatte und der Golfkrieg beendet war, wurde Gorbatschow wieder zuversichtlicher. Zu James Baker sagte er am 15. März 1991:

»In unserer jetzigen Situation haben wir die Phase der Gespräche über die Perestrojka und die Etappe der Ausarbeitung einer Konzeption hinter uns. Wir müssen jetzt unsere Pläne für die grundlegende Reform der Gesellschaft verwirklichen. Jetzt wird sichtbar, daß wir nicht alles ausreichend analysieren, bewerten und vorhersehen konnten. Es ist sehr schwer, eine Gesellschaft wie unsere zu ändern. Das kann man nicht in ein, zwei Jahren, auch nicht in einem Jahrzehnt erreichen. Wir haben einen langen Weg vor uns. Aber die Menschen leben jetzt und wollen, daß auch heute das Leben schon besser wird. Sie haben schon zu lange gewartet ...

Mit welchen Schwierigkeiten werde ich als Präsident konfrontiert, und welche Chancen haben meine Gegner? Die Antwort auf beide Fragen ist die gleiche: die soziale und wirtschaftliche Anspannung, die vor allem von der Lebensmittelversorgung abhängt.

Meine Stellung ist durch die Verfassung geregelt. Das ist gleichzeitig eine Schwäche und eine Stärke. Die Stärke liegt darin, daß heute jeder seine Meinung äußern kann. Vor sechs Jahren konnte man dafür verbannt werden. Aber hierin liegt auch eine Schwäche: Wenn jemand gegen die Verfassung verstößt, um anderen seine Meinung aufzuzwingen, kann ich nicht mehr mit den früheren Methoden arbeiten ...

In unserem Land gibt es eine breite Schicht von Menschen, die außerhalb der Gesellschaft stehen – einige Millionen. Sie finden sich unter den Arbeitern, den Bauern und in der Intelligenzija. Sie haben nur ein Programm – sie sind gegen alles. Sie werden von einigen geführt, die ein Interesse an der Zerstörung unseres Landes haben. In einem Land mit so vielen Problemen können diese Leute viele Anhänger finden. Darin liegt eine Gefahr für mich. Deshalb muß ich manövrieren und versuchen, die radikalen Flügel, die rechten und linken, zu neutralisieren. Alles muß in einem erträglichen Rahmen bleiben, innerstaatliche Konflikte müssen vermieden werden.«

Im Januar wurde auch die Frage diskutiert, ob die Sowjetunion gegen den auf der KSZE-Konferenz in Paris unterschriebenen Vertrag über konventionelle Waffen verstoßen habe. Bush schickte Gorbatschow einen Brief, in dem er den Vorfall als zentrales Problem der bilateralen Beziehungen bezeichnete. Dann griffen auch die Botschafter der wichtigsten KSZE-Staaten ein. Drei Punkte waren strittig. An erster Stelle stand die Bewaffnung der Marineinfanterie. Unsere Generale behaupteten, sie unterliege nicht den Reduzierungen. Alle anderen Unterzeichner des Pariser Vertrages waren der Ansicht, daß sie dazugehöre. Obwohl es nur um eine geringe Anzahl von Waffen ging, bestand der Westen auf der Klärung der Frage nach dem Motto: Wenn die Sowjetunion sich nach der Unterzeichnung eines Vertrages eigene Auslegungen erlaubt, wie kann man dann mit ihr zusammenarbeiten?!

Schließlich konnte das Problem gelöst werden. Moissejew fuhr nach Washington und stellte die Sache im nachhinein so dar, als sei das Mißverständnis dadurch zustande gekommen, daß er bei den Gesprächen mit den USA ausgeschlossen worden sei. Obwohl gerade sein Generalstab mit Achromejews Unterstützung versucht hatte, Gorbatschow zu hintergehen.

Jetzt interessieren sich nur noch Militärexperten für diese Episode, aber sie verdeutlicht, in welcher Situation Gorbatschow damals handeln mußte: Er konnte sich nicht auf die Profis aus dem Verteidigungsministerium verlassen, und sie nutzten seine mißliche Lage aus. Obwohl sie seine Politik nicht verhindern konnten (was auch nicht alle wollten), bremsten sie und schädigten das sowjetisch-amerikanische Vertrauensverhältnis.

Drei Tage nach dem Gespräch mit Baker empfing Gorbatschow den deutschen Außenminister Hans-Dietrich Genscher. Diesem Politiker schenkte er vollstes Vertrauen und war ihm gegenüber ganz offen.

»Aufgrund der Kenntnis unserer Menschen und der realen Einschätzung unserer Lage nehme ich an, daß die Mehrheit des Volkes für den Erhalt der Sowjetunion eintreten wird. Das ist eine prinzipielle Frage. Wir haben sie ins Referendum aufgenommen, um zu zeigen, daß die Idee des Erhalts der Union[5] lebendig ist. Die Konzeption eines neuen Unionsvertrags wurde bereits ausgearbeitet und wird von den Republiken begutachtet. Ich bin überzeugt, daß wir die Union festigen werden.«

Das war der Optimismus eines Mannes, über dem der Stab bereits gebrochen war. Aber solchen Optimismus mußte ein Staatsmann verbreiten: Vor ausländischen Partnern durfte er seine Verzweiflung nicht zeigen. Gorbatschow wollte kein Mitleid.

In seiner Umgebung beklagte er sich über die beleidigenden Angriffe Jelzins, über die Attacken auf Demonstrationen und Versammlungen, über den Streik der Bergarbeiter und über die Kampagnen gegen ihn in der Presse bei all diesen Gelegenheiten. Gorbatschow sagte, daß man sich in keinem anderen Land erlauben könne, den Präsidenten so zu verspotten und zu beleidigen. Es sei unter seiner Würde, an die Massen zu appellieren, daß sie alles zerstörten, was die Perestrojka geleistet habe, und daß sie vergäßen, wie es vorher gewesen sei. Ähnliche Klagen hörten Schachnasarow und ich häufig, während er uns seine Fernsehansprache zum Unionsreferendum diktierte. Es lief nicht so recht. Aber was sollte er auch sagen? Seine Worte konnten schon niemand mehr beeindrucken. Nur mit einem hätte er das Volk überraschen können – mit seinem Rücktritt. Er spürte, daß er die Zuhörer nicht mehr erreichte, und das verbitterte ihn.

Schachnasarow kam zu mir und erklärte: »Gorbatschow will vor dem russischen Obersten Sowjet auftreten. Er sagt, er habe Jelzin schon geholfen, Vorsitzender des Obersten Sowjet Rußlands zu werden. Jetzt helfe er ihm, Präsident Rußlands zu werden.«

Ich war entsetzt: »Was? Begreift er denn gar nicht, was für eine Stimmung herrscht? Er kann doch nicht kurz vor einer Demonstration, die Jelzin unterstützen soll, vor dem russischen Parlament gegen ihn auftreten?! Sie werden ihn dort auspfeifen, ganz Moskau wird einen Aufstand machen!«

Schachnasarow antwortete mit grimmigem Lachen: »Gorbatschow denkt, daß es gerade umgekehrt sein wird. Er wird das Parlament und das Volk überzeugen!« Dann gab er ernsthaft zu bedenken, daß ein solcher Auftritt der Anfang vom Ende werden könnte. Jelzin könnte zum Generalstreik aufrufen. Der hatte fast schon begonnen: Die Bergleute und die Arbeiter in der Schwerindustrie streikten bereits.

Gorbatschow schätzte die Situation nicht richtig ein und verbot die für den 28. März geplante Demonstration. Er provozierte so die offene Kraftprobe mit Jelzin und unterlag.

Einen Tag später kam Jakowlew zu mir. Er bereute, daß er nicht wie Schewardnadse rechtzeitig gegangen war. Er, der ideelle Autor der Perestrojka, sei nur noch ein einfacher Berater, der 400 Rubel im Monat bekomme. Er habe auch keine Leibwächter und keine Fahrer mehr. Aber darum gehe es ja gar nicht. Er sei gestern durch die Straßen spaziert, und es sei ihm unangenehm gewesen: Alles sei wie früher! Alles sei umsonst gewesen, dabei hätten sie sich so angestrengt.

Ich antwortete ihm, die Opposition habe alle Möglichkeiten, sie könne bis zur Bildung ihrer eigenen Regierung demokratisch vorgehen. Gorbatschow habe das vor kurzem in einem Interview gesagt. Jelzin werde mehr als nötig gelobt. 90 Prozent der Massenmedien seien auf seiner Seite. Wozu müsse man dann noch Stärke beweisen? Wozu diese Demonstration in Moskau? Gorbatschow habe beschlossen, seine Kräfte in die Waagschale zu werfen. Seine Motive könne ich verstehen, denn die Opposition handle nach dem Prinzip: Wir kämpfen für die Durchsetzung unserer Politik, auch wenn dabei der Staat zerstört wird. Damit könne ein Präsident nicht einverstanden sein. Wofür sei er dann noch da?! Gorbatschow habe viele Fehler gemacht: nicht nur taktische, auch strategische. Jetzt müsse er nicht mehr nur seine Perestrojka, sondern das Land retten.

Jakowlew entgegnete mir: »Soll er etwa die zurückhalten, die nicht in der Union bleiben wollen?«

»Im Gegenteil. Einer seiner größten Fehler war, daß er die Balten und Georgier nicht gehen ließ. Nein, ich meine die Staatlichkeit, da wo man noch von Staatlichkeit sprechen kann.«

»Die Armee?«

»Einen Staat ohne Armee kann es nicht geben.«

»Aber man kann sich doch beim Erhalt des Staates nicht auf die Armee stützen?«

»Worauf denn sonst? In unserer Lage.«

»Auf die Demokratie.«

»Und wo ist die? Woraus besteht sie? Wir haben keine Demokratie. Wir haben Glasnost und Freiheit, aber bei uns heißt das, daß jeder tut, was er will. Demokratie muß in der Gesellschaft organisiert werden: Parteien, Institutionen, Herrschaft von Recht und Gesetzen (und ihre Anerkennung), politische Führer konkurrieren um die Regierungsmacht, aber nicht gegen den Staat. Sonst gibt es nur Chaos!«

So diskutierten wir lange. Wir waren beide irgendwo im Recht und im Unrecht, und wir konnten beide nichts an der Lage ändern.

Die Furcht vor der nahenden Katastrophe wurde stärker, als Gorbatschow im Sicherheitsrat erklärte, in zwei bis drei Monaten werde man das Land nicht mehr ernähren können, obwohl es noch Brot gebe.

Das erinnerte an 1927. Damals war die Lebensmittelknappheit Folge der Kollektivierung und der Verfolgung der Kulaken [Großbauern]. In Moskau gab es schon Schlangen für Brot, so wie vor zwei Jahren für Wurst. In Moskau waren die Bäckereien entweder geschlossen, oder es gab nichts zu kaufen! In einigen Städten wurde schon die Streikbereitschaft erklärt. Auch im gemäßigten Weißrußland wurde nun Gorbatschows Rücktritt gefordert. Jelzin war beim Volksdeputiertenkongreß Rußlands sehr erfolgreich und bekam außerordentliche Vollmachten. Dann fuhr er in den Kaukasus zum Tennisspielen.

Das hatten wir Gorbatschow übrigens auch schon vorgeschlagen. Er solle Ferien machen und Zeit zum Nachdenken finden. Das Land solle mal ausprobieren, wie es ohne Gorbatschow laufe. Er konnte es aber nicht ertragen, einen Tag lang keine Politik zu machen. Doch trotz der zugespitzten Lage erlaubte er sich Mitte April einen Besuch in Japan. Außenpolitisch war noch alles in Ordnung.

Allmählich liefen die Gespräche von Nowo-Ogarjowo über den Unionsvertrag an. Ein Gespräch mit dem ehemaligen US-Präsidenten Nixon verdeutlicht Gorbatschows damalige Einstellung zu den Verhandlungen.

»Heute stellt sich uns die Frage«, sagte Nixon zu Gorbatschow, »ob wir noch den früheren Gorbatschow, der sein Land, und wie ich in meiner Rede sagte, die ganze Welt verändert hat, vor uns haben. Einige Experten behaupten, es sei schon ein anderer, der unter dem Druck der Reaktionäre und als Folge des Weggangs der Reformatoren einen Rechtsruck vollzogen habe.«

»Als wir die Perestrojka begannen, wollten wir richtig verstanden werden«, erwiderte Gorbatschow. »Was wir wollten, warum wir das wollten und welches Ziel wir hatten. Es mag seltsam erscheinen, aber das ist auch heute noch wichtig. Ich möchte sehr, daß wir auch heute noch richtig verstanden werden ...

Die Behauptungen, Gorbatschow werde umkehren, sind völlig unhaltbar. Wenn wir jetzt den Niedergang der Wirtschaft nicht stoppen, die Gesetzlichkeit nicht wiederherstellen, die Beziehungen zu den Republiken (im Rahmen der Verfassung) nicht erneuern, wird die Folge nur das Chaos und als unausweichliche Konsequenz die Diktatur sein. Deshalb müssen wir im Rahmen unserer bisherigen, unveränderten Politik ein sofortiges Antikrisenprogramm, das auf einige Monate beschränkt sein wird, durchführen ...

Aber wir können nicht riskieren, alle Strukturen zu zerstören, sofort freie Marktwirtschaft einzuführen, Millionen von Menschen auf die Straße zu setzen und dem Chaos Tür und Tor zu öffnen. Unsere Linken, die das vorschlagen, sind von ihren Ideen besessen. Sie sind nicht imstande, realistisch zu denken ...

Ich bin überzeugt, daß wir jetzt ein politisches Manöver durchführen müssen, das uns erlaubt, die Politik der Perestrojka und die demokratischen Veränderungen zu erhalten und den Reformprozeß in unserem Land fortzusetzen ...

Die extrem Rechten wollen jetzt, daß Gorbatschow den aufsässigen Radikalen einen Schlag versetzt. Die radikalen Linken wollen, daß ich den Schlag gegen die Rechten führe. Aber das sind nur die Anführer, das ganze Volk will, daß sich das Leben zum Besseren wendet.

Wir sind zu radikalen Reformen in der Wirtschaft, im Aufbau unseres Vielvölkerstaats, im politischen Prozeß und im Bereich der Kultur verdammt.«

»Und jetzt haben wir es mit einer taktischen Pause und nicht mit einem Rückzug, der in die Sackgasse führt, zu tun? Die Reformen sind unumkehrbar?« fragte Nixon.

»Ganz genau. Wir haben keinen anderen Weg als die Reformen.«

Für den 23. April, nach der Japan-Reise und dem Abstecher nach Südkorea, war der Beginn der Gespräche von Nowo-Ogarjowo anberaumt. Ich weiß nicht, wann Gorbatschow sich mit Jelzin und den acht anderen Führern der Republiken absprach – vor oder nach der Japanreise. Aber er konnte sich auf sein Gefühl verlassen: Vor dem ZK-Plenum vom 25. April, auf dem die Entscheidungsschlacht ausgetragen werden sollte, mußte er schnell und unerwartet handeln.

In einem persönlichen Gespräch mit Helmut Kohl bezeichnete Gorbatschow das Treffen mit den Führern der neun Unionsrepubliken als »besonders wichtig und grundlegend«. Sie hätten in den Republiken das Referendum durchgeführt und seien bereit, die Unterzeichnung des Unionsvertrages vorzubereiten. Sie hätten einen ganzen Tag lang gestritten, aber schließlich eine gemeinsame Erklärung über unaufschiebbare Maßnahmen zur Stabilisierung der Lage im Land und zur Überwindung der Krise unterzeichnet. Gleichzeitig solle der Übergang zur Marktwirtschaft forciert werden. Einige seien der Meinung, hartes Vorgehen sei unumgänglich, um Unvorhersehbarkeiten und Chaos zu vermeiden. Aber alles werde im Rahmen demokratischer Mittel und unter entsprechender Kontrolle ablaufen. »Die letzten Tage des April«, schloß Gorbatschow gegenüber Kohl, »haben also historisch gesehen große Bedeutung.«[6]

Der Oberste Sowjet billigte unter fast skandalösen Umständen das Antikrisenprogramm von Ministerpräsident Pawlow. Am 24. April wurde im Politbüro, vor dem ZK-Plenum, die gemeinsame Erklärung erörtert. Wozu? Diese Frage stieß bei allen auf Befremden. Als Gorbatschow der Plan für die Entscheidungen des Plenums gezeigt wurde, wurde er wütend: Es war davon die Rede, daß der Generalsekretär eine Politik gegen die Interessen des Volkes mache. Er rief ZK-Sekretär Schenin (der nahm im August am Putsch teil) an: »Ich sehe, das ist deine Arbeit.« Daß all die anderen (Girenko, Lutschinkij, Semjonow, Falin usw.), die er ins ZK berufen hatte, auch etwas damit zu tun hatten, erkannte er nicht. Sie waren doch auch mit dieser Erklärung einverstanden. Standen sie im Einvernehmen mit den Dutzend Resolutionen von Gebietskomitees, die den Rücktritt Gorbatschows forderten? Genau kann ich das natürlich nicht sagen. Aber daß sie Dreck am Stecken hatten, zeigt die Tatsache, daß keiner von ihnen sich im Plenum für Gorbatschow einsetzte, als er beleidigt, angeklagt und mit Forderungen unter Druck gesetzt wurde – entweder der Ausnahmezustand oder Rücktritt!

Es war beschämend, diese Hasenfüße zu beobachten, vor allem als Gorbatschow sich erhob und sagte: »Wenn das so ist, gehe ich!« Sie bekamen es mit der Angst zu tun und stimmten ab, daß die Frage über seinen Rücktritt von der Tagesordnung genommen werden sollte.

Die Ehre des ZK wurde von einigen Leuten wie Wolskij, Bakatin, Nasarbajew und Gratschow gerettet. Zweiundsiebzig ZK-Mitglieder unterschrieben eine Erklärung, daß sie im Falle von Gorbatschows Rücktritt auch zurücktreten würden.

Ich war schon lange für seinen Rücktritt. Jenes Plenum hätte ihm auch einen guten Anlaß geliefert. Von diesen Funktionären wäre am nächsten Tag keiner mehr dagewesen. Sie brauchte sowieso niemand außer der Parteinomenklatura. Ohne den Schutz Gorbatschows wären sie sofort auf dem Abstellgleis gelandet. In der Pause wurde hinter den Kulissen getuschelt, und Gorbatschow wurde überredet, seine Rücktrittserklärung zurückzunehmen. Ein mir unbekannter Plenumsteilnehmer trat zu der Gruppe und bezeichnete sie als Idioten und Selbstmörder. Ich war aus verschiedenen Gründen für Gorbatschows Rücktritt vom Posten des Generalsekretärs. Erstens wäre das höchste staatliche Amt entideologisiert worden. Das hätte diesem Amt genützt und hätte in der Bevölkerung Zustimmung gefunden. Zweitens wäre das Amt des Präsidenten von der Bindung an die Partei befreit worden, die Verdächtigungen nahelegte und den Präsidenten gemeinen Angriffen von seiten der KPdSU aussetzte. Drittens würde das unter den einfachen Leuten Mitgefühl und Mitleid hervorrufen, was in Rußland immer eine große Bedeutung hat. Der erzwungene Rücktritt Ryschkows beweist das. Viertens hätte das zahlreiche Kommunisten, die nicht mit Poloskow & Co. in einer Partei sein wollten, die Möglichkeit gegeben, sich neu zu definieren. Die langerwartete und nutzbringende Spaltung der Partei wäre vollzogen worden. Nicht nur einzelne Parteimitglieder hätten ihre Ausweise zurückgegeben, Hunderttausende hätten faktisch die »Partei Gorbatschows« gegründet.

Aber es kam anders. Nachdem das beschämte und beruhigte Plenum Gorbatschow quasi gebeten hatte zu bleiben, hielt er eine seiner flammenden Stegreifreden. Das war wieder der alte Gorbatschow, der überzeugte Autor der Perestrojka, der Meister der Zurechtweisung. Er verkündete den Rechten und Linken sein Credo. Aber der Sieg war nur von kurzer Dauer.

Abends rief er mich erschöpft, aber zufrieden an:

»Und, Anatoli, was machen wir jetzt?«

»Sie haben doch heute erklärt, was Sie vorhaben ...«

»Da hast du recht ...«

»Sie hätten heute zurücktreten sollen.« Ich erklärte ihm, welche Gründe ich dafür hatte.

»Wieder mischst du dich ein!«

»In Ordnung. Dann habe ich einen anderen Rat für sie. Gehen Sie am 1. Mai nicht auf den Roten Platz. Sie werden nur noch mehr beleidigt. Fahren Sie lieber zwei Wochen in Urlaub. Dann kann sich das Land mit der Neun-plus-Eins-Erklärung und den Plenumsergebnissen anfreunden.

»Das wird nichts.« Dann legte er auf.

Putsch-Warnung aus Washington

Im Mai fanden wieder viele Kontakte mit ausländischen Personen statt. Das wichtigste Ereignis der Außenpolitik war das bevorstehende Treffen der G-7-Staaten. Im Juli sollte in London das Treffen der sieben einflußreichsten Industrienationen (USA, Deutschland, Großbritannien, Frankreich, Italien, Japan und Kanada) stattfinden. Von diesem Treffen hing ab, ob die Sowjetunion wirtschaftlich unterstützt werden würde, gerade in dem Moment, als deutlich wurde, daß die Perestrojka ohne tiefgreifende Änderungen in der Wirtschaft scheitern müßte.

Schon ein Jahr zuvor hatte sich Gorbatschow vor dem Pariser Treffen der G-7-Staaten mit einem Brief an den damaligen Gastgeber François Mitterrand gewandt. Das Schreiben wurde zwar interessiert und wohlwollend aufgenommen, hatte jedoch keine praktischen Folgen. Für Gorbatschow war es lebensnotwendig und unaufschiebbar, in die weltwirtschaftlichen Beziehungen einbezogen und von den Zentren der Weltfinanz durch langfristige Kredite unterstützt zu werden. Anders war der wirtschaftlichen Krise, die sich zu einer politischen Krise ausweitete, nicht mehr beizukommen.

Fast jedem seiner ausländischen Gesprächspartner stellte Gorbatschow die rhetorische Frage (das ging später durch die Presse): »Die Golfkrise kostete die G-7-Staaten 70-100 Milliarden Dollar. Das Geld konnte aufgebracht werden. Warum kann man diese Gelder nicht für die Unterstützung der Perestrojka auftreiben, die zehnmal, wenn nicht gar hundertmal bedeutender ist? Nicht nur als politisches Ereignis, sondern für die Entwicklung der ganzen Welt.« Und er fügte hinzu: »Ich spreche nicht von einem Gnadenbrot oder einer Spende. Wir brauchen eine Unterstützung, die uns erlaubt, die schwierige Etappe zu überwinden und einen neuen Weg einzuschlagen.«

Gorbatschow fragte Mitterrand im Mai bei dessen Besuch in Moskau ganz direkt, ob man ihn zum Treffen der G-7-Staaten einladen würde. Die Idee gärte schon in den Regierungskreisen. Mitterrand erklärte, die Frage würde von Experten diskutiert, die in Hongkong das Londoner Treffen vorbereiteten. Die Meinungen gingen auseinander, aber Frankreich sei für die Einladung.

Gorbatschow sprach auch mit Kohl über dieses Thema. Dieser unterstützte die Idee und versprach, wenn Gorbatschow in London nur als Gast anwesend sein würde, dann wäre er im folgenden Jahr in München als gleichberechtigter Partner dabei.

Das Treffen mit Helmut Kohl am 5. Juli in Kiew spielte eine wichtige Rolle für Gorbatschows Vorbereitung auf den Gipfel in London. Zu dieser Zeit bereitete schon eine kleine Gruppe in der Datscha Wolynskoje die Rede in London vor. Es gab einige Fassungen, aber keine war zufriedenstellend.[7] Kohls Ratschläge halfen uns sehr, den richtigen Ton für die Rede Gorbatschows zu finden und Fragen abschließend zu klären. Gorbatschow sagte zu seinem Freund: »Deine Ausführungen drücken genau meine Gedanken aus. In diesem Stil werde ich meine Rede in London halten.«

Die beiden erörterten das Schicksal der Sowjetunion, die möglichen Folgen ihres Zerfalls, die Meinungen verschiedener sowjetischer und ausländischer Personen zu diesem Thema, die unterschiedlichen Erfahrungen mit dem Föderalismus. Sie sprachen auch über Jelzin und seine bevorstehende Wahl zum russischen Präsidenten, über das Baltikum, über die »Rettung« der sowjetischen Wirtschaft, über die neuen deutsch-sowjetischen Beziehungen als Antriebskraft des europäischen Prozesses und die konkreten Probleme ihrer Beziehungen, beispielsweise den Truppenabzug, und natürlich über aktuelle Themen wie den Konflikt auf dem Balkan und sein Umfeld.

In dieser Zeit entwickelte Gorbatschow den Begriff der Weiterbewegung nach vorne – zur Überwindung der Krise, in der die Perestrojka steckte. Die Bewegung schloß drei voneinander abhängige Grundsätze ein:
1. In der Gesellschaft sollte Einverständnis erreicht werden, unabhängig von politischen Sympathien und in dem Verständnis, daß der Übergang zu neuen Formen des Wirtschaftens nicht schmerzlos sein könne.
2. Radikale Wirtschaftsreformen müßten entschieden durchgeführt werden. Für diesen Grundsatz stand das Antikrisenprogramm, das für den Rest des Jahres 1991 und die ersten Monate des Jahres 1992 geplant war. Es beinhaltete die Stabilisierung der Beziehungen zwischen einzelnen Betrieben und Regionen, die Normalisierung des Finanzsystems, die Aufwertung des Rubels und seine innere Konvertierbarkeit bis Anfang 1992.
3. In der Zusammenarbeit mit anderen Ländern, vor allem den wirtschaftlich mächtigen, sollten neue Formen gefunden werden.

Diese Konzeption wurde im Sicherheitsrat und im Föderationsrat mehrmals diskutiert. Es gab keine Einwände, auch nicht dagegen, daß Gorbatschow auf einer Einladung zum Treffen der G-7-Staaten nach London bestehen wollte.

Dem italienischen Ministerpräsidenten Giulio Andreotti, der sich für Gorbatschows Absichten stark machen wollte, sagte Gorbatschow damals:

»Ohne die Durchsetzung des dritten Grundsatzes, d. h. wenn die Zusammenarbeit mit den westlichen Ländern keinen neuen Charakter annimmt, könnte die Perestrojka krankhafte Übergangsformen ausbilden. Wir müssen eine gemeinsame Vorgehensweise entwickeln, die auf mehrere Jahre angelegt ist. Es geht hier nicht nur um Investitionen, denn die bringen ohne Berücksichtigung der anderen Aspekte des Programms keinen großen Nutzen.«

Gorbatschow sprach mit seinen Partnern auch darüber, daß die überzeugten Patrioten sich wahrscheinlich gegen dieses Vorgehen wenden würden. Sie befürworteten eingeschränkte Zusammenarbeit mit dem Westen und glaubten, das Volk durch den Patriotismus überzeugen zu können. Dabei handele es sich zum einen um die, die alles rückgängig machen wollten (viele aus eigennützigen Gründen), zum anderen um Leute, die nicht imstande seien, sich von der kommunistischen Ideologie zu lösen.

Im Mai telefonierte Gorbatschow viermal mit Bush – auf dessen Initiative. Hauptthemen waren die Klärung der Unstimmigkeiten zum Vertrag über konventionelle Waffen in Europa, der Besuch General Moissejews in Washington[8] und die wirtschaftlichen Zusammenhänge in bezug auf das Treffen der G‾-7-Staaten in London. Für Gorbatschow war es in diesem schwierigen Augenblick wichtig, daß Bush ihm persönlich und politisch Vertrauen schenkte. Ich zitiere aus ihrem Telefongespräch vom 11. Mai 1991:

Bush: »Mir sind die Ziele, die du dir gesteckt hast, bekannt. Wenn der Reformprozeß in der Sowjetunion fortgeführt wird und die Republiken Übereinkünfte treffen, kann ich das nur begrüßen. Es gibt in den Vereinigten Staaten tatsächlich Kreise, die befürworten, daß ich vom Kurs der Zusammenarbeit mit der Sowjetunion abweiche. Ich beabsichtige aber nicht, das zu tun.«

Gorbatschow: »Es freut mich, das zu hören. Ich wiederhole deine Worte, auch für mich ist die Zusammenarbeit zwischen uns beiden sehr wichtig. Wir haben schon viel gemeinsam erreicht. Ich bin überzeugt, daß die weitere Entwicklung der sowjetisch-amerikanischen Beziehungen den nationalen Interessen unserer beider Länder entspricht.

Ich bitte dich zu berücksichtigen, daß wir eine besondere Übergangsperiode erleben, wir suchen neue Formen und finden keine fertigen Schemata vor. Es gibt unterschiedliche Vorstellungen, welcher Weg jetzt einzuschlagen ist. Es ist jedoch offensichtlich, daß diese Periode über-

375

standen werden muß, daß wir unser neues Leben selber gestalten müssen. Dabei müssen wir von anderen Ländern lernen und von ihnen unterstützt werden.

Du mußt verstehen, daß für uns jeder neue Schritt kompliziert ist. Wir wissen vieles noch nicht. Man kann sich bei keiner Maßnahme sicher sein angesichts der Größe unseres Landes und der umfangreichen Veränderungen. Der größte Fehler wäre jedoch, anzuhalten oder gar dem Druck zu weichen und seine Worte zurückzunehmen. Wir müssen jetzt sehr drastische Maßnahmen ergreifen. Unter normalen Umständen könnten viele von ihnen unakzeptabel erscheinen, aber wir haben schwierige Zeiten vor uns. Ich bitte dich, das zu verstehen. Gerade weil die Anforderungen so hoch sind, habe ich mich an dich gewandt. Die politische und freundschaftliche Unterstützung, die wir bisher erhielten, schätze ich sehr. Ich hoffe, daß sie fortgeführt wird.

Wir durchleben gerade einen schwierigen Augenblick, in den nächsten Tagen und Wochen müssen wichtige Entscheidungen getroffen werden.«

Bush sagte in diesem Gespräch offen, daß weder er noch seine Experten daran glaubten, das Antikrisenprogramm könne schnell zur Marktwirtschaft führen. Man müsse weitere Maßnahmen im Sinne der Reform einleiten, die sich direkter an der Marktwirtschaft orientierten. So könne mehr erreicht werden, vor allem durch Kontakte zu internationalen Wirtschaftsorganisationen. Außerdem könne schneller geklärt werden, ob die Sowjetunion einen besonderen Status als assoziiertes Mitglied im Internationalen Währungsfonds und in der Weltbank bekommen werde.

Im Telefongespräch zwischen den beiden zwei Wochen später betonte Gorbatschow, das Programm Pawlows sei ausgearbeitet worden. Es sei geradezu irreführend, es noch nur als »Programm« zu bezeichnen: Alle Republiken würden es unterstützen. Das Programm sehe jetzt harte Maßnahmen gegen die Inflation, Anreize für das Unternehmertum und die Beschleunigung der Privatisierung vor. Deshalb werde es von Gewerkschaften und Parteiorganisationen scharf kritisiert und als gegen das Volk gerichtet und unmenschlich bezeichnet.

Das alles konnte Bush nicht überzeugen. In diesem Gespräch zeigte sich sehr deutlich die Herangehensweise der Amerikaner (im Gegensatz zu den Europäern, die unsere Problematik besser verstanden): Für sie war Marktwirtschaft »amerikanische« Wirtschaft. Wenn zu einer anderen Wirtschaftsform noch das Mißtrauen gegenüber dem, was bis vor kurzem kommunistisch gewesen war, hinzukam, waren sie nicht zu Maßnahmen bereit, die Gorbatschow hätten wirklich helfen können. Obwohl Bush und Baker ihm wirklich Erfolg wünschten.

Bush unterstützte Gorbatschows Idee, Primakow und Jawlinskij (später kam noch Schtscherbakow, der Stellvertreter von Ministerpräsident Pawlow, hinzu) in die USA zu schicken. Sie sollten mit amerikanischen Experten ein Programm ausarbeiten, das die Anpassung der sowjetischen Wirtschaftsreformen an die Weltwirtschaft vorbereitete. So sollte auch eine Teilnahme Gorbatschows am Treffen der G-7-Staaten in London verständlich und akzeptabel werden.

Zum Abschied fragte Bush: »Wie geht es dir gesundheitlich? Reichen deine Kräfte, um mit all diesen Problemen fertigzuwerden?«

Gorbatschow erwiderte: »Noch halte ich durch. Ich freue mich über unser Gespräch, wir haben noch nie so offen gesprochen. Ich wünsche dir und den dir Nahestehenden alles Gute.«

Bush entgegnete: »Ich bin auch froh über das Gespräch. Ich bleibe dein Freund und will das auch in der Praxis beweisen. Ich werde mich für die weitere Zusammenarbeit unserer Länder einsetzen. Es ist mir unangenehm, daß in unserer Presse Artikel erscheinen, in denen du verächtlich gemacht wirst. Vor kurzem habe ich unseren Journalisten eine Rüge erteilt. Ich wünsche dir Erfolg!«

Gorbatschow schloß: »Vielen Dank für diese Worte. In der Frage der sowjetisch-amerikanischen Beziehungen, auch in unseren persönlichen, habe ich eine Wahl getroffen. Ich werde die Politik gegenüber den USA nicht ändern, solange ich auf positive Resonanz stoße.«

Welche Rolle spielte in diesem Kontext Grigorij Jawlinskij? Er hatte schon im Herbst die russische Regierung verlassen, weil er mit ihrer Politik nicht einverstanden war. Er bildete um sich einen Kreis junger Wissenschaftler. Als die Krise der Perestrojka immer deutlicher wurde und die Gespräche von Nowo-Ogarjowo eingeleitet wurden, machte er Gorbatschow einige Vorschläge zur Intensivierung der Beziehung zwischen der sowjetischen Wirtschaft und der Weltwirtschaft. Jawlinskij konnte für sein Projekt die beiden Harvard-Professoren Sachs und Allison gewinnen. Auf Wunsch Gorbatschows traf ich mich mit den dreien. Sie legten ihre Vorstellungen genau dar. Ich versuchte ihnen »im Namen des Präsidenten« beizustimmen. Primakow nahm auf Veranlassung Gorbatschows auch an dem Gespräch teil. Er belehrte die drei, sie hörten amüsiert zu.

377

Die Konzeption der Amerikaner blieb sehr allgemein. Professor Allison hatte jedoch ein gutes Gespür für unsere besondere Situation; er liebt Rußland. Professor Sachs hatte bisher die polnischen Reformer beraten. Er ging sehr nüchtern und sachlich an die Sache heran, ohne zu bedenken, wie sich Menschen in seinem Experiment fühlen würden. Er verheimlichte nicht, daß er die Meinung vieler Amerikaner teilte: Wenn ihr nicht so werdet wie wir, dann gibt es auch keine Dollars.

Mit Jawlinskij zu arbeiten war das reine Vergnügen. Er ist eine gebildete Persönlichkeit, flößt Vertrauen ein und läßt sich nicht durch das Gerede seiner Umgebung verwirren.

»Die Sache ist besser vorbereitet als das Programm der 500 Tage«, notierte ich damals. »Morgen wird Gorbatschow den Entwurf von Jawlinskij, Allison und Sachs dem Sicherheitsrat vorstellen.[9] Jelzin hat ihn schon für gut befunden und das Gorbatschow mitgeteilt. Es gibt zwei Gefahren: Die G-7-Staaten halten den Entwurf nicht für ausreichend marktwirtschaftlich orientiert, oder Gorbatschow schreckt vor zu radikalen Reformen zurück, wie im Herbst mit dem Programm der 500 Tage.«

Ich informierte Gorbatschow über das Gespräch. Er war einverstanden, daß Jawlinskij und seine Leute in der Harvard-Universität arbeiten und sich auch mit Bush, Baker und anderen aus der Regierung treffen sollten. Aber – Primakow und Schtscherbakow müßten dabeisein. Aus der Zusammensetzung der Abordnung (und natürlich aus den Gesprächen) sahen die Amerikaner, daß Gorbatschow sich nicht mit den Konzeptionen Jawlinskijs identifizieren wollte.

Am 21. Juni 1991 war der 50. Jahrestag von Hitlers Überfall auf die Sowjetunion. Am Vortag trat Gorbatschow im Fernsehen auf. Er sprach für die Versöhnung mit den damaligen Feinden. Abends notierte ich (vielleicht eine Vorahnung): »Ein seltsamer Tag, vielleicht ein verhängnisvoller.«

In den letzten Tagen sprachen wir mehrmals mit dem amerikanischen Botschafter Matlock. Bush schlug einen Termin für ein Treffen in London vor, plötzlich verschob er ihn wieder – er machte diplomatische Spielchen. Dann schien alles klar zu sein. Abends um acht Uhr meldete sich wieder die Amerikanische Botschaft. Matlock bat um einen sofortigen Termin beim Präsidenten, er habe eine geheime Mitteilung von Bush zu überbringen.

Ich rief Gorbatschow an. Er sagte: »Komm sofort!«

»Soll ich mitkommen?«

»Auf jeden Fall.«

Zwanzig Minuten später betrat der Botschafter Gorbatschows Arbeitszimmer. Er sah ganz verstört aus. Gorbatschow ging auf ihn zu, nannte ihn »Genosse Botschafter« und fügte hinzu, er habe sich nicht versprochen. Dann umarmte er ihn, und ohne ihn zu Wort kommen zu lassen, lobte er ihn für seinen Einsatz für die sowjetisch-amerikanischen Beziehungen. (Matlocks Zeit als Botschafter ging ihrem Ende zu, der neue Botschafter Strauss wurde schon erwartet.) Matlock war vollkommen verwirrt und hörte Gorbatschows lobende Worte anscheinend gar nicht. Gorbatschow machte weiterhin Komplimente, lächelte und war ganz verzaubert. Schließlich bat er Matlock, sich zu setzen und fragte, warum er gekommen sei. (Ich zitiere nach meinen Notizen. Bei dem Gespräch waren wir nur zu dritt, weil Matlock fließend Russisch spricht.)

Matlock sagte: »Herr Präsident. Ich habe gerade von meinem Präsidenten einen persönlichen geheimen Brief erhalten. Er beauftragte mich, mich sofort mit Ihnen zu treffen und folgendes zu berichten: Die amerikanischen Geheimdienste verfügen über Informationen, daß morgen (21. Juni) versucht werden soll, Sie zu entmachten. Der Präsident hält es für seine Pflicht, Ihnen das mitzuteilen.«

Gorbatschow lachte auf. Ich auch. Matlock wurde verlegen, wahrscheinlich dachte er: Was für einen Unsinn ich da verbreite! Er begann sich zu rechtfertigen: »Ich mußte den Auftrag des Präsidenten ausführen. Ich habe ihm selbst gesagt, daß ich dafür keine Anhaltspunkte sehe und daß die Information wahrscheinlich nicht zutreffend ist.«

Gorbatschow entgegnete: »Das ist tausendprozentig falsch. Aber ich schätze es, daß George mir seine Beunruhigung mitteilt. Wenn eine solche Information auftaucht, muß man seinen Freund davon in Kenntnis setzen. Beruhigen Sie ihn. Aber ich wiederhole: In der Mitteilung sehe ich unsere Beziehungen bestätigt. Wir haben schon großes Vertrauen zueinander entwickelt. Das schätze ich sehr.« Er sprach mit leiser Ironie und war vollkommen überzeugt, eine Art Putsch könne und würde nicht stattfinden.

Dann wurde Gorbatschow gesprächig: »Wissen Sie, Gespräche über einen Umsturz sind bei uns denkbar. Sie sehen ja, was passiert. Im Volk wird die Tendenz zu Einverständnis und Beruhigung größer. Die Zusammenarbeit zwischen Jelzin und Gorbatschow entwickelt sich. Der Unionsvertrag und die Teilnahme am Treffen der G-7-Staaten, d. h. die Integration in die Weltwirtschaft stehen bevor. Das wird in der Gesellschaft befürwortet. Die Wahl Jelzins zum Präsidenten der russischen Föderation am 12. Juni bestätigt das. Die Menschen lehnen den Konfrontationskurs und seine Vertreter ab. Aber es gibt Kräfte, auch im Parlament (obwohl nicht die ganze Sojus-Fraktion aus diesen Leuten besteht), die diese neuen Tendenzen zum Scheitern bringen wollen. Sie schließen sich zusammen und überlegen, wie der Gesundungsprozeß gestört werden könne. Ich schließe nicht aus, daß sie solche Gespräche führen, wie sie Ihr Agent gehört hat.«

Matlock ging schnell wieder weg, um den Antwortbrief zu schreiben. Gorbatschow lobte Bush für seine Aufmerksamkeit, seine präzisen Formulierungen und seinen menschlichen Anstand. Dabei lächelte er über die Vertrauensseligkeit und Gutgläubigkeit der Amerikaner. Plötzlich wechselte er das Thema: »Gestern abend hat mich Primakow angerufen. Er sagte, ich solle besser aufpassen. Ich würde dem KGB und meinem Sicherheitsdienst zu sehr vertrauen. Er ist wirklich ein Panikmacher. Ich habe ihm gesagt, er solle sich beruhigen und nicht solche Panik verbreiten.«

»Primakow ist keiner von denen«, entgegnete ich. »Nicht nur er macht sich Sorgen. Gestern kam der Stellvertreter Arbatows zu mir. Zu ihm waren einige bekannte Offiziere der Vereinigung ›Schtschit‹ [›Schild‹: gesellschaftliche demokratische Organisation, in die auch einige Militärs, die Volksdeputierte sind, eingetreten sind] gekommen. Sie hatten bei den Moskauer Einheiten der Armee verdächtige Bewegungen von Truppen bemerkt. Vielleicht hat das Bushs Besorgnis ausgelöst?«

»Warum hast du mir das nicht früher gesagt?«

»Ich habe es nicht geglaubt.«

»Du hattest wohl Angst, als Schwätzer dazustehen.«

Ich glaube, diese Signale haben Gorbatschow durchaus zu denken gegeben. In seiner Rede vor dem Obersten Sowjet, die dem Auftritt Krjutschkows, Pugos und Jasows folgte, ließ er seiner ganzen Wut und Sorge freien Lauf. Dieser Auftritt erregte seinen Zorn noch lange, abends rief er mich an und schimpfte »über diesen Abschaum und dieses Gesindel«.

Die Beunruhigung zwischen Washington und Moskau war mit dem Besuch Matlocks noch nicht beendet. In der Nacht zum Sonntag (23. Juni) rief Bush selber an. Ich wurde aus dem Empfangszimmer des Kreml angerufen und gefragt, ob das Gespräch an Gorbatschow weiterzuleiten sei. Selbstverständlich bejahte ich das. Gorbatschow war zu dieser Zeit in seiner Datscha. Es war Mitternacht, und er und seine Frau gingen um diese Zeit gewöhnlich spazieren. Als sie zurückkamen, wurde ihnen von dem Anruf berichtet. Gorbatschow ließ sich sofort mit dem Weißen Haus verbinden, aber Bush war schon wieder anderweitig beschäftigt. Er hatte eine Depesche geschickt. Am nächsten Morgen wurde ich um sechs Uhr wieder angerufen: »Die Depesche ist angekommen. Was sollen wir tun?«

»Sofort zur Datscha schicken«, antwortete ich.

Gorbatschow erhielt die Depesche jedoch erst um neun Uhr, nachdem er aufgestanden war. Als er ins Büro kam, erteilte er den Verantwortlichen, vor allem Boldin und Krjutschkow, einen Verweis. Boldin versuchte sich zu rechtfertigen. (Ich konnte das Gespräch über die Sprechanlage mithören.) Er begann zu lügen und behauptete, über das Rote Telefon (für das er zuständig war) habe es keine Anfragen gegeben. Daraufhin las Gorbatschow ihm aus Bushs Depesche vor, daß die Amerikaner versucht hätten, ihn über das Rote Telefon zu erreichen. Er sagte nur: »Ich kläre das und werde veranlassen, daß die Verantwortlichen bestraft werden.« Boldin befahl er, endlich die Sekretäre, die im Empfangszimmer arbeiteten, zu entlassen. »Wie oft habe ich das schon gesagt. Einer von ihnen nennt mich immer noch Leonid Iljitsch (Breschnew)!« (Ich prustete in den Hörer.)

Auch ich sollte etwas abkriegen, aber ich entgegnete, daß ich sofort gesagt hätte, der Diensthabende solle ihn anrufen und wecken. Gorbatschow sah das ein, bat mich aber, in solchen Fällen künftig selber anzurufen. Er schämte sich für unsere Technik und unsere Diensthabenden. Er fragte mich: »Soll ich Bush selber anrufen?«

»Natürlich.«

»Wieviel Uhr ist es jetzt bei ihnen? Sagen wir um 17 Uhr unserer Zeit, dann ist es bei ihnen 9 Uhr, stimmt's? Bereite das bitte vor.«

Die beiden führten ein interessantes Gespräch, in dem natürlich als erstes die nächtlichen Ereignisse besprochen wurden. Bush wollte Gorbatschow vor allem seine Eindrücke von Jelzins USA-Besuch mitteilen. Ich zitiere einige wichtige Ausschnitte:

»Jelzin ist gerade hier, er steht unserem Gespräch wohlwollend gegenüber. Du weißt wahrscheinlich, daß er hier gesagt hat, er unterstütze deine Bemühungen. Mir schien es nützlich, darüber mit dir zu sprechen.«

»Bist du zufrieden mit dem Gespräch mit ihm?«

»Ja, mehr als bei unseren bisherigen Kontakten. Als er jetzt kam, hatte er durch demokratische Wahlen große Unterstützung bekommen. Das ist für uns sehr wichtig. Wir hören gerne, wenn er öffentlich und in privaten Gesprächen sagt, daß er mit dir zusammenarbeiten will. Früher hat es mich beunruhigt, daß eure Meinungen so auseinandergingen. Das konnte auch uns in unangenehme Situationen bringen.

Wie dir hoffentlich unser Botschafter mitgeteilt hat, unterstreiche ich ihm gegenüber, daß du in grundsätzlichen und politischen Fragen mein Ansprechpartner bist. Mit dir arbeite ich zusammen. Es ist mir ein Vergnügen, mit dir als dem Präsidenten der Sowjetunion zusammenzuarbeiten ...

Ich möchte noch einmal sagen, daß Jelzin hier in keinster Weise Schwierigkeiten für das Zentrum stiftet. Man muß ihm Gerechtigkeit widerfahren lassen: Er macht den Eindruck, als wolle er mit dir als Mensch und als Politiker zusammenarbeiten. Die Befürchtungen, der Besuch Jelzins könne Differenzen zwischen euch betonen, haben sich als falsch erwiesen. Die amerikanische Presse würdigt diese Tatsache und schreibt, Jelzin verhalte sich richtig. Ich bin auch der Meinung, daß er deine Position in keinster Weise untergräbt.«

»Dazu kann ich folgendes sagen: Ich habe in Jelzins Verhalten in letzter Zeit eine konstruktive Tendenz entdeckt und darauf entsprechend reagiert. Ich befürworte eine stärkere Zusammenarbeit zwischen uns, von meiner Seite steht dem nichts im Wege. Unser Bruder setzt sich natürlich manchmal dem Druck anderer aus. Es ist wichtig, daß Jelzin, egal woher der Druck kommt, seine eigene Position beibehält.«

Versprechungen auf dem G-7-Gipfel in London

Vor Beginn des Treffens der G-7-Staaten in London frühstückten die beiden Staatsmänner am 17. Juli in der amerikanischen Botschaft. Baker, Bessmertnych, Scowcroft, Schtscherbakow, Brady und ich waren ebenfalls anwesend. Zuerst erzählten wir Anekdoten, um miteinander warm zu werden, aber dann stellte Gorbatschow seinem Freund George mit unüberhörbarer Angriffslust eine philosophische Frage:

»Meines Wissens ist der Präsident der USA ein gründlicher Mensch.

Seine Entscheidungen sind politisch begründet und nicht improvisiert. Durch diese Entscheidungen konnten wir im Bereich der Sicherheitspolitik schon viel erreichen. Gleichzeitig habe ich den Eindruck, mein Freund, der Präsident der USA, habe auf eine wichtige Frage noch keine endgültige Antwort gefunden. Wie soll die Sowjetunion nach den Vorstellungen der USA aussehen? Solange diese Frage unbeantwortet bleibt, werden verschiedene Fragen unserer Beziehung nicht geklärt werden können. Und die Zeit läuft uns davon.«

Bush machte eine saure Miene und errötete. Er überspielte seine Erregung, indem er einfach weiteraß. So fuhr Gorbatschow fort:

»Und ich frage: Was erwartet George Bush von mir? Wenn mir nachher, beim Treffen der G-7-Staaten, meine Kollegen sagen, daß ihnen gefällt, was ich tue, und daß sie mich unterstützen wollen, einstweilen solle ich jedoch zuerst in meinem Kessel kochen, dann werde ich antworten, daß das doch die Suppe aller ist. Es ist doch seltsam: 100 Milliarden Dollar wurden für einen regionalen Konflikt bereitgestellt. Auch für andere Programme kann Geld beschafft werden. Aber hier geht es um ein Projekt wie die Veränderung der Sowjetunion, darum, daß sie eine neue Qualität erhält, zu einem Teil der Weltwirtschaft wird, daß sie nicht mehr eine entgegenwirkende Kraft und die mögliche Quelle von Bedrohungen ist. So eine Aufgabe gab es noch nie.«

Als Gorbatschow fertig war, hatte Bush sich gefaßt. Er anwortete kalt und abweisend:

»Offensichtlich habe ich meine Politik nicht genau genug dargestellt, wenn Zweifel daran aufkommen, wie wir die Sowjetunion sehen wollen. Wir wollen, daß sie ein demokratischer Staat mit Marktwirtschaft ist, der in die westliche Wirtschaft integriert wird ... daß die Frage der Föderation zwischen Zentrum und Republiken erfolgreich entschieden wird ... Bei uns sind nicht alle mit meiner Vorgehensweise gegenüber der Sowjetunion einverstanden. Das schafft verschiedene praktische Probleme, auch in den wirtschaftlichen Beziehungen ... Wir wünschen der Sowjetunion keinesfalls eine wirtschaftliche Katastrophe. Wir sind wegen Ihrer Probleme nicht schadenfroh ... Der Niedergang der Sowjetunion liegt nicht in unserem Interesse. Sie verdient unsere Achtung. Vielleicht habe ich unseren Kurs und meine Loyalität Ihnen gegenüber nicht deutlich genug dargelegt, aber genau das ist mein Kurs.«

Die verbindlichen Worte lösten die Spannung ein wenig. Bush hatte auch darauf angespielt, daß wir immer noch versuchten, unsere Waffensysteme zu vervollkommnen. Gorbatschow berichtete, der Kauf von Waffen sei um 30 Prozent zurückgegangen, in einigen Bereichen sogar auf ein Drittel oder Viertel reduziert worden. Er bat darum, sich in seine Lage zu versetzen. Im militärischen Bereich habe sich die Industrie am besten entwickelt, dort seien die besten Arbeiter, Ingenieure und Wissenschaftler. Sie alle seien davon schwer betroffen. Das belaste auch die Armee, in der ebenfalls schwierige Prozesse abliefen.

Ich habe niemals verstanden, warum Gorbatschow diese Fragen gestellt hatte. Die Antwort war doch von vornherein klar. Er hatte das auch schon im kleinen Kreis gesagt. Ich kann zwei Erklärungen anbieten: Entweder waren die Meldungen Krjutschkows und der Militärs, gegenüber denen er skeptisch war, nicht folgenlos geblieben und bestärkten ihn in dem Verdacht, die amerikanische Regierung arbeite gegen ihn. Oder er war wirklich der Meinung, seine Offenheit und Bereitschaft, neue Beziehungen zu den USA zu schaffen, werde nicht angemessen gewürdigt. In Washington, sagte er, berufe man sich auf Gesetze und Rechte und geize mit Privatkapital, über das die Regierung gar nicht verfügen könne.

Provokative Fragen konnten Gorbatschows Image bei Bush und Baker nicht verbessern, im Gegenteil, sie zeigten seine Schwäche angesichts der Situation im Land. Die menschlich geradlinigen und vertrauensseligen Amerikaner konnten nicht verstehen, was Gorbatschow mit diesem Spiel erreichen wollte. Aber die Würfel waren bereits gefallen, die Entscheidung war in Malta getroffen worden.

Nach dem Frühstück gingen Bush und Gorbatschow mit ihren Mitarbeitern und Übersetzern ins Nebenzimmer. Eine heikle Frage stand an: Verfügte die Sowjetunion über biologische Waffen? Die Frage stand schon länger im Raum. Sie wurde bereits in Camp David angesprochen. Auch Baker und Bessmertnych sprachen schon mehrfach darüber. Major und Bush schickten Gorbatschow Briefe zu diesem Thema, und ihre Botschafter wandten sich deshalb an mich. Gorbatschow antwortete Bush am 9. Juli in einem Brief, in dem er die Ergebnisse einer Untersuchung wiedergab.

Der Verdacht, wir würden das Verbot bakteriologischer und toxikologischer Waffen nicht beachten, war beim Besuch amerikanischer und englischer Experten im Januar 1991 bestärkt worden. Sie hatten vier Labors besucht, in denen mikrobiologische und andere biologische Wirkstoffe und Gifte hergestellt wurden. Sie konnten zwar nicht alle Bereiche der Betriebe einsehen, aber mit den Mitarbeitern sprechen, fotografieren und Proben entnehmen. Die Höhe der Produktion und die Anzahl der Beschäftigten beunruhigten sie.

Gorbatschow wies jeglichen Verdacht zurück. Er vertrat die Ansicht, die Ergebnisse der Untersuchungen seien falsch interpretiert worden. Außerdem sei der Unterschied zwischen der Produktion von solchen Waffen und von Medikamenten gegen sie sehr gering. Das gelte auch für zahlreiche pharmazeutische und landwirtschaftliche Produkte. Er schlug konkrete Maßnahmen zur Einhaltung der Konvention und zur gegenseitigen Kontrolle vor.

Das Gespräch zwischen den beiden Präsidenten war freundschaftlich, aber dezidiert: »Ich habe deinen Brief erhalten, Michail. Ich weiß nicht, was los ist. Interpretieren wir irgend etwas falsch, oder verstehen eure Leute es nicht richtig? Unsere Experten sind weiterhin beunruhigt. Ich finde mich da schwer zurecht.«

»Ich habe diese Fragen jetzt geklärt, George. Ich kann dir mit Bestimmtheit sagen: Wir produzieren keine biologischen Waffen. Ich habe einen Bericht zu diesem Thema angefordert. Der Bericht wurde vorbereitet, er wurde von einigen, auch dem Verteidigungsminister, unterschrieben. Ich habe dir den Inhalt des Berichts geschildert. Ich schlage vor, daß wir die Sache endgültig klären.«

»Dafür bin ich auch. Wenn unsere Leute sich täuschen oder mich in die Irre führen, dann werden sie mich kennenlernen. Aber wir brauchen Klarheit. Vielleicht kann ein weiteres Treffen der Experten weiterhelfen.« (Die ganze Erörterung bekam später eine besondere Nuance. Als Jelzin im Mai 1992 in den USA seinen zweiten Besuch als Präsident Rußlands absolvierte, erklärte er, er werde jetzt die Wahrheit über die sowjetische Rüstung sagen, bisher sei nur gelogen worden.)

Anläßlich der Diskussion über die biologischen Waffen fragte ich Gorbatschow, ob er ausschließen könne, daß er nicht selbst betrogen würde. Bei der Radarstation von Krasnojarsk und in einigen anderen Fällen sei er doch falsch informiert worden. Er behauptete kategorisch, daß er Bescheid wisse, erinnerte sich jedoch an ein witziges Gespräch mit Mitterrand. Sie besuchten gemeinsam das Raumfahrtzentrum bei Moskau, das damals höchster Geheimhaltung unterlag. Der französische Präsident fragte, ob Gorbatschow keine Spionage befürchte. Gorbatschow antwortete: »Wenn Sie mich in ein entsprechendes Objekt lassen würden, käme garantiert nichts heraus. Denn ich verstehe von dieser Wissenschaft und Technik genauso wenig, wie Sie hier sehen können.«

Es ging hier also um das Vertrauen auf allen Machtebenen und in wechselseitigen Abhängigkeiten. Aufgrund meiner Kenntnis von Gorbatschows Charakter und seiner Beziehung zu Bush schließe ich Arglist von seiner Seite vollkommen aus. Im diesem konkreten Fall habe ich auch nicht den Eindruck, daß die Generale ihn betrogen haben.[10] Das wäre auch vollkommen unsinnig gewesen: Bis vor ein oder zwei Jahren war die Nutzbarmachung von Massenvernichtungswaffen ohne Entscheidungen auf höherer Ebene undenkbar. Anderweitige Spekulationen sind allenfalls den Gehirnen von Thriller-Autoren entsprungen.

Daß die amerikanische Regierung hier skeptisch war, zeigen Bushs abschließende Worte in dem Gespräch über biologische Waffen: »Weißt du, bei diesem Gespräch mußte ich über etwas nachdenken. In den USA stellen sich viele die Frage: Kann Gorbatschow dem Druck von rechts, vom KGB und von den Militärs standhalten und wie? Wir meinen, daß es angesichts dieser Kräfte schwierig ist, das Gleichgewicht aufrechtzuerhalten.« Das sagte er ungefähr einen Monat vor dem Putsch, unter dem Eindruck der skandalösen Auftritte Krjutschkows, Pugos und Jasows, die jedoch weder im Westen noch bei uns als Anzeichen für eine Verschwörung interpretiert wurden.

Die Versammlung der G-7-Staaten wurde faktisch zum Treffen der Führer der Großmächte mit dem Präsidenten der Sowjetunion. So wurde sie von der politischen Welt und der internationalen Presse interpretiert. Mir schien es, die Teilnehmer hatten selber nicht mit der Zufriedenheit gerechnet, die am Ende des Tages aufkam. Mitterrand, Mulroney, Andreotti und Kaifu[11] trafen sich einzeln mit Gorbatschow und versprachen ihm, über die gemeinsam beschlossenen Hilfen hinaus Unterstützung auf der Basis bilateraler Verträge zu leisten. Ich war bei allen Gesprächen anwesend und konnte alles beobachten.[12]

Ein allgemeines Fazit zog der britische Premierminister John Major bei der abendlichen Pressekonferenz:

»Das Ergebnis unseres Gesprächs ist die allgemeine Absicht, zusammenzuarbeiten, um die Integration der Sowjetunion in die Weltwirtschaft zu unterstützen.

Was haben wir besprochen?

Erstens wollen wir der Sowjetunion einen besonderen assoziierten Status in den internationalen Wirtschaftsorganisationen (Internationaler Währungsfonds und Weltbank) als Schritt der Integration in diese Strukturen ermöglichen …

Zweitens bitten wir alle internationalen Wirtschaftsorganisationen, mit der Sowjetunion enge Zusammenarbeit aufzunehmen und ihr beim Übergang zur Marktwirtschaft beratend zu helfen.

Drittens beabsichtigen wir der Sowjetunion technisch zu helfen und die Zusammenarbeit bei der Durchführung von Projekten im Bereich der Energietechnik, Konversion, Produktion und des Transports zu intensivieren ...

Fünftens wird dieses Treffen nicht das einzige bleiben. Es ist der Beginn eines Prozesses. Deshalb haben wir folgenden Mechanismus geschaffen: Der jeweilige Vorsitzende der G-7-Staaten wird mit der Sowjetunion engen Kontakt halten. Ich werde deshalb als Vorsitzender der G-7-Staaten bis Ende diesen Jahres die Sowjetunion besuchen und den anderen Teilnehmern von der dortigen Lage berichten. Im folgenden Jahr wird Kanzler Kohl diese Funktion übernehmen.

Schließlich haben wir uns darauf geeinigt, daß unsere Finanz- und Wirtschaftsminister dieses Jahr die Sowjetunion besuchen. Sie werden konkrete Fragen zur wirtschaftlichen Umgestaltung der Sowjetunion und zu unserer Mitwirkung an der Integration der Sowjetunion in die Weltwirtschaft besprechen.

Ich möchte Präsident Gorbatschow gerne bitten, seine Meinung zu unseren Ergebnissen zu äußern.«

»Ich denke, ein äußerst wichtiger politischer Dialog hat stattgefunden«, erklärte Gorbatschow. »Das Treffen der Regierungschefs, die sich hier geäußert haben, gab die Möglichkcit, die Mitwirkung an der Perestrojka zu definieren. Die Sache hat damit natürlich noch nicht ihr Bewenden, das ist erst der Anfang der Einbeziehung unseres Landes in die Weltwirtschaft. Ich möchte mich bei dieser Gelegenheit bei allen Teilnehmern bedanken, vor allem beim Vorsitzenden, der in dieser wichtigen Etappe die Koordinierung übernimmt. Meine Reaktion auf die von Ihnen genannten sechs Punkte ist natürlich positiv. Ich möchte Ihnen allen nochmals danken.«

Am 1. August reiste der britische Finanzminister Lamont wie vereinbart nach Moskau. Er besprach mit Regierungsmitgliedern und Spezialisten die weiteren Maßnahmen. Gorbatschow und er führten ein langes Gespräch.

Direkt nach dem Putsch (am 1. September) machte Major selbst einen kurzen Besuch in Moskau (auf dem Weg nach China). Ich war bei dem Gespräch anwesend, aus dem klarwurde, daß der britische Premierminister beschlossen hatte, uns zu helfen und gewissenhaft auszuführen, was in London besprochen worden war. Gorbatschow und Major schlossen in diesen Abendstunden Freundschaft.

Den Entscheidungen der G-7-Staaten entsprechend, traf Gorbatschow sich im Herbst mit dem kanadischen Minister Wilson, mit den Vizepräsidenten der EG-Kommission Christophersen und Andriessen, mit dem amerikanischen Finanzminister Brady, der von seinem Stellvertreter und dem Notenbankpräsidenten Greenspan begleitet wurde, und mit den Vertretern der G-7-Staaten, die einige Tage lang mit Silajew und Vertretern der Republiken Fragen zu Krediten und der Durchführung der Hilfeleistungen besprachen.

Schließlich unterschrieb kein geringerer als Präsident Gorbatschow zusammen mit dem Generaldirektor des IWF Camdessus das Eintrittsprotokoll der Sowjetunion in den Internationalen Währungsfonds. Das Dokument wird übrigens bei der Gorbatschow-Stiftung aufbewahrt.

Die Abrüstung kann beginnen

Bevor Präsident Bush Ende Juli die Sowjetunion besuchte, mußten die Verhandlungen zum START-Vertrag (Vertrag zum Abbau strategischer Rüstung) abgeschlossen werden, der in Moskau unterzeichnet werden sollte. Wie beim Vertrag über die konventionellen Waffen waren unsere Generale übergenau und brachten ihre amerikanischen Verhandlungspartner damit zur Weißglut. Am 6. Juli bereiteten wir in der Datscha Wolynskoje-II den Text für London vor. Plötzlich rief US-Botschafter Matlock mich an. Er hatte einen dringenden Brief von Bush. Gorbatschow sagte, er solle zur Datscha kommen. Wir waren zu dritt im Arbeitszimmer, Matlock gab den Inhalt des Schreibens wieder, ich las den englischen Text mit, der nach meiner Erinnerung folgendermaßen lautete:

»Michail! Wenn Du noch daran glaubst, daß wir bei meinem Besuch den START-Vertrag unterzeichnen können, dann sollen Bessmertnych und Moissejew sofort, am 11., nach Washington kommen, aber ... mit Vollmachten ...«

Gorbatschow versprach Matlock, innerhalb von zwei Tagen zu antworten. Der Botschafter ging, Gorbatschow rief Bessmertnych und Jasow an und beauftragte sie mit der Lösung des Problems.

Ich sagte damals zu Gorbatschow: »Das wird wieder hinausgezögert werden. Da wiederholt sich die Posse bei den konventionellen Waffen. Wir werden doch sowieso nachgeben. Und das ist richtig so. Es wird keinen Krieg geben, das glauben wir doch alle. Wenn Sie wirklich nach London fahren, um dort die Integration der Sowjetunion in die Weltwirtschaft einzuleiten, welche Bedeutung hat dann die idiotische Fernmessung oder die Zahl der Sprengköpfe einer Rakete?! Das sind Spielchen von vorgestern!«

»Du bist ungeduldig, genauso wie Eduard (Schewardnadse) immer war ... Der hat auch immer alle gehetzt. Aber hier handelt es sich um Verträge. Sie haben ihre eigenen Spielregeln: Wenn du mir das gibst, gebe ich dir jenes.«

»Was heißt Spielregeln! Die Zeit läuft uns davon! In einer Woche treffen Sie Bush in London. Was sagen Sie ihm? Wozu dieses Theater der Generale?«

»In Ordnung.« (Da war wieder dieses alles erklärende und beschließende »in Ordnung«.)

Die Minister und Führer des Generalstabs fuhren tatsächlich am geplanten Tag, und alles wurde geklärt. Innerlich brummte ich: Warum wieder ein Triumph für Moissejew. Es war wie im Mai. Solange Gorbatschow nicht selbst nach Washington fuhr, um die Dinge auf höchster Ebene zu regeln, funktionierte nichts. Und das, obwohl gerade Moissejew und seine Leute die normale Arbeit mit den Amerikanern sabotierten.

Am 30. Juli kam Bush in Moskau an. Zuerst trafen sich die beiden Präsidenten unter vier Augen, später mit ihren Begleitern. Außer den offiziellen Mitarbeitern war auch Nasarbajew anwesend, der sich sehr für die Zusammenarbeit mit der Firma Chevron im Bereich der Erdölindustrie einsetzte.

Gorbatschow charakterisierte die Lage im Land sehr genau und recht optimistisch. Er erklärte, die Gesellschaft werde auf die bevorstehenden sehr wichtigen und dramatischen Schritte ruhig reagieren. Er sah drei Hauptaufgaben: die Unterzeichnung des Unionsvertrags, die Stabilisierung der Finanzen und die Förderung der Privatisierung von Betrieben.

Er sagte, er habe sich am Vortag mit Jelzin und Nasarbajew in Nowo-Ogarjowo getroffen. Zwei Schlußfolgerungen könne man aus ihrem Treffen ziehen: Die Wahlen des Parlaments und die Verabschiedung der Verfassung sollten nicht übereilt werden. Die Reformen jedoch sollten schneller durchgeführt werden. Das beinhalte auch die Freigabe der Preise und die Konvertierbarkeit des Rubels. Er betonte erneut die Notwendigkeit sofortiger und spürbarer Wirtschaftshilfen, wobei er sich auf das Treffen der G-7-Staaten in London berief.

Bush versicherte Gorbatschow, daß sie sich entschieden hätten, ihn zu unterstützen. Er wolle, daß das in der Sowjetunion und in Europa alle wüßten. Er beklagte, daß man ihm und Baker anfangs vorgeworfen habe, sie zögerten bei den Beziehungen zur Sowjetunion. Jetzt habe die Presse ihre Meinung geändert und schreibe »Bush liebt Gorbatschow fast genauso wie Margaret Thatcher«. Man dürfe nicht zulassen, fügte Bush jedoch hinzu, daß die Presse entscheidenden Einfluß auf so wichtige Beziehungen – die Beziehungen zwischen Ländern – nehme.[13] Gorbatschow teilte diese Meinung.

Die wichtigsten Gespräche zwischen den beiden Präsidenten fanden in Nowo-Ogarjowo statt. Bush stellte sich die Datscha als ein sowjetisches Camp David vor. Er und Gorbatschow hatten noch in London abgesprochen, zumindest einen Tag außerhalb Moskaus zu verbringen, um in entspannter Atmosphäre wichtige Fragen zu besprechen.

Wir fuhren morgens los: Baker und Scowcroft, Bessmertnych und ich, Palschtschenko und Dima (der amerikanische Übersetzer, ein emigrierter Russe). Bush kam zu Fuß von dem Haus, in dem man ihn auf dem Gebiet von Nowo-Ogarjowo untergebracht hatte. Im Hauptgebäude warteten schon Gorbatschow, Raissa und die anderen.

Die unterschiedlichsten Themen wurden auf der sonnigen Veranda und bei den Spaziergängen diskutiert: der Nahe Osten, Abrüstung einschließlich der chemischen und biologischen Waffen, Angola, Südafrika, Osteuropa und natürlich Kuba. Über den Konflikt zwischen Indien und Pakistan wurde offen und voller Besorgnis gesprochen. Die atomare Gefährdung spielte dabei auch eine Rolle. Sehr genau wurden die Stellung Chinas und die Beziehung der beiden Supermächte zu Japan analysiert. Als roter Faden zog sich die zukünftige Stellung Europas im Kontext der Weltpolitik durch die Gespräche. Auch das Baltikum kam zur Sprache. Ausgelöst wurde diese Erörterung von der Nachricht, daß es an der Grenze zwischen Weißrußland und Litauen zu blutigen Zusammenstößen gekommen sei. Die Information erhielt bezeichnenderweise nicht Gorbatschow als erster, sondern Baker. Bush wiederholte das, was er Gorbatschow schon früher zu diesem Thema gesagt hatte: »Laßt das Baltikum austreten, dann wird es einfacher.«

Neben der Erörterung von Fragen wurden natürlich auch einige gemeinsame Schritte besprochen. Gorbatschow schlug vor, eine neue Konzeption zur strategischen Stabilität im globalen Maßstab zu entwickeln. Die bisherige Grundlage, das atomare Gleichgewicht beider Supermächte, habe ihren Sinn und ihre Bedeutung verloren. Der Dialog wurde von den Präsidenten geführt, aber auch die anderen mischten sich ab und zu ins Gespräch ein: Das ähnelte überhaupt nicht mehr den früheren Unterredungen, ja nicht einmal einem offiziellen Essen. Es war eher ein gemeinsames Nachdenken. Nichts erinnerte an das frühere Tauziehen. Es ging um die Bildung einer für die Welt gültigen Politik, um Partnerschaft, aber nicht mehr nur im rhetorischen, sondern im wirklichen Sinne des Wortes, um die praktische Zusammenarbeit bei *gemeinsamen* Zielen in allen anstehenden Fragen. Ich habe kein einziges Mal bemerkt, daß einer der beiden seine Interessen besonders hervorgehoben hätte. Die eigenen Interessen waren der Konfliktlösung und der Abstimmung von Vorgehensweisen untergeordnet.

Darin sehe ich ein enormes moralisches und politisches Kapital für die Zukunft. Thatcher, Kohl, Mitterrand, González, Major und andere haben mitgeholfen, dieses Kapital zu bilden. Am schwierigsten war es für Bush und vor allem für Gorbatschow als Initiator dieser Entwicklung. Die beiden regierten die Mächte, die die Weltpolitik im Zeitalter der Konfrontation und des Kalten Krieges weitgehend bestimmt hatten. Es war ihre Aufgabe, diese Politik zu beenden. Aber sie machten nicht nur das, sondern zeigten beispielhaft, wie in der neuen Politik gemeinsam gehandelt werden kann. Ihr Treffen in Nowo-Ogarjowo ist zum Symbol für diese Veränderung geworden.

Es ist ein großer Verlust[14], daß die gemeinsame Arbeit Bushs und Gorbatschows durch den Putsch und seine Folgen zerstört wurde. (Eine Ausnahme war ihr gemeinsamer Vorsitz bei der Eröffnung der Nahostkonferenz in Madrid Ende Oktober.) Gerade in dieser Übergangsperiode der internationalen Gemeinschaft in eine neue Epoche wäre ihre Arbeit besonders wichtig gewesen.

»Gorbatschow
hat den Marxismus-Leninismus besiegt«

Am 11. Juni hielt er in Oslo seine Nobelpreisrede. Von der Reaktion an die Verleihung des Preises blieben ihm nur unangenehme Erinnerungen. Dabei mischte sich die wachsende Mißgunst gegenüber Gorbatschow mit der ideologischen Feindseligkeit eines bestimmten Teils der Bevölkerung gegenüber dem Nobelpreis. Bunin, Landau, Solschenizyn und Sacharow gehörten zu den Dissidenten. Die Ehrungen für sie wurden als Provokation während des Kalten Kriegs empfunden. (Die Verleihung des Nobelpreises an Scholochow wurde als die Regel bestätigende Ausnahme angesehen.) Auch Gorbatschow konnte zunächst den Wert der Verleihung nicht ganz einschätzen – aufgrund der eben genannten Umstände. Trotz des Neuen Denkens und dem Wunsch, das Land in die zivilisierte Welt zurückzuführen, konnte er noch nicht alle in jener Welt wichtigen Konventionen akzeptieren. Auch persönliche Gründe spielten eine Rolle: Er verspottete und verachtete Orden und Ehrungen grundsätzlich, denn sie waren unter Breschnew in Verruf geraten.

Das alles erklärt, warum er im November nicht selbst nach Oslo fahren wollte, um den Preis entgegenzunehmen. Er entschied sich auch lange nicht für einen Termin, an dem er seine Rede halten sollte. Dann wurde Anfang Mai genannt, aber er verschob den Termin nochmals. Schließlich wurde der 11. Juni festgelegt – einen Tag vor Ablauf der Frist, innerhalb derer die Preisträger ihre Rede halten mußten. (In der Geschichte des Nobelpreises gab es nur zwei Fälle, in denen der Termin aus besonderen Gründen versäumt wurde.)

Die wirkliche Bedeutung des Nobelpreises für ihn, den »Mann des Jahres« oder den »Menschen des Jahrzehnts« (nach Einschätzung der *Times*) erkannte er erst bei der Vorbereitung seiner Rede und natürlich bei dem Festakt in Oslo, als die Aufmerksamkeit aller Welt auf ihn gerichtet war.

Die Rede fand in der internationalen Presse ein wohlwollendes, zum Teil auch begeistertes Echo. Wie zu erwarten, wurde sie von der sowjetischen Presse totgeschwiegen. Die Rede hatte auch praktische Folgen: Nach Informationen von Botschaftern und Artikeln seriöser ausländischer Zeitungen gab der Auftritt in Oslo, der einem Schwur auf Demokratie und Humanismus gleichkam, den Ausschlag für die Einladung nach London. Man vertraute ihm stärker, daß er wirklich Marktwirtschaft einführen wollte.

Ich wage zu behaupten, daß er sich mit dieser Rede von seinen marxistisch-sozialistischen Überzeugungen löste. Man könnte einwenden: Gorbatschow hat doch noch nach dem Putsch seine (und des Volkes) Entscheidung für den Sozialismus betont... Aber von Ergebenheit konnte nicht mehr die Rede sein, nur noch von Sturheit (»Ich ändere meine Meinung doch nicht je nach Konjunktur.«) und einer falschen politischen Geste, weil er nach wie vor mit der Unterstützung von Millionen Anhängern des Sozialismus rechnete.

Ich konnte seine Äußerungen, die sozialistische Idee habe ihren Ursprung im Christentum und sei im ewigen Streben des Menschen nach Gerechtigkeit und Gleichheit begründet, nie ernst nehmen. Damit wollte er der Idee nur die grausame Verbindung zum Marxismus-Leninismus nehmen. Genauso falsch war seine Gleichsetzung (die faktisch ein Austausch war) sozialistischer Werte mit allgemein menschlichen. Die sozialistische Idee, wie auch ihre Bewegung und die dazugehörigen Parteien haben eine bestimmte politische Adresse gehabt und stehen für eine *politische* Erscheinung. Wenn man von diesen Vorstellungen ausgeht, war Gorbatschow ab 1990 kein Sozialist mehr. Das sozial-demokratische Programm, das im Sommer 1991 für einen außerordentlichen Parteitag der KPdSU (für Herbst 1991 geplant) vorbereitet wurde, war nur ein taktischer Schritt, um der Partei die demokratischen Mitglieder zu erhalten. Mit der Weltanschauung der Parteimitglieder, auch der aktiven, hatte das nichts mehr zu tun. Es ist unwichtig, was sie in bestimmten Fällen proklamierten oder verteidigten. Die überwältigende Mehrzahl der Millionen von KPdSU-Mitgliedern hatte schon lange nicht nur keine sozialistischen, sondern überhaupt keine Überzeugungen mehr.

Im letzten Stadium der Vorbereitung dieses Programmes bat Gorbatschow mich, es durchzulesen. Ich versuchte dem Projekt jeglichen Hauch von Kommunismus zu nehmen und strich sogar die Formulierung »Entscheidung für den Sozialismus«. Gorbatschow rief mich an, bevor ich ihm meine Korrekturen schicken konnte und fragte nach meiner Meinung.

»Es ist eine optimale Variante, mit meinen Änderungen natürlich (er lacht), wenn ein Teil der Partei für die Perestrojka erhalten werden soll. Die übrigen sind die Feinde des neuen Volkes, das sich in den letzten sechs Jahren gebildet hat. Sie waren doch selbst bei der Thronbesteigung

Jelzins, in deren Zusammenhang Namen wie Wladimir der Heilige, Sergij von Radonesch, Peter der Große und Katharina die Große genannt wurden. Der Patriarch erteilte seinen Segen, und die Kremlglocken läuteten. Die Revolution wurde verdammt, der Vaterländische Krieg wurde nicht einmal erwähnt. Wohin geht unser Land, mit welcher Vergangenheit wird jetzt die Zukunft verbunden? Wie kann da noch von ›Entscheidung für den Sozialismus‹ gesprochen werden?«

»In Ordnung, schick mir deine Korrekturen …«

Zwei Wochen nach diesem Auftritt im Kreml (er wurde im ganzen Land übertragen) fand das Treffen der Kommission zum Programm der KPdSU statt. Die Teilnehmer vertraten ganz unterschiedliche politische Richtungen – von rechten Anhängern Nina Andrejewas, die eine starke KPdSU wollten, bis zu jenen, die aus der KPdSU eine ganz normale parlamentarische sozialdemokratische Partei machen wollten. Gorbatschow begann mit der Kritik an der Zeitung *Sowjetskaja Rossija*, die über das Programm herzog und es als verräterisch und unter dem Diktat des amerikanischen Geheimdienstes verfaßt diffamierte. »Vor ihnen,« sagte Gorbatschow die Zeitung zitierend, »steht ein liberaler Vertreter der Bourgeoisie, der das Land an den Kapitalismus ausgeliefert hat und die Politik Bushs verfolgt … Deutliche Anzeichen des Verfalls in der Partei werden sichtbar. Wenn das so weitergeht, wird sie einfach aus dem politischen Leben ausgeschlossen werden.«

Hier forderte Gorbatschow zum ersten Mal öffentlich und sogar vor Parteipublikum: »Wir dürfen die Gründer unserer Partei nicht mehr verehren wie Eingeborene ihre Götter, auch wenn sie in ihrer Zeit große Taten vollbracht haben. Wenn wir unsere Gedanken nicht von ihren Thesen befreien können, finden wir keine Theorie, die der zeitgenössischen Wissenschaft entspricht.«

Am 25. Juli nahm das ZK-Plenum widerwillig das Projekt für das Parteitagsprogramm an. Gorbatschow leitete das Plenum aggressiv. Die *Nesawisimaja Gaseta* betitelte den Artikel zum Plenum so: »Gorbatschow hat den Marxismus-Leninismus besiegt«. Das war boshaft, aber richtig.

Die Gegner zogen sich angesichts von Jelzins Erlaß, mit dem die Tätigkeit von politischen Parteien in staatlichen Organen, Institutionen und Betrieben verboten wurde, zurück. Ich war bei Gorbatschow im Arbeitszimmer, als Prokofjew, ein Sekretär des Moskauer Stadtkomitees, ihn überreden wollte, einen Erlaß herauszugeben, der den Erlaß Jelzins aufhebe. Er hatte keinen Erfolg. Gorbatschow wollte den Kurs von Nowo-Ogarjowo nicht in Gefahr bringen.

Am 4. August sollte Gorbatschow zu seiner Datscha Sarja in Foros auf der Krim fahren. Einen Tag zuvor führten wir ein zwangloses Gespräch. Zwei Themen sind interessant:

Zuerst sprachen wir über Jakowlew. Gorbatschow sagte: »Ich habe gehört, Alexander will nicht mehr als mein Berater arbeiten und statt dessen auf der Ebene von Moskau politisch arbeiten. Ich verstehe ihn nicht. Sein Name ist bekannt, er wird mit der Perestrojka in Verbindung gebracht. Wenn es ihm bei mir nicht mehr gefällt, dann könnte er doch auch in die Wissenschaft gehen oder sogar in Rente. Er würde einen guten Platz in der Geschichte bekommen. Aber er findet keine Ruhe und arbeitet als Handlanger für Gawriil Popow. Er wird doch nicht jeden Tag einer gegen mich gerichteten Zeitung ein Interview geben. Bei ihm ist also die Ruhmsucht größer als der gesunde Menschenverstand und sogar die Selbstachtung angesichts dessen, was er für die Umgestaltung der Gesellschaft getan hat. Das erstaunt mich!«

Gorbatschow setzte sich auf die Armlehne des Sessels.

»Ich bin so müde, Tolja. Und morgen muß ich direkt vor der Abreise noch eine Sitzung der Regierung leiten: Ernte, Transport, Schulden, Kommunikationswesen, kein Geld da, der Markt zerfällt. Pawlow hat gesagt, wenn ich nicht käme, würde nichts passieren (mit den Republiksführern). Sie wollen alle nur etwas bekommen, aber nichts geben!«

Plötzlich erinnerte er sich an ein nächtliches Gespräch vor ein paar Tagen mit Jelzin und Nasarbajew in Nowo-Ogarjowo. Sie hätten sich über den Unionsvertrag und die anstehenden Wahlen geeinigt ... »Oh, Tolja, das läuft bei uns alles so kleinlich, fade und provinziell ab. Wenn man sich das anschaut, kommt einem schon der Gedanke, alles hinzuschmeißen. Aber wer macht es dann? Ich bin so müde.«

Trotz allem gab er abends ein Interview zur bevorstehenden Unterzeichnung des Unionsvertrags. Dabei ließ er durchblicken, daß an eine »freie Konföderation unabhängiger Staaten« gedacht werde.

Putsch und Ende

/

Vergebliche Mühe: Die Rede zum Unionsvertrag

Am 4. August 1991 flog Gorbatschow mit Familie und Mitarbeitern auf die Krim. Wir landeten auf dem Militärstützpunkt »Belbek«. Gorbatschow wurde von Vertretern der ukrainischen Führung und Generalen empfangen. Sie unterhielten sich ungefähr eine Stunde lang im Gästehaus des Flughafens. Ich machte mich mit meinen beiden Assistentinnen gleich an die Arbeit.

Wir bekamen sofort zu spüren, daß die Behandlung Gorbatschows sich geändert hatte. Uns wurde diesmal nicht das Luxussanatorium »Juschnyj« zugewiesen, sondern das Sanatorium »Foros« in Tesseli, das natürlich auch für ausgewählte Personen bestimmt war. Aber bei 30 Grad in diesen Zimmern zu schlafen war eine Qual, von Entspannung oder Erholung konnte keine Rede sein. Abends berichtete ich Plechanow, dem Anführer der berühmten »Neun«[1], von dieser Situation. Er war auch für die Unterbringung der Begleiter Gorbatschows auf allen Reisen zuständig.

Ich erklärte Plechanow, daß unsere Unterbringung und die räumliche Trennung von Michail Gorbatschow unzumutbar seien, und zwar vor allem aus Gründen des Prestiges: Es sei peinlich, wenn der Begleiter des Präsidenten vor den Augen von Urlaubern und Ausländern wie ein Student, der als Übersetzer ausländische Delegationen begleitet, untergebracht sei.

Plechanow antwortete mir unfreundlich, fast beleidigt – was angesichts seiner sonstigen Servilität ganz untypisch war. Und er machte eine Bemerkung, die im Licht des zwei Wochen später inszenierten Putsches sarkastisch klingt: »Ich bin hier zum Schutz des Präsidenten!« Nachdem ich mich mit Erlaubnis Gorbatschows an den Geschäftsführer des ZK der KPdSU Krutschina – er beging nach dem Putsch Selbstmord – gewandt hatte, konnte ich am nächsten Tag mit meinen Mitarbeiterinnen ins »Juschnyj« umziehen, das ungefähr zwölf Kilometer von der Datscha Sarja des Präsidenten entfernt lag.

Das Büro war nur fünfzig Meter von der Datscha entfernt. Dort traf ich am Morgen des 5. August ein, und Gorbatschow stellte die schon zum Ritual gewordene Frage:»Was denken wir uns diesmal aus, Tolja?« Er antwortete selbst: erstens die Rede anläßlich der Unterzeichnung des Unionsvertrags am 20. August und zweitens einen Artikel zur Situation im Land.

Zuerst beauftragte er Schachnasarow, der wie ich Mitarbeiter des Präsidenten war und auch im »Juschnyj« zur Erholung weilte, mit der Vorbereitung. Ich wurde später hinzugezogen. Die letzte der verschiedenen Fassungen für die Rede brachte ich Gorbatschow mit vielen Änderungsvorschlägen am 17. August. Am folgenden Tag übergab er mir den Text mit einer letzten Korrektur und bat mich, eine Reinschrift auf dem für besondere Texte vorgesehenen rauhen Papier zu verfassen. Diese übergab ich ihm genau eineinhalb Stunden, bevor Boldin & Co. mit der Erklärung auftauchten, Gorbatschow sei krank und nicht zurechnungsfähig.

Am Morgen des 19. August hätte Gorbatschow nach Moskau fliegen sollen. Der Entwurf der Rede mit den Änderungen Gorbatschows und die Reinschrift liegen mir vor. Ich zitiere einige Auszüge:

»Heute schreiten wir zur Unterzeichnung des neuen Unionsvertrages … An die Stelle des Einheitsstaates tritt die freiwillige Föderation der sowjetischen souveränen Republiken.

Wir wären schlechte Patrioten, wenn wir uns von unserer Geschichte lossagen würden und die belebenden Wurzeln von Kontinuität und Wechselbeziehungen abreißen ließen. Sie werden in jedem Fall wieder aufgebaut, so ist das Gesetz des Lebens. Aber wenn wir jetzt umkehrten, würden uns unsere Nachkommen diese Ignoranz und Verantwortungslosigkeit, diese Schwäche angesichts des Drucks der zeitweiligen Umstände nicht verzeihen.

Ebenso wären wir schlechte Patrioten, wenn wir all das erhalten würden, was verschwinden muß, was wir nicht in die Zukunft mitnehmen dürfen, was uns am Aufbau des Lebens auf den derzeitigen demokratischen Anfängen hindern würde.

Der Unionsvertrag ist der wichtigste Bestandteil der Reformen zur Umgestaltung unserer Gesellschaft. Er ist die Grundlage der zukünftigen föderativen Verfassung des ganzen Landes … Das freiwillige Bündnis der Völker auf der Grundlage der freien Selbstbestimmung – das ist die Hauptformel des Vertrages. Ihre Verwirklichung stärkt die Bande der Kameradschaft und der Freundschaft zwischen den Nationen, hilft ihnen durch die gemeinsame Bemühung, das Potential jeder einzelnen und der Gesellschaft in ihrer Gesamtheit aufzudecken und das Land über die bestehenden Grenzen des Fortschritts hinauszuführen.

Der positive Einfluß des Vertrags wird nicht erst in der historischen Perspektive sichtbar werden. Er kann und soll auch schon jetzt Wirkung zeigen, der Gesellschaft Ruhe und Zuversicht bringen und die Lösung drängender Probleme ermöglichen. Das ist erstens die Stärkung der Exekutivgewalt und die Ordnung der Zusammenarbeit ihrer Leiter auf Republiks- und Unionsebene. Zweitens die Lösung der nationalen Konflikte und die Wiederherstellung der verletzten Völker- und Bürgerrechte. Drittens die Durchführung des Antikrisenprogramms. Und viertens der wirksame Kampf gegen das Verbrechen.

Die Unterzeichnung des Unionsvertrags ist auch auf internationaler Ebene von höchster Bedeutung. Aus der früheren Großmacht entwickelt sich eine neue. Sie wird nicht nur durch ihre militärische Macht einflußreich und angesehen sein, auch nicht durch die Furcht, die sie lange Zeit eingeflößt hat, sondern durch die soziale Gesundheit und die wirtschaftliche Dynamik von mehreren Millionen Menschen unterschiedlichster Nationalitäten und durch die demokratische Gesellschaft, die befähigt ist, die Außenpolitik der sich vor dem Volk verantwortenden, führenden Kräfte zu bestimmen ...

Wir alle müssen lernen, unter den Bedingungen der demokratischen Föderation zu leben und uns neue Formen der Zusammenarbeit aneignen ... Wir müssen neue Institutionen schaffen, in denen auf streng gesetzlicher, gemeinsam erarbeiteter Grundlage Probleme jeder Art gelöst werden können und sollen.

Im Verlauf von September und Oktober werden Delegierte aller Republiken, die an der Ausarbeitung und Koordinierung des Plans beteiligt waren, den Vertrag unterzeichnen. Dies wurde vor einem Monat in Nowo-Ogarjowo beschlossen.

Heute, an diesem denkwürdigen Tag, möchte ich mich auch an jene Republiken wenden, die nicht am vorbereitenden Prozeß mitgewirkt haben. Ich halte an der Hoffnung fest, daß die für alle Völker lebenswichtige Frage der Teilnahme an der Gemeinschaft noch einmal in Ruhe, der klaren Willensäußerung des Volkes entsprechend, abgewogen und entschieden wird.«

An diesem verhängnisvollen 18. August brachte ich Gorbatschow ein auf seine Bitte hin erstelltes Konzept zu den außenpolitischen Fragen, mit denen wir uns nach der Rückkehr beschäftigen mußten:

»Am 17. September beginnt die Sitzung des Obersten Sowjet der UdSSR. Wäre es nicht an der Zeit, mit einer Erklärung (›Rede an das Volk‹, Bericht) zur Außenpolitik aufzutreten? Gründe gibt es genug:

1. Es ist ein ›neuer‹ Staat entstanden. Aufteilung der außenpolitischen Funktionen zwischen dem Zentrum und den Republiken.
2. London
3. Bush war in Moskau; Vertrag zu Ungarn.
4. Europa nähert sich seinem ›1992‹, neue Verteilung, neue Tendenzen, neue Ansprüche.
5. Eine neue Form der Friedenspolitik zeichnet sich ab (im Nahen Osten, im Zusammenhang mit Jugoslawien).
6. Probleme der Beziehung zu den ehemaligen Verbündeten.
7. Reform der Armee als ein Teil der neuen Außenpolitik.«

Mit diesem Dokument möchte ich jene wilden Vermutungen widerlegen, die noch in den Tagen des Putsches auftauchten und sich um die Teilnahme Gorbatschows an der Verschwörung und ihrer Vorbereitung rankten. Der damalige Außenminister Schewardnadse hat mit seiner zweideutigen Anspielung[2] in der Öffentlichkeit zu diesen Gerüchten beigetragen; sie werden noch immer hochgespielt.

Eine Menge erstaunlichen Unsinns wurde darüber verbreitet, daß Gorbatschow damals die Situation im Land als außerordentlich und explosiv bewertet habe, was sie ja auch tatsächlich war. Seine Analyse zeigt nur, wie realistisch er die Dinge betrachtet. Einige sahen in dem Bericht fast einen Plan oder ein Signal zur Ausrufung des Ausnahmezustands, als Ausdruck der »Gesinnungsgleichheit« Gorbatschows mit den Putschisten. Allerdings vergeht einem das Staunen, wenn man berücksichtigt, was viele Journalisten, Gelehrte und Schriftsteller seither alles über Gorbatschow geschrieben haben.

Ich war täglich in seiner Nähe. Er hätte unter diesen Umständen seine wahren Motive und Absichten, seine Gedanken und Emotionen nicht vor mir verbergen können, was auch gar nicht notwendig gewesen wäre. In diesen Tagen dachte er, wie jedes Mal im Urlaub, über den gewaltigen Strom der Ereignisse nach. Er hatte den Damm gebrochen, und er spürte unablässig die Verantwortung für die Folgen seines Handelns.

Im Unionsvertrag sah er seine letzte Chance, den demokratischen Prozeß in den Griff zu bekommen und das Antikrisenprogramm[3] zu entwickeln. Dabei rechnete er nach dem Treffen der G-7-Staaten in London mit westlicher Hilfe.

Chronik eines Putsches:
Die Ereignisse auf der Krim

Meine Tagebuchaufzeichnungen begann ich am 21. August auf der Krim. Damals wurde ich noch mit dem Präsidenten in seiner Datscha Sarja festgehalten. Sie enden nach unserer Rückkehr nach Moskau (Nachrichten vom Tag der Aufzeichnungen sind in Schrägdruck eingefügt):

21. August 1991, Datscha Sarja auf der Krim:
Es wird wirklich Zeit, daß ich eine Chronik der Ereignisse schreibe, außer mir macht das keiner. Ich wurde Zeuge eines historischen Umsturzes.

Am 18. August fuhren Olga [Lanina, Referentin aus dem Sekretariat Gorbatschows] und ich nach dem Mittagessen im Sanatorium Juschnyj wieder zur Datscha zum Arbeiten. Meine Referentin Tamara bat, in ihrem Quartier bleiben zu dürfen. Ich war einverstanden, denn die anstehenden Arbeiten konnten wir auch zu zweit bewältigen. Die Rede zur Unterzeichnung des Unionsvertrages war fertig.

Ungefähr um vier Uhr fuhren Olga und ich wieder zur Datscha. An der Einfahrt standen wie immer zwei Fahrzeuge der Miliz, auf dem Boden lag eine Nagelsperre, die für uns weggezogen wurde.[4]

Ungefähr um fünf Uhr stürzte Olga in mein Arbeitszimmer und fragte: »Anatoli Sergejewitsch, was geht da vor? Boldin ist mit Baklanow, Schenin und noch einem großen General mit Brille, den ich nicht kenne, gekommen.« Ich schaute vor die Türe: Vor unserem Haus standen viele Autos, alle mit Antennen, einige mit Blaulicht ... daneben eine Menge Fahrer und Wachen. Dann schaute ich aus dem Fenster, in Richtung der Datscha des Präsidenten. Plechanow ging traurig den Weg entlang, auf dem Balkon erkannte ich Boldin.

Olga sagte: »Anatoli Sergejewitsch, das ist etwas Ernstes. Wissen Sie, daß unsere Telefone tot sind?« Ich nahm die Hörer der drei Telefone (auch der Regierungsleitung) ab: Stille. (Bei allen waren die Telefonleitungen gekappt: bei der Wache, den Ärzten, den Köchen, den Chauffeuren und sogar bei den Offizieren, die zehn Meter von meinem Zimmer entfernt, den »Atomkoffer« bewachten, mit dem der Präsident einen

Atomschlag veranlassen kann. Es zeigte sich, daß der Präsident auch vom Atomkoffer abgeschnitten war. Die Welt stand fast drei Tage lang unter dem Befehl Marschall Jasows und General Moissejews. Von seiten des achtköpfigen Notstandskomitees (GKTschP) war das nicht nur ein Anschlag auf das Leben des eigenen Volkes, sondern ein Attentat auf die Menschheit.)

Wir begannen zu rätseln. Ich fantasierte laut über irgendeinen Unfall in einem Atomkraftwerk: Kurz zuvor war über Störungen im Atomkraftwerk von Tiraspol und in einem der Blöcke von Tschernobyl berichtet worden ...

Aber es kam schlimmer!

Die vier waren immer noch bei Gorbatschow.

Plechanow [Chef der KGB-Wachmannschaften], sein Stellvertreter Generalow und Medwedew [der persönliche Adjutant des Präsidenten] saßen auf dem Treppengeländer direkt unter meinem Fenster. Sie beobachteten mich, als ich zum Fenster ging. Ich schaltete das Radio ein: nichts Besonderes. Gorbatschow habe irgendeine Konferenz begrüßt, und seine Grußworte an Nadjibullah zu deren Festtag seien überbracht worden (ich hatte sie formuliert).

Nach ungefähr einer Stunde fuhren die vier weg. Auch Plechanow brach auf und nahm Medwedew mit. Auf allen offiziellen Fotografien und bei allen Fernsehauftritten stand er immer hinter Gorbatschow und verließ ihn nie. Dieses Mal fuhr er mit nach Moskau und verriet seinen Präsidenten. Das war schon ein wichtiges Signal. Mir wurde schnell klar, daß es irgendwie um Gorbatschow gehen mußte. Alle Verbindungen zur Außenwelt waren abgeschnitten.

Auf dem Weg zur Datscha hatte Olga darum gebeten, früher als sonst, schon um fünf Uhr, abgeholt zu werden. Der Fahrer kam nicht. Ich wollte um halb sieben zurückfahren, aber auch ich wurde nicht abgeholt. Ich verlangte, der jetzige Kommandeur der Wachen solle zu mir kommen und die Vorgänge erklären. Nach etwa zehn Minuten kam Wjatscheslaw Generalow zu mir. Ich kannte ihn gut von den Auslandsreisen mit Gorbatschow. Normalerweise war er bei Reisen für die Sicherheit zuständig. Er war sehr höflich und bat Olga, uns alleine zu lassen. Er setzte sich und sagte: »Anatoli Sergejewitsch, verstehen Sie mich richtig. Ich habe hier das Kommando. Mir wurde befohlen, keinen rauszulassen. Selbst wenn ich Sie gehen ließe, die Soldaten vom Grenzschutz würden Sie festhalten: Sie stehen in drei Reihen in einem Halbkreis um die Datscha, die Straße von Sewastopol nach Jalta ist gesperrt, vor der Küste liegen schon drei Schiffe ...«

Ich stellte eine naive Frage: »Und was ist morgen mit der Unterzeichnung des Unionsvertrags?«

»Er wird nicht unterzeichnet. Das Flugzeug, mit dem Gorbatschow nach Moskau fliegen sollte, wurde zurückgeschickt. Die Garagen, in denen seine Wagen stehen, wurden versiegelt. Sie werden nicht von meinen Leuten, sondern von Spezialeinheiten mit Maschinengewehren bewacht. Ich kann nicht einmal das Personal nach Hause schicken (Ortsansässige, die als Gärtner, Köche oder Putzfrauen arbeiteten). Ich weiß nicht, wo ich sie hier alle unterbringen soll.«

Ich stellte mich wieder naiv: »Aber ich habe doch meine Sachen im Juschnyj, außerdem gibt es bald Abendessen. Tamara Alexandrowna macht sich bestimmt schon Sorgen, sie versteht überhaupt nicht, was das alles soll!« Ich konnte mir vorstellen, wie beunruhigt sie sein würde, wenn wir nicht ins Sanatorium zurückkehrten. Später erzählte sie, wie sie verzweifelt versuchte, mit uns Verbindung aufzunehmen. Aber auch dort waren die Telefonleitungen tot, und mit dem Wagen ließ man sie nicht weg.

»Ich kann nichts machen. Sie müssen mich verstehen. Ich bin Soldat. So lauten meine Befehle!« Dann ging er ...

Olga kam zurück. Sie ist eine lebenstüchtige kluge Frau. Vor kurzem hat sie geheiratet, ihr Kind ist eineinhalb Jahre alt; ihr Mann arbeitet als Fahrer des Präsidenten. Sie begann über Boldin, ihren langjährigen Vorgesetzten, herzuziehen. »Warum ist er hier aufgetaucht? Will er zeigen, daß er sich schon bei diesen Herren einschmeichelt?«

Dann geschah längere Zeit nichts.

Es dämmerte schon, da kam der für Medwedew eingeteilte Wachtposten, der sympathische Boris, zu mir. Er richtete mir von Gorbatschow aus, ich solle nach draußen kommen, er wolle spazierengehen.

Ich zog mich schnell an. In welchem Zustand würde ich Gorbatschow antreffen?

Zehn Uhr morgens am 21. August: Im Radio macht der Kommandant von Moskau eine Mitteilung. In der Nacht gab es die ersten Zusammenstöße und Überfälle auf Panzer und Patrouillen auf dem Smolensker Platz, beim Gebäude des Obersten Sowjet Rußlands und beim Hotel des Obersten Sowjet. Es gab Tote und Verletzte. Das erste Blut ist geflossen. Der Kommandant schiebt alles auf Rowdys und Kriminelle ...

Zwölf Uhr: Iwaschko erklärte gegenüber Vizepräsident Janajew: Das Politbüro und das ZK-Sekretariat könnten die Ereignisse nicht beurteilen, ohne den Generalsekretär des ZK der KPdSU persönlich getroffen zu haben! Das war jetzt wichtig! Vor allem nachdem Blut vergossen worden ist.

Am Eingang der Datscha warteten Gorbatschow, seine Frau Raissa, die Tochter Irina und der Schwiegersohn Tolik. Sie machten Witze, wem es kalt und wem es warm sei. Gorbatschow trug eine warme Jacke, weil sich vor zwei Tagen sein alter Hexenschuß wieder gemeldet hatte. Früher hatte er oft in Eislöchern gebadet und sich dabei diese Beschwerden zugezogen. Die Ärzte hatten Gorbatschow zur Vorsicht gemahnt. Er fürchtete sich immer vor Zugluft.

Gorbatschow war ruhig und ausgeglichen. Lächelnd fragte er: »Und, weißt du, was passiert ist?«

»Woher denn? Ich kenne doch nur die Berichte aus dem Fenster! Ich habe Plechanow und Boldin gesehen. Angeblich war noch irgendein General mit Brille dabei ... und Baklanow.«

»Der General war Warennikow. Er war am aktivsten. Hör gut zu! Das sollst du wissen.«

Raissa mischte sich ein: »Sie kamen ohne Ankündigung, ohne Vorwarnung. Plechanow hat sie hergeführt. Ihm machen alle Wachen Platz. Es kam vollkommen unerwartet. Ich saß im Sessel, sie gingen an mir vorbei, und nur Baklanow grüßte mich. Und Boldin! Ihn kenne ich schon fünfzehn Jahre! Er war wie ein Verwandter, ich habe ihm alles anvertraut, auch ganz persönliche Dinge!«

Gorbatschow unterbrach sie: »Hör zu: Sie setzten sich. Ich fragte, weshalb sie gekommen seien. Baklanow begann, aber am meisten sprach Warennikow. Schenin schwieg. Boldin mischte sich nur einmal ein: ›Michail Sergejewitsch, verstehen Sie etwa nicht, in welcher Lage Sie sich befinden?!‹ Ich antwortete: ›Ein Wichser bist du, du solltest besser schweigen, anstatt mir Vorlesungen über die Lage im Land zu halten.‹ (Das Wort Wichser sprach er vor den Frauen aus, Irina lachte und machte aus Masturbant Mutant. Sie ist wirklich sehr klug und gebildet.)

Sie schlugen mir also zwei Möglichkeiten vor: Entweder ich übertrage Vizepräsident Janajew alle Vollmachten und akzeptiere die Ausrufung des Notstands, oder ich trete vom Amt des Präsidenten zurück. Sie versuchten, mich zu erpressen. (Er erläuterte nicht, wie.) Ich sagte zu ihnen: ›Ihr könnt euch doch denken, daß ich weder das eine noch das andere tun werde. Ihr habt ja einen Umsturz geplant. Das, was ihr vorhabt, mit dem Komitee usw. ist gegen die Verfassung und die Gesetze. Das ist ein Abenteuer, das zu Blutvergießen und Bürgerkrieg führt.‹ General Warennikow versuchte mir zu erklären, daß *sie* gerade das verhindern wollten. Ich sagte zu ihm: ›Entschuldigen Sie, Genosse Warennikow, ich habe Ihren Vatersnamen vergessen ...‹ [Was für einen Russen eine schwere Beleidigung ist!]

Er antwortete: ›Walentin Iwanowitsch.‹

Ich begann also: ›Walentin Iwanowitsch, die Gesellschaft ist kein Bataillon. Nach links, im Gleichschritt marsch! Ihr Unterfangen wird als schreckliche Tragödie enden. Alles, was allmählich in Ordnung gebracht werden konnte, wird zerstört werden. Nun gut, Sie werden alle unterdrücken, alles auflösen und überall Truppen aufstellen. Und dann? Sie halten mich von der Arbeit an meinem Artikel ab.[5] Darin habe ich übrigens auch Ihre Variante berücksichtigt – den Ausnahmezustand. Ich bin überzeugt, dieser Weg ist unheilvoll, vielleicht todbringend. Er führt nirgendwo hin, allenfalls zurück in die Zeiten vor Peter dem Großen.‹

Dann sind sie gegangen.«

Wir redeten alle durcheinander. Was würde passieren? Gorbatschow sagte: »Morgen müssen sie die Aktion bekanntgeben. Wie werden sie meinen Zustand erklären?« Wir sprachen über die Mitarbeiter, die zur Datscha gefahren waren. Ich konnte mir die Bemerkung nicht verkneifen: »Das sind doch alles Ihre Leute, Sie haben sie zu sich geholt, Sie haben ihnen vertraut. Dieser Boldin ...« Gorbatschow überging Boldin und sagte nur: »Über Plechanow braucht man gar nicht reden, er ist kein Mensch! Er sorgt sich um unser Land und verrät mich dabei?!«

Gorbatschow dachte laut über die anderen Teilnehmer dieser Operation nach: Seine Besucher hatten ihm alle Mitglieder des selbsternannten Notstandskomitees genannt. Er konnte nicht verstehen, daß Verteidigungsminister Jasow dabei war. Vielleicht hatten sie ihn aufgenommen, ohne ihn zu fragen? Bei dem alten Marschall hatte auch ich meine Zweifel. Aber in bezug auf KGB-Chef Krjutschkow wies ich alle Überlegungen zurück: »Der ist zu so etwas fähig! Was wäre ein Putsch ohne den Vorsitzenden des KGB? Die Putschisten wären doch gar nicht handlungsfähig!«

»Und Janajew?« entgegnete Gorbatschow. »Dieser Schurke hat zwei Stunden vor dem Auftauchen der Putschisten mit mir telefoniert. Er hat mir noch erzählt, ich würde in Moskau schon erwartet, er werde morgen zum Flughafen kommen!«

Wir gingen noch etwas in der Dunkelheit spazieren. Dann ging jeder in sein Quartier. Ich machte mir Sorgen um Tamara. Sie war im Sanatorium Juschnyj und regte sich bestimmt sehr auf. Wahrscheinlich versuchte sie, bei Primakow, Schachnasarow und Krasin[6] etwas in Erfahrung zu bringen.

Am folgenden Tag bat ich Generalow zu mir. Er kam sogar, das hatte ich nicht erwartet. Ich sagte ihm, daß man mit Tamara nicht so umgehen könne und bat, ihr ein Ticket zu besorgen und sie nach Moskau fliegen zu lassen. Er sagte, es gäbe jetzt keine Tickets. (Als ob der KGB jemals Schwierigkeiten haben könnte, ein Ticket zu bekommen!?) Nach einer kurzen Pause sagte er: »Wie schnell kann sie hier weg?«

»Woher soll ich das wissen? Warum?«

»Eine Militärmaschine von uns fliegt heute nach Moskau. Wir müssen eine Übertragungsanlage und einige Techniker und einen Kranken aus dem Wachdienst hinbringen.«[7]

»Dann nehmen Sie doch Tamara mit!«

»In Ordnung. Ich lasse sie von einem Wagen abholen.«

»Dann soll sie doch gleich meinen Koffer mitbringen! Ich habe nichts bei mir ...«

Der Koffer wurde mir spätabends gebracht. Am nächsten Tag erfuhr ich, daß sie Tamara tatsächlich mitgenommen hatten.

(Wie isoliert waren wir in der Datscha Sarja? Das wurde ich nach meiner Rückkehr immer wieder von Journalisten und Bekannten gefragt.)

Generalow brachte einige seiner eigenen Leute mit. Einen Teil postierte er bei den Garagen, in denen die Fahrzeuge des Präsidenten standen. Andere bewachten das Tor; sie waren ebenfalls mit Maschinengewehren bewaffnet. Am Strand waren schon immer Wachtürme gestanden, an beiden Enden des halbkreisförmigen Geländes der Datscha. Dort standen Soldaten vom Grenzschutz. Schon zwei oder drei Tage vor dem Putsch waren auf der Straße am Rand des Geländes immer mehr Soldaten aufgetaucht. Wir hatten das zwar bemerkt, schenkten dem aber keine Aufmerksamkeit. Die Wachen entlang der Straße trugen ungewöhnliche Uniformen: Hemden von der Marine, Hosen, die nicht in Stiefel paßten, und Halbschuhe. Sie ähnelten eher den Soldaten der Spezialeinheit OMON. Man konnte von der Datscha aus sehen, daß auf der Straße von Sewastopol nach Jalta alle fünfzig bis hundert Meter Soldaten vom Grenzschutz, zum Teil mit Hunden, standen.

Wir wurden streng bewacht.

Am 19. August wollte ich Gorbatschow in seinem Quartier besuchen. Der Posten im Wachhäuschen fragte: »Wer sind Sie?«

»Ein Mitarbeiter.«

»Wohin gehen Sie?«

»Das ist doch leicht zu erraten!« Ich zeigte auf die Datscha des Präsidenten.

»Das ist nicht erlaubt.«

Ich regte mich auf und beschimpfte ihn. Plötzlich kam von hinten Oleg (einer vom Personenschutz) und schnauzte ihn an: »Verzieh dich! Laß ihn bloß in Ruhe! Gehen Sie ruhig, Anatoli Tschernajew.«

(Um die Atmosphäre etwas zu verdeutlichen, möchte ich kurz vom Thema abschweifen. Einen kleinen Hoffnungsschimmer, daß die Putschisten uns nicht mühelos überwältigen würden, haben wir die ganze Zeit bewahrt. Die Männer von den Wachmannschaften, die wenig Ansehen genießen, haben sich wie wahre Helden benommen. Sie wurden von ihren Vorgesetzten Plechanow und Medwedew genauso verraten wie der Präsident. Sie zögerten nicht. Tag und Nacht wechselten sie sich ab und bewachten das ganze Gebiet der Datscha. Die fünf Männer hätten ihr Leben riskiert, um uns zu schützen: aus Pflichtgefühl, aber vor allem aus Menschlichkeit.)

Am Morgen des 20. August sagte Olga zu mir: »Warum sitzen Sie denn die ganze Zeit in Ihrem Arbeitszimmer. Wir können doch baden gehen. Die Wachen (das wußte sie von ihrem Mann) dürfen nicht ans Wasser. Sie werden Sie schon nicht festhalten. Uns lassen sie ohne Sie nicht durch.«

»Wo sollen wir hin?«

»Hinter den Häusern, bei der Kantine und den Garagen ist ein Weg zum Wasser. Er ist zwar steil und steinig, aber man kann dort hintersteigen.«

Ich war einverstanden. Nikolaj Pokutnij, der zweite Leibarzt Gorbatschows, brachte mir eine Mahlzeit auf einem Tablett aus der Kantine mit. Nach dem Essen kam Olga mit der Krankenschwester Larissa und der Masseuse Tatjana.

Wir gingen los. Der erste Posten schaute uns argwöhnisch an, ließ uns aber durch. Dann sagte er in sein Funkgerät: »Tschernajew geht irgendwohin.« Dann kamen uns Männer von den Wachmannschaften mit einem Ball entgegen (nebenan war ein kleiner Sportplatz). Ich frage: »Amüsiert ihr euch?«

»Was sollen wir denn machen? Wir dürfen ja nirgends hin – bei dieser Hitze!«

Wir gingen den Pfad ungefähr hundert Meter abwärts. Auf der Hälfte des Weges sagte Olga zu mir: »Schauen Sie mal nach hinten!« Ein Mann folgte uns. Wir mußten zwischen zwei Felsen durch, dann waren wir am Wasser. Dort war ein kleiner Platz mit Matten ausgelegt. Larissa legte sich dort in die Sonne. Wir drei gingen schwimmen. Ich machte einige Züge und drehte mich dann auf den Rücken. So konnte ich sehen, daß unser Bewacher vom Wachhäuschen aus telefonierte. Larissa erzählte später, er habe gemeldet, daß ich hier sei und daß er mich bewache.

Rechts von uns war ein Wachturm. Zwei Soldaten beobachteten uns mit ihren Ferngläsern. Vor uns fuhren ein Kutter und ein Gleitboot vorbei. In etwa hundert Metern Entfernung schimmerte eine Fregatte auf dem Meer.

Wozu dann noch der Bewacher, der uns gefolgt war, dachte ich? Soll er mir folgen, wenn ich in die Türkei schwimmen will? Er würde mich sowieso nicht kriegen. (Er ist zu dick.) Es war klar, was das bewirken sollte: Wir sollten uns eingeengt und beobachtet fühlen wie Insassen eines Lagers. Das war eine psychische Bestrafung.

Nach einer halben Stunde kamen wir aus dem Wasser. Der Bewacher wandte sich ab. Dann gingen wir nach oben, und er meldete über das Telefon: »Tschernajew kommt hoch!«

Auch am zweiten Tag überredeten mich die Frauen zum Baden. Mir war dabei nicht wohl. Tanja entgegnete: »Ich würde ja auch nicht gehen, aber so kann man die Kerle ein bißchen ärgern!«

Die Prozedur war die gleiche wie beim ersten Mal: Wir wurden wieder von einem Wachmann (diesmal einem anderen) verfolgt. Wir hatten uns noch nicht einmal umgezogen, da rief er laut ins Telefon: »Das Objekt ist hier. Ich beobachte.« Diesmal erschien oben am Weg noch ein Soldat mit einem Hund.

Vom Wasser aus konnten wir sehen, daß Tolik und Irina uns beobachteten. Weiter unten, in der Nähe des Strandes, wo sonst der Präsident badete, standen Generalow und fünf seiner Leute. Sie beobachteten uns mit Ferngläsern. Später sagte Gorbatschow zu mir, wir sollten uns nicht so weit vom Haus entfernen oder ihm vorher Bescheid sagen. Wahrscheinlich machte er sich einfach Sorgen um uns.

Am 21. August wurde im Fernsehen um fünfzehn Uhr gemeldet: Jelzin erklärte vor dem russischen Parlament: »Gorbatschow wird auf der Krim isoliert. Es wurde beschlossen, eine Abordnung mit Ruzkoj, Silajew und anderen Deputierten hinzuschicken.« Auch Bakatin trat auf. Der Sprecher gab seine Rede bewegt wieder. Ich versuchte mir Bakatin vorzustellen: Ein Staatsstreich! Gorbatschow war am Sonntag abgesehen von seinem Hexenschuß (das wußte er wohl von Primakow) vollkommen gesund. Das Vorgehen des Notstandskomitees ist ungesetzlich. Wir müssen ins russische Parlament Vertreter des Obersten Sowjet der UdSSR einladen und sie zum Handeln bewegen. Einige Mitarbeiter des Verteidigungsministeriums haben angeblich beschlossen, die Panzereinheiten aus Moskau abzuziehen ...

Im Parlament wurde eine Schweigeminute für die Opfer der letzten Nacht eingelegt.

Gorbatschow hatte sich in einigen Leuten getäuscht. Er hatte Bakatin zurückgewiesen zugunsten von Lukjanow, Janajew und anderen.

Wie war mein Verhältnis zu Gorbatschow in diesen Tagen?

Am 19. August morgens, ich hatte gerade im Radio die Nachrichten über das Notstandskomitee gehört, überlegte ich, wie ich mich Gorbatschow gegenüber verhalten solle. Sollte ich warten, bis er mich rief? Nein, er mußte sich von meiner Treue überzeugen können. Er brauchte meine Unterstützung. Deshalb ging ich einfach zu ihm. Ich suchte ihn im Haus, bis mich schließlich seine Enkelin zu ihm führte. Er lag auf seinem Bett – er war gerade wegen seines Hexenschusses behandelt worden.

»Weißt du, Anatoli,« sagte er, »als ich mit denen gesprochen habe, hat kein Muskel gezittert. Ich war vollkommen ruhig. Auch jetzt bin ich ganz ruhig. Ich bin von meinem Recht überzeugt. Ich weiß, das ist nur ein Abenteuer, geb's Gott ohne Blutvergießen.«

Ich schwieg.

»Sie können keine Ordnung schaffen, nicht die Ernte einfahren und nicht die Wirtschaft in Gang bringen. Das wird nichts! Das ist nur ein verbrecherisches Abenteuer! Wir müssen uns überlegen, was wir unternehmen. Komm nach dem Mittagessen.«

Ich kam, wie wir es ausgemacht hatten. Wir gingen mit der ganzen

Familie an den Strand. Im Haus konnten wir nicht offen miteinander sprechen: Es gab überall Wanzen. Vor allem Raissa warnte alle panisch davor.

Raissa Gorbatschowa führte ihren Mann und mich zu einem kleinen Pavillon, die übrigen gingen ans Wasser. Dann riß sie aus einem Notizblock einige leere Seiten heraus, suchte in ihrer Tasche nach einem Stift und gab mir beides. Anschließend ließ sie uns alleine, und wir machten uns an die Arbeit.

»Anatoli, wir müssen etwas unternehmen. Ich werde auf diesen Nichtsnutz (er meinte Generalow) Druck ausüben. Ich stelle jeden Tag irgendwelche Forderungen. Immer größere.«

»Ja, das ist richtig, Michail Sergejewitsch. Ich bezweifle zwar, daß die Bande in Moskau reagieren wird, aber sie dürfen auf keinen Fall glauben, wir hätten resigniert.«

Gorbatschow diktierte mir: »Erstens fordere ich, daß die Regierungsleitung wieder angeschlossen wird … Zweitens fordere ich, daß das Flugzeug des Präsidenten geschickt wird, damit ich an die Arbeit zurückkehren kann. Wenn sie nicht antworten, fordere ich morgen, daß sowjetische und ausländische Journalisten hergeschickt werden.«

Ich notierte alles. Er sagte noch: »Paß auf, daß sie dir den Zettel nicht auf dem Weg wegnehmen.«

Am 20. August ging ich gleich nach der schon beschriebenen »Badeszene« zu Gorbatschow. Diesmal war er im Arbeitszimmer. Er kam mir entgegen, auch seine Frau trat aus einem anderen Zimmer. Sie zog uns gleich auf den Balkon und zeigte erklärend auf die Lampen, Decke und Möbel: Überall konnten Wanzen sein. Wir lehnten uns an das Geländer. Ich erzählte: »Raissa, sehen Sie dort den Felsen, auf dem der Wachturm steht. Dahinter ist Tesseli. (Das gehört jetzt zum Sanatorium Foros, dort ist die Datscha, in der Gorkij in den dreißiger Jahren lebte.) Bevor hier das Sarja gebaut wurde, war hier gar nichts, nur der Strand, und der war natürlich nicht angelegt. Es war schwierig, über die Felsen ans Wasser zu kommen. Ich war manchmal in Tesseli in Ferien. Dann bin ich hierher geschwommen, habe mich eine Weile auf den Felsen ausgeruht, und dann ging's wieder zurück.«

Raissa Gorbatschowa hatte zerstreut zugehört. Sie merkte auf, als ich sagte: »Sie wissen wahrscheinlich, daß ich ein guter Schwimmer bin? Fünf oder zehn Kilometer schaffe ich bestimmt. Sollen wir es riskieren?«

Ich lächelte, als ich das sagte. Sie sah mich lange an und überlegte ernsthaft, ob mein Vorschlag durchführbar sei. Sie hatte mir zuvor flüsternd erzählt, daß sie letzte Nacht um drei Uhr mit Toliks Kamera eine Erklärung Gorbatschows aufgenommen hatten. »Wir schneiden sie aus dem Film heraus (dabei verschwieg sie mir, daß es zwei Fassungen gab und eine Erklärung von Gorbatschows Arzt), und dann mache ich ein ganz kleines Päckchen daraus. Sie dürfen es aber nicht bei sich behalten. Sie könnten durchsucht werden. Und verstecken Sie es nicht in Ihrem Arbeitszimmer.« Gorbatschow mischte sich ein und sagte, ich solle es in meiner Badekleidung verstecken. Ich ließ sie immer auf dem kleinen Balkon beim Zimmer von Olga und Tamara trocknen.

Gorbatschow war skeptisch, daß es mir gelingen würde, nach Tesseli, Foros oder gar zum Juschnyj zu schwimmen: »Selbst wenn sie dich nicht aus dem Wasser holen, dann kommst du in der Badehose an. Sie bringen dich auf eine Polizeistation und finden den Film …«

Sie diskutierten das ernsthaft, obwohl die Idee wirklich absurd war. Ich hatte sie nur im Spaß vorgeschlagen, um die Atmosphäre zu entspannen.

Raissa gab mir später tatsächlich den Film.

Jetzt bat Gorbatschow sie, nach den Kindern zu sehen. Wir gingen auf einen anderen Balkon und bemerkten plötzlich, daß wir vom Wachturm aus ins Visier genommen wurden. Gleichzeitig hörten wir aus dem Wachhäuschen, das direkt unter dem Haus stand: »Das Objekt ist auf den Balkon gekommen, das zweite geht nach rechts!« Gorbatschow und ich sahen uns an. Ich lachte und verfluchte unsere Bewacher. Er schaute mich verwundert an: Früher hatte ich in seiner Gegenwart nicht geflucht. (Es tat mir leid, er sollte nicht denken, daß jetzt alles erlaubt sei.)

Wir setzten uns an den Tisch. Gorbatschow legte einen Notizblock vor sich. Er schlug mir vor, mich ihm gegenüber zu setzen mit dem Rücken zur Sonne. Ich sagte: »Darf ich mich neben Sie setzen? Mir ist das zu heiß, ich liebe die Sonne nicht – ganz im Gegensatz zu Ihnen und Bush. Erinnern Sie sich, wie er sich in Nowo-Ogarjowo auf meinen Platz gesetzt hat, als sein Platz schattig wurde, und ich habe mich neben Sie in den Schatten gesetzt?«

Gorbatschow lächelte. Offensichtlich erinnerte er sich an das Treffen mit Bush wie an eine Episode aus der Antike. Obwohl das erst drei Wochen zurücklag.

Er begann die Erklärung zu diktieren: Er wandte sich an das Volk und die internationale Gemeinschaft. Wir diskutierten und formulierten die einzelnen Punkte. Dann ging ich in mein Arbeitszimmer, und Olga tippte den Text auf »Scherschawka«, einem besonders dichten Papier, das nur für die Aufzeichnungen des Präsidenten verwendet wird. Abends bat ich Gorbatschow, den Text abzuzeichnen. Er unterschrieb ganz oben – das bedeutete, daß jeder, dem das Dokument in die Hände fallen würde, den Inhalt öffentlich bekanntmachen sollte. Als ich ging, instruierte mich Raissa Gorbatschowa noch einmal genau, wo ich besonders vorsichtig sein müsse. Ihre Ängste waren Ausdruck der nervlichen Anspannung. Ich habe seit dem Krieg kaum noch Angst vor physischen Gefahren.

Am Vortag hatte sie mir ihr Buch »Leben heißt Hoffen« gegeben. Sie hatte es am 17. erhalten und mich gebeten, es abends zu lesen. Mir hatte es gut gefallen. Gorbatschow freute sich sehr darüber, er bekam ganz glänzende Augen. Ich versicherte ihnen, das Buch werde in der ganzen Welt, auch bei uns, gut verkauft werden. »Zum Schweigen bringt man niemanden, egal was auch geschieht.«

Ich wollte durch mein Verhalten die Überzeugung ausdrücken, daß alles gut enden werde. Sie kamen mir immer voller Hoffnung entgegen. Vielleicht würde ich ja auch eine gute Nachricht bringen. Sie fragten sogleich, was im Radio berichtet worden sei. In Olgas Zimmer stand ein vorsintflutliches Radio. Ich gab meine Einschätzung der Lage, ich spekulierte, was morgen, übermorgen und nächste Woche sein würde. Ich antwortete, obwohl das sonst nicht meine Art ist, stets entschieden und selbstbewußt. Raissa Gorbatschowa war die ganze Zeit sehr angespannt. Sie lächelte praktisch nie. Ihre Tochter Irina dagegen handelte entschieden und furchtlos, über die Putschisten sprach sie voller Verachtung. Mit ihr konnte man auch über andere und literarische Themen sprechen, selbst wenn das nicht ganz angebracht schien. Ihr Mann Tolik, er ist Chirurg, war immer zur Stelle und eine große Hilfe für alle.

Gute Nachrichten hatte ich kaum. Alle unsere Diskussionen drehten sich um das, was wohl nach der Abreise von Boldin & Co. passiert sein könnte. Wie reagierte die Weltöffentlichkeit? Was dachte jetzt Kohl? Und Bush? Für Gorbatschow war klar: Die Putschisten würden keine Unterstützung bekommen. Alle Kredite würden gestoppt, alle Hähne zugedreht werden. Unsere Banken würden bankrott gehen. Die Leichtindustrie könnte ohne die Kredite, die faktisch ihm gegeben worden waren, nicht überleben. Alles würde stehenbleiben. Die Putschisten hätten nicht viel gedacht, nicht einmal die elementarsten Dinge hätten sie berücksichtigt.

Wir sprachen über die möglichen Reaktionen der Republiken. Gorbatschow glaubte, daß der Putsch den Zerfallsprozeß beschleunigen würde. Die Republiken würden folgende Position einnehmen: Ihr Russen könnt in Moskau alleine kämpfen, wir grenzen uns von euch ab und kümmern uns um unsere Angelegenheiten. So kam es dann auch. Einige Republiken unterstützten den Putsch sogar, aber nur damit Moskau mit diesen Problemen beschäftigt war.

Die Stimmung Gorbatschows und seiner Familie hing von den Meldungen im Radio ab. Die Männer von den Wachmannschaften hatten uns einen Fernseher mit Hilfe von einigen Kabeln wieder angeschlossen. So konnten wir die Pressekonferenz von Janajew & Co. sehen. Empört hörten wir ihre Erklärung, Gorbatschow sei schwer krank. Das drückte unsere Stimmung sehr. Alle merkten auf und waren einer Meinung: Wenn die Putschisten wagen, so vor der ganzen Welt zu lügen, dann würden sie alles auf eine Karte setzen. Sie hatten keine Möglichkeit mehr, die Sache ungeschehen zu machen. Ich sagte zu Gorbatschow, Janajew beuge für den Fall vor, daß ihm etwas zustoße. Gorbatschow fügte hinzu: »Jetzt werden sie die Wirklichkeit ihren Lügen anpassen.«

Die Stimmung wurde sogleich viel besser, als das BBC über die Ereignisse vor dem Weißen Haus, dem russischen Parlament, berichtete. Das Volk setze sich zur Verteidigung Gorbatschows ein, und Jelzin habe die Organisation des Widerstands übernommen. Gorbatschow sagte mir übrigens schon am 19. August, als wir das alles noch nicht wußten, daß Jelzin nicht aufgeben werde. Rußland und Moskau würden den Putschisten keinen Triumph gewähren. »Ich bin überzeugt, daß Jelzins wahrer Charakter sich zeigen wird.«

Ab und zu hörten wir Nachrichten mit dem kleinen Sonyempfänger[8], den Tolik zufällig bei sich hatte. Wir setzten uns alle in einen Kreis und versuchten irgendwelche Stimmen zu erkennen. Der Empfang war sehr schlecht, die Batterien wurden immer schwächer. Mit diesem Radio konnten wir auch BBC hören. Dadurch erfuhr ich, daß sie Tamara Alexandrowa weggebracht hatten. Wohin, wußten wir nicht.

Raissa Gorbatschowa trug immer ein kleines Seidentäschchen bei sich, in dem sie ihre persönlichen Schätze aufbewahrte. Sie fürchtete sich sehr vor erniedrigenden Leibesvisitationen. Sie machte sich auch um Gorbatschow Sorgen, den so eine Behandlung zutiefst erschüttert hätte. Sie war die ganze Zeit über nervlich sehr angespannt. In diesem Zustand gab sie mir auch das Päckchen mit dem Film:

»Wir haben auch anderen Personen Fassungen gegeben. Ich sage Ihnen besser nicht, wem. Das ist für Sie. Nein, nicht für Sie ...«

»Warum nicht für mich? Ich werde schon noch meine Rechte als Volksdeputierter durchsetzen: Ich will zur Versammlung des Obersten Sowjet am 26. August. Davon hat doch Lukjanow gesprochen.«

Gorbatschow mischte sich ein: »Was willst du?«

Ich: »Selbstverständlich will ich dort hin. Aber einen Augenzeugen Ihrer schweren Krankheit und Unzurechnungsfähigkeit ans Rednerpult zu lassen, das kapieren sogar diese Idioten, daß man das nicht machen sollte ...«

Raissa: »Anatoli Tschernajew! Sie müssen es über Olga machen. Sie hat ein Kind, ihre Eltern sind krank. Das haben Sie doch gesagt. Ist sie denn einverstanden? Das ist doch sehr gefährlich.«

Ich: »Ja. Sie ist eine mutige Frau und haßt die Putschisten, auch weil sie ihretwegen nicht zu ihrem geliebten Wassja kann.«

Raissa: »Aber Sie müssen sie wirklich warnen. Sie soll das Päckchen an einem ganz intimen Platz verstecken – im Büstenhalter oder im Slip ... Und Sie müssen jetzt auch ganz vorsichtig sein. Stecken Sie es nicht in Ihre Tasche, sondern halten Sie es in der Hand. Und verstecken Sie es nicht im Safe, sondern irgendwo auf dem Flur, in einem Regal ...«

Ich steckte das Päckchen trotzdem in meine Tasche. Olga sagte ich es erst abends. Als ich kam, saß sie ruhig im Sessel. Die Sinfonien im Radio konnten wir schon lange nicht mehr hören, aber die Stille konnte man auch nicht immer ertragen. Ich schaltete alle halbe Stunde das Radio ein, um Nachrichten zu hören. Aber oft wurde nur über Sport oder kulturelle Ereignisse berichtet. Am gestrigen Abend gab es eine Sendung über die Ehefrau des bolivianischen Präsidenten, die in Peru wegen irgendwelcher wohltätiger Zwecke einen Besuch machte. Das war wirklich zuviel! Ich hatte schon das Gefühl, die Putschisten werfen uns wieder in die schlimmsten Zeiten der Stagnation zurück.

Um halb fünf gab es wieder eine Sondermeldung. Der Nachrichtensprecher war ganz aufgeregt: »Wir, die Mitarbeiter von Radio und Fernsehen, weigern uns, die Befehle des sogenannten Notstandskomitees auszuführen. Wir werden uns nicht unterordnen. Uns wurde die Möglichkeit genommen, objektive und vollständige Informationen zu geben. Wir fordern die Absetzung der Leiter von Radio und Fernsehen, die ihre Autorität mißbraucht haben. Wir werden unsere berufliche Pflicht solange erfüllen, wie wir senden können.«

Bakatin und Primakow (er hatte es geschafft, vom Juschnyj nach Moskau zu gelangen) erklärten als Mitglieder des Sicherheitsrates das Notstandskomitee für ungesetzlich, rechtswidrig und verfassungswidrig. Das treffe auch auf alle Beschlüsse des Komitees zu. Gorbatschow sei gesund und werde gewaltsam isoliert. Man müsse unverzüglich dafür sorgen, daß er nach Moskau zurückkehren oder sich mit der Presse treffen könne.

Nischanow und Laptew, die beiden Vorsitzenden der Kammern des Obersten Sowjet, führten eine außerordentliche Sitzung der Komitees durch.

Lukjanow flog auf die Krim, um sich mit Gorbatschow zu treffen.

Entscheidend war jedoch, daß nach einer Analyse der Situation das Verteidigungsministerium beschlossen hatte, alle Truppen abzuziehen (also nicht nur die Panzereinheiten).

Wer stand noch hinter Janajew und Pugo und ihrem General Kalinin, dem Stadtkommandanten von Moskau? Wie standen sie jetzt vor dem Volk da?

Ab sechs Uhr sollte die Sitzung des Obersten Sowjet der russischen Republik ohne Kürzungen übertragen werden, kündigte der Nachrichtensprecher an.

Um elf Uhr abends am 20. August stellte ich den Fernseher, so laut es ging. Dann setzte ich mich ganz dicht neben Olga.

»Olga, ich muß Ihnen etwas ganz Ernstes sagen. Können Sie mir jetzt gut zuhören? Sie können auch gleich ablehnen.«

»Was denken Sie denn? Sie kennen mich doch. Worum geht es?«

Ich erzählte ihr von dem Film und der Erklärung, die sie selbst getippt hatte. Und von unserem Plan, das alles in die Freiheit zu bringen.

»Gut, nehmen wir an, ich komme bis Moskau. Und dann? Ich werde doch sicher verfolgt ...«

»Ja, bestimmt. Ich habe mit Gorbatschow und seiner Frau darüber gesprochen. Am unauffälligsten wäre es wohl, wenn Sie zu meiner Frau gingen. Ich schreibe ihr einen Brief. So einen, wie man ihn aus dem Gefängnis schreibt: Es ist alles in Ordnung, mach dir keine Sorgen, ich komme bald wieder ... Das ist nur für alle Fälle, falls Sie im Flugzeug oder am Flughafen durchsucht werden. Das Päckchen mit dem Film müssen Sie natürlich an ein ganz heimliches Plätzchen stecken. Weiter müssen Sie dann so vorgehen: Wenn Sie in Moskau sind, gehen Sie in die Wesninastraße zu mir nach Hause. Sie übergeben meiner Frau den Brief und das Päckchen. Sie sagen ihr, daß Sie Lena, die Frau von Bowin, anrufen soll. Sie sind befreundet. Sie soll kommen. Sie und nicht ihr Mann: Er ist zu bekannt, und man wird Verdacht schöpfen, vor allem wegen seiner Frage bei der Pressekonferenz von Janajew & Co. Seine Frau übergibt ihm den Film, und er wird sofort begreifen, was er damit tun soll.«

Olga steckte das Päckchen einfach in ihre Jeans. Man konnte es immer sehen. Ich lachte und zeigte auf die Stelle.[9]

Jetzt mußte ich Generalow überreden, daß er Olga nach Moskau fahren ließe. Schon früher hatte ich Druck auf ihn ausgeübt: Wie könne er als Offizier gegenüber einer jungen Mutter so ein Benehmen an den Tag legen. Sie habe ein krankes Kind. Ihre Eltern wüßten nicht, was mit ihr los sei. Wir würden schließlich nicht ewig hier festsitzen. Dann müsse er sein Verhalten gegenüber der Frau rechtfertigen. Sie sei vollkommen aufgelöst, weil sie nicht wisse, wie es ihrem Sohn gehe.

Er blieb hartnäckig: Es sei nur einseitige Kommunikation möglich. Nur er könne aus Moskau angerufen werden. Seine Vorgesetzten würden sich schon melden. Das war natürlich gelogen.

Nachdem ich den Plan mit Olga besprochen hatte, versuchte ich noch einmal, mit Generalow zu reden. Ich hatte mich übrigens schon früher auf meine Immunität als Volksdeputierter berufen und darauf, daß er mit meinem Hausarrest gegen die Verfassung verstoße. Damit konnte man ihn aber nicht beeindrucken. Ich bat ihn also wieder, zu mir zu kommen. Ich machte ihm erneut Vorwürfe wegen Olga. Diesmal spielte er mich aus. Er bot an, sie nach Muchalatka (ungefähr zwanzig Kilometer von der Datscha entfernt; dort war die Zentrale der Regierungsleitung) bringen zu lassen. Von dort aus könne sie telefonieren.

Einige Zeit später kam »Wolodja«, ein Fahrer, zu mir ins Arbeitszimmer. Ich setze seinen Namen in Anführungszeichen, denn ob er wirklich so hieß, wie er genannt wurde, weiß man bei einem Mann vom KGB nie. Es war der Fahrer, der Olga, Tamara und mich immer vom Sanatorium Juschnyj zur Datscha Sarja gebracht hatte.

Er grüßte nicht: »Wo ist die Lanina? Ich soll sie zum Telefonieren fahren.« Ich stand auf, gab ihm die Hand. Er zögerte und drückte meine Hand schwach. Schon als er meine Koffer brachte, bemerkte ich, daß er sich anders verhielt. In seinen Augen war ich schon ein Verbrecher, ein Gefangener.

Olga machte dieselbe Erfahrung: Er behandelte sie wie eine Aussätzige. Sie wurde noch von einem Fernmeldetechniker begleitet. Er saß ihr beim Telefonieren gegenüber und hätte das Gespräch sofort unterbrochen, wenn sie zuviel gesagt hätte. »Ich mußte losweinen«, berichtete sie mir. »Mein Bruder schrie ins Telefon, was mit mir los sei. Vor lauter Tränen konnte ich nichts sagen. Ich war vollkommen verwirrt. Ihre Frau durfte ich nicht anrufen.« (Ich hatte sie darum gebeten.)

Sie gaben uns also wieder einmal zu verstehen, wer wir in ihren Augen waren.

(Lukjanow erklärte [als er aus dem Gefängnis wieder entlassen wurde] in einem seiner vielen Fernsehinterviews: Gorbatschow lüge, wenn er behaupte, sie seien auf der Krim isoliert gewesen und hätten keine Verbindung zur Außenwelt gehabt. Im Nebenzimmer Tschernajews sei ein Telefon gewesen, das jederzeit hätte benutzt werden können. Wenn das so war, warum mußte Olga dann unter Bewachung zum Telefonieren gefahren werden und warum durfte sie nicht mit meiner Frau telefonieren?!)

Als Olga zurückkam, fragte ich, was sie auf dem Weg gesehen habe. »Die Straße ist für den Verkehr gesperrt. Dort fahren nur noch Militärfahrzeuge. Überall stehen Soldaten. Von weiter oben (die Straße liegt etwas höher als das Territorium der Datscha) sieht man, daß nicht mehr nur zwei Fregatten vor Anker liegen, sondern sechzehn verschiedene Kriegsschiffe. Vielleicht sogar mehr. Es war sehr dunstig, deshalb konnte ich nicht alles erkennen.«

Dann nahm unsere Haft ein Ende. Am 21. August kamen um fünf Uhr abends die drei Frauen zu mir ins Zimmer: Sie waren ganz aufgeregt. »Anatoli Tschernajew, schauen Sie doch, was passiert!« Wir gingen sofort auf den Balkon. Auf das Gelände der Datscha fuhren einige Dienstfahrzeuge, zwei Wachen mit Kalaschnikows stellten sich ihnen in den Weg: »Stillgestanden!« Die Autos hielten an. Hinter den Büschen konnte man nochmal ein »Stillgestanden!« vernehmen. Aus dem ersten Fahrzeug stiegen der Fahrer und noch jemand aus. Sie sagten etwas. Die Antwort war wieder: »Stillgestanden!« Einer rannte zur Datscha des Präsidenten. Bald kam er zurück, und die Autos fuhren nach links zum Dienstgebäude, in dem mein Arbeitszimmer war.

Ich ging aus meinem Arbeitszimmer ins Treppenhaus. Von meiner Türe aus führte eine Treppe direkt nach unten zur Eingangstür. Ich stand da, in meinem zerknitterten Hemd und Sporthosen – wie ein Gefangener!

Unten betraten sie einer nach dem anderen das Haus: Lukjanow, Iwaschko, Baklanow, Jasow, Krjutschkow. Sie waren niedergeschlagen und machten finstere Gesichter. Alle verbeugten sich vor mir! Mir war alles klar. Sie waren gekommen, um ihre Schuld einzugestehen. Ich war wie versteinert, aber innerlich kochte ich. Noch bevor sie unten ins linke Zimmer gingen, drehte ich mich um und kehrte ihnen den Rücken zu. Olga stand neben mir, rot vor Wut und mit funkelnden Augen.

Larissa und Tatjana kamen zu uns gelaufen. Tatjana, die bisher würdevoll, stark und ruhig gewesen war, warf sich mir an den Hals und weinte los. Plötzlich lachten alle hysterisch, freuten sich, und uns wurde bewußt, daß wir frei waren. Die Verbrecher waren gescheitert.

Ich lief sofort zu Gorbatschow. Offen gesagt befürchtete ich, er könne sie empfangen. Das durfte er auf keinen Fall machen, denn aus den Fernsehnachrichten wußten wir, daß eine Delegation des russischen Parlaments zur Krim unterwegs war. Gorbatschow saß in seinem Arbeitszimmer und telefonierte. Zwischendurch erklärte er mir:»Ich habe ihnen ein Ultimatum gestellt: Wenn sie mein Telefon nicht wieder anschließen, empfange ich sie nicht. Aber jetzt empfange ich sie trotzdem nicht.«

Telefonisch befahl er dem Kommandanten des Kreml, den ganzen Kreml zu bewachen und keinen Putschisten durchzulassen. Er befahl dem Kommandeur des Wachregiments des Kreml, nur die Befehle des Kommandanten des Kreml auszuführen. Er telefonierte mit dem für die Regierungsleitungen Zuständigen und dem Minister für das Post- und Fernmeldewesen: Sie sollten bei den Putschisten die Telefone abschalten. Ich sagte Gorbatschow, daß in den Wagen, mit denen die Putschisten gekommen waren, Autotelefone seien. Er rief Boris (einen von den Wachleuten) her und befahl ihm, die Geräte sicherzustellen.

Dann telefonierte er mit George Bush. Sie waren beide froh, und Gorbatschow dankte für die Unterstützung und Solidarität. Bush gratulierte ihm zur Befreiung und dazu, daß er jetzt wieder an die Arbeit gehen könne.

Gorbatschow sprach noch mit Schtscherbakow, dem Stellvertreter von Ministerpräsident Pawlow, und anderen, die ich inzwischen vergessen habe. Bevor ich kam, hatte er schon mit Jelzin, Nasarbajew und Krawtschuk gesprochen.

Meine Befürchtungen machte er gleich zunichte: »Was denkst du denn? Wie konntest du das bloß glauben. Ich habe nicht vor, sie zu empfangen. Allenfalls Lukjanow und Iwaschko.«

Boris teilte uns mit, daß die russische Delegation eingetroffen sei. Gorbatschow ließ sie in die Kantine führen. Nach einigen Minuten gingen wir auch hin. Die folgende Szene werde ich nie in meinem Leben vergessen: Silajew (damals russischer Ministerpräsident) und Ruzkoj (russischer Vizepräsident) umarmten Gorbatschow. Alle redeten durcheinander und fielen sich gegenseitig ins Wort. Gorbatschow begrüßt Bakatin und Primakow und die Gruppe der Deputierten. Ich schaute sie an. Alle gehörten sie zu denen, die Gorbatschow im Parlament oder in der Presse angegriffen haben. Das jetzige Unglück hat gezeigt, daß sie doch alle zusammengehören und für das Land unersetzlich sind. Ich sagte laut: »Jetzt haben wir die Einigung zwischen Zentrum und Rußland auch ohne Unionsvertrag gekriegt ...«

Wir setzten uns an einen Tisch und erzählten uns gegenseitig, was in Moskau und was hier geschehen war. Die anderen wußten nicht einmal, wer hier zum Präsidenten gekommen war und was sie in ihrem Ultimatum forderten. Das überraschte mich.

Silajew und Ruzkoj waren dagegen, daß Gorbatschow Krjutschkow & Co. empfing. Diese warteten immer noch unter Bewachung im Dienstgebäude. Gorbatschow wollte, wenn überhaupt, nur Lukjanow und Iwaschko empfangen. [Sie gehörten nicht dem Notstandskomitee an.]

Das Gespräch hatte sich lange hingezogen. Es war schon zehn Uhr. Ruzkoj meldete sich zu Wort: »Michail Sergejewitsch, wir müssen entscheiden, wie wir jetzt vorgehen. Mit dem Flugzeug (dem des Präsidenten), mit dem die gekommen sind, lassen wir Sie nicht fliegen. Wir fliegen in meinem Flugzeug. Es steht auf dem gleichen Flughafen wie Ihres, aber weit davon entfernt. Es wird von zuverlässigen Leuten bewacht, ich habe vierzig bewaffnete Offiziere mitgebracht. Wir schlagen uns schon durch.«

Diese Offiziere müssen lobend erwähnt werden. Ruzkojs Plan sah vor, daß Gorbatschow zunächst bei seinem Flugzeug so tun solle, als wolle er einsteigen, sich dann aber wieder schnell in den Wagen setzen. Dann fuhren die Wagen die drei bis fünf Kilometer zum Flugzeug Ruzkojs. Als Gorbatschow zum Flugzeug ging, beschützten ihn die Männer mit Gewehren im Anschlag, bis er im Flugzeug verschwunden war. In unserer Armee gab es also doch noch Offiziersehre. Und auch sehr intelligente Menschen: Man muß nur an Ruzkoj oder an Oberst Stoljarow, der mit der Gruppe der Deputierten gekommen war, denken. Mit ihm fuhr ich zum Flughafen.

Den Flug hatte auch Ruzkoj organisiert, er rief immer wieder die Piloten zu sich.

Gorbatschow und seine Familie hatten sich in eine kleine Kabine zurückgezogen. Dort war es so eng, daß sich die Enkelinnen einfach auf den Boden gelegt hatten und eingeschlafen waren.

Als ich zu Gorbatschow kam, fragte er fröhlich: »Und, wer bist du jetzt?«

»Ein einfacher sowjetischer Gefangener, aber ein ehemaliger.« Alle lachten hysterisch.

Dann kamen Silajew, Ruzkoj, Primakow, Bakatin und der Arzt Igor Borissow. Raissa schilderte ihre Gefühle, als sie erfuhren, daß die Putschisten sich um Gorbatschows Gesundheitszustand kümmern wollten. Jetzt gehe es ihr allerdings viel besser. Wir sprachen über das Verhalten der Menschen unter solchen Umständen, den Verlust von Moral, der solche Verbrechen überhaupt möglich machte. Zum ersten Mal sagte Gorbatschow: »Wir fliegen in ein neues Land.«

Ein Foto ging durch die Presse: Irina kommt im Flughafen Wnukowo die Gangway herunter, auf dem Arm trägt sie ihre in eine Decke gewickelte Tochter. Sie ging an der Menge vorbei, die sich um den Präsidenten scharte. Irina brachte ihre Tochter zum Wagen, setzte sich hinein und brach zusammen. Ich versuchte sie zu beruhigen. Ihr Mann umarmte sie, streichelte sie und redete ihr gut zu. Nichts half. Diese Szene wurde für mich zum Symbol nicht nur für die Tragödie bei der Datscha, sondern für das ganze Land. Irina, die angesichts der Not mutig, entschlossen und zu allem bereit gewesen war, konnte nach dem Ende des Schreckens ihre Tränen nicht mehr zurückhalten. Aber das ist schon wieder vergessen. Der Alltag kehrte wieder ein, und die Dinge gingen ihren Lauf – allerdings nicht so, wie man erwartet hätte.

Ich zitiere nun aus dem Interview, das ich Sascha Besymenskaja für den *Spiegel* gegeben habe. Es war das erste nach meiner Rückkehr in Moskau. Die Eindrücke waren noch ganz frisch. Das Interview bringt meine Naivität gegenüber den Folgen des Putsches zum Ausdruck.

Sascha fragte mich: »Welchen Eindruck machte es auf Gorbatschow, daß Jelzin zu seiner Verteidigung auftrat?«

»So stellte sich die Frage gar nicht. Schließlich war der Staat, das Land in Gefahr. Persönliche Ziele spielten keine Rolle. Wenn ein Mensch bereit ist, die Demokratie, Gesetzmäßigkeit, Perestrojka und alles, was Gorbatschow in den letzten sechs Jahren geleistet hat, zu verteidigen, dann bedeuten nebensächliche Motive nichts mehr. Sie stellen eine Frage, die Gorbatschow in dieser Zeit nicht in den Sinn kam.«

»Gorbatschow war überzeugt, daß Jelzin …?«

»Er war vollkommen überzeugt, daß Jelzin nicht nachgeben wird.«

»Hatte er wirklich von Anfang an das Gefühl, das Volk habe sich in den letzten fünf Jahren geändert und werde sich gegen die Putschisten stellen? War er davon überzeugt?«

»Ich sprach mit ihm zum ersten Mal, als die Putschisten gerade abgefahren waren. Damals und auch am folgenden Morgen erörterte er alles ganz ruhig. Seine schlimmste Befürchtung war, daß der Putsch eine Wende nehmen könnte und irgendwo im Land unterstützt werden würde. Die Folge wäre ein blutiger Bürgerkrieg gewesen –, und das wollte Gorbatschow immer vermeiden. Als die Verschwörer die Glasnost einschränkten und Zeitschriften verboten, war ihm klar, daß die Putschisten international gescheitert waren. An der Haltung der Weltöffentlichkeit hat er übrigens nie gezweifelt. Das war ihm von Anfang an klar.«

Später erfuhr ich aus dem vierteiligen Artikel G. Popows in der *Iswestija*, daß Jelzin mit der Rettung Gorbatschows gleichzeitig seine Absetzung verfolgte. Es fällt mir schwer, zu glauben, daß Ruzkoj und seine Begleiter, die im Namen des russischen Präsidenten nach Foros gekommen waren, in Wirklichkeit Mittel zur Durchführung dieses Plans waren.

Die Demontage Gorbatschows und die Auflösung der Sowjetunion

In dieser Zeit kritisierte Gorbatschow mich scharf, als ich in einer meiner Notizen die Ereignisse vom August als »Revolution« bezeichnete. Er entgegnete mir, die Revolution habe mit der Perestrojka begonnen. Damals äußerte er zu vielen, der Putsch reflektiere objektiv die zusammengekommenen, zu überwindenden Widersprüche. Am 6. September sagte er in einem Gespräch mit dem französischen Wirtschafts- und Finanzminister Pierre Bérégovoy: »Auf unserem Weg wurden wir durch einen Unfall aufgehalten und müssen jetzt noch entschlossener vorwärtsstreben.« Und in einem Gespräch mit dem italienischen Ministerpräsidenten Andreotti erklärte er einige Wochen später: »Ich persönlich teile unsere Geschichte jetzt in zwei Abschnitte: Was vor dem Putsch war, erscheint als eine Vorstufe zu einer neuen Epoche, nach dem Putsch hat sie wirklich begonnen.«[10] Ich wurde häufig gefragt, warum Gorbatschow nach seiner Ankunft in Moskau nicht direkt vom Flughafen zum »Weißen Haus« gefahren war, wo ihn (angeblich) die begeisterte, mitfühlende Menge erwartete. Keiner unserer Begleiter, auch Ruzkoj nicht, sagte uns, daß er dort erwartet würde. Ruzkoj sorgte sich nur um die sichere Begleitung Gorbatschows vom Flughafen nach Hause. Er fragte, ob er gleich zur Datscha oder in die Moskauer Wohnung fahren wolle und bot Personenschutz an. Gorbatschow antwortete, daß er in seiner Datscha wohl sicher sei. Silajew, der während des ganzen Fluges neben ihm gesessen hatte, erwähnte ebenfalls nicht, daß er am »Weißen Haus« erwartet würde.

Als einen Tag später das große »Treffen der Sieger« stattfand, zu dem auch Gorbatschow gebeten wurde (Ignatenko und ich riefen mehrmals an, um ihn daran zu erinnern), ging er aus irgendwelchen Gründen nicht hin. Tatsächlich war er mit den (zum Teil unüberlegten) Ernennungen für die durch die Putschisten freigewordenen Schlüsselpositionen in der Regierung beschäftigt.

Gorbatschow wurde von Jelzin zur Sitzung des russischen Parlaments eingeladen, freilich nachmittags. Offenbar bevorzugte er diesen Auftritt und machte dabei, wie ich denke, einen großen Fehler. Die Beleidigungen und Erniedrigungen, denen er dort ausgesetzt wurde unter der Leitung von Jelzin, sind ein schmähliches Kapitel der Geschichte des russischen Parlamentarismus.

Vorher fand noch die äußerst erfolglose Pressekonferenz statt: Er kannte noch nicht alle Fakten, hatte seine Gedanken nicht geordnet und den Zustand der nervlichen Überanstrengung noch nicht überwunden. Er war, salopp gesagt, nicht in Form.

Dann trat der Oberste Sowjet der UdSSR zusammen. Die Mitglieder waren beschämt, weil sie nichts gegen den Putsch unternommen hatten und fühlten, daß das Ende ihrer Amtszeit nahte. Einer nach dem anderen machten die Redner den Präsidenten zur Zielscheibe allen angestauten Hasses und aller Bitterkeit. Ein letztes Mal demonstrierten die Abgeordneten ein höchstes Maß an Instinktlosigkeit, die politische Nichtigkeit und moralische Infantilität unserer Demokratie, deren Entstehen dem zu verdanken war, auf den jetzt alle Schuld abgewälzt wurde.

Die Ereignisse auf der Pressekonferenz und in beiden Parlamenten schadeten dem Prestige des Präsidenten sehr. Hier zeigte sich seine Hilflosigkeit und politische Einsamkeit. Es ist für einen Politiker immer fatal, wenn das offenbar wird. Die Welle der Sympathie und des menschlichen Mitgefühls, die in den ersten Tagen des Putsches auf der Straße, unter dem »einfachen« Volk zu spüren war, verebbte.

Es liegt auf der Hand, daß auch ohne diese skandalösen Ereignisse der Lauf der Geschichte nicht mehr aufzuhalten gewesen wäre. Man muß Gorbatschow jedoch noch einmal Gerechtigkeit widerfahren lassen – er war nicht demoralisiert, sein Mut war nicht erschüttert. Er hat weder die Selbstbeherrschung noch die Fähigkeit, tatkräftig zu handeln verloren. Was für ein Charakter! Wahrscheinlich hat er in den letzten beiden Jahren genug Verachtung gegenüber diesen Schreihälsen, Hetzern und ungebildeten Demagogen entwickelt, die auf Kosten unserer Demokratie dieses Spiel spielten. Dies sage ich nicht nur aufgrund meiner eigenen Beobachtungen, sondern auch, weil er mir seine Meinung zu einzelnen wie auch Gruppierungen (rechten und linken) darlegte.

In den ersten Tagen nach der Rückkehr nach Moskau war ich nicht oft in seiner Nähe. Er lud mich auch nicht ins Nußbaumzimmer ein, wo über die neuen Ernennungen entschieden wurde. General Moissejew übernahm das Amt Jasows. (Es wurden jedoch Änderungen nötig, weil Jelzin Einspruch erhoben hatte. So übernahm Schaposchnikow das Verteidigungsministerium. Danach sprachen Gorbatschow und Jelzin weitere Ernennungen miteinander ab.)

Zufällig war ich anwesend, als über das Amt des Generalsekretärs entschieden wurde. Ich kam zu Gorbatschow wegen laufender Angelegenheiten. Am ovalen Tisch saßen G. Popow, Luschkow, Silajew, Bakatin, Medwedew und Ignatenko. Gorbatschow bat mich, Platz zu nehmen. Warum solche Fragen »in dieser Zusammensetzung« diskutiert wurden, ist mir bis heute nicht klar. Dies unterstreicht übrigens die politische »Entblößung« des Präsidenten nach dem Putsch. Medwedew und ich sollten die verschiedenen, zur Diskussion stehenden Möglichkeiten »ausformulieren«. Popow und Luschkow schlugen neben dem Verzicht auf das Amt des Generalsekretärs[11] (der war von Gorbatschow noch vor meinem Erscheinen beschlossen worden) auch die Auflösung des Zentralkomitees und sogar der ganzen Partei vor. Gorbatschow ließ sich darauf nicht ein, obwohl keiner der Anwesenden widersprach – nicht nur, weil das außerhalb seiner Kompetenzen lag, sondern auch, um den Millionen Parteimitgliedern, deren Ehre ohne ihr Zutun durch den Putsch verletzt worden war, nicht noch mehr Schaden zuzufügen.

Gorbatschow hatte mich nicht vorgewarnt, daß er mit der Übernahme des ZK-Gebäudes durch die russischen und die Moskauer Behörden einverstanden war. Mein Arbeitszimmer befand sich jedoch noch am Alten Platz (vielleicht hatte Boldin bewußt dafür gesorgt). Ich saß am Schreibtisch. Plötzlich ging das ansonsten abgeschaltete Radio an: Monoton und bedrohlich wurde wiederholt, daß wir eine Stunde zum Einsammeln der persönlichen Gegenstände hätten. Wer sich länger im Gebäude aufhalte, werde festgenommen.

Meine Mitarbeiter und ich beschlossen gekränkt, uns nicht unterzuordnen. Nach zwei Stunden kamen wir zum Ausgang und wurden festgehalten. Wir wurden über den Hinterausgang zur Ipatjewgasse geführt. An beiden Enden tobten Menschenmassen am Tor. Uns bekannte Milizionäre schlugen vor, wieder ins Gebäude zurückzukehren. Wir warteten. Unser »Bewacher« lief mehrmals weg. Dann wurden wir in den Keller geführt, wo lange herumtelefoniert wurde. Schließlich ging es noch weiter nach unten, und wir fuhren in der hell erleuchteten »Spezialmetro« zum Kreml.[12] Warum wir nicht der Menge überlassen wurden, wie alle anderen, kann ich nicht beurteilen. Vielleicht weil sie an meinem Abzeichen den »Volksdeputierten« erkannten, weil ich Mitarbeiter des Präsidenten und nicht des ZK-Apparats war oder weil ich selber »Opfer« des Putsches wurde. Ich weiß auch nicht, wer über unser Schicksal entschieden hat.

Als ich Gorbatschow später davon erzählte, schmunzelte er nur. Ihn bewegten andere Fragen: Er wollte einen Staat retten. Eine Republik nach der anderen verkündete ihre Unabhängigkeit, einige erklärten sogar die Trennung von der Union. Sie liefen von einem Zentrum weg, in dem solche Ereignisse möglich waren und das jetzt – darauf hatten sie lange gewartet – nicht mehr die Kraft hatte, sie zurückzuhalten. Der Aufruf des russischen Präsidenten, die Grenzen zu respektieren, war nicht mehr zeitgemäß und trieb sie noch mehr in diese Richtung.

Gorbatschow konnte die Union nicht retten. Es war kein leeres Gerede, wenn er von einer »neuen Epoche« nach dem Putsch sprach. Er rettete die Idee der Staatlichkeit des riesigen Landes als eine historische Ganzheit. Er nahm die von ihm erdachte Formel »Union Souveräner Staaten« ernst und hoffte so das Gleichgewicht zwischen Befürwortern eigenständiger Staaten und denen eines starken Zentrums zu halten. Er nahm auch von den früheren Begriffen Abstand: Die Union war nicht nur nicht die der »sozialistischen«, auch nicht der »Sowjets«, nicht der

»Republiken«, sondern die der »Staaten«. Dies hätte man allerdings schon vor dem Referendum im März ändern sollen.

Mit der Arbeit am »Zusammenschluß« der Führer der Republiken und der anschließenden »Gleichstellung« 1+10(11) – ohne Baltikum und Moldawien – hatte ich nichts zu tun.

Gorbatschow »siegte« nochmals (zum letzten Mal!) auf dem Kongreß der Volksdeputierten am 2. September. Er überstand die schwerste Schlacht und erreichte, daß die Verfassungserklärung des Präsidenten der UdSSR und der höchsten Führer der zehn Republiken bestätigt wurde. Neue Verwaltungsorgane wurden geschaffen: der Staatsrat und das Interrepublikanische Witschaftskomitee – beide auf föderativer Grundlage, die durch den Vertrag über die USS (Union Souveräner Staaten) und den Vertrag über eine Wirtschaftsgemeinschaft legalisiert wurden.

»Direkt vor dem Kampf« erklärte Gorbatschow Senator Sam Nunn die Situation:

»Wir stellten folgende Überlegung an: Der Kongreß soll nicht zu einem parlamentarischen Stammtisch verkommen. Das Land erwartet Entscheidungen und Ergebnisse. Deshalb haben wir diesen ungewöhnlichen Weg eingeschlagen und traten mit der Erklärung an die Öffentlichkeit. Wir sagten zu den Deputierten: Und jetzt überlegt ihr, denkt über die Zukunft nach! Zunächst waren sie natürlich schockiert. Aber wir mußten ja auf die Verschwörung reagieren und nicht nur schwatzen. Der Kongreß hat die Möglichkeit, seine Verantwortung für das Land zu zeigen. Aber wenn er den Vorschlag nicht annimmt, stirbt er.«

Beiläufig sei bemerkt, daß der Kongreß trotz der Annahme des Vorschlags sterben mußte. Die Mehrheit der Deputierten, mit Ausnahme der empörten und der ganz dummen, hat das gespürt und ist mit Würde gegangen.

Gorbatschow war überzeugt, der Prozeß sei wieder in Gang gekommen, und es seien, wie er sich ausdrückte, grundlegende Voraussetzungen für die neue »Epoche« des Landes geschaffen worden. Er sprach darüber mit allen, die er in den ersten Septemberwochen traf.

Im Gespräch mit Roland Dumas erklärte er am 10. September:

»Nach meiner Rückkehr von der Krim war ich erstaunt über die Gesellschaft und wie schnell sich alles ändern konnte. Die Menschen waren in dieser verfahrenen Situation aufgeschreckt und völlig verwirrt. Als der Zerfall der Union als Perspektive möglich wurde, wuchs die Zahl der Befürworter des Zentrums. In dieser Situation war die Erklärung

425

der Präsidenten und der Führer der Republiken möglich geworden. Es war ein schwerer Kampf, im Fernsehen wurde nur die Spitze des Eisbergs wahrgenommen. Wir waren zurückgeworfen worden, jetzt müssen wir unseren Weg weitergehen, aber unter neuen Bedingungen.«

Im Gespräch mit Douglas Hurd sagte er in diesen Tagen: »Die Situation hat sich sehr schnell gewandelt. Als ich nach der ›Blockade‹ zurückkehrte, wuchs in der Bevölkerung die Unruhe gegenüber dem Zerfallsprozeß der Sowjetunion. Aber in dieser Situation entstand fast sofort eine mächtige, zum Zentrum strebende Tendenz, die Menschen strebten nach Integration. Das ermöglichte die Erklärung, die ich mit den Führern von elf Republiken erarbeitet habe und die von zehn unterzeichnet wurde.

Schließlich nahm der Kongreß unsere Vorschläge an. Aber der Weg dorthin war steinig. Es ist einfach erstaunlich, wie sich der Kongreß vor aller Augen verändert hat. Im Endergebnis lief für den Kongreß alles auf einen Eklat hinaus. Ich meine, daß sich innerhalb von drei Tagen alles geändert hat, daß ein neues Leben, eine neue Epoche begonnen haben.«

In der mächtigen zum Zentrum strebenden Tendenz täuschte er sich. Aber dieser Selbstbetrug war eher ein Fakt seiner persönlichen Biographie als der realen Politik. Er hatte übrigens immer die Eigenheit, seine »Teilerfolge« auf dem qualvollen Weg der Perestrojka überzubewerten.

Im Auflösungsprozeß der Union unterschätzte er die Rolle der Ukraine. Er glaubte nicht – und wollte es auch nicht glauben –, daß die Ukraine sich von der Union lösen würde. Er ist mit ihr blutsverwandt, liebt sie, kennt Taras Schewtschenko, den ukrainischen Nationaldichter, auswendig und spricht Ukrainisch. Er klammerte sich an jede noch so nebensächliche Information, die für einen Verbleib der Ukraine sprach. Allen Gesprächspartnern erzählte er mehrmals, wie eine Delegation von Grubenarbeitern aus der Donez-Region bei ihm erschienen sei und die Männer erklärt hätten, sie würden die Abspaltung der Ukraine nicht zulassen. Nach jedem Gespräch mit Krawtschuk verkündete Gorbatschow zufrieden seinen gewohnten »kleinen Sieg« über dessen Starrsinn.

Er unterschätzte den irrationalen Charakter nationalistischer Kräfte und schob viele Vorgänge auf die Eitelkeit der nationalen Führer. Direkt nach dem Kongreß der Volksdeputierten war das noch verständlich, aber Ende September, nur einen Monat später? Schon damals war offensichtlich, daß weder die Arbeit im Staatsrat noch die wirtschaftliche Zusammenarbeit der Republiken erfolgreich waren. Wie haben sich Silajew und Jawlinskij ins Zeug gelegt! Zum ägyptischen Präsidenten Mubarak sagte Gorbatschow noch am 27. September: »Einige führende Persönlichkeiten ergötzen sich immer noch daran, Führer einer Nation zu sein. In den Obersten Sowjets der Republiken wird noch viel Zeit mit dem Gerede über die Unabhängigkeit verloren. Das alles sind vorübergehende Erscheinungen, die wir überwinden müssen. Wichtig ist, daß das ganze Volk für den Erhalt der Unionsbeziehungen eintritt. In diesem Sinne müssen wir handeln.«

Das Ausland versucht zu helfen

In der Außenwirtschaft handelte er ebenfalls sehr tatkräftig. Durch seine wichtigsten Freunde und Partner – Bush, Kohl, Mitterrand, Major, Andreotti, González (Reagan und Thatcher schickten mitfühlende Telegramme) – erfuhr Gorbatschow bedingungslose, offene Unterstützung und Solidarität. Die Putschisten waren von der ganzen Welt (mit Ausnahme Saddam Husseins und Arafats) entschieden verurteilt worden. Voller Enthusiasmus setzte Gorbatschow alles daran, den Zerfall des Landes durch Hilfe »von außen« zu verhindern.

Niemand in der Weltgemeinschaft wollte diesen Zerfall. Mir stehen alle Aufzeichnungen von Unterredungen und Telefongesprächen mit ausländischen Persönlichkeiten und Kopien ihrer Briefe und Telegramme zur Verfügung. Ich kann dokumentieren, daß meine Einschätzung der historischen Realität entspricht. Und das ist auch verständlich: Die Sowjetunion wurde dank Gorbatschow zu einer friedlichen Macht, nicht nur seiner Politik wurde Vertrauen geschenkt, sondern seine Person stand für demokratische Beziehungen. Die Weltpolitik brauchte Gorbatschow. Sein Rücktritt, der Zerfall der Sowjetunion, einer Atommacht, die sich über den halben Erdkreis und zwei Kontinente erstreckte, konnte bedrohliche und unvorhersehbare Folgen haben. In dieser Ansicht wurden viele seiner Gesprächspartner durch den Krieg in Jugoslawien bestärkt.

Alle ausländischen Persönlichkeiten oder Delegationen, die in diesen Wochen nach Moskau kamen, drängten darauf, von Gorbatschow empfangen zu werden. Sie wollten von ihm persönlich eine Einschätzung der bestehenden und zukünftigen Situation hören.

Welche Themen wurden in den Gesprächen diskutiert? Vor allem die beiderseitige Analyse der Ereignisse und ihrer Ursachen.[13] Die geplanten und durchgeführten Maßnahmen zur Rettung der Wirtschaft und der Gründung der Union der Souveränen Staaten wurden dargelegt. Außerdem wurde besprochen, wann und mit wem wirtschaftliche Zusammenarbeit aufgenommen und Hilfsmaßnahmen durchgeführt werden würden, sowohl auf bilateraler Basis als auch im Zusammenhang mit den Gesprächen der G-7 in London.

Das Hauptaugenmerk der Gespräche lag darauf, an die Einsicht und an die Gefühle der westlichen Länder zu appellieren und sie an ihre Versprechungen und Verpflichtungen zu erinnern: Helfen Sie, jetzt und schnell. Beenden Sie Ihre Diskussionen und Haarspaltereien über irgendwelche Regeln, notwendigen Voraussetzungen usw. Wenn schon von einem völlig außergewöhnlichen Ereignis die Rede ist, dann muß in historischen Maßstäben und aus universaler Perspektive geurteilt und die wahren langfristigen Interessen der Menschheit beachtet werden. Zumal nach der Zerschlagung des Putsches eine Rückkehr zur Vergangenheit unmöglich geworden ist, und der Weg der Demokratie und der Marktwirtschaft entschlossen eingeschlagen wird. Ich möchte zum besseren Verständnis nur zwei seiner Schreiben an John Major als den Koordinator der G-7-Runde darstellen[14]:

Gorbatschow erklärte den Politikern, Bankiers, Experten und Vertretern internationaler Organisationen in allen Einzelheiten, was für den Fortgang der radikalen Reformen notwendig sei, damit sie nicht wegen sozialer Aufstände zum Scheitern gebracht würden. Die Stabilisierung der Währung, Kürzungen im Staatshaushalt, Konvertierbarkeit des Rubels, für die ein Stabilisierungsfonds gegründet werden müsse, seien die nächsten Aufgaben. Medikamente und Lebensmittel seien sofort notwendig. Den Aufschub der Zahlungsverpflichtungen wollte er schon auf dem Londoner Gipfel erreichen, doch alle, angefangen mit Bush, wollten ihn davon abbringen: Das private Kapital würde sofort seine Kredite »kündigen«, und das käme einer Bankrotterklärung gleich.

Vor Baker, Major und anderen betonte er erneut, daß ohne Hilfe die Leicht- und Nahrungsmittelindustrie und weitere Branchen, die direkt für den Verbrauchermarkt produzieren, in Schwierigkeiten geraten würden. Aber er stieß auch bei ihnen nur auf Zweifel und Ausflüchte.

Gorbatschow hatte recht, wenn er immer wieder daran erinnerte, daß für den Golfkrieg schlagartig rund 100 Milliarden aufgetrieben wurden. Und hier sollten vergleichbare Beträge nicht zu beschaffen sein.

John Major, der Gastgeber der G-7-Runde, erwies sich als Persönlichkeit von internationalem Rang und tat alles, was in seiner Macht stand. Er handelte im Einverständnis und mit der Unterstützung seiner G-7-Kollegen, allen voran Kohl und Andreotti, und stützte sich auf das Gutachten, das nach dem Londoner Gipfel von Dutzenden von Experten, Wissenschaftlern und europäischen und amerikanischen Ministern erstellt worden war. Eine wichtige Rolle spielten natürlich Bush und Baker, die schließlich Ende Oktober Hilfeleistungen beschlossen.

Nach unablässigen und beharrlichen Bemühungen Gorbatschows, der damals im Westen fast die einzige Garantie für wirtschaftliche Beziehungen war, wurden die Hilfsmaßnahmen beschlossen. Am 2. Dezember 1991 schickte John Major dem Präsidenten der UdSSR ein Schreiben:

»Ich unterhalte regelmäßige Kontakte zu meinen Kollegen, den Regierungschefs der Staaten, die an der Gipfelkonferenz zu Ihrer Bitte um Bereitstellung von Lebensmitteln zur Milderung eines drohenden Mangels im bevorstehenden Winter teilgenommen haben. Sie schrieben mir am 23. Oktober und am 4. November.

Diesen Herbst besuchte eine Reihe von Repräsentanten der G-7 die Sowjetunion, um Ihren Bedarf an Lebensmitteln und Medikamenten zu erörtern. Nach den mir bekannten Berichten scheint eine Hungersnot in großem Ausmaß unwahrscheinlich, die Gefahr einer Lebensmittelknappheit besteht jedoch in einigen Regionen, vor allem in den großen Industriezentren. Ich habe vollstes Verständnis für ihre Besorgnis, vor allem in bezug auf schwächere Bevölkerungsgruppen wie kranke oder alte Menschen.

Wir erörterten die unseren Regierungen möglichen Maßnahmen und geben folgende Erklärung zu neuen Lebensmittelkrediten und weiteren Sonderhilfen ab:

– Die Europäische Gemeinschaft hat sich bereit erklärt, in Ergänzung der kostenlosen Lebensmittelhilfe im Umfang von 250 Millionen Ecu (rund 300 Millionen Dollar), die im Dezember letzten Jahres vereinbart wurde, eine neue Direktanleihe in Höhe von 1,25 Milliarden Ecu (1,5 Milliarden Dollar) bereitzustellen. Die Anleihe wird durch den Haushalt der EG garantiert und soll den Bedürfnissen entsprechend zur Finanzierung von Lebensmitteln und Medikamenten genutzt werden. Bis zu 50 % der 1,25 Milliarden Ecu werden für den Kauf von Lebensmitteln in Mitteleuropa und ihre Lieferung in die Sowjetunion genutzt. Zudem stellen einige Mitglieder der Gemeinschaft zusätzliche Hilfe auf der Grundlage bilateraler Verträge zur Verfügung.

- Die USA gewähren zusätzliche Kreditgarantien zur Lieferung von landwirtschaftlichen Produkten in Höhe von 1,25 Milliarden Dollar und sofortige Lebensmittelhilfe in Höhe von 165 Millionen Dollar. Dies versteht sich als Ergänzung zu den Kreditgarantien in Höhe von 2,5 Milliarden Dollar, die im Laufe des Jahres eingeräumt wurden.
- Japan erklärte sich bereit, sich an der Finanzierung von Lebensmittelhilfen und medizinischer Unterstützung in Höhe von 500 Millionen Dollar zu beteiligen. Weitere zwei Milliarden Dollar werden in Form von Handelsgarantien, Kapitalinvestitionen und Exportkrediten bereitgestellt. Im Laufe des Jahres wurden Kredite in Höhe von 100 Millionen Dollar gewährt.
- Kanada erhöht die bisher gewährte Kreditgarantie für den Kauf von Getreide auf 500 Millionen Dollar und leistet sofortige Medikamentenhilfe in Höhe von fünf Millionen Dollar. Im Lauf des Jahres wurden Kredite in Höhe von 150 Millionen Dollar für den Kauf anderer Lebensmittel gewährt.

In direkter Erwiderung auf Ihren Appell haben sich die Teilnehmer der Wirtschaftskonferenz in den letzten anderthalb Monaten bereit erklärt, der Sowjetunion und ihren Republiken Soforthilfen mit Medikamenten und Lebensmitteln in einer Gesamtsumme von mehr als vier Milliarden Dollar zu gewähren. Zusammen mit den Lebensmittelkrediten und weiteren Hilfen, die 1991 geleistet wurden, übersteigt die Gesamtsumme der Unterstützungen durch die Teilnehmer der Wirtschaftskonferenz zehn Milliarden Dollar. Die Teilnehmer der G-7 entsprechen hiermit Ihrer Bitte in einem Umfang, der uns als ausreichend erscheint.

Wir, d. h. die Länder der G-7, die Kommission der Europäischen Gemeinschaft und die verschiedenen Behörden der Sowjetunion müssen eng zusammenarbeiten, um größtmögliche Effektivität dieser Soforthilfe zu gewährleisten.

Erstens muß die Hilfe für die wirklich Notleidenden garantiert werden. Die verantwortlichen Behörden der einzelnen Länder und der EG-Kommission werden in nächster Zeit Mechanismen schaffen, die schnelle Hilfe für Bedürftige garantieren. An diesen Mechanismen sollen Behörden der Union und der Republiken beteiligt sein. Angemessene Verwendung, Verteilung und Kontrolle müssen unbedingt garantiert werden. Wir müssen unbedingt wissen, ob Mängel bestehen, und sicher sein, daß ein effektives Vorgehen der Lebensmittelhilfe im Verteilungssystem, wenn möglich unter Nutzung neuer Marktstrukturen, durchführbar ist. Die Amtspersonen aller beteiligten Länder und der EG-Kommission benötigen in diesen Fragen die ständige Unterstützung der zentralen und regionalen Behörden. Ich bin überzeugt, daß wir in allen Fragen auf enge Zusammenarbeit mit Ihnen rechnen können.

Zweitens kann die Lebensmittelhilfe die tiefgreifenden Probleme, die zu der jetzigen Lebensmittelknappheit geführt haben, nicht lösen. Die landwirtschaftliche Produktion und die Verteilung der Güter müssen effektiver werden, die Preise müssen freigegeben und weitere Schritte zur Privatisierung durchgeführt werden. Wir begrüßen die Fortschritte in diesen Bereichen, vor allem die Reformstrategie, die in der Russischen Republik ausgearbeitet wird. Die Industrienationen und internationale Organisationen sind bereit, in diesen Bereichen durch Beratung und technische Hilfe Unterstützung zu leisten. Nicht nur auf Unionsebene, sondern auch mit den Republiken findet Zusammenarbeit statt.

Ich hoffe, Sie informieren die Republiken über diese Antwort der Teilnehmerstaaten der Wirtschaftskonferenz.

Abschließend möchte ich folgendes bemerken: Mir wurde ausführlich über Ihr Treffen mit den Vertretern der G-7 und Ihre Erläuterungen zum Stand der Dinge beim politischen Unionsvertrag berichtet. Ich war außerdem erfreut zu erfahren, daß zwischen den G-7 und Vertretern der Republiken und des Zentrums ein Paket von Maßnahmen beschlossen werden konnte, darunter auch ein Aufschub der Zahlungsverpflichtungen. Der Zahlungsaufschub an offizielle Kreditgeber der G-7 wird bis Ende 1992 gewährt und beinhaltet einen Vorteil von drei Milliarden Dollar. Wenn die sowjetische Seite entsprechende Sondervereinbarungen mit anderen Kreditgebern erreicht, kann sich der Vorteil verdoppeln. Ich bin zutiefst erfreut, daß die G-7 diese Hilfe leisten können.

John Major«

Das Schreiben des britischen Premierministers traf ein, als der Zerfall der Sowjetunion schon nicht mehr aufzuhalten war und es faktisch keinen »verantwortlichen Empfänger« dieser – im Vergleich zu den Aufwendungen für den Golfkrieg – dürftigen Zuwendung mehr gab.

In den Tagen nach dem Putsch drängte ich Gorbatschow, eine Entscheidung wegen der KSZE-Konferenz zu treffen. Sie sollte am 10. September in Moskau stattfinden und ein Teil der Entwicklung des in Helsinki begonnenen Prozesses sein. Wir zögerten beide, ob es angebracht sei, angesichts des Durcheinanders im Land eine so entscheidende und aufwendige Konferenz zu organisieren. Wir beschlossen, alle Botschafter der Länder, die zur KSZE gehörten, in den Kreml einzuladen und sie um ihre Meinung zu bitten. So konnten wir auch die Meinung ihrer Regierungen erfahren. Gorbatschow beauftragte Jakowlew, Petrowskij und mich mit der Durchführung des Treffens. Die Botschafter waren sich einig: Wir sollten die Konferenz in jedem Fall veranstalten, das unterstütze die demokratischen Kräfte und die Reform moralisch. Nach einigen Tagen bestätigten uns die Botschafter, daß auch ihre Regierungen diese Meinung vertraten.

Die Konferenz der 35 Staaten fand wie geplant statt. Wie in Paris wurde Gorbatschows Rede von den Teilnehmern, den Außenministern der Staaten, interessiert und begeistert aufgenommen. Von unserer Presse wurde sie totgeschwiegen.[15]

Ein weiterer Vertrauensbeweis gegenüber Gorbatschow war Bushs Abrüstungsinitiative im September 1991: Er reduzierte die amerikanischen Arsenale strategischer Waffen. Gorbatschow reagierte darauf großzügig. Die Ausarbeitung entsprechender Maßnahmen auf unserer Seite wurde nun nicht mehr von der Armee gebremst oder hintertrieben. Der neue Verteidigungsminister Marschall Schaposchnikow leitete dieses Projekt.

Die »jüdische Frage«

Wer immer an der Friedenssicherung im Nahen Osten beteiligt war, konnte sich die Konferenz von Madrid ohne Gorbatschow nicht vorstellen. Schließlich hatte er in den letzten drei Jahren diese Idee propagiert. Bush war besorgt, die Situation in der Sowjetunion könne Gorbatschow von der Teilnahme an der Konferenz abhalten. Zunächst sprach er das Thema nur vorsichtig an, dann bat er ihn direkt, trotz allem zu kommen. Ansonsten wären viele Mühen umsonst gewesen: vor allem Bakers diplomatische Aktivitäten, der seine Arbeit im Nahen Osten immer in Zusammenarbeit mit Schewardnadse, später Bessmertnych und schließlich Pankin durchführte.

Gorbatschow traf sich in Madrid mit dem israelischen Ministerpräsidenten Schamir, der dieses Treffen schon bei seinem Besuch in Moskau angekündigt hatte. Boris Pankin, der erst seit zwei Monaten neuer Außenminister war, organisierte die Wiederaufnahme diplomatischer Beziehungen zu Israel. Schamir wurde von sechs Personen, darunter auch einigen Ministern, begleitet. Ich hatte den Eindruck, daß sie fast alle Russisch verstanden. In dem einstündigen Gespräch wurden fast keine »technischen« Fragen besprochen – ausgenommen die Kürzung von Waffenlieferungen an Syrien. Es wurden eher grundlegende Fragen diskutiert und Meinungen ausgetauscht, wobei man das Gefühl hatte, die Gesprächspartner würden sich schon lange kennen. Beim Zuhören spürte ich, daß dieses Treffen wichtigen Symbolcharakter hatte. Schon lange bestehende Spannungen konnten durch das Gespräch gelöst werden. Wir hielten den israelischen Ministerpräsidenten für einen ausgesprochen harten Politiker. Um so erstaunter waren wir über die Herzlichkeit des Gesprächs.

Gorbatschow konnte für sich persönlich die »jüdische Frage« klären: Er konnte das Menschliche und das Politische in Einklang bringen. Der letzte Schritt war sein Besuch in Israel, den er schon nicht mehr als Präsident machte. Der Entschluß zu dieser Reise fiel leider zu spät: Er schloß in seine Rede vorsichtige Formulierungen zur Verurteilung des Antisemitismus ein und betonte gleichzeitig, daß wir gegen jede Form von Rassismus seien.

Das Vertrauen zu uns entwickelte sich im Westen langsam, manchmal wurde der Prozeß unterbrochen. Die Frage der Emigration der Juden mußte gelöst werden. Zu spät wurden Gorbatschow auch die Folgen für unser Land klar. Er nahm an den Gesprächen zur Beilegung des Nahostkonflikts teil. Seine Kontakte zu arabischen Führern zeigten, daß auf beiden Seiten Fehler begangen wurden. Er sprach mit jüdischen Geschäftsleuten und Vertretern einer Reihe von jüdischen Organisationen.

Entscheidend für diese Entwicklung Gorbatschows war der fünfzigste Jahrestag von »Babij Jar« [Schlucht im Norden Kiews, in der 1941 mehr als 30000 Juden von einem deutschen Polizeibataillon ermordet worden waren]. Schon Anfang August hatte ich Gorbatschow gesagt, daß der Toten mit einer offiziellen Feier gedacht werden solle und daß der israelische Präsident Herzog kommen würde. Damals wollte er die Sache überdenken. Im September erinnerte ich ihn nochmals daran. Er beschloß, sich mit einem Sendschreiben an die Teilnehmer der Gedenkfeier zu wenden und sich durch Jakowlew vertreten zu lassen. Dieser trug dann auch Gorbatschows Botschaft vor. In unserer demokratischen Presse, das wurde schon zur Regel, wurde das Schreiben nicht veröffentlicht. Und das, obwohl Gorbatschow darin mit dem von Stalin und Breschnew ererbten offiziellen Antisemitismus abrechnete.

Auch durch die Ljubowitscher Handschriften und Heiligen Bücher, die seit dem Bürgerkrieg in Kisten in der Lenin-Bibliothek lagen, kam Gorbatschow mit dem Thema »Juden« in Berührung. Die jüdische Religionsgemeinschaft der Chassiden hatte um Rückgabe der Bücher gebeten. Sie wurden im 19. Jahrhundert von einem Rabbiner gesammelt. Gorbatschow war bereit, ihre Rückgabe zu veranlassen, zumal ihn Bush, Major, Andreotti, Mulroney und einige Wissenschaftler und Persönlichkeiten des öffentlichen Lebens im In- und Ausland darum gebeten hatten. Der Kulturminister Gubenko und einer der Mitarbeiter Gorbatschows verhinderten jedoch die Rückgabe: Für echte russische Patrioten handelte es sich um nationalen Besitz!

Soweit ich das beurteilen kann, war Gorbatschow gegenüber Juden ohne Vorurteile. Er erzählte viel von seinen jüdischen Freunden. Unter den Politikern der Nachkriegszeit gab es wenige, die keine antisemitischen Tendenzen vertraten. Gorbatschow waren solche Tendenzen fremd. Viele fragen auch jetzt noch, warum er bei der Einführung von demokratischen und allgemein menschlichen Werten in die Gesellschaft mit der entschiedenen Verurteilung des Antisemitismus zögerte? Er fürchtete wohl, das Volk werde diese Maßnahme nicht verstehen. Außerdem hätte er von bestimmten Leuten in dieser Sache keine Unterstützung bekommen, und Gruppierungen wie »Pamjat« hätten dagegen Politik gemacht.

Seit dieser Zeit haben sich die Einstellungen sehr gewandelt. Jetzt wird schon über den »jüdisch-russischen Faktor« nachgedacht. Er ist begründet in der widersprüchlichen und bedeutenden Wechselwirkung der beiden Völker im Verlauf ihrer gemeinsamen Geschichte, in der paradoxen Annäherung ihrer unterschiedlichen nationalen Charaktere und dem großen kulturellen Erbe, das aus dem Kontakt der beiden Völker entstanden ist.

Jelzin und Gorbatschow:
Die Perestrojka entläßt ihren Schöpfer

Bei allen Treffen mit ausländischen Persönlichkeiten im September und Oktober wurde Gorbatschow nach seiner Beziehung zu Jelzin gefragt. Nicht nur aus Neugierde, sondern auch, um besser abwägen zu können, was Gorbatschow und der Sowjetunion bevorstehen würde. Allen war jedoch daran gelegen, daß Gorbatschow bleiben würde.

Gorbatschow sagte zu Major am 1. September 1991: »Du kannst davon ausgehen, daß Jelzin und ich wirklich zusammenarbeiten. Wenn die Zusammenarbeit beendet würde, wäre das verhängnisvoll. Wir sind uns einig, daß unsere Zusammenarbeit eine neue Qualität erreicht hat.«

Kohl fragte ihn am 5. September: »Wie sind jetzt deine Beziehungen zu Jelzin?«

»Besser, viel besser.«

»Sieht er das auch so?«

»Das nehme ich schon an.«

Genscher fragte am 9. September: »Was denken Sie über Jelzin?«

»Ich denke, alles wird allmählich geklärt werden. Die extremen Meinungen verschwinden. Jelzin wird vernünftiger. Alles wird besser werden ... Jelzin braucht Gorbatschow.«

Baker sagte im Laufe des Gesprächs am 11. September: »Ihre weitere Zusammenarbeit mit Jelzin ist sehr wichtig. Wir können nicht auf zwei unterschiedliche sowjetische Meinungen reagieren.«

Am 26. September überbrachte mir ein Abgesandter Bushs einen Brief für Gorbatschow. Unter anderem schrieb er: »Lieber Michail! Du sollst wissen, daß ich am 25. mit Boris Jelzin telefoniert habe, um mich nach seiner Gesundheit zu erkundigen ... Er betonte, wie gut die gemeinsame Arbeit mit dir voranschreite.«

Für Gorbatschow war Jelzin die »russische Wirklichkeit«, und er wollte ihm bei den Reformen in Rußland behilflich sein. Dabei ging er immer noch davon aus, daß ein Erfolg nur im Rahmen der neuen Union möglich sei. Manchmal täuschte er sich dabei: Wenn man mit Boris Jelzin spricht, scheint alles klar zu sein. Dann geht er nach Hause, und am nächsten Tag ist alles ganz anders. Nichts, was abgesprochen wurde, gilt noch.

Die Zweifel von Gorbatschows Gesprächspartnern blieben, auch wenn er noch so betonte, die Beziehung zu Jelzin bessere sich. Sie vertrauten ihm zwar und verdächtigten ihn nicht, daß er sie bewußt täusche. Sie wußten einfach selbst zu gut, wie die Lage im Land war. Sie traten schon direkt mit den Republiken in Kontakt und verbanden dadurch Gorbatschows Schicksal mit dem der Union. Sie waren bereits skeptisch, daß es Gorbatschow gelingen würde, die Union in irgendeiner Form zu erhalten. Auch wenn sie mit Gorbatschow sympathisierten und den Erhalt der Sowjetunion mit ihm als Präsidenten befürworteten, mußten sie sich als Politiker mit den Realitäten auseinandersetzen.

Für die Politiker war es nicht leicht, mit dieser Situation umzugehen. Das zeigt ein Zitat aus dem Gespräch mit González am 30. September 1991 in Madrid:

»Michail, ich möchte dir etwas sagen, das dir Bush, trotz eures vertrauensvollen Verhältnisses, nicht sagen kann. Alle seine Experten, Nachrichtendienste und Forschungszentren behaupten immer wieder: Herr Präsident, täuschen Sie sich nicht in der Annahme, die Sowjetunion könne erhalten werden, zumindest nicht in der jetzigen Form. Sie betonen, daß die Konferenz in Madrid der letzte Anlaß sein wird, bei dem Sie beide sich in Ihrer jetzigen Position treffen. So denken auch die, die der Union und dir [Gorbatschow] gegenüber positiv eingestellt sind. Ich spreche jetzt nicht von den im Westen gleichfalls existierenden bösen Absichten ... Alle Berichte von Bushs Experten sprechen von einem zu großen Risiko, wenn man auf die Union und Gorbatschow setzt. Ich bin aber vollkommen überzeugt, daß Bush lieber mit der Union als mit ihren Ruinen zusammenarbeiten will ...

Die Amerikaner und die anderen westlichen Mächte verhandeln nicht nur mit Gorbatschow, sondern auch mit Vertretern Rußlands und der Ukraine. Gorbatschow hat logisch und klar dargelegt, daß der Erhalt der Union zur Fortführung der Reformen auf ihrem Territorium unbedingt notwendig ist. Die westlichen Regierungen beginnen den Dialog mit Jelzin, Krawtschuk oder Nasarbajew. Sie werden nicht nur aus geheimen Vorträgen, sondern auch aus logischen und unmittelbaren Analysen die unerfreulichsten Schlüsse ziehen. Wenn sie erkennen, daß die Ukraine eine eigene Währung oder Armee in Betracht zieht und Rußland nicht mehr vertraut, kann sich ihr Glaube in den Erhalt der Sowjetunion nur noch auf die Person Gorbatschows stützen. Du mußt zugeben, daß das angesichts dieses Landes nicht ausreicht.«

Es stellt sich folgende Frage: Wenn das in Washington und Madrid erkannt wurde, warum hat Gorbatschow es dann nicht gesehen? Er hat es wohl gesehen, aber er wollte es nicht wahrhaben. Vielleicht war er tief in seinem Inneren überzeugt, daß es für Rußland und vor allem für die anderen Republiken keinen anderen Weg gebe und daß die Union in jedem Fall erhalten werden müsse. Oder er handelte als Politiker, der aufgrund seines gesteckten Zieles nicht zulassen konnte, daß der Westen sich mit dem Unausweichlichen abfand und voreilig in diesem Sinne zu handeln begann. Ich denke eher, daß die erste Begründung zutraf. Er konnte einfach nicht glauben, daß die Leute die anscheinend unübersehbaren Vorteile des gemeinsamen staatlichen Lebens aufgeben wollten. In diesem Punkt half ihm seine rationalistische Grundhaltung nicht weiter. Er verspottete alle Gespräche: »Jetzt laufen wir auseinander, und dann kommen wir wieder zusammen.« Wenn das zutreffen sollte, wäre der Weg dorthin ein kostspieliger Umweg. Aber die Ereignisse spielten sich nach dieser einfachen, irrationalen Alltagslogik ab. Und so wird es kommen: *Dann* kommen wir in einer heute unvorhersehbaren Form zusammen.

Bei allem Optimismus Gorbatschows war ihm besser als jedem anderen bekannt, daß der Bildungsprozeß der Union Souveräner Staaten und die wirtschaftliche Zusammenarbeit nicht vorankamen. Die Ausarbeitung eines neuen Unionsvertrages und des Vertrages über eine Wirtschaftsgemeinschaft wurde zwar vorangetrieben, aber von den Regierungen der Republiken, vor allem der russischen Republik, blockiert.

Jelzin verkündete Ende Oktober auf dem Volksdeputiertenkongreß Rußlands ein wirtschaftliches Reformprogramm, das er mit niemandem abgesprochen hatte.[16] Die Rede irritierte die westlichen Führer. Gorbatschow befand sich zu dieser Zeit in Madrid. Bush und Baker stellten ihm beunruhigende Fragen. Gorbatschow erklärte, alles werde sich aufklären lassen, schließlich sei Jelzin für die Union. Jakowlew hatte Gorbatschow nach Madrid begleitet. Er sagte nach der Lektüre der gedruckten Rede, Jelzin werde die Union zerstören. Gorbatschow teilte diese Schlußfolgerung seinen Gesprächspartnern bei dem Essen beim spanischen König mit, erklärte sich mit dieser kategorischen Bewertung aber nicht einverstanden.

Auf der Sitzung des Staatsrates am 4. November 1991 wurden einige Unklarheiten beseitigt. Ich war nach der Sitzung überzeugt, die Mitglieder des Staatsrates (die Führer der Republiken) hätten über Gorbatschows

Schicksal entschieden: In keiner der unterschiedlichen Fassungen war für Gorbatschow ein Platz vorgesehen, denn die Führer der Republiken mußten realistisch denken.

Gorbatschow war bei den Vorbereitungen für die Sitzung eine gewisse Nervosität anzumerken. Er begann mit den Worten: »Eine sehr schwierige Situation«. Dann fuhr er nach Art des Generalsekretärs und Präsidenten fort, rief zu Gewissenhaftigkeit und Verantwortung auf und machte den Führern der Republiken Vorwürfe:

»Den Sieg im August haben wir schlecht genutzt. Damals haben wir doch vereinbart, den Zerfall der Union und die Spaltung der demokratischen Kräfte nicht zuzulassen. In der Woche nach dem Putsch haben wir in der gemeinsamen Arbeit viel erreicht, jetzt bringen wir alle Konzeptionen zu Fall, und die politischen Spiele beginnen von neuem. Die Vorbereitung des Unionsvertrages geht schleppend voran. Kaum hatten wir uns über die Wirtschaftsgemeinschaft geeinigt, da verstoßen alle gegen die Vereinbarungen. Ich möchte nicht verallgemeinern, keine Namen nennen, denn nicht alle verhalten sich gleich. Aber dieses Verhalten gegenüber unseren Absprachen hält den ganzen Prozeß auf.

Das Land erstickt, die Bevölkerung weiß über wichtige Fragen nicht Bescheid. Wir müssen wieder so dynamisch und verantwortungsbewußt zusammenarbeiten, wie wir es nach dem Putsch getan haben. Wir müssen unsere Zweifel überwinden und über ihre Gründe sprechen.

Im Mittelpunkt des Interesses steht jetzt Jelzins Programm zur Wirtschaft Rußlands. Ich hoffe, der Staatsrat wird es unterstützen. Ich habe meine Unterstützung bereits zugesichert. Eines beunruhigt mich jedoch sehr: Über die wirtschaftliche Zusammenarbeit wird nichts Präzises gesagt. Ich habe mit Boris Jelzin offen gesprochen. Er erklärte, Rußland werde im Rahmen des Vertrags zur Wirtschaftsgemeinschaft handeln und seine Durchführung vorantreiben. Wenn das der Fall ist und der Staatsrat das russische Programm prinzipiell unterstützt, können wir schon morgen auf dieser Grundlage die Arbeit an einem gemeinsamen Dokument beginnen.

Wir dürfen jetzt nicht in Panik geraten und Maßnahmen ergreifen, ohne sie zu koordinieren. Wenn Einzelaktionen durchgeführt werden, schadet das allen. Die Verkündung von Jelzins Paket von Maßnahmen hat ernsthafte Auswirkungen gehabt. Auf dem Verbrauchermarkt hat es ein Durcheinander gegeben. Das war ein Fehlschlag. Die Fehler Ryschkows werden wiederholt ...«

438

In diesem Moment betrat Jelzin den Raum und setzte sich schräg gegenüber von Gorbatschow. Dieser fuhr fort: »Wir dürfen die Preise nicht einfach freigeben: Vorher müssen wir über die Monopolstellung einzelner Wirtschaftszweige nachdenken, das Staatsbudget kürzen, Anreize für die Unternehmer schaffen und der Gesellschaft versichern, daß wir in bestimmten Bereichen weiterhin auf die Preise Einfluß nehmen werden. Ansonsten wird dieser Prozeß scheitern. In Moskau ist die Lage schon chaotisch. Die Menschen haben aus Jelzins Worten nur eines herausgehört: Die Preise werden freigegeben. Gestern wurden schon 2500 Tonnen Brot anstatt der üblichen 1800 Tonnen verkauft. Hamsterkäufe werden getätigt. Auf dem Markt gibt es immer weniger: Der Handel hält Waren zurück. Bei den Sparkassen herrscht Aufregung. Wir müssen genau festlegen, wie wir vorgehen werden.

Aus dem Gesagten schließe ich: Wir müssen die Zusammenarbeit zwischen den Republiken verbessern. Wir müssen uns bewußt werden, daß wir nicht mehr viel Zeit haben. Wenn unter den Mitgliedern des Staatsrates neue Meinungen entstanden sind, müssen wir sie präzisieren und besprechen. Wir müssen jetzt in einem Gespräch einen Impuls für die weitere Zusammenarbeit geben. So wird die Unterzeichnung des Vertrags der Union Souveräner Staaten vorangetrieben.«

Die Antwort auf diese leidenschaftliche Rede war Schweigen. Es dauerte mindestens zwei Minuten an. Dann fand ein heftiges Streitgespräch zwischen Gorbatschow und Jelzin statt. Beide hatten Mühe, die Beherrschung nicht zu verlieren.

Jelzin: »Wir müssen uns an die Tagesordnung halten!« (Sie beinhaltete den Text des Vertrags über die Wirtschaftsgemeinschaft, die Frage der Streitkräfte und der neuen Innen- und Außenministerien und andere Probleme. Mit seinem Einwurf machte Jelzin deutlich, daß Gorbatschows Moralpredigten und Beurteilungen der Lage niemanden mehr interessierten und daß er zu diesen Äußerungen kein Recht mehr habe.)

Gorbatschow: »Ich habe doch eine Frage gestellt ... Wir müssen miteinander reden ...«

Jelzin: »Ich wiederhole. Wir sollten mit dem ersten Punkt der Tagesordnung beginnen.«

Gorbatschow: »Wir sollten einen weiteren Punkt hinzufügen: die Lage im Land. Wer möchte das Wort?«

Schweigen. Dann begann Nasarbajew: »Wir müssen wirklich konkret bleiben, uns an die Punkte halten. Zum Vertrag über die Wirtschaftsgemeinschaft habe ich keine Fragen.« Wieder Schweigen. Gorbatschow bittet um Wortmeldungen zu seinen Ausführungen. Wieder Schweigen.

Der ganze Kreis um Gorbatschow war damals überzeugt, daß das Ende der Union und der Präsidentschaft Gorbatschows jetzt sehr schnell kommen würde. Gorbatschow wurde in der folgenden Zeit erniedrigt, von der Presse geschnitten, seine Verdienste wurden nicht angemessen gewürdigt. Er war in dieser Situation mutig und ließ sich nicht aus der Fassung bringen. Erstaunlich ruhig und klar überdachte er die Ereignisse und seine eigene Entwicklung. Er sprach darüber mit denen, die noch in seiner Nähe geblieben waren. Auch mit einigen Journalisten (vor allem ausländischen), die mit ihm fühlten, ihn verstehen und ihm zuhören wollten und die für die Geschichte den Weggang eines Menschen, der der Welt ein ganz neues Gesicht gegeben hatte, aufzeichnen wollten.

Von unseren Journalisten kann ich (leider) nur drei nennen, die sich in diesen für Gorbatschow schwierigen Tagen würdig verhalten haben: Jegor Jakowlew, Witalij Tretjakow und Wladislaw Fronin (von der *Komsomolskaja Prawda*). Ein Lob verdient natürlich auch das ehrenhafte Verhalten und die aufopfernde und kluge Arbeit von Pressesprecher Andrej Gratschow und seinen Leuten. Sie verhinderten, daß Gorbatschow in seinen letzten Wochen im Kreml von der Welt abgeschnitten wurde. Sie haben die Ehre der russischen Intelligenzija gerettet.

Vor seinem offiziellen Rücktritt verabschiedete sich Gorbatschow von seinen Kollegen und Partnern, die mit ihm die Veränderungen in der Weltpolitik getragen hatten. Bush, Kohl, Major, Mitterrand, Andreotti, Mulroney, González und Genscher riefen ihn an. Die Telefongespräche zeugten von menschlicher Wärme, Dankbarkeit, Freude, Wohlwollen, starker Solidarität und dem Wunsch, Gorbatschow, möge politisch aktiv bleiben. All jenen und vielen anderen Persönlichkeiten, darunter Margaret Thatcher, Ronald Reagan und James Baker schrieb Gorbatschow zum Abschied Briefe.

Kein Führer der neuen Staaten, die auf dem Gebiet der ehemaligen Sowjetunion entstanden waren, hat Gorbatschow angerufen, um sich, wenn auch nur förmlich, von ihm zu verabschieden. Auch nicht jene, die Gorbatschow ihre politische Karriere zu verdanken hatten.

Nachwort

»Ich habe meinen Artikel über Leontjew noch einmal gelesen«, bemerkte der Schriftsteller Wassilij Rosanow in seiner Sammlung von Aphorismen »Solitaria«. »Er gefällt mir nicht. In ihm steckt *geheime* Plattheit. Ich sprach von einem *anderen*, von mir *geliebten* Menschen und hätte dabei nichts von mir hinzufügen dürfen. Aber das habe ich getan. Das ist so unreif und kleinlich.«

Ich habe versucht, in diesem Buch weniger über mich zu schreiben als die meisten Memoirenschreiber. Ich wollte es möglichst dokumentarisch halten, mit vielen Zitaten von Gorbatschow, obwohl das unter Schriftstellern als schlechter Stil gilt. Alle Äußerungen Gorbatschows, die ich hier wiedergegeben habe, wurden noch nie veröffentlicht. Sie sind unter Umständen entstanden, die Aufrichtigkeit begünstigen. Sie bringen also, mehr als manches andere, zum Ausdruck, was Gorbatschow dachte und wollte.

Tragik und Triumph vermischten sich in seiner Tätigkeit untrennbar. Er ist ein wirkliches Naturtalent und erstaunlich erfinderisch. Er ist ein Mensch aus einem Guß, physisch und seelisch vollkommen gesund. Er ist sehr zielstrebig und dadurch zwangsläufig auch egozentrisch. Trotzdem kann er sich auf alle Lebensfragen einstellen. Im allgemeinen ist er mit den Menschen nachsichtig. Seine Ungeduld gegenüber Mängeln zeigt er eher in Worten und Emotionen als in Taten. Für einen Politiker ist das eher eine Schwäche, was mit seinem Sturz offenbar wurde.

Und er ist klug – so klug, daß ihm nie der Gedanke kam, er könne sich als großer Mensch aufspielen.

Überlegen wir einmal, was er getan hat. Gorbatschow war sechs Jahre lang Führer einer der beiden Supermächte. Jetzt kann er zu den großen Reformatoren der Weltgeschichte gezählt werden. Alle seine Erfolge sind für sich gesehen schon große Leistungen:

Er hat das mächtigste totalitäre System, das auf die Prinzipien Stalins und des Kommunismus gegründet war, zerstört.

Er hat einem Volk von mehreren hundert Millionen die Freiheit gegeben, sein Leben selbst zu organisieren und seinen Weg selbst zu wählen, ohne von einer Obrigkeit irgendwelche ideologischen Dogmen vorgeschrieben zu bekommen.

Er gab einem Sechstel der Bevölkerung der Erde die Möglichkeit, in einer Zivilisation zu leben, in der allgemein menschliche Werte wie Demokratie, Rechtsstaat, Marktwirtschaft, Menschenrechte, Meinungsfreiheit und Glaubens- und Gewissensfreiheit anerkannt werden.

Er hat mehr als jeder andere für die Beendigung des Kalten Krieges und des Wettrüstens getan. So leistete er einen entschiedenen Beitrag zur Rettung der Menschheit vor einem dritten Weltkrieg.

Allen epochalen Umwälzungen in der Geschichte der Menschheit ging die Entstehung von einflußreichen ideellen Strömungen, Massenbewegungen, mächtigen Organisationen oder politischen Parteien voraus. Schematisch kann man das so darstellen: Christentum - Fall von Rom; Reformation - Nationalstaaten Europas; sozialistische Arbeiterbewegung, Marxismus und Partei Lenins - Oktoberrevolution. Etwas Entsprechendes stand Gorbatschow nicht zur Verfügung. Er bewegte den Koloß alleine. Er entschied sich selbst für einen neuen Weg, ging dabei ein persönliches Risiko ein und stellte die politische und materielle Situation, in die er kam, in Frage.

In diesem Koloß, der sich sowjetische Gesellschaft nannte, konnte man alles finden:

– Die revolutionären Ideen wurden verherrlicht, und die schrecklichen Verbrechen der Stalinzeit wurden begangen.

– Die Sieger des schrecklichsten Krieges waren stolz, aber der Preis für diesen Sieg war hoch.

– Die Erbauer der Supermacht waren patriotisch, aber der Großteil der Bevölkerung lebte unter unwürdigen Bedingungen.

– Bildung für die Massen konnte in kurzer Zeit erreicht werden, aber Künstler wurden unterdrückt. Es gab eine strenge Zensur, und Propaganda trat an die Stelle von Information.

– Durch schmückendes Beiwerk wurde Demokratie vorgegaukelt, aber die Menschen waren angesichts der allgegenwärtigen und diktatorischen Macht der Partei im Zentrum und in den Republiken vollkommen rechtlos.

– Der Marxismus-Leninismus galt als höchste Errungenschaft des gesellschaftlichen Denkens, gleichzeitig konnte die immer zynischer werdende politische Lüge nur durch Repressionen und alles umfassende Geheimhaltung verschleiert werden.

– Literatur, Kunst, Film und Theater stellten den Sozialismus als Träger der höchsten und edelsten gesellschaftlichen und persönlichen Werte dar, aber im Leben fand man überall schamlose Verletzungen der menschlichen Würde, unbestrafte Willkür und den Menschen als bloßes Rädchen im Dienste von Partei und Staat, die nicht mehr voneinander unterschieden werden konnten. Das Volk wurde dadurch zu einem unselbständigen Lumpenproletariat degradiert.

– Billige Produkte wurden durch den Erdölexport ermöglicht, aber die Waren hatten eine so schlechte Qualität, daß sich die Käufer erniedrigt fühlten.

– Das Land brachte immer noch große Künstler und Gelehrte hervor, aber die Masse der Bevölkerung, auch ein überwältigender Teil der Intelligenzija, versank in Unwissenheit oder Obskurantismus, litt unter dem offiziellen Antisemitismus oder frönte ihm sogar selbst. Die Tradition ging immer mehr verloren, die Menschen wurden untereinander immer bösartiger und grober.

– Friedliebende Reden, Deklarationen und Friedensinitiativen standen in einem hoch militarisierten Land einer plumpen Angstmacherei mit den Intrigen des Imperialismus, der Bedrohung eines atomaren Angriffs, dem Argwohn und der Isolierung von der Außenwelt gegenüber.

So sah unsere Gesellschaft 1985 aus. Sie zeigte sich als Monolith, in dem alles vermischt und zusammengepreßt war: das Gute und das Abstoßende, das Hohe und das Verbrecherische. Und dieser Koloß geriet ins Wanken und zerstörte dabei auch die scheinbar unerschütterlichen Prinzipien. Zunächst war es zum Glück nicht klar, welche Folgen das haben würde. Als immer mehr Menschen begriffen, wen der Koloß unweigerlich mit zerschmettern würde, wurde Gorbatschow verflucht.

Im Grunde genommen ging es in der Ideologie der Perestrojka nur darum, die Wünsche und Forderungen des Menschen offen auszusprechen und dem gesunden Menschenverstand zu seinem Recht zu verhelfen.

Wir verdanken Gorbatschow, daß die Außenwelt uns wie normale Menschen betrachtete. Vor allem weil er, der Führer einer Supermacht, trotz der zubetonierten Traditionen bereit war, sich der Außenwelt so zu zeigen, wie er tatsächlich war, und weil er ausländische Gesprächspartner menschlich empfing. Er versuchte Zweideutigkeit und Betrug aus der Außenpolitik zu verbannen. Damit konnte er den Westen mehr überraschen als mit all jenen offiziellen Initiativen und Erklärungen.

In meinem Buch habe ich das Verhältnis zwischen Gorbatschow und seiner Frau Raissa nicht angesprochen. Es hatte eine wichtige Bedeutung, allerdings nicht unmittelbar für seine Politik (Spekulationen darüber sind vollkommen abwegig). Raissa schuf für ihn den Rahmen, in dem er diese Anstrengungen auf sich nehmen und diese Pflichten erfüllen konnte. Was er darüber in seinen Memoiren schreibt, deckt nicht die ganze Stärke dieser »geheimen Kraft« auf. Das müßte man genauer untersuchen, aber dazu ist dieses »System« zu geschlossen.

Michail Gorbatschow wurde oft mit de Gaulle verglichen. Er hat das aufgegriffen, wie ich meine mehr zu seinem Schaden als zu seinem Nutzen. Zwischen den beiden gibt es keine Ähnlichkeit, ihre Erfolge sind nicht vergleichbar. De Gaulle ist, bei all seiner Bedeutung, eine theatralische Gestalt. Die Aureole seiner Größe war für ihn immer sehr wichtig. Gorbatschow steht derartigem Zierat gleichgültig gegenüber (nicht jedoch dem Ruhm als solchem).

Er erkannte jedoch nicht rechtzeitig, wann seine Zeit abgelaufen war und er anderen Platz hätte machen müssen. Er fühlte sich der Sache zu sehr verpflichtet und war von seinem Charakter her immer aktiv. Das hat seinem erstklassigen Image geschadet, um das er sich allerdings nie besonders gekümmert hat.

Was er von seinem ganzen Volk erwartet, und er hat das Recht dazu, ist Anerkennung und Gerechtigkeit – und wenn nur in dem Maße, in dem er von der internationalen Gemeinschaft geachtet und geschätzt wurde. Ich bin überzeugt, daß die Zeit kommen wird, in der das geschieht. Wir haben ja unsere Moral nicht für immer verloren.

Anmerkungen

Warten auf den Wandel

1 Andrej Alexandrow-Agentow war Berater unter Breschnew, Andropow, Tschernenko und fast ein Jahr lang unter Gorbatschow. Als er im Mai 1968 in Sawidowo erklärte, man müsse nötigenfalls Truppen in die Tschechoslowakei entsenden, habe ich heftig protestiert: »Das wäre verbrecherischer Wahnsinn!« Er hat mich angebrüllt: »Leute wie du haben in der Politik nichts verloren!«

2 Wadim Sagladin war wie ich Stellvertretender Leiter der Internationalen Abteilung des ZK.

3 Gorbatschows Haltung zum Problem der kommunistischen Bewegung hat sich erst im Lauf zweitägiger Gespräche mit Natta (Ende Januar 1985) herausgebildet. Einmal unterhielten sie sich acht Stunden ohne Unterbrechung. Nachdem die Delegation abgereist war, ließ Gorbatschow Sagladin gegenüber, der an den Treffen teilgenommen hatte, die sarkastische Bemerkung fallen:
»Nun, Wadim, dann beenden wir also die kommunistische Bewegung, oder was?«
»Ich bin trotz allem eher für ›oder was‹.«
»Einverstanden. Aber dafür müssen wir der Bewegung eine konkrete Richtung angeben ... und das, obwohl die KPdSU selbst schon lange keine Richtung mehr hat. Zuallererst müssen wir jedoch die Gleichberechtigung der [kommunistischen] Parteien anerkennen.«

4 Später Botschafter in London und danach Leiter der Informationsabteilung des ZK.

5 Leiter der ZK-Abteilung für Parteiorganisation, ein zu allem fähiger und allwissender Halunke, der als Soldat nicht an der Front war und dennoch nicht davor zurückschreckte, sich Kriegsorden zu erschleichen.

6 Welche Mannschaft Gorbatschow übernahm, illustriert folgende Episode aus der Zeit kurz vor seiner Wahl zum Generalsekretär. Im ZK-Sekretariat stellte der Präsident der Akademie der Wissenschaften Alexandrow unter anderen auch das Akademiemitglied Gaponow-Gluchow aus Gorkij als neuen Kandidaten für das Präsidium vor. Der ZK-Sekretär des Gebietskomitees erhob Einspruch und zählte einige negative Eigenschaften des Kandidaten auf. Alexandrow erwiderte: »Er hat sicher einige Fehler, aber er ist ein durch und

durch ›anständiger‹ Mensch.« Die Anwesenden wollten ihn jedoch nicht verstehen und lehnten den Kandidaten ab. Ein anständiger Mensch gilt eben nach der Logik unseres Apparats als unberechenbar und somit als »unregierbar«!

1985: Gorbatschows erste Reformversuche

1 Es gab eine Ausnahme. Ich notierte in mein Tagebuch: »Der listige, kluge, talentierte Schewardnadse hat sich geschickt angestellt. Er sagte, seit langem habe es im Ausland nicht solche Reaktionen auf sowjetische Ereignisse gegeben wie auf die Wahl Gorbatschows. Er zitierte aus der *Washington Post* Lob für Gorbatschow und die Schlußfolgerung der Zeitung: »Und wir, die Kapitalisten, was haben wir davon? Es wird nur schlimmer!«

»Sie fürchten sich dort vor der Vereinigung des Sozialismus unter einer starken Führung«, fügte Schewardnadse hinzu. »Ich weiß, daß Michail Sergejewitsch nicht gerne gelobt wird, aber das sage ja nicht ich, sondern die Amerikaner.« (Gelächter im Saal)

2 Fast ein Jahr nach Beginn der Perestrojka und kurz vor dem Parteitag spukte der Geist Stalins noch immer in der Gesellschaft herum, und die Führer beeilten sich auch nicht, ihn zu beseitigen. Folgende Episode erzählten mir der Schriftsteller Rybakow und einige andere:

Ende Dezember 1985 stand der Kongreß des Schriftstellerverbandes der RSFSR bevor. Nachdem der Vorsitzende des Verbandes Sergej Michalkow erfahren hatte, daß der Lyriker Jewtuschenko einen Vortrag vorbereitete, wandte er sich an ihn:

»Schenja, streiche den Absatz über die Kinder vom Arbat aus deiner Rede!«

»Warum?«

»Weil ich es dir sage, es ist für dich und für ihn (Rybakow) besser.«

»Erkläre mir, warum. Sonst mache ich es nicht.«

Danach wird Jewtuschenko ins Präsidium geladen. Dort sind Kultusminister Demitschew, Simjanin (ZK-Sekretär für Propaganda) und Beljajew (der Stellvertretende Leiter der Kulturabteilung des ZK) bereits versammelt.

Simjanin wendet sich an Jewtuschenko: »Jewgenij Alexandrowitsch, Sie müssen diesen Absatz streichen.«

Jewtuschenko: »Warum?«

»Das ist ein antisowjetisches Werk!«

Jewtuschenko: »Sie haben nicht das Recht, solche Vorwürfe gegen sowjetische Schriftsteller zu erheben. Und bei den Büchern Rybakows trifft das in keiner Weise zu. Gerade das sind sehr sowjetische, sehr wichtige und sehr wahrhaftige Werke.«

Demitschew (zaghaft, verlegen): »Rybakow ist ein sehr talentierter Schriftsteller. Wir (!) haben sein Buch ›Gelber Sand‹ in Millionenauflage herausgegeben. Ein sehr gutes Buch ...«

Jewtuschenko: »Erklären Sie mir, warum ich den Absatz streichen soll, sonst kann ich Ihrer Bitte nicht entsprechen.«

Simjanin (rasend vor Wut): »Im Namen des Zentralkomitees *verbiete ich Ihnen*, vom Rednerpult aus diesen Roman auch nur zu erwähnen!«

Jewtuschenko fügte sich, aber die oben geschilderten Ereignisse behielt er nicht für sich.

Auch Jakowlew ist so ein Held! Schon Anfang November schickte Rybakow ihm einen Brief mit der Bitte, ihn zu empfangen. Mehr als einen Monat wartete er auf eine Antwort. Dann erhielt Rybakow eine höhnische Mitteilung vom Goskomisdat (Staatliches Komitee des Ministerrats für Verlage, Polygraphie und Buchhandel), geschrieben von einem drittrangigen Beamten:

»Sehr geehrter ... Fragen über die Veröffentlichung von Romanen entscheiden bei uns die Verlage und nicht das Goskomisdat. Sie haben Ihr Manuskript an die Zeitschriften *Oktjabr* und *Nowyj Mir* geschickt. Die Redaktionen sollen auch entscheiden ...«

Ich riet Rybakow damals, Jakowlew eine Kopie der Mitteilung zu schicken und ihm nur die eine Frage zu stellen: Kann man dieses Papier als seine (Jakowlews) offizielle Antwort auf den Brief des Schriftstellers Rybakow betrachten?

1986: Der Weg nach Reykjavik

1 Karpow leitete die Delegation des Außenministeriums bei den Verhandlungen in Genf über strategische Offensivwaffen.

2 Anfang September 1986 gab Gorbatschow dem Chefredakteur dieser Prager Zeitung ein Interview.

3 Der amerikanische Journalist Nicholas Daniloff wurde damals auf frischer Tat ertappt und der Spionage angeklagt. Die Regierung der USA forderte seine Freilassung. Wir forderten unsererseits die Freilassung von Gennadij Sacharow, der bei der UN in New York gearbeitet hatte und ebenfalls als Spion entlarvt worden war. Selbstverständlich bewiesen beide Seiten, daß ihr Bürger unschuldig war. Später erfolgte ein heimlicher Austausch.

4 In diesem Zusammenhang ist folgendes Treffen Gorbatschows mit dem britischen Botschafter vom 15. Dezember 1986 bemerkenswert. Jener überbrachte ein Schreiben von Premierministerin Thatcher. Nachdem Gorbatschow es gelesen hatte, sagte er: »Nun, da hat sie Reagan und mir aber einen ordentlichen Rüffel erteilt. Aber, Madame (als ob er persönlich mit ihr sprechen würde), der Realismus, zu dem Sie uns aufrufen, führt in eine Sackgasse. Genf hat dies bewiesen.« Er geriet in Zorn und warf dem Botschafter sehr unschöne Ausdrücke an den Kopf. Der versprach, der Premierministerin genau zu berichten. »Ich weiß sehr wohl, warum ich Ihnen das gesagt habe«, verabschiedete Gorbatschow sich schroff.

5 Sacharow stellte als Bedingung für seine Rückkehr die Freilassung weiterer Bürgerrechtler.

1987: Die Perestrojka rührt an das System

1 Kohl hatte Gorbatschow öffentlich mit Goebbels verglichen – ein kleiner diplomatischer Skandal.

2 In einer prägnanten Rede Gorbatschows im Politbüro am 24. April 1987 war eine Passage, in der er sich gereizt über die unzulängliche Arbeit seiner Kollegen äußerte. Einige Ausschnitte:

»Die Verzögerung der Perestrojka bringt nur Verderbnis. Uns wurde ein Maß an Vertrauen entgegengebracht, das brachte die ›Revolution des Abwartens‹ mit sich.

Wir müssen unsere wichtige Aufgabe erkennen: eine Perspektive für die Perestrojka zu entwickeln und die tägliche Arbeit dennoch zu erledigen. Wenn wir zwischen den beiden Richtungen eine Kluft entstehen lassen, wird alles ins Verderben stürzen, denn zwischen Worten und Taten klafft ein Abgrund. Die Geschwindigkeit der Perestrojka muß den Tatsachen entsprechen, wir dürfen weder übereilt noch verspätet Entschlüsse fassen. Sie wachsen uns sonst über den Kopf, und wir haben nicht genug Kraft für die anstehenden Entscheidungen. Sich dessen bewußt zu werden ist schwierig, es zu verwirklichen noch schwieriger.

In der Gesellschaft und in der KPdSU selbst wird die Perestrojka unterschiedlich verstanden: ihre Geschwindigkeit und ihre Tiefe. Ich spüre von ›rechts‹ und von ›links‹ Druck. Die einen sagen, daß dem Volk alles auf einmal gesagt werden muß – über die Vergangenheit und die Wohnungen usw. Aber damit würden wir das Volk überfordern, das dürfen wir nicht machen.

Am schlechtesten läuft es in den Apparaten: In den Gebiets- und Stadtbezirkskomitees wird das Volk nicht in die Arbeit integriert. Dieser Fehler wird überall gemacht und birgt die größte Gefahr. Die Leute sagen: ›Ihr faßt da oben gute Beschlüsse, trefft die richtigen Entscheidungen, aber wir merken nie etwas davon.‹

Was vom Zentrum kommt, wird vor Ort zu Fall gebracht. Manche Leute tun selber nichts, aber sie flüstern und mauscheln. Andere sabotieren – im Gosplan (Staatliche Planungskommission) und im Finanzministerium.

Auf dem April-Plenum wurde gesagt: Wer die Arbeit boykottiert, darf nicht auf seinem Posten bleiben. Wird diese Forderung durchgesetzt?

Wir müssen Verständnis haben dafür, daß nicht bei jedem alles sofort klappt. Da können Sie jeden von uns nehmen: Talysin, Rasumowskij, Jakowlew, Sajkow, Nikolaj Iwanowitsch oder mich – es klappt nicht immer. Nur bei Andrej Andrejewitsch (Gromyko) klappt immer alles. (Gelächter) Ich weiß nicht, ob sie damit einverstanden sind, daß die Blockierung der

Parteitätigkeit stattfindet: auf der Ebene des ZK, der Gebiets- und Stadtbezirkskomitees und der Parteiorganisationen.

Wir können die Aufgabe nicht delegieren, wir müssen es selber machen.«

3 Von April bis Juli (nach dem Besuch Thatchers bis zu seinem Urlaub) war Gorbatschow in der Tschechoslowakei, traf er sich in Moskau unter anderen mit G. Shultz, mit dem Sprecher des Repräsentantenhauses Wright, mit einer Delegation amerikanischer Kongreßabgeordneter, mit dem äthiopischen Staatspräsidenten Mengistu, mit Jaruzelski, dem syrischen Staatspräsidenten Asad, mit Vertretern der südafrikanischen »Frontstaaten«, mit G. Marchais, J. Chirac, dem Außenminister Mexikos Sepulveda, mit Ceauşescu in Bukarest, mit Honecker in Berlin, mit allen Staatschefs der Europäischen Gemeinschaft, mit dem indischen Außenminister Tiwari, mit R. Mugabe, mit Pérez de Cuellar, J. Carter, Rajiv Gandhi, Richard von Weizsäcker, Nadjibullah und mit dem Kambodschaner Heng Samrin.

4 In diesen Tagen brachte die BBC eine ausführliche Sendung zur Veröffentlichung von Trotzkijs Fragment über Stalin: Der Held des Buchs ließ den Autor umbringen. Neid wird als ein Charakterzug Stalins, der ihn das ganze Leben begleitet haben soll, hervorgehoben: der Neid des Mittelmaßes gegenüber dem Herausragenden. Vielleicht sprach Gorbatschow angeregt durch diese Sendung vom Neid.

5 Dr. Alexander Weber war Berater in der Internationalen Abteilung des ZK; später wurde er Berater des Präsidenten der Sowjetunion. Andrej Jermonskij, von Beruf Journalist, hatte lange Zeit dieselben Ämter inne wie Weber. Nikolaj Schischlin, Journalist und Kommentator, arbeitete viel im ZK-Apparat. Alexej Koslow war Dozent an der Universität und Berater der Internationalen Abteilung des ZK; er starb Ende 1987 an einem Infarkt. Jewgenij Ambarzumow, bekannter Politologe, ist jetzt ein nicht minder bekannter Politiker, Vorsitzender des Internationalen Komitees des russischen Parlaments. Alexander Iwantschenko, Journalist, war damals Berater der ZK-Abteilung für Propaganda.

Sie alle waren sehr gebildet und von ihrer Weltanschauung her schon lange vor der Perestrojka »Umgestalter«. Sie wurde deshalb sofort zu einem selbstverständlichen Instrument ihres Lebens und ihrer Arbeit. Gorbatschow konnte ihnen vollkommen vertrauen. Obwohl später jeder seinen eigenen Weg einschlug, blieben sie alle dem geistigen und moralischen Wesen der Perestrojka treu.

6 Der »andere Genosse« war Gromyko selbst.

7 Wegen des deutsch-sowjetischen Nichtangriffspakts von 1939.

8 Das Manuskript zu diesem Buch wurde abgeschlossen, lange bevor »Katyn« vor das Verfassungsgericht getragen und zur Diskreditierung des Ex-Präsidenten benutzt wurde. Darüber wurde vieles geschrieben. »Dienstlich« wurde das Thema nur im Zusammenhang mit dem oben zitierten Schreiben angesprochen.

Ich möchte jedoch hinzufügen: Wenn Gorbatschow die Anordnung der Erschießungen mit den Unterschriften Stalins, Molotows, Woroschilows und anderer gesehen hätte, wäre mir das sicherlich bekannt. Gorbatschow ist denjenigen gegenüber, die ihm nahestehen, sehr offen und zu emotional, wenn er auf entsprechende Angelegenheiten stößt, um seine Gefühle ganz für sich zu behalten. Ich erinnere mich, wie er sich aufregte, als ihm die Listen der zum Tode Verurteilten der Jahre 1937/38 mit den Unterschriften und Bemerkungen der oben erwähnten »Führer« gezeigt wurden. Auf seinen Befehl wurden diese Dokumente veröffentlicht. Warum hätte er dann einen weiteren Beweis der Verbrechen Stalins verheimlichen sollen?

9 Gorbatschow schlug vor, das Plenum des MGK (Moskauer Stadtkomitee) über Jelzins Rücktritt vom Posten des Ersten Sekretärs des MGK abstimmen zu lassen. Während der Diskussion im Politbüro neigte er übrigens dazu, daß es »nach allem, was passiert war« sinnlos sei, ihn auf seinem Posten zu belassen.

1988: Glasnost gewinnt an Kraft

1 Sofort nach den offiziellen Feierlichkeiten im Kreml wurde ein Treffen aller ausländischer Delegationen veranstaltet, die nach Moskau gekommen waren und dadurch an einer inoffiziellen Zusammenkunft Interesse bekundet hatten.

2 Ich habe Gorbatschow am 13. Dezember 1988 dazu folgenden Brief geschrieben:

»Michail Sergejewitsch!
Mit Georgij (Schachnasarow) habe ich lange über Ihren Besuch in Kuba gesprochen. Wir sind zu denselben Ansichten gelangt, haben daraus aber verschiedene Schlüsse gezogen. Deshalb habe ich beschlossen, Ihnen zu schreiben.

1. Mit Ihrer Rede vor der UNO haben wir eine höhere Ebene der Weltpolitik betreten. Wir können uns nicht mehr erlauben, wieder in die noch gar nicht so alte Politik zu verfallen, als wir im Namen des proletarischen Internationalismus Linksradikale umarmten, uns diplomatisch mit Dogmatikern versöhnten und sogar das Abenteurertum einiger Freunde großzügig hinnahmen.
Unsere Geduld und Loyalität dieser Tradition gegenüber werden inzwischen im günstigsten Fall als Inkonsequenz interpretiert, im schlimmsten Fall jedoch werden sie das mühsam und mit hohen Risiken erworbene internationale Vertrauen untergraben, das zum wichtigsten Faktor der Gesundung der weltweiten Beziehungen wurde.
Wenn wir dulden, daß die demonstrative Freundschaft (von der Propaganda unverhohlen zugegeben) zu Castro, aber auch zu Honecker, Ceaușescu und Kim Il Sung, weiterhin als Element unserer Außenpolitik wahrgenommen wird, fügt dies nicht nur uns selbst großen Schaden zu (nicht zuletzt wirtschaftlich), sondern auch der Weltpolitik im Sinne des Neuen Denkens.

2. Wenn Castro & Co. sich für Marxisten-Leninisten halten und das auch bleiben wollen, müssen sie sich mit den Realitäten abfinden, auch mit der zur Zeit weltweit bedeutendsten Tatsache unserer Perestrojka und unserer veränderten außenpolitischen Aktivitäten. Versuche, den eingeleiteten Prozeß zu behindern, werden katastrophale Folgen nach sich ziehen. Solange sie sich damit nicht abfinden wollen, dürfen wir nicht den Anschein erwecken, sie seien ideologisch Gleichgesinnte. Es wäre wünschenswert, sie zu warnen, daß unsere Geduld auch Grenzen hat und wir nicht ewig schweigen werden. Das ist schließlich keine taktische, sondern eine prinzipielle Frage.

3. Ich glaube nicht, daß wir Fidel bessern werden. Er hat bei dem Sturm auf die Kaserne Monkado und in der folgenden romantischen Periode alles nur Erdenkliche getan, um Kuba als Insel der Freiheit, als das Banner des revolutionären Kampfes in Lateinamerika etc. darzustellen. Wahrscheinlich möchte er mit dieser Pose in die Geschichte eingehen. Wie man an seinen Handlungen ablesen kann, wird er auf dieser Tour bis zuletzt reiten, dem gesunden Menschenverstand und den Realitäten im eigenen Land und in den Nachbarländern zum Trotz, und zwar erstens, weil er gar nicht fähig ist, sich zu ändern. Und zweitens, weil er vielleicht begriffen hat, daß er kein zweiter Gorbatschow werden kann.

Deshalb hat er beschlossen, den Hüter der Idee zu spielen. Allerdings ist seine Idee sogar für die Dritte Welt ein Anachronismus. Allen ernstzunehmenden Personen auch in der Dritten Welt ist klar, daß nur die Wege, die von der UdSSR vorgeschlagen werden und die Sie hartnäckig im Westen wie im Osten propagieren, den Entwicklungsländern Rettung und Fortschritt bringen.

4. In diesem Zusammenhang wird völlig unverständlich, warum wir weiterhin ein Fünftel unserer Zuwachsrate des Nationaleinkommens für die Fortsetzung und Unterstützung einer Politik ausgeben sollen, die uns und der weltpolitischen Entwicklung schadet, der Dritten Welt nicht nützt und Kuba selbst demoralisiert. Inzwischen liegt klar auf der Hand, daß Kuba uns nicht als Vorposten gegen die USA nützen kann. Desto weniger dürfen wir weiterhin zulassen, daß Kuba als unsere Speerspitze in Lateinamerika gilt.

5. Das Unglück in Armenien hat es uns erspart, in Kuba heucheln zu müssen. Diese Heuchelei hätte die Ereignisse von New York wieder in Frage gestellt (die Rede vor der UNO).

Meiner Ansicht nach muß Ihr Besuch in Kuba bis auf weiteres verschoben werden. Gründe und Ausreden hierfür gibt es mehr als genug (innere Angelenheiten).

Was die Delegation zu dem kubanischen Jubiläum Ende Dezember bis Anfang Januar betrifft, meine ich, es wäre unzweckmäßig, Alexander Jakowlew zu entsenden. Er hat einen bestimmten internationalen und innenpolitischen

Ruf, eine Umarmung mit Fidel würde unnatürlich wirken und wäre Jakowlew wohl unangenehm.

Aber wenn Sie Jakowlew schon hinschicken, muß er wenigstens ein Mandat für ein offenes Gespräch mit Fidel erhalten, in dem er ohne diplomatische Floskeln darlegen könnte, wie sich von nun an unsere Beziehungen zu Kuba auf dem Gebiet der Ideologie und der wirtschaftlichen Zusammenarbeit wie auch im Kontext unserer Weltpolitik gestalten werden. In diesem Fall besteht das Risiko eines Bruchs, der uns im übrigen mehr Pluspunkte aus weltpolitischer und wirtschaftlicher Sicht einbringt als Minuspunkte im Kreis der Gestrigen. Wir sind wahrscheinlich noch nicht bereit für dieses Risiko. Deshalb wäre Genosse Patiaschwili der geeignetste Führer der Delegation. Sein (niederer) Rang wäre auch ein deutliches Signal an Fidel.«

3 Ich konnte Gorbatschow nie bei seiner Einschätzung der Konzeption Ligatschows von Perestrojka zustimmen. Er meinte, der Unterschied zwischen Ligatschow und Gorbatschow beschränke sich auf die Methoden und Äußerungen. Ligatschows Methoden haben (wie so oft) seiner Auffassung von der Perestrojka entsprochen. Ich zitiere einen Bericht, den ich schon im November 1987 für Gorbatschow verfaßt habe, also lange vor der Episode um den Artikel von Nina Andrejewa, als Ligatschows Haltung klar zu Tage getreten ist.

»Michail Sergejewitsch!
Nach der gestrigen Politbürositzung habe ich die ganze Nacht nicht geschlafen. Auf Amerika konnte ich mich nicht konzentrieren (damals wurde Gorbatschows Besuch in den USA vorbereitet). Ich fürchte, daß Sie mit mir nicht gebührend reden werden, und habe daher beschlossen, Ihnen zu schreiben. Die Geschichte mit Jelzin ist kaum zu Ende (seine Rede auf dem Oktober-Plenum und Entlassung vom Posten des Moskauer Parteisekretärs), und jetzt kommt Ryschkow. Die Ursache ist jedoch identisch (läßt man objektive Ursachen wie Widersprüche und Schwierigkeiten der Perestrojka beiseite): Genosse Ligatschow.

Jegor Ligatschow steht für ein Hindernis der Perestrojka, für Verweise, Wichtigtuerei und Sklaventreibermentalität. Seine gestrige Rede hat dies in aller Deutlichkeit gezeigt (übrigens haben seine Ansichten paradoxerweise mit denen Jelzins übereingestimmt!). Sie sagen: Im Umbruch müsse das Alte und das Neue parallel existieren, anders gehe es nicht. Und die Partei müsse die führende Rolle spielen. Richtig, aber die Partei muß auch die Bedingungen, unter denen das Neue entstand, begreifen. Sogar der höfliche und umgängliche Sajkow und der spitzfindige Dolgich sahen sich gezwungen, Ligatschow zu widersprechen. Unseren Ministerpräsident Ryschkow kann man verstehen, er ist explodiert.

Ligatschow verkörpert aber auch die *alten Herangehensweisen*. Daher seine Panik, daher die Drohung mit der Katastrophe und dem Scheitern des Fünf-

452

jahresplans. Er steht noch unter dem Einfluß der alten Methoden und Herangehensweisen an die Beurteilung einer Lage.

Unübersehbar sind die deutliche und kaum erträgliche persönliche Abneigung, die Ligatschow (schon lange) nicht nur bei Ryschkow hervorruft. Das
ist jedoch eine gefährliche Sache, weil in der Regel an solchen Emotionen
nichts zu ändern ist.

Die Lage wird natürlich dadurch erschwert, daß ausgerechnet er hauptsächlich das Zentralorgan der Partei leitet.

Es ist eine Schande, wenn sich der Chefredakteur der *Prawda* in einer Periode
des revolutionären Umbruchs gleich dreimal im Politbüro rühmt, seine Zeitung sei die konservativste sowjetische Zeitung. Und dabei rechnet er offenbar
mit Verständnis und Zustimmung von seiten der Mitglieder des Politbüros.
Wiktor Afanasjew hat das Politbüro einzig und allein auf die Schlangen für
Wodka aufmerksam gemacht. Aber diese Heldentat grenzt an Primitivität,
gepaart mit Selbstgefälligkeit: Ich, Akademiker, gehe selbst an die Front! Seine
Arbeit in der *Prawda* bedrückt ihn schon lange. Es war geradezu widerlich,
wie er sich im Politbüro benahm: Er hält sich also für stark.

All das zusammengenommen verheißt Unheil. Ich fürchte sehr, das entfachte
Feuer wird nicht mit Ermahnungen und Appellen an die Verantwortung und
die kollegiale Arbeit gelöscht werden können.«

4 In Wirklichkeit stimmt das nicht ganz. Nina Andrejewa hat eigentlich nur
ein primitives eineinhalbseitiges Briefchen zur Verteidigung stalinistischer
Werte ans ZK geschickt. Als Antwort hat Jegor Ligatschow eine Truppe zu
ihr nach Leningrad geschickt, die aus dem Briefchen einen richtigen Artikel
gemacht hat.

Ligatschow hat bei einer Versammlung der Zeitungsredakteure im ZK die
Zeitung mit dem Artikel hochgehalten und gesagt: »Das ist die Parteilinie.«
Aus seinem Umfeld hat die Zensur die Anweisung erhalten, die Veröffentlichung einer vergleichbaren kritischen Gegendarstellung zu unterbinden. Das
Schweigen der Presse hat tatsächlich nur die *Moskowskije Nowosti* gebrochen.
Sie hat sich angemaßt zu widersprechen. Der Schriftsteller Alexander Adamowitsch kam zu mir und berichtete: »Ganze Papierstöße mit Artikeln eines
neuen Samisdats gegen ›Nina‹ sind in der Mehrzahl der Redaktionen ver-
schmäht worden.«

Beim politischen Tag im Haus für politische Erziehung wurde Tausenden
Propagandisten und Agitatoren gesagt, dies sei ein richtungsweisender Arti-
kel. An Ligatschow ist aus den Gebiets- und Regionskomitees eine wahre
Flut von Danksagungen und Begeisterungsausbrüchen eingegangen: »Danke!
Endlich hat die Partei das langersehnte Machtwort gesprochen! Es war längst
Zeit, mit den Verleumdern abzurechnen!«

5 Ich zitiere hier zwei Notizen: Die erste ist von mir vom 7. Mai 1989, die
zweite von mir und Schachnasarow vom 18. Juni 1989 – es handelt sich um

Kommentare zu den Sonderakten Nr. 187-10 vom 5. Mai 1989 und Nr. 187-170 (Mitte Juni):

»Michail Sergejewitsch!
Folgende Situation hat sich ergeben: Die Ereignisse nehmen ihren Lauf, in Osteuropa gibt es bereits keine sozialistischen Länder mehr, die Beziehungen dieser Länder zu uns haben sich stark geändert, wir betreiben eine neue Politik, und der Abrüstungsprozeß ist in Gang gekommen. In Sachen Afghanistan und in den Beziehungen zu anderen nichteuropäischen Ländern mit sogenannter ›sozialistischer Ausrichtung‹ sind Fortschritte erzielt worden. Aber die behördliche Praxis der Waffenlieferungen besteht fort, als sei nichts geschehen. Die Behörden berufen sich dabei auf Beschlüsse des Ministerrats aus den Jahren 1979 und 1981. All das ungeachtet der kürzlich eingetroffenen Information, daß die Rumänen seit zehn Jahren den Amerikanern unsere modernsten Waffensysteme verkauft haben und daß aus anderen Ländern Informationen über unsere Waffen und geheimen Projekte gegen gutes Geld in den Westen gelangen.

Über elf Milliarden Rubel vergeuden wir mit Waffenlieferungen! Ohne jegliche Garantie, daß wir jemals einen politischen oder wirtschaftlichen Gegenwert dafür erhalten werden.«

»Michail Sergejewitsch!
Wir können die aktuelle Aktion des militärisch-industriellen Komplexes nicht einfach übergehen.

Warum mußten wir überhaupt in der heutigen Situation eine Zusammenarbeit mit den Kubanern auf uns nehmen und ihnen raketenbestückte Schnellboote liefern und darüber hinaus den Bau solcher Schnellboote mit einer Wasserverdrängung von 100 Tonnen auf Jahre hinaus vereinbaren?

Wenn nicht heute, dann werden morgen solche Beschlüsse zum Gegenstand heftigster Kritik im Obersten Sowjet werden und sich äußerst negativ auf das Ansehen der Verantwortlichen auswirken, nicht zuletzt, weil die Beschlüsse wie in alten Zeiten über das Politbüro erledigt wurden. Ganz zu schweigen davon, daß es sich um eine regelrechte Vergeudung von öffentlichen Mitteln handelt (es besteht keinerlei Hoffnung auf eine auch nur teilweise Kompensation von seiten der Kubaner).

Eine derartige Aktion stellt einen weiteren Unruheherd in den sowjetisch-amerikanischen Beziehungen dar, was nach Camp David besonders bedauerlich ist. Die Affäre um die Lieferung einer MIG-29 wird in amerikanischen Zeitungen und im Kongreß immer wieder erwähnt, sogar von Außenminister Baker und Präsident Bush. Und wir werfen noch ein Scheit ins Feuer, noch dazu in der heutigen Lage.

Übrigens ist mein Protest zu Sonderakte Nr. 187-10 vom 5. Mai 1989 zurückgeschickt worden. Oleg Baklanow hat (gemäß Ihren Anweisungen) die ihm untergeordneten Behörden entsprechend angewiesen. Sie haben mir also eine klassische Abreibung verpaßt, indem sie mir ganz unmißverständlich zeigten, daß alles nach den Regeln erledigt werden soll.

So wird das auch künftig ablaufen, und wir (Berater) werden zu Feinden des Volkes und ihrer Sicherheit gestempelt.

Man muß hier einen grundlegenden Beschluß fassen, und nicht auf der Ebene des Politbüros, sondern des Präsidialrates, um die Willkür endgültig zu beschränken, die übrigens einer Ausweitung der nötigen Verschrottung von Ersatzteilen und dem Ersatz veralteter Panzer und Waffen etc. im Wege steht. Vielleicht sollten wir vorerst eine geheime Kommission bilden, um mit den anderen (Ossipjan, Arbatow, Kokoschin) eine provisorische Rede von Ihnen über die Sachlage vorzubereiten?«

Hier eine weitere Notiz, die verdeutlicht, daß der Präsident nicht alle Aktivitäten der Behörden unseres militärisch-industriellen Komplexes kannte.

»*Michail Sergejewitsch!*

Heute sind gemeinsam die Botschafter Matlock und Braithwaite zu mir gekommen und haben im Namen von Bush und Thatcher ihre ›Beunruhigung‹ ausgedrückt über die ›aktuelle Information‹, die UdSSR verstoße gegen die Konvention zu bakteriologischen Waffen, produziere diese auch langfristig weiter und verfüge über Vorräte, die, wie Matlock sagte, die ›für die Forschung‹ nötigen Mengen bei weitem überstiegen.

Beide haben erklärt, sie wünschten nicht, daß diese Information in die Presse gelange, aber schon die Anspielung auf die Presse ist bemerkenswert. Ich habe selbstverständlich im patriotischen Sinn geantwortet und auf unsere neue Philosophie, unser objektives und subjektives Interesse an der Abrüstung verwiesen.

Im Gegenzug haben sie mich daran erinnert, daß wir bei der Affäre zu der Radarstation in Krasnojarsk auch zuerst ›geleugnet‹ und dann ›gestanden‹ hätten. Sie haben gesagt, ihre Regierungen würden eine offizielle Antwort von uns wünschen.«

Gorbatschow hat Schewardnadse, Jasow und Baklanow beauftragt, eine Antwort auszuarbeiten. Ein Expertenaustausch wurde vorgeschlagen, damit die Angelegenheit »vor Ort geklärt werden könne«.

1989: Das verlorene Jahr

1 Allerdings hat Gorbatschow den Erlaß über die Rückgabe der Staatsbürgerschaft an Solschenizyn und 23 weitere Dissidenten erst zwei Jahre später unterzeichnet. Und das war bereits nicht mehr auf seine Aktivität zurückzuführen, sondern muß lediglich als Resultat eben der »objektiven Logik« gewertet werden, als deren Urheber Gorbatschow heute nicht mehr genannt wird. Übrigens sind Schachnasarow, Jakowlew, Arbatow und ich im Lauf

dieser zwei Jahre wie früher mehrmals an Gorbatschow zu diesem Problem herangetreten.

2 Ich besorgte mir natürlich sofort Solschenizyns Buch und überzeugte mich davon, daß Gorbatschow recht hatte. Die relative Objektivität des Autors war erstaunlich, wenn man seinen Haß auf den Kommunismus bedachte (sein Talent spielte hier natürlich auch eine Rolle). Man erkennt die Person Lenins. Ich bemerkte damals für mich selbst: Ich hatte das Gesamtwerk zweimal gründlich gelesen. Dennoch mag es unglaublich scheinen (so wie Gorbatschow mir nicht glauben wollte, daß ich mich nie für Stalin begeisterte und nicht traurig war, als er starb), daß das Buch für mich nichts Unerwartetes enthielt. Die Kraft seines Intellekts begeisterte mich dennoch. Im Roman »Der Selbstmord« von Mark Addanow, der zwanzig Jahre vor »Lenin in Zürich« geschrieben wurde, ist Lenin detaillierter und plastischer dargestellt.

3 Auf diesem Plenum waren hundert Pensionäre, die ZK-Veteranen, mit Hochachtung aus dem Zentralkomitee entlassen worden.

Sowjetisches ABC 1990: Von Malta bis Marktwirtschaft

1 Bush spielt hier auf das Verhalten von Ronald Reagan bei seinem Aufenthalt in Berlin im Juni 1987 an.

2 Damals Direktor des staatlichen Rundfunks.

3 »Eine endgültige Entscheidung steht bevor. Die Demonstration am 25. Februar oder die, wie es heißt, ›Februarrevolution des Jahres 1990‹ verheißt nichts Gutes, selbst wenn sie ohne Blutvergießen verläuft. Das wird der Schlußakt der Kampagne, die zur Diskreditierung der Macht und der jetzigen Führung entfesselt wurde. Die Reden auf Versammlungen und Menschenaufläufen, die beleidigenden Äußerungen, die ganz offen in öffentlichen Verkehrsmitteln und in Warteschlangen fallen, sind eine Art Wahlkampfpropaganda – in der Hauptstadt werden sich die Vorfälle in lokalen Zentren und ebenso in den Hauptstädten der Republiken wiederholen, allerdings deutlich verschärft.

Der geeignete Moment der ›Machtergreifung‹ wurde verpaßt. Es wäre besser gewesen, gleich nach dem ZK-Plenum den Kongreß der Volksdeputierten einzuberufen, ohne eine Tagung des Obersten Sowjet abzuwarten, und damit einen Verstoß gegen die Verfassung in Kauf zu nehmen. Auf dem Kongreß hätte direkt die Frage der höchsten Regierungsgewalt gestellt werden müssen. Sicher hätten einige die Ungesetzmäßigkeit der Einberufung des Kongresses betont, aber die Volksdeputierten hätten in diesem Moment über ihre eigene Machtbefugnis entschieden und wahrscheinlich für die Einführung des Präsidentenamtes gestimmt.

Ohne gegen die Spielregeln zu verstoßen, werden wir uns kaum aus der Misere retten können, weil hier das Schicksal der Perestrojka auf dem Spiel steht: Der Kampf gegen die jetzige Führung wird bereits schonungslos und

456

unter Mißachtung jeglicher Spielregeln geführt. Wir können ihn auch nicht ignorieren, denn es geht um die Rettung der Perestrojka und des ganzen Staates.

In diesem Zusammenhang stellt sich wieder die Frage, ob ein ZK-Plenum zur Diskussion eines Verfassungsentwurfs nötig ist. Welche Gefahr steckt mittlerweile darin? Auf einem ZK-Plenum kann das Politbüro zum Rücktritt aufgefordert werden oder zumindest von Ihren Anhängern befreit werden. Ein neues Politbüro setzt sich wahrscheinlich aus Leuten wie Poloskow, Melnikow, Afonin oder Anufrijew zusammen, und Ihr Ansehen wird rasch abnehmen in den Augen der Öffentlichkeit und eines beachtlichen Teils der Partei (rechts wie links).

Ein ZK-Plenum birgt jedoch auch andere Gefahren.

Zuerst muß jetzt die Frage der präsidialen Macht geklärt werden. Und danach muß das Problem der Doppelherrschaft des Politbüros und des Präsidenten zugunsten des letzteren gelöst werden.«

4 An dieser Stelle ist es angebracht, einige Äußerungen Gorbatschows aus dem Gespräch mit Bush am 31. Mai 1990 im Weißen Haus zu zitieren: »Ich verfolge Ihre Versuche, die Funktion der NATO zu verändern und neue Mitglieder zu integrieren, mit Interesse. Der Umgestaltungsprozeß der Sowjetunion und sein Einmünden in den gesamteuropäischen Prozeß haben damit natürlich nichts zu tun. Aber es stellt sich die Frage, ob die NATO nicht in eine offene Organisation umgewandelt werden sollte, deren Tür keinem einzigen Staat verschlossen ist. In diesem Fall könnten auch wir über eine Mitgliedschaft in der NATO nachdenken.«

Daß Boris Jelzin eine solche Möglichkeit erstmals bei seinem Besuch in den USA im Juni 1992 erwähnt haben soll, entspricht also nicht der Wahrheit.

5 Später ist dieser Begriff in den diplomatischen Gebrauch unter der Formel »Vier-plus-Zwei« eingegangen, bei den Deutschen (nicht ohne Unterton!) als »Zwei-plus-Vier«.

6 Die beiden waren von Helsinki aus angereist, wo Gorbatschow und Präsident Bush ihre Haltung zur irakischen Invasion in Kuwait abgestimmt hatten. Baker sagte auf diesem wohl freundschaftlichsten Treffen in Moskau: »Herr Präsident, ich möchte Ihnen jetzt etwas sagen, was ich vielleicht besser für mich behalten sollte, aber sei's drum. Kein Mensch der Welt hat sich je an ein solches Unterfangen gewagt wie Sie und Ihre Mitstreiter. Ich spreche davon, eine Denkweise zu überwinden, die sich in 70 Jahren entwickelt hat. Selbstverständlich muß das allmählich, Schritt für Schritt geschehen, sonst werden Sie keinen Erfolg haben. Aber ich glaube, Sie wissen, was der Präsident und ich schon vor einem Jahr betont haben: Wir wollen, daß Ihre Anstrengungen von Erfolg gekrönt werden, denn das entspricht den Grundinteressen der Vereinigten Staaten, der Sowjetunion und der ganzen Welt ...

Jetzt muß ich Ihnen gestehen, daß ich neulich zu meinem Berater gesagt habe:

›Ich bin kein Neuling in der Politik und habe viel erlebt, aber bei keinem einzigen Politiker habe ich soviel Mut und Kühnheit gefunden wie bei Ihnen.‹ Ich weiß, daß Ihre Handlungsfreiheit eingeschränkt wird von bestimmten politischen Verhältnissen. Ich weiß, wie hart die politischen Entscheidungen erkämpft werden müssen, die Sie so mutig verteidigen. Ich möchte Ihnen sagen, daß der Präsident genauso von Ihnen denkt.«

7 Ich habe diese Sätze hervorgehoben, weil viele schon damals, und später *Gorbatschow selbst*, die Autoren des Programms der 500 Tage verspottet und das Programm als einen naiven »Professoreneinfall« bezeichnet haben – in einem Land wie der UdSSR innerhalb von eineinhalb Jahren ein marktwirtschaftliches System »einzuführen«.

Das Jahr vor dem Putsch

1 Ich ging zu Gorbatschow, nachdem ich einige dieser Telegramme gelesen hatte, und erzählte ihm davon. Er war erstaunt, nahm mit einem Schmunzeln einen Packen und las laut vor:
»Herr Generalsekretär, ich gratuliere zu Ihrem Imperialistenpreis, dazu, daß Sie die Sowjetunion umgestürzt, Osteuropa verraten, die Rote Armee zerstört, den Amerikanern die Rohstoffe und die Massenmedien den Zionisten gegeben haben. Unterschrift.«
»Wir gratulieren zum Preis des Weltimperialismus und des Zionismus, dafür daß Sie Ihr Land der Welt ausliefern, zum Verrat an Lenin und der Oktoberrevolution und der Vernichtung des Marxismus-Leninismus.«
Ich hörte zu und überlegte: Fragt er sich nicht, warum Krjutschkow ihm das alles auf den Schreibtisch häuft?

2 Sie gehörte zur »roten Hundertschaft«, und Gorbatschow half ihr mehrmals, auf der parlamentarischen Leiter höher zu klettern.

3 Später fand zwischen Gorbatschow und mir folgendes Gespräch statt:
»Hast du gehört, daß Nikolaj (Petrakow) weggeht? Er hat Streit angefangen.«
»Das ist nicht gut.«
»Was ist nicht gut?«
»Daß die Leute von Ihnen weggehen.«
»Laß das! Glaubst du etwa, daß dieses Zeitungsgeschwätz, daß die Gewissenhaften einer nach dem anderen Gorbatschow verlassen, die geringste Bedeutung hat?!«
»Ja, das hat es. Außerdem ist er zu Recht beleidigt.«
»Weshalb?«
»In den Tagen nach der Vorbereitung der Rede in Wolynskoje, als nacheinander die Erlasse des Präsidenten zu wirtschaftlichen Fragen entstanden, haben Sie ihn nicht einmal hinzugezogen. Er liest diese Erlasse in der Zeitung! Die Leute sind verblüfft über diese Erlasse und fragen: ›Hat der Präsident denn keinen Berater? Was soll man denn davon halten?‹«

458

»Wie hätte ich das während des Kongresses machen sollen?«

»Und überhaupt. Er hat ein Jahr für Sie gearbeitet, und Boldin hat ihm keine Sekretärin bewilligt. Er hat sogar bis heute einen Ausweis als ›Mitarbeiter des Generalsekretärs des ZK der KPdSU‹ und nicht des Präsidenten.«

»Wie bitte?«

»Ja, so ist das.«

»Warum hat er das nicht gesagt?«

»Wem? Soll er Sie, den Präsidenten einer Großmacht, mit solchem Kleinkram belästigen? Wofür sind denn Boldin und seine Leute da?«

»So geht das nicht weiter. Wir müssen Boldin von der Arbeit in der ZK-Abteilung für Parteiorganisation entlasten. Er soll sich auf den Präsidialapparat konzentrieren ...«

»Das hätte man schon lange tun sollen. Der Präsident hat nach einem Jahr noch keinen richtigen Apparat.«

Später (nach dem Putsch) vermuteten wir, Boldin & Co. hätten das absichtlich gemacht, um im ZK die Macht zu behalten.

4 Im Mai 1991 machte Bessmertnych im Auftrag von Gorbatschow als erster Außenminister der Sowjetunion einen Besuch in Israel.

5 Dieses Gespräch hat am 18. März stattgefunden, am 17. März war das Referendum, das Ergebnis war noch nicht bekannt. Die Frage des Referendums lautete: »Halten Sie die Erhaltung der Union der Sozialistischen Sowjetrepubliken als erneuerte Föderation [im Russischen eher Bundesstaat als Staatenbund] gleichberechtigter souveräner Republiken für notwendig, in der die Rechte und Freiheiten des Menschen jeder Nationalität vollumfänglich garantiert sind?« (Zitiert nach der deutschen Ausgabe von *Moskowskije Nowosti*, März 1991.) Die Frage war sehr umstritten, weil Bürger, die eine Föderation analog zur Bundesrepublik Deutschland und keine sozialistische Föderation wollten, weder mit Ja noch mit Nein stimmen konnten. Einige Republiken boykottierten deshalb das Referendum. (Anm. d. Übers.)

6 Zwei Wochen später sagte er in einem Gespräch mit dem amerikanischen Verleger Murdoch zu diesem Thema: »Die jetzige Zeit birgt große Möglichkeiten, aber auch eine große Gefahr in sich. Es ist kein Zufall, daß gerade jetzt die gemeinsame Erklärung des Präsidenten der UdSSR und der Führer von neun Republiken abgegeben wurde. Alle sahen die Gefahr des Zerfalls des Staates und der Wirtschaft. Alle Unterzeichner sind sich einig, daß die Veränderungen fortgeführt werden müssen, daß die Prozesse im Rahmen von Demokratie und Reformen unterstützt werden müssen ... In den Vereinigten Staaten wird, auch in den Massenmedien, häufig die Meinung vertreten, Jelzin solle unterstützt werden, weil er für Privatbesitz und radikale Veränderungen eintrete. Gorbatschow dagegen wolle Reformen unter Beibehaltung der Sowjetunion. Das sind sehr oberflächliche Urteile. Die Sowjetunion ist ein riesiges, historisch einzigartiges Land, in dem viele Nationalitäten leben und

viele Sprachen gesprochen werden. Ihr Weg muß kompliziert, spezifisch und einmalig sein.«

7 Bis zum 16. Juni wurden weder ich noch Schachnasarow von Gorbatschow zur Vorbereitung des Londoner Gipfels herangezogen. An diesem Tag rief mich Primakow an: »Ich bin nach Wolynskoje gefahren und habe mir angeschaut, was die dort für London vorbereiten. Das kann man vergessen! Ich werde dir nicht alles erzählen, nur ein Beispiel: Eine ganze Seite ist der Verunglimpfung der baltischen Separatisten und Nationalisten gewidmet. Man muß ein Dummkopf oder ein Provokateur sein, wenn man das Gorbatschow vorschlagen will. Von denen wird er nichts Brauchbares bekommen.«
Im Flugzeug auf dem Rückweg von Kiew schilderte ich Gorbatschow die Eindrücke Primakows. Unter Berücksichtigung der Empfehlungen Kohls änderte er die Zusammensetzung des Teams zur Vorbereitung des Trefffens fast völlig.

8 Ich möchte hier Bushs Einschätzung von General Moissejew nicht unterschlagen. Der General hat während des Putsches nicht gerade eine rühmliche Rolle gespielt: »Er berichtete mir von seiner Treue gegenüber Ihrer Person und von der Unterstützung der Ziele, die Sie anstreben ... General Moissejews Besuch hat zum Erfolg der Aktivitäten beigetragen ... Er hat auf uns großen Eindruck gemacht, weil er sich für die Besserung der sowjetisch-amerikanischen Beziehungen so entschieden eingesetzt hat. Auch Ihnen und Ihrer Sache gegenüber bekundete er Loyalität.«

9 Im Sicherheitsrat wurde der Brief Pawlows zur Aufnahme der Sowjetunion in den Internationalen Währungsfonds und die Weltbank bestätigt. Die Zustimmung zu diesem Brief bedeutete auch, daß das Projekt Jawlinskijs akzeptiert wurde.

10 Am 11. September, schon nach dem Putsch, stellte Baker die Frage nochmals an Gorbatschow. Dieser versprach ihm, alles erneut genau zu überprüfen ... Ungefähr ein Jahr später machte die amerikanische Regierung gegenüber der russischen Führung Ansprüche geltend. Das war aus einem Artikel in der *Washington Post* zu schließen, der in der *Iswestija* kommentiert wurde. Die Antwort des Ministerialbeamten war die gleiche wie die Gorbatschows. Es war also nicht so, daß unsere Generale Täuschungsmanöver machten, sondern daß Washington von Konkurrenten in der mikrobiologischen Forschung für Medizin und Produktion [von Medikamenten] unter Druck gesetzt wurde.

11 Mit Bush sprach Gorbatschow morgens, mit Kohl telefonierte er am 24. Juli, und sie besprachen ausführlich die weitere Vorgehensweise.

12 Der japanische Ministerpräsident Kaifu gestand Andreotti, daß er Gorbatschow erst nach dem Treffen in London geglaubt habe und nicht bereits bei dessen Besuch in Tokio.
Alle außer Bush (aus den verständlichen »nationalen« Gründen, die er Gor-

batschow selbst erklärte) und Mitterrand (wegen des Alters) kamen zu Gorbatschow in die Residenz und nicht umgekehrt. Sie verhielten sich wie Jüngere einem Älteren gegenüber und bekundeten auf diese Weise, daß der Gipfel ohne Gorbatschow, der den »historischen Sinn« des Treffens verkörperte, nur eine Routineangelegenheit für die Journalisten gewesen wäre.

13 Eine Woche nach Gorbatschows Treffen mit Bush in London, also eine Woche vor dessen Besuch in Moskau, fand ein Gespräch mit dem griechischen Ministerpräsidenten Mitsotakis (am 22. Juli) statt. Danach bat Gorbatschow mich, in sein Zimmer zu kommen (d. h. ins Präsidiumszimmer im Großen Kremlpalast). Dort wurde für uns ein Kaffee gemacht, dann bat Gorbatschow, uns alleine zu lassen. »Ich habe eine Information bekommen. Erinnerst du dich an das Frühstück mit Bush in London. Danach hat er zu seinen Leuten gesagt: ›Gorbatschow ist müde und nervös. Er ist nicht mehr Herr der Lage, und sein Selbstbewußtsein wankt. Deshalb wirft er mir auch Unzuverlässigkeit vor … Wir müssen uns wohl mehr auf Jelzin konzentrieren.«

»Das glaube ich nicht, Michail Sergejewitsch«, entgegnete ich. »Bush kann nicht so kleinlich sein. Das würde der Logik seines Verhaltens und dem Sinn des Treffens der G-7-Staaten widersprechen. Ich denke, das ist so eine Information wie die zum kanadischen Premierminister Mulroney, der auf der Fahrt nach London verleumdet wurde. Das hat sich auch als falsch erwiesen. Sie haben ihn ja gesehen und sich davon überzeugt. Diese Nachrichten werden Ihnen zugespielt, und mir ist auch klar, warum das getan wird.«

14 Vergrößert wurde der Verlust durch die Trennung des »Tandems« Baker-Bessmertnych, die in manchen Punkten, vor allem in praktischen Fragen, effektiver kooperierten als Schewardnadse und Baker.

Putsch und Ende

1 Er verriet Gorbatschow zusammen mit den Leuten des Notstandskomitees (GKTschP) und organisierte, daß das Gespräch zwischen Gorbatschow, Nasarbajew und Jelzin in Nowo-Ogarjowo abgehört wurde. Er führte die Delegation der GKTschP am 18. August in die Datscha und betrieb die Isolierung des Präsidenten.

2 Am 5. September fragte H. Kohl Gorbatschow in einem Telefongespräch: »Wie soll man die Behauptung Schewardnadses, daß du von dem Putsch im voraus wußtest, bewerten?«
»Ich habe hier noch keine derartige Interpretation gehört.«
»Aber bei uns schreiben die Zeitungen darüber.«
»Das interessiert mich: Vielleicht waren es Erklärungen für das Ausland.«
»Ja, aber er war doch dein Freund.«
»Ich bin dafür, daß er und Jakowlew zurückkehren.«

3 Nach dem Putsch hielt er den Begriff »Antikrisenprogramm« schon nicht mehr für sachangemessen. In einem Gespräch mit Genscher in Moskau und

später mit Mitterrand auf dessen Landgut in Latche sagte er, die Wortbildung »Antikrisenprogramm« bedeute, die Krankheit des alten Systems zu heilen, um dieses wieder aufzubauen. Es gehe jedoch um die Abwendung vom alten System und den Übergang zu einem neuen.

4 Die Nagelsperre lag im Gegensatz zu den Aufenthalten der beiden vergangenen Jahre die ganze Zeit vor der Einfahrt: nicht erst seit dem Putsch, sondern seit der Ankunft des Präsidenten.

5 Wir stellten in dem Artikel die verschiedensten Gedanken Gorbatschows zusammen. Am 15. August war er bereits dreißig Seiten lang. Dem Artikel nach zu urteilen, sah Gorbatschow verschiedene Entwicklungsmöglichkeiten voraus, auch den Notstand. Er gab eine ausführliche, detaillierte Analyse unserer wirtschaftlichen, sozialen und politischen Lage. Er zeigte Verständnis für die Unzufriedenheit und die Angespanntheit in der Gesellschaft und erkannte die daraus resultierende Gefahr. Gorbatschow analysierte, welche Wege aus der Krise denkbar sein könnten, welche gewählt werden müßten und welche, trotz der schwierigen Lage, von vornherein nicht in Frage kämen. Das hatte folgende Gründe: Der Einigungsprozeß unter der Formel 9+1 wurde begonnen, und die Unterzeichnung des Unionsvertrages, der unser Land grundlegend ändern sollte, stand bevor. Durch den Vertrag sollte die Einführung neuer Strukturen erleichtert werden. Das Wichtigste war für Gorbatschow, den Einigungsprozeß fortzuführen und nicht »vom Weg abzukommen«.

Die Kräfte, die gegen die Perestrojka Widerstand leisteten, hatten erkannt, daß die Reformprozesse bald nicht mehr rückgängig zu machen waren. Deshalb entschieden sie sich auch für den Putsch. Diese Kräfte waren schon seit längerem in den ZK-Plena, im Volksdeputiertenkongreß und im Obersten Sowjet spürbar gewesen. Sie forderten auch schon auf Versammlungen und in der Presse den Ausnahmezustand.

Gorbatschow erläutert genau, welche Folgen er haben könne. Die Gesellschaft habe sich geändert, »sich an die Luft der Freiheit gewöhnt« und werde deshalb mit einer Abkehr vom Kurs oder einem totalitären Regime nicht mehr einverstanden sein. Es sei schon möglich, daß das Volk an einzelnen Orten an seine Grenzen gekommen und ihm alles egal sei: Hauptsache die Lage bessert sich, egal ob durch eine Diktatur oder einen Putsch. Das russische Volk habe seine Rettung schon immer bei höheren Mächten gesucht. Das sei eine große Gefahr. Aber trotzdem sei das Volk nicht bereit, die Atmosphäre der Freiheit aufzugeben.

Der Ausnahmezustand führe in den Bürgerkrieg und fordere auf allen Seiten Opfer. Denn es gebe schon demokratische Institutionen, die gegen die Diktatoren vorgehen würden, und vor allem Tausende von Menschen, die sich spontan zur Wehr setzen würden.

Die Personen, die einen Ausnahmezustand befürworten, seien vor allem in den Strukturen der Partei und im Bereich des Militärs und der Rüstungsindustrie zu finden. Sie seien im allgemeinen reaktionär und wollten ihren bisherigen Status beibehalten. Gorbatschow nannte noch andere reaktionäre Kreise aus der Gesellschaft, aber keine konkreten Namen.

6 Krasin war der Rektor des Instituts für Gesellschaftswissenschaften. Wir waren schon lange miteinander bekannt. Er war auch im Juschnyj zur Erholung.

7 Ich hatte sofort erraten, welche Anlage er meinte. Generalow hatte sich versprochen. Es war die Apparatur, von der aus der Atomschlag ausgelöst werden kann. Später fand ich dafür eindeutige Beweise: Die Offiziere, die den »Atomkoffer« bewachen, wurden nach Moskau geflogen und dem Leiter des Generalstabs Moissejew untergeordnet.

8 In Moskau wurde ich oft gefragt, ob es in dieser großen Datscha denn wirklich nichts Besseres als diesen Empfänger gegeben habe. Es war wirklich so. Als die Putschisten in der Datscha auftauchten, wurden sofort alle elektronischen Geräte, die in der Datscha standen, abmontiert, auch die Fernsehantenne, die den ganzen Komplex versorgte.

9 Sie brachte das Päckchen tatsächlich nach Moskau. Dort gab sie es mir, und ich gab es Gorbatschow, der es auf seiner Pressekonferenz vorführte.

10 Diese Bewertung gab er auch am 10. September in seiner Rede auf der KSZE-Konferenz.

11 Im schon erwähnten vierteiligen Artikel Gawriil Popows in der *Iswestija* ist davon die Rede, er habe damals Gorbatschow vorgeschlagen, auch vom Posten des Präsidenten zurückzutreten. Ich habe das nicht gehört. Gorbatschow hat es mir gegenüber auch nie erwähnt. Vielleicht war es bei einer anderen Gelegenheit.

12 Obwohl ich etliche Jahre im ZK gearbeitet hatte und Mitarbeiter des Generalsekretärs und des Präsidenten war, erfuhr ich auf diese Weise zum ersten Mal von der Existenz dieses »Objektes«.

13 Im Gespräch mit dem österreichischen Kanzler F. Vranitzky, der begriffliche Überlegungen anregte, entwickelte Gorbatschow eine kurze Skizze zu »Logik und Geschichte« der Perestrojka:
»Ich sage Ihnen ganz ehrlich, daß je länger ich über die August-Ereignisse nachdenke, ich zu dem Schluß komme, daß man so einen Aufschrei der Konservativen hatte erwarten müssen. In Gedanken hielt ich eine ähnliche Sache für möglich. Die Anfänge einer tiefgreifenden Änderung des Staates und der Gesellschaft waren gemacht. Sie betrafen die Lebensinteressen aller Bevölkerungsschichten und brachten die Kräfte des Fortschritts und den Widerstand der reaktionären Elemente ans Tageslicht.
Schon im September des letzten Jahres mußte ich meinen Urlaub wegen der wachsenden Anspannungen in der Gesellschaft abbrechen. Dann folgten der Herbst und ein sehr schwieriger Winter, der eine weitere Zuspitzung der Lage

mit sich brachte. Die Partei wurde in den Strudel der Veränderungen hineingezogen ...

In unserem Land regierte die Partei ohne Legitimation durch Wahlen, ohne Stützen im Volk und hatte sich praktisch parallel zur Regierungsstruktur durchgesetzt. Das war natürlich nicht normal. Aber es erklärt die Welle des Widerstands, als es darum ging, alles in die Norm zu bringen und auf den Kopf zu stellen.

Freie Wahlen auf der Grundlage des Wettbewerbs zwischen den Konkurrenten wurden eingeführt. Dank des Neuen Denkens konnten wir bei der Abrüstung große Fortschritte erzielen. Truppenreduzierung und Schrumpfung der Waffenindustrie waren die Folge. Das Offizierskorps und ein Teil der wissenschaftlich und technisch Gebildeten, die im Militärsektor beschäftigt waren, waren davon betroffen. Auch die Konversion des militärisch-industriellen Komplexes veränderte die Lage der hochqualifizierten Arbeiter und mittleren technischen Kader. Ein gewaltiger Strom staatlicher Mittel, der unerschöpflich an materiellen Ressourcen schien, trocknete aus.

Hinzu kommen die großen staatlichen Reformen, die nationale Probleme mit sich brachten (in einem Land, in dem 120 Sprachen gesprochen werden). Der dramatische Weg, auf dem wir uns jetzt befinden, wird so deutlich. All das geht einher mit dem Wegfall der Monopolstellung des staatlichen Eigentums, der Entwicklung einer Mischwirtschaft, der Einführung wirtschaftlicher Mechanismen, die die Arbeitsmotivation der Menschen ändern sollen. An Gleichmacherei gewöhnte Menschen geraten dabei natürlich leicht in Verwirrung. Das Lumpenproletariat kann Normen und Bedingungen, die in der normalen Wirtschaft selbstverständlich sind, nur schwer akzeptieren.

Sie könnten mir jetzt natürlich die Frage stellen, warum ich, Gorbatschow, mir diese Bürde auferlegt habe. Meine Antwort ist einfach: Ich kannte das vorherige System mit all seinen Fehlern und Mängeln, und als ich sah, daß der Lauf der Dinge geändert werden konnte, nutzte ich diese Chance. Ich war mir der großen Probleme und Gefahren bewußt, doch ich wählte den Weg der Veränderungen. Der Kampf Chruschtschows mit der konservativen Gruppe um Molotow und Malenkow und dann sein Sturz durch die Breschnew-Gruppe zeigten mir, daß auch alles mit der Beseitigung Gorbatschows enden könnte. Meine Hauptaufgabe war deshalb, ein möglichst stabiles Umfeld für die Veränderungen und solche gesellschaftlichen Bedingungen zu schaffen, in denen »Palastrevolutionen« keinen Erfolg gehabt hätten. Ich denke, daß das trotz aller Wendungen und Fehlschläge gelungen ist. Die Stimmung des Volkes und das Volk selber haben sich grundlegend gewandelt. Auch darin hatten sich die Putschisten getäuscht. Das Volk ließ den Kopf nicht hängen.«

14 *»Verehrter John!* Ich wende mich an Sie als den Koordinator der G-7 mit der Bitte um sofortige Finanzhilfe. Trotz der getroffenen Vorkehrungen droht

der Verlust der Kontrolle über die Währung. Die Zahlungsunfähigkeit in Devisen zur Rückzahlung der sowjetischen Auslandsschulden wird sich bis Mitte November auf 320 Millionen Dollar und bis Ende diesen Jahres auf 3,6 Milliarden Dollar belaufen. Alle notwendigen Berechnungen waren den Vertretern der G-7 in Moskau am 27. und 28. Oktober vorgelegt worden. Um die unerwünschte Umkehr der Geschehnisse zu verhindern, bitte ich Sie, uns Liquida, in der für Sie akzeptablen Form in der Höhe von 1,5 Milliarden Dollar, also 320 Millionen bis Mitte November, bereitzustellen.

M. Gorbatschow, 2. November 1991«

»Verehrter John! Ich möchte die Ankunft unseres neuen Botschafters (B.D. Pankin) in London nutzen ... Für uns ist jetzt das Wichtigste, einige Monate im Bereich der Lebensmittelversorgung und der Finanzen durchzuhalten, bis die Marktmechanismen sich mehr oder weniger eingependelt haben. Deshalb ist gerade jetzt die Unterstützung und Solidarität von Ihnen und den anderen G-7-Mitgliedern besonders wichtig.«

15 Nach dem Putsch weigerten sich die Massenmedien unseres Landes in der Regel, die von mir zusammengestellten Meldungen zu Treffen Gorbatschows mit ausländischen Persönlichkeiten zu veröffentlichen. Auch allgemein wurde immer weniger über den Präsidenten informiert.

16 Die Rede Jelzins machte damals folgenden Eindruck auf mich: In diesen Tagen wird endgültig entschieden. Jelzin kam erholt von den Ferien zurück und war ganz in seinem Element. Das mußte man auch von ihm erwarten. Nur Gorbatschow tat das nicht. Er wollte ihn immer noch durch Gespräche »auf den richtigen Weg bringen«.

Mit der Rede Jelzins auf dem Kongreß der russischen Republik beginnt eine neue Zeit. Diesen Durchbruch hat aber nicht Gorbatschow, sondern Jelzin geschafft – obwohl alle Ideen und Absichten in der Philosophie der Perestrojka angelegt waren. Er konnte das, was er selbst in der Formulierung »Wir hängen zu sehr von der Vergangenheit ab« ausdrückte, nicht rechtzeitig und vollständig überwinden. Jelzin gelang das. Er brach mit der Vergangenheit. Dann umgab er sich mit Leuten verschiedenster Provenienz: mit Karrieristen, Unverschämten, Schurken, überzeugten Demokraten, Vertretern der Intelligenzija, klugen Verwaltern und Befürwortern einer neuen Wirtschaftsordnung (auch der alten Wirtschaftsordnung, aber diese Menschen waren Befürworter der Perestrojka). Sie unterstützten ihn bei seinem Bruch mit der Zeit nach der Revolution.

Gorbatschow kam nicht weiter als Mirabeau. Aber ihm folgte Napoleon, der erst Danton, Robespierre, Marat überwinden mußte. Jelzin gab dem Volk Hoffnung. Obwohl er nur eine durchschnittliche Persönlichkeit ist, war er als Führer in dieser Situation genau der richtige Mann.

Jelzin setzte auf Rußland. Ich habe schon oft gesagt: Gorbatschows strategischer Fehler war, die Rolle Rußlands nicht zu erkennen. Jetzt sieht er, daß es nicht nur sinnlos war, sich gegen Jelzin zu stellen, sondern daß diese Entscheidung ein großer Fehler war. Er hatte keine andere Alternative, denn das Programm Jawlinskijs und der Staatsrat waren keine. Nur die irrationale Festigung Rußlands konnte eine Lösung sein.

Wenn es früher kein Brot gab, haben die Leute Gorbatschow verflucht. Heute gibt es fast gar nichts mehr, aber die Menschen versammeln sich um Jelzin.

Jelzin sagte im Frühling: »Wir lassen Gorbatschow nur so wenig (er zeigte mit den Fingern ein bißchen), obwohl er so viel (er breitete die Arme auseinander) will. Er bekommt einen Platz wie die englische Königin.«

Heute möchte ich hinzufügen: Das soll nicht heißen, daß die Dinge ganz anders gekommen wären, wenn Gorbatschow das Verhalten Jelzins nicht nur als Beleidigung, sondern als politische Herausforderung betrachtet hätte. Ich möchte damit nur sagen, daß er die Erniedrigungen, die er im Dezember erdulden mußte, hätte vermeiden können.

Kurzbiographien

Achromejew, Sergej
Geboren 1923; seit 1983 ZK-Mitglied; Erster Stellvertretender Verteidigungsminister und Generalstabschef (als Nachfolger Ogarkows).

Bessmertnych, Alexander
Geboren 1933; Jurist; ab 1983 einer der stellvertretenden Außenminister, 1990 Botschafter in den USA, Januar bis August 1991 Außenminister; mußte nach dem Putschversuch zurücktreten, da seine Passivität Anlaß zu Gerüchten gab.

Boldin, Walerij
Geboren 1935; Mitglied der ZK-Abteilung für Parteiorganisation; Volksdeputierter der UdSSR; Mitglied im Präsidialrat der UdSSR; maßgeblich am Putschversuch und dessen Vorbereitung beteiligt.

Gromyko, Andrej
Geboren 1909, gestorben 1989; 1957–1985 Außenminister; seit 1956 ZK-Mitglied, 1973–1988 Mitglied des Politbüros; 1985–1988 Vorsitzender des Präsidiums des Obersten Sowjet.

Jakowlew, Alexander
Geboren 1923; Historiker; geistiger Wegbereiter der Perestrojka; 1973–1983 Botschafter in Kanada; 1983–1985 Direktor des Instituts für Weltwirtschaft und internationale Beziehungen in Moskau; ab 1986 ZK-Mitglied, 1987–1990 Mitglied des Politbüros; Volksdeputierter der UdSSR; Mitglied im Präsidialrat der UdSSR; Berater Gorbatschows; 1991 Mitbegründer der »Bewegung für demokratische Reformen«; nach dem Putschversuch im August 1991 Austritt aus der KPdSU.

Jasow, Dmitrij
Geboren 1923; Offizier, seit 1984 Armeegeneral, 1987–1991 Verteidigungsminister; ab 1987 ZK-Mitglied und Kandidat des Politbüros; Mitglied im Präsidialrat der UdSSR; am Putschversuch beteiligt (Mitglied des Notstandskomitees).

Jelzin, Boris
Geboren 1931; Bauingenieur; Radikalreformer; 1985–1987 Parteichef Moskaus, 1986–1988 Kandidat des Politbüros; Volksdeputierter der UdSSR; seit 1990 Vorsitzender des russischen Obersten Sowjet; Juni 1990 vom Volk zum Präsidenten Rußlands gewählt; Juli 1990 Austritt aus der KPdSU (während des XXVIII. Parteitags); organisierte den Widerstand gegen den Putschversuch.

Krjutschkow, Wladimir
Geboren 1924; Jurist und General; ab 1988 KGB-Vorsitzender; Mitglied des Politbüros; am Putschversuch beteiligt (Mitglied des Notstandskomitees).

Ligatschow, Jegor
Geboren 1920; Kritiker der Perestrojka; ab 1976 ZK-Mitglied, seit 1985 2. ZK-Sekretär (zuständig für Ideologie) und Mitglied des Politbüros, ab 1988 für Landwirtschaft zuständig.

Lukjanow, Anatoli
Geboren 1930; Jurist; ZK-Sekretär (für Parteiorganisation zuständig), ab 1988 Kandidat des Politbüros; seit 1988 Vorsitzender des Obersten Sowjets; während des Putschversuches passiv (Radikalreformer sehen in ihm einen der Drahtzieher), trat als Vorsitzender des Obersten Sowjet zurück.

Medwedew, Wadim
Geboren 1929; Wirtschaftswissenschaftler; unterstützte die Reformen Gorbatschows; seit 1986 Mitglied des Politbüros und ZK-Sekretär (für Wissenschaft und Bildung zuständig), seit 1988 Leiter der ZK-Kommission für Ideologie; Berater Gorbatschows; Mitglied im Präsidialrat der UdSSR.

Primakow, Jewgenij
Geboren 1929; Journalist, Mitglied der Akademie der Wissenschaften der UdSSR; Reformpolitiker; ab 1989 Kandidat des Politbüros; Volksdeputierter der UdSSR; Mitglied im Präsidialrat der UdSSR; Berater Gorbatschows; leistete Widerstand gegen die Putschisten.

Ryschkow, Nikolaj
Geboren 1929; Ingenieur; seit 1985 Mitglied des Politbüros, 1985–1991 Vorsitzender des Ministerrates; geriet mit den Radikalreformern in Konflikt; bei den Präsidentschaftswahlen in Rußland im Juni 1991 unterlag er Jelzin.

Schachnasarow, Georgij
Geboren 1924; Reformpolitiker; Berater Gorbatschows; seit 1988 ZK-Mitglied und Mitglied des Obersten Sowjet; leistete Widerstand gegen die Putschisten.

468

Schewardnadse, Eduard
Geboren 1928; Reformpolitiker; ab 1985 Mitglied des Politbüros; 1985–1990 Außenminister, maßgeblich an der Durchsetzung der neuen außenpolitischen Linie beteiligt, 1990 Rücktritt; Juli 1991 Austritt aus der KPdSU; Mitinitiator der »Bewegung für demokratische Reformen«; seit März 1992 Vorsitzender des Staatsrats von Georgien.

Tschebrikow, Wiktor
Geboren 1923; seit 1981 ZK-Mitglied, ab 1985 Mitglied des Politbüros; 1982 bis 1988 KGB-Vorsitzender; ab 1988 ZK-Sekretär für Rechtsfragen.

Zeittafel

11. März 1985	Gorbatschow wird Generalsekretär der KPdSU.
23. April 1985	KGB-Chef Tschebrikow und die ZK-Sekretäre Ligatschow und Ryschkow werden zu Vollmitgliedern des Politbüros ernannt.
26. April 1985	Warschauer Pakt wird um 20 Jahre verlängert.
1. Juli 1985	Leningrader Parteichef Romanow aus dem Politbüro ausgeschieden; Gromyko wird Vorsitzender des Präsidiums des Obersten Sowjet; Schewardnadse Außenminister und Vollmitglied des Politbüros.
29. Juli 1985– 26. Febr. 1987	Eineinhalbjähriges einseitiges sowjetisches Atomtestmoratorium.
27. Sept. 1985	Ministerpräsident Tichonow tritt zurück; Nachfolger wird Ryschkow.
19.–21. Nov. 1985	Gipfeltreffen Gorbatschow-Reagan in Genf.
24. Dez. 1985	Jelzin löst Moskauer KP-Chef Grischin ab.
15. Jan. 1986	Gorbatschow schlägt Vernichtung aller Atomwaffen bis zum Jahr 2000 vor.
25. Febr.–6. März 1986	XXVII. Parteitag der KPdSU.
26. April 1986	Unfall im Kernkraftwerk Tschernobyl mit katastrophalen Folgen.
25. Juni 1986	Ministerpräsident von Nordrhein-Westfalen Rau bei Gorbatschow.
7.–10. Juli 1986	Französischer Staatspräsident Mitterrand in Moskau.
28. Juli 1986	Rede von Gorbatschow in Wladiwostok.
21.–22. Sept. 1986	Konferenz über vertrauensbildende Maßnahmen in Stockholm (KVAE) beendet.
11.–12. Okt. 1986	Gipfeltreffen Gorbatschow-Reagan in Reykjavik.
19. Dez. 1986	Sacharow kehrt aus der Verbannung nach Moskau zurück
27.–28. Jan. 1987	ZK-Plenum; Perestrojka des politischen Systems beginnt: Gorbatschow schlägt parteiinterne Wahlreform vor; ZK-Sekretär Jakowlew wird Kandidat des Politbüros.
28. März–1. April 1987	Margaret Thatcher bei Gorbatschow.

28. Mai 1987	Landung des deutschen Sportfliegers Rust auf dem Roten Platz.
31. Mai 1987	Verteidigungsminister Sokolow abgesetzt; Nachfolger Jasow.
6.–11. Juli 1987	Staatsbesuch von Bundespräsident von Weizsäcker in der Sowjetunion.
22.–23. Okt. 1987	US-Außenminister Shultz zu Abrüstungsgesprächen in Moskau.
7. Nov. 1987	70. Jahrestag der Oktoberrevolution.
11. Nov. 1987	Jelzin abgesetzt; Sajzew neuer Moskauer KP-Chef.
7.–10. Dez. 1987	3. Gipfeltreffen Gorbatschow-Reagan in Washington; Unterzeichnung des INF-Vertrags.
1. Jan. 1988	Gesetz über die staatlichen Unternehmen tritt in Kraft.
12. Jan. 1988	KP-Chef Usbekistans abgesetzt; Nachfolger Nischanow.
17.–18. Febr. 1988	ZK-Plenum; personelle Umbesetzungen: Rasumowskij und Masljukow werden Kandidaten des Politbüros; Jelzin als Kandidat abgelöst; Alijew scheidet aus dem Politbüro aus.
18.–26. Febr. 1988	Massendemonstrationen in Jerewan; Anschluß Berg-Karabachs an Armenien gefordert.
28. Febr. 1988	Pogrome an Armeniern in Sumgait bei Baku.
13. März 1988	Leserbrief der Chemie-Ingenieurin Nina Andrejewa in *Sowjetskaja Rossija*.
5. April 1988	Leitartikel in *Prawda* als Antwort auf Andrejewas Leserbrief.
14. April 1988	Unterzeichnung des Afghanistan-Abkommens in Genf.
7.–9. Mai 1988	»Demokratische Union« gegründet.
15. Mai 1988–15. Febr. 1989	Binnen neun Monaten ziehen die sowjetischen Truppen aus Afghanistan ab.
29. Mai–1. Juni 1988	4. Gipfeltreffen Gorbatschow-Reagan in Moskau.
Juni 1988	Tausendjahrfeier der Taufe der Rus.
13. Juni 1988	Kardinal Casaroli bei Gorbatschow.
28. Juni–1. Juli 1988	XIX. Parteikonferenz der KPdSU.
1. Juli 1988	Gesetz über das Genossenschaftswesen tritt in Kraft.
11.–14. Juli 1988	Besuch Gorbatschows in Polen.
30.–31. Juli 1988	Bundesaußenminister Genscher in Moskau.
16. Sept. 1988	Gorbatschows Rede in Krasnojarsk.
27. Sept. 1988	Personelle Umbesetzungen im Politbüro.

471

30. Sept. 1988	ZK-Sekretariat der KPdSU entmachtet durch sechs neugebildete Kommissionen über den ZK-Abteilungen.
1. Okt. 1988	Gorbatschow wird Vorsitzender des Präsidiums des Obersten Sowjet; Gromyko in Ruhestand entlassen.
9. Okt. 1988	Oberster Sowjet Lettlands erklärt Lettisch zur Staatssprache.
10. Okt. 1988	Wlassow löst Worotnikow als Ministerpräsident der RSFSR ab.
11. Okt. 1988	Falin wird Leiter der Internationalen Abteilung des ZK.
24.–27. Okt. 1988	Bundeskanzler Kohl in Moskau.
16. Nov. 1988	Oberster Sowjet Estlands erklärt Estland für souverän.
7. Dez. 1988	Gorbatschows Rede vor der UNO.
8. Dez. 1988	Erdbeben in Armenien.
6. März 1989	Verhandlungen über konventionelle Abrüstung in Europa (KSE) in Wien beginnen.
11.–26. März 1989	Abgeordnete zum Kongreß der Volksdeputierten werden gewählt.
9. April 1989	Demonstration in Tiflis von sowjetischen Truppen gewaltsam aufgelöst; 20 Tote sind zu beklagen.
25. Mai–9. Juni 1989	Kongreß der Voksdeputierten tagt erstmals; Gorbatschow wird Staatsoberhaupt; Abgeordnete zum Obersten Sowjet gewählt.
7. Juni–4. August 1989	Neugewählter Oberster Sowjet tagt erstmals.
12.–15. Juni 1989	Gorbatschow in der Bundesrepublik Deutschland.
10. Juli 1989	Bergarbeiterstreiks in verschiedenen Kohlerevieren beginnen.
10. Juli 1989	Jelzin regt Gründung einer »interregionalen Abgeordnetengruppe« im Obersten Sowjet an.
23. Aug. 1989	Menschenkette in den baltischen Staaten anläßlich des 50. Jahrestages des Hitler-Stalin-Paktes (auch Molotow-Ribbentrop-Pakt).
19.–21. Sept. 1989	ZK-Plenum: Umstrukturierung der Sowjetunion beschlossen; XXVIII. Parteitag vorverlegt.
9. Nov. 1989	Fall der Berliner Mauer ; Öffnung der deutsch-deutschen Grenze.
18.–24. Nov. 1989	Kommunistische Führung in Prag zurückgetreten.
2.–3. Dez. 1989	Gipfeltreffen Gorbatschow-Bush auf Malta.
7. Dez. 1989	Oberster Sowjet Litauens beschließt Streichung des Machtmonopols der KPdSU aus der Verfassung.

12.–24. Dez. 1989	Kongreß der Volksdeputierten tagt zum zweiten Mal.
19. Dez. 1989	KP Litauens beschließt Unabhängigkeit von der KPdSU.
25. Dez. 1989	Ceauşescu exekutiert.
29. Dez. 1989	Havel wird tschechoslowakischer Staatspräsident.
19. Jan. 1990	Sowjetische Streitkräfte marschieren wegen Unruhen in Baku ein; Hunderte von Toten.
4. Febr. 1990	Demonstrationen zum Jahrestag der Februarrevolution in Moskau und anderen Städten.
5.–7. Febr. 1990	ZK-Plenum; Verzicht der KPdSU auf das Machtmonopol; Präsidialverfassung verabschiedet.
11.–12. Febr. 1990	Kohl in Moskau; Gorbatschow stimmt deutscher Einheit zu.
11. März 1990	Litauen erklärt sich als erste Republik für unabhängig.
12.–15. März 1990	Präsidialverfassung eingeführt; Gorbatschow wird Staatspräsident.
30. März 1990	Oberster Sowjet Estlands leitet Übergangsperiode bis zur Unabhängigkeit Estlands ein.
18. April–30.Juni 1990	Gorbatschow verhängt Wirtschaftsblockade gegen Litauen.
4. Mai 1990	Oberster Sowjet Lettlands leitet Übergangsperiode bis zur Unabhängigkeit Lettlands ein.
5. Mai 1990	Erste Runde der 2+4-Verhandlungen in Bonn.
29. Mai 1990	Jelzin wird Vorsitzender des Obersten Sowjet der RSFSR.
31. Mai–4. Juni 1990	Gipfeltreffen Gorbatschow-Bush in Washington; Handelsabkommen unterzeichnet.
12. Juni 1990	RSFSR erklärt sich für souverän.
20. Juni 1990	KP Rußlands gegründet.
1.–11. Juli 1990	XXVIII. Parteitag der KPdSU; Gorbatschow erneut zum Generalsekretär gewählt; Jelzin aus KPdSU ausgetreten.
15.–16. Juli 1990	Bundeskanzler Kohl bei Gorbatschow; Vorgehen bei Vereinigung Deutschlands geklärt.
16. Juli 1990	Ukraine erklärt sich für souverän.
23. Aug. 1990	Oberster Sowjet Armeniens leitet Übergangsperiode bis zur Unabhängigkeit Armeniens ein.
9. Sept. 1990	Gipfeltreffen Gorbatschow-Bush in Helsinki.
12. Sept. 1990	Deutschland-Vertrag in Moskau unterzeichnet.
3. Okt. 1990	Wiedervereinigung Deutschlands.

20.–21. Okt. 1990	Überparteiliche Oppositionsbewegung »Demokratisches Rußland« gegründet.
28. Okt.–11. Nov. 1990	Bei den ersten freien Wahlen in Georgien gewinnt Opposition.
14. Nov. 1990	Georgisches Parlament leitet Übergangsperiode bis zur Unabhängigkeit Georgiens ein.
20. Dez. 1990	Außenminister Schewardnadse tritt zurück.
1. Jan. 1991	UdSSR-Gesetz über gesellschaftliche Organisationen tritt in Kraft.
4.–5. Juni 1991	RGW (Rat für gegenseitige Wirtschaftshilfe) aufgelöst.
13. Jan. 1991	Putschversuch der Kommunisten in Litauen.
15. Jan. 1991	Pawlow wird Ministerpräsident der UdSSR; Bessmertnych Außenminister.
20. Jan. 1991	Putschversuch der Kommunisten in Lettland; Großdemonstration in Moskau gegen Truppeneinsatz in Litauen.
9. Febr. 1991	Bei einem Referendum in Litauen stimmen 90,5 Prozent für die Unabhängigkeit.
25. Febr. 1991	Warschauer Pakt aufgelöst.
1. März 1991	Politisch motivierte Streiks von Bergarbeitern in den Kohlerevieren Donbass, Kusbass und Workuta (bis Mai).
3. März 1991	Bei Referenden in Estland und Lettland stimmen 77,8 Prozent bzw. 73,7 Prozent für die Unabhängigkeit.
17. März 1991	Bei Referendum über Erhalt der UdSSR als »erneuerter Föderation« stimmen 76,4 Prozent dafür; sechs Republiken verweigern Teilnahmen am Referendum.
28. März 1991	Demonstration in Moskau für Jelzin trotz Verbot.
31. März 1991	Bei einem Referendum in Georgien stimmen 98,9 Prozent für die Unabhängigkeit Georgiens.
1. April 1991	Einzelhandelspreise drastisch erhöht (meist um ein Vielfaches der gestützten Preise).
23. April 1991	Gorbatschow einigt sich mit neun Republikführungen über neue Föderation.
12. Juni 1991	Jelzin von Bevölkerung zum Präsidenten der RSFSR gewählt; Wahl Popows zum Oberbürgermeister von Moskau und Sobtschaks zum Oberbürgermeister von Leningrad.
17. Juli 1991	Gorbatschow als Gast beim Gipfeltreffen der G-7-Staaten in London.

20. Juli 1991	Jelzin verbietet per Dekret Präsenz der KP in Organisationen und Betrieben der RSFSR.
30.–31. Juli 1991	Gipfeltreffen Gorbatschow-Bush in Moskau; START-Vertrag unterzeichnet.
18.–21. Aug. 1991	Putschversuch durch ein Notstandskomitee.
19. Aug. 1991	Notstandskomitee von Jelzin für illegal erklärt.
22. Aug. 1991	Gorbatschow kehrt nach Moskau zurück.
24. Aug. 1991	Rücktritt Gorbatschows als Generalsekretär.

Folgende Republiken verlassen die UdSSR:

20. Aug. 1991	Estland
21. Aug. 1991	Lettland
24. Aug. 1991	Ukraine
25. Aug. 1991	Weißrußland
27. Aug. 1991	Republik Moldova
30. Aug. 1991	Aserbaidschan
31. Aug. 1991	Kyrgystan (Kirgisien)
5. Sept. 1991	Usbekistan
9. Sept. 1991	Tadschikistan
23. Sept. 1991	Armenien
27. Okt. 1991	Turkmenistan
16. Dez. 1991	Kasachstan

6. Nov. 1991	KPdSU und KP Rußlands in RSFSR verboten.
6. Nov. 1991	Jelzin zusätzlich Ministerpräsident der RSFSR; Gaidar wird Stellvertretender Ministerpräsident, zuständig für Wirtschaftsfragen.
22. Nov. 1991	Leitung der Staatsbank der UdSSR vom Obersten Sowjet der RSFSR übernommen.
1. Dez. 1991	Unabhängigkeit der Ukraine bei Referendum bestätigt; Krawtschuk wird Staatspräsident.
8. Dez. 1991	Rußland, Ukraine und Weißrußland gründen GUS.
21. Dez. 1991	Alle früheren Unionsrepubliken außer Georgien und den baltischen Staaten nehmen an der zweiten Gründung der GUS teil.
25. Dez. 1991	Gorbatschow tritt als Staatspräsident der UdSSR zurück.

Namenregister